KB138140

피와 폐허

리처드 오버리 지음 | **이재만** 옮김

1

**최후의 제국주의 전쟁,
1931–1945**

책과함께

일러두기

- 이 책은 Richard Overy의 BLOOD AND RUINS(Allen Lane, 2021)를 우리말로 옮긴 것이다.
- 원서에서 이탤릭체로 강조된 문구는 굵은 글씨로, 밑줄이 그어진 문구는 밑줄을 그어 표기했다.
- 옮긴이가 덧붙인 설명은 〔 〕로 표기했다.
- '제1차 세계대전'과 '제2차 세계대전'은 가독성 제고를 위해 '1차대전', '2차대전'으로 축약해 표기했다.

피와 폐허

우리는 최대 규모의 전형적인 전쟁의 시대, 대중의 지지를 받는 과학적 전쟁의 시대로 들어섰다. 일찍이 지구상에 없었던 전쟁이 벌어지리라.

— 프리드리히 니체, 1881

1940년 9월 27일 독일, 이탈리아, 일본은 독일 총리 관저에서 삼국동맹 조약을 체결했는데 이 자리에서 독일 외무장관 요아힘 폰 리벤트로프가 성명을 낭독하고 있다. 이 조약은 유럽, 아프리카, 아시아를 차지하여 새로운 지정학적 질서를 세우려는 삼국의 제국주의 야망을 확인해주었다.

들어가며

1945년 12월 미국의 전 국무장관 코델 헐Cordell Hull이 노벨 평화상을 받았다. 병이 깊어 시상식에 참석할 수 없었던 헐은 짧은 메시지를 보내 "모든 시대를 통틀어 가장 광범하고 잔인한 전쟁의 망연자실한 시련" 이후 평화를 추구하는 노력을 지지했다.[1] 헐은 과장된 표현으로 유명했지만, 이 메시지는 75년 전과 마찬가지로 오늘날에도 적절해 보인다. 헐이 겪은 시대는 그때까지 상상할 수도 없었던 규모의 전 지구적 전쟁을 목도했다. 이제 '세계대전'이라는 통칭으로 묶는 숱한 분쟁은 고통과 박탈, 그리고 거의 한없는 죽음을 낳았다. 1차대전까지 포함해 그 전에도 후에도 그런 전쟁은 없었다. 1945년에 헐이 말한 "우리 문명을 쓸어버리는" 또다른 세계대전이 앞으로 발발할지 모르지만, 아직은 일어나지 않았다.

그토록 광범하고 잔인한 전쟁은 역사가에게 여러 면에서 난관이다. 1940년대 이후 시간이 지날수록 100만 명이 넘는 남성(그리고 훨씬 적은 수의 여성)이 군복을 입고 출정하여 강력한 무기, 1차대전에서부터 파괴력을 연마하고 그 이후 극적으로 발달한 무기를 사용한 세계를 상상하기가 점점 더 어려워졌다. 또한 주요 국가들이 국민총생산의 3분의 2까지 전쟁 목표를 위해 쏟아부어야 한다거나, 수억 명이 전쟁으로 인한 가난과 굶주림을 받아들여야 한다거나, 분쟁의 채울 수 없는 요구를 위해 평화 시의 부와 저축금을 다 써버려야 한다는 등의 주장으로 국민들을 설득할 수 있었다는 것도 이제는 상상하기가 어렵다. 전시의 폭격, 추방, 징발, 절도로 인한 엄청난 규모의 궁핍, 재산 상실, 손실 등도 이해하기 어렵기는 마찬가지다. 무엇보다 우리의 현대적 감수성으로는 이 전쟁에서 어떻게 수십만 명이 잔혹행위와 테러, 범죄를 그토록 광범하게 자행할 수 있었는지 이해하기가 어렵다. 그들 대다수는 사디스트나 사이코패스가 아니라 역사가 크리스토퍼 브라우닝Christopher Browning이 기억하기 쉽게 표현한 '평범한 사람들'이었다.[2] 지금의 내전과 반란에서도 매일 잔혹행위가 흔하게 자행되긴 하지만, 2차대전의 시대는 남녀를 가리지 않고 제복을 입은 군인, 보안대와 경찰, 파르티잔, 민간인 비정규병 등이 수행하는 폭력적 강압, 투옥, 고문, 추방, 집단학살의 물결을 목격했다.

한때는 2차대전을 평화를 사랑하던 국가들이 유럽에서 히틀러와 무솔리니가, 그리고 동아시아에서 일본 군부가 품었던 제국주의 야망에 군사적 대응을 한 것으로 설명하기만 해도 충분했다. 2차대전에 대한 서구의 표준적 서술과 소련의 공식 전쟁사는 연합국과 추축국의 무력 충돌이라는 서사에 초점을 맞추었다. 이제 이 무력 충돌의 역사는 여러 탁월한 서술 덕에 철저히 이해되고 문서로 뒷받침되었으며, 그런 이유로 나는 전쟁의 전모를 다시 쓰지는 않을 것이다.[3] 한편 군사적 결과에 초점을 맞출 경우, 비록 이런 서술도 중요하긴 하지만, 전쟁을 불러온 폭넓은 위기, 여러 전시 충돌의 상이한 성격, 전쟁의 정치적·경제적·사회적·문화적 맥락, 나아가 1945년에 교전이 공식 종결된 이후에도 오래도록 이어진 불안정한 폭력에 대한 너무나 많은 질문을 회피하게 된다. 무엇보다 2차대전에 대한 종래의 견해는 히틀러와 무솔리니, 일본 군부를 위기의 결과가 아닌 원인으로 이해한다. 하지만 이들은 위기의 결과였다. 20세기 초 수십 년간 전 세계에 걸쳐 사회적·정치적·국제적 불안정의 시절을 낳고 결국 추축국으로 하여금 제국주의적 영토 정복이라는 복고적 계획에 착수하도록 자극한 더 넓은 역사적 힘들을 이해하지 않고는 2차대전의 기원과 경과, 결과를 올바로 이해할 수 없다. 이런 제국주의적 야망이 패배하고 나자 세계가 비교적 안정을 찾고 영토제국들이 최후의 위기를 맞을 정세가 서서히 조성되었다.

이 새로운 2차대전 역사는 네 가지 주된 전제에 기반한다. 첫째, 종래의 전쟁 연대기는 더 이상 유용하지 않다. 전투는 1930년대 초 중국에서 시작되었으며, 중국과 동남아시아, 동유럽, 중동에서는 1945년 이후 10년 사이에 겨우 전투가 끝났다. 1939년부터 1945년까지의 전쟁이 서사의 핵심을 이루긴 하지만, 이 분쟁의 역사는 적어도 일본이 만주를 점령한 1931년으로까지 거슬러 올라가고, 전쟁에 의해 촉발된, 그러나 1945년에 해결되지 않은 마지막 반란과 내전으로까지 이어진다. 더욱이 1차대전과 그 전후의 폭력이 1920년대와 1930년대의 세계에 심대한 영향을 주었기에 두 차례의 거대한 충돌을 구별해서는 별로 얻을 것이 없다. 두 전쟁은 제국 위기의 마지막 국면에 세계 체제를 재편한, 두 번째 30년 전쟁의 각 단계로 여길 수 있다. 이 책의 구성은 이처럼 덜 관습적인 시간관을 반영한다. 1920년대와 1930년대를 대부분 배제하고는 전 지구적인 2차대전의 성격, 당대인들이 전쟁을 치르고 이해한 방식을 제대로 설명할 수 없다.

둘째, 이 전쟁에 대해서는 태평양 전쟁을 하나의 부록처럼 여기면서 유럽 추축국의 패배로 국한된 사태로 이해해서는 안 되고 전 지구적 사태로 이해해야 한다. 중부유럽, 지중해, 중동, 동아시아의 불안정한 광역권들은 모두 더 광범한 국제적 안정의 위기에 불을 지폈거니와, 전쟁이 주요 국가들로 한정되지 않고 저 멀리 북태평양의 알류산 열도, 남인도양의 마다가스카르, 카리브 해의 섬 기지들로까지 확대된 이유를 설명해준다. 아시아 전쟁과 그 결과는 유럽에서 독일이 패전한 결과만큼이나 전후戰後 세계의 형성에 중요했으며, 어쩌면 더 중요했다고 주장할 수도 있다. 양차 세계대전의 시대에 아시아에서 현대 중국의 형성과 식민제국들의 조락은 동시에 전개되었다.

셋째, 이 분쟁은 상이한 여러 종류의 전쟁으로 재정의할 필요가 있다. 주요 형태는 침공 전쟁이든 방어 전쟁이든 국가들이 벌이는 익숙한 전쟁이었는데, 국가들만이 충분한 자원을 동원하고 대규모 무력 분쟁을 지속할 수 있었기 때문이다. 하지만 주요한 군사적 충돌과 나란히 중국, 우크라이나, 이탈리아, 그리스 등지에서 내전이 전개되었고, 점령국(연합국 포함)에 맞선 해방 전쟁이나 주로 폭격의 충격에 대처하기 위한 시민들의 자기방어 전쟁의 형태로 '민간 전쟁'이 벌어지기도 했다. 이렇게 상이한 형태들은 때때로 국가 간 전쟁과 중첩되거나 후자로 수렴되었지만—주로 러시아의 파르티잔과 프랑스의 레지스탕스 투사의 경우—파르티잔 전쟁, 내전, 반란은 주로 민간인들이 스스로를 보호하거나 해방시키기 위해 싸우는 소규모 병행 전쟁을 이루었다. 민간인 동원은 2차대전에 '총력전'의 성격을 입혔고 전후에 중요한 영향을 끼쳤다.

넷째, 이 세 가지 요인—연대기, 지역, 정의—모두 여기서 개진하는 주장, 즉 장기 2차대전은 마지막 제국주의 전쟁이었다는 주장으로부터 도출된다. 일반적인 2차대전 역사는 대부분 '강대국' 간 충돌과 이데올로기의 역할에 초점을 맞추지만, 영토제국이 1931년부터 1945년의 엉망진창 여파까지 장기간 전쟁의 성격을 규정하는 데 중요하다는 논점을 놓치거나 얼버무린다. 2차대전에 대한 제국적 접근법은 전쟁을 편협한 레닌주의적 렌즈를 통해 바라보는 것이 아니라 여러 지역과 여러 형태의 분쟁을 연결한 것이 세계적 제국 질서의 존재였음을 그저 인정하는 것이다. 주로 영국과 프랑스가 지배한 이 제국 질서는 이른바 '못 가진' 국가들, 즉 일본, 이탈리아, 독일이 그들 자신의 제국 영역을 추가로 정복함으로써 국가의 생존을 확보하고 정체성을 표현하겠다는 허황된 야망을 품도록 자극했다. 최근 들어서야 역사가들은 추축 제국들이 기존 제국들을 모방하여 그들 자신의 전 세계적 '연계'를 형성했다고 주장했다.[4] 1차대전 이래로, 혹은 더 일찍부터 제국 구상과 제국 위기는 2차대전의 기원과 경과의 얼개를 이루었다. 2차대전의 최종 결과로 500년에 걸친 식민주의가 막을 내리고 민족국가가 공고해진 것도 같은 이유에서다.[5] 무자비한 유럽 팽창의 세월이 지나고 유럽 수축이 진행되었다. 전통적인 식민 통치의 잔재는 1945년 이후 두 초강대국 미국과 소련이 새로운 세계 질서의 형성을 좌우하는 가운데 급속히 무너져갔다.

앞으로 다룰 내용은 상술한 네 가지 접근법에 의해 규정된다. 넓게 보아 서사를 중심으로 하는 장이 다섯(서론, 1~3장, 11장), 주제를 중심으로 하는 장이 일곱(4~10장)이다. 앞부분의 장들은 19세기 후반과 1차대전 시기 제국과 국가 차원의 경쟁에 기인하는, 1930년대의 위기와 뒤이은 전쟁을 유발한 장기 요인들을 탐구한다. 2차대전은 불가피하지 않았지만, 1920년대에 세계 교역 및 금융 체제의 균열이 갈수록 격화되는 제국 체제들의 경쟁과 맞물리면서 협력을 통해 해결하기 어려운 긴장을 조성하고 야망을 낳았다. 초민족주의 이데올로기, 경제 위기, 갑자기 찾아온 기회는 함께 작용하여 일본, 이탈리아, 독일로 하여금 '신질서' 제국주의를 추구하도록 부추겼고, 그리하여 기존 제국들—영국, 프랑스, 네덜란드, 심지어 벨기에까지—은 1940년에서 1942년 사이에 예상치 못한 일련의 패배에 뒤이어 심대한 재앙을 맞았다. '신질서' 국가들은 당장은 소련, 미국과 대립하지 않으면서 자기네 지역 제국을 건설하는 편을 선호했을 테지만, 결국 두 강대국을 물리치거나 중립화하지 않고는 야망을 실현할 수 없다고 판단했다. 그래서 '바르바로사' 작전과 태평양 전쟁을 벌인 것이고, 역시 그래서 유대인을 겨냥한 학살 전쟁이라는 특수한 사례가 등장한 것이다. 히틀러 정권은 유대인이 세계적 충돌을 조장하고 독일 민족의 자기주장을 좌절시킨다고 비난했다. 이 전반부 장들에서는 국제적·정치적 불확실성의 세계, 미국과 소련이 잠재력을 동원하기 전에 신흥 제국들이 승리할 수 있을 것으로 보였던 세계를 기술한다.

그다음 장들에서는 전 세계를 아우른 전쟁을 기술한다. 이 전쟁을 거치며 신흥 제국들의 영토 야망이 꺾이고 새롭고 더 안정적인 세계 질서의 조건이 형성되었다. 이 질서의 기반은 제국 원칙이 아닌 국적 원칙, 그리고 1930년대에 무너졌다가 복구된 세계 교역 및 금융 체제였다. 소련과 미국의 경제력 및 군사력이 이 이행을 설명해준다. 중요한 점은 두 나라 모두 공산주의 또는 자유주의 이데올로기를 이유로 전통적인 식민제국들—또다른 주요 동맹인 중국 같은—의 생존에 적대적이었고 1940년대 후반과 1950년대에 민족국가들의 세계가 형성되는 데 이바지했다는 것이다. 이 세계는 많은 경우 냉전 초강대국들이 지배했으나 영토제국들의 통치를 받지는 않았다. 독일과 일본은 국가의 소멸을 우려해 최후까지 싸웠지만, 제국을 추구하는 국내 세력이 패배한 뒤 새로운 국가의 존립을 허용받았다. 이 점에서 신질서 제국들은 명백히 패했으나 그것은 미리 정해진 결과가 전혀 아니었다. 어느 편에서나 인력과 자원의 최대 손실은 승리 또는 패배가 불가피해 보이기 전인 전쟁의 막바지 2년 동안 발생했다. 그리고 폭력은 비록 규모가 대폭 줄긴 했으나 1945년 이후로도 이어졌으며, 아직 남은 전시의 정치적·이데올로기적 분쟁의 해결은, 모든 경우는 아니라 해도, 제국과 초강대국의 야망이 시들어가는 변화를 배경으로 이루어졌다. 이것이 마지막 장의 주제로, 전통적 제국들이 마침내 허물어지고 오늘날 같은 민족국가들의 세계가 형성되었다.

마지막 제국주의 전쟁의 윤곽은 참전한 군인 수백만 명과 총력전에 계속 헌신한 민간 사회 양편을 아우르는 더 폭넓은 분쟁 경험에 관한 핵심 문제들을 탐구하는 주제별 장들에 얼개를 제공한다.[6] 국가들은 어떻게 막대한 인력과 물적 자원을 동원했으며 그 결과는 어떠했는가? 군대들은 어떻게 이 자원을 조직하고 사용했으며 그 결과는 어떠했는가? 국가들, 정당들, 개인들은 어떻게 자신들이 치르는 전쟁을 정당화하고 어떻게 패배에 직면해서도 비용이 많이 들고 대개 야만적인 전투에 대중을 계속 끌어들였는가? 왜 국가 간 전쟁과 나란히 내전이나 민간 전쟁이 전개되었으며 그 사회적·정치적 결과는 어떠했는가? 끝으로 전쟁을 겪은 전 인구가 입은 손실을 다루는 장들이 있다. 여기서 '전쟁의 감정感情지리'라고 부르는 것은 전쟁의 궤도에 휩쓸린 모든 사람들, 특히 전쟁 수행에 동원된 1억 명 이상의 남녀에게 전쟁이 끼친 감정적·심리적 영향을 지도화하려는 시도다. 전시의 사람들은 다양한 감정에 이끌려 행동과 기대를 바꾸었다. 그런 감정의 한편에는 공포, 증오, 분개 또는 분노가 있었고, 다른 한편에는 용기, 자기희생, 불안, 연민이 있었다. 감정은 역사적으로 묘사하기 어렵지만 전장 안에서나 밖에서나 이례적인 전시 상황의 압박에 끊임없이 시달린 개인들에게 전쟁이 어떤 영향을 주었는지 설명하려는 모든 시도에 중요한, 전시 경험의 한 요소다. 이 책에서 탐구하는 마지막 주제는 전쟁이 유발한 지나친 폭력과 범죄로, 광범한 잔혹행위와 대다수가 민간인인 수천만 명의 죽음으로 귀결되었다. 여기서는 두 가지 핵심 질문을 던진다. 왜 군인과 민간인을 막론하고 사망자 수—1차대전 사망자 수의 대략 다섯 배—가 그렇게 많았는가? 왜 가해자들은 모든 전장에서 잔혹한 수준의 온갖 폭력을 기꺼이 자행하고 탐닉했는가? 이 두 질문은 서로 밀접한 관련이 있지만 같지는 않다. 죽음은 여러 형태와 여러 이유로 찾아왔고 분쟁의 무자비한 동반자였다.

오늘날 누구든 2차대전의 역사를 새로 쓰려는 사람은 관련 자료가 너무 많아 모든 자료를 제대로 다룰 수 없다. 40년 전 내가 2차대전에 관해 처음 쓰기 시작했을 때만 해도 이 분쟁을 다룬 저술, 무언가 유익한 발언을 담은 저술을 대부분 읽을 수 있었다. 하지만 지난 40년 사이에 2차대전 자체와 전쟁 기간의 모든 측면에 관한 역사 저술이 폭발적으로 늘어났다. 그래서 기존 문헌의 일부분 이상을 참조하는 것이 불가능해진 터라 나는 백과사전 같은 포괄성을 가장하기보다는 이 책의 중심 주장을 뒷받침하는 역사적 자료에 초점을 맞추었다. 이제 한 권으로는, 실은 여러 권으로도 2차대전 역사의 결정판을 쓸 수 없다. 최근 출간된《케임브리지 2차대전사Cambridge History of the Second World War》는 큰 판형의 세 권이 필요했고, 그렇게 하고도 모든 것을 담을 수 없었다. 나는 지난 몇 년간 발표된 자료를 활용한다는 대략적인 규칙을 따랐는데, 최근 자료가 특정 분야들에서 이미 얻을 수 있는 지식 체계를 포함하기 때문이다. 다만 더 전에 나온 필수 연구가 많은 터라 그것들을 경시하지 않으려고 노력했다. 특히 나는 역사서술에서 오랫동안 경시되어온 제국의 쟁점들과 전시 아시아의 역사에 관한 새롭고 풍성한 연구의 덕을 보는 행운을 누렸다. 또한 내가 면밀히 조사한 분야들과 관련된 여러 문서고에서 지원을 받으며 그런 연구를 활용하기도 했다. 오늘날 역사가들은 자신이 지난날 전시 경험에 대해 했던 발언을 밝혀주거나 때로는 반박하는 개인 회고록을 책이나 구술 기록의 형태로 풍족하게 활용할 수 있으며, 나 역시 비록 2차대전에 관한 최근의 서사형 역사보다 적게 활용하긴 했으나 개인 회고록을 인용했다. 독자들은 내가 불가피하게 상당한 자료를 생략하거나 너무 간략하게 다룬 사실을 알아챌 것이다. 또한 주제별 장들의 상이한 관점에 맞추기 위해 일부 익숙한 논제들—명백한 예로는 폭격, 홀로코스트, 전력戰力이 있다—을 나누어 다룬다는 사실도 알아챌 것이다. 그렇다 해도 나는 이 전쟁의 의미가 무엇인지 그 핵심을 역사적으로 충분히 밝혔기를 바란다. 나는 전쟁 시기에 대한 커다란 질문들을 제기하는 역사를 의도했고, 사람들이 그 안에서 활동할 수밖에 없었던 얼개를 이해함으로써 개개인의 경험을 더 유의미하게 받아들일 수 있기를 바랐다. 이 책은 죽음, 테러, 파괴, 궁핍의 역사, 즉 코델 헐이 말한 '망연자실한 시련'의 역사이기도 하다. 피와 폐허는 혹독한 대가였다.

2020년 11월
리처드 오버리

차례

제2권

용어 설명

책 전체에 걸쳐 나는 '연합국'과 '추축국'이라는 용어를 사용했는데, 워낙 흔한 용법이라서 사용하지 않으면 복잡한 문제가 생긴다. 그럼에도 1942년에 영국과 소련이 체결한 동맹을 제외하면 연합국의 주요 삼국은 어떠한 공식적 의미로도 동맹을 맺지 않았다는 점을 지적할 필요가 있다. 추축 국가들이 실제로 끈끈한 동맹이었던 것도 아니다. 무솔리니가 제시한 표현인 추축국은 본래 독일-이탈리아 관계에 적용되었던 용어다. 일본은 1940년 9월 삼국동맹 조약으로 독일 및 이탈리아의 동맹이 되었으며, 소련에 맞서 참전한 다른 유럽 국가들도 이 무렵 추축국에 가담했다—다만 핀란드는 소련에 맞서는 공동 참전국이었을 뿐 추축국 동맹을 체결하진 않았다. 하지만 1940년 9월까지 일본은 어떠한 공식적 의미로도 유럽 추축국에 연결되지 않았다. 그 이후로 세계 여론은 흡사 한목소리처럼 일본을 포함하는 '추축국'에 대해 말했고, 이 명칭은 거의 모든 현대사 저술에 붙박이로 들어갔다. 나는 이 용어의 단점을 의식하면서 당대인들이 사용한 방식대로 사용했다.

이 책에 나오는 수많은 통계와 수치의 문제를 강조하는 것도 중요하다. 여러 크고 작은 전투에서 참가자들과 그들의 지원 무기가 얼마나 되었는가 하는 수치는 부정확하기로 악명이 높다. 전투 중 인력과 기계의 손실을 계산하는 문제도 마찬가지다. 각국의 서사에 따라 전투의 기간이나 영역을 어떻게 규정하는가에 달린 문제이기 때문이다. 나는 가장 신뢰할 수 있어 보이는 최근 통계를 이용하려 애썼지만, 여러 경우에 이런 통계에서 벗어나는 추정치가 있음을 의식하고 있다. 다른 측정법의 경우 나의 통계는 덜 정확하다. 선박이나 투하된 폭탄에 관한 통계에 '톤' 용어를 적용할 때 나는 영국 톤, 메트릭 톤, 미국 톤을 구별하지 않았다. 세 단위는 서로 무게가 다르지만, 이를 매번 설명하는 것은 피곤한 일이며 그 차이는 '톤' 용어의 사용을 받아들일 수 없을 정도로 크지 않다. 미국식 쇼트 톤은 2000파운드, 영국식 롱톤은 2240파운드, 메트릭 톤(1000킬로그램)은 2204파운드와 같다. 나는 대체로 마일보다 킬로미터를 사용했는데, 세계에서 킬로미터를 두루 사용하기 때문이다. 1마일은 1.6킬로미터와 같다.

중국, 아랍, 인도의 인명과 지명을 음차하는 문제에서 나는 대체로 지금의 관행을 따르려 했다. 다만 특정 이름이 여전히 종래의 형태로 통용되는 경우에는 예외를 두었다(예컨대 콜카타가 아니라 캘커타, 장제스가 아니라 장개석을 택했다(본 한국어판 번역에서는 장제스를 택한다)). 중국 지명은 특히 까다로운데, 현행 음차가 서구에서 익숙한 이름과 별로 닮지 않았기 때문이다(예컨대 광둥Guangdong보다 칸톤Canton이 더 익숙하다). 나는 이름이 처음 나올 때 괄호 안에 원명을 병기하려 애썼다. 다만 베이징의 경우 당시 사용된 페킹Peking 또는 베이핑Beiping을 배제했다. 아랍어에서 음차한 이름은 여러 형태로 표기할 수 있으며, 이 경우에도 나는 오늘날 학계에서 받아들이는 용법인 듯한 이름을 선택했다.

AI	Air interception radar 공중 요격 레이더
AM	Amplitude Modulation 진폭 변조
ASV	Air-to-surface-vessel radar 공대함 레이더
AWPD	Air War Plans Division 항공전계획부
BBC	British Broadcasting Corporation 영국방송협회
BEF	British Expeditionary Force 영국 원정군
BIA	Burma Independence Army 버마[미얀마]독립군
BMW	Bayerische Motoren Werke 바이에른 원동기 제조사
CLN	Comitato della Liberazione Nationale 민족해방위원회(이탈리아)
CLNAI	Comitato della Liberazione Nationale Alta Italia 북이탈리아 민족해방위원회
DCR	Division Cuirassée de Réserve 예비기갑사단(프랑스)
DKG	Deutsche Kolonialgesellschaft 독일식민협회
DLM	Division légère mécanique 경기계화사단(프랑스)
DP	Displaced Person 실향민
ELAS	Greek People's Liberation Army 그리스 인민해방군
FFI	Forces françaises de l'intérieur 프랑스 국내군
FLN	Front de Liberation Nationale 민족해방전선(알제리)
FM	Frequency Modulation 주파수 변조
FUSAG	First United States Army Group 미국 제1집단군

GCCS	Government Code and Cipher School 정부암호학교(영국)
GKO	State Defence Committee 국방위원회(소련)
HF/DF	High Frequency / Direction Finding 고주파 방향탐지기
HMS	His Majesty's Ship 영국 함선
IFF	Identification, Friend or Foe 피아식별장치
IMT	International Military Tribunal 국제군사재판
INA	Indian National Army 인도국민군
JSC	Joint Security Control 합동보안통제소
LCVP	Landing Craft, Vehicle, Personnel 차량인원상륙정
LMF	Lack of Moral Fibre 강단 결여
LST	Landing Ship, Tank 전차상륙함
LVT	Landing Vehicle, Tracked 수륙양용 상륙장갑차
MIT	Massachusetts Institute of Technology 매사추세츠 공과대학
MPVO	Main Directorate of Local Air Defence 지역방공총국(소련)
NAACP	National Association for the Advancement of Colored People 전미 유색인지위향상협회
NCO	Non-commissioned officer 부사관
NKVD	People's Commissariat of Internal Affairs 내무인민위원부(소련)
NSDAP	National-sozialistische Deutsche Arbeiterpartei 국가사회주의독일 노동자당
OKW	Oberkommando der Wehrmacht 독일 국방군 최고사령부
OSS	Office of Strategic Services 전략사무국(미국)
OUN	Organization of Ukrainian Nationalists 우크라이나 민족주의자 조직
PKW	Panzerkraftwagen 장갑전투차
POW	Prisoner of war 전쟁포로

PPU	Peace Pledge Union 평화서약연합
PWE	Political Warfare Executive 정치전집행부
RAF	Royal Air Force 영국 공군
RKFDV	Reichskommissar für die Festigung deutschen Volkstums 독일 민족성 강화를 위한 제국판무관
RSHA	Reichssicherheitshauptamt 제국보안본부(독일)
RuSHA	Rasse- und Siedlungshauptamt 인종이주본부
SA	Sturmabteilung 돌격대
SCR	Signal Corps Radio 통신대 무전기
SD	Sicherheitsdienst 보안국(독일)
SHAEF	Supreme Headquarters, Allied Expeditionary Force 연합국 원정군 최고사령부
SIGINT	Signals Intelligence 신호정보
SO	Special Operations 특수작전부(미국)
SOE	Special Operations Executive 특수작전집행부(영국)
SS	Schutzstaffel 친위대(본래 힘러의 엘리트 보안기관의 경호대였다)
Stavka	Soviet Supreme Command of the Armed Forces 소비에트군 최고 사령부
UN	United Nations 국제연합
UNRRA	United Nations Relief and Rehabilitation Administration 국제연합 구제부흥사업국
USMC	United States Marine Corps 미국 해병대
USS	United States Ship 미국 함선
USSR	Union of Soviet Socialist Republics 소비에트사회주의공화국연방
VHF	Very High Frequency 초단파
V-Weapons	Vergeltungswaffen 보복무기

Waffen-SS	무장친위대
WASP	Women Airforce Service Pilots 육군 항공대 여성조종사단(미국)
WAVES	Women Accepted for Volunteer Emergency Service 여성비상의용군(미국)
WVHA	Wirtschafts- und Verwaltungshauptamt 경제행정본부
ZOB	Żydowska Organizacja Bojowa 유대인투쟁조직(폴란드)
Z-Plan	Ziel-Plan Z계획(독일 해군)
ZZW	Żydowski Związek Wojskowy 유대인군사연맹(폴란드)

표 목록

지도

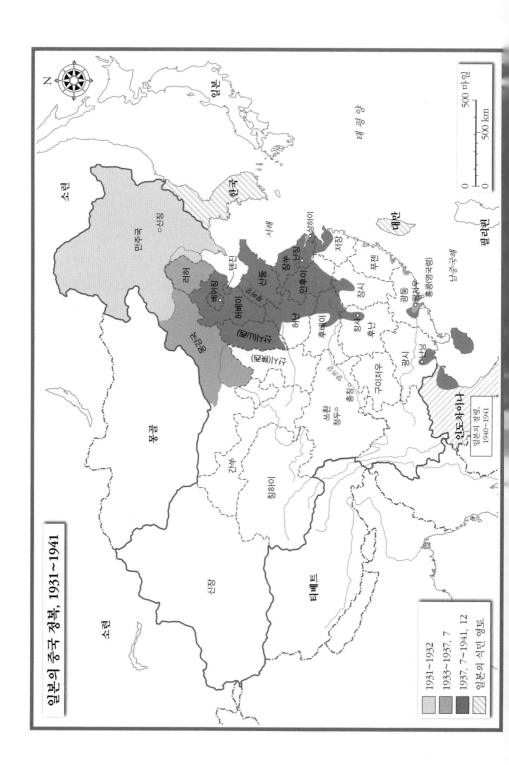

일본의 중국 정복, 1931~1941

1931~1932
1933~1937. 7
1937. 7~1941. 12
일본의 식민 영토

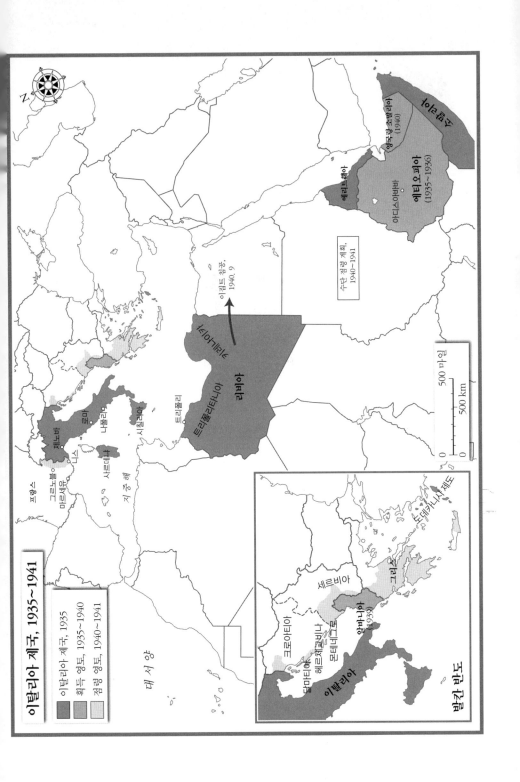

이탈리아 제국, 1935~1941

이탈리아 제국, 1935
획득 영토, 1935~1940
점령 영토, 1940~1941

N

프랑스

제노바

그르노블

마르세유

니스

사르데냐

코르시카

로마

나폴리

시칠리아

트리폴리

지 중 해

대 서 양

500 마일

500 km

트리폴리타니아

리비아

키레나이카

이집트 침공, 1940. 9

수단 점령 계획, 1940~1941

에티오피아
(1935~1936)

소말리아

에리트레아

영국령 소말릴란드 (1940)

케냐

발칸 반도

이탈리아

크로아티아

달마티아

헤르체고비나

몬테네그로

세르비아

코르푸

알바니아
(1939)

그리스

도데카니사 제도

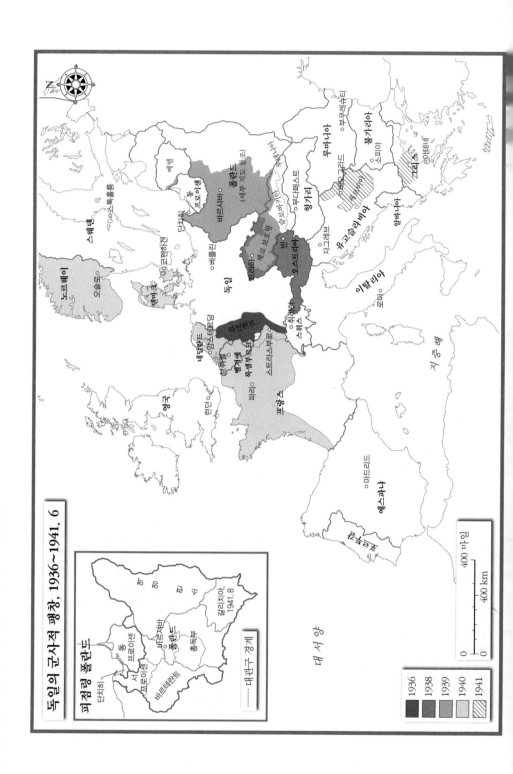

독일의 군사적 팽창, 1936~1941. 6

피점령 폴란드

범례
- 1936
- 1938
- 1939
- 1940
- 1941

--- 대관구 경계

400 마일

400 km

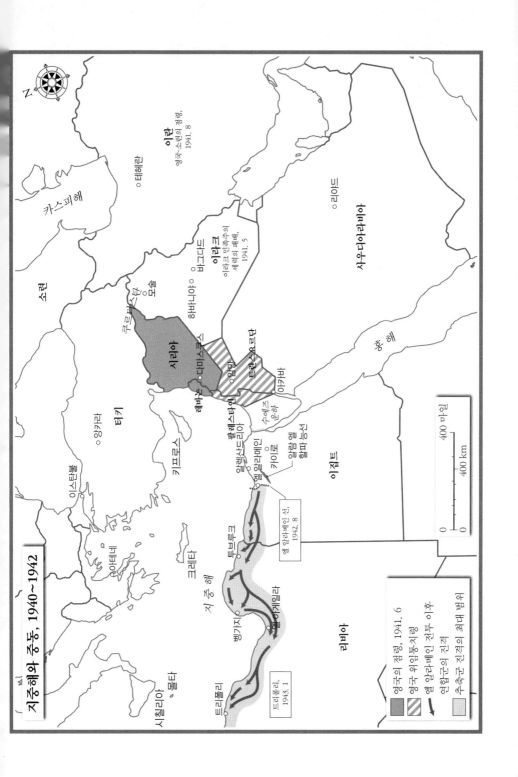

지중해와 중동, 1940~1942

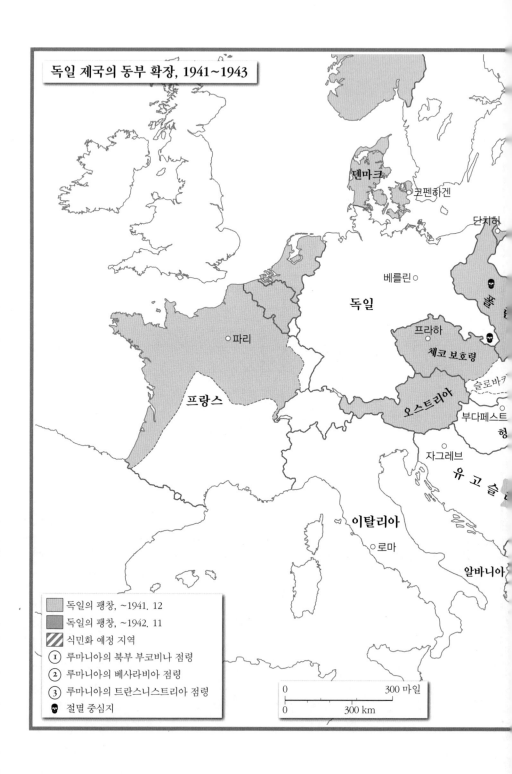

독일 제국의 동부 확장, 1941~1943

덴마크
코펜하겐

단치히

베를린 ○

독일

폴

프라하 ○
체코 보호령

슬로바키

파리 ○

프랑스

오스트리아

부다페스트

자그레브

헝

유고슬

이탈리아

로마 ○

알바니아

독일의 팽창, ~1941. 12
독일의 팽창, ~1942. 11
식민화 예정 지역
① 루마니아의 북부 부코비나 점령
② 루마니아의 베사라비아 점령
③ 루마니아의 트란스니스트리아 점령
💀 절멸 중심지

| 0 | 300 마일 |
| 0 | 300 km |

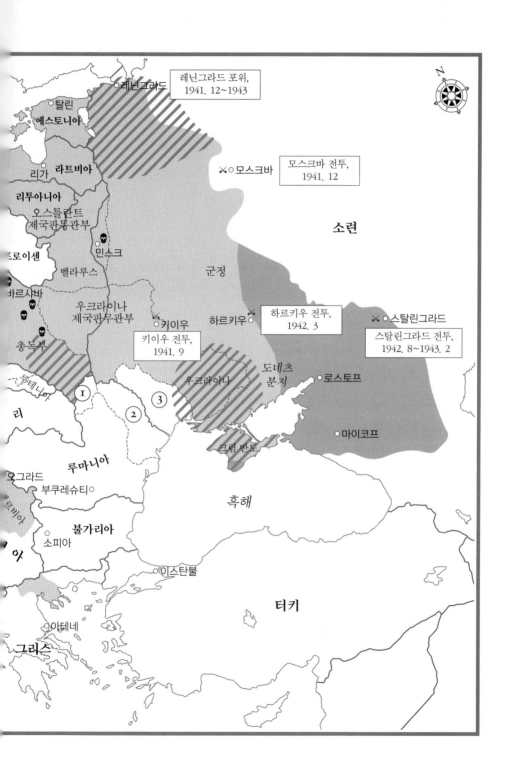

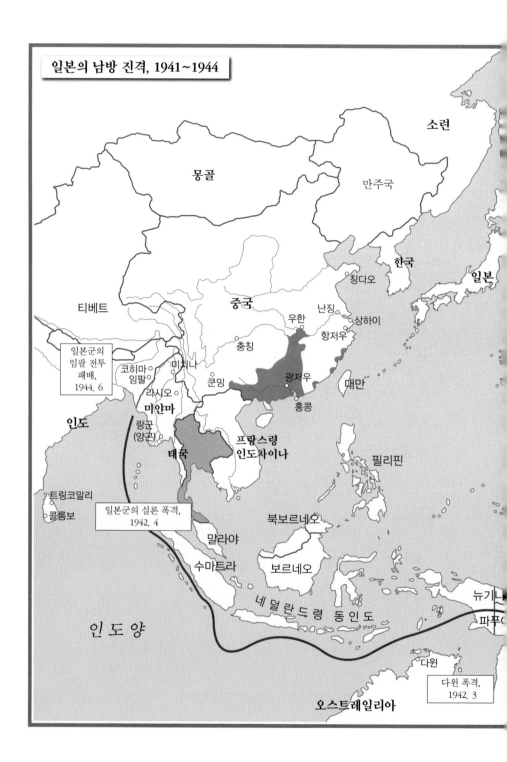

일본의 남방 진격, 1941~1944

소련

몽골

만주국

한국

일본

칭다오

티베트

중국

우한
난징
상하이
항저우

충칭

쿤밍

광저우
대만
홍콩

일본군의
임팔 전투
패배,
1944. 6

코히마
임팔

미치나

라시오

미얀마

랑군
(양곤)

인도

프랑스령
인도차이나

태국

필리핀

트링코말리

콜롬보

일본군의 실론 폭격,
1942. 4

말라야

북보르네오

수마트라

보르네오

인도양

네덜란드령 동인도

뉴기니

파푸

다윈

다윈 폭격,
1942. 3

오스트레일리아

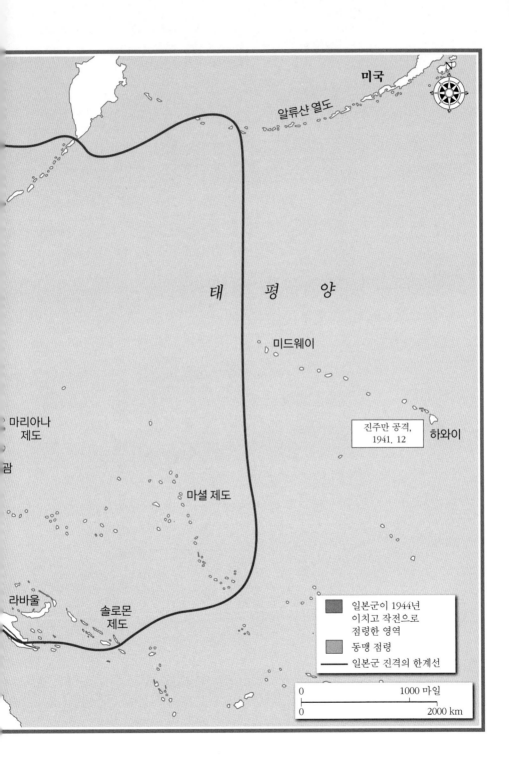

미국

알류샨 열도

태 평 양

미드웨이

마리아나
제도

괌

진주만 공격,
1941. 12

하와이

마셜 제도

라바울

솔로몬
제도

일본군이 1944년
이치고 작전으로
점령한 영역

동맹 점령

일본군 진격의 한계선

| 0 | | 1000 마일 |
| 0 | | 2000 km |

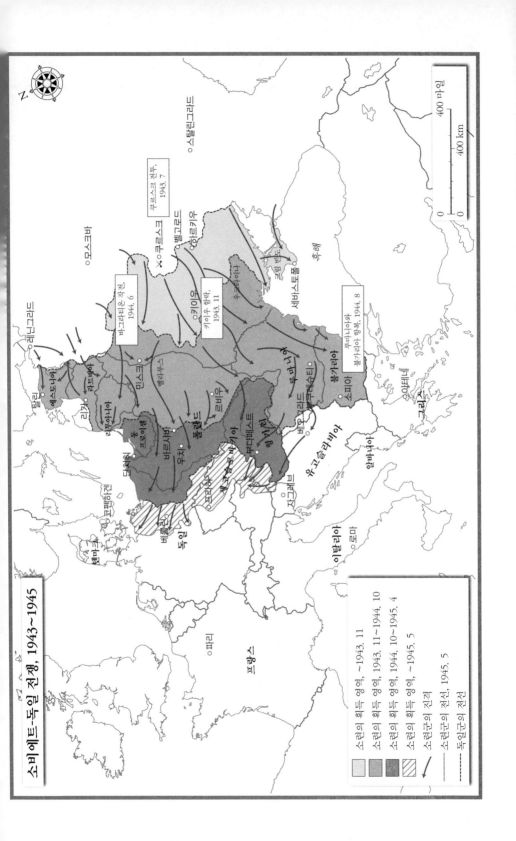

소비에트-독일 전쟁, 1943~1945

지도 범례

- 소련의 획득 영역, ~1943. 11
- 소련의 획득 영역, 1943. 11~1944. 10
- 소련의 획득 영역, 1944. 10~1945. 4
- 소련의 획득 영역, ~1945. 5
- 소련군의 진격
- 소련군의 전선, 1945. 5
- 독일군의 전선

바그라티온 작전, 1944. 6

쿠르스크 전투, 1943. 7

키이우 함락, 1943. 11

루마니아와 불가리아 함복, 1944. 8

레닌그라드
모스크바
스탈린그라드
흑해
크림 반도
심페로폴
세바스토폴
탈린
에스토니아
리가
라트비아
리투아니아
빌뉴스
민스크
벨라루스
스몰렌스크
키이우
우크라이나
하르키우
로스토프
드니프르 강
드네스트르 강
오데사
루마니아
불가리아
소피아
베오그라드
부쿠레슈티
유고슬라비아
알바니아
그리스
아테네
로마
이탈리아
크라쿠프
체코슬로바키아
프라하
부다페스트
헝가리
자그레브
빈
오스트리아
프로이센
바르샤바
우치
폴란드
단치히
독일
베를린
포젠
프랑크푸르트
코펜하겐
덴마크
프랑스
파리

400 km
400 마일

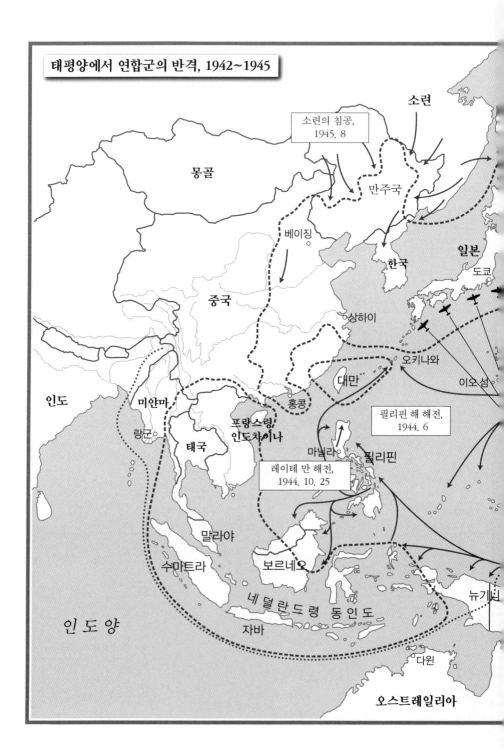

태평양에서 연합군의 반격, 1942~1945

소련

몽골

소련의 침공,
1945. 8

만주국

한국

일본

베이징

도쿄

중국

상하이

오키나와

이오섬

대만

인도

미얀마

홍콩

필리핀 해 해전,
1944. 6

랑군

태국

프랑스령
인도차이나

마닐라

필리핀

레이테 만 해전,
1944. 10. 25

말라야

보르네오

수마트라

네덜란드령 동인도

뉴기니

인 도 양

자바

다윈

오스트레일리아

미국

태 평 양

미드웨이

미드웨이 해전,
1942. 6

마리아나
제도

하와이

타라와

태평양 지역군

마셜 제도

길버트
제도

솔로몬 제도

과달카날 해전,
1942. 8~1943. 1

과달카날

.... 일본군의 외곽 방어선,
1944. 3

- - - - 일본군의 외곽 방어선,
1945. 8

⌒ 연합군의 진격

✕ 연합군의 공습

| 0 | 1000 마일 |
| 0 | 2000 km |

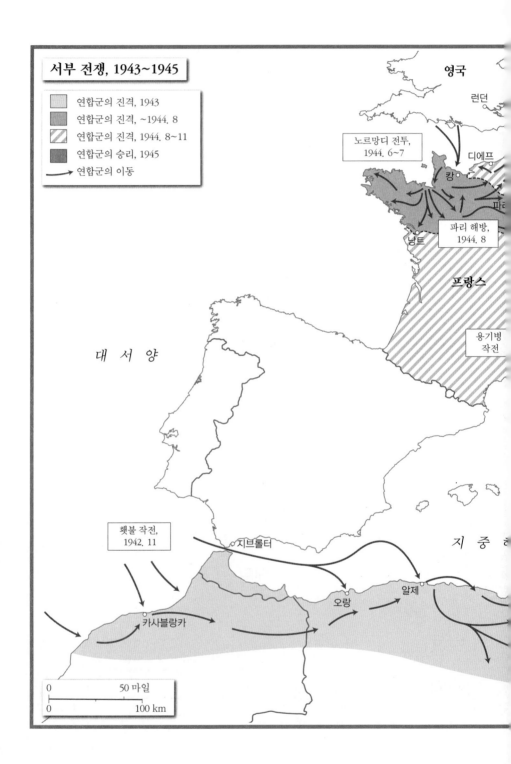

서부 전쟁, 1943~1945

- 연합군의 진격, 1943
- 연합군의 진격, ~1944. 8
- 연합군의 진격, 1944. 8~11
- 연합군의 승리, 1945
- → 연합군의 이동

영국

런던

노르망디 전투, 1944. 6~7

디에프

캉

파리

냉트

파리 해방, 1944. 8

프랑스

용기병 작전

대 서 양

햇불 작전, 1942. 11

지브롤터

지 중 해

카사블랑카

오랑

알제

0   50 마일

0   100 km

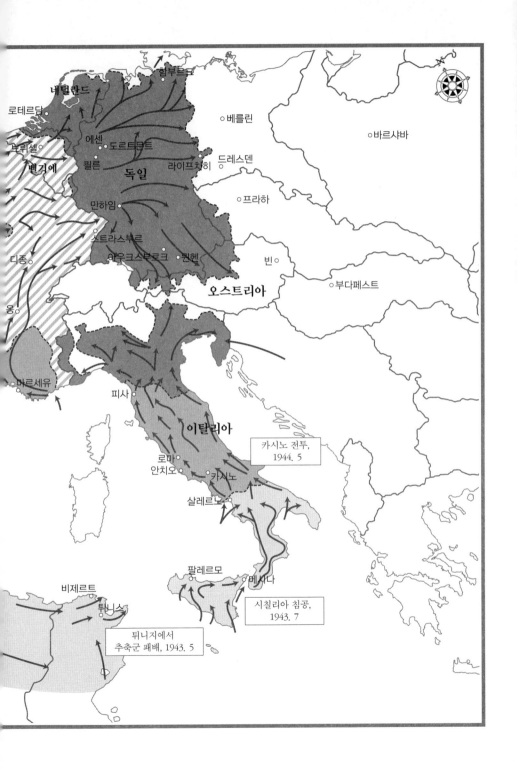

네덜란드
로테르담
브뤼셀
벨기에
디종
옹
마르세유

함부르크
에센
도르트문트
쾰른
독일
만하임
스트라스부르
아우크스부르크
뮌헨
오스트리아

베를린
바르샤바
드레스덴
라이프치히
프라하
빈
부다페스트

피사
이탈리아
로마
안치오
카시노
살레르노

카시노 전투,
1944. 5

팔레르모
메시나

비제르트
튀니스

시칠리아 침공,
1943. 7

튀니지에서
추축군 패배, 1943. 5

'피와 폐허': 제국주의 전쟁의 시대

1925년 모로코에서 베르베르족의 반란을 진압하려던 리프 전쟁에서 프랑스군이 발포하고 있다. 20세기 주요 식민 전쟁 중 하나인 이 전쟁에서 모로코 부족들은 독립을 지키기 위해 1921년부터 1927년까지 에스파냐군 및 프랑스군에 맞서 싸웠다.

19세기에 알려진 제국주의는 이제 실현 불가능하며, 유일한 문제는 제국주의가 평화롭게 묻힐지 아니면 피와 폐허 속에 묻힐지 여부다.

— 레너드 울프, 1928[1]

2차대전의 역사를 다루는 본서의 제목을 따온 위 인용문의 출처는 정치경제학자 레너드 울프Leonard Woolf가 근대 제국주의가 20세기 초 현대 문명을 규정하는 데 중요하다는 점을 입증하기 위해 쓴 《제국주의와 문명 Imperialism and Civilization》이다. 울프의 주장에 따르면 서방 세계는 1920년대까지 100년에 걸쳐 산업, 대중정치, 귀족층 쇠락과 함께 사회가 변혁됨에 따라 이례적인 혁명을 겪었다. 그것은 근대적 개념의 민족국가를 낳은 변혁이었지만, 울프가 저술한 시기까지 이어진 뚜렷한 제국 정복의 물결을 동반하기도 했다. 새로운 문명을 울프는 "호전적이고, 성전을 벌이고, 정복하고, 착취하고, 개종시키는 문명"으로 여겼으며, 제국에 관한 근래의 역사 저술은 대개 이 판단을 강화해왔다. 한줌의 식민국가들이 전 세계를 지배한 것은 역사상 전례가 없는 일이었다.[2] 울프가 보기에 제국 팽창은 위험하고 폭발적인 힘이었고, 만약 제국이 붕괴한다면 폭력적으로 붕괴할 공산이 컸다. 이런 배경에서 1차대전이 발발했고, 20년 후 더욱 광범하고 파괴적인 전쟁이 일어났다.

울프는 1940년대와 1950년대에 영토제국이 붕괴하면서 끝난 전 세계의 폭력의 긴 뿌리를 19세기 후반에서, 즉 개발도상 세계 전역에서 경제적·정치적 근대화의 속도가 빨라진 시기에서 찾을 수 있다고 주장했다는 점에서 확실히 옳았다. 유럽, 북아메리카, 일본에서 대규모 산업화와 도시화는 국민의식의 강화와 동시에 진행되었고 이 강화를 촉진하기도 했다. 근대화 열강 가운데 이탈리아와 독일은 신생국이었다. 이탈리아는 1861년에야, 독일은 그 10년 후에야 건국되었다. 아시아에서 유럽 방식의 근대화를 시작한 유일한 국가인 일본 역시 1868년 '메이지 유신'으로 종래의 도쿠가와 막부를 전복하고 메이지 천황 아래 새로운 경제·정치 엘리트층이 권력을 잡아 나라를 다시 세운 '신생국'이었다. 교육 확대, 급속한 사회 이동, 중앙집권적 국가기구의 진화와 맞물린 경제 근대화는 민족을 하나로 묶는 수단이었다. 또한 이 과정에서 한층 더 오랜 내력을 지닌 국가들에서도 새로운 국가정체성 의식과 더욱 진정한 의미의 국가정치가 생겨났다. 사회 변화는 대중 정치조직의 출현, 자유주의적 개혁에 대한 요구, 대중의 대표권 확대라는 결과를 가져왔다. 러시아 제국을 예외로 하면, 1900년경 모든 근대화 국가는 의회(더불어 제한된 선거권)를 보유했고, 시민으로 규정된 사람들에 대한 법치를 실행했다. 이는 기성 정치·경제 엘리트층에게 사회적 권력과 정치적 권한의 전통적인 분배를 약화시키는 변화였다. 이렇게 예상치 못한 급속한 변화가 일어나는 환경에서 아직까지 기성 식민제국들의 그물 밖에 있던 세계의 지역들을 분배하거나 지배하려는 영토제국주의의 새로운 물결이 일기 시작했으며, 마지막으로 제국을 추구한 이 역학의 프리즘을 통해 2차대전의 장기적 기원을 가장 잘 이해할 수 있다.

울프가 1914년 전쟁 발발 이전 40년간의 '신제국주의'라고 본 것은 여러 면에서 기존 제국 구조가 확장된 것이었다. 영국, 프랑스, 에스파냐, 포르투갈, 네덜란드는 '새로운' 제국주의가 도래하기 한참 전부터 세계 곳곳에 뒤죽박죽 영토—식민지, 보호령, 세력권, 수출입항, 조약상 특권 영역 등—를 가지고 있었다. 그러나 새로운 제국의 물결은 달랐다. 이 물결은 근대화 중인 민족들 사이에 점점 커지는 경쟁의식에서 비롯되었는데, 어느 정도는 그들이 새로운 자원과 식량의 공급처, 새로운 시장을 찾고 있었기 때문이고, 어느 정도는 '제국'이 19세기 후반 민족국가의 정체성을 나머지 세계를 '문명화'하는 진보적 행위자로 규정할 수 있는 방법으로, 또는 국가 위신의 상징으로 보였기 때문이다. 특히 국가정체성이 취약하고 지역에 따른 충성과 사회 갈등으로 분열된 신생국들의 경우 상징으로서의 제국을 중시했다. 1894년 12월 독일 총리 클로트비히 추 호엔로헤-실링스퓌어스트Chlodwig zu Hohenlohe-Schillingsfürst 공은 "우리의 식민지를 유지하는 것은 국가 명예의 요구이자 국가 평판의 지표다"라고 선언했다.[3] 1885년 이탈리아 외무장관은 "세계 각지의 식민지 획득을 위한 진정한 장애물 경주에서" 이탈리아는 식민지를 획득함으로써 "강대국으로서의 운명"을 발견해야 한다고 주장했다.[4] 신생 메이지 국가를 운영하는 일본 개혁가들은 모종의 제국주의가 새로운 '국체國體'를 입증하기 위해 반드시 필요하다고 생각했으며, 1870년대에 쿠릴 열도, 류큐 제도, 오가사와라 제도를 정복한 것은 당시 명칭인 대일본제국을 건설하는 첫 단계였다.[5] 그 이후 50년간 독일, 이탈리아, 일본은 주요 제국을 창출하려 했으며 그 결과가 1940년대의 세계대전이었다.

근대적 국가정체성을 형성하려는 시도와 제국을 획득하거나 확장하려는 시도의 연계는 1914년 이전에 아주 흔하게 나타났다. 심지어 동유럽의 유서 깊은 로마노프 제국과 합스부르크 제국도 발칸에서 제국 열망을 품었거니와 이는 결국 전쟁으로 이어졌다. 해외 제국을 공고히 하거나 건설하려는 국가들의 경우, 국가 건설과 제국주의의 연계가 명확했다. 그냥 국가가 아닌 '국가–제국nation-empire'은 영토 쟁탈전에 뛰어든 이런 국가들을 정의하는 용어다. 이른바 '제국주의의 국유화'는 1930년대와 폭력적 영토 획득의 마지막 물결에 이르기까지 줄곧 중요한 영향을 끼쳤다.[6] 제국은 시민과 신민, 문명과 원시, 신식과 구식—1940년대까지 이 양극성이 제국주의 국가들이 자국의 통제 아래 들어온 주민과 영토를 바라보는 방식을 규정했다—의 대비를 부각시킴으로써 세계주의적 권력을 더 분명하게 규정하는 역할을 했다. 모든 제국주의 열강이 공유한 이 세계관은 피점령 영토의 기존 문화와 가치를 거의 전부 무시했다. 새로운 소비자부터 개종자까지, 제국이 제공할 수 있다는 것에 대한 기대는 대부분 과장된 것이었다. 비르테 쿤드루스Birthe Kundrus가 말한 '제국 환상'은 국가 간 경쟁을 부추기는 중요한 역할을 했다. 심지어 제국의 비용이 제국을 보유해 얻는 대개 한정된 이익을 한참 상회한다는 것이 분명한 경우에도 마찬가지였다.[7] 이는 미개척 변방에 정착하거나, 황금이 넘쳐나는 엘도라도를 발견하거나, '문명화 사명'을 수행하거나, 명백한 운명을 실현하여 민족의 활력을 되살릴 수 있다는 강력한 환상이었다. 이 환상은 그 이후 50년간 '제국'을 바라보는 방식에 영향을 주었다.

새로운 제국주의의 물결을 지탱한 환상은 진공에서 생겨난 게 아니었다. 이 환상은 많은 제국주의 국가들이 공유한 일군의 지적·과학적 주장에 의지하는 한편, 역으로 이런 주장을 자극하기도 했다. 민족 경쟁이라는 개념은 적자생존과 현대 국가 간 경쟁의 자연적 성격에 관한 다원주의적 패러다임에 크게 빚지고 있었다. 이는 1914년 이전에 널리 논의된 주장이긴 했지만, 여기에는 다윈의 가장 유명한 후계자들 중 일부와 연관된 뚜렷한 사고방식, 즉 본성상 '건강한' 민족이 열등한 민족을 통치할 운명이라는 사고방식이 깔려 있었다. 영국 통계학자 칼 피어슨Karl Pearson은 1900년 '과학의 관점에서 본 민족의 삶'이라는 주제의 강연에서 "주로 열등한 인종들과는 전쟁으로, 동등한 인종들과는 무역로나 원료 및 식량 공급처를 둘러싼 투쟁으로" 민족의 능력을 높은 수준으로 유지해야 한다고 말했다. "이것이 인류의 자연적 역사관입니다."[8] 독일 장군 프리드리히 폰 베른하르디Friedrich von Bernhardi는 1912년에 출간되어 널리 번역된 《독일과 다음 전쟁Deutschland und der Nächste Krieg》에서 분명 많은 이들이 당연시하던 관점에서 민족 경쟁을 설명했다. "삶의 가장 유리한 조건을 확보하고 자연의 보편적인 이치에 따라 자기주장을 할 수 있는 부류가 살아남는다. 약자는 굴복한다."[9] 다윈주의 이론을 적용할 때의 핵심 요소는 자원을 둘러싼 투쟁이었으며, 결국 자원 확보를 위해 더 많은 제국 영토가 필요하다는 것이 당시 통념이었다. 1897년 독일 지리학자 프리드리히 라첼Friedrich Ratzel은 악명 높은 새 용어 '생존공간Lebensraum'을 고안하면서 현대의 우월한 문화들은 영토를 확장해 증가하는 인구를 위한 식량과 원료를 확보할 필요가 있고 이 목표는 오로지 '열등한' 문화들을 희생시키는 방법으로만 달성할 수 있다고 주장했다. 아돌프 히틀러가 오스트리아에서 학교에 다니던 때에 라첼이 저술한 《정치지리학Politische Geographie》의 결론부를 이 미래의 독재자는 훗날 1920년대에 심복 루돌프 헤스Rudolf Hess와 논의했다.[10]

유럽 제국주의에 영향을 준 문화적 우월의식은 인종들의 유전적 차이에 따른 자연적 위계를 주장하는 당대의 과학이론에도 의존했다. 확실한 과학적 증거가 거의 없었음에도, 피식민 세계의 원시적 후진성이나 명백한 야만성의 상태를 보건대 만약 선진 세계가 원료를 대신 차지하지 않는다면 후진 세계가 그곳의 원료를 그저 허비할 것이고, 선진 세계의 역할은 이국적이고 타락한 사람들에게 문명의 결실을 가져다주는 것이라는 주장이 제기되었다. 이런 대비는 당연시되었고 인종 차별과 영원한 종속 상태를 정당화하는 전략에 사용되었다. 1900년 영국령 인도 총독 커즌 Curzon 경은 "내가 관리해야 하는 수백만 명은 모두 초등학생만도 못하다"라고 주장할 수 있었다. 독일에서 이 견해는 동부의 유럽 이웃국가들로까지 확대되었으며, 1914년 《라이프치허 폴크스차이퉁Leipziger Volkszeitung》에 실린 표현대로 동유럽을 '야만성의 온상'으로 여길 수 있었다.[11] 게다가 더 위험하게도 생물학적으로나 윤리적으로나 자신들이 우월하다는 전제가 극단적 수준의 폭력을 정당화하는 데 쓰였고, 실제로 폭력이 새로운 제국주의의 물결을 뒷받침했다.

기존 정치체로부터 영토를 강탈한 거의 모든 경우에 그 방법은 정도의 차이는 있어도 잔학행위 아니면 협박이었다. 일찍이 1914년 이전에도 백인의 정복을 아메리카 선주민이나 오스트레일리아 선주민에게로 확대하는 것은 비록 유감스럽긴 해도 불가피한 결과로 여겨졌다. 1870년대부터 아프리카와 아시아로의 팽창에 수반된 대규모 폭력 역시 현지 주민들을 위해 문명을 수출하는 데 필요한 조치로, 당대의 도덕적 가책을 불러일으키지 않는 조치로 여겨졌다. 1904년 독일령 서남아프리카에서 한 의사는 "토착민 문제의 최종 해결Endlösung은 토착민의 권력을 완전히 영원토록 깨트리는 것일 수밖에 없다"고 쓸 수 있었다. 역사가들이 두 시대 사이의 인과관계를 아무리 의심할지라도, 최종해결은 생존공간과 마찬가지로 국가사회주의의 발명품이 아니었다.[12] 1914년 이전 독일 특유의 언어도 나치의 산물이 아니기는 마찬가지다. 장차 1930년대와 1940년대에 제국주의를 좌우하게 될 '인종과 공간'이라는 한쌍의 개념이 정립된 때는 1차대전 이전에 제국의 기능과 책무에 관해 고찰하던 비옥한 기간이었다.[13] 또한 같은 시기에 국내 인구는 제국의 특권적 행위자로 대하고 종속민은 본국 중심부에서는 전혀 찾아볼 수 없는 수준의 강압과 자의적 처벌로 대하는, 두 개의 상반된 도덕적 세계가 구축되었다.

그럼에도 이런 현대 국가와 그 영토제국의 관계를 나타내는 '심상지도'는 새로운 제국을 건설하던 시절의 역사적 현실과 거의 일치하지 않았다. 오히려 1945년 이후 영토제국이 허물어진 시기까지 '상상된 공동체'로서의 제국과, 국가-제국을 통해 현대적 정체성을 찾을 것이라던 국민공동체가 실제로 부담한 비용과 위험 사이에는 줄곧 현격한 차이가 있었다. 이는 주요 제국주의 열강인 영국과 프랑스의 경우도 마찬가지였다. 두 국가 모두 끝없이 넓어지는 영토를 정복하고 방어하기 위해 자원을 쏟아부어야 했다. 1911년에 영국은 4억 명이 사는 3100만 평방킬로미터의 제국 영역을 지배했으며, 프랑스는 본국보다 20배 이상 넓은, 1억 명이 사는 1250만 평방킬로미터의 영역을 관할했다.[14] 제국의 길에 처음으로 들어서려는 신생국들은 해외 식민지에 대한 대중의 열정을 불러일으키기가 더 어려웠다. 그들의 식민지는 기존 제국들의 식민지보다 더 작고 자원이 적었으며 이민자와 투자를 별로 이끌어내지 못했다. 1895년 아비시니아 침공에 실패한 신생 제국 이탈리아에 남은 것이라곤 소말리아와 에리트레아의 일부, 그리고 또다른 제국 모험에 반대하는 국내 여론밖에 없었다. 본국을 벗어나 이 자그마한 제국 영역 내에 머물던 이탈리아인은 수천 명이었지만, 1860년부터 1차대전 전까지 제국 바깥의 목적지들로 이주한 이탈리아인은 1600만 명에 달했다. 1911년 이탈리아가 트리폴리타니아와 키레나이카(지금의 리비아)를 차지하기 위해 오스만 제국과 전쟁을 벌이기 전에 청년 급진주의자 언론인 베니토 무솔리니는 정복에 필요한 피와 돈을 요구하는 어떤 정부든 총파업에 직면할 것이라고 경고했다. "그리하여 국가 간 전쟁은 계급 간 전쟁이 된다"고 무솔리니는 주장했는데, 이 견해는 훗날 이탈리아와 같은 '프롤레타리아' 국가들과 부유한 금권정치 국가들을 구별하는 그 자신의 제국주의에 스며들었다.[15] 이와 비슷하게 독일에서도 1914년 이전에는 해외 제국에 대한 태도가 모호했다. 주로 사업가, 성직자, 교육자로 이루어진 부르주아 계층에서 해외 식민지에 대한 열망이 있었고, 1914년경 독일식민협회DKG는 회원이 4만 명을 헤아렸다—그러나 이 숫자는 해외 영토에 정착한 독일인의 두 배였다.[16] 1914년 이전의 대중 교육과 문화가 해외 식민화의 이국적이고 낭만적인 측면에 대한 관심을 불러일으키는 데 일조하긴 했지만, 상상 속 '동방'의 대륙 제국에 대한 관심이 훨씬 컸다. 동방에 대한 관심은 훗날 유럽 제국을 적극 추구한 1930년대와 1940년대에 이르기까지 영토를 대하는 독일인의 태도에 줄곧 동기로 작용했으므로 얼마간 자세히 살펴볼 필요가 있다.

1871년 건국된 독일은 폴란드인이 다수 거주하는 동프로이센의 지역들을 포괄했는데, 이는 18세기에 독일, 러시아, 오스트리아가 폴란드를 분할한 결과였다. 동프로이센은 동쪽 슬라브인의 위협적인 바다를 막아내는 핵심 방파제로 여겨졌으며, 1886년 독일 총리 오토 폰 비스마르크Otto von Bismarck는 이곳 폴란드인 인구를 가능하다면 다시 국경 너머 러시아령 폴란드로 돌려보내고 대신에 독일인을 정착시켜 이른바 농업의 원시적 형태(경멸조의 '폴란드식 경제')를 근절하고 향후 위협에 대응할 안정적인 국경 병력을 공급하기 위해 '왕립 프로이센 정착위원회'를 발족했다. '내부 식민화'라 불린 이 조치를 독일은 널리 홍보했다. 1894년, 동방에서의 식민화 과정을 촉진하기 위한 조직인 동방행진협회Ostmarkenverein가 설립되었다. '인종과 공간'에 관한 이념이 동방에 쉽게 적용되었고, 1914년 한참 이전부터 식민화하기에 알맞은 땅, 즉 당시 "가장 깊은 야만성과 빈곤에 빠져" 있어 현대 문명으로 질서와 문화를 가져다줄 수 있는 동쪽의 땅으로 독일 제국주의를 넓혀간다는 환상이 자라났다.[17] 또 이른바 '동방소설Ostromanen'이라는 국경 문학이 발달한 덕에 독일인은 해외 제국주의와 동부 국경의 식민화를 뭉뚱그릴 수 있었다. 이런 소설에서는 동방의 식민지적 측면을 강조하기 위해 폴란드인은 '타자'로, 반면에 독일인은 교양인으로 규정하고 전자를 실제와 다르게 '거무스름한' 존재―거무스름한 피부, 거무스름한 눈동자, 거무스름한 머리칼―로 묘사했다. 가장 유명한 동방소설 중 하나는 클라라 피비히Clara Viebig의《잠자는 군대Das Schlafende Heer》(1904)로, 구릿빛 폴란드인 농민이 "노랑머리 백인 침공군"을 보고 탄식한다.[18] 1914년 전쟁 발발 직전에 설립된 '내부 식민화'를 위한 협회는 기관지에서 아프리카 제국과 동쪽 폴란드를 비교하고 건강한 독일인이 두 방향의 공간으로 팽창할 필요성을 옹호했다.[19]

'신제국주의'의 발전을 특징지은 한 가지 주된 요인은 1870년대부터 1940년대까지 제국 팽창의 뚜렷한 특색이었던 내재적 불안정성과 광범한 폭력이었다. 19세기 후반과 20세기 첫 10년간 제국 옹호론의 태반은 그 근거로 당시 통념처럼 받아들이던 여러 국가-제국들 간의 자연적이고 불안정한 경쟁에서 제국이 전략상 필요하다는 이유를 들었다. 하지만 또 다른 근거가 있었으니, 제국의 압박에 현지 공동체가 폭력적으로 대응한 곳에서 그 세력권이나 경제이익권을 지킬 필요성이었다. 유럽에서 1차대전 이전이 아름다운 시대belle époque였다는 생각은 유럽중심적 구성물이다. 전전戰前 시대에 유럽에서 세계 전역으로 폭력이 수출되었다. 근대화 국가들이 우위를 점한 것은 기존의 재력과 군사훈련에 수송 수단과 신식 무기의 급속한 발달이 더해진 결과 대개 제국주의 열강이 군사적 이점을 누렸기 때문이다. 일본은 1868년 이후 유럽의 근대식 군대 편제를 재빨리 모방하고 가장 앞선 기술을 채택했지만, 아시아와 아프리카를 통틀어 그만큼 효과적으로 대처한 나라는 일본밖에 없었다. 전통 사회들은 모조리 정복당했다. 남아프리카에서 줄루족과 마타벨레족의 사회가 그러했고, 네덜란드령 동인도에서 아체의 술탄국이 그러했으며, 프랑스가 안남과 통킹을 정복한 오늘날의 베트남 지역이 그러했다. 폭력은, 심지어 1945년 이후 제국이 저물어갈 때까지도, 모든 제국 관계의 뚜렷한 특징이었다.

훗날의 두 차례 세계대전에 더 중요한 영향을 끼친 것은 서로 대등한 적국들과 선진국들이 벌인 제국 쟁탈전이었다. 평화가 끝난 1914년에 초점을 맞춘다면 그것은 실상을 완전히 호도하는 것이다. 1차대전 이전부터 갈수록 세계화된 세계는 대규모 분쟁(아울러 심각한 위기의 순간)으로 인해 때때로 불안정해졌으며, 그런 분쟁은 유럽 주요 열강 간의 관계와 아시아의 미래에 심대한 영향을 주었다. 그중 가장 중요한 분쟁들은 일본이 일으킨 것으로, 1894년 중국의 조공국 조선에서 중국군을 상대로 첫 분쟁을 일으키기 시작했다. 이 대규모 분쟁에서 새로 편성된 일본의 육군과 해군이 승리를 거두었다. 일본 제국은 조선을 보호령으로 삼고 큰 섬 포르모사(지금의 대만)를 식민지로 삼아 하룻밤 새에 식민지 게임의 주요 참가자가 되었다. 일본은 러시아 제국을 상대로 두 번째 전쟁을 벌였다. 일본이 청일 전쟁에서 승리한 후 북중국의 만주 지방을 병합하려던 시도를 러시아가 방해하고 더 나아가 이 지역에서 자국의 이권을 확보하려 했기 때문이다. 1904~1905년 러시아의 대규모 육군과 거의 총전력의 함대—발트해부터 동해까지 3만 킬로미터를 항해했으나 일본 함대를 당해내지 못했다—가 참패했고, 일본이 만주에서 러시아의 광범한 경제적 이권을 대신 차지했다. 일본 측의 손실은 동원 병력 200만 가운데 사망 8만 1500명에 부상 38만 1000명이었다. 당시까지 일본이 치른 최대 규모의 이 국외 분쟁을 계기로 만주 지역에서 일본의 역할이 완전히 바뀌었다.[20]

1898~1899년 에스파냐와 미국 간 전쟁은 제국을 노린 전쟁은 아니었지만, 에스파냐의 패배로 미국이 필리핀, 푸에르토리코, 괌, 그 밖에 태평양의 여러 작은 섬들을 임시로 보유하게 되었다. '대ㅊ아메리카'를 세운다는 발상이 잠시 흥하긴 했지만, 대법원에서 새 영토는 미국의 일부가 아니라고 판결한 뒤 미국 '제국'이라는 발상에 대한 관심은 시들었다. 태평양 기지들이 전략상 유용하긴 했으나 에스파냐로부터 빼앗은 영토들은 공식 제국의 일부가 아니라 미국 점령군에 의존하는 어중간한 상태였다.[21] 또한 1899년에 남아프리카 보어인의 트란스발 공화국과 오라녜 자유국, 이 두 독립국과 영국 간에 큰 전쟁이 발발했다. 1899년부터 1902년까지 치른 남아프리카 전쟁은 반세기를 통틀어 영국 최대의 분쟁이었다. 약 75만 명이 동원되어 사상자 2만 2000명이 발생했다. 이때 유럽 출신 백인 정착민들과 싸운 영국은 다른 유럽인들로부터 두루 비난을 받았지만, 결국 승전하여 상당한 영토와 자원을 자기네 아프리카 제국에 더하는 한편 싸워서 이기는 쪽만이 더 많은 제국 영토를 손에 넣을 수 있다는 신다윈주의적 견해를 강화했다.[22]

식민지 문제는 1914년 전쟁을 불러온 것으로 드러난 핵심 결정들을 자극한 매우 중요한 촉매였다. 1880년대부터 형성된 동맹 블록들을 주로 자극한 것은 정치적으로 불안정한 상태에서 빠르게 근대화를 추진 중인 국가들의 증대하는 권력과 군사력에 대한 전략상 불안이었지만, 동시에 제국 간 경쟁이 이런 불안을 부추기기도 했다. 러시아는 일본에 굴욕을 당하고서 다시 남동유럽 및 오스만 제국과의 관계로 관심을 돌렸다. 프랑스와 영국 사이에 제국 문제를 둘러싼 분쟁은 1904년 영국-프랑스 화친협정으로 이어졌고, 이와 비슷한 불확실성이 3년 후 영국-러시아 화친협정을 낳았으며, 삼국의 공조는 결국 유럽 전쟁에 영향을 주었다. 유럽에 국한된 이권이 아니라 전 세계에 걸친 이권을 지키려는 노력 역시 군사력 확대 경쟁을 부채질했다. 특히 영국과 독일의 해군력 경쟁은 더 넓은 세계적 이권과 떼어놓고는 이해할 수 없다. 실제로 독일이 1914년 이전에 일으킨 심각한 국제적 사건들, 특히 보호령 권리 배분에 관한 영국, 프랑스, 에스파냐의 합의에 이의를 제기한 1905년과 1911년 모로코 위기의 원인은, 신생국 독일에 세계 강국으로서의 지위를 상징하는 제국이 필요하다는 신념에서 비롯된 제국주의 야망의 성격에 있었다.

그런데 모로코 위기만큼이나 중요한 사건이 있었으니, 1911년 이탈리아의 조반니 졸리티Giovanni Giolitti 정부가 국내 민족주의 여론의 압력을 받아 튀르크에 선전포고하고 북아프리카에서 오스만 제국의 남은 영토를 점령하기로 결정한 일이었다. 민족주의와 식민주의 로비 단체들은 아비시니아에서 굴욕을 당한 마당에 새로운 이탈리아 국가를 공고히 하려면 강대국 지위를 입증할 만한 제국 팽창이 필요하다고 주장했다. 그들의 주요 대변인 엔리코 코라디니Enrico Corradini는 제 몫의 제국이 없는 이탈리아는 그저 '프롤레타리아 국가'라고 단정했으며, 훗날 1930년대에 무솔리니는 바로 이 표현을 사용해 새로운 이탈리아 제국주의를 정당화했다.[23] 1911년 전쟁의 주요 목표는 교역이나 영토 못지않게 국가의 위신 확립이었는데, 때마침 신생 이탈리아 건국 50주년에 발발했기 때문이다. 모로코에서 위기를 일으켰던 독일과 마찬가지로, 프랑스와 영국이 이탈리아의 아프리카 제국 건설 시도를 막으려 할지도 모른다고 불안해하던 이탈리아 정부는 상당한 위험을 감수했다—다만 두 제국주의 열강은 결국 이탈리아를 저지하지 않았다. 그 결과는 이탈리아 지도부가 원한 단기간의 식민 전쟁이 아니라, 1904년 러시아가 일본과 충돌했던 것처럼 또다른 주요 강국과 치르는 전쟁이었다.[24] 이 전쟁은 1911년 10월부터 1912년 10월까지 1년간 이어졌으며, 오스만이 트리폴리타니아와 키레나이카를 양도한 것은 어디까지나 북아프리카 전쟁으로 오스만의 주의가 흐트러진 틈을 이용해 발칸의 독립국들이 오스만의 남은 유럽 영토를 공격하기 시작했기 때문이다. 이탈리아 측은 로마 제국 시대의 지역명을 존중하는 의미에서 새 식민지를 '리비아'라 불렀고, 동아프리카에서 영국과 프랑스를 압박해 양보를 얻어내고자 새로운 요구사항을 공식화하기 시작했다.[25] 에게해에서 이탈리아는 튀르크령 도데카니사 제도를 몰수하여 점령함으로써 이제 유럽인 신민에 대한 반$\pm$식민지적 책임을 떠맡았다. 이탈리아가 리비아를 정복한 사건은 일본이 중국과 러시아를 격파한 사건과 마찬가지로 새로 제국이 되려는 국가는 주적을 상대로 해서라도 전쟁을 치르는 방법으로만 영토제국을 확보할 수 있다는 견해에 한 세대 동안 영향을 주었다.

북아프리카에서 이탈리아의 오만이 1차대전을 촉발했다고 말하는 편이 더 적절하다는, 보통 제기되지는 않지만 타당한 주장이 있다. 그 이후 발칸 국가들이 승전하여 오스만의 유럽 영토를 대부분 빼앗았고 세르비아가 이 지역에서 주요 행위자가 될 전망이 열렸다. 발칸에 이해관계가 걸린 러시아와 오스트리아-헝가리라는, 공히 국내의 정치적 위기에 직면해 있던 두 왕조제국은 이 지역에서 전략적 이익을 포기할 마음이 없었다. 게다가 이탈리아는 1882년부터 독일과 오스트리아의 동맹이었으므로, 1912년 이탈리아가 도데카니사 제도를 점령한 사건으로 인해 러시아로서는 또다른 장애물에 가로막힐 법한 상황이었다. 발칸에 적극 개입하면서 지중해의 부동항으로 진출할 방도를 찾고 있었기 때문이다. 1914년 7월 말과 8월 초에 유럽 전면전이 발발한 원인으로 보통 강대국 경쟁과 이를 뒷받침한 주요 행위자들 사이의 강렬한 민족 감정, 오만과 불안이 뒤섞인 감정을 꼽긴 하지만, 제국 건설의 역할, 그리고 국가-제국으로서의 현대 국가들이라는 규정은 왜 국가들이 잃을 것 많은 유럽 전쟁을 불가피한 사태로 보았는지 설명할 때 아주 중요하다. 그럼에도 불구하고, 만약 1914년 7월에 세르비아가 오스트리아의 최후통첩을 수락했다면, 오늘날 역사가들은 1890년대부터 이어지는 기다란 제국 위기의 목록에 추가된 또 하나의 짧은 위기에 관해 쓰고 있을 것이다.[26]

매우 분명한 의미에서 1차대전은 제국주의 전쟁**이었다**. 1914~1915년에 참전한 국가들은 전통적인 왕조제국이든 해외 제국 영토를 가진 국가든 간에 모두 제국이었다. 이 전쟁은 오래도록 결판나지 않는 소모전이 되었고, 그에 따라 국가-제국의 생존 자체가 달렸다고 할 정도로 싸움의 판돈이 커졌다. 서부전선의 피비린내 나는 장기간 교착 상태에 역사적 초점을 맞추어 1차대전을 편협한 민족주의적 관점에서 바라보는 이들도 있지만, 1차대전은 분명한 제국주의 야망을 가진 국가들이 세계 전역에서 치른 전쟁이었다.[27] 러시아는 오스만 제국을 희생양 삼아 동지중해와 중동으로 세력권을 넓히려 했다. 그런가 하면 민족주의 혁명의 진통을 겪고 있던 오스만 제국은 1914년 10월 중동과 북아프리카에서 튀르크족의 제국이 쇠락하는 추세를 뒤집기를 희망하며 연합국—영 제국, 프랑스 제국, 러시아 제국—에 전쟁을 선포했다. 이탈리아는 1882년 체결한 삼국동맹으로 독일 제국과 오스트리아-헝가리 제국의 동맹이면서도 1914년에 참전하지 않는 길을 택했다. 오히려 1915년 봄 런던에서 이탈리아 정부는 발칸과 지중해 일대에서 제국 영토를 보상으로 받을 것을 암시하는 모호한 내용의 협정을 교섭한 뒤, 연합국 편에 가담했다. 이탈리아 측은 오스트리아 제국을 물리쳐 발칸 반도 북동부의 땅을 마침내 해방시키는 것을 주목적으로 삼긴 했지만, 동시에 제국주의 야망을 추구했다. 1912년부터 이탈리아군은 리비아에서 오스만이 부추긴 광범한 반란에 직면했다. 이탈리아 정부가 전쟁 개입을 놓고 언쟁을 벌이는 동안 리비아의 이탈리아군은 두 차례 대패하여 3000명을 잃었다. 1914년 11월 콘스탄티노플에서 선포한 지하드에 맞서 이 식민지를 지키기 위해 이탈리아군 약 4만 명이 현지에 남아야 했다. 1918년경 이탈리아는 리비아 연안에서 어렵사리 버티고 있었지만, 수도 트리폴리는 사실상 포위 상태였다.[28]

영국과 프랑스의 전쟁 노력도 세계적 규모였다. 유럽에서 전투가 시작되자마자 이 연합국 제국들은 아프리카와 태평양에서 독일의 식민 영토들을 공격해 점령했다. 토고는 1914년 8월, 남서아프리카는 1915년 5월, 카메룬은 1916년 2월에 함락되었다. 독일령 동아프리카는 완전히 정복되진 않았으나 1916년에 대체로 연합국의 통제 아래 놓였다. 태평양에서 영국은 지난 1902년에 조약을 협상했던 일본 측에 30년 전 독일이 에스파냐로부터 매입한 태평양 섬들(일본에서 '남양 군도'라고 알려진)을 점령하고 독일의 해외 제국에 속하는 중국 산둥 반도를 장악할 것을 요청했다. 일본은 독일에 선전포고하고 1914년 말까지 여러 식민지를 공략해 일본 제국의 세력권을 중국 내에서 더욱 확대하고 처음으로 광대한 태평양 변경으로 진출할 길을 열었다.[29] 1915년 일본 정부는 중국 측에 '21개조 요구'를 제시하여 1914년 이전에 제국주의 열강이 얻어냈던 불평등조약의 노선을 따라 몽골, 푸젠, 만주의 권익 양도를 강요했다.[30] 일본은 교전국들이 유럽 전쟁의 수렁에 빠져 있는 한 일본의 세력권 확대와 관련해 할 수 있는 일이 거의 없다고 판단했다. '21개조 요구'는 중국이 향후 유럽 열강에 항만이나 도서를 일절 할양하지 않는다는 요구를 포함함으로써 장차 수십 년간 이어질 일본 제국의 중국 침투 패턴을 정립했다.

유럽 밖에서 단연 중요한 제국 투쟁의 무대는 중동이었다. 영국은 (1884년부터 점령하다가 1914년에 보호령으로 선언한) 이집트를 기지로 사용하면서 동지중해부터 페르시아(지금의 이란)에 이르는 지역의 통제권을 놓고 오스만 제국과 길고도 복잡한 전쟁을 치렀다. 영국은 행여 다른 국가가 이 지역을 지배할 경우 자기네 세계 제국에 닥칠 위험에 제국 전략의 초점을 맞추었고, 전쟁을 치르는 동안 팔레스타인부터 아프가니스탄까지 원호를 그리는 남아시아와 아랍 세계 전역을 어떤 식으로든 통제할 방법을 찾기로 결심했다.[31] 1915년 사이크스-피코 협정으로 공식화된 초기 계획은 오스만 제국을 세 나라의 세력권으로 나누는 것이었다. 구체적으로 제정 러시아의 세력권은 콘스탄티노플과 오스만의 심장부 아나톨리아였고, 프랑스의 세력권은 느슨하게 규정된 시리아 일대였으며, 영국의 세력권은 팔레스타인부터 페르시아에 이르는 지역이었다. 이 구상이 실현되기 전에 오스만 제국은 영 제국의 핵심 동맥으로 여겨지던 수에즈 운하를 공격했다가 격퇴당했다. 그 후 영 제국군은 오스만군을 다시 시리아와 북부 이라크로 몰아냈으며, 러시아가 볼셰비키 혁명으로 전쟁에서 이탈함에 따라 중동 전역에서 제국 유산 수령자로는 영국과 프랑스만 남게 되었다. 오스만의 동맹 독일은 전자의 제국 노력을 장비와 군사고문단으로 지원했을 뿐 아니라 영국과 프랑스의 제국 지역들 및 세력권들 곳곳에서, 특히 인도, 아프가니스탄, 북아프리카, 이란에서 두 나라에 대항하는 종교적·민족주의적 반란을 유도하기도 했다.[32] 이 모든 노력은 실패로 돌아갔고, 1918년이면 영국과 프랑스가 중동 전역을 지배하고 어쩌면 분할하여 각자의 제국 패권을 확장하고 공고히 하는 데 필요한 또 하나의

핵심 지역을 확보하리라는 것이 확실해 보였다.[33]

독일의 경우, 식민지를 전부 상실하고 연합국에 의해 본토가 해상 봉쇄를 당하자 독일 제국주의자들은 자연히 해외 식민지 대신에 더 넓은 유럽 제국, 특히 동방의 넓은 영역을 지배한다는 발상을 받아들일 수밖에 없었다. 이것은 결코 또다른 제국 환상이 아니었다. 1915년경 독일군은 러시아령 폴란드에 깊숙이 들어가는 한편 러시아령 발트 삼국을 점령한 상황이었다. 독일군은 일종의 동방 식민주의가 필요하다는 전전의 견해에 영향을 끼친 '슬라브인 영역'의 경계를 뒤로 밀어냈다. 독일군이 점령한 동방 지역들에는 유럽의 해외 영토의 식민 관행과 흡사한 통제 패턴, 특히 시민과 신민을 구별하는 패턴이 있었다. 피점령 인구는 본국과 다른 사법 체제를 적용받았고, 독일인 관리가 지나갈 때 경례와 인사를 하도록 강요받았으며, 강제노동력을 제공해야 했다.[34] 1917년 독일조국당이 창당된 뒤 동방에서 넓은 이주민 식민지 영역을 만들어낸다는 착상이 갈수록 인기를 얻었다. "나는 유럽 제국으로서 권력의 정점에 있는 나의 조국을 본다"고 독일 청소년용 애국적 이야기의 주인공은 주장했다.[35] 러시아 제국 영토에 주둔하는 독일 군인은 러시아란 식민화하기에 적합한 원시적 정치체라는 대중의 편견을 강화했고, 점령군이 사용한 언어는 해외 제국들의 식민 어휘와 흡사했다. 1914년 동부전선에서 보내온 한 보고서에는 접경지역 러시아 측 인구의 "저속함과 야만성"을 묘사할 만한 말이 없다고 적혀 있었다.[36]

1차대전 기간에 독일 제국주의 야망의 절정은 1918년 3월 볼셰비키 혁명정부가 부득이 체결한 브레스트-리토프스크 조약과 함께 찾아왔다. 이로써 독일이 벨라루스, 발트 삼국, 러시아령 폴란드, 우크라이나, 흑해의 캅카스 연안 등 러시아 제국의 서부 전역을 점령할 길이 열렸다. 이는

25년 후 히틀러의 군대가 차지한 영역보다도 넓은 영역이었다. 이 조약으로 인해 영국은 제국의 악몽과도 같은 전망에 맞닥뜨렸다. 바로 견고한 독일-오스만-합스부르크 블록이 유라시아 심장부와 중동을 지배할 전망이었다. 1918년 3월 독일군이 서부전선에서 최후의 맹공에 나서 연합군을 밀어붙여 재앙적 패배로 내몰 조짐이 보이자 상황은 더욱 악화되었다. "우리는 붕괴 직전입니다"라고 영국 정부의 군사고문 헨리 윌슨Henry Wilson 경은 경고했다. 영 제국의 이른바 식민지 총독들 중 한 명인 앨프리드 밀너Alfred Milner 경은 영국 총리 데이비드 로이드 조지David Lloyd George에게 이제 삼국동맹이 "유럽, 북아시아, 중앙아시아 전역의 주인"이 될 것처럼 보인다고 말했다. 근심하던 영국 대중도 독일이 벨기에령 콩고를 병합하여 대서양에서 인도양에 이르는 독일령 아프리카를 손에 넣는 미래를 상상했다.[37] 이 위기는 국가의 생존 못지않게 제국의 미래를 놓고도 싸우게 된 전쟁의 제국적·지구적 차원을 명확히 보여준다.

영국의 제국 악몽은 끝내 현실화되지 않았다. 1918년을 지나며 독일의 약한 동맹국들은 허물어졌고, 독일의 춘계 공세도 실패했다. 1년 전인 1917년 4월 삼국동맹에 선전포고한 미국 병력의 지원을 받아 서부 연합군은 마침내 독일군을 다시 독일 국경 쪽으로 몰아내는 데 성공했다. 1918년 11월 11일 유럽 전쟁은 종결되었으며, 1917년 러시아 왕조제국이 붕괴한 데 이어 세 주요 제국인 독일, 오스트리아-헝가리, 오스만이 무너졌다. 영국과 프랑스 모두 자기네 승리를 제국의 승리로 보았다. 영 제국은 전 세계의 전장에서 본국이 필요로 하는 엄청난 인력뿐 아니라 금전과 자원까지 제공했다. 백인 정착민 식민지들은 130만 명을 제공했고, 인도에서 120만 명이 동원되었다. 아프리카 식민지들은 노동자 수십만 명을 공급했고, 그중 20만 명이 사망한 것으로 추정된다.[38] 프랑스 제국은 50만 명의 군인(대다수가 프랑스령 서아프리카 및 북아프리카 출신)과 20만 명 이상의 징용자에 더해 16억 프랑의 분담금과 550만 톤의 보급품을 제공했다.[39] 제국의 결속은 전시 선전에서 중심 모티프가 되었고, 두 제국 모두 민주주의에 안전한 세계를 만들기 위한 전쟁이 역설적으로 비민주적 제국의 생존까지도 보장할 것이라고 기대했다. 이 역설은 1918년 이후 모든 제국이 당면한 딜레마를 이해하는 데 아주 중요하거니와, 20년 후 두 번째 주요 분쟁을 낳은 제국주의의 역할을 설명하는 데에도 도움이 된다.

전후 제국들의 생존에서 핵심 문제는 민족성 원칙과 제국 관념을 조화시켜야 하는 난제였다. 관례상 이 문제는 1918년 1월 18일 미국 의회 연설에서 새로운 국제주의적 세계 질서의 기틀을 마련하기 위한 '14개조'를 제시한 민주당 대통령 우드로 윌슨Woodrow Wilson과 연관된다. 이 연설은 하룻밤 사이에 세계 전역에서 유명해졌는데, 윌슨이 제14조에서 "강대국과 약소국을 막론하고 정치적 독립과 영토 보전"의 권리를 거론했기 때문이다. 연설 말미에 윌슨은 모든 국민과 민족에게 "서로 동등한 자유와 안전한 여건에서 살아갈 권리"가 있다는 견해를 거듭 피력했다. 결코 '자결'이라는 용어를 사용하진 않았지만 연설이 모호했기에 그렇게 해석할 여지가 있었으며, 연설 이후 이를 해방의 기회로 오해한 식민지 주민들의 청원, 로비, 대표단이 윌슨에게 쇄도했다.[40] 사실 윌슨의 성명에서 끄집어낸 '자결' 관념은 본래 1917년 3월 러시아에서 차르 체제가 전복된 뒤 혁명가들이 고안한 표현이었다. 아직까지 전쟁을 이어가려던 혁명 임시정부는 1917년 4월 9일 전쟁의 주목적이 "제민족의 자결에 기반하는 영구 평화의 확립"에 있다고 발표했다. 1917년 11월 러시아 사회주의 운동의 급진 공산주의파인 볼셰비키가 권력을 잡은 이후 새 정부의 의장 레닌은 "모든 식민지의 해방, 모든 종속 민족, 피억압 민족, 비주권 민족의 해방"

을 요청했다.[41] 제국주의 열강은 이런 러시아 공산주의의 호소, 오래지 않아 1919년 공산주의 인터내셔널(코민테른)의 창설로 제도화된 호소에 불안해진 나머지 1918~1919년 군대를 파견해 러시아의 반볼셰비키 '백군'을 지원했다. 얼마 전 러시아와 충돌했던 일본은 1918년 시베리아에 7만 병력을 파견했고, 시베리아 지방을 독립시키고 25만 병력으로 뒷받침하여 일본 제국을 북쪽으로 확장하는 방안을 잠시 구상했다. 그렇지만 결국 볼셰비키의 군사적 승리와 일본 국내의 불안정으로 인해 1920년에 철수했다.[42]

　민족자결 이념이 촉발한 제국의 위기가 임박했다는 첫 징후는 평화와 함께 나타났다. 평화가 도래하자 식민 본국의 전쟁 노력을 지원하여 연합군의 승리에 이바지한 여러 종속 민족들은 정치적 양보를 기대했고, 다른 민족들은 윌슨의 성명이 달갑지 않은, 어떤 경우에는 최근에 생긴 제국의 족쇄를 푸는 데 도움이 되리라 기대했다. 1919년 봄 파리 강화회의에서 윌슨과 그 수행단에게 청원자 혹은 청원이 쇄도했다. 요구사항은 완전한 주권을 용인하고 종속 민족은 자치 능력이 없다는 제국적 가정을 끝내달라는 것이었다. 청원자는 페르시아, 예멘, 레바논, 시리아, 튀니지, 프랑스령 인도차이나(지금의 베트남, 라오스, 캄보디아), 이집트, 한국에서 온 이들을 망라했다. 미국 인도자치연맹의 공동 창립자인 인도 민족주의자 랄라 라지파트 라이Lala Lajpat Rai는 윌슨에게 전보를 보내 "세계의 모든 약소 민족, 종속 민족, 피억압 민족"의 자유를 위해 새로운 헌장을 마련해준 것에 감사를 표했다. 미국의 개입은 "유럽의 제국주의 열강에 그늘을 드리웠습니다"라고 라이는 역설했다.[43] 그러나 그 어떤 청원도 받아들여지지 않았고, 종전 후 1년간 제국 통치에 반대하는, 대개 폭력적인 시위가 널리 확산되었다. 한국에서는 1919년 3월의 시위가 무자비하게 진압되었고, 인도에서는 암리차르 시의 소요에 총알이 빗발쳐 379명이 사망했으며, 이집트에서는 민족주의 지도부가 추방되고 반영국 소요로 800명이 목숨을 잃었다. 파리를 찾은 이집트 대표단의 일원은 "이것은 가장 추악한 배반이 아닌가?"라고 썼다. "가장 심각한 원칙 거부가 아닌가?"⁴⁴ 오직 아일랜드에서만 민족주의자들이 그곳에 배치된 영국군 11만 명을 물리치고 1922년 아일랜드 자유국으로서 일종의 독립을 쟁취하는 데 성공했다.

결국 파리 강화회의의 우선 과제는 동유럽과 중부유럽에서 무너진 왕조제국들을 대신할 주권국가들을 수립하는 것이었다. 폴란드, 유고슬라비아, 체코슬로바키아, 핀란드, 에스토니아, 라트비아, 리투아니아, 잔존 오스트리아가 그 결과였다. 자결 원칙은 다른 어느 지역으로도 확산되지 않았다. 영국 대표단과 프랑스 대표단은 윌슨을 설득해 장차 국제 질서의 주요 행위자가 될 국제연맹의 규약 초안에서 '자결'이라는 용어를 빼고 대신 기존 국가들의 영토 보전과 정치적 독립에 대한 약속을 집어넣을 수 있었다.⁴⁵ 1919년에 이런 정치적 과정을 시작으로 영국-프랑스는 윌슨과 자국 내 제국 비판자들 양편의 자유주의적 포부를 상당히 제한하는 데 성공했다. 패전한 독일 제국은 베르사유 조약의 조항에 따라 가혹한 처분을 받았다. 독일은 모든 해외 영토, 알자스-로렌 지역, 동프로이센을 관통하는 폴란드 '회랑지대', 슐레지엔의 일부를 상실했고, 작은 땅덩이들을 벨기에와 덴마크에 넘겨주었다. 이에 더해 무장을 거의 완전히 해제하도록 내몰렸고, 전쟁을 먼저 개시했다는 혐의로 1320억 금마르크의 배상금 청구서를 받아들여야 했다. 정치적 스펙트럼을 망라하는 독일 사회를 강화협정에서 배제하는 데에는 전쟁 책임 혐의가 결정적 역할을 했지만, 독일 식민주의는 너무 잔혹하고 착취적이라서 독일이 '문명화 사명'을 공유하는 것을 용인할 수 없으므로 식민지를 박탈한다는 결정 조항 역시 같은 역할을 했다. 하지만 이 주장은 독일 측이 보기에 한낱 위선에 지나지 않았다.

놀랄 것도 없이 강화조약의 수혜자는 주로 제국주의 열강이었다. 1919년 1월 연합국이 파리에서 만나 먼저 합의한 조치 중 하나는 독일 제국과 오스만 제국의 영토를 영국과 프랑스가 점령한다고 확정한 것이었다. 연합국은 두 제국의 영토를 곧바로 병합하지 않고 위임통치 제도를 도입해 "현대 세계의 힘겨운 여건"에서 "아직 자립할 수 없는" 공동체들을 대신 통치한다는 데 동의했다. 위임통치 제도는 1921년 국제연맹 상설위임통치위원회의 창설로 공식화되었으며, 스위스 학자 윌리엄 라파르William Rappard가 이끄는 위원단이 위임통치 수임국들을 상대로 위임통치령 인구의 궁극적인 자치를 실제로 준비하는지 확인하기로 했다. 그러나 사실상 위임통치 수임국들은 새로 맡은 지역을 자기네 제국 지도에 추가된 영토로, 혹은 훗날 영국 보수당 정치인 네빌 체임벌린Neville Chamberlain이 말했듯이 "구어적 의미"의 제국으로 여겼다. 중동 위임통치는 영국과 프랑스 간의 빈틈없는 교섭 결과였으며, 양국은 오스만에 맞서 전투를 지원했던 아랍 지도부에게 해준 약속에 개의치 않고 이 지역 전체—프랑스는 레바논과 시리아, 영국은 트란스요르단과 이라크, 팔레스타인—를 차지했다. 아프리카의 구 독일 식민지들에 대한 위임통치권 역시 영 제국과 프랑스 제국이 나누어 가졌고, 벨기에의 몫으로 동부 콩고 분지의 르완다와 부룬디를 내주기로 했다.[46] 일본은 독일령 태평양 섬들에 대한 위임통치권을 얻었으며, 오스트레일리아와 뉴질랜드는 독일령 뉴기니와 서사모아를 위임통치하게 되었다. 전 독일 식민지의 주민들은 이런 처우에 반대했다. 전 독일령 카메룬 출신 조지프 벨Joseph Bell은 1919년 10월 "프랑스 정부는 우리에게 자기네 정부의 행정 아래 살아가라고 강요하지만 우리나라는 프랑스 정부를 원하지 않는다"고 썼다. 위임통치위원회가 활동한 제네바에서 다시 청원이 급증했으나 국제연맹을 좌우하던 새로운 위임통치 수임국들은 그런 청원을 무시했다. 대다수가 외교관 또는 식민지 관료였던 위원회의 성원 9명 가운데 8명은 위임통치 수임국의 4명을 포함해 제국주의 국가를 대표했다.[47]

제국이 1차대전 직후 결국 국제적 압력과 민족주의적 압력을 모두 견뎌낸 것은 위협에 기꺼이 폭력으로 대응했기 때문이다. 실제로 불안정하고 정치적으로 위험한 세계에 직면한 모든 제국주의 열강에게 국가-제국을 규정하고 강화하는 한편 아프리카, 중동, 아시아의 도처에서 완전한 민족 독립의 권리를 억압하는 데 도움이 되는 제국은 오히려 더욱 중요해졌다. 우드로 윌슨은 잠시나마 세계적 인기를 누리긴 했지만, 그의 원칙은 제국들의 세계를 와해시킬 의도로 제시한 게 결코 아니었다. 그가 보기에 제국주의 열강은, 미국이 에스파냐로부터 획득한 필리핀과 기타 영토에서 하고 있는 것처럼, 수탁자의 입장에서 완전한 국가를 갖추기에는 너무 원시적인 사람들에게 문명의 혜택을 가져다주어야 했다. 1919년 파리에서 윌슨은 비유럽인의 청원에 부정적으로 반응하여 이런 선호를 확인해 주었지만, 미국 국민 대다수는 유럽과 일본의 제국주의를 억제하지 못한 것을 그저 위선으로 해석했고, 1919년 미국 상원은 파리에서 체결된 협정을 거부하고 국제연맹을 그런 위선을 지탱하는 행위자로 치부했다.[48] 때때로 제기되는 주장처럼 이 결정으로 미국이 세계정세에서 손을 뗀 것은 아니었지만, 그 결과로 제국 유지에 기득권이 걸린 주요 열강이 국제연맹을 확고히 장악하게 되었다.

살아남은 제국들 중에서는 영국 및 프랑스 제국이 가장 중요했다. 전후에 프랑스 제국은 본국의 문화에서 더 중요한 역할을 담당하고 더 많은 경제적 이익을 제공했다. 위임통치령을 추가한 프랑스 제국은 지리적 범위를 최대로 넓혀 '최대 프랑스la plus grande France'라고 불리게 되었다. 전시에 제국이 전쟁 노력에 이바지하자 주로 식민장관 알베르 사로Albert Sarraut와 연관된 주장, 즉 최대한 많은 것을 짜내기 위해 제국을 중앙집권화하고 통합할 필요가 있다는 주장이 제기되었다. 1923년 사로는 인기 저서 《프랑스 식민지의 발전La mise en valeur des colonies françaises》에서 제국의 더 큰 목표를 제시했다. "해외 프랑스령들 전체의 힘과 부를 증대"시킴으로써 "모국의 향후 권력과 번영"을 보장한다는 목표였다. 제국을 가진 프랑스는 "세계적으로 중요한 국가"라고 어느 사업가는 말했다.[49] 연이은 프랑스 정부들은 본국 경제와 더 긴밀히 연결된 제국을 만들었고, 1928년 이후 일군의 새로운 규제인 키르셰Kircher 관세로 제국을 얼마간 보호했으며, 공동통화 블록을 제국의 기반으로 삼았다. 1939년경 제국은 프랑스 수출품의 40퍼센트를 흡수하고 수입품의 37퍼센트를 공급했으며, 같은 해 프랑스 해외 투자의 40퍼센트 이상이 제국 내에서 이루어졌다.[50]

물론 현실과 대중적 이미지가 완전히 합치했던 것은 아니다. 1920년대와 1930년대에 프랑스 제국주의의 역사는 폭력적 분쟁으로 점철되었기 때문이다. 그중 가장 폭력적인 분쟁으로는 둘 다 1925~1926년에 발생한 모로코의 리프 전쟁과 시리아 반란, 그리고 1930~1931년 인도차이나에서 잔인하게 진압된 공산주의 폭동을 꼽을 수 있다. 마지막 폭동의 경우 당대의 추정치는 총격이나 폭격을 당한 시위자가 대략 1000명, 파괴된 마을이 1300곳, 투옥이나 고문, 처형을 당한 사람이 6000명이었다. 반란군에 가담한 플랜테이션 노동자들은 하루에 15~16시간 일하고, 무장한 경비원에게 감시당한 채 마을에 갇혀 지내고 있었다.[51] 제국 어디서나 그랬듯이 이곳에서도 프랑스 정부와 식민 당국은 영국과 비교해 식민지 민족주의에 피상적인 정치적 양보를 더 적게 하려고 했다. 그러나 프랑스 본국에서 제국은 엄청난 대중적 관심을 끌었다. 1920년대 후반에 식민지 쟁점에 집중하는 잡지와 신문이 70종 넘게 있었다. 세계 경기침체가 절정에 달한 1931년, 파리 뱅센에 특별히 짓고 세계 곳곳에 산재하는 영토들의 이국적인 벽화와 상징으로 장식한 거대한 건물에서 식민지박람회가 열렸다. 다섯 달 만에 입장권이 무려 3550만 장이나 팔렸다. 이 박람회는 단일한 제국이라는 관념에 호소하면서도 식민 세계를 '타자'로 전시하여 제국 내에서 실제로 작동하는 위계를 강화했다.[52]

영 제국은 여전히 2위를 넉넉한 차이로 앞서는 세계 최대 제국이었다. 제국이 세계 경제 대국으로서의 영국의 입지에 이바지한다는 데에는 의문의 여지가 없었다. 1910년부터 1938년까지 다른 시장들이 줄어들거나 차단되는 동안 영국의 수출에서 영 제국의 비중은 전체 교역의 3분의 1에서 거의 절반으로 늘었으며, 1930년경 해외 투자의 거의 60퍼센트가 제국 지역들을 상대로 이루어졌다. 제국은 아직까지 닫힌 교역 블록이 아니었지만, 그래도 제국 선호는 나타났다. 프랑스의 경우와 마찬가지로 영국 산업 부문들의 상대적 쇠퇴는 제값보다 비싼 제품을 제국의 지역들로 수출하는 능력에 의해 은폐되었으며, 주석이나 고무, 석유, 구리 등 여러 원료의 공급처에 대한 해외 투자 덕에 영국 무역상사들과 산업 부문들은 세계 시장에서 큰 존재감을 유지할 수 있었다. 제국은 영국 대중문화에 깊숙이 스며들었다. 다만 다수의 영국인에게 제국은 멀리 떨어진 현실, 통합과 가부장주의에 대한 선전에 뿌리박은 상상의 공동체로 남았으며, 프랑스 제국과 마찬가지로 제국 어딘가에서 해마다 발생하는 거의 영원한 비상사태와 강압적 조치를 설명해주지 못했다. 제국 달력에서 극히 중요한 날짜는 1903년에 빅토리아 여왕의 생일로 정한 '제국의 날Empire Day'이었고 1920년대에 영국의 거의 모든 학교가 이 날짜를 기념했다. 1924~

1925년 런던 웸블리에서 열린 대규모 제국박람회는 216에이커 면적에 방문객 2700만 명을 끌어모았고, 박람회 부지에 동물원의 동물처럼 구경하는 '거주 인종들'을 전시했다.[53]

　19세기 후반, 제국 쟁탈전에 새로 뛰어든 세 나라 이탈리아, 일본, 독일은 이런 경제적 이점을 공유하지 못했다. 세계 경제와 더불어 국제주의가 붕괴한 1930년대에 세 나라가 1차대전 이전의 '국가-제국' 개념에 기반해 폭력적 영토제국주의의 새로운 물결을 일으켰던 것은 우연이 아니다. 1919년 이후 삼국은 서로 다른 이유로 분쟁의 결과에, 그리고 서구 주요 열강이 전후 합의와 뒤이은 국제 정계를 좌우하면서 차지한 우위에 깊이 분노하면서 세계 질서에 대한 견해를 형성해갔다. 이탈리아와 일본은 1919년 연합국 편에서 승전하고 독일과 달리 전후에 식민제국을 계속 보유했음에도 새로운 세계 질서에 분개했다. 삼국에서 민족주의 파벌은 1차대전으로 주요 세계 제국인 영국과 프랑스가 영토를 최대로 넓혔다고 보았다. 국제연맹과 국제주의 수사법의 뒷받침을 받는 양국의 전 지구적 권력은 다른 국가들이 제국주의를 더 추구하지 못하도록 저지하는 동시에 '국가-제국' 지위를 최대한 활용할 수 있도록 해주었다. 그런데 단결한 제국이야말로 국력과 번영의 원천이라는 환상을 영국과 프랑스가 더욱 정력적으로 설파할수록, 불리한 국가들은 영토를 더 획득하는 것이 각국의 지위를 강화하고 경제적 위험으로부터 인구를 보호하는 유일한 길이라고 더욱 상상하게 되었다. 그리고 전쟁을 통해서만 영토를 더 획득할 수 있다는 견해를 당연시했는데, 얼마 전의 역사가 이 견해를 확인해주었다. 1898년의 에스파냐-미국 전쟁, 남아프리카 전쟁, 러시아-일본 전쟁, 20년에 걸친 리비아 정복, 그리고 1920년대에 모로코, 시리아, 이라크에서 일어난 대규모 제국 분쟁은 이 견해가 명백한 진실임을 입증해주었다. 국가의 미래를 결정할 자주권이 없다는 인식에서 자라난 분노는 평화적 협력과 민주적 정치에 기반하는 '서구적' 또는 '자유주의적' 가치를 점점 더 거부하도록 부추겼다. 이탈리아, 일본, 독일이 국내 민족주의 정서에 따른 영토 해결책, 즉 영토가 넓고 자원이 풍부한 영국 및 프랑스 제국, 그리고 미국에 대한 영원한 종속 상태를 끝낼 수 있는 해결책을 선호한 이유를 이해하기란 어렵지 않다.

일본의 분노는 1차대전 끝무렵 동아시아와 태평양 지역의 세력정치에서 일약 주요 행위자로 급부상한 팽창의 역사에 근거하고 있었다—이 지위를 연합국은 아직 완전히 인정하지 않고 있었다. 일본은 주요 연합국 대표들로 이루어진 10인 위원회의 일원으로서 파리 강화회의에 초대받긴 했지만, 핵심 결정은 서방 열강이 협상했다. 일본은 '인종 평등' 조항을 국제연맹 규약에 집어넣자고 요구했으나 이 원칙을 추진할 마음이 없었던 강대국들은 거부했다. 일본이 보기에 국제연맹은 여전히 '민족 자구책'에 적절하지 않은 서양의 구성물이었으며, 1920년대 중반 일본이 자국의 이해관계를 더 대변하기 위해 국제연맹의 아시아 부문을 설립하려던 방안도 제대로 논의되지 않았다. 일본 외무대신 모토노 이치로本野一郎의 표현대로 전쟁을 통해 "동양에서 발군의 위치"로 올라서려던 기대는 점차 꺾였다.[54] 서방 열강은 중국 시장 점유율을 되찾았다. 일본은 1914년에 함락하여 민족주의적 팡파르를 요란하게 울렸던 독일 조차지 산둥 반도를 중국에 반환하는 데 동의해야만 했다. 1917년 미국이 일본의 중국 내 특수이익을 인정했던 랜싱-이시이 협정이 1922년에 폐기되었으며, 1902년에 체결했던 영국-일본 동맹이 1923년에 파기되었다. 파리 강화회의에서 일본 대표는 "세계 어디서나 이른바 아메리카니즘이 전진하고 있다"고 보았다.[55] 1921~1922년 워싱턴 군축회의에서 일본은 영국과 미국에 유리한 해군력 5:5:3의 비율을 받아들여야 했고, 1930년 런던 해군 군축 회의에서도 마찬가지였다.[56] 무엇보다 1912년 청조가 무너진 이후 벌어진 군벌 분쟁의 와중에 서서히 일어서고 있던 새로운 민족주의적 중국을 서방이 지지한다는 사실에 일본은 소외감을 느꼈는데, 향후 국가-제국의 이해관계를 위해 중국 내 입지가 반드시 필요하다고 보았기 때문이다. 1922년 워싱턴에서 협상이 이루어지고 일본 역시 서명한 9개국 조약Nine-Power Treaty은 대對중국 교역에서 개방정책을 역설하고 일본이 아시아에서 특권적 위치를 점할 수 있다는 생각을 부인했다. 이 국제체제를 비판한 일본인들은 아시아에서 '동양적 사고'를 기반으로 하는 신질서에 관해 이야기했고, 서양의 중재 모델, 자본주의 모델, 자유민주주의 모델을 본질적으로 일본의 전략적·정치적 이해관계와 양립할 수 없는 것으로 여기며 거부했다.[57]

일본 민족주의자들의 핵심 질문—도대체 무엇을 위해 대중국 및 대러시아 전쟁에서 '피의 희생'을 치렀단 말인가?—은 이탈리아 측에도 핵심 질문이었다. 1920년대 초에 이탈리아의 민족주의 진영은 '망자의 이름으로' 새로운 이탈리아를 건설한다는 주장은 1919년의 강화협정을 감안하면 조롱에 불과하다고 선전했다. 전시에 이탈리아인 190만 명이 죽거나 다쳤음에도 강화회담 내내 이탈리아 대표단은 되레 승전에 기여한 바가 적어서 동등한 배려를 받을 자격이 없는 동맹으로 치부되었다. 전시에 이탈리아 민족주의자들은 전후에 달마티아 지역을, 더 나아가 터키[튀르키예]를 병합할 수 있기를 바랐으며, 식민부 관료들은 리비아부터 기니 만에 이르는 이탈리아령 아프리카의 창설에 대해 이야기했다.[58] 1919년 1월, 이탈리아 식민협회가 강화협정을 논의하고자 소집한 회의에서 어느 대표는 이탈리아가 영국 및 프랑스와의 "해외 영토 평등을 확보해야 한다"고 역설했다.[59] 이탈리아 정부는 아무리 못해도 영국과 프랑스가 지난 1915년 이탈리아의 참전을 이끌어내기 위해 체결한 런던 조약의 비밀 영토 약속을 지킬 거라고 예상했다. 여기에는 달마티아 지역, 알바니아에 대한 통제권, 지중해 이권 인정, 그리고 이탈리아가 독일 제국과 오스만 제국의 전리품을 "정당한 보상"으로 나누어 가질 가능성 등에 대한 약속이 포함되었다.[60]

이탈리아 대표단에게는 불운하게도, 윌슨은 런던 조약을 적대시하고 그것에 얽매이지 않으려 했고, 영국과 프랑스는 윌슨의 비타협적 태도를 활용해 이탈리아에 양보하고 싶지 않은 속내를 감추었다. 이탈리아 국내에서는 정당한 강화의 내용을 놓고 정치적 분열이 일어나 런던 조약의 준수를 요구하는 강령을 조율하는 데 어려움을 겪었다.[61] 4월에 이탈리아 총리 비토리오 오를란도Vittorio Orlando는 격분해 파리 강화회의 자리를 떠났지만, 그가 귀국한 5월이면 이탈리아가 반도 북동부의 예전 오스트리아 영토를 제외하고 추가 영토를 인정받지 못할 뿐 아니라 위임통치령 관리조차 허용받지 못할 것이 더욱 분명해졌다. 이 결과는 '불구의 승리la vittoria mutilata'라는 신화를 만들어냈다. 회고록에서 오를란도는 "패전국이 승전국을 원망하는 데 그치지 않고 승전국이 동맹 승전국을 원망할 정도의 분노와 증오를 남긴 평화는 일찍이 없었다"고 주장했다.[62] 이 분노의 유산이 1922년 10월 총리로 임명된 베니토 무솔리니의 급진 민족주의 정부와 그에 조금 앞서 창당된 이탈리아 파시스트당의 야망을 특징지었다. 비록 무솔리니가 말한 영국, 프랑스, 미국의 "금권정치와 부르주아의 동맹"에 깊은 적대감을 품긴 했지만, 파시스트 정권이라 해도 이탈리아가 외국 자금에 크게 의존하고 리비아와 동아프리카에 보유한 몇 안 되는 식민지를 통제하려 애쓰는 상황에서는 할 수 있는 일에 한계가 있었다. 일본과 마찬가지로 이탈리아는 거의 1920년대 내내 국제무대에서 자주권이 없었고, 발칸과 지중해 분지, 아프리카에서 더 전진하는 정책을 용인받고자 안달하면서도, 베르사유에서 좌절된 제국 환상의 유산을 이어가는 데 따르는 위험을 꺼렸다.[63]

　독일의 경우는 이탈리아나 일본의 경우와 달랐다. 독일은 패전하여 해외 식민지와 유럽 내에서 식민화한 폴란드 영토를 빼앗긴 제국이었다. 독일에서 패전으로 불타오른 분노는 이탈리아나 일본에서보다 사회 계층들이 한층 더 폭넓게 공유했고, 더 위험한 정치적·문화적 표현으로 나타났다. 전후 1920년대에 독일에서 두루 경험한 굶주림, 실업, 초인플레이션, 정치적 폭력(폴란드와 국경을 접하는 동부 접경지역의 폭력을 포함해)은 전 세대에 상처를 남기고 다른 어떤 제국주의 열강도 겪지 않은 정도의 고난과 치욕을 강제했다. 전시에 국가적 희생을 치른 독일인들은 강렬한 희생자 의식을 공유했다.[64] 그들이 보기에 이 실존적 위기의 직접적 책임은 주로 강화협정을 강요한 서방 승전국들에 있었다. 정치적 스펙트럼 전체에 걸쳐 그들은 독일 홀로 전쟁 책임을 져야 하고, 독일의 영토를 제한하고 무장을 해제해야 할 뿐 아니라, 독일 국민은 인도적이고 효율적인 식민지 운영자가 아니라는 고발에 분개했다. 그들이 보기에 파리 강화회의에서 제기된 이 마지막 주장, 1920년대에 '식민지 거짓말Koloniallüge'이라 불린 주장은 독일의 식민지를 빼앗고 향후 독일을 유럽 내 종속적 위치에 묶어두는 조치를 정당화하기 위해 들이민 계산된 모욕이었다. 1919년 3월 바이마르 국민의회에서 연합국 조약의 조건을 논의할 때, 주로 사회주의자와 자유주의자로 이루어진 대표들은 식민지 안을 414표 대 7표로 거부하고 "독일 식민 권리의 재확립"을 요구했다.[65] 10년 후, 당시 급성장하던 국가사회주의당의 지도자 아돌프 히틀러는 선거 성명을 발표하면서 "독일 국민은 식민지를 운영할 능력이 없다는 거짓말과 터무니없는 주장은 우리 민족의 명예에 대한 무례한 공격"이라고 역설했다. 1920년대에 독일 민족주의 우파는 승전국에 강요당한 제약을 일종의 뒤집힌 식민주의로 해석하여, 제국주의 열강이 자신들의 경제적·정치적 이권을 위해 독일의 미래를 인질로 붙잡고 히틀러의 말마따나 독일을 "공물 착취용 식민지"로 대한다고 보았다.[66] 서방의 권력 독점에 도전할 수 없었던 급진 민족주의자들은 분노의 방향을 국내로, 1918년에 '독일의 등을 찔러' 서방이 독일 심장부를 식민화하는 길을 열었다는 독일 유대인과 마르크스주의자에게로 돌렸다.

다른 제국들과 문명화 및 근대화 사명을 공유할 수 있는 '문화민족 Kulturnation'으로 대우받을 권리는 1920년대 독일에서 되풀이된 테마였다. 1926년 독일 외무부는 식민지가 가져올 수 있는 경제적 이점을 보여줄 뿐 아니라 독일이 종속국 국민을 통치할 수 없다는 주장을 논박하는 정보용 영화 〈식민사로서의 세계사〉를 지원했다.[67] 이제 '탈식민' 국가인데도 언젠가 독일을 해외 제국으로서 재수립하려는 여러 기구와 선전을 통해 식민 과거와의 연계는 생생하게 유지되었다. 독일식민협회는 식민 권리를 옹호하기 위해 결성된 다수의 작은 단체들을 보호하는 역할을 했고, 회원 3만 명에 260개 지부를 두었으며, 다양한 식민 잡지들을 지원했다. 독일의 이전 식민지와 여타 주요 제국의 소식은 널리 전파되었다. 구 식민지에서 사업하며 보조금과 투자를 받는 독일 기업의 수는 1914년 73개에서 1933년 85개로 실제로 증가했다. 전전의 식민학교는 운영을 이어갔고, 1926년에는 여성식민학교가 설립되었으며, 두 학교 모두 향후 건설될 제국을 위해 행정가와 전문가의 훈련을 담당하려 했다. 1925년, 식민지박람회가 어울리지 않는 도시 베를린에서 개최되었다. 외무장관 구스타프 슈트레제만Gustav Stresemann은 이 기회를 살려 에스파냐, 포르투갈, 덴마크를 포함하는 다른 모든 유럽 제국과 유럽에서 독특하게도 '공간Raum 없는 국민'인 독일인의 차이를 부각시켰다.[68]

슈트레제만이 이해한 대로 1919년 이후 가장 두드러진 분노의 원인은, 활기차고 진보적이고 교양 있는 독일인에게 자질을 펼쳐 보이고 증가하는 인구를 먹여 살리기에 충분한 영토가 없다는 생각이었다. 독일의 민족주의 파벌에게, 실은 그 외의 사람들에게도 영토 확장이 어떤 식으로든 현대 민족을 규정하고 종속 민족들의 위계를 좌우하도록 해준다는 생각은, 독일의 과거 제국과 앞으로 실현할 수 있는 제국에 관해 고찰할 때 사용하는 표준 수사법이 되었다. 핵심 요소는 '공간'이었다. 1920년대에 라첼이 주창한 '생존공간'의 자연적 필요성에 관한 이념이 독일에서 널리 퍼졌는데, 특히 파리 강화조약에 따라 독일이 한정된 영토를 배정받았기 때문이다—"우리의 생존공간에 대한 부당하고 근거 없고 무분별한 침탈"이라고 1931년에 어느 독일 지리학자는 말했다.[69] 1920년대에 특히 카를 하우스호퍼Karl Haushofer가 개척한 새로운 학문인 지정학의 인기는 많은 이들에게 너무 난해했던 이 학문 자체보다는 생존공간이라는 어휘와 당시 독일 정세에서 이 어휘가 가지는 함의에서 비롯되었다. 이전 식민주의자 한스 그림Hans Grimm의 소설로 1926년 출간되어 31만 5000부가 팔린 《공간 없는 민족Volk ohne Raum》의 인기는 출판업자가 독일의 주장을 지지하는 구호로 고른 제목 덕분이었다. 독일어의 '라움Raum' 개념은 영어의 '스페이스space'보다 함의하는 바가 더 많았다. 이 개념은 독일 민족Volk (역시 영어로 온전히 옮기기가 어렵다)이 종속 민족이나 이민족, 특히 급진 민족주의 파벌에 따르면 세계주의적 '반反민족'의 원형인 유대인을 희생시켜 독일인의 특별한 문화적 자질과 생물학적-인종적 속성을 이식할

영역을 의미했다.[70]

인종적 동질성과 문화적 우월성의 관점에서 규정된 민족이 추가로 얻는 통치 영토나 지배 영토는 하우스호퍼의 말대로 전시에 치른 "가혹한 유혈 희생"에 대한 보상으로 여겨졌다.[71] 그러나 독일 사회에서 두루 공유한 이런 열망은 이른바 독일 학대의 보상을 어디에서 받아낼 것이냐는 물음을 자아냈다. 독일의 식민 로비 단체는 비록 크고 잘 조직되어 있었고 서방 열강이 향후 언젠가 공동 식민지 프로젝트를 용인할지도 모른다는 희망을 품기는 했지만, 1920년대의 상황에서 해외 식민지를 확보한다는 것은 비현실적인 망상이라고 보았다. '인종과 공간' 문제를 제기한 민족주의 파벌 대다수는 동쪽으로 팽창해야만 진정하고 타당한 의미의 '공간'을 확보할 수 있다는 전쟁 이전 제국주의적 사유의 한 갈래, 1918년 우크라이나에서 단기간 수립되었던 제국에 의해 더욱 강화된 사유의 갈래에 초점을 맞추었다. 훗날 1930년대 후반에 독일 법철학자 카를 슈미트Carl Schmitt가 시사했듯이, 동유럽과 중부유럽에서라면 독일이 지배하는 '광역권Grossraum'을 건설하고 다른 열강의 접근을 막아낼 가능성이 있었다. 아주 명확하게 규정하진 않았지만 '동방'은 '공간'에 관한 논의에서 수시로 등장했다. 특히 지정학자들은 당시 독일의 한정된 국경 너머에 동방을 '독일인의 공간'으로 여기는 것을 정당화하는, 예로부터 독일의 영향—언어든, 농사 관행이든, 법 전통이든, 하물며 주택 건축의 형식이든 간에—을 받은 영역들이 있다고 강조했다. 독일의 '인종적·문화적 영토'라는 이 개념은 학교 교과서나 정치 선전에 사용된 수많은 지도에 담겼다. 1925년 알브레히트 펭크Albrecht Penck와 한스 피셔Hans Fisher가 이런 독일의 문화적·인종적 영향권을 나타내기 위해 제작한 지도—널리 모방되고 보급되었다—는 저 멀리 우크라이나와 러시아까지, 북쪽의 라도가 호수부터 한참 남쪽에 있는 우크라이나의 헤르손을 지나 18세기의 이주민들로 당시 그 후손이 소련의 통치 아래 살고 있던 이른바 '볼가 독일인'의 영토까지 뻗은 독일인의 공간을 보여주었다.[72] 훗날 친위대 수장이 되고 폴란드와 소련에서 흉포한 제국주의를 추진하게 될 청년 하인리히 힘러Heinrich Himmler는 1921년 독일의 향후 영토 목표에 관한 강연에 참석한 뒤 일기에 "동방은 우리에게 가장 중요한 곳이다. 서방은 쉽게 죽는다. 우리는 동방에서 싸우고 정착해야 한다"고 적었다.[73] 1920년대에 이런 견해에 특별히 국가사회주의적인 측면은 없었다.

1차대전의 판결과 강화협정을 뒤집는다는 독일의 꿈은 지중해 제국에 대한 이탈리아의 공상이나 배타적인 아시아 지배라는 일본의 야망과 마찬가지로 1920년대에 줄곧 민족적 염원이었을 뿐 아니라, 1차대전 이전으로까지 거슬러 올라가는 민족적 야망을 지탱하기까지 했다. 그렇다고 해서 2차대전이 불가피했던 것은 아니다. 실제로 이런 공상을 부채질한 분노는 삼국 어디에서도 보편적이지 않았고, 1920년대 중반 미국이 주도하는 경제 부흥과 비유럽 민족주의에 대한 억압을 중심으로 세계 질서가 안정되는 가운데 삼국 모두 비록 마지못해서일지언정 기존의 우세한 국제 정치경제적 협력의 구조 안에서 각자의 길을 찾을 수 있다는 것이 입증되었다. 독일이나 일본의 경우 추가 영토를 확보하려는 노력은 민족주의 파벌에서나 중요한 관심사였지 대다수 인구에게는 그렇지 않았다. 급진 민족주의파와 중도파 및 좌파가 치열하게 충돌한 데 이어 민주주의가 무너진 이탈리아에서 무솔리니가 가장 우선시한 정치적 과제는 통치를 안정화하고 경제 부흥을 감독하는 일이었다. 1920년대에 삼국 모두 서서히 회복 중인 세계 무역과 투자 경기에 기여하는 서방 열강에 의존했고, 국제연맹으로 구체화된 국제주의 정신에 립서비스를 했다. 1925년 승전국들과 패전국들은 베르사유에서 정한 서유럽 내 국경을 보장하는 로카르노 조약에 서명했다. 1926년 독일은 국제연맹 가입을 허락받았다. 1927년 독일은 프랑스와 벨기에의 강한 반대에도 불구하고 상설위임통치위원회에 초대받기까지 해서 이전 식민지들을 감독하게 되었고, 자국 위원으로 시끄러운 식민지 로비 단체의 지도자가 아니라 독일 산업연맹의 이사인 루트비히 카스틀Ludwig Kastl을 추천했다. 독일은 이전 식민지가 궁극적으로 독립할 수 있도록 준비하겠다는 약속을 포함해 위임통치의 조건을 존중하겠다고 역설했으며, 1932년에 이미 진행 중인 과정을 묘사하기 위해 '탈식민화Dekolonisierung'라는 용어를 처음 만든 사람도 독일인이었다.[74]

따지고 보면 이는 전후 세계의 안정이 아마도 일시적일 것이고 분명히 예측할 수 없다고 판단한 삼국의 잠정적인 순응이었다. 구스타프 슈트레제만은 독일의 선의에 대한 증거가 강화협정을 개정하는 더 나은 길이 되기를 희망하며 베르사유 조약을 '이행'하는 외교정책을 지휘하면서도 더 근본적인 변화의 가능성을 배제하지 않았다. 일본에서 1920년대 후반에 집권한 자유주의적인 입헌민정당은 군축 및 서방과의 협력이 일본의 목표를 달성하고 경제 발전을 촉진하는 더 분별 있는 노선이라고 주장했다.[75] 1920년대 중반에 일본은 중국과 10년간 대립해온 전략을 바꾸어 우호 전략을 실행하기까지 했다. 무솔리니가 서방의 가치관과 이권에 도전하기 위해 의도적으로 '새로운 이탈리아'라는 관념을 불러낸 이탈리아마저 분쟁의 위험을 감수하기보다는 적어도 '입발림 평화주의'를 운운할 필요가 있었다. 이탈리아의 새로운 제국주의 야망을 해결하려면 '유럽의 혼돈'을 기다려야 한다고 무솔리니는 생각했다.[76] 어차피 이탈리아의 기존 식민지들에 문제가 충분히 많았다. 소말리아와 에리트레아에서 평화를 회복해야 했고, 수비대를 2500명에서 1만 2000명으로 늘렸음에도 지역 반란을 진압하기까지 10년이 걸렸다. 리비아의 비용은 더욱 컸다. 무솔리니 집권 이전인 1922년부터 이 나라의 사막 배후지 태반의 통제권을 놓고 아랍 부족들과 치른 전쟁은 잔혹한 진압 끝에 1931년에야 종결되었다. 기존 제국을 공고히 하기 전에 새로운 영토를 추구하기에는 위험이 너무 많았지만, 그래도 무솔리니는 정복을 통해서만 제국 영토를 획득할 수 있다는 소신을 굽히지 않았다.[77]

순응 기간은 1928~1929년 전 세계적 경기후퇴가 시작되면서 갑자기 끝났다. 장차 10년간 파국적 결과를 가져올 불황이었다. 역사가들의 중론은 이 경제 위기가 1919년 이후 세계 질서를 재구축하고 국제주의에 유익한 약속을 지켜가려던 노력을 망치는 중요한 역할을 했다는 것이다. 여러 면에서 세계 경제의 붕괴는 1940년대에 전 세계적 전쟁으로 귀결된 위기를 조성했다는 점에서 1914년이나 1919년보다도 더 결정적인 전환점이었다.[78] 이제 이 위기의 이야기는 잘 알려져 있지만, 그 재앙의 규모는 다시 살펴볼 가치가 있다. 1920년대 중반에 잠시 교역과 투자가 호전되긴 했으나 1920년대 내내 약세를 보이던 세계 경제는 공황 발생으로 엄청난 타격을 입었다. 1932년경 산업경제국들에서 등록 실업자의 수가 4000만 명을 넘었고, 가격과 생산량이 급락한 결과 1000만 명 이상이 노동시간 단축을 통보받거나 정리 해고를 당했다. 1929년부터 1932년까지 경기후퇴로 세계 교역량이 무려 3분의 2나 감소했다. 세계에서 한두 가지 수출품에 의존하던 가난한 지역들은 절망적인 빈곤에 빠졌다. 신용 대출이 막히면서 파산의 물결이 퍼져나갔으며, 1932년에는 독일이 국가 부도를 맞을 뻔했다. 공산주의자들이 즐겁게 예측했듯이 이 위기로 자본주의 자체가 종언을 고하리라는 공포감이 만연했다. 독일 민족주의자들도 똑같이 만족스러운 자세로 이 불황을 세계 경제와 이를 지탱하는 가증스러운 세

계 체제의 '황혼'으로 보았다.[79]

서구식 경제 협력과 국제주의 모델이 파탄 날 운명이라는 의식은 현대판 카산드라들의 저술에 의존했으며, 그중 가장 유명한 저술로는 오스발트 슈펭글러Oswald Spengler의 《서구의 몰락Der Untergang des Abendlandes》이 있었다. 1932년 여름 국제연맹 사무총장은 회원국들에 최악의 사태에 대비해 협력할 것을 촉구했다. "전 세계가 끔찍한 위기와 신뢰 부족으로 고통받고 있습니다. 세계의 마지막 희망은 이제 우리 손에 달렸습니다."[80] 그러나 국제연맹은 비록 위기를 완화하기 위해 무엇이 필요한지 밝히려고 노력하긴 했지만, 경제민족주의의 추세를 멈출 만한 힘이 없었다. 위기가 심화됨에 따라 국내 경제를 보호하려는 조치보다 공조하려는 조치가 훨씬 위험해 보였다. 1930년 6월 미국은 스무트-홀리Smoot-Hawley 관세를 도입해 미국 시장에서 외국 수입품을 차단했다. 1931년 11월 영국은 오랜 정치적 논쟁 끝에 자유무역을 포기하고 여러 관세를 부과했고, 뒤이어 1932년 8월 제국특혜제Imperial Preference System를 도입해 영 제국 내 수입품에 특혜를 주었으며, 프랑스는 키르셰 관세를 통해 식민지 생산품의 관세를 줄여주었다.[81] 이 위기는 일정한 무역 및 통화 블록들, 이를테면 달러화 블록, 스털링화 블록, 프랑화 블록을 창설하도록 자극했다. 세계에서 가장 튼튼한 경제국들이 오랫동안 이득을 얻어온 체제를 지키기 위해 나설 수도 있었겠지만, 그들은 지키지 않고 나머지 세계를 희생시키는 길을 택했다.

새로운 경제민족주의 프로그램으로 인해 불리해진 국가들은 심각한 정치적 결과에 직면했다. 일본에서 경기후퇴는 재난과도 같았다. 특히 생사 수출을 비롯한 수출이 53퍼센트, 수입이 55퍼센트 감소했다. 1920년대에 대체로 침체 상태였던 일본의 주요 산업인 농업 부문은 영농 수입이 반토막 나고 극심한 빈곤에 농민 수백만 명이 이탈하는 등 더욱 처참하게 쇠락했다.[82] 서구식 체제 안에서 헤쳐나가려던 노력은 무위로 돌아갔고, 반서구 정서의 물결에 온건한 입헌민정당 정부가 무너졌다. 세계 체제에 대한 민족주의적 반감이 고조되는 가운데 군부가 일본 정부에서 더 우세한 지위를 점하고 1920년대의 민주주의 실험이 종언을 고했다.[83] 경기후퇴 기간에 다른 나라들에 비해 경제적으로 타격을 덜 받은 이탈리아에서는 정권이 이 위기를 국내에서 파시스트 혁명에 다시 불을 붙일 기회로 해석했고, 그리하여 다른 주요국들이 저마다 보호용 껍질 안으로 움츠러드는 도중에 해외에서 한층 적극적인 제국주의 정책에 착수했다. 독일 인구 대다수는 경기후퇴를 승전국들에 의한 또 하나의 처벌로 해석했다. 1931년 독일이 오스트리아와의 관세협정을 모색하자 프랑스가 거부권을 행사했다. 독일인 5명 중 2명이 실직한 경기후퇴 기간에 산업 생산량이 40퍼센트나 감소하고 수출액이 절반 이하로 줄었음에도, 독일은 전쟁 배상금을 지불하고 1920년대에 진 막대한 국제 부채를 갚으라는 요구를 계속 받았다. 그리하여 불황기를 거치며 독일 자체가 식민지에 지나지 않는다는 한탄이 더 설득력을 얻기 시작했다. 1930년 독일에서 가장 급진적인 민족주의 정당으로서 세계화된 경제와 서방의 감독에 무척 적대적인 히틀러의 국가사회주의당이 만만찮은 정치 세력으로 발돋움했다. 그리고 1932년에는 독일 최대 정당이 되었고, 1933년 1월 히틀러가 총리직을 제의받아 집권당이 되었다. 이탈리아와 일본에서처럼 독일에서도 1920년대에 '인종과 공간'이라는 기존의 제국주의적 공상을 활용해온 민족주의자들은 결국 자신들이 옳았다고 주장할 수 있었다. 세계가 그들에게 유리한 위험한 방향으로 기울고 있었다.

이것이 먼저 일본이, 그다음으로 이탈리아가, 끝으로 히틀러의 독일이

한 맺힌 분노를 달래고자 1930년대에 새로운 영토제국주의의 물결을 일으킨 맥락이었다. 경제 위기에 자극을 받아 세계의 경제·정치 질서를 변경해야 한다는 견해가 더욱 굳어졌는데, 이제 그 질서의 기반이 지난 수십 년간 작동했으나 이제 수명을 다한 국제주의가 아니라 강력한 본국 권력이 지배하는 닫힌 제국-경제 블록들—영국과 프랑스의 제국 영역과 같은—이 될 것으로 전망되었기 때문이다.[84] 과거 어느 때보다도 제국 권력이 국가의 생존에 불가결한 것으로 인식되었고, 19세기 후반에 확립된 제국 패러다임이 되살아났다. 일본 외무대신 아리타 하치로有田八郎에 따르면 이 선택지는 피할 수 없는 것이었다. "소국들로서는 존속 자체를 위협받지 않으려면 저마다의 경제 **블록**을 형성하거나 강력한 국가를 세우기 위해 최대한 투쟁하는 것 말고는 다른 선택지가 없다."[85] 필요하다면 전쟁을 통해서라도 추가 영토와 자원을 확보하려는 투쟁은 과거 제국주의 시대로 시계를 돌려놓았다. 전 세계적 경기후퇴에도 불구하고 국내 경제발전에 별 영향을 받지 않은 소련의 독재자 이오시프 스탈린은 자본주의의 위기를 관찰하면서 무역 전쟁, 통화 전쟁, "시장을 차지하려는 격렬한 투쟁", 극단적인 경제민족주의가 "당대의 질서에서 전 세계와 세력권을 새롭게 재분할하는 수단으로서의 전쟁을 야기해왔다"고 판단했다. 스탈린의 판단은 역사가들에게 항상 좋은 평가를 받진 못하지만, 이번만큼은 실제로 벌어진 사태에 의해 옳은 것으로 입증되었다.[86]

제1장

국가-제국들과 전 지구적 위기,
1931-1940

상하이 전투에서 일본 군인들이 코카콜라 광고판 아래쪽 모래주머니 뒤에 몸을 숨기고 있다. 중국 주요 항구도시들 중 가장 세계주의적이었던 상하이는 일본 침공군의 주요 표적이었다. 일본군은 중국 국민혁명군과 격전을 치른 끝에 1937년 11월 상하이를 함락했다.

중국 군인들이 포학한 행위로 베이다잉北大營 북서쪽에 위치한 만철 노선의 일부를 폭파하고 우리 철도 수비대를 공격했다. 우리 수비대는 즉각 응사하고 포를 동원해 베이다잉을 포격했다. 현재 아군이 그 기지의 일부를 점령하고 있다.

—《오사카아사히신문》, 1931년 9월 19일[1]

유력 일간지《오사카아사히신문》의 제1면에 실린 이 기사는 일본 대중에게 중국의 배신행위를 알려주었으며, 이 행위 때문에 일본이 중국의 만주 지방 전체를 침공하고 점령하기 시작했다는 설명이 대중의 인식에 자리 잡았다. 이는 진실을 곡해하는 설명이었다. 1931년 9월 18일 이른 아침, 만주에서 일본 제국의 경제적 이권을 보호하기 위해 주둔하던 관동군의 공병 분대가 선로에 폭탄을 설치했다. 이는 장차 1945년까지 끝나지 않을 중국으로의 군사적 팽창 계획을 개시하기 위한 얄팍한 구실이었다. 세계적 관점에서 보면 작은 사건이었으나 그 파문은 훨씬 컸다. 세계 경제 위기가 한창이던 때에 폭력으로 새로운 제국·경제 질서를 만들어내려는 첫 조치였기 때문이다. 군영인 베이다잉에서의 발포는 1930년대 새로운 제국주의 시대의 시작을 알렸다.

일본 정부가 '만주사변'이라 일컬은 사태는 더 폭넓은 세계 위기, 그리고 일본에서 심화하는 빈곤과 경제적 고립을 타파하기 위한 절박한 노력에 영향을 받아 발생했다. 중국 랴오둥 반도의 일본 조차지인 관동주에서 이름을 따온 관동군은 일본 제국을 중국 본토로까지 확장하고자 한동안 음모를 꾸몄다. 경제 위기의 규모에 자극을 받은 데다 중국 민족주의의 지속적인 위협을 경계하던 관동군 사령관들은 결국 도쿄 정부와 별개로 행동하기로 결정했다. 일본 군인들은 자국 소유 남만주철도주식회사(줄여서 만철)의 일부 노선을 폭파한 뒤, 펑톈의 중국 수비대를 습격했다. 관동군은 이어 펑톈을 함락했고, 신중한 강습 계획에 따라 조차지에서 산개하여 먼저 주요 철도망 주변 지역들을 장악한 다음 지역 군벌 장쉐량張學良의 장비가 부실한 33만 병력을 만주 남부와 중부에서 몰아냄으로써 1932년 초까지 만주 점령을 완료했다. 관동군은 15만 명을 동원했고, 약 3000명 사망의 손실을 입고 실로 광대한 영역을 정복했다. 명백한 군율 위반이었음에도 쇼와 천황 히로히토는 이틀 후 관동군의 행동을 승인했다. 일본 제국은 거의 하룻밤 사이에 크기와 부를 몰라보게 늘렸다.[2]

'만주사변'은 8년 후에 발발한 세계대전을 직접 촉발하진 않았지만, 1914년 이전 세계의 '신제국주의'와 1차대전 말 제국 정착의 뒤를 잇는 새로운 제국 팽창의 10년을 개시했다. 결국 이 새로운 제국주의를 규정하게 될 삼국—이탈리아, 독일, 일본—은 어느 나라도 명확한 팽창 계획이나 청사진을 가지고 시작하진 않았지만, 저마다 기회주의적으로 이익권利益圈을 확립했다. 삼국은 서로의 성취를 면밀히 관찰하고 서로의 성공에서 용기를 얻긴 했지만, 서로 제국주의를 조정하지는 않았다. 삼국의 지도자들은 공히 제국 전망을 완성하기까지 당분간 더 전면적인 전쟁을 피할 수 있기를 바라긴 했지만, 삼국의 개별 계획이 촉발한 불안정은 1939년부터 1941년까지 펼쳐진 전 지구적 전쟁을 추동했다.

새로운 제국주의 시대

일본, 이탈리아, 독일 측에 결정적인 요인은 영토였다. 공식적이거나 비공식적인 여러 방식으로 행사하는 영토 통제권이야말로 제국의 핵심 요건이었다. 이 '영토성' 원칙의 모델은 1930년대 이전 40년간 진행되었고 경우에 따라 여전히 진행 중이던 폭력적 영토 확장 및 평정이었다. 이렇게 더 장기적인 맥락을 고려해야만 도쿄에서, 로마에서, 베를린에서 국지적 침공전을 벌이기로 결정한 이유를 역사적으로 이해할 수 있다. 19세기 후반 이래 제국을 지탱해온 '인종과 공간' 담론은 1930년대에 집권한 세대를 설명하는 데에도 전혀 부족함이 없다. 지금 돌이켜 생각하면 이런 형태의 제국주의는 시대착오로, 심지어 망상으로 보이지만, 당시에는 제국 패러다임이 친숙하게 느껴졌다. 1919~1923년 영토 재분배의 결과, 또는 1929년 이후 경제 파국의 결과는, 민족을 구하고 더 튼튼한 경제를 건설하고 우월한 문화의 요구를 충족하려면 반드시 영토와 자원을 더 많이 장악해야 한다는 신념을 약화하기는커녕 더 강화하기만 했다.

일본, 이탈리아, 독일의 지도부만이 제국의 시대가 아직 끝나지 않았다고 믿었던 것은 결코 아니다. 민족주의적 포부, 경제적 비용 증가, 지속적인 안보 불안으로 말미암아 전 지구적 제국 프로젝트가 쇠퇴한다는 온갖 증거가 있었음에도, 이 믿음은 꺾이지 않았다. 각국 지도부는 전통적 제국주의란 이제 저물어가는 기획이라는 명백한 교훈을 도출하기는커녕 오히려 자국의 특색을 지닌 제국이 더욱 필요하다고 주장했다. 2차대전의 기원을 분석할 때 보통 강조하는 다른 요인들—군비 경쟁, 외교 위기, 이데올로기 갈등—은 새로운 제국 건설 물결의 원인이 아니라 결과였다. 국제연맹 주요국들은 그들을 갈라놓는 것이 이데올로기 차이나 군비 증액뿐이었다면 비록 내키진 않더라도 감수하며 지낼 수 있었을 것이다. 주요 제국주의 국가들이 받아들일 수 없었던 요인은, 새로운 제국 건설의 물결이 영토 획득이라는 노골적인 의미에서 이제 제국에 대한 그들 자신의 견해나 그 주변에 엮어놓은 새로운 국제주의 언어와 양립할 수 없다는 사실이었다.

마땅히 물어야 할 핵심 질문은 제국을 소유하는 데 따르는 갖가지 명백한 단점, 상당한 안보 위험, 민족주의 정서의 강화에도 불구하고 어째서 이 삼국이 '영토성'을 1930년대에 기존 질서에 도전하는 원칙으로 정했느냐는 것이다. 외부의 간섭 없이 대규모 분쟁을 통해 영토를 정복힐 수 있었던 1914년 이전 전쟁들―이탈리아-튀르크 전쟁이 적절한 예다―과 달리 1930년대에 제국주의적 침공의 대상들은 모두 적어도 문서상으로는 집단안보 원칙의 보호를 받는 주권국과 국제연맹 회원국이었다는 사실을 감안하면, 이런 결정은 더욱 두드러져 보인다. 이 질문에 간단한 답은 없으며, 삼국 광역권의 정확한 상황은 서로 달랐다. 그럼에도 삼국이 더 많은 영토를 통제하겠다면서 내놓은 정당화 논변과 설명은 서로 놀랄 만큼 비슷했다. 덧붙여 말하자면, 1930년대에 정치와 군사 지도부로 부상한 세대는 근대화 국가와 '선진' 국가가 그들이 정복한 저발전 상태의 민족이나 원시적 민족보다 우월하다고 강조하는 문화 속에서 제국 환상과 함께 성장한 세대, 현대 민족체의 전쟁과 폭력적 자기주장을 경험하고 그로부터 심대한 영향을 받은 세대였다. 이탈리아의 파시스트 지도자로 1936년 에티오피아 수도 아디스아바바의 지사를 잠시 역임한 주세페 보타이Giuseppe Bottai는 제국이 "나의 의식 깊숙한 데에서 전쟁으로 살아가고픈 욕망을 일깨웠다. … 나는 인생의 20여 년을 전쟁 **속에서** 보냈다"고 주장했다.[3]

영토제국 추구를 설명하는 시작점은 역설적이게도 민족이다. 삼국에서 제국 추구는 민족의 자주성을 성취한다는 목표와 결부되었는데, 사실상 이는 민족의 발전이 기존 국제 질서에 의해 제한되거나 억제되는 듯한 상황을 타개하는 것을 뜻했다—"강대국의 간섭과 억압"이라고 어느 일본 팸플릿은 표현했다.[4] 일본 민족주의자들에게 만주는 "앞으로 민족이 존속하려면 물러설 수 없는 … 생명선"이라고 어느 만철 간부는 설명했다.[5] '파국적 민족주의'라 불린 이런 형태의 민족주의는 민족의 자기표현이 소멸할 수 있다고 예상하고 민족의 사명을 시급히 재천명할 것을 요구했다.[6] 무솔리니는 지중해에서 영국의 속령들이 이탈리아의 숨통을 조여 발전을 틀어막고 "이탈리아를 에워싸고 감금한다"라는 생각을 때때로 들먹였다.[7] 국익 주장은 경제적 미래와 인구학적 발전을 보장하여 국내 인구를 보호하는 데 더해 종속국이 아닌 주요 국가-제국들 중 하나라는 더 확고한 국가정체성 의식을 제공하는 조치로 여겨졌다. 1937년 헤르만 괴링Hermann Göring은 영국인 지인과 무엇이 독일 민족의 미래를 방해하는지에 대해 이야기하다가 "우리는 **제국**을 원합니다"라고 말했다.[8]

각 경우에 민족주의 담론은 자기 민족을 주변 일대를 지배하고 지도할 운명을 지닌 특별한 존재로 묘사했다. "유럽에서 한 민족이 다른 민족들에 대한 권위를 주장해야 한다"고 독일 정치평론가 빌헬름 슈타펠Wilhelm Stapel은 썼다. "독일 민족만이 새로운 제국주의의 동인이 될 수 있다."[9] 역으로 각국 인구는 민족의 재생에 참여할 가치가 있는 존재임을 스스로 입증해야 했다. "우리는 점점 더 군사적 민족이 되어가고 있고 앞으로 될 것이다"라고 1933년 무솔리니는 선언했다.[10] 1933년 독일에서는 국가사회주의 혁명을 계기로 '민족의 각성'과 이제 민족의 진정한 힘을 행사할 수 있다는 관념이 결합되었는데, 여기서 독일 민족이란 히틀러가 우려했듯이 독일을 "제2의 스위스"로 변질시킬 수 있는 유대인, 마르크스주의자, 자유주의자의 국제주의적·세계주의적 위협에 물들지 않은 민족을 의미했다.[11] 1931년부터 군부가 국가정치를 지배하게 된 일본에서는 영토 확장을 향한 민족의식과 열정을 고양하기 위해 민족의 명예와 민족을 위한 희생 같은 주제를 활용하는 광범한 캠페인—'민족 방위' 캠페인—을 개시했다. 이탈리아나 독일에서와 마찬가지로 새로운 방향에 대한 비판은 비밀경찰과 검열에 의해 억압되었다. 또한 유럽처럼 일본도 민족의 자주성을 추구한다는 주장으로 새로운 제국주의를 정당화했고, 새로운 질서를 구축하는 국가와 국민 간의 유대를 만들어냈다.[12] 세국은 민족의 활력과 인종의 가치를 나타내는 본질적인 신호로, 그리고 19세기처럼 관습적 도덕규범을 무시할 수 있는 각축장으로 여겨졌다.

둘째 요인은 더 실제적이었다. 새로운 제국주의는 한층 폭넓은 경제적 야망과 결부되었다. 제국 건설은 기존 세계의 경제 구조와 영토 구조에 의한 제약을 넘어서려는 구상이었다. 다시 말해 '생존공간'을 추가로 획득해 인구 압력과 토지 부족에 대처하고, 원료와 식량 자원에 접근할 방도를 확보하며, 재계가 아니라 제국 중심부에서 교역과 투자를 통제하는 경제 블록을 형성하려는 구상이었던 것이다. 삼국은 공히 국가의 계획 수립에 점점 몰두했고, 서구식 자유주의적 자본주의 모델과 이를 뒷받침하는 가치관에 적대감을 보였다. 초기 나치당 대회에서 히틀러는 자본주의가 "국가의 주인이 아니라 하인이 되어야" 하고 국제 사업체들이 아니라 "국민의 경제활동"이 공동체에 이바지한다고 말했다.[13] 경제적 제국주의 역시 국민의 필요에 부응해야 했다. 삼국 모두 분명히 경제적 이익의 유혹에 끌렸다. 이탈리아의 경우, 리비아와 에티오피아를 정복하여 어디서든 이탈리아 농민 150~650만 명을 위해 새로운 농지를 마련할 수 있고,

그들이 신세계로 이주하지 않고 그곳에 정착할 수 있을 것으로 예상했다. 또한 1939년 병합한 알바니아는 인구가 워낙 적어서 이탈리아인 200만 명을 이주시킬 수 있을 것으로 전망했다.[14] 이곳은 독일만큼이나 이탈리아에서도 흔히 쓰인 용어로 생존공간lo spazio vitale이었다. 에티오피아는 황금 같은 기회의 땅, 미개발 광물 자원이 넘쳐나는 엘도라도로 묘사되었다. 알바니아에 관한 보고서들은 아직 발견되지 않은 석유 자원을 시사했다.[15] 만주를 통제하려는 일본의 열망은 가난에 찌든 일본 농민 500만 명을 1950년대까지 그곳에 정착시킬 수 있다는 희망에 뿌리박고 있었으며, 침공 한참 전부터 일본의 투자에 힘입어 상당히 개발된 만주의 풍부한 산업 자원과 원료는 교역 발달과 원료 접근이 위험할 정도로 불안해 보이던 세계에서 일본의 미래에 꼭 필요한 것으로 평가되었다. 1926년부터 1931년까지 일본의 해외 투자액 가운데 약 90퍼센트가 만주 프로젝트로 몰렸다. 일본은 이 자산을 확실하게 통제하지 못할 경우 경제 근대화를 지속할 수 없거나 제국을 방어하는 데 필요한 전력을 갖추지 못할 것이라고 주장했다.[16]

독일의 경우도 다르지 않았다. 독일 발전에 대한 히틀러의 견해에서 중심에 놓인 생존공간을 더 확보해야 한다는 이념은, 1920년대와 1930년대에 독일 경기침체의 원인이 충분한 자원과 안전한 시장 접근로의 부재에 있다고 판단한 이후로 널리 받아들여졌다. 다른 유럽 제국들에 대한 대중 선전은 본국과 전체 제국 영역의 엄청난 면적 차이를 강조했다—프랑스는 22배, 네덜란드는 60배, 벨기에는 80배 차이였다. 영 제국의 영토는 본국 제도의 105배로 계산되었다. 반면에 독일은 1919년 본국 영토와 식민 영토를 상실한 뒤 과거보다 작아졌다.[17] 중부유럽과 동유럽에서 핵심 자원과 식량의 교역을 통제하고 자급자족하기 위해 경제 블록을 창설해 지배한다는 것은 히틀러 정권 경제정책의 골자였을 뿐 아니라 독일에서 널리 공유된 견해이기도 했다. 1937년 괴링은 앞서 언급한 대화 중에 "경제공간은 동시에 우리의 정치공간이어야 합니다"라고 주장했다.[18] 히틀러본인이 제국과 관련해 조야한 경제관을 가지고 있었다. 1928년 (미출간의) 두 번째 저서에서 영국 제국주의에 관해 숙고한 히틀러는 문화와 문명을수출한다는 온갖 수사에도 불구하고 "잉글랜드는 자국의 이익을 위해 시장과 원료 공급처를 필요로 했다. 그리고 이 시장을 권력정치 수단을 통해 확보했다"고 결론지었다. 결국 국가의 번영이란 "전쟁의 고난으로 자유의 빵"을 확보하는 정복을 뜻했다.[19]

셋째 요인은 기회였다. 1920년대의 망설임과 좌절은 1930년대 전후질서의 위기를 계기로 새로운 질서를 자주적으로 건설할 수 있을지도 모른다는 의식에 자리를 내주었다. 그 과정에서 더 큰 위기를 촉발할 위험은 그리 크지 않았다. 이는 제국주의의 새로운 물결이 일어난 시기를 설명해주는 아주 중요한 계산이었다. 국제 공동체가 전 세계적 경기후퇴의영향에 대처하지 못하자 국가별로 위기의 해법을 찾고 협력을 깨는 추세에 가속이 붙었으며, 가장 분명한 증거는 1933년 6월 런던에서 열린 경제회의가 실패로 끝난 사실이었다.[20] 이런 세계 위기의 결과로 국제연맹 주요국들은 국제 치안 활동의 비용을 부담하기 어려운 때에 위험 감수를 꺼리게 되었다. 국제연맹이 일본의 만주 점령을 맹비난하는 데 그친 사실은연맹의 주요국을 상대로 해서는 집단안보 체제가 작동하지 않는다는 분명한 메시지로 해석되었다. 훗날 일본 지도부는 자국이 "국제연맹 몰락의선두"였으며 일본이 선수를 쳐 연맹의 "무력함과 무가치"를 드러내지 않았다면 독일과 이탈리아가 저마다 공격적 정책을 추진할 기회를 얻지 못했을 것이라고 힘주어 말했다.[21] 1935년 이탈리아의 에티오피아 침공도,

1935년 독일이 베르사유 조약을 위반하고 재무장하겠다고 공개 발표한 행보도, 1936년 6월 라인란트 접경지역을 다시 군사화한 결정도 강력한 반발에 부딪히지 않았다. 각각의 성공적인 조치는 주요 제국이자 국제연맹 회원국인 영국과 프랑스가 향후에도 제국 건설 노선을 방해하지 않을 것이라는 믿음을 불러일으켰다. 한 이탈리아인 언론인은 1936년 아디스아바바에서 영국인 동료에게 이렇게 말했다. "우리는 제네바가 노파들의 무리에 불과하다고 생각하네. 우리 모두 그렇게 생각하고, 전부터 항상 그렇게 생각해왔네."[22] 삼국 모두 국제연맹에서 탈퇴했다. 일본은 1933년 3월에, 독일은 1933년 9월에, 이탈리아는 1937년 12월에 이탈했다.

더 나아가 영국과 프랑스가 1936~1939년 에스파냐 프랑코 장군의 민족주의적 반란과 그에 대한 독일 및 이탈리아의 무력 지원을 막지 못한 일, 1938년 독일의 오스트리아 점령에 반대하지 않은 일, 같은 해 독일의 체코슬로바키아 분할을 저지하지 못한 일 등도 국제연맹이 무기력하다는 확신을 강화했다. 무엇보다 히틀러는 독일이 폴란드를 침공할 경우 영국과 프랑스가 "지극히 연극적인 몸짓"을 할 테지만 이번에도 군사적으로 개입하지 않을 것이라고 확신했다.[23] 그렇지만 삼국 모두 소련이나 미국이 세계정세에서 더 큰 역할을 할 수 있거나 하려는 의지를 보이기 전에 행동하는 것이 관건이라고 보았다. 일본과 독일은 1930년대에 5개년 계획에 따라 산업·군사 강국으로 발돋움하고 있는 소련이 장래의 모든 제국주의에 잠재적 위험이 되리라는 것을 잘 알고 있었다. 일본의 만주 점령을 좌우한 요인들 중 하나는, 비록 이 점령으로 소련과 긴 국경을 접하게 될지라도, 소련이 일본 제국에 어떤 위협을 가하든 굳건히 방어하고 전략자원을 지켜낼 필요성이었다.[24] 히틀러는 1936년 8월에 초안을 잡은 중요한 전략문서인 이른바 4개년 계획 의견서에서 소련의 붉은군대가

15년 내에 독일에 가할 위협과 그보다 한참 전에 생존공간 문제를 해결할 필요성을 강조했다.[25] 미국은 일종의 미지수였다. 불황의 파국적 영향 탓에 비교적 고립되어 있고 주로 해군에 의지해 서반구를 방어하던 미국은 분명 훗날에야 위협이 될 존재였다—그래도 위협이긴 했지만 말이다. 미국은 모든 종류의 제국주의에 줄곧 비판적 자세를 유지해오고 있었지만, 미국 대중은 아직까지 제국주의를 저지하기 위한 무력 개입이라는 생각을 받아들일 마음이 없었다.[26] 옛것이든 새것이든 제국주의의 세계에서는 레닌과 윌슨의 그림자가 각국의 야망을 따라다니며 제국을 건설하려면 차라리 일찍 하는 편이 낫다고 속삭였다.

다시 일어난 영토제국주의의 물결을 중심으로 하는 신질서 건설이 실제로 가능하다는 것을 의식했다고 해서 그런 결정을 내리기가 쉬웠던 것은 아니다. 만주 장악, 에티오피아 침공, 체코슬로바키아와 폴란드 침공의 배경을 살펴보면, 삼국이 지구를 지배하려는 원대한 계획의 일부였다는 전후의 견해에도 불구하고, 삼국 정치 지도부 모두 상당히 주저하고 신중을 기했다는 것을 알 수 있다. 삼국은 좋든 싫든 간에 여전히 국제연맹 주요국들로부터 일종의 '허락'을 받아야 했다. 무솔리니는 에티오피아 침공에 대한 군 사령관들과 일부 파시스트 동료들의 불안을 극복하고자 결국 프랑스와 영국으로부터 침공을 막지 않겠다는 구두 동의—거짓으로 드러났다—를 받았다고 주장했다. 또 무솔리니는 알바니아를 점령하기 전에 다른 열강이 어떻게 나올지 몰라 머뭇거렸다(다만 이 경우 국제연맹은 알바니아의 항의를 기록으로 남기기만 하고 아무런 조치도 취하지 않았다).[27] 1938년 9월 30일의 뮌헨 협정 이후 독일이 체코슬로바키아의 독일어권 지역들을 점령한 사건은 히틀러가 구사한 협박 외교의 승리라는 것이 중론이지만, 그럼에도 독일 독재자는 서방 열강의 고집 때문에 체코를 상대로 단기전을 치르지 못했다며 분통을 터뜨렸다. 1년 후 폴란드와 전쟁을 벌이기 전에 히틀러는 측근들에게 두 번째 뮌헨 협정은 없다고 못박았다.[28]

삼국이 조심한 이유 중 하나는 1930년대에 기존 제국들 내부의 충돌을 포함해 제국 충돌의 가시성이 확연히 높아졌다는 데 있다. 이는 주로 현대 미디어의 발달—전 세계적 신문 보도, 대중적 뉴스영화, 라디오—때문이었지만, 국제연맹의 활동 때문이기도 했다. 국제연맹은 소심하다는 온갖 비난에도 불구하고 국가 주권을 침해한 사례, 예컨대 일본의 위법적 만주 장악과 무솔리니의 에티오피아 침공 같은 사례에 대해 공개적으로 논쟁하는 장을 제공했다.[29] 국제적 논쟁이 일어나자 세 침략국은 실패한 국가에 맞서 자국의 이권을 보호하기 위해 침공을 수행했다는 허술한 주장으로 자기네 행동을 정당화할 수밖에 없었다. 만주에 대한 국제연맹 토론에서 일본 대표단은 "하나의 조직된 국가"라는 중국은 "허구"라고 역설했다. 또한 만주는 어떤 공식적인 의미에서도 식민지가 아니라 만주국이라는 '독립'국가이며 퇴위한 만주족 황제 푸이가 집정으로 나선다고 주장했다.[30] 무솔리니는 에티오피아가 "야만적 부족들의 집합체", "비국가"일 뿐이라는 근거를 들어 침공을 정당화했다.[31] 히틀러는 체코슬로바키아가 모든 면에서 잠재적 식민지가 아니라 현대 유럽 국가였음에도 이 민족 국가가 제대로 기능하지 못한다는 이유로 보헤미아와 모라비아를 독일의 보호령으로 삼은 조치를 정당화했다. 이 경우에도 유럽 제국주의와 오래도록 결부되어온 '보호령'이라는 용어는 실질적인 통제를 감추고 마치 그곳이 정치적 자율성을 얼마간 누리는 것처럼 가장하는 방법이었다.[32] 1939년 9월 1일 오전 히틀러 역시 폴란드와의 전쟁을 공표하면서 폴란드인은 국가를 건설한 국민이 아니며 독일이 통치하지 않는다면 "최악의 야만이 횡행할 것"이라고 주장하여 지난 1935년 에티오피아인을 비난했던

무솔리니의 행태를 부지불식간에 되풀이했다.[33]

삼국이 조심했던 것은 국제 정세 때문만이 아니라 국내 정치·군사 엘리트층 사이에서 향후 정책 방향에 대한 합의를 이끌어내기가 어렵다는 문제 때문이기도 했다. 특히 일본의 경우 민간 정당들과 군부의 갈등, 육군과 해군의 갈등, 육군 내부 파벌들 간의 갈등이 국내 정치에 영향을 주었다. 1931년 9월 만주 침공을 개시한 군 사령부는 문민정부의 뜻에 반하여 행동한 것이었다. 그 이후 군부와 정치권이 대치한 결과 입헌민정당 내각이 사임하고 군의 제국주의에 대한 민간의 감독이 사실상 끝났지만, 군 내부의 파벌주의는 1930년대 중반까지 지속되었다.[34] 해군과 육군의 언쟁은 남방으로 진출하자는 주장과 북방으로 진출하자는 주장을 둘러싸고 벌어졌다. 해군은 태평양 방어를 우선시하고 동남아시아의 자원이 풍부한 유럽 식민지들을 장악하기를 바랐다—장차 재앙으로 판명날 선택이었다. 반면에 육군은 소련이 위협하는 북방을 주시했고, 우선 북중국에서 일본의 군사력을 확장하고 제국을 방어하기 위해 자급자족하는 강력한 산업·교역 블록을 건설함으로써 대륙 전략을 공고히 하기를 원했다. 이 논쟁은 1936년 8월 7일 아시아 대륙에서의 강력한 제국 방위와, 남방으로 제국을 확장하기 위한 해군의 대비를 모두 지지한 '국책 요강' 발표로 해소되기보다는 한동안 중단되었다.[35]

전략상 요점을 놓고 어떤 논쟁을 벌였든 간에, 일본은 1930년대 내내 중국 본토로 가차없이 확장해 들어갔다. 만주 침공에서 후진하기란 불가능했다. 사실 만주는 일본의 영토 침공의 도약대가 되었는데, 어느 정도는 국민당 중국과의 국경을 안정화하기 위함이었고, 어느 정도는 자원과 통신 허브를 추가로 확보하기 위함이었으며, 어느 정도는 일본 육군과 도쿄의 정계 지지층이 제국 확장에 입맛을 들였기 때문이다. 1930년대

에 일본이 통제하는 영토의 확장은 지난번 만주 장악만큼 국제적 주의를
(또는 많은 현대 역사가들의 주의를) 끌지 않았다. 1933년 2월 17일, 일본군
2만 명이 내몽골의 일부인 만주 남쪽 러허성을 침공해 점령했다. 이 침공
으로 관동군이 중국 수도 베이징을 타격할 수 있는 거리 안으로 들어섰
다. 1933년 3월부터 5월까지 관동군은 소위 '장성長城' 전투를 치러 남쪽
으로 만리장성에 이르는 영토를 추가로 장악했고, 장차 일본이 관할하는
주요 항구로서 중국 최대 규모로 성장하게 될 톈진의 탕구를 점령했다.
1935년 일본군은 내몽골의 다른 지방들로 진입했고, 6월에 현지 중국군
사령관에게 베이징 일대의 허베이성에서 철수한다는 협정을 강요했다.
내몽골 영토를 더 점령한 일본은 두 번째 '독립'국인 몽강국(정식 명칭은 몽
강자치연합정부)을 후원할 수 있었는데, 이 몽골 국가는 명목상 데므치그돈
로브德穆楚克棟魯普가 통치했으나 만주국과 마찬가지로 일본 육군이 지배했
다. 1936년 1월 도쿄 정부는 마침내 나머지 북중국에서 통제권을 확립하
는 전략을 승인했으며, 그로써 일본 육군은 중국에서 가장 풍요로운 지역
들과 주요 세입원으로부터 중국 민족주의 세력을 차단할 수 있었다. 만주
를 장악한 지 4년 만에 일본의 팽창은 아시아 본토의 광대한 영역으로 확
대되었고, 그 과정에서 일본 제국 경제의 성격이 바뀌었다.[36]

만주와 북중국의 다른 지역들을 획득한 일본은 마침내 아시아의 기존
경제 질서에 도전하여 상당한 성공을 기대할 수 있게 되었다. 목표는 이
미 장악한 영역 전체에서 주요 교역국들의 출자를 줄이고 그곳의 자원을
일본 산업을 위해 전용하는 것이었다. 핵심은 만주국과 북중국의 자원을
개발하는 것이었다. 만주는 중국에서 석유의 90퍼센트, 철강의 70퍼센트,
가스의 55퍼센트 등을 공급하던 산업의 심장부였다.[37] 1932부터 1938년
까지 일본은 이 지역에 19억 엔을 투자했다. 육군과 정부는 목표 달성을

위한 국가의 경제계획과 지도를 강력히 요구했다. 1933년 3월 만주국 경제건설요강이 발표되었고, 결국 개별 제품을 생산할 26개 기업이 설립되었다. 중국 은행들은 인수되거나 일본 은행들에 통합되었고, 엔화 블록이 확립되었으며, 철도망의 길이가 두 배로 늘었다. 1937년 북중국이 일본의 이권에 이바지하도록 만주중공업개발주식회사가 설립되었다. 또한 북중국 역시 엔화 블록에 통합되었다.[38] 이제 새 영토의 자원을 이용할 수 있게 된 일본의 강철 생산량은 1930년 200만 톤에서 1938년 560만 톤으로 늘었고, 같은 기간 석탄 산출량은 3100만 톤에서 4900만 톤으로 증가했다. 이렇게 확대된 경제 규모를 군사적 요구가 집어삼켰다. 육군은 1937년 개략계획에서 목표치를 높여 1940년대 초까지 55개 사단을 갖추기로 했다. 1934년 국방비 지출은 국가 지출의 14퍼센트였지만 1938년에는 41퍼센트였다. 1934년 일본은 새로운 경제 블록이 자국에만 속하는 특수이익권이라고 선언했고—이른바 아모우天羽 성명—1938년 고노에 후미마로近衛文麿 총리는 동아시아에서 탄생한 새로운 경제 질서는 제3국을 배제한다고 경고했다. 육군의 개략계획에 따르면 산업 호황은 1941년경 제국의 방위에 필요한 모든 자원을 공급하고 "동아시아를 이끄는 우리의 능력을 강화"할 터였다.[39]

　그럼에도 중국에서 일본의 군사전략은 불분명했다. 장제스蔣介石의 국민당 중국과 접하는 불안한 국경과 그의 북부 군벌 파트너들에 대응하려면 군사적 잠식이 필요했지만, 영토를 더 획득할 경우 비교적 한정된 병력으로는 통제하기가 어려웠고, 이미 획득한 영토를 활용하기 위해 안정적인 상황을 조성하는 문제를 해결할 수도 없었다. 우선 과제는 국민당 중국의 남부를 상대로 대규모 전쟁을 개시하는 것이 아니라 북중국을 정치적·군사적으로 통제하는 것이었고, 결국 1937년 7월과 8월에 발발한 중일 전쟁에 대비한 계획은 세우지 않았다. 이번에는 중국 측이 선수를 쳤다. 일본의 잠식에 대응하기 전에 먼저 민족 단결을 달성한다는 장제스의 전략—사실상 중국 공산주의를 파괴하는 것을 의미했다—은 1936년 말에 이르러 갈수록 반발에 부딪혔다. 북부 산시성陝西省의 도시 시안을 방문한 장제스는 왕년의 지역 군벌 장쉐량 장군에게 납치되었는데, 장군은 장제스에게 공산당과 협력하여 일본에 맞서는 거국 전쟁을 이끌어줄 것을 요구했다. 국내외에서, 무엇보다도 스탈린 측에서 인질을 풀어주라는 압박을 가한 뒤, 수도 난징으로 돌아간 장제스는 잠시 붙잡혀 있는 동안 일본으로부터 중국을 구하는 것이 자신의 운명이라는 비전을 얻었다고 주장했다.[40]

새로운 방침을 채택할 기회는 베이징 인근에서 일본군과 중국군 사이에 발생한 사소한 사건으로 예상치 못하게 찾아왔다. 숱한 마찰 중 하나였으나 장제스는 마침내 일본의 중국 주권 침해에 대항할 계기로 삼았다. 이른바 '마르코 폴로 다리(베이징 외곽의 오래된 다리인 루거우차오의 영어명) 사건'은 일본 지나 주둔군의 한 중대가 이 다리 근처에서 야간훈련을 실시한 1937년 7월 7일 밤에 시작되었다. 잠시 총성이 들리고 병사 한 명의 행방이 확인되지 않자 일본군은 해당 병사를 찾기 위해 작은 완평현성宛平縣城을 수색할 권리를 요구했다. 접근을 거부당한 일본군은 현성을 습격해 중국군 200명을 사살했다. 개전의 이유가 마땅치 않은 사건일 경우 양측의 지역 사령관들은 조속히 전투를 중지하곤 했다.[41] 그러나 이 경우에는 1930년대에 중국과 일본 사이에 걸려 있던 더 심각한 쟁점들을 배경으로 위기가 순식간에 고조되었다. 도쿄에서 육군대신 스기야마 하지메杉山元는 고노에 내각의 더욱 신중한 태도를 무시하고 3개 사단을 보내 해당 지역을 완전히 장악하라고 명령했다. 7월 16일 베이징 자체가 포위되었다.

일본군은 7월 26일 작전을 개시해 이틀 만에 이 예전 수도를 함락했다. 인근 항구도시 톈진은 7월 30일 함락되었다. 이제 일본의 계획은 장제스의 주요 목표를 무산시키고 가능하다면 그의 정권을 전복함으로써 '북지사변北支事變'을 최종 해결하는 것으로 확대되었다. 이는 아직까지 대규모 전쟁을 뜻하지는 않았지만, 장제스는 마르코 폴로 다리 사건을 중국 민족의 생존 자체에 대한 위협으로 '전국화'하는 길을 택했다. 7월 7일 직후 그는 일기에 "이제 싸우기로 결심할 때다"라고 썼고, 며칠 후 이번 위기가 "존속 아니면 소멸의 전환점"이라고 덧붙였다.[42] 베이징 함락 이후 8월 7일 장제스는 '합동국방회의'에 국민당 중국의 주요 정치인과 군인을 모두 소집해 일본군과의 대규모 전쟁을 지지하는지 물었다. 참석자들은 만장일치로 호응했다. 장제스는 전쟁 소식을 방송으로 알리고—"일본의 한없는 팽창에 내몰린 중국은 스스로를 지키기로 선택하는 수밖에 없다"—첫 교전이 벌어질 장소라고 판단한 상하이로 최정예 부대들을 보냈다.[43]

일본군은 전광석화 작전, "단기전 이후 신속한 승리"를 통해 먼저 중국의 주요 군사자원을 파괴한 다음 남쪽으로 양쯔강 하류까지 점령할 태세였다. 군 수뇌부는 한 달 내에 일본의 목표를 달성하려 했고, 다른 이들은 최장 석 달을 예상했다. 이 계획은 군사적 오만에 빠져 군사적·지리적 현실을 간과했다는 점에서 훗날 독일의 '바르바로사' 작전과 공통점이 많았다. 일본 육군은 중국군에 비해 수적으로 열세였으나 무장과 훈련에서 훨씬 우세했다. 그렇다 해도 일본의 진군 계획은 당시 표적으로 삼은 광대한 공간 및 지역들의 다양한 지리를 거의 고려하지 않은 것이었다. 진격 속도는 금세 느려졌다. 일본군은 광대한 중국 배후지에서 퇴각하여 재편성할 수 있는 적군을 상대로 결정적인 승리를 거두지 못했다. 1937년 여름에 몇 개 사단이던 일본 육군을 연말까지 21개 사단으로 증강하고, 1년 후 34개 사단, 1941년 51개 사단으로 늘려야 했다.[44] 일본군이 중국 중부로 더 끌려들어갈수록 병참 보급이 더 어려워졌고, 통제해야 할 영토가 더 넓어질수록 병력이 더 파편화되었다. 장제스의 위상은 그가 말한 '항전'과 함께 높아졌다. 중국에서 독가스와 세균전(탄저균, 페스트, 콜레라)을 구사하는 등 대체로 잔인하게 수행한 일본군의 전투는 침공군을 향한 중국인의 증오에 불을 붙이고 장제스가 1930년대 초에 불러일으키려 했으나 실패했던 민족 단결 의식을 공고히 하는 결과만 가져왔다. 또한 장제스가 군사적 현실을 마주하면 포기할 거라던 일본의 예상과 달리 그의 결의는 더욱 확고해졌다. 1938년 한 해에만 일본은 장제스가 강화 조건을 받아들이도록 11차례 시도했으나 전부 거절당했다.

그럼에도 중국의 저항은 어디서든 허약한 것으로 드러났다. 1937년 8월에 기존의 지나 주둔군에서 북지나 방면군으로 이름을 바꾼 일본군은 기동과 보급에 필수인 주요 철도 노선들을 따라 베이징에서 서쪽과 남쪽으로 전진했다. 만주 관동군의 일부와 함께 일본군은 서쪽의 차하얼성과 산시성山西省으로 진군했고, 8월 초에 장제스가 파견한 탕언보湯恩伯 휘하 국민혁명군으로부터 금세 난커우의 철도 요지를 빼앗았다.[45] 국민당 정권이 북부 전선에서 지역 군벌 동맹들—7월 전투에서 톈진과 베이징을 금방 포기한 쑹저위안宋哲元의 병력을 포함해—에 의존했기 때문에 장제스는 자기 휘하의 국민당 중앙군에 더 가깝고 더 취약한 지역에 있는 일본군을 공격하는 것이 더 나은 전략이라고 판단했다. 그래서 상하이를 주요 전장으로 선택해 중요한 세입원에 대한 일본의 위협을 제거하고 베이징 장악에 적절히 응수하려 했다. 외부 세력의 지원을 끌어들일 수도 있었지만, 군 수뇌부에게 말한 장제스의 주요 목표는 일본의 의도를 거슬러 장기 소모전을 치르는 것이었다. 장제스의 병력이 상하이로 집결하는 동안 일본 육군과 해군은 전력을 5개 사단으로 증강하고 해군 함정 32척을 항구에 배치했다. 8월 14일 일본 기함을 겨냥해 공습에 나선 소규모 중국 공군은 도리어 지역 호텔들과 도박장을 파괴하고 민간인 1300명 이상을 살상하여 낭패를 보았다. 대규모 중국 지상군은 초기에 일본군을 해안가까지 밀어붙였으나 공격을 이어가지 못했다. 일본은 추가 병력을 쏟아부었고, 일본 해군은 중국 해안을 봉쇄했으며, 일본 해군 항공대는 8월 15일 중국의 기지, 항구, 도시를 겨냥하는 장기 폭격을 개시했다.

8월 마지막 주에 일본군은 해군의 강력한 함포 지원을 받으며 상하이 인근에 사단들을 상륙시키는 야심 찬 작전에 착수했다. 9월 13일경 일본군은 수로와 장애물, 임시변통한 중국군 방어선이 교차하는 험난한 지형 도처에서 반격에 나설 준비가 되어 있었다. 11월 12일에야 일본군이 승리를 거두었으며, 양측 모두 사상자가 많이 나왔다. 일본군 4만 300명, 중국군 18만 7000명(장제스의 청년 장교단의 4분의 3도 포함)이었다.[46] 일본 대본영은 이제 장제스의 수도 난징 일대를 전부 함락해 전쟁을 확실히 결말짓고자 했다. 상하이의 승전군은 사기가 떨어진 지리멸렬한 적군을 쫓아 허둥지둥 수도를 향해 나아가며 마을들을 불태우고 주민들을 살육했다. 장제스는 이미 정부를 한참 서쪽의 충칭으로 옮기고 군 사령부를 한참 남쪽의 우한으로 옮기라고 지시해둔 터였다. 미미한 병력이 남아 난징을 방어했으나 군인과 민간인을 가리지 않는 일본군 폭력의 물결에 쓸려나갔다. 12월 13일 마쓰이 이와네松井石根 장군과 그의 부관 아사카노미야 야스히코오朝香宮鳩彦王의 병력이 수도를 함락했고, 일본군이 며칠간 이어질 약탈, 강간, 살인을 저지르기 시작했다.[47] 1937년 연말까지 일본 점령군은 큰 비용을 치르고서 중국 중부와 동부의 넓은 영역을 확보했지만, 지난 7월에 예상했던 신속한 승리를 달성하려면 아직도 갈 길이 멀었다. 1938년 1월

16일 고노에 공작은 향후 일본이 장제스 정권과 접촉하는 일은 없을 것이라고 발표했다―사실상 전쟁 상태임을 늦게나마 공식 인정한 셈이다.

군사적 손실이 엄청나고 군비가 심각하게 부족함에도 불구하고, 장제스와 그의 장군들은 이제 중국 남단의 독립적인 광서파廣西派에 충성하는 병력의 지원을 받아 대규모 전투를 더 치를 준비가 되어 있었다. 최대 규모 중 하나인 첫 전투는 난징 북쪽 쉬저우의 주요 철도 교차로 일대에서 60만 이상의 병력이 동원된 가운데 벌어졌다. 일본군은 북쪽과 남쪽에서 협공을 펼치며 접근했다. 상하이 전투의 승전군은 이제 중지나 파견군으로 편성되어 있었고, 북지나 방면군과 함께 1938년 5월 쉬저우를 함락했다. 하지만 중국군 40개 사단을 섬멸하진 못했는데, 소부대로 갈라져 황사와 안개에 몸을 숨긴 채 퇴각했기 때문이다. 그에 앞서 4월 초에 쉬저우로 기동하던 중국군은 일본군에 몇 안 되는 전술적 패배를 안겨준 바 있었다. 광서파의 리쭝런李宗仁 장군과 바이충시白崇禧 장군이 지휘하는 병력이 쉬저우 북쪽 도시 타이얼좡에서 수적 우세인 일본 병력을 몰아냈지만, 일본군의 공세를 멈출 정도는 아니었다. 쉬저우 함락은 중대한 패배였으며, 그로써 일본군이 우한으로 진격해 양쯔강 유역의 중부 평야 일대를 통제할 길이 열렸다. 일본의 계획 수립자들은 우한을 장악하고 중국 중북부에 대한 통제를 강화함으로써 "전쟁을 종결"하고 새로운 친일 정부를 수립하여 "중국을 통제"할 수 있기를 바랐다. 또한 장제스의 육군과 공군에 유일한 현대식 무기를 제공하던 소련이 중국 북단에서 가하는 더 심각한 위협에 일본이 자유롭게 대응할 수 있기를 바랐다.[48] 장제스는 적의 위협에 극히 무정한 조치로 대응했다. 일본군이 우한과 남부로 이동하지 못하도록 황허강의 제방을 무너뜨려 광대한 침수 지역을 만들라고 지시했던 것이다. "물로 군대를 대신한다"는 그의 동기는 조잡하나마 전략적이었지만, 그 대가는 현지의 인구에 재앙이었다. 국민혁명군이 일본 측에 자원을 넘겨주지 않기 위해 채택한 전면 초토화 정책도 마찬가지였다. 아무런 사전 경고도 없이 저지대 농지 5만 4000평방킬로미터가 침수되었고, 전후 추산으로 80~90만 명이 사망했다(최근 연구는 50만에 더 가까운 수치를 제시한다). 또 물에 잠긴 평야 지대에서 400만이 넘는 사람들이 피란민이 되었다.[49]

황허강 범람으로 분명 우한이 단기간에 장악당하는 사태를 막을 수 있었지만, 일본 해군은 흘러넘친 강물을 이용해 병력을 내륙으로 이동시키고 엄호 포격을 가할 수 있었다. 8월에 일본 제11군은 우한으로 진군하라는 명령을 받았고, 보병들은 폭염을 뚫고 말라리아와 이질에 시달려가며 이 도시를 향해 터덕터덕 걷거나 배를 타고 이동했다. 우한 전투는 거의 200만 명이 참전했고 1938년 10월 21일 일본의 점령으로 끝이 났다. 장제스는 일본의 통제 아래에 있는 지역들로부터 이제 산악 지형의 보호를 받는 충칭으로 권력의 중추를 옮겼다. 더 남쪽에서는 일본군이 상륙작전에 성공해 10월 26일 주요 항구 광저우를 함락했고, 1939년 2월 일본 해군이 남쪽의 하이난 섬을 장악하여 통킹 만과 프랑스 식민지 인도차이나를 좌우하게 되었다. 1938년 점령의 물결은 일본이 중국에서 가장 부유한 공업 지역들—만주, 베이징, 상하이, 우한, 광저우—을 획득하는 것으로 마무리되었으며, 장제스는 추정치로 국가 생산능력의 87퍼센트를 사용하지 못하게 되었다.[50] 이제 중국 중부와 동부의 광대한 영역을 점령한 일본군의 진군 속도는 불가피하게 느려졌다. 1939년 내내 일본은 경계 지방인 후베이성과 후난성에 새로 압박을 가했지만, 2년간 대규모 전쟁을 치르며 중국의 생산 거점들을 차지하고 중국군 부대를 연이어 섬멸한 후에도 지나사변을 완결하고 본토에서 제국 주둔군을 공고히 한다는 목표에 별반 더 다가서지 못했다.

중일 전쟁에는 양측 모두 승리할 만한 위치에 있지 않다는 특이한 성격이 있었고, 전쟁이 더 길어질수록 완전한 승리의 가능성은 더 낮아졌다. 주기적인 소모전으로 적을 약화시킨다는 장제스의 결정은 일본 군부와 정부가 중국 제국을 포기하기로 결정할 경우에만 통할 수 있었으나 그럴 가망은 없었다. 중국군은 중대한 약점들을 안고서 싸웠다. 현대식 무기가 부족했고, 훈련시설이 부실했고, 숙련된 전선 장교들이 없었고, 잔여 공군이 외국의 원조에 완전히 의존했고, 해군이 없다시피 했다. 일본은 1930년대 기준으로 신식 군대, 상당한 규모의 육군과 해군 항공대, 세계 최대 해군 중 하나, 국내의 상당한 군수생산 기지, 탄탄한 전장 경험을 가진 장교단을 보유하고 있었지만, 이런 전력으로도 국지적 승리 이상을 이루어내기가 어려운 것으로 밝혀졌다. 일본군이 점령한 지역들의 엄청난 범위와 각양각색의 지리는 승리를 어렵게 만들었고, 일시적으로 확보한 시골 지역들은 일본군이 이동하고 나면 다시 상실했다. 병참이라는 근본적인 문제 때문에 일본군은 현지에서 식량을 마련해야 했지만, 중국 마을 주민들이 곧 곡물을 지하 저장고에 숨기는 데 익숙해져 식량 조달 자체가 하나의 전투가 되었다. 일본군이 다가온다는 경고가 충분히 전해지면 마을 주민 전체가 식량을 가지고서 숲이나 인근 산으로 급히 달아나기도 했다. "치워진 벽과 비워진 논밭"이라고 일본군은 보고서에 적었다.[51] 후방 지역들에서 치안을 유지하는 문제는 반란군이 근거지를 마련하여 일본군을 괴롭힐 기회를 넉넉히 제공했으며, 북서부의 공산당과 장제스가 구멍 숭숭 뚫린 전선 너머로 보낸 게릴라 전사들은 그런 기회를 이용했다. 1939년 일본은 군사적 노력의 태반을 중국 정규군을 물리치는 활동이 아니라 반란군과 싸우는 활동에 할애했다. 그러는 동안 하계에 만주의 노몬한(할힌골) 고지에서 소련군에 맞서 대규모 국경 전투를 치르고 9월에 휴전협정을 체결할 때까지 병력이 필요했다. 1939년 12월, 장제스는 정원 미달의 70개 사단을 모아 북부, 양쯔강 유역, 광저우에서 반격에 나섰으나 이번에도 결판을 내지 못했다. 1940년경 양측은 교착 상태에 빠졌다. 장제스가 다른 인물로 교체될 수 있다는 허구를 지어내기 위해 일본 측은 1940년 3월 난징에 국민당 변절자 왕징웨이汪精衛를 수반으로 하는 괴뢰정권인 '중화민국 국민정부'를 수립했다. 왕징웨이는 전쟁 지속보다 일본과의 협정을 선호했지만, 일본 측이 이미 마련해둔 안을 비준하는 것 외에 다른 안을 제시할 만한 입장이 아니었다.[52] 일본 정부는 애당초 경제적·인적 비용이 엄청나게 드는 지구전을 예상하지도 원하지도 않았지만, 아시아의 신질서를 둘러싼 분쟁의 역동적 성격 때문에 전략 실패를 인정할 수도 없었다. 1941년까지 중국 내 전쟁으로 일본군 18만 명이 죽고 32만 4000명이 다쳤다. 한층 더 컸던 중국 측의 손실 수치는 도저히 정확하게 추산할 수 없는 것으로 판명이 났다.

무솔리니 치하 이탈리아의 제국주의 야망은 일본의 야망에 비하면 온건했지만, 역시 영토 정복을 핵심 요소로 삼았다. 무솔리니는 일찍이 1919년에 제국주의가 "영원하고 불변하는 삶의 법칙"이라고 단언했고, 독재 기간 내내 새로운 이탈리아 국가를 현대판 로마 제국인 지중해·아프리카 제국의 핵심으로 삼겠다는 욕망을 버리지 않았다.[53] 초기에 무솔리니는 1915년 런던 조약으로 약속받았으나 파리 강화회의에서 인정받지 못한 당시 유고슬라비아 내 지역들을 획득하여 유럽에서 영토를 넓히기를 원했지만, 비토리오 에마누엘레 3세의 지지를 받는 군 수뇌부는 대규모 전쟁의 심각한 위험을 우려하여 이런 기대에 제동을 걸었다. 1930년대 초에 국제 질서가 위기로 빠져들자 무솔리니와 파시스트당 급진파는 반대에 개의치 않고 적극적인 제국주의 방침을 추구하기로 결정했다. 영토를 넓힐 명백한 후보지는 이탈리아가 오래전부터 식민지 에리트레아와 소말리아에서 영향력을 확장하려 시도해온 동아프리카, 즉 아직까지 독립국인 에티오피아(아비시니아)였다ㅡ프랑스로부터 코르시카 섬을 빼앗는다는 위험한 방책을 무솔리니가 잠시 고민하긴 했다. 에티오피아와 충돌하는 정책은 그간 파시스트당의 몇몇 저명한 지도자들, 군, 왕가가 보여온 신중함과 양립하기 어려웠고, 정치적 입지가 위태로워질 수 있다는 무솔리니 본인의 불안에도 반하는 것이었다. 마침내 무솔리니는 모든 반대를 무릅쓰고 위험을 감수하기로 했다. 만주 문제에서 국제연맹을 무시하고 성공을 거둔 일본의 사례를 의식한 무솔리니는 1935년 가을 에티오피아를 정복할 계획을 세우라고 지시했다. 대대적인 준비가 진행되면서 에리트레아와 소말리아가 병력과 보급품으로 채워졌으며, 영국 측이 면밀히 지켜보는 가운데 병사와 차량으로 가득한 이탈리아 선박들이 수에즈 운하를 부지런히 통과했다.[54] 무솔리니에게 에티오피아는 시작에 지나지 않았다. 1934년 그는 사적인 자리에서 당시 영국이 지배하는 이집트를 이탈리아가 정복해야 한다고 주장했고("우리는 이집트를 얻어야만 위대해질 수 있다"), 1935년 3월 향후 정복 목록에 수단을 추가했다. 그리고 두 라디오 방송국 즉 라디오 바리Radio Bari와 라디오 로마Radio Roma에 아랍권 전역에서 반영국 선전을 방송하라고 지시했고, 예멘과 10년 기한으로 체결한 통상우호조약을 이용해 인근 아덴을 보호령으로 둔 영국 측을 당황하게 만들었다.[55] 몰타 섬에서는 현지 이탈리아 파시스트들이 영국 식민주의자들에게 짓밟히고 있는 몰타는 사실 이탈리아의 섬이며 언젠가 이탈리아 모국에 반환되어야 한다고 아우성을 쳤고, 이탈리아 해군은 이 섬을 장악하고자 우발 사태 대비책을 마련했다.[56] 무솔리니의 제국주의 야망에서 동지중해와 북동아프리카는 새로운 로마 제국으로 나아가는 징검돌이었다.

이탈리아는 에티오피아 침공을 단기 군사작전으로, 이탈리아판 전격전으로 준비했지만, 정복 이후의 계획은 거의 세우지 않았고 장차 통치해야 할 사람들의 성격을 이해하려는 노력도 거의 기울이지 않았다. 또한 무솔리니는 영국과 프랑스의 압력을 받게 되었는데, 양국은 전쟁의 필요성을 없애고자 에티오피아 문제에서 이탈리아 측에 더 발언권을 주는 여러 계획을 내놓고 에티오피아 영토 일부에 대한 국제연맹의 제한된 위임 통치권을 제안하기까지 했다. 그렇지만 무솔리니는 이탈리아가 국제연맹 국가들의 명령을 따를 경우에만 보상을 받을 수 있는 상황에서 벗어나고자 제국 건설에 착수한 터였고, 1935년 9월 22일 국왕과 이탈리아 식민부의 유보적 태도에도 불구하고 국제연맹의 제안을 거절했다. 이 무렵이면 제한된 해결책을 선택하기에는 너무 늦은 시점이었는데, '아프리카의 뿔'에 자리한 이탈리아의 비좁은 식민 영토에 병력 56만 명과 물자 300만 톤을 채워넣은 터였기 때문이다.[57] 10월 3일, 에밀리오 데 보노Emilio De Bono가 총지휘하는 이탈리아 육군과 공군은 에티오피아 측의 도발을 들먹이며 북부전선과 남부전선으로 진군했다. 에티오피아 황제 하일레 셀라시에Haile Selassie는 수도 아디스아바바에 있는 궁 앞에서 제국의 전통적인 전쟁북을 두드려 싸움에 나설 백성들을 불러모으라고 지시했다. 비대칭 충돌인 이 전쟁을 무솔리니는 또다른 국제적 분규나 국제연맹의 개입 이전에 신속히 결판내고 싶어했으나 곧 난관에 부딪혔다. 전력의 불균형을 의식한 하일레 살라시에는 휘하 부대들에 지형의 이점과 이탈리아군의 방향 상실을 활용해 게릴라전을 벌이라고 명령했다. "몸을 숨기고,

불시에 타격하고, 유목민 전쟁을 치르고, 훔치고, 저격하고, 한 명씩 살해하라."[58]

이것은 35년 전 남아프리카 전쟁 이후 최대 규모의 식민 전쟁이었다. 결과가 뻔한 전쟁이었지만, 데 보노 휘하 이탈리아군의 진군은 더뎠다. 12월경 무솔리니는 제한된 영토 획득으로 만족하는 방안을 고려할 수밖에 없었다. 영국과 프랑스의 정치인들은 에티오피아의 주권을 희생시키는 이 결과를 받아들이라고 무솔리니를 압박하다가 이른바 호어-라발 협정Hoare-Laval Pact(이 제안을 고안한 두 장관의 이름에서 따왔다)이 공개되고 강력한 반발이 뒤따르자 협정을 부인할 수밖에 없었다. 데 보노의 자리는 11월에 피에트로 바돌리오Pietro Badoglio 장군으로 교체되었고, 12월 소말리아에서 북서부를 공격하던 로돌포 그라치아니Rodolfo Graziani 장군이 돌로Dolo 전투에서 무솔리니의 직접 지시에 따라 처음으로 독가스를 사용하여 승리를 거두었다. 에티오피아 사령관들은 황제의 조언을 유념하지 않고 개활지 전투를 택했다. 템비엔에서 두 차례 전투를 치르고 암바아라담에서 에티오피아군 5만 명이 패배한 뒤, 에티오피아의 군사적 저항은 부대들의 결집력을 약화시키고 사기를 크게 떨어뜨린 대인폭탄과 독가스(겨자가스와 포스겐)의 조합에 의해 분쇄되었다.[59] 무솔리니는 아직까지 보호령이나 하일레 셀라시에를 수반으로 하는 괴뢰국가를 강제할 가능성을 고려하고 있었지만, 1936년 5월 에티오피아 수도를 함락하자 노골적으로 병합하기로 결정했다. 5월 9일 그는 로마 베네치아 광장에서 희열에 찬 군중에게 "드디어 이탈리아가 제국을 얻었습니다"라고 알렸다.[60]

이 주장은 시기상조로 밝혀졌다. 아직 에티오피아 전역을 정복한 게 아니어서 그다음 1년간 잔인한 평정 전쟁을 이어가야 했다. 이탈리아군은 큰 대가를 치렀다. 사망 1만 5000명에 부상 20만 명이었다. 당시 이탈리아령 동아프리카Africa orientale italiana라 불린 것을 건설하기 위해 80만 명이 넘는 이탈리아 육군과 공군이 종군했다. 여기저기 흩어져 있다가 교차사격에 사망한 에티오피아 병력과 민간인은 27만 5000명으로 추산되었다.[61] 이탈리아의 승리 이후에도 사망자는 계속 나왔다. 무솔리니는 새로운 이탈리아 행정기구를 인정하며 협력하기를 거부하는 에티오피아 귀족을 모조리 처형하고 종교 지도자, 마법사와 마녀로 추정되는 사람, 그리고 에티오피아 사회를 돌아다니며 새로운 소식과 소문을 전하는 지역 '음유시인'을 제거하라고 명령했다. 1937년 2월 이탈리아 총독 그라치아니를 암살하려던 시도가 실패한 뒤, 아디스아바바에서 보복 살육이 일어나 에티오피아인이 최소 3000명이나 죽고 여성들이 강간당하고 가옥들이 약탈당했다.[62] 새 정권은 곧 인종 차별을 제도화했다. 에티오피아인은 시민이 될 수 없어 신민에 머물렀고, 1937년 12월 이탈리아인과 에티오피아인의 혼인이 금지되었으며, 영화관과 상점, 대중교통에서 인종 분리가 이루어졌다. 1939년 '이탈리아령 아프리카의 토착민으로부터 인종 위신을 지키기 위한 제재'라는 법령이 도입되어 인종 차별 원칙을 위반하는 자에게는 벌금을 물렸다.[63]

무솔리니가 바랐던 신속한 승리는 진을 빼는 장기 분쟁으로 바뀌었다. 대규모 수비대를 유지하고 자금을 투입해야 했다. 1939년에 동아프리카에는 여전히 병력 28만이 있었다. 현지 에티오피아 저항군이 이탈리아의 종주권에 도전하면서 사상자가 늘어났고, 3년간 험난한 평정작전을 수행하면서 이탈리아인 9555명이 죽고 14만 명이 병들고 다쳤는가 하면 무수히 많은 에티오피아인이 희생되었다.[64] 이탈리아의 국방비 지출은 1932~1933년 50억 리라였지만(정부 지출의 22퍼센트) 1936~1937년에는 총 131억 리라(33퍼센트)였고, 1939~1940년에는 247억 리라(45퍼센트)

에 달했다. 에티오피아 전쟁의 비용은 570억 리라로 추산되었고 대출과 세금으로 지불했다. 게다가 나중에 에스파냐에 개입하느라 80억 리라가 더 들었다.[65] 새로운 식민지에서 치안 유지를 도와줄 신식 도로를 2000킬로미터 건설하려던 노력은 식민 예산을 거의 거덜냈다.[66]

눈덩이처럼 불어나는 군사비 지출은 제국을 확장해서 얻는 어떠한 경제적 이익으로도 상쇄할 수가 없었다. 일본의 만주 교역과 달리, 에티오피아의 교역은 줄곧 일방적이었다. 제국으로의 수출액이 1931년 2억 4800만 리라에서 1937년 25억 리라로 증가했지만 주로 막대한 군사적 수요를 충족하기 위해서였다. 에티오피아가 식량을 공급해 제국 내 이탈리아인을 먹이고 잉여분을 이탈리아로 수출할 거라던 생각은 부질없는 기대로 드러났다. 1939년 에티오피아에서 곡물 수확량이 감소해 밀 10만 톤을 수입해야 했고, 1940년 이 지역의 필요량 중 35퍼센트만 현지에서 생산할 수 있었다. 원래 구상은 이탈리아인 수백만 명을 이주시켜 에티오피아 농업을 현대화하는 것이었지만, 1940년까지 도착한 농민은 400명에 불과했고, 그중 150명만이 가족까지 데려올 만큼 과감했다.[67] 농민보다 노동자가 더 많긴 했지만, 동아프리카에서 사업한 이탈리아 기업 4000곳은 대체로 새로운 아프리카 제국의 경제적 전환을 떠맡기보다 엄청난 규모의 주둔군에 서비스를 제공하거나 조속한 단기 수익을 추구했다. 몇 차례 석유와 광물을 찾으려고 시도하긴 했으나 소득이 없었다. 에티오피아 하라 지방의 이탈리아 지사는 '황금열'이 불러온 타락과 이기주의에 혀를 찼지만, 사실 새 제국의 심장부에는 이탈리아인이 누릴 만한 재화가 별로 없었다.[68] 정복으로 해결하지 못한, 이탈리아 인구를 위해 추가 식량을 찾는 문제는 결국 국내 '자급자족'이라는 엄격한 정책을 통해 일부 완화하는 데 그쳤다. 1930년에서 1940년 사이에 밀 수입량은 3분의 2나 감소하고 국내 밀 생산량은 거의 3분 1이 증가했다. 새로운 제국 공약을 이행하고 제국 방위를 유지하기 위한 산업 투자가 대폭 늘어나긴 했지만, 모두 국내 자원을 바탕으로 투자금을 조달해야 했고, 일본의 경우처럼 국가가 산업 개발 계획에 더욱 개입해야 했다.[69]

요컨대 새로운 제국은 잠시 열렬한 민족주의적 지지의 물결을 일으켰을 뿐 그 외의 결실은 별로 없었다. 그렇다고 해서 무솔리니가 자주적인 국가-제국의 지도자라는 새로운 지위를 활용하는 정책을 그만두었던 것은 아니다. 무솔리니는 에스파냐 내전에서 서방 열강에 굴하지 않고 프랑코 장군의 민족주의적 반란을 거의 3년 내내 공군과 지상군으로 지원했다. 에스파냐에서 이탈리아의 의용군단Corpo Truppe Volontarie은 1937년 8월경 3만 명에 달했고, 결국 7만 6000명이 넘는 이탈리아 육군, 공군, 파시스트 민병대가 국민파의 편에서 참전했으며, 에스파냐 공화국을 지지하는 이탈리아인 반파시스트 망명자들과 몇 차례 교전을 하기도 했다. 이 내전에서 이탈리아인이 또 3266명 사망하여 1930년대의 여러 전쟁에서 목숨을 잃은 이탈리아인의 수는 총 2만 5000명을 넘게 되었다.[70] 에스파냐에서 독일 '의용군'과 협력하면서 무솔리니는 히틀러의 독일과 더욱 가까워졌다. 그러면서도 이탈리아 지도부는 독일이 무엇을 하든 그와는 별개로 제국의 시야를 넓히는 데 열을 올렸다. 특히 무솔리니는 곧 제국의 표적으로 삼을 새로운 후보지에 대해 골똘히 생각했다. 1938년 그는 사담 중에 이스탄불에 이르기까지 남부 발칸을 지배하고, 프랑스로부터 튀니지와 코르시카를 빼앗고, 아프리카의 뿔 지역에서 영국령 및 프랑스령 소말리족 식민지들을 병합하고픈 열망을 막연히 드러냈으며, 1939년 2월 수에즈 운하, 지브롤터, 몰타, 키프로스를 차지함으로써 지중해 분지에서 영 제국을 몰아내는 상황을 머릿속에 그려보았다.[71] 오늘날에는 이런 야망이 한갓 공상으로 보이지만, 비교적 성공한 에티오피아 침공과 구 제국들의 "노후화된 세력"을 대체할 수 있다는 무솔리니의 자신감 때문에 당시에는 지금만큼 허황된 꿈으로 여겨지지는 않았다. 1938년 이탈리아의 반유대주의자 텔레시오 인테를란디Telesio Interlandi는 파시즘 단계를 규정하는 것은 "제국에의 의지"라고 말했다.[72]

이 의지는 이탈리아가 알바니아를 차지할 때 다시 드러났다. 에티오피아와 마찬가지로 알바니아는 병합의 자연스러운 대상으로 널리 간주되었다. 이탈리아는 1917년부터 1920년까지 잠시 알바니아를 보호령으로 삼았으나 국제적 압력을 받아 이곳을 단념했으며, 알바니아는 국제연맹 회원국이 되었다. 1926년 이탈리아는 방위동맹 체결로 알바니아 방위를 사실상 책임지는 한편 알바니아 통치자 아흐메트 조구Ahmet Zogu(조구 1세로 더 잘 알려졌다)에게 긴밀한 경제적 유대를 강요했다. 그러나 조구와 그의 정치적 동맹들은 독립 유지를 원했으며, 이탈리아는 1930년대에 일종의 보호령을 재수립하기를 바라면서도 더 이상 이득을 얻지 못했다.[73] 1930년대 말 이탈리아의 새로운 제국주의가 자리를 잡자 무솔리니와 외무장관 갈레아초 치아노Galeazzo Ciano(무솔리니의 사위)는 비공식 영향력을 직접 통치로 전환하려 했다. 여기에는 전략상 이점이 있었는데, 알바니아를 통제하면 아드리아 해의 양편을 좌우할 수 있었기 때문이다. 또한 알바니아는 무솔리니가 1920년대부터 원하던 유럽 차원의 이탈리아 제국을 건설하기 위한 잠재적 발판이었다. 그에 앞서 이탈리아는 1912년 오스만에게서 빼앗은, 멀리 떨어진 도데카니사 제도를 계속 통치했고, 1923년 로잔 조약으로 그곳을 자국의 속령으로 확정했다. 군 수비대와 수에즈 운하를 타격 거리 안에 두는 비행장으로 군비를 증강하고 전권을 가진 총독에게 통치를 맡긴 도데카니사 제도는 유럽과 레반트 지역에서 이탈리아

제국을 확장하기 위한 첫걸음이자 알바니아 장악의 모델이었다.[74]

알바니아를 이탈리아 제국의 일부로 획득할 경우 결국 아드리아 해부터 에게 해까지 이탈리아가 통치하는 영토로 연결할 수 있다는 솔깃한 전망이 열렸다. 이탈리아는 1938년 5월 알바니아 병합 계획을 세우기 시작했고, 이 나라에 이탈리아의 전쟁경제에 필요한 석유와 크롬이 풍부하다는 허위 주장으로 계획을 뒷받침했으며, 1939년 초에 계획을 완성했다. 1939년 3월 독일이 프라하를 점령하여 서방의 개입을 유발한 뒤, 치아노는 당장 행동에 나서고자 했다. 무솔리니는 또다시 망설였다. 국왕과 군부는 병합 계획에 감명받지 않았고, 에티오피아와 에스파냐에서 군대가 수렁에 빠진 마당에 다시금 병력을 투입할 만한 여력이 없다며 불안해했다. 1939년 3월 이탈리아 리토리오사단이 알리칸테에서 공화국의 마지막 전초기지를 함락하는 것으로 에스파냐 내전이 끝나자 자원에 여유가 생겼다. 4월 5일 알바니아의 조구 국왕에게 다시 이탈리아의 보호령이 되라는 내용의 최후통첩을 전달하고 예상대로 거절당한 뒤, 항공기 400대와 소형 전차 300대의 지원을 받는 이탈리아군 2만 2000명이 4월 7일 오전 일찍 침공에 나섰다. 이 작전은 허둥지둥 마련되었고 부실하게 조직되었다. 운전할 줄 모르는 병사들에게 오토바이를 주고 모스부호조차 모르는 참모들을 통신부대에 배치했는가 하면 사진으로 남아 있듯이 보병들이 자전거를 타고 해변에 진입했다. 이는 프라하 시내를 행진한 독일군과 확연히 대비되는 이미지였다.[75]

이런 결점은 알바니아 침공을 현대식 무기의 승리로 칭송한 이탈리아의 선전에 의해 은폐되었지만, 침공이 성공한 것은 그저 무력 저항이 거의 없었기 때문이다. 이탈리아군 사상자 수치는 여전히 논쟁거리다. 공식 손실은 12명이었지만, 알바니아 측은 이탈리아군이 200~700명 사망한 것으로 추정한다. 조구 국왕은 수도에서 도피했고, 4월 13일 이탈리아 군주가 알바니아 국왕으로 선포되었다. 만주국처럼 알바니아도 공식 식민지가 아니라 괴뢰국가이면서도 식민지 방침에 따라 착취당했다. 총독이 임명되었고 이탈리아 고문들이 알바니아 행정부를 장악했다. 알바니아 경제는 이탈리아의 이해관계에 따라 통제되거나 좌우되었다. 알바니아인은 이탈리아 국왕의 신민이 되었고, 알바니아어는 공적 생활에서 이탈리아어에 밀려 제2의 언어가 되었다. 저항은 경찰에 의해 가차없이 진압되었다. 알바니아에서 맡은 역할로 부패한 이익을 한껏 얻은 치아노마저 새로운 이탈리아 행정관들이 "토착민을 모질게 대하고" "식민지 지배의 심성을 가지고 있다"고 불평했을 정도다. 하지만 이는 영토를 넓히는 조잡한 방법에 몰두하던 권위주의 국가에서 불가피한 결과였다.[76]

제국주의를 개시한 일본과 이탈리아는 결국 거의 1930년대 내내 대규모 군사 동원과 전쟁 수행에 주력하게 되었다. 양국에서는 전 지구적 분쟁이 도래하기 한참 전부터 청년 수십만 명이 계속 전쟁을 경험했다. 일본군은 1931년부터, 이탈리아 육군과 공군은 1930~1931년 리비아 평정부터 1939년 알바니아 침공까지 거의 연속으로 경험했다. 그와 달리 히틀러의 독일은 팽창 계획을 나중에 시작했고, 얼추 10년간 일련의 무혈 쿠데타를 통해 영토를 획득했다. 폴란드를 침공한 1939년에야 독일 군인들은 제국을 위해 중국이나 동아프리카 규모의 전쟁을 치렀다. 1차대전에서 패한 뒤 무장을 해제당하고 빈곤해진 강국 독일에 국가의 자주성은 매우 다른 무언가를 의미했다. 초기에 히틀러 정부는 1920년대에 잠시 추구했던 베르사유 조약 '이행' 전략을 거부하는 데 주력했다. 1933년 10월 독일 대표단은 제네바 군축회의에서 여타 국가들이 군비를 축소하지 않는 데 항의하며 퇴장했다. 같은 해 나치 정권은 독일의 대규모 국제 채무를 이행하지 않다가 결국 배상금 지불을 거부했다. 그리고 1936년에 라인란트를 재무장하며 1925년의 로카르노 조약을 파기해버렸다. 그러나 베르사유와 로카르노 조약에 대한 도전이 국내에서 인기를 얻었음에도 독일 지도부는 자국의 무장이 아직 부실한 동안에는 조심스러운 전략을 추구했다. 라인란트를 재점령한 1936년 3월 7일, 히틀러는 때 이른 야망을 지나치게 밀어붙인 것 아닐까 걱정하며 속을 태웠다고 한다. 그날 히틀러 전용열차에 동승해 뮌헨으로 향한 젊은 건축가 알베르트 슈페어Albert Speer는 훗날 "총통의 칸에서 퍼져나가던 긴장된 분위기"를 회상했다. 그리고 히틀러가 항상 라인란트 재무장을 자신의 "가장 대담한" 결단으로 돌아보았다고 주장했다.[77]

히틀러는 제국의 생존공간을 구상하기 전에 두 가지 우선 과제가 있다고 보았다. 바로 경제 위기가 불러온 참담한 불황에서 회복하는 것과, 독일의 무장 수준을 복구하여 강대국 입지를 되찾고 정권이 선택하는 방향대로 운신할 여지를 마련하는 것이었다. 독일은 1933년 재무장을 시작했고, 1934년 5개년 계획과 더불어 확대했으며, 1935년 3월 강화협약을 무시하고 재무장을 공표했다. 지출은 1933/34년 12억 라이히스마르크에서 군사 기반시설을 대부분 복구한 1936/37년 102억 라이히스마르크로 증가했다. 무기 생산과 징집병 훈련은 장기 계획이었다. 일본과 이탈리아의 경우처럼 높은 수준의 국방비를 조달하려면 국가가 나머지 경제를 면밀히 감독하여 경제 위기를 피하는 한편, 오랜 궁핍과 실업을 겪은 뒤 이제 다시 돈을 쓰고 싶어하는 인구의 소비 지출을 통제해야 했다. 그리하여 독일은 계획을 세워 식량과 원료를 더 자급자족하고 적대적으로 돌아설 수 있는 세계 시장에 덜 의존하는 한편 중부유럽과 남동유럽에서 독일이 좌우하는, 국제 위기 시 안전망으로 기능할 무역 블록을 구축하려 했다. 1934년부터 1939년까지 독일은 루마니아, 유고슬라비아, 헝가리와 교역하여 동유럽 교역의 균형을 자국에 유리한 쪽으로 크게 바꿔놓았다. 1933년에서 1938년 사이에 독일이 루마니아산 석유와 식량을 구입하면서 루마니아의 전체 교역에서 대독일 수출의 비중이 18퍼센트에서 37퍼센트로 높아졌다.[78] 에스파냐 내전이 발발하자 독일은 프랑코 장군에 대한 지원을 자국에 유리한 무역협정의 지렛대로 활용해 '비공식' 경제 제국을 더욱 확장하려 했다. 에스파냐의 수출에서 독일과의 교역이 차지하는 비중은 1936년 말 11퍼센트에서 2년 후 거의 40퍼센트로 증가하여 독일 군수산업에 필요한 금속을 대부분 공급했다.[79] 히틀러는 지난 1차대전 때의 봉쇄 효과에 집착했고, 추후 어떤 분쟁에서든 독일이 일본의 엔화 블록처럼 유럽의 무역 블록에서 외부의 경제 압력을 막아낼 만한 자원을 통제할 수 있을지 우려했다.

1936년경 고액의 국방비 지출과 국제 무역의 더딘 회복이 위기를 불러왔다. 독일군 수뇌부, 그리고 경기회복을 대부분 총괄한 경제장관 얄마르 샤흐트Hjalmar Schacht는 국방비의 추가 지출을 자제하고 교역을 독려하기를 원했다. 히틀러는 마침내 제국 팽창 정책을 더 적극적으로 추진할 수 있다고 자신하던 때에 군사력 증강을 제한하는 방안에 적대감을 보였고, 1936년 8월 전략 의견서에 자신이 향후 경제와 군사 상황을 어떻게 보는지 명시했다. 소련의 위협이 증대할 것으로 인식한 히틀러는 최대한 큰 규모로 군사적 대비를 하는 동시에 자급자족 프로그램에 박차를 가하기를 원했다. 볼셰비키의 위협을 물리치지 못한다면 "최종 파멸, 심지어 독일 국민의 절멸"로 이어질 것이라고 히틀러는 주장했다. 그리고 독일 인구를 먹일 자원과 향후 투쟁에 필요한 원료를 확보하는 과제는 "독일 국민의 생존공간, 특히 원료와 식량의 기반을 확장"해야만 해결할 수 있다고 결론지었다.[80] 이 의견서의 직접적인 결과로 1936년 10월 나치당 간부이자 독일 공군 총사령관인 괴링이 총괄하는 제2차 4개년 계획(제1차는 재고용 계획이었다)이 발표되었다. 이 계획은 독일 정책의 급격한 변화를 가져왔다. 이제 국가가 물가, 임금 수준, 수출입, 외환거래와 투자를 통제했다. 속도를 높인 재무장의 수요와 국내의 경제 안정 사이에서 균형을 잡으려면 일본이나 이탈리아의 국가 경제계획과 같은 이른바 '관리경제gelenkte Wirtschaft'가 반드시 필요했다.[81] 이 계획에 따라 대체제 합성물질(석유, 직물, 화학물질, 고무)을 생산하여 대규모 군수생산의 경제적 토대를 마련하려는 대규모 투자 계획이 수립되었다. 1939년경 전체 산업 투자의 3분의 2가 전략물자 생산에 들어갔고, 군사비 지출이 국민생산의 17퍼센트(1914년에는 3퍼센트였다)와 정부 지출의 50퍼센트를 잡아먹었다.[82] 이외에도 독일의 '생존공간'을 새로운 유럽 제국으로 확장하여 자원을 추가로 확보할 계획이었다.

그럼에도 히틀러가 1933년 2월 군 수뇌부에게 장기 목표로서 처음으로 제시한 "동방의 생존공간과 그곳의 무자비한 독일화"를 달성하기 위해 정확히 무엇을 하려던 의도였는지는 훨씬 덜 분명하다.[83] 히틀러가 《나의 투쟁》을 쓴 시절부터 때때로 발언한 내용을 토대로 역사가들이 그의 의도를 밝히려 노력했음에도, 그가 유라시아에서 독일의 생존공간을 넓히기를 원했다는 것 말고 별도의 구체적인 계획을 세웠다는 증거는 거의 없다. 히틀러 본인은 분명 1920년대 초에 발견한 '인종과 공간' 담론으로부터 영향을 받았고, 그때부터 이 담론이 그의 사고방식 태반의 얼개를 이루었다. 은유적인 '동방'을 정복한다는 관념은 40년 전으로까지 거슬러 올라가는 독일 제국주의 사상에서 빌려온 것이었지만, 히틀러의 강한 반공산주의와 독일 국민의 미래가 '동방'에 있다는 단골 주장을 빼면, 1930년 대부터 그의 정확한 목표가 무엇이었는지, 혹은 그가 자기 마음속에서 동 방을 어떻게 규정했는지에 대한 단서는 낙담스러울 정도로 적다. 히틀러 가 독일을 확장하여 영국이나 프랑스, 더 나아가 미국의 세계적 권력에 필적하는 제국의 토대를 마련하고자 원했던 것은 분명하지만, 그가 궁극 적인 '세계 지배'를 추구했다는 생각은 여전히 추측으로 남아 있다.[84] 생존 공간을 확보하겠다는 집착은 변하지 않았지만, 실제로 무엇을 할 수 있는 가에 대한 히틀러의 견해는 계획적이라기보다 반작용적인 것이었고, 그 의 전략은 기회주의적이고 단기적인 것이었다.

1930년대 중반에는 히틀러의 적을 예상하는 것보다 그의 친구를 알아 보는 편이 더 쉬웠다—다만 히틀러가 예상한 민족들의 투쟁에서 줄곧 독 일 민족의 주적이었던 유대인은 예외였다. 1936년을 거치며 제국주의 침 공국 일본과 이탈리아는 독일에 더 가까워졌다. 1936년 11월, 일본과 독 일은 반코민테른 협정을 체결해 국제 공산주의에 함께 맞서기로 했다(1년 후 이탈리아가 가담했다). 1938년까지 독일과 이탈리아 모두 일본의 괴뢰국 가 만주국을 인정했다. 1936년 10월 이탈리아와 독일은 비공식 협정을 맺었는데, 이제 유럽은 로마-베를린의 '축'을 따라 돌아갈 것이라는 무솔 리니의 주장에 따라 나중에 '추축 조약'이라는 별명이 붙었다. 이 협정을 논의하던 중 히틀러는 지중해를 "이탈리아의 바다"로 여긴다고 확언하고 이제 독일의 야망은 "동방과 발트로 향합니다"라며 이탈리아 지도부를 안심시켰다.[85] 국제연맹의 반대를 무릅쓰고 결행한 이탈리아의 에티오피 아 정복은 독일 대중에게 깊은 인상을 심어주었다. 1937년 독일에서는 이 탈리아가 리비아와 에티오피아를 식민화한 조치에 찬성하는 책이 영 제 국—"세계의 절반을 강도질하는" "해적국가"—을 비판하는 책만큼이나 많이 출간되었다. 한스 바우어Hans Bauer는 저서 《식민지와 제3제국》에서 이탈리아의 에티오피아 정복에 갈채를 보내며 독일이 이를 모방해 파리 강화협정을 파기하고 식민지 생존공간을 획득하자고 주장했다.[86]

독일에서 히틀러 전략의 향방에 대한 추측은 해외 식민지 로비 단체가 새로 얻은 인기에 반영되었다. 베르사유 조약의 효력이 급속히 사라지는 가운데 1920년대에 식민지에 열광했던 목소리 큰 소수는 히틀러가 잃어버린 아프리카와 태평양 영토를 되찾거나 새로운 영토를 얻을 방도를 찾기를 바랐다. 1934년 나치당은 전 식민지 행정관(아울러 나치당 간부)인 프란츠 리터 폰 에프Franz Ritter von Epp 장군이 이끄는 식민정책국을 설립했고, 1936년 기존 식민단체들을 새로운 제국식민동맹Reichskolonialbund으로 '통합'하고 역시 에프를 수장으로 앉혔다. 1933년에 식민지 로비 단체의 지지자는 3만 명에 불과했지만, 1938년 제국식민동맹의 회원은 100만 명이었고 1943년에는 200만 명이 넘었다.[87] 식민지에 대한 선전 문헌도 급증해 1930년대 초만 해도 몇 종 안 되던 간행물이 1930년대 말에는 매년 45~50종씩 나왔다. 독일 청소년을 겨냥해 영웅 같은 인물이 등장하는 식민지 모험 이야기와 영화를 선보였는가 하면 식민지를 거느린 미래에 대비한다며 '식민지 히틀러청소년단 교육용 안내서'를 제작하기도 했다.[88] 아프리카 영토가 어떤 식으로든 희귀 금속 부족을 완화해주거나 더 이국적인 식량을 가져다줄 것이라는 전망도 샤흐트의 부추김에 힘입어 널리 논의되었다. 이 경제장관은 라이프치히 연설에서 "산업국가가 본국 경제를 확대하려면 원료가 나는 식민 영역을 반드시 보유해야 한다는 것이 과거 어느 때보다도 분명합니다"라고 선언했다.[89] 그러나 히틀러 정권이 1936~1937년 영국과 프랑스의 사이를 틀어지게 하려고 해외 식민지를 원하는 대중의 떠들썩한 요구를 조종했음에도, 이 요구는 결국 새로운 독일 지도부의 마음을 별로 끌지 못했다. 그들은 종래의 식민지가 아니라 유럽 대륙의 영토를 원했다. 1937년 2월 괴링은 영국 측 인사에게 "우리는 동유럽에서 재량권을 원합니다"라고 말하고 그 대신 영국의 제국 이권을 존중하겠다고 했다.[90] 아프리카 제국이라는 발상은 나중에야, 1940년 여름 구 제국들이 패배하고 나서야 다시 제기되었다.

히틀러는 1937년 11월 5일 총리 관저에서 열린 회의에서 명확한 팽창 계획을 처음으로 내놓았다. 히틀러의 군사 부관 프리츠 호스바흐Fritz Hossbach가 적은 메모를 통해 훗날 악명을 떨치게 된 계획이다. 히틀러는 삼군 총사령관과 외무장관 콘스탄틴 폰 노이라트Konstantin von Neurath 백작을 불러 자신이 독일의 '공간' 문제와 인종공동체의 미래를 해결하기 위해 구상한 전략을 설명했다. 독일 국민은 그 규모와 인종적 연대를 고려할 때 "더 넓은 생존공간을 가질 권리"가 있었다. 독일 민족의 미래는 "공간의 필요성을 해결하는 데 전적으로 달려" 있었다. 해외 식민지는 불충분한 해결책이었다. "원료를 생산하는 지역들은 제국과 맞닿는 유럽 내에서 찾는 편이 더 유익하다." 영 제국은 약해져 개입할 가능성이 낮고, 영국이 함께하지 않는다면 프랑스 역시 몸을 사릴 것이다. 히틀러는 오스트리아와 체코슬로바키아가 독일인 500~600만 명을 먹일 공간을 제공할 것이고 국제 정세가 괜찮다면 조만간 1938년의 어느 시점에 두 나라를 병합할 것이라고 말했다. 군부와 외무부는 이 계획에 열광하지 않았고 경제적·군사적 부흥의 결실을 잃지 않을까 우려했다.[91] 삼군 총사령관과 노이라트의 미지근한 반응은 중대한 정치적 변혁을 불러왔다. 1938년 2월에 군 수뇌부가 교체되고 전쟁부가 폐지되었다. 히틀러는 독일군 최고사령관직을 직접 맡고 국방군 최고사령부Oberkommando der Wehrmacht: OKW를 창설해 자신의 새 직위를 보강했다. 노이라트 외무장관은 경질되고 나치당 외무 대변인 요아힘 폰 리벤트로프Joachim von Ribbentrop로 교체되었다. 재무장의 위험을 여전히 비판하고 아프리카에서 이익을 얻는 구상을 포기하지 않으려던 샤흐트는 나치당 공보관이자 술고래에 무능하며 당시 괴링에게 휘둘리던 발터 풍크Walter Funk로 교체되었다.[92]

그런데 이 새로운 전략 방침마저 불확실성에 둘러싸여 있었다. 히틀러는 독일의 팽창을 개시하는 시점이 여타 열강의 태도와 그들이 다른 위협, 즉 일본과 이탈리아의 위협이나 힘을 키워가는 소련의 불분명한 위협을 우려하여 그쪽으로 주의를 돌리는 정도에 달려 있음을 알고 있었다. 하지만 결국 1938년의 가능한 날짜가 확정일이 되었다. '호스바흐' 회의 한 달 후에 독일군은 오스트리아와 체코슬로바키아 점령을 위해 우발 사태 계획을 준비하라는 지시를 받았다. 1938년 3월 히틀러는 첫 조치를 취할 만큼 상황이 좋다고 판단했다. 그렇지만 결과를 예측할 수 없었기에 라인란트를 재점령했던 때처럼 머뭇거렸다. 결국 괴링이 앞장서서 오스트리아 측에 굴복을 강요하고 3월 12일의 독일군 진입을 가능케 했다. 진지한 국제적 항의가 제기되지 않자 히틀러는 다음 결정을 수월하게 내릴 수 있었다. 5월 28일 히틀러는 군 수뇌부 회의를 소집해 체코슬로바키아를 침공하고 정복한다는 잠정적인 '녹색 작전'을 추진하기로 확정했다. 육군 참모총장 루트비히 베크Ludwig Beck 장군은 히틀러가 당시 정세를 어떻게 파악하는지 적었다. "러시아: 관여하지 않을 것, 침공 전쟁에 대비되어 있지 않음. 폴란드와 루마니아: 러시아의 지원을 우려, 독일에 맞서 행동하지 않을 것. 동아시아: 잉글랜드가 조심하는 이유." 히틀러는 행동할 시간이 왔다고 결론지었다. "유리한 순간을 잡아야 한다. … 체코슬로바키아로 전광석화와 같이 진군." 이탈리아의 에티오피아 침공과 마찬가지로, 중부유럽에서의 결정적이고 강압적인 행동은 이제 독일이 기존 국제 질서를 무시하고 일방적으로 새 질서를 세우려 한다는 신호이기도 했다.

그 이후 영국과 프랑스가 개입하고 9월 30일 뮌헨 협정을 체결해 독일이 체코슬로바키아에서 독일계 주민이 다수인 지역들을 점령할 수 있도록 허용한 이야기는 잘 알려져 있다. 히틀러는 단기간의 제국주의 전쟁—특히 일본과 이탈리아가 이미 취한 조치에 상응하는 전쟁—을 원했지만, 유럽 위기는 저 멀리 떨어진 만주와 에티오피아의 사태보다 훨씬 강한 국제적 우려를 자아냈다. 9월 27일 영국 총리 네빌 체임벌린이 체코슬로바키아 침공은 전쟁으로 귀결될 것임을 설명하기 위해 보낸 특사 호러스 윌슨Horace Wilson 경과 면담한 히틀러는 이튿날 체코를 단계별로 차지하자고 설득하는 괴링과 노이라트의 조언을 마지못해 받아들였다. 다수의 고위 사령관들은 히틀러가 무릅쓰려는 위험을 얼마나 걱정했던지 1938년 가을 이 독재자를 끌어내릴 쿠데타를 고려하기 시작했다—하지만 도중에 몇 차례 참패하고서 6년 후에야 쿠데타를 실행했다. 결국 히틀러는 소규모 전쟁을 벌인다는 방침에서 물러나 독일이 체코의 주데텐 독일인 지역들에 거의 즉각 접근한다는 타협안을 받아들인 뒤 10월 1일 실제로 점령했다. 체코 측은 국가의 절반인 슬로바키아의 사실상 자치를 받아들이고 독일과 불리한 경제협정을 맺어야 했다. 6개월 후인 1939년 3월 15일, 체코 대통령 에밀 하하Emil Hácha가 베를린으로 불려가 독일 지도부로부터 무겁고 저항할 수 없는 압박을 받은 뒤, 독일군이 프라하로 진입했다. 이튿날 히틀러는 보헤미아와 모라비아 지방이 이제 독일의 보호령이라고 선포했다. 슬로바키아에는 괴뢰정권이 수립되었다.

이는 명백히 제국주의적 성격의 병합이었다. 그렇지만 불과 20년 전에 이 지역을 통치했던 전통적인 왕조제국들의 제국주의와는 다른 종류의 제국주의였고, 오히려 유럽 외부의 제국 패턴에 더 가까웠다. 국민투표에서 거의 만장일치로 대독일에 통합되는 방안에 찬성한 오스트리아의 경우마저 이 과정의 일부였다. 오스트리아 사람들은 스스로 택하지 않은 사법체제에 종속되었고, 1914년 이전의 내부 식민화 지역을 연상시키는 오스트마르크Ostmark라는 이름을 부여받았다. 오스트리아의 과거는 독일의 현재를 위해 지워졌다. 뮌헨 협정의 결과로 획득한 주데텐 지역도 대독일에 통합되었고, 그로써 독일어를 사용하는 이 지역 민족주의자들의 야망이 주데텐란트 자치로 바뀌었다. 체코 내 보호령은 일본이 만주국에 강요한 체제와 유사했다. '제국보호자'가 지역 총독처럼 외무와 방위를 책임졌고, 현지 지사들Oberlandräte이 궁극적으로 베를린 정부로부터 위임받은 경찰, 지역 행정, 법과 조례 강제 등의 권한을 감독했다. 보호령을 나날이 운영하기 위해 하하의 체코 행정부를 남겨두긴 했지만, 3월 16일의 법령에 따라 체코 행정부의 활동은 "제국의 정치적·군사적·경제적 필요와 조화"를 이루어야 했다. 또한 독일인 관료 1만여 명이 체코인 40만 명의 노동을 감독했다.[93] 이와 별개로 군대가 핵심 전략자원, 민방위, 언론과 선전, 체코계 독일인의 징집을 감독했다. 에티오피아에서처럼 체코의 모든 병합 지역과 보호령에서도 시민권이 인종을 기준으로 시민과 신민을 구별하는 핵심 요인이 되었다. 오스트리아와 주데텐란트에서 시민권은 종족상 독일인으로 분류된 사람들의 전유물이었고, 유대인과 비독일인은 신민이 되었다. 보호령에서 체코계 독일인은 제국 시민권을 신청할 수 있었지만(다만 신청자가 많진 않았다), 체코인은 제국보호자의 신민으로 남았고, 유대인은 이 제한된 특권마저 상실했다. 체코인과 결혼한 독일인은 시민권을 상실했는데, 이 조치가 보호령에서 인종 차별을 조장했다. 시민과 신민은 서로 다른 사법제도를 적용받았다. 시민은 제국법을, 체코인은 총독이 강제하는 조례와 법령을 적용받았다. 체코인의 저항은 에티오피아의 이탈리아 당국이나 중국의 일본 당국과 마찬가지로 자제력이라곤 없는 당국에 의해 잔인하게 진압되었다.[94]

오스트리아, 주데텐란트, 보호령의 도처에서 핵심 경제자원은 독일 국영기업이나 은행으로 넘겼고, 국가 소유든 현지 유대인 주민의 사적 소유든 금과 외화 자원은 강제로 압류해 독일 중앙은행으로 이전했다.[95] 핵심 기관은 1937년 6월 독일 국내 철광석 공급을 국가에서 통제하기 위해 설립한 '헤르만 괴링 제국공업Reichswerke Hermann Göring'이었다. 제국공업은 민간 기업들에 그들의 자본 지분을 국가에 매각하도록 강요함으로써 오스트리아의 주요 철강석 부문과 기계공업 부문에서 금세 지배적 지분을 획득했다. 병합 한참 전에 4개년 계획 기구가 이미 여러 중요한 광물 자원을 확인한 주데텐란트에서도 제국공업은 당시 브뤽스Brüx〔체코명은 모스트 Most〕에서 합성석유 생산 기술을 개발하는 데 쓰이던 갈탄 공급을 장악했다.[96] 체코 내 보호령은 추가 광물 자원, 대규모 제철소와 제강소뿐 아니라 유럽의 주요 무기 생산기업들인 슈코다Škoda와 체코군수제조사까지 제공했다. 1939년 말에 제국공업은 이 모든 기업에서 지배적 지분을 보유하고 있었다. 오스트리아계 또는 체코계 유대인이 소유하거나 일부 소유한 기업들은 독일에서 독재 초기부터 시작한, 유대인의 상업 이권을 '아리아화' 하는 법률에 의거해 몰수되었다. 루트비히 로트실트Ludwig Rothschild는 보호령 내 로트실트 가문의 막대한 재산을 독일에 양도할 때까지 점령군에 인질로 잡혀 있었다. 제국공업의 자본자산은 결국 50억 라이히스마르크를 웃돌았는데, 이는 독일 기업 가운데 두 번째로 자산이 많은 거대 화학기업 I. G. 파르벤의 다섯 배 규모였다. 일본이 통제한 만주의 자원과 마찬가지로 독일이 이용한 자원은 닫힌 경제 블록 안에서도 군수생산을 높은 수준으로 유지하는 데 도움이 되었다. 베를린은 식민 착취에 필요한 자본

을 공급하며 그 블록을 완전히 통제할 수 있었다.[97]

이것은 히틀러가 이해한 듯한 의미의 '생존공간'에 완전히 들어맞지는 않았다. 히틀러가 호스바흐 회의 때 오스트리아에서 100만 명, 체코슬로바키아에서 200만 명을 추방하는 조치를 거론하긴 했지만, 실제 인구 이동은 대체로 독일의 획득 영토 관련 계획으로 명확히 드러난 인종 재편을 피하여 외국으로 가려는 독일계·오스트리아계·체코계 유대인 약 50만 명의 이주였다. 새 영토를 담당한 독일 관료들은 향후 정책의 기조를 인종 동화로 정할지 아니면 인종 분리로 정할지를 놓고 활발히 논의했다. 독일 정권은 전쟁 후반에 가서야 '독일화'할 수 없는 모든 체코인—이곳 인구의 절반으로 추정되었다—을 추방하고 보호령을 독일인 정착 영역으로 취급할 수 있을지 따져보았다.[98] 체코인 농민의 토지를 빼앗고 그들의 땅에 독일인을 정착시키는 계획은 작은 규모로 시작되었고 나중에 가서야 확대되었다. 1945년까지 55만 헥타르에 달하는 농장 1만 6000곳이 몰수되었다.[99]

히틀러가 동방의 생존공간을 폴란드에서 찾는 편이 더 유익하다고 판단한 시점이 언제인지는 불분명하다. 1938년 말까지 폴란드인은 독일이 지배하는 반反소비에트 블록에서 잠재적 동맹으로 여겨졌다—다만 베르사유 조약으로 얻은 독일 토지를 반환하고 자진해서 독일의 위성국이 되어야 했다. 폴란드 회랑지대를 가로지르는 치외법권 철도와 도로를 건설하도록 해주고 국제연맹이 관할하는 단치히 자유시를 돌려달라는 독일의 요구를 폴란드 정부가 거듭 거절한 뒤에야, 히틀러는 지난 1938년에 단념했던 소규모 전쟁을 폴란드를 상대로 개시하여 이 나라의 자원을 무력으로 차지하기로 결정했다. 당시 폴란드는 과거 독일의 방대한 석탄·철강 산지인 슐레지엔 지역을 포함했을 뿐 아니라 독일인이 정착할 넓은 지역과 독일 인구를 먹일 잉여농산물 생산까지 약속했다. 히틀러는 군 수 뇌부에게 폴란드와 관련한 자신의 의도를 밝힌 1939년 5월 23일 회의에서 "단치히는 이 작전의 목표가 아니다. 우리의 목표는 동방에서 우리의 생존공간을 마련하고 우리의 식량 공급처를 확보하는 것이다"라고 주장했다. 식량 공급처가 동방에 있어야만 하는 이유는 인구밀도가 낮기 때문이라고 히틀러는 이어서 말했다. 독일의 농업 역량이라면 이 지역의 생산성을 몇 배로 높일 수 있었다.[100]

그럼에도 폴란드와 제국주의 전쟁을 벌인다는 것은 1년 전 체코 위기 때와 마찬가지로 다른 유럽 열강이 개입할 위험을 무릅쓰는 것이었다. 폴란드가 독일의 위협에 순순히 굴복했다면 히틀러가 두 번째 보호령 해법을 받아들였을지도 모르지만, 1939년 3월 말 히틀러의 예상과 반대로 영국과 뒤이어 프랑스가 폴란드의 주권을 공개적으로 보장했다. 여름철에 독일 군부는 작전을 신중히 준비했고, 외무부는 폴란드와 두 보장국 사이, 그리고 영국과 프랑스 사이를 갈라놓으려 했으나 성공하지 못했다. 독일은 선전을 활용해 폴란드에서 독일계 주민이 잔혹행위를 당한다며 그들을 보호하기 위한 전쟁의 국내 지지를 모으는 한편 폴란드를 침공할 것처럼 가장했다. 영국과 프랑스가 폴란드 지원 의사를 철회하지 않자 히틀러는 소련과 협정을 맺어 소련-영국-프랑스 블록이 자신의 소규모 전쟁을 방해하지 않도록 조치했다. 1939년 8월 23일 체결한 소련과의 불가침 조약을 근거로 들어 히틀러는 자기 주변의 모든 사람에게 이제 서방 국가들이 감히 개입하지 못할 것이라는 예견을 정당화했다. 허약한 독일 경제로 재무장 비용을 대느라 무리하고 있었으므로 히틀러가 너무 늦어지기 전인 1939년에 부득이 서방과의 전면전을 추구했다는 주장이 그간 자주 제기되었지만, 거의 모든 증거는 히틀러가 영국 및 프랑스 제국과의 대규모 분쟁이 아니라 생존공간 확대를 위한 국지전—세계대전의 서막이 아니라 10년에 걸친 제국 건설의 마무리—을 원했다는 것을 보여준다.[101] 히틀러에게 토지와 자원을 더 차지할 경제적 동기는 확실히 있었지만 세계대전을 일으킬 동기는 없었으며, 혹여 세계대전이 일어날 경우에는 결국 추가로 자원을 구해야 했다. 히틀러의 견해는 주요 전쟁에 대비하려면 무장 프로그램을 완료하는 1942~1943년까지 시간이 필요하다는 것이었다.[102] 8월 21일 히틀러는 국지적이고 일시적인 분쟁 상태를 염두에 둔 제한된 경제 동원 조치만을 승인했다. 경제를 총동원하라는 명령은 영국과 프랑스가 선전포고한 후에야 내려졌다.[103]

그렇지만 정해둔 침공 날짜가 다가올수록 위험이 점점 커졌다. 히틀러는 또다시 주저했다. 8월 26일로 침공 예정일을 잡았다가 영국-폴란드 동맹 소식과 더불어 이탈리아가 지난 5월에 서명한 강철 조약—더 전면적인 전쟁이 나면 독일의 편에서 참전하기로 약속했다—을 준수하지 않을 것이라는 정보를 듣고서 날짜를 미루었다. 런던발 첩보는 이번에는 영국이 허세를 부리는 게 아니라고 알려주었다.[104] 8월 28일, 히틀러는 의구심을 누르고서 9월 1일 오전에 개시할 작전을 위해 진군하라고 명령했다. 프랑스 제국과 영 제국이 쇠락하고 있고 이탈리아의 지중해 야망과 일본의 동아시아 야망을 몹시 우려한다는 견해를 오래전부터 고수해온 히틀러는 서방 측으로서도 일단 폴란드를 군사적으로 지원할 기회를 놓쳤다는 것이 확실해지고 나면 폴란드를 저버릴 방도를 찾게 될 것이라는 예측에 집착했다. 히틀러의 군사 부관들 중 한 명은 히틀러가 폴란드와의 전쟁은 원하지만 "다른 국가와의 전쟁은 전혀 원하지 않는다"는 점을 분명히 밝혔다고 적었다. 훗날 괴링은 전후 심문관들에게 히틀러가 체코슬로바키아의 경우처럼 폴란드를 놓고 서방과의 합의에 도달할 것으로 확신했다고 역설했다. "우리가 보기에 히틀러는 너무나 완고하게 이 견해를 고집했습니다"라고 괴링은 주장했다.[105] 히틀러는 반론을 펴는 조언을 모조리 물리쳤는데, 지조 없는 지도부의 쇼와 엉뚱한 불안감에 속아 자신의 첫 번째 제국주의 전쟁을 놓치고 싶지 않았기 때문이다. 리벤트로프 외무장관에게 히틀러는 이렇게 말했다. "수십 번이나 잘못된 정보를 전한 사람들의 의견을 배제하고 이 모든 경우에[라인란트부터 프라하까지] 유능한 전문가들보다 더 나은 조언을 해준 나 자신의 판단에 의지하기로 마침내 결정했네."[106]

이번에는 흔들리지 않은 히틀러의 갑작스럽고 대담한 결정은 1935년 에티오피아 침공의 위험을 무릅쓰지 말라는 소심한 조언을 무솔리니가 거부했던 결정과 공통점이 많았다. 이탈리아의 아프리카 모험과 마찬가지로, 독일은 전쟁에 앞서 병력을 증강했던 까닭에 작전 포기를 고려하기가 어려웠다. 대체로 독일군 사령관들은 폴란드와의 전쟁을 그들 다수가 참전했던 1차대전 시기 동부 진격의 재개, 그리고 전후 동원 해제된 군인들이 자유군단에 속해 1919~1920년 새로운 독일-폴란드 국경에서 폴란드군과 치렀던 분쟁의 재개로 여겨 환영했다. 독일에서 폴란드는 '계절국가Saisonstaat', 강화조약의 사생아, 향후 독일인이 정착하기에 알맞은 지역 정도로 치부되었다.[107] 육군 참모총장 프란츠 할더Franz Halder 장군은 1939년 봄 사관학교 청중에게 이제 폴란드와의 전쟁이 의제에 올라 있다며 '안도감'을 드러냈다. "폴란드는 반드시 쓰러뜨려야 할 뿐 아니라 최대한 신속히 토벌해야 한다"고 할더는 말을 이었다.[108] 1939년 여름, 군인들은 그들이 마주한 적이 "잔인하고 교활하다"라고 들었으며, 폴란드인에 대한 독일군 보고서는 농민 인구의 특징으로 "잔인성, 야만성, 배반, 거짓말"을 꼽았다. 할더는 폴란드 군인들이 "유럽에서 가장 멍청하다"고 보았다. 독일군 장교들은 반폴란드 편견을 쉽게 받아들였다. 어느 보병사단 사령관은 침공 전야에 휘하 장병들에게 "아득히 오래된 독일 땅"으로의 팽창을 가로막는 폴란드는 응분의 운명을 맞을 것이라고 말했다. "이곳은 독일 국민의 생존공간이다."[109] 히틀러는 다음번 전쟁이 강대국을 상대하는 종래의 분쟁이 아니라 야만적이고 위협적인 적과의 전쟁이라고 생각했고, 8월 22일 사령관들 앞에서 그 적에게 연민을 보이지 말고 "가장 잔인하고 무자비하게" 처리하라고 말했다. 또 같은 날 늦게, 폴란드 국민을 토지에서 물리적으로 제거하고 "인구를 줄이고 독일인을 정착시키는" 방안을 거론했다.[110]

8월 31일 오후 4시, 히틀러는 이튿날 오전에 침공을 개시하라고 명령했다. 할더에게 장담하기를 "프랑스와 잉글랜드는 진군하지 않을 것"이었다. 히틀러의 선전장관 요제프 괴벨스Joseph Goebbels는 일기에 "총통은 잉글랜드가 개입하리라 생각하지 않는다"고 적었다.[111] 밤중에 독일은 '힘러'라는 암호명으로 폴란드 측이 독일 국경 검문소들을 공격하는 척 가장하는 작전을 시작했다. 친위대 대원들이 호흘린덴 국경 검문소에 폴란드 군복을 입은 강제수용소 수감자의 시체 6구를 놔두었고, 글리비체 라디오 방송국에서 폴란드어로 엉성한 메시지를 방송하는 한편 폴란드 측의 영토 침해 증거이자 전쟁 정당화의 근거로 방송국 바닥에 폴란드인 수감자의 시체 1구를 남겨두었다. 이는 1931년 일본이 만주 철도를 폭파했던 자작극만큼이나 조잡한 수법이었다. 9월 1일 오전 5시 직전, 첫 독일 항공기가 폴란드 소도시 비엘룬을 공격했고, 단치히에 정박해 있던 독일 훈련함 슐레스비히-홀슈타인Schleswig-Holstein이 항구의 폴란드 요새를 향해 포문을 열었다. 독일군의 의도는 작전을 매우 신속하게 전개하여 서방 열강에 기정사실을 들이민다는 것이었다. '백색' 작전은 4월부터 구상되었으며, 9월 1일 동프로이센, 독일 동부, 슬로바키아에 독일군 150만 명이 주 둔해 있었다. 이들을 항공기 1929대와 기갑차량 3600대—대부분 10개 차량화사단과 신설된 5개 '판처Panzer'(기갑)사단으로 편성되었다—가 지 원했다. 이 기동성 높은 제병협동 부대들은 다수의 전차를 보유했고, 연 달아 출격해 폴란드 영토 깊숙한 곳까지 휘젓고 다니는 폭격기와 급강하 폭격기의 지원을 받을 터였다. 그리고 이들 선봉에 뒤이어 보병과 기마에 기반하는 재래식 육군이 그에 앞서 기갑전력이 가한 타격을 활용할 예정 이었다.

폴란드 육군은 독일 측의 반감을 사지 않기 위해 그날 뒤늦게야 총동원 되었다. 문서상으로는 무장을 갖춘 130만 명으로 독일군보다 그리 적지 않았지만, 지원 전력이 대개 노후화된 항공기 900대와 기갑차량 750대밖 에 없었다.[112] 폴란드는 더 전통적인 작전 경험에 근거해 전쟁에 대비하고 있었다. 폴란드 정부의 바람은 폴란드군 부대들이 국경 인근에서 공격을 막아내는 사이에 동원을 완료한 뒤, 질서정연하게 퇴각해 기존 방어 거점 들 일대를 지켜내는 것이었다. 폴란드 공군은 금세 제압되었다. 교전 첫 주에 항공기 절반이 파괴되었고 나머지 100대는 전멸을 피하기 위해 루 마니아 근방 기지들로 비행하라는 지시를 받았다.[113] 전진하던 독일군은 현지의 완강한 저항에 부딪혔지만, 1주일 후 바르샤바로부터 겨우 65킬 로미터 거리까지 도달했다. 통설처럼 완전한 비대칭 전투였던 것은 아니 다. 9월 13일에서 16일 사이에 폴란드 수도 전방의 브주라 강을 따라 격 전이 벌어졌다. 독일 기갑차량과 항공기의 손실은 꾸준히 증가했다. 그러 던 중 9월 17일, 독일의 부추김을 받은 소련군 100만 병력이 불가침 조약 의 비밀의정서에 따라 소련의 몫으로 할당받은 폴란드 영토를 점령하고 자 동쪽에서 침공해왔다. 이제 두 전선에서 열세로 싸워야 하는 폴란드군의 패배는 시간문제에 불과했다. 바르샤바를 방어하지 말라는 요구를 거절한 결과, 9월 22일부터 맹렬한 포격과 폭격이 쏟아졌다. 닷새 후 바르샤바가 항복했고, 폴란드 최후의 보루 모들린이 29일 항복했다. 제한된 전투는 10월 초까지 이어졌다. 8만 5000명 내지 10만 명으로 추산되는 폴란드 군인이 루마니아와 헝가리로 탈출하긴 했지만, 약 69만 4000명이 독일군에, 23만 명이 소련군에 포로로 잡혔다. 폴란드군 손실은 사망 6만 6300명에 부상 13만 3700명이었고, 독일군 손실은 사망과 실종 1만 3981명, 부상 3만 322명으로 에티오피아 전쟁에서 이탈리아군이 입은 손실과 거의 같았으며, 부실하고 사기가 떨어진 폴란드군을 상대한 소련 붉은군대의 손실은 사망 996명에 부상 2000명이었다.[114] 항공기의 수와 질에서 큰 격차가 있었음에도 독일의 항공기 손실은 상당했다. 285대가 파괴되고 279대가 손상되어 전투에 투입된 전체 항공기의 29퍼센트에 달했다.[115] 9월 28일 소련 대표와 독일 대표가 만나 두 번째 협정인 우호 조약을 체결하여 각국 세력권의 경계를 설정했다. 4주 만에 근대 국가로서의 폴란드는 소멸했다.

9월 3일 영국과 프랑스가 폴란드에 대한 약속을 지키고자 선전포고를 했다는 소식은 독일의 단기전에 별 영향을 주지 못했다—다만 그날 독일 거리에서는 1914년 당시처럼 민족적 열의가 분출했던 게 아니라 불안해하고 낙담하는 정서가 나타났다. 히틀러는 몇 주간 두 나라의 선전포고가 형식적 조치에 지나지 않고 독일과 소련이 폴란드를 분할하고 나면 약속을 지키지 않을 방도를 찾을 거라고 줄곧 자신했다. 서방 열강은 폴란드에 군사적 혹은 물질적 지원을 거의 하지 않았고, 사석에서 폴란드를 나중에, 승전한 뒤에야 복원할 영토 정도로 치부했다.

히틀러가 원하지 않은 더 큰 전쟁의 그림자 안에서, 이미 체코 영토에서 시작했던 제국 프로젝트가 폴란드에 더 무자비하게 적용되었다. 독일은 1914년 이전에 흔히 사용했던 과거의 식민화 언어를 되살려 피억압 인구의 종속을 규정하고 정당화했다. 서방의 선전포고 이후 분쟁의 성격이 변했음에도 불구하고, 독일의 계획 수립자들, 보안부대, 경제 관료들은 이 지역에서 장기적인 제국 정착을 개시하는 한편 전시의 수요를 임기응변으로 충당했다. 동프로이센의 어느 계획 수립자가 침공 당일에 말했듯이 목표는 "완전한 식민화 조치"였다.[116] 국가사회주의 법률가협회의 회장이자 총독부로 알려진 잔존 폴란드 영역의 총독 한스 프랑크Hans Frank는 자신의 관할지를 "식민 행정을 위한 실험실"로 보았고, 베를린 정권이 식민지라고 부르지 않는 편을 선호했음에도 프랑크의 경제장관 발터 에머리히Walter Emmerich는 독일의 통치가 실은 "식민정책의 특수한 유럽적 형태"라고 생각했다.[117]

정복한 지역들을 헌법에 따라 최종 정리하는 문제는 많은 논쟁의 주제였다. 독일은 정복지들을 임시로 여러 단위로 나누었다. 1919년 강화조약에 의거해 폴란드 국가가 가져갔던 포젠 지방은 새로운 독일 행정구역인 바르테란트에 통합되었다. 예전에 프로이센에 속했던 더 북쪽 발트 해 연안의 지역은 단치히-서프로이센 제국대관구Reichsgau가 되었다. 바르샤바를 포함하는 나머지 폴란드 영토는 크라코우(폴란드명은 크라쿠프)를 수도로 하는 총독부가 되었다. 1921년 주민투표로 폴란드에 빼앗겼던 오버슐레지엔 지역은 독일에 재통합되었다. 이곳의 산업 자원은 독일이 신탁 관리했고, 대부분 헤르만 괴링 제국공업의 감독을 받게 되었다. 또 독일은 총 20만 6000개의 폴란드 산업기업과 상업기업을 탈취해 독일인 소유자들이나 국영기업들에 분배했다.[118] 바르테란트와 단치히 대관구는 '동방병합지'로 알려졌고, 폴란드인이 제국으로 쉽게 옮겨가지 못하도록 특별

경찰 경계를 설치해 나머지 독일로부터 분리했다. 바르테란트의 경우 주민의 압도적 다수인 85퍼센트가 폴란드계였다. 독일계는 6.6퍼센트에 불과했고, 새로운 주도인 포젠 시에서는 고작 2퍼센트였다.[119] 그렇지만 여러 지역에서 새로운 통치계급은 하나같이 독일계였다. 종족 독일인은 구별 용도로 배지를 패용하라는 지시를 받았다(피부색은 종족성의 지표가 아니었기 때문이다). 폴란드인은 유색인으로 취급되었고, 보도와 인도에서 누구든 독일인이 지나가면 모자를 들어올리고 길을 비켜주어야 했으며, 독일인 전용인 극장과 공공건물의 출입을 금지당했다. 남부 독일 도시 렌츠부르크에 있는 여성 식민학교에서 향후 해외 제국에서의 역할을 훈련받은 다수의 독일 여성은 이제 동방으로 가서 원래 아프리카인을 염두에 두고 익힌 기량을 발휘하라는 새로운 지시를 받았다.[120] 폴란드인은 시민이 아닌 신민이었다. 폴란드인은 지역 행정을 책임지고 지방 정부와 베를린 중앙 부처의 연결고리 역할을 하는 행정관들과 하인리히 힘러가 운영하는 보안기구의 통치를 받았다.

독일 제국정책의 제1목표는 폴란드의 민족적·문화적 삶의 잔재를 파괴하고 인종을 기준으로 폴란드 전역을 재편하는 것이었다. 침공 전에 힘러의 부관 라인하르트 하이드리히Reinhard Heydrich가 5개 특무집단 Einsatzgruppen을 창설했다. 대략 4250명의 경찰과 보안요원으로 이루어진 이들 부대의 임무는 전선 후방 지역들에서 치안을 유지하는 것만이 아니라, 이탈리아 군대와 경찰이 에티오피아에서 했던 것처럼 폴란드 정계, 문화계, 민족주의 진영의 엘리트층을 체포해 처형하는 것이었다.[121] 그 목표는 폴란드 엘리트층의 목을 쳐서 폴란드 사회를 '동방'에 대한 식민주의적 상상에 어울리는 수준으로, 8월에 히틀러가 군 수뇌부에 지시한 "폴란드 말살"에 부응하는 수준으로 전락시키는 데 있었다.[122] 이른바 '타넨베르크' 작전에 의해 살해된 남녀의 정확한 수는 결코 확실하게 알려지지 않을 테지만, 그들은 수만을 헤아렸고 아마 최대 6만 명에 달했을 것이다. 살해된 이들 중 일부는 유대인이었으나 이 정책은 주로 폴란드 엘리트층을 겨냥했다. 프란츠 할더는 하이드리히와 상의한 후에 "공간 청소: 유대인, 지식층, 성직자, 귀족"이라고 적었다.[123] 그럼에도 유대인은 구타당하거나 모욕당하거나 때때로 살해당하는 등 다른 방식으로 희생되었고, 재산을 독일 관료에게 빼앗기거나 독일 군인에게 약탈당했다. 10월경 많은 유대인이 초기 주요 게토들로 끌려가거나 병합지에서 총독부로 강제 이주되었지만, 아직까지 체계적으로 살해당하지는 않았다.[124]

독일 제국의 이상은 결국 '독일화'할 수 없는 유대인과 폴란드인을 식민지 전역에서 '청소'하고 그 대신 독일인을 정착시키는 것이었지만, 그전에 자칭 '문화의 담지자'인 새로운 제국 주인들은 인종 분리와 인종 복종을 강요했다.[125] 1939년 10월 7일, 히틀러는 힘러를 '독일 민족성 강화를 위한 제국판무관RKFDV'에 임명하면서 "인구 이동을 통해 새 영토들을 식민화"하라고 지시했다.[126] 힘러는 오래전부터 동방 제국에 독일인을 정착시키는 방안의 지지자였다. 힘러는 새로운 직함을 직접 골랐고, 동방 농지에 독일인을 정착시키고 폴란드인을 내쫓는 준비된 프로그램에 당장 착수했다. 우선 신체적 특징이 얼마간 독일인 혈통을 내비치는 폴란드인을 확인하기 위해 인종 등록제를 시행했다. 1939년 12월 힘러는 자신이 "금발 국가"를 원하고 "새로 식민화한 동방에서 몽골인 유형들의 발현"을 강제로 막을 것이라고 선언했다.[127] 또 1914년 이전처럼 제국주의적 반의어—문명/야만, 친숙한/이국적인, 교양 있는/없는—를 들먹이며 차이 혹은 '타자성'을 강조했다.

폴란드와의 전쟁은 관습적인 견해처럼 2차대전을 개시한 분쟁으로 보는 것보다는 새로운 영토제국들을 세우려는, 대체로 조율되지 않은 움직임의 최종 단계로 이해하는 편이 더 낫다. 이렇게 더 장기적인 시각으로 보면, 새로운 제국 질서를 세우려는 일본, 이탈리아, 독일의 노력이 그들이 선택한 지역에서 서로의 운명을 연결했다는 것을 알 수 있다. 삼국에서 공히 대중이 분개하고 민족이 좌절한 시절 이후에 제국에 찬성하는 민족주의적 합의가 형성되었고, 꼭 이런 합의 때문만은 아니지만 국가 지도부가 제국주의적 견해를 대변했다. 이 신생 제국들은 전략적 선택지를 줄이고 새로운 제국주의에 적대적이거나 비판적인 국내 인사들에게 대개 침묵을 강요하는 가운데 원하는 것을 얻고자 위험을 감수했다. 그리고 더 많이 얻을수록 세계 질서를 파편화한다는 장기 목표—새로운 로마 제국, 아시아에서의 지도적 지위, 동유럽의 독일화된 제국—를 달성할 가능성이 더 높아지는 듯했다. 그러나 그 결과는 전략적 궁지였다. 아이러니하게도 안보를 강화하고 국익을 보호하고 결국 본국 인구를 부유하게 만들어줄 거라던 제국 프로젝트가 대부분의 제국주의처럼 오히려 안보 불안과 비용 증가로 귀결되었다. 기존 국제 질서가 한창 붕괴하고 있는 것처럼 보였으므로 삼국은 위험을 감수할 만하다고 판단했으며, 다른 주요 강국들은 삼국이 만주, 에티오피아, 체코를 차지하는 정도로 그쳤다면 결국 변화된 현실을 받아들였을 것이다.

　문제는 모든 제국 팽창의 역동적 성격이었다. 1914년 이전 대부분의 제국 건설과 마찬가지로 삼국의 새로운 정복은 돌이킬 수 없는 임기응변으로 밝혀졌고, 또다른 분쟁의 문을 열었다. 일본은 만주를 장악했다가 북중국의 전략적 이권을 방어하는 싸움으로 끌려 들어갔고, 결국 장제스의 국민당 정권과 대전쟁을 벌이게 되었다. 이탈리아의 에티오피아 점령으로 영토 식욕을 끌어올린 무솔리니는 주요 식민지를 비교적 적은 비용으로 획득할 수만 있다면 더 획득하고자 했다. 히틀러가 추구한 생존공간은 신축성 있는 개념, 기회가 생길수록 더 늘어나는 개념으로 밝혀졌지만, 결국 그가 원치 않았던, 폴란드를 둘러싼 대규모 국제전으로 귀결되었다. 일본과 독일은 소련의 향후 위협을 우려하면서도 예상과 달리 소련과 긴 국경을 접하게 되었다. 일본은 그 결과로 1938년에 한 번, 1939년 여름에 다시 한 번 붉은군대와 국경에서 충돌했다. 1939년에는 일본군이 패했으나 양측 모두 유럽의 상황이 몹시 불확실한 가운데 전면전의 위험을 감수하고 싶지 않아 9월 15일 정전협정을 맺었다.[128] 히틀러는 불가침 조약으로 소련과의 잠재적 분쟁을 훗날로 미루었지만, 폴란드 점령으로 새로 마주한 소련과의 국경이 영원하지 않으리라는 것을 잘 알고 있었다. 그 배경에는 신흥 제국들의 팽창을 지켜보는 미국의 예측할 수 없는 태도가 있었다. 이탈리아, 독일, 일본의 공통점은 일단 확보한 것은 놓치지 않으려는 결의였다. 삼국 모두 1차대전 이후 영토를 포기한 바 있다고 주장하면서도 정복을 통해 '피의 희생'을 치러가며 획득한 영토를 포기하지 않으려 했다. 다른 강국들로서는 삼국이 새로 얻은 영토에서 제국주의자들을 몰아낼 방법이 대규모 전쟁 말고는 없었다. 영토 획득에는 장점도 있지만 단점도 있었다.

세계대전으로 가는 구불구불한 길

2차대전은 베를린이 아니라 런던과 파리에서 내린 결정의 결과였다. 히틀러는 폴란드 정복을 공고히 하고 두 서방 제국을 상대로 대전쟁을 치르는 일 없이 중부유럽과 동유럽 지배를 완결하는 편을 선호했을 것이다. 그렇게 되지 않은 것은 대체로 1939년에 프랑스와 영국의 군사력 및 경제력으로 장기전을 치르면 독일을 물리칠 만하다는 자신감이 커졌기 때문이고, 또 프랑스 국민과 영국 국민 모두 거의 10년간 견뎌온 중대한 국제 위기의 위협을 해소하려면 1918년으로 돌아가 독일과 다시 한 번 싸우는 수밖에 없다는 결의를 다졌기 때문이다. 영국과 프랑스가 선전포고하는 것은 세 침공국이 더 작은 전쟁을 치르는 것보다 훨씬 중대한 문제였는데, 이번 전쟁이 모든 대륙에서 제국 이해관계를 수반하고 하나가 아닌 세 개의 전구戰區에서 위협에 직면해야 하는 전 지구적 전쟁이 되리라 예상했기 때문이다. 1차대전의 두 승전국이 독일을 먼저 상대하기로 선택한 것은 어느 정도는 폴란드 위기라는 돌발 상황 때문이지만, 대체로 1919년의 합의를 확실히 매듭짓지 못하는 바람에 두 번째 유럽 전쟁이 불가피해졌다고 판단했기 때문이다. 양국의 바람은 이번 전쟁 이후 유럽의 평화와 평화적인 제국 추구, 두 가지 모두 영원히 보장할 수 있는, 복원력이 더 강한 국제 질서를 수립하는 것이었다.

이는 불안정한 세월 이후 내린 결정이었지만, 이미 1차대전의 참혹함을 경험한 터라 운명적이고 힘겨운 결정이기도 했다. 독일, 이탈리아, 일본의 지도부는 언젠가 자신들의 새로운 지역 제국을 문제 삼는 국가들과 대규모 분쟁을 벌이리라 상상하긴 했으나 1930년대의 분쟁은 원하지도 예상하지도 않았다. 반면에 영국과 프랑스의 정치인들은 새로운 전쟁이 발발한다면 신형 무기, 경제적 안정에 대한 심대한 위협 때문에 더 치명적이고 값비싼 '총력전'이 될 게 뻔하다고 보았다. 그래서 제국의 안보와 국가의 존립에 대한 위협이 충분히 위험하고 되돌릴 수 없는 경우에만 전쟁 승인을 정당화할 수 있었다. 영국과 프랑스는 추축 삼국의 증대하는 호전성과 군사력이 주로 자신들을 겨냥하고 이것이 1914년에 시작된 강대국 패권 투쟁의 연속이라고 생각했다. 반면에 독일, 이탈리아, 일본의 지도부는 전쟁을 제국 영역에서 국지적 지배권을 확보하기 위한 수단으로 보는 더 기능적인 견해를 취했다. 삼국 중 독일이 가장 두려운 존재였는데, 독일의 잠재적 군사력과 경제력 때문만이 아니라 히틀러가 서방의 문명관과 가치관에 대한 적대감을 체현한 인물로 보였기 때문이기도 하다. 1930년대 내내 서방의 주요 민주국가들은 자신들이 위기를 잘못 판단했기를, 새로운 세대의 권위주의 정치인들이 1차대전의 끔찍한 유혈 사태가 재발할 전망에 대한 반감을 공유하여 영국 정계에서 즐겨 쓰는 표현인 '미친개 행동'을 삼가기를 바랐다.[129] 이것이 영국과 프랑스가 주로 우려한 문제이자, 1930년대의 국제 위기에 신중하게 접근한 이유이자, 결국 1939년에 어떠한 대격변이든 마주서야 한다고 결정한 이유였다.

영국과 프랑스 정부가 한 세대 만에 두 번째로 치르는 대전쟁을 꺼리는 양상은 국민들 사이에서도 그대로 나타났다. 전간기에 양국에는 장차 어떤 위기가 발생하든 전쟁으로 해결하려는 발상에 적대감을 보이고 전쟁이 무엇을 의미할지 우려하는 강력한 여론이 존재했다. 전쟁을 우려하는 대중은 여러 부류, 즉 1차대전에서 참호전을 경험했고 더는 전쟁을 원치 않는 참전 군인들부터 1930년대에 정치적으로 평화에 헌신한 청년 사회주의자나 공산주의자까지 망라했다. 반전운동에서 절대적 평화주의(또는 프랑스에서 말한 '완전' 평화주의)의 지지자는 소수로 국한되었지만, 전쟁의 재발에 대한 반감은 널리 퍼져 있었다. 주요 반전운동 단체인 영국 국제연맹연합League of Nations Union은 명목상 회원이 100만 명이었고, 전쟁의 위협에 맞서 평화의 덕목을 지지하는 전국 캠페인을 벌였다. 1936년, 세계평화연합International Peace Campaign이 서유럽 곳곳의 반전 및 평화주의 로비 단체들을 결속하기 위해 브뤼셀에서 대규모 평화주의 대회를 열었다. 영국 지부의 의장은 국제연맹연합의 수장이자 주요 설립자인 로버트 세실Robert Cecil 경이었다.[130] 1939년까지 이 반전 로비 단체는 평화적 해결책을 지지했다. 1938년 말 영국 전국평화위원회National Peace Council는 '새로운 강화회의'를 요청하는 청원서를 준비하여 총리에게 제출할 때까지 100만 명이 넘는 이들에게 서명을 받았다. 체임벌린이 폴란드 측에 역사적인 보장을 해주기 불과 며칠 전이었다.[131] 이 반전운동이 강력했던 까닭은 향후 어떤 분쟁이 발생하든 필시 민간인 인구를 겨냥하는, 여러 대량살상무기—폭탄, 독가스, 심지어 세균전까지—를 사용하는 공격을 동반할 것이라는 인식이 널리 퍼져 있었기 때문이다. 폭격에 대한 두려움이 워낙 깊었기에 영국에서나 프랑스에서나 정치인들은 만약 자국의 취약한 도시들이 당장 파멸적인 공습을 당할 처지라면 전면전, 특히 독일과의 전면전을 피하기 위해 백방으로 노력해야 한다고 스스로를 설득했다.[132] 1938년 4월부터 프랑스 총리직을 맡은 에두아르 달라디에Édouard Daladier는 폭격을 "문명 그 자체에 대한 공격"으로 여겼고, 평화주의자 외무장관 조르주 보네Georges Bonnet는 1938년 뮌헨 회담 직전에 "**폭탄** 전쟁"이 혁명으로 귀결될 거라고 생각했다.[133] 체코 위기 전야에 체임벌린은 자신이 어떻게 독일에서 항공편으로 런던 상공을 통해 귀국했는지 내각에 말하고 독일의 고폭탄과 독가스가 수도에 우박처럼 쏟아지는 상황을 상상했다. "우리는 오늘날 전쟁이 이 나라의 모든 가정을 직접 위협한다는 사실을 망각해서는 안 됩니다."[134]

또한 영국과 프랑스의 세계 제국에는 엄청난 비용과 위험을 수반하는 전쟁 재개의 전망을 받아들이기 어렵게 만드는 심각한 안보 문제들이 있었다. 영국과 프랑스는 비록 국제연맹 체제를 이끌었고 1930년대 중반까지 주요 열강 중에서 가장 중무장한 군대를 갖추긴 했지만, 그럼에도 1990년대의 미국과는 달랐다. 이 점을 기억하는 것이 중요하다. 양국은 상대적으로 퇴조하는 강국이었다. 양국은 세계 곳곳에서 무거운 의무를 졌고, 전쟁을 좀체 지지하지 않는 비판적인 유권자들이 있었고, 불경기의 영향에서 경제를 복구하는 가운데 대규모 군비 지출로 자원을 전용하는 결정과 민주적 인구의 사회적 필요 및 경제적 기대 사이에서 균형을 맞추어야 했다. 이런 상황에서 기존 국제 질서의 통합과 제국의 안보를 유지하는 동시에 대규모 전쟁을 피하는 것은 여간 까다로운 균형 잡기가 아니었다. 침공국들과 달리 영국과 프랑스는 당시 세계로부터 많은 이익을 얻고 있었고, 얼마나 많은 비판자들이 시시때때로 전쟁을 원했든 간에 만약 양국이 새로운 제국주의의 물결에 맞서 먼저 전쟁을 벌였다면 정녕 놀라운 일이었을 것이다. 두 세계 제국이 평화를 포기하고 전쟁을 택하기에는 급변하는 세계에 너무나 많은 지분이 걸려 있었다. 1934년 영국 해군 참모총장은 "우리는 이미 세계의 대부분, 혹은 가장 좋은 부분을 얻었고, 우리가 얻은 것을 유지하고 다른 이들에게 빼앗기지 않기만을 바란다"고 주장했다.[135] 1936년 영국 의회에서 탕가니카 위임통치령을 독일 측에 돌려주자는 제안이 나왔을 때, 당시 식민장관 앤서니 이든Anthony Eden은 "영토 이전에는 중대한 도덕적·법적 장애물들"이 있다며 반대했다.[136] 1938년 해외 영토를 넘겨주는 문제에 대한 영국인과 프랑스인의 견해를 알아보고자 실시한 여론조사에서 실질적 다수는 반대 의견을 밝혔다. 영국에서는 응답자의 무려 78퍼센트가 당시 영국의 위임통치령인 구 독일 식민지를 포기하느니 차라리 전쟁하는 편을 선택했다. 1938년 11월 튀니지와 코르시카에 대한 이탈리아의 권리 주장에 대응해 달라디에 총리는 프랑스는 "1센티미터의 영토"도 포기하지 않겠노라고 공언했다.[137] 프랑스 전투 기간에 이탈리아의 중립을 얻어내고자 절박하게 애쓴 1940년 5월에 이르러서야 두 제국은 영토를 넘겨주는 선택지를 고려했다. 하지만 영국 전시 내각이 몰타 섬을 무솔리니에게 넘겨주는 방안을 토의했을 때, 단 한 표차이이긴 했으나 다수는 여전히 반대했다.[138]

1930년대에 영국과 프랑스에서 제국 통합의 중요성과 제국으로부터 얻는 갖가지 이익을 강조하려 애썼음에도, 해외 영토는 국내에서나 국외에서나 줄곧 불안의 원천이었다. 중동 위임통치령들과 프랑스령 북아프리카에서는 아랍인의 저항이 이어졌다. 영국은 1932년 이라크 위임통치령에서 자치를 인정했고(다만 영국의 비공식 통제는 계속되었다), 1936년 영국-이집트 조약을 맺어 이집트의 사실상 독립과 수에즈 운하 공동 통제를 승인했으며, 팔레스타인에서 아랍인의 반란 및 아랍인 인구와 유대인 인구 사이의 폭력에 대처하기 위해 2개 사단을 유지했다. 팔레스타인 분쟁은 전간기에 영국군이 수행한 최대 군사 활동이었는데, 반란을 거칠게 진압하는 과정에서 아랍인이 최소 5700명 사망하고 2만 1700명이 중상을 입었으며, 보안부대가 반란자들을 재판 없이 투옥하는가 하면 고문하는 것도 못 본 체했다.[139] 인도에서 영국은 폭동과 암살의 물결에 뒤이어 긴장이 고조된 기간에 '계엄령'을 발동해 민족주의자와 공산주의자 정적을 투옥했다—1930년에서 1934년 사이에 정치범이 총 8만 명에 달했다. 파업과 시위에는 일제사격으로 대응했다. 1931년 3월 칸푸르에서 141명이 살해되었고, 1935년 3월 카라치에서 47명이 더 살해되었다.[140] 인도는 결국 1935년에 제한된 자치를 인정받았지만, 인구의 15퍼센트만 선거권을 얻었고 완전한 독립이라는 국민회의 다수파의 요구는 수용되지 않았다. 경제 불황으로 큰 타격을 입은 아프리카와 카리브 해 식민지들, 즉 탕가니카, 북로디지아, 골드코스트, 트리니다드에서는 파업과 노동 쟁의가 빈발했고, 아프리카 구리 벨트에서는 1930년대 중반에 노동자들이 파업의 물결 속에서 피격되거나 살해되었으며, 바베이도스에서는 1937년 경제난에 따른 대중 시위 중에 14명이 총격과 총검에 목숨을 잃었다.[141]

제국주의 열강은 가난한 노동자와 농민의 쟁의를 대부분 현지 공산주의 운동의 탓으로 돌렸고, 하나같이 가혹한 추방과 투옥, 경찰 탄압으로 대처했다. 하지만 1919년에 부각된 민족주의 열망을 대변하는 정치운동들도 있었다. 제국주의 열강은 그런 운동들 중 일부는 (이라크나 이집트의 사례처럼) 제한된 주권을 허용해 달래려 했고, 일부는 즉각 체포하거나 반제국주의 조직 및 출판물에 대한 탄압으로 대응했으며, 프랑스의 경우 1939년 제국 전역에서 계엄 상태를 선언했다.[142] 국제 운동으로서의 공산주의는 식민제국을 종식시키려는 캠페인에 이데올로기적으로 몰두했으며, 이것이 영국과 프랑스가 공산주의를 우려한 이유였다. 1930년대 중반에 영국 공군부가 '이상적인' 장거리 폭격기를 설계하기 시작했을 때, 그 항속거리의 근거는 독일의 위협이 아니라 소련과의 전쟁 가능성이었고, 영 제국의 공군기지들에서 소련의 도시와 공업시설을 타격할 수 있도록 설계하려 했다. 긴 항속거리는 소련의 위협에 대비하는 이른바 '제국 보강'에도 기여할 터였다.[143] 공산주의에 대한 두려움은 영국과 프랑스가 에스파냐 내전에 모호한 태도를 보인 이유, 즉 민주적인 공화정부를 지지하지 않고 공식적으로 비개입 정책을 추구한 이유이기도 했다. 1930년대에 영국과 프랑스는 전면전에 대한 대중의 만연한 두려움, 외부의 위협과 내부의 정치적 소요에 충분히 대처하기 어려운 세계 제국의 현실, 그런 제국을 지탱하는 데 따르는 갖가지 문제를 고려하여 위험을 줄이는 것을 전략의 핵심 요소로 삼았다.

이런 위험 회피를 보통 '유화appeasement'라는 용어로 규정하지만, 이 용어를 지지한 사람들 중 한 명인 영국 총리 네빌 체임벌린이 훗날 말했듯이 유감스러운 표현이다. 오랫동안 유화는 독재정에 직면한 서방의 행동에 대한 비판적이고 적대적인 분석을 끌어들이는 일종의 피뢰침으로 기능했고, 서방 안보에 대한 위협에 단호히 대응하지 못하는 당대의 어떤 실책이든 가리키는 표어로 쓰여왔다.[144] 그러나 1930년대 영국과 프랑스의 전략을 기술하는 용어로 유화를 사용할 경우 오해의 소지가 매우 많다. 먼저 이 용어는 두 나라 사이에, 그리고 전략적 판단을 책임진 관료들, 정치인들, 군인들 사이에 공통의 이해관계가 있었다고 암시한다. 그러나 사실 당시 정책은 결코 만장일치가 아니었고, 상황에 따라 바뀌는 온갖 가정과 희망, 기대를 반영했다. 정책 결정자들은 영국-프랑스 전략의 핵심 요소들—제국의 안보, 경제력, 국내 평화—을 지키기 위해 매우 다양한 선택지들을 활용했다. 여러 면에서 이 전략은 20년 후 냉전 시대에 더 익숙해진 두 용어로 기술하는 편이 더 유익하다. 바로 봉쇄containment와 억지deterrence다.[145] 1930년대에 양국이 국제 문제에 접근한 방식은 결코 줏대 없는 책임 방기가 아니라 국제적 불안이 조장되는 와중에도 자기네 제국의 현상을 유지하려는, 때때로 앞뒤가 맞지 않은 장기적인 노력이었다.

오늘날 '소프트파워'라 불리는 형태의 봉쇄는 동유럽에서 동맹 체제를 유지하려는 프랑스의 노력부터 양국의 동의하에 독일의 해군 재무장 수준에 제한을 건 1935년 영국-독일 해군협정에 이르기까지 여러 형태를 띠었다. 경제적 양해 또는 협정 역시 이 전략의 중요한 일부였고, 통상협정이나 융자를 통해 잠재적 적국의 호전적 자세를 누그러뜨리거나 새로운 우방을 얻을 수 있다는 것이 당시 통념이었다. 특히 영국 측은 주요 열강이 마주앉아서 베르사유 조약과 그 여파를 조정함으로써 전반적인 합의—체임벌린은 '대합의'라고 불렀다—를 도출할 수 있다고 생각했고

(이 생각을 진지하게 검증한 적은 없었지만), 서로 받아들일 수 있는 기반 위에서 협상할 수만 있다면 전후 질서를 유연하게 다루려는 의향을 보여주었다. 이와 비슷하게 미국 루스벨트 대통령은 침공국들을 격리한 뒤 평화적 수단으로 분쟁을 중재하려는 '세계를 위한 뉴딜'을 제안했다. 1930년대의 위기를 억제하려던 포부는 결국 환상이었다는 것이 드러났지만, 일본과 독일, 이탈리아가 그들이 입힐 수 있는 피해를 제한하려는 서방 열강의 지속적인 노력에 분개했다는 사실은 '유화'라는 용어가 관련국들의 관계가 악화되어가던 현실을 제대로 기술하지 못한다는 것을 알려준다.[146]

또한 루스벨트의 미국 정부는 새로운 제국주의자들을 봉쇄하는 전략을 선호하면서도, 서반구에 대한 모든 위협을 제한하는 문제를 우선시했다. 루스벨트는 일본이나 독일이 중앙아메리카와 남아메리카로부터 미국을 위협하여 체제를 전복할 방법을 찾을 것이라는 생각을 필요 이상으로 진지하게 받아들였다. 서반구 방어는 미국이 선호하는 전략 방침이 되었는데, 해외에서의 적극적인 전쟁을 수반하지 않는 동시에 국내 고립주의 여론을 만족시켰기 때문이다. 1935년과 다시 1937년에 고립주의 정치인들이 의회에서 통과시킨 중립법은 대통령이 할 수 있는 일을 제한했지만, 1938년 빈슨법Vinson Act에 따라 1930년 런던 해군조약으로 정한 한도까지 미국 해군을 증강하여 서반구에 대한 모든 위협을 억제하려는 노력을 막지는 않았다.[147] 남아메리카에서 독일 항공기가 파나마 운하를 폭파하거나 일본 측이 이 운하를 장악할 수 있다는 우려는 그곳의 미군 기지들을 늘리려는 노력으로 이어졌고, 결국 육해공군의 군사시설 134개가 설치되었다.[148] 서반구의 더 넓은 영역에서 친미 신문들에 자금을 지원하여 일본과 독일의 선전 및 경제 이권에 응수하고 침공국들이 필요로 하는 희소 원료를 먼저 확보하려는 노력도 이루어졌다. 독일이 브라질에 있는 독일계 공동체들을 병합할 수도 있다는 유언비어가 나돌자 워싱턴 정부는 브라질의 무기 거래를 중개했고, 1941년 외세의 위협으로부터 브라질을 방어하겠다고 보장했다.[149] 그러면서도 미국은 서반구 외부의 분쟁에 개입하지 않았으며, 루스벨트로서는 개입할 권한도 없었다. 1936년 시험 삼아 실시한 초기 여론조사 중 하나에서 응답자의 95퍼센트는 미국이 어떠한 전쟁에도 개입하지 않기를 원했고, 1939년 9월에는 응답자의 불과 5퍼센트만이 영국과 프랑스를 돕는 데 찬성했다.[150]

봉쇄라는 동전의 다른 면은 억지였다. 억지는 핵 교착 상태가 나타나기 한참 전인 1930년대에 널리 쓰인 단어다. 억지의 목표는 1939년 마지막 폴란드 위기 전야에 체임벌린이 누이에게 한 말로 요약할 수 있다. "능히 압승을 거둘 만한 공격전력은 필요하지 않아요. 상대편이 승리할 수 없게끔 만들고 설령 이기더라도 비용이 너무 많이 들어 승리의 가치가 없어질 정도의 방어전력이면 충분해요."[151] 1930년대를 거치며 영국과 프랑스는 군비 지출을 제한하는 입장에서 비용을 많이 들여 대규모 군사 대비를 하는 입장으로 옮겨갔다. 양국의 재무장은 체코슬로바키아와 폴란드에 대한 독일의 조치에 갑자기 대응한 게 아니라 적어도 1934년부터, 그리고 1936년부터는 더 빠른 속도로, 국내에서 자주 적잖은 반대에 부딪혀가며 추진한 정책이었다. 1930년대 중반에 영국 정부는 다방면의 잠재적 위협 때문에 대규모 재무장 프로그램을 진행할 수밖에 없다고 판단했다. 1933년 말에 설립된 국방소요위원회Defence Requirements Committee는 1936년 제국 방위를 위해 군비 지출을 대폭 늘리고 해군에, 그리고 공군의 강력한 방어부대와 공격부대 증강에 중점을 두라고 권고했다. 그리하여 군비 지출을 1936년 1억 8500만 파운드에서 1939년 7억 1900만 파운드로 증액하는 대략적인 4개년 계획이 세워졌다. 영국 정보기관은 혹시 모를 독일과의 전쟁이 아무리 일러도 1930년대 말까지는 일어나지 않을 것이라고 추정했으며, 그런 이유로 영국과 독일의 군비 지출은, 영국이 1934년에 이미 무장한 반면 독일은 그렇지 않았다는 점만 빼면, 얼추 같은 궤적을 그렸다.[152]

영국의 본토 방어는 해외에서의 방어 대비로 보완되었다. 영국군은 이라크, 요르단, 이집트, 키프로스, 팔레스타인 등 중동 도처에 주둔했다. 특히 이집트를 중시했고, 유럽 영토와 아시아 영토를 바다로 잇는 핵심 연결고리인 수에즈 운하를 '제국의 중심'으로 여겼다. 1936년 이집트와 맺은 조약 덕분에 영국은 수에즈 운하에 수비대 1만 명을 주둔시키고 알렉산드리아의 핵심 해군기지를 유지할 수 있었다. 수에즈 동쪽의 제국—제국 영토의 약 7분의 5—을 수호하기 위해 영국은 1933년 싱가포르에 주요 해군기지를 건설하는 계획을 승인하고 6000만 파운드를 들여 5년 후 완공했다.[153] 일본이 점차 영토를 잠식해오는 중국의 상황은 더 힘겨웠고, 일본군의 결연한 맹공으로부터 홍콩을 방어하기란 불가능해 보였다. 하지만 영국은 중국군에 융자와 물자를 제공함으로써 그들이 영국과 중국의 이권을 지켜내기 위한 이른바 '대리전'을 치르도록 할 수 있었다.[154] 이 조치는 당시 일본의 위협에 직면해 매우 고립되어 있던 오스트레일리아와 뉴질랜드의 불안감을 거의 누그러뜨리지 못했지만, 영국으로서는 여러 과제를 감안하여 대륙 도처에서 방어선을 더욱 얇게 펼치는 것 외에는 다른 선택지가 별로 없었다.

프랑스 역시 1930년대에 영국 육군보다 훨씬 큰 규모의 육군과 상당한 규모의 해군이라는 기존의 토대 위에서 시작했다. 1930년대 중반의 경제 위기로 군비 지출을 줄였지만, 좌파 정당과 중도좌파 정당이 연합해 집권한 인민전선 정부는 1936년 라인란트를 재무장하는 독일의 행보에 경각심을 느껴 대규모 재무장 프로그램에 착수했다. 영국 및 독일의 계획과 마찬가지로 1940년경에 정점에 이르도록 고안한 계획이었다. 지출액은 1936년 1510만 프랑에서 1939년 9360만 프랑으로 증가했다. 프랑스의 우선 과제는 마지노 방어선을 구축하고 그곳에 무기와 장비를 갖추는 것이었는데, 프랑스 인구와 독일 인구의 격차 때문에 이 방어선이 필요하다고 생각했다. 국경 방어에 배치하지 않는 육군 병력과 관련해 프랑스 최고사령부는 1918년 독일군을 물리쳤던 전역戰役에 근거해 하나의 군사교리를 개진했다. 이 군사교리의 관건은 엄청난 화력으로 아군의 공격을 지원하거나 다가오는 적군을 무력화함으로써 여전히 '전투의 여왕'으로 여겨지던 보병이, 비록 기동성은 떨어질지언정, 한 걸음씩 전장을 점령할 수 있도록 하는 것이었다. 화력을 활용하려면 중앙에서 고도로 통제하는 '조직적인 전투'가 필요했으며, 그런 전투에서는 전차와 항공기 같은 보조무기가 기동전의 길을 여는 역할이 아니라 조연을 맡아야 했다. 포와 기관총이 핵심이었고, 보병은 '탄막'을 지원하는 속도로만 기동해야 했다.[155] 프랑스 본토에서의 준비된 전장을 중시한다는 것은 곧 프랑스 계획 수립자들이 제국에 신경을 덜 쓴다는 것을 의미했다. 식민지들은 저마다의 방어 비용을 지불해야 했다. 알제리인은 메르스엘케비르의 프랑스 해군기지를 현대화하는 데 2억 8900만 프랑이 든다는 사실을 알게 되었다. 프랑스 해군 총사령관 프랑수아 다를랑François Darlan 제독이 깜라인 만의 잠수함부대 계획에 반대한 뒤, 인도차이나에는 주요 해군기지가 전혀 건설되지 않았다. 제독은 만약 전쟁이 나면 프랑스령 아시아 제국을 도저히 방어할 수 없다는 점을 분명히 했다.[156]

억지정책의 얼개는 1938년 9월 뮌헨 위기 때 더욱 두드러졌고, 1년 후 더더욱 두드러졌다. 봉쇄와 억지라는 양면 접근법은 영국과 프랑스의 전략을 뒷받침했는데, 양국이 전쟁을 피하는 데 이바지하는 동시에 전 세계에 걸친 경제 및 영토 이권을 보호할 만한 역량을 유지할 수 있도록 설계한 전략이었다. 그러나 1939년 9월 전쟁 발발 이전에도 주요 민주정 한두 국가가 새로운 제국주의 국가들과 공공연히 충돌할 뻔했다는 점을 상기하는 것이 중요하다. 남중국에서 일본군과 영국군 사이에는 언제라도 전쟁으로 번질 듯 아슬아슬한 무장 휴전 상태가 존재했다. 1935~1936년 에티오피아 위기 시에 영국은 중동과 아프리카의 제국 이권에 대한 위협을 제한하는 방법으로 분명 이탈리아와의 분쟁에 대비했다. 1935년 8월 영국은 이탈리아 측에 경고하는 의미로 군함 28척과 항공모함 커레이저스Courageous를 알렉산드리아로 보냈고, 중동의 공군 부대들을 강화하고 그곳으로 육군 증원군을 파병했다. 현지 해군 사령관은 선제공격을 열망했지만, 영국 참모본부와 프랑스 정부는 혹시 중동 전역에서 제국 이권을 망칠 수도 있는 전쟁을 피하고자 했다.[157] 1938~1939년, 이번에는 프랑스 해군이 기회를 잡아 이탈리아 함대를 불시에 물리치고 싶어 안달했지만, 여전히 신중한 외교를 통해 무솔리니를 히틀러로부터 떼어놓기를 기대하던 영국이 만류했다.

'벼랑 끝 전술'의 가장 명확한 예는 1938년 체코슬로바키아 위기였다. 뮌헨 회담에서 독일이 협박하고 영국과 프랑스가 배신했다는 이야기, 즉 주데텐란트의 독일어권 지역들을 독일이 점령하도록 체코 정부에 강요했다는 이야기는 으레 이 위기를 기만적이고 물러 터진 유화정책의 절정으로 제시한다. 그러나 사실 뮌헨 회담은 히틀러가 독일의 생존공간을 위해 갈망하던 전쟁을 마지못해 포기한 순간이었는데, 그 단계에서 영국-프랑스와의 대규모 분쟁을 무릅쓰는 것은 너무 위험하다고 판단했기 때문이다. 당시 시각으로 보면 영국과 프랑스가 용인하려는 영토 변경을 히틀러가 부득이 받아들인 것처럼 보였으며, 이는 비록 체코 측에 불리할지 언정 봉쇄의 결과였다. 뮌헨 회담 1주일 전 영국군과 프랑스군 모두 경계 태세를 취했다. 영국 해군에 동원령이 떨어졌고, 런던의 공원들에서 방 공호로 쓰일 참호를 임시변통으로 급하게 팠다. 프랑스의 동원령은 9월 24일 하달되었고 100만 명이 무장을 했다. 하지만 프랑스에서나 영국에 서나 참모총장은 독일을 전쟁으로 억누를 수 있다는 자신감이 별로 없었 는데, 재무장 프로그램이 아직 중반을 지나고 있고 마지노 선이 미완성 상태였기 때문이다.[158]

그럼에도 동원은 지난 1914년에 유럽을 전쟁으로 밀어넣은 방아쇠였 다. 히틀러는 적의 동원을 예상하지 못했고, 예정된 체코슬로바키아 침공 을 강행하기 며칠 전까지도 불안해하던 군 수뇌부에게 영국과 프랑스가 개입하지 않을 것이라고 장담했다. 영국과 프랑스는 승리하지 못할 전쟁 을 벌여야 할지도 모른다고 우려하면서도, 독일에 체코를 침공하고 정복 할 재량권을 줄 마음이 없었다. 1938년 9월 25일 베를린의 견해는 히틀 러가 "체임벌린의 단호한 입장에 물러선다"는 것으로, 영국 지도자를 아 주 다르게 보고 있었다.[159] 이틀 후 히틀러가 동원령을 내리고자 할 때, 체 임벌린의 특사 호러스 윌슨 경은 만약 독일이 체코슬로바키아를 공격한 다면 프랑스가 조약 의무에 따라 독일과 싸울 것이라는 메시지를 전달했 다―그는 히틀러가 확실히 알아듣도록 통역사에게 같은 말을 두 번 되풀 이했다. 그리고 그럴 경우 "잉글랜드는 명예를 위해 프랑스를 지원할 것 입니다"라고 말을 이었다.[160] 그러자 히틀러는 화를 내며 그럴 경우 1주일 내에 유럽 전쟁이 발발할 것이라고 응수했지만, 이 회담으로 용기를 잃었 다. 이튿날 오전 프랑스 대사는 독일의 침공에 반대하는 프랑스의 입장을 확실히 밝혔다. 곧이어 헤르만 괴링이 이끄는 각료들이 도착해 히틀러에게 어떠한 경우에도 전면전을 원하느냐고 묻자 히틀러는 "뭘 말하는 건가? 어떠한 경우에도? 당연히 그렇지 않네!"라고 대답했다.[161] 언짢은 심기로 히틀러는 영국이 부추긴 무솔리니의 회담 제안에 동의했다. 히틀러의 군사 부관은 일기에 "F.[총통]는 전쟁을 원하지 않는다", "무엇보다 F.는 잉글랜드와의 전쟁을 생각하지 않는다"고 썼다. 베를린의 입장 철회는 분명했다. 9월 27일 또다른 사람은 일기에 "총통은 철저히 굴복했다"고 적고 이틀 후 "총통의 **확실한** 양보"라고 부언했다.[162]

　1938년에 유럽 전쟁을 피한 것은 단순히 영국과 프랑스 정부가 두려워했기 때문이 아니라 그 문턱을 넘으려던 히틀러를 억지했기 때문이다. 의미심장하게도 체임벌린은 회담을 마치고 차편으로 뮌헨의 거리를 지날 때 전쟁을 모면하게 되어 진심으로 안도하는 독일 군중의 환호를 받았다. 영국과 프랑스에서도 평화를 지켰다며 안도하는 반응을 보였다. 프랑스 여성들은 체임벌린이 독일을 오가는 비행기에서 혹여 추울까 그에게 보낼 장갑을 털실로 짰고, 파리의 한 거리는 '9월 30일의 거리'로 급히 이름을 바꾸었으며, 비록 비꼬려는 의도였을지언정 '르 체임벌린'이라는 새로운 춤이 고안되었다.[163] 《르 탕Le Temps》지는 뮌헨 협정 이튿날 전 지구적 제국을 책임지는 프랑스는 평화를 "절실히, 절대적"으로 필요로 한다고 결론지었다.[164] 영국과 프랑스가 1938년에 실제로 싸우려 했을지 여부는 추측의 문제로 남아 있지만, 당시에는 히틀러가 위험이 너무 크다고 판단했던 까닭에 결국 싸울 필요가 없었다. 그러나 1년 후 독일이 폴란드의 주권을 위협해 위기가 발생했을 때, 양국은 전쟁 가능성을 받아들였다. 다만 그러면서도 히틀러를 다시 한 번 억지할 수 있기를 바랐다. 9월 1일 독일이 폴란드를 침공하기 전 마지막 순간까지도 양국은 자신들이 싸우겠다는 의도를 모호하지 않게, 명백하게 밝힌다면 히틀러가 이번에도 위험을 무릅쓰지 않을 것이라고 가정했다.

1938년 9월부터 1939년 9월까지 많은 요인들이 바뀐 까닭에 영국과 프랑스 정부는 독일의 폴란드 위협에 강경하게 대응하는 노선을 더 자신 있게 추구했다. 체코 위기가 전쟁으로 귀결되지 않았다는 안도감에도 불구하고, 체임벌린과 달라디에는 히틀러가 동유럽으로의 팽창을 이어간다면 폭력을 구사해 그를 제지해야 한다는 점에 대해 거의 환상을 품지 않았다. 그렇다고 해서 양국이 외교적 해법이나 경제협정으로 독일의 또 다른 침공 가능성을 낮출 전망을 배제했던 것은 아니며, 1939년에 실제로 이 두 가지 방법을 추구했다. 그러나 독일군이 체코 국가를 점령하고 1939년 3월 15일 보호령을 수립하고 나자 다음 행보는 전쟁이라는 것이 분명해졌다. 그 직후 정보기관으로부터 독일의 폴란드 공격이 임박했다고 들은 체임벌린은 3월 30일 하원에서 폴란드의 주권을 자진해서 보장했다. 며칠 후 프랑스가 폴란드뿐 아니라 루마니아와 그리스의 주권까지 보장했다. 폴란드 자체는 영국에나 프랑스에나 그리 중요하지 않았지만, 거의 우연에 따라 두 진영 간 최종 결전의 계기(원인보다는 계기에 가까웠다)가 되었다. 서방 열강은 알지 못했으나 1939년 초에 폴란드가 단치히 자유시도, 옛 프로이센 영토를 가로지르는 폴란드 '회랑지대'도 독일에 양도하기를 거부하자 4월에 히틀러는 그해 8월 말을 기하여 폴란드를 파괴할 작전을 준비하도록 지시했다. 이제 영국과 프랑스는 독일의 폴란드 위협이 현실화된다면 꼼짝없이 분쟁에 휘말릴 처지였다. 체코 위기와 폴란드 위기 사이 1년간 양국은 마침내 공조하기로 했다. 1930년대 내내 프랑스는 유럽 분쟁이 발발할 경우 영국이 프랑스군을 군사적으로 지원할지 여부가 확실하지 않은 탓에 행동에 제약을 받았다. 1939년 2월 양국 참모본부는 공조에 동의한 뒤 3월 들어 지난 1918년에 승리를 가져다준 전략을 되풀이하는 '전쟁계획'을 세웠다. 프랑스 방어시설, 경제 봉쇄, 항공전을 통해 히틀러가 항복하거나 영국-프랑스의 침공에 저항할 수단이 없어질 때까지 3년간 독일을 틀어막는다는 계획이었다. "영 제국과 프랑스 제국의 전투력을 완전히 갖추고 나면 우리는 전쟁의 결과를 자신할 수 있다"고 이 계획은 결론지었다.[165]

양국은 만약 1939년에 전쟁이 난다면 대의를 위해 제국을 결집해야 한다는 생각을 우선시했다. 영국으로서는 체코 위기 때 주요 자치령들이 전쟁 방안을 지지하지 않았던 까닭에 과연 제국을 결집할 수 있을지 불분명했다. 하지만 1939년 봄 캐나다 총리 매켄지 킹Mackenzie King이 영국의 편에서 혹시 모를 유럽 전쟁에 참전하는 데 대한 국내 지지를 얻어냈고, 오스트레일리아와 뉴질랜드 정부가 그 뒤를 따랐다. 1938년 완공된 싱가포르 해군기지와 '한목소리' 영연방이라는 관념도 제국 결집에 도움이 되었다. 남아프리카에서는 전쟁을 치르는 방안에 대한 아프리카너 공동체의 강한 반감이 개전 직전까지 백인 인구를 갈라놓았고, 결국 막바지에 신임 총리 얀 스뮈츠Jan Smuts가 선전포고는 곧 독일 신식민주의의 위협에 맞서 남아프리카의 이익을 지키는 것이라는 주장으로 의회를 설득했다. 전쟁이 일어나자 인도 총독 린리스고Linlithgow 경은 인도인의 여론에 개의치 않고 인도는 영국을 따라 참전한다고 그냥 발표해버렸다.[166] 대륙 전략을 지탱하고자 안달하던 프랑스로서는 1939년 유럽 전쟁에 대비하려면 제국이 더욱 중요했다. 이런 현실은 전쟁을 앞둔 수개월 내내 눈에 띈 공식선전인 '제국을 통한 구원le salut par l'empire'에 얼마간 반영되었다. 달라디에는 식민제국 전역에서 정적들을 더 엄중히 탄압하라고 지시하면서도, 대중 앞에서는 "총 1억 명인 우리는 패할 수 없습니다"라고 강조했다. 장차 프랑스에서 복무할 상당수의 식민지 군인을 징집하거나 프랑스 군인을 해외 근무로부터 풀어주는 계획도 수립되었다. 후자에는 서아프리카의 5개 사단, 인도차이나의 1개 사단, 북아프리카의 6개 사단 등 1939년경 총 52만 명이 포함되었다.[167] 제국 경제를 결집해 전쟁물자를 더 많이 생산하려던 노력은 대체로 실패했지만, 프랑스의 전쟁 노력을 위한 원료와 식량의 공급량은 증가했다. 영국과 프랑스의 해군으로 해외 공급처에 대한 적국 독일의 접근을 마음대로 차단할 수 있는 상황에서 양국이 제국에 의존할 수 있다는 것은 어쨌거나 긍정적인 이점으로 보였다.

이런 군사적·전략적 구상의 변화를 뒷받침한 것이 뮌헨 협정 이후 안도하던 대중의 분위기에 나타난 변화였다. 여론조사를 해보니 뮌헨 협정의 잉크가 채 마르기도 전에 과반수 응답자가 독일에 더 이상 양보하지 않는 방안에 찬성했다. 1938년 10월 프랑스 여론조사에서는 응답자의 70퍼센트가 어떠한 양보에든 반대했고, 1939년 여론조사에서는 프랑스 응답자의 76퍼센트, 영국 응답자의 75퍼센트가 단치히의 지위를 유지하기 위하여 폭력을 구사하는 데 찬성했다.[168] 더 중요한 점은 양국에서 반전 로비 단체들의 태도가 급변했다는 것이다. 당시 유럽 위기에 대한 대중의 반응은 1914년의 민족주의적 열정과는 확연히 달랐다. 이제 대중의 반응은 국제주의 기획의 와해와 군국주의 독재정의 부상이 서양 문명에 도전하는, 더 이상 무시할 수 없는 심각한 위협이라는 인식에 더 뿌리박고 있었다. 대중은 전쟁을 두루 환영한 것은 분명 아니었고, 일종의 체념하는 분위기였다. 그렇지만 민주적 가치에 대한 책임감과, 많은 저자들이 암흑시대의 출현이라고 여긴 극적인 변화에 대한 거부감도 커지고 있었다. 1939년 레너드 울프는 동포들에게 그들이 당연시하는 현대 세계에 어떤 취약성이 있는지 경고하는 의미로 《문 앞의 야만인들Barbarians at the Gate》을 썼다.[169]

1939년의 변화로 전쟁이 불가피해졌던 것은 아니지만, 폴란드가 독일의 침공 대상이 된 후로는 전쟁을 피하기 어려워졌다. 프랑스 정부는 소련과 모종의 협정을 맺어 독일을 포위하고 1938년과 1939년에 항공기와 항공엔진을 대량으로 발주해둔 미국으로부터 지원을 더 이끌어내는 상황을 선호했을 것이다. 소련의 동기에 대한 보수파의 깊은 불신에도 불구하고 1939년 늦여름 영국과 프랑스는 소련과의 군사협정을 모색했지만, 소련군이 폴란드 영토에 들어오는 데 대한 폴란드 정부와 최고사령부의 동의를 얻기가 불가능해 무산되었다. 영국과 프랑스의 고위 사령관들은 붉은군대를 쓸모 있는 군사동맹으로 평가하지 않았고, 과거 1920년에 폴란드군이 붉은군대에 승리했던 사실에 근거해 폴란드군의 잠재 전력을 과대평가했다. 8월 24일 독일-소비에트 조약이 발표되자 체임벌린은 '러시아의 배신'이라고 일갈했지만 실은 소련과의 군사협력에 열광한 적이 없으며, 이 조약으로 인해 독일이 침공할 경우 폴란드에 대한 약속을 준수하겠다는 양국 정부의 입장이 바뀌지도 않았다.[170] 과연 스탈린이 신의를 가지고 연합국과 동맹을 맺었을지 여부는 사실이 아닌 추측의 문제로 남아 있다. 독일과의 조약이 스탈린과 소련의 이해관계에 한층 더 들어맞았다. 또 이데올로기 측면에서도 소련은 자본주의-제국주의 국가들끼리 전쟁을 벌인 뒤 결국 황폐해진 유럽의 조각들을 소비에트 공산주의로 집어삼키는 편을 더 선호했다.

영국 및 프랑스 제국이 빠르게 재무장하는 모습으로, 그리고 두 민주국가를 휩쓰는 반파시즘 정서의 물결로 히틀러를 억지한다는 계산이 완전히 오판이었던 것은 아니다. 1938년에는 더 약한 패로도 히틀러의 전쟁 계획을 단념시킨 바 있었다. 첩보에 따르면 독일의 경제 위기가 심각하고 반히틀러 쿠데타의 가능성까지 있었다. 9월 1일 독일의 폴란드 침공 이후에도 체임벌린은 히틀러에게 세계대전에 직면하지 않고 병력을 철수시킬 기회를 주었다. 1938년 9월에 무솔리니가 개입했던 것처럼 1939년 9월 2일에 이탈리아 지도부가 잠시 회담을 제안하긴 했지만, 영국 외무장관 핼리팩스Halifax 경이 이탈리아 외무장관 치아노에게 말한 영국의 조건, 즉 "폴란드 영토에서 독일 병력 철수"라는 조건은 평화의 전망을 남겨두지 않았다.[171] 역사가들은 체임벌린이 이 단계에서 약속을 어기려 했다는 확실한 증거를 찾아왔으나 그런 증거는 없다. 폭력을 그만두라는 영국과 프랑스의 요구에 독일이 완전히 굴복했다면 폭력을 피할 수 있었을 테지만, 9월 1일 무렵 그럴 가능성은 거의 없었다. 이 경우에는 봉쇄도 억지도 통하지 않았다. 체임벌린은 9월 3일 오전 11시 15분에 라디오를 통해 전쟁 상태를 공표했고, 달라디에는 그날 오후 5시에 공표했다. 제국주의 엘리트들과 민주적 반파시스트들의 임시 동맹이 새로운 세계대전을 가능케 했다. "우리는 질 수 없다"고 영국 육군 참모총장은 일기에 썼다.[172]

제국들의 전투: 서부 전쟁

1939년 9월의 선전포고는 1930년대 대립의 성격을 완전히 바꾸어놓았다. 히틀러는 폴란드와의 전쟁을 독일의 생존공간 확보를 위한 제한전으로 여겼고, 그리 멀지 않은 과거에 무력으로 영토를 획득했던 큰 유럽 제국들의 존재에 의해 정당화된다고 생각했다. 폴란드가 항복하고 1주일 후인 10월 6일 히틀러는 두 민주국가에 '강화 제안'을 하면서, 세계 전역에서 4000만 평방킬로미터를 통치하는 양국이 불과 수십만 평방킬로미터를 차지하는 강대국을 원한다는 이유로 자신을 비난하고 있다고 조롱했다.[173] 반면에 영국과 프랑스는 이 분쟁을 폭력적 제국 건설의 새로운 물결에 맞서는 투쟁으로 보았고, 아직 이탈리아, 일본과 전쟁 중이지 않았음에도 진정으로 전 세계적인 위기라고 생각했다. 양국은 유럽에서 대독일 전쟁에 집중하느라 생긴 빈틈을 이탈리아와 일본이 노리지 않기를, 또 소련이 독일과의 조약을 활용해 양국의 길게 뻗은 제국에 압력을 가하지 않기를 바랄 수밖에 없었다. 그와 동시에 양국은 미국의 정신적 지지를 구했고, 저마다의 제국에서 인력, 자금, 물자를 적극 조달하려 했다. 2차대전의 미래상을 결정한 것은 분쟁을 촉발한 독일의 동유럽 야망이 아니라 9월 3일 영국과 프랑스의 선전포고였다. 독일의 시각으로 보면, 외부 세력들이 독일에 전쟁을 강요한 셈이었다. 이튿날 대국민 방송에서 히틀러는 이제 독일이 직면한 전쟁 상태를 두 민주국가의 탓으로 돌리지 않고 그들을 괴롭혀 싸우도록 만든 "유대-민주주의 국제 적"의 탓으로 돌렸다.[174] 히틀러에게 이번 전쟁은 두 종류의 전쟁이었다. 하나는 독일의 제국주의 적들과 싸우는 전쟁, 다른 하나는 유대인과 싸우는 전쟁이었다.

　영국과 프랑스의 선전포고에 뒤이은 사태는 개전 초기부터 수백만 명이 전투에 투입되고 사상자가 다수 발생한 1914년의 사태와는 완전히 달랐다. 영국과 프랑스는 독일이 폴란드 전역에 너무 휘말려 서부 공격을 개시하지 못한다는 것을 알고 있으면서도 폴란드의 저항을 적극 지원하는 데 전혀 관심이 없었다. 양국은 이미 폴란드를 구할 수 없다고 비밀리에 의견을 모은 터였다. 프랑스군 총사령관 모리스 가믈랭Maurice Gamelin 장군은 폴란드 측에 프랑스가 동원 보름 후에 공격할 것이라는 제한된 약속을 하는 데 그쳤다. 9월 10일 가믈랭은 폴란드 무관에게 자기 휘하 병력의 절반이 독일 자를란트를 공격하고 있다고 말했지만 이는 사실이 아니었다. 몇 안 되는 프랑스군 부대들이 8킬로미터를 전진해 독일군 196명을 죽인 뒤 퇴각했을 뿐이었다.[175] 가믈랭은 작가 앙드레 모루아André Maurois

에게 보병을 독일 방어시설에 내던지는 "베르됭 전투로 전쟁을 시작하지 않을 것"이라고 말했다. 그의 계획은 프랑스 육군의 군사교리에 부합하는 "과학적 전쟁"이었다.[176] 서부에서 거의 아무런 교전도 일어나지 않자(영국군의 첫 전사자는 12월 9일 프랑스군 지뢰를 밟아 죽었다) 히틀러는 연합국의 선전포고가 "한낱 허세"이고 알베르트 슈페어가 회고록에서 말했듯이 사실 서방이 싸우기에는 "너무 허약하고 너무 지쳤고 너무 타락했다"는 전쟁 전의 희망사항에 더 매달렸다.[177] 폴란드 전쟁 초기 몇 주간 히틀러는 이 전역을 신속히 마무리하고 영국과 프랑스 측에 기정사실을 들이밀 수 있다는 믿음으로 서부전선에서 극히 자제할 것을 지시했다.

그러면서도 히틀러는 독일군이 폴란드에서 승리한 뒤 그저 방어 태세만 유지해도 괜찮을지 고민했다. 9월 8일 그는 처음으로 서부에서의 추계 공세를 거론했다. 폴란드 항복 전날인 9월 26일 육군과 공군 사령관들을 소집한 회의에서 그가 강조하기를, 시간은 1940년 여름까지 프랑스에서 전력을 증강할 예정인 연합국의 편이며, 저지대 국가들을 통과해 프랑스를 조기에 타격함으로써 미처 대비하지 못한 적을 혼란에 빠트리고, 영국을 타격할 공군기지와 해군기지를 확보하고, 취약한 루르 공업지대를 연합군의 급습과 폭격으로부터 보호할 수 있다고 했다. 이 계획은 10월 9일 '황색 작전'을 위한 전쟁지령 제6호로 발령되었지만, 그사이에 히틀러는 독일과 소련 두 독재정이 분할한 폴란드의 가망 없는 처지를 연합국이 받아들이도록 만들려는 여러 차례의 시도 중 첫 번째 시도를 했다.[178] 그의 10월 6일 연설에 서방은 엇갈린 반응을 보였는데, 아직까지 서방에는 현실주의적 타협안에 찬성하는 로비 세력이 있었다. 달라디에는 체임벌린에게 타협안을 무시하라고 말했지만—"히틀러 씨를 침묵으로 무시합시다"—영국 측은 며칠간 어떻게 대응할지 궁리했다. 당시 해군장관 윈스턴 처칠Winston Churchill은 "어떤 진정한 제안"의 여지를 남겨두는 초안을 원했고, 최종안은 침공이 용납될 수 있다는 생각을 거부하면서도 히틀러에게 처벌 없이 정복을 그만두는 믿기 어려운 선택지를 주었다.[179] 이 제안을 거부당하자 영국은 독일 지도부가 보기에, 히틀러가 해군 총사령관에게 말했듯이, "독일의 절멸"에 몰두하는 주적으로 변모했다. 괴벨스는 독일 언론에 체임벌린을 무력하고 우스운 인물로 묘사하기를 멈추고 대신에 "사악한 노인"으로 묘사하라고 지시했다.[180]

히틀러가 신속한 서부 공세야말로 가장 안전한 선택지라고 결정한 뒤, 육군 수뇌부는 총통을 만류하고자 안간힘을 썼다. 폴란드 전역은 프랑스군과 대결하는 위험을 무릅쓰기 전에 독일군에 휴식과 재편 외에도 더 많은 훈련, 장비 보강, 전장 전술에 대해 진지한 고민이 필요하다는 것을 보여주었다. 육군 참모차장 카를-하인리히 폰 스튈프나겔Carl-Heinrich von Stülpnagel의 연구는 1942년까지 주요 전역을 연기할 것을 제안했다.[181] 히틀러는 고집을 꺾지 않고 서부 공세의 날짜를 10월 20일에서 25일 사이로 정했다. 그런데 날씨가 육군 수뇌부의 손을 들어주었다. 1939년 말을 전후한 겨울은 20세기 중 가장 혹독한 겨울이었다. 침공 날짜는 11월 12일로 연기되었다가 12월 12일로 다시 미루어졌고, 1940년 1월 1일로 또다시 연기된 뒤 결국 봄철의 미확정 날짜로 늦추어졌다. 그사이에 계획의 형태가 바뀌었다. 1939년 10월 히틀러는 평평한 북유럽 평원을 가로지르는 직접 강습에 대해 다시 생각해보았다. 이 방안 대신에 훨씬 더 남쪽에서 기갑사단들을 한데 모아 프랑스를 타격하는 방안을 궁리했지만, 히틀러 본인이 반신반의하여 새로운 계획을 정하지는 않았다. 육군 A집단군의 참모장 에리히 폰 만슈타인Erich von Manstein 대령도 훨씬 더 남쪽에서 독일 기갑전력을 집결해 결정타를 가하며 적진을 돌파한 뒤 벨기에로 진격하면서 적군을 포위할 수 있다고 생각했다—이른바 '낫질 계획'이었다. 상관들은 만슈타인의 구상을 무시했고, 그가 잠자코 지내도록 아직 편성 중인 동부의 군단 사령관으로 전근시켰다. 1월 10일 독일 군용기가 벨기에에 불시착하는 바람에 '황색 작전' 원안의 세부 내용이 연합국의 수중에 들어간 뒤, 히틀러와 육군 최고사령부는 어느 방향으로 공격할지 확실하게 정하지 못했다. 그러던 중 히틀러의 부관이 우연히 만슈타인의 견해를 총통에게 전달했고, 2월 17일 대령이 베를린에 와서 총통에게 자기 계획을 직접 제출했다. 그 계획에 매료된 히틀러는 새로운 지령을 내렸다. 1940년 5월 서부 작전을 개시할 무렵에는 '낫질'을 실행할 준비가 되어 있었다.[182]

연합국 측에 확실한 점은 전쟁을 선포했다는 것뿐이었다. 다른 모든 계산은 불확실하기 짝이 없었다. 폴란드가 몇 주가 아니라 몇 달간 저항하리라는 희망은 사라졌지만, 영국과 프랑스의 계획은 장기전에 기반한 데다 독일이 지난 1918년의 경우처럼 결국 경제적 결핍, 대중의 불만, 최종 군사 대립으로 인해 패할 것이라 전망했던 까닭에, 이제 독일군이 서부에 자유롭게 투입될 수 있는 상황임에도 연합군이 다급하게 행동할 필요는 별로 없다고 보았다. 1939년 늦가을에 때때로 불안한 사건이 일어나긴 했지만, 연합국은 정보와 상식에 근거해 아무리 일러도 1940년까지는 독일이 공세 준비를 마치지 못한다고 예상했다. 프랑스군 최고사령부는 독일이 거의 원래 계획 그대로 공세를 전개할 것으로 보았다. 마지노 선 때문에 적군은 벨기에 어딘가의 좁고 방어 가능한 전선에서 침공해올 수밖에 없을 테고, 그곳에서 패하거나 틀어막힐 터였다. 연합국은 시간이 갈수록 서서히 군사력을 증강하고 필요한 경제 자원을 쌓아가고 있는 자신들이 유리하다고 믿었다.[183] 지난 1918년처럼 1939년 9월 초에 프랑스와 영국은 양국의 협력을 공식화하기 위해 군과 민간의 지도부로 이루어진 최고군사회의를 결성했다. 1차대전의 경험은 분명 새로운 전쟁을 수행하는 최선의 방법에 관한 연합군의 사고에 영향을 주었다. 11월 연합군은 "1914~1918년에 얻은 경험을 충분히 활용"하여 통신, 군수품, 석유 공급, 식량, 해운, 대독일 경제전을 조정할 것이라고 발표했다.[184]

군사 협력은 더 골치 아픈 문제로 밝혀졌지만, 불확실한 수개월이 지난 뒤 가믈랭은 프랑스 내 영국군 부대들이 프랑스 북동전선 총사령관인 알퐁스 조르주Alphonse Georges 장군의 지휘를 받을 것이라고 단언했다. 11월 가믈랭은 벨기에로 진입해 에스코 강이나 딜 강의 전선을 방어한다는 연합군 작전계획을 작성했다. 가믈랭은 결국 딜 강 계획을 선택했는데, 견고한 방어선을 구축하기에 앞서 이 강까지 도달하는 데 8일이 걸린다는 위험에도 불구하고 프랑스 북동부의 주요 공업지대를 보호할 수 있었기 때문이다. 소규모 영국 원정군은 벨기에 안으로 이동하는 병력에 배속될 예정이었다. 걸림돌이라면 벨기에의 중립이었다. 1936년 벨기에 정부는 프랑스-벨기에 방위조약을 파기했고, 중립을 손상시킬 만한 어떠한 위험이든 피하기 위해 독일군 병사들이 국경을 넘은 순간까지도 공동 참모본부 회담을 열거나 연합군이 벨기에 영토에 들어오도록 허용하는 조치를 완강히 거부했다.[185] 그 결과, 설령 향후 딜 강 계획을 가동한다 해도 황급히 가동할 수밖에 없었다. 그럼에도 가믈랭은 중립국 벨기에에서의 질서정연한 공세/수세 전략 노선이 프랑스 최고의 선택지라고 확신하여 이 계획을 고수했다. 1940년 1월 연합국의 수중에 들어온 독일의 계획은 기존 방침을 재고할 필요성을 시사하지 않았고 오히려 벨기에 전선을 구축하는 것이 올바른 선택이라는 견해를 강화했다.[186]

오늘날 가짜 전쟁Phoney War이라 불리는, 장기간 비교적 교전이 없는 상태에 문제가 없었던 것은 분명 아니다. 단호한 선전포고에 찬성하는 한시적인 국내 동맹을 유지하려면 여론을 달래줄 군사적 성공의 증거가 필요했다. 그런 증거가 나오지 않자 프랑스 잡지《르뷔 데 되 몽드Revue Des Deux Mondes》는 '평화-전쟁'이 그저 '전쟁-평화'로 바뀌는 데 그쳤다고 불평했고, 1939년 10월《뉴욕 타임스》는 "기자 38명이 전쟁을 찾고 있다"라는 머리기사를 실었다.[187] 10월에 폴란드가 패배하고 히틀러가 강화를 제안하자 주로 친파시스트 우파 또는 평화주의 좌파에서 타협적 강화에 찬성하는 목소리가 강해졌지만, 증거에 따르면 전쟁에 대한 환멸감은 더 널리 퍼져 있었다. 1939년 10월과 1940년 2월 영국 갤럽 여론조사에서 강화회담에 찬성하는 응답자의 비율이 17퍼센트에서 29퍼센트로 높아졌다.[188] 1939년 말을 전후한 겨울에 동원되어 영하의 날씨에 프랑스 국경에 걸터앉은 대규모 연합군 부대들도 암울하고 사기를 떨어뜨리는 일과와 별 관련이 없는 듯한 전쟁에 대한 열정을 유지하기가 어려웠다. 프랑스 철학자로 당시 일선 병사였던 장-폴 사르트르Jean-Paul Sartre는 자신과 동료들이 하는 일이라곤 먹고 자고 추위를 피하는 것뿐이라고 탄식했다. "바로 … 동물들과 똑같았다." 얼어붙은 숙사에 고립된 한 영국 징집병은 "드라마가 소극으로 바뀌었다"고 느꼈다.[189]

이전 전쟁의 협력 노선을 이어가려는 노력에도 불구하고 영국과 프랑스 사이에는 불신의 잔재가 남아 있었는데, 특히 프랑스 정부와 최고사령부가 과연 영국이 프랑스 방어를 위한 지상전에 충분히 기여할지 의심했기 때문이다. 제국의 핵심 지역들에 병력과 장비를 남겨두겠다는 영국의 결정은 프랑스 본토에서 복무하게 될 상당한 규모의 식민지 병력을 모집하려던 프랑스의 의도와 엇갈렸다. 영국과 프랑스가 전쟁에 대해 논의한 초기부터 영국 원정군을 증강할 수 있는 속도가 1940년의 어느 시점에 독일의 강습에 대항하기에는 너무 느리다는 것이 분명하게 드러났다. 프랑스의 동원 병력은 84개 사단에 달했고, 마지노 선에 23개 요새사단을 배치할 예정이었다. 프랑스 정보기관에서 독일군이 175개 사단을 전선에 배치할 수 있다고 (잘못) 계산했던 까닭에 양편에는 큰 격차가 있었다.[190] 영국군의 비중이 매우 작았던 것은 1930년대 동안 공군과 해군에 역점을 두고 육군을 비교적 경시했기 때문이다. 영국 육군은 개전하고 거의 4개 월 후까지 프랑스에 고작 5개 사단만을 보냈고, 독일이 침공할 무렵 장비 가 부실한 8개 지역방위군 사단이 추가로 도착했다. 처음이자 유일한 영 국 기갑사단은 벌써 전투가 시작된 후에 참전했다. 영국 참모본부가 제공 하려던 최대치는 아무리 일러도 1941년 말까지 육군 32개 사단이었다.[191] 프랑스 전역에 대한 항공지원도 매우 제한되었다. 1930년대 후반에 영국 이 전투기와 폭격기를 증강한 것은 본토를 방어하고 독일의 공격에 응전 할 폭격기부대를 창설하기 위함이었다. 영국 공군은 이 전략 방침을 포기 하기를 꺼렸고, 그 결과 영국 항공기 대부분이 본토에 머물렀다. 1940년 5월경 프랑스에는 운용 가능한 영국 공군 항공기가 250대가량 있었는데, 이는 벨기에 공군의 항공기 184대보다 조금 많은 정도였다.[192]

실제 전투에 대비하면서 언젠가 독일이 주적이 될 거라고 상정하긴 했 지만, 당시 전쟁 상태인 더 넓은 세계에서 장차 무슨 일이 벌어질지는 너 무도 불확실했다. 1939년 9월 무솔리니가 진지하게 '비非교전국'(추축국 동맹에게 '중립'보다 덜 굴욕적으로 비친다는 이유로 선택한 용어)을 선언했다는 것이 확실해진 이후로 이탈리아의 입장은 판단하기가 어려웠다. 프랑스 해군은 일찍이 이탈리아의 교역을 봉쇄함으로써 전쟁을 시작했지만, 이 탈리아가 프랑스군에 항공기, 항공엔진, 피아트 사의 트럭을 공급하고 (다만 영국 측에 항공기를 공급하는 것은 무솔리니가 거절했다) 프랑스가 외화와 원료로 보상하는 경제협정의 대가로 9월 15일 봉쇄를 해제했다. 치아노 외무장관은 프랑스 대사에게 "몇 차례 승리를 거두면 우리는 귀국의 편일 겁니다"라고 말했다.[193] 영국은 수에즈의 수비대를 보강하지도, 혹시 모를 두 번째 전구에 대비한 비축물을 늘리지도 않았다. 연합국은 무솔리니를 아직까지 기회에 충분히 솔깃해하지 않는 기회주의자로 간주했다.[194] 일본의 입장도 확실하지 않았다. 남중국의 일본군은 1939년 여름 동안 남중국과의 모든 교역을 차단하겠다며 프랑스 제국과 영 제국을 점점 더 압박했고, 유럽 전쟁이 발발한 이후 올가미를 더욱 조였다. 프랑스군과 영국군은 톈진의 고립영토에서 철수했고, 영국 해군의 중국함대는 싱가포르로 이동했다. 일본군이 홍콩을 봉쇄했고, 이 식민지를 오가려는 중국 선박을 일본 해군이 주기적으로 격침했다. 영국은 일본과 총력전을 벌일 마음이 없었으며, 1939년 말을 전후한 겨울에 중국에서 연합국의 이권이 살아남은 것은 어디까지나 중국인이 계속 저항했기 때문이다.[195]

가장 위험한 불확실성은 소련의 태도였다. 1939년 독일과 소련이 조약을 체결한 순간부터 연합국은 소련을 잠재적 적국으로, 이 조약을 사실상의 동맹으로 여기기 시작했다. 오늘날 알려져 있듯이 스탈린은 이 조약이 유럽에서 소비에트-독일 추축을 중심으로 하는 새로운 "평형"을 이루어내기를 바랐다. "이 협력은 다른 모든 조합을 굴복시키는 힘을 나타냅니다"라고 스탈린은 리벤트로프에게 말했다.[196] 연합국은 소련이 폴란드 동부를 침공해 정복한 데 이어 발트 국가들에도 영토 진입을 허용하라고 압박을 가하자 최악의 상황을 가정했다. 체임벌린과 달라디에는 공산주의에 무척 적대적이었고, 소련이 대독일 전쟁에 자극을 받아 중동이나 아시아 제국들로 진출하지 않을까 우려했다. 10월에 모스크바 주재 영국 대사관은 소련과의 전쟁 가능성을 분석하는 장문의 보고서를 보냈고, 비록 영국 참모본부가 더 큰 분쟁을 무릅쓰는 데 줄곧 반대하긴 했으나 대소련 전쟁은 연합국의 우발 사태 범위 안에 있었다.[197] 핀란드 정부가 군사기지들을 양도하라는 소련의 요구를 거절한 뒤 11월 30일 소련이 핀란드를 공격하자 영국과 프랑스에서 성난 항의의 물결이 일었다. 양국 대사들은 모스크바에서 본국으로 소환되었고, 12월 14일 양국이 앞장서서 소련을 국제연맹에서 축출했다. 런던에서는 맹렬한 반소련 언론 캠페인에 난타당한 소련 대사 이반 마이스키Ivan Maisky가 이렇게 자문했다. "누가 제1의 적인가? 독일인가 소련인가?"[198]

소비에트-핀란드 전쟁으로 스칸디나비아는 별안간 2차대전에 말려들었다. 소련이나 독일이 스칸디나비아를 지배하거나 점령할 전망에 연합국은 이 지역의 전략적 중요성을 의식했다. 스칸디나비아는 중요한 전략적 원료―특히 고품질 철광석―의 산지였으며, 노르웨이 연안은 영국을 공격할 공군기지와 해군기지로 쓰일 수 있었다. 연합국은 핀란드군에 제한된 군사원조를 했고(영국과 프랑스의 항공기 약 175대와 포 약 500문), 영국의 계획 수립자들은 두 가지 가능한 작전, 암호명 '에이본머스Avonmouth'와 '스트랫퍼드Stratford'를 제안하여 1940년 2월 최고군사회의의 승인을 받았다. 첫째 작전은 소규모 영국-프랑스군이 노르웨이 항구 나르비크를 통해 스웨덴 영토로 들어가 철광석 광산들을 확보한다는 것이었고, 둘째 작전은 3개 사단을 추가로 보내 스웨덴 남부에서 방어선을 구축한다는 것이었다. 두 작전에 노르웨이도 스웨덴도 동의하지 않으려 했고, 3월에 영국 전시내각은 군사적 관여를 원하는 프랑스 측의 강한 압박에도 불구하고 이 방안 전체를 거부했다.[199] 결국 핀란드는 연합국이 그 어떤 계획도 실행하기 전인 3월 13일 휴전을 청했으며, 이 패배는 스칸디나비아 문제로 연합국이 당면한 두 차례 주요 정치 위기 중 첫 번째 위기를 촉발했다.

그전부터 프랑스에서는 반공주의자들이 달라디에가 소련을 상대로 더 적극적으로 행동하지 않는다고 비난하고 중도파와 좌파가 그가 독일과 맞붙지 않는다고 싫어하는 가운데 총리에 대한 정치적 반감이 심해지고 있었다. 달라디에는 우유부단하다는 평판을 들었다. 3월 20일 달라디에는 비록 국방장관직은 유지했으나 총리직에서 물러날 수밖에 없었다. 후임 총리는 재무장관 폴 레노Paul Reynaud로, 전임자와 정반대로 충동적이고 적극적이고 호전적이라는 평판이었다. 레노는 당장 체임벌린에게 서한을 보내 폴란드 패배의 심리적·도덕적 영향에 대응하기 위해 당장 필요한 것은 "대담하고 신속한" 행동이라고 주장했다.[200]

그러나 레노가 선호한 행동은 독일과 대면하는 최전방에서 멀리 떨어진 곳에서의 행동, 달라디에가 이미 제안한 노선을 따르는 행동이었다. 레노는 영국이 먼저 독일에 철광석을 공급하는 데 쓰이는 항로에 기뢰를 부설하고, 이라크와 시리아에 배치된 영국-프랑스 연합 공군으로 캅카스 지역의 소련 유전들을 폭격해 독일의 석유 공급처 중 일부를 차단하기를 원했다. 캅카스 계획은 그 가치 이상으로 진지한 주목을 받았다. 영국 보고서는 3개 폭격기대대로 캅카스 유전들을 파괴하고 "소비에트 전쟁기구를 마비"시킬 수 있다고 권고했으나 이는 일말의 근거도 없는 주장이었다. 영국 전시내각이 소련과 총력전을 벌이는 불가피한 위험에 반대하고 나서야 이 계획의 추진을 막을 수 있었다.[201] 노르웨이와 관련해 레노는 더 고집을 부렸지만, 영국은 서부의 위협에 초점을 맞추고 라인 강에 기뢰를 부설하여 독일군의 배치를 늦추고 싶어했다. 그러자 프랑스 내각은 그 보복으로 프랑스의 강들에 기뢰가 부설될 것을 우려해 영국의 제안에 반대했다. 이런 교착 상태는 결국 프랑스가 그해 나중에 라인 강에 기뢰를 부설한다는 조건으로 영국이 먼저 노르웨이 해역에 기뢰를 부설하는 데 동의함으로써 해소되었다. 노르웨이 앞바다에 기뢰를 부설하는 '윌프리드Wilfred' 작전의 날짜는 1940년 4월 8일로 정해졌다.[202]

노르웨이 작전은 한 달 후 체임벌린의 사임으로 종결되었다. 달라디에와 마찬가지로 체임벌린도 연합국의 무능한 스칸디나비아 전략의 희생자였다. 4월 9일 오전에 시작된 독일의 덴마크 및 노르웨이 침공에 대한 진지한 사전경고를 영국과 프랑스의 정보기관은 전혀 제공하지 않았다. 독일 함대가 북해에서 북상한다는 소식은 4월 8일 저녁 로이터 통신사가 보도했다. 스칸디나비아 작전을 모색하는 독일의 계획은 수개월 전부터 수립되었다. 1940년 12월 12일 독일의 한정된 해군 자원을 고려해 노르웨이를 점령하고 철광석 공급 루트를 보호하는 것이 가능한지 연구하라는 지시가 내려왔다. 히틀러는 영국이 노르웨이를 점령하지 않을지 걱정하는 동시에 혹시 소련이 근방의 침공 주둔군을 움직여 노르웨이 북부를 점령하지 않을지 우려했다. 1월에 니콜라우스 폰 팔켄호르스트Nikolaus von Falkenhorst 장군이 육해공 연합작전, 암호명 '베저위붕Weserübung'(베저강 훈련) 작전의 총사령관에 임명되었다.[203] 독일 지도부는 노르웨이에서 국가사회주의자 비드쿤 크비슬링Vidkun Quisling이 정치적 격변을 유발하여 군사행동이 불필요해지기를 기대했지만, 크비슬링의 영향력은 매우 과장된 것이었다. 연합국이 스칸디나비아에 점점 관심을 쏟는 가운데 히틀러는 3월 1일 '베저위붕' 지령을 하달했다.[204] 독일군이 서부 대비에 역점을 두던 시기에 그것은 복잡하고 위험한 작전이었지만, 히틀러는 북부에서 연합국의 측면이 매우 취약하다고 판단했다.

4월 2일 히틀러는 1주일 후 작전을 개시하라고 지시했다. 영국이 첫 기뢰를 부설한 4월 8일 트론헤임과 나르비크에서의 지상군 상륙을 지원하기 위해 독일 잠수함, 수송함, 군함이 해상에 있었고, 독일 낙하산부대가 노르웨이 수도 오슬로를 겨냥하는 첫 작전을 준비하고 있었다. 4월 9일 오전 독일군은 덴마크 국경을 넘었고, 잠시 총격이 오가고 덴마크 군인 16명이 사망한 뒤 덴마크 정부가 항복했다. 독일 낙하산부대와 공수부대가 노르웨이 남부의 주요 비행장들을 장악하는 동안 독일 수송함들이 노르웨이 남부 해안에 병력과 물자를 내려놓았다. 그다음 2개월간 독일은 공중과 해상으로 병력 10만 7000명, 차량 2만 339대, 물자 10만 1000톤을 실어날라 침공을 지원했다. 5월 초 700대가 넘는 항공기가 독일군의 작전을 지원하고 있었다.[205] 예상보다 강한 노르웨이군의 저항에도 불구하고 독일군은 곧 노르웨이 남부와 중부를 대부분 장악했다. 4월 15일에서 19일 사이에 영국, 프랑스, 폴란드 연합군이 해안의 세 지점에 상륙해 수적 열세인 독일군 부대들이 지키던 나르비크를 잠시 탈환했다. 비록 독일 해군이 큰 손실을 입긴 했지만(순양함 3척, 구축함 10척, 잠수함 4척, 수송함 18척), 2차대전을 통틀어 독일 삼군의 유일한 대규모 협동작전이 펼쳐진 이 전역은 독일군의 명백한 강점을 보여주었다. 근접 항공지원, 포병과 보병 조합의 효과적인 운용, 그리고 효율적인 통신은 독일군의 전투력을 증대시키고 연합군의 사기를 떨어뜨렸다. 연합군 군인 대다수는 바위투성이 산악 지형에서 싸우는 것은 고사하고 그런 지형을 본 적도 없었다. 4월 26일 영국은 트론헤임을 포기했다. 연합군은 남은 병력 2만 4500명이 영국으로 철수한 6월 8일까지 나르비크를 지키며 버텼지만, 노르웨이에서 독일의 승리는 5월 초에 벌써 확실했다. 독일군의 총 손실은 사망과 실종 3692명, 연합군의 손실은 사망 3761명이었다.[206]

새로 취임한 총리직의 명운을 노르웨이 전역 성공에 걸었던 레노는 격분했다. 4월 말 레노는 영국 측을 가리켜 "위험을 감수할 줄 모르는 노인들"이라고 불평했다. 영국 대중의 여론은 연합군이 낭패를 봤다는 소식이

들어올수록 체임벌린에게 불리해져갔다. 연합군의 부실한 준비와 개입의 책임이 대부분 해군장관 처칠에게 돌아가긴 했지만, 5월 초 언론 캠페인은 총리를 겨냥했다. 이 정치 위기는 하원에서 노르웨이에 관해 토의한 5월 8일 절정에 이르렀다. 어느 목격자에 따르면 체임벌린은 "낙심하고 움츠러든" 모습으로 거친 언쟁을 주고받으며 자신의 성적을 변호했지만, 야당인 노동당이 표결을 요구하고 지지자 다수가 자신에게 반대표를 던지자 이튿날 사임하기로 결정했다.[207] 야당들이 유일하게 동의할 수 있는 보수당 정치인은 윈스턴 처칠이었고, 5월 10일 그가 새로운 정부의 수반이 되었다. 스칸디나비아에서 실패하고 6주 이내에 두 민주국가 모두 그로 인한 중대한 정치적 위기를 겪었던 것이다. 이런 상황에서 양국이 이번 전쟁은 결국 그들의 승리로 종결될 것이고 비록 스칸디나비아에서 심각한 실패를 겪긴 했으나 독일을 군사적으로 견제하는 전략이 여전히 통할 것이라는 믿음을 공유했다는 것은 대단히 주목할 만한 사실이다. 양국 정부가 그 이후 두 달에 걸쳐 격변이 일어나리라고 예상했다는 증거는 거의 없다.

처칠이 총리로 임명된 날 오전, 독일군은 서부에서 전역을 개시했다. 연합군 정보기관은 노르웨이 전역보다 이 우발 사태에 더 대비하고 있었는데, 연합군의 전략이 공세를 개시하기보다 독일의 강습을 저지하는 데 중점을 두고 있었기 때문이다. 그러나 연합군 정보기관은 그들의 모든 대비를 삽시간에 뒤흔들어버린 독일군 전역의 양상을 전혀 예상하지 못했다. 연합군 못지않게 독일군 사령관들도 작전의 대성공에 놀랐다. 연합군 측과 마찬가지로 그들 대다수도 만약 작전이 실패한다면 결국 1차대전의 서부전선이 얼추 되풀이될 것이라고 예상했다. 그런데 독일군은 2만 7000명의 손실을 대가로 네덜란드, 벨기에, 프랑스 전체를 통제하게 되었다. 양편의 사령관들이 25년 전에 경험했던 전쟁과 이보다 더 다를 수는 없을 정도였다. 전시에나 전후에나 연합국은 독일의 압도적인 전력이라는 관점에서, 서방의 더디고 조율되지 않은 노력과 수년에 걸친 독일의 맹렬한 재무장을 암울하게 대비하는 관점에서 서부전선 패배의 굴욕을 설명하려 했다. 이제까지 역사가들은 양편이 실제로 이용할 수 있었던 전체 자원이 실은 연합국에 유리했다는 것, 일부 경우에는 큰 격차로 유리했다는 것을 입증함으로써 이런 이미지를 지워왔다. 프랑스 북동부전선에서 프랑스, 벨기에, 네덜란드, 영국의 육군 사단은 151개였고, 독일의 육군 사단은 예비군 42개 사단을 포함해 135개였다. 연합군의 포는 1만 4000문에 달했던 반면에 독일군의 포는 7378문이었다. 대부분 화력과 장갑에서 독일군의 전차보다 우수한 연합군의 전차는 3874대였던 데 비해 독일군의 전차는 2439대였다. 1930년대 말까지 독일이 줄곧 크게 앞섰다고 가정한 항공전에서도 오히려 연합군이 유리했다. 연합군의 항공기 추정치는 (상당수의 예비 항공기를 포함해) 4400~5400대였던 데 비해 5월 10일 독일 공군의 제2항공함대와 제3항공함대가 운용할 수 있었던 항공기는 3578대였다.[208]

이런 수치들은 틀리지는 않았으나 여러 중요한 측면에서 실상을 호도한다. 연합군 육군과 공군의 수치는 벨기에군과 네덜란드군을 포함한 것이지만, 두 나라의 소규모 육군은 프랑스 육군과 군사계획을 협의하지 않았고, 양국의 소규모 공군은 프랑스군 및 영국군과 방어계획을 조율하지 않았거니와 전역 첫날에 각국 공군기지에서 공격을 받아 거의 전멸했다. 영국과 프랑스가 공중에서 독일과 대등했다는 것도 통계상의 착각이다. 5월 10일경 독일군을 마주한 전선에서 프랑스군 최고사령부가 운용할 수 있는 항공기는 879대에 불과했으며, 영국 공군 파견대의 규모는 본토 방어를 위해 남겨둔, 전선에서 운용할 수 있는 항공기 1702대 중 일부인 416대였다. 1940년경 상당수가 구식이었던 프랑스의 나머지 항공기는 본국의 다른 병기고나 기지에 있었고, 또 이탈리아의 공세에 대비해 북아프리카에 465대가 있었다. 핵심 전선에서 운용할 수 있는 항공기는 한곳에 집결해 있지 않고 개별 부대들에 배치되어 있었으며, 그로 인해 중앙에서 집결하고 통솔한 독일 공군과의 격차가 더욱 두드러졌다. 실제로 두 서방 연합국이 불과 1300대가량을 보유했던 반면에 독일군은 3578대를 보유하고 있었다.

포의 차이도 있는 그대로의 수치만큼 유의미하지 않았다. 프랑스군은 1918년 종전 후 남은 포에 크게 의존했고, 1940년 5월경 신식 47밀리 대전차포와 이 무기의 사용법을 훈련받은 병사가 너무 적어서 대다수 사단은 신식 전차를 상대로 무력한, 1차대전 시기의 37밀리 포를 사용했다. 대공포 공급도 부족했다. 연합군 3800문 대 독일군 9300문이었다.[209] 프랑스와 영국의 최정예 전차는 독일 최정예 전차보다 더 큰 구경의 포와 더 두꺼운 장갑을 갖추고 있었지만 그런 전차는 전체 전차 전력의 작은 부분에 지나지 않았으며, 프랑스 전차는 느리고 연료를 많이 먹었다. 더 중요한 것은 전차를 편성하는 방식이었다. 독일군은 모든 전차를 10개 제병연합 기갑사단과 6개 차량화사단에 배치했다. 이 응집된 전력은 대체로 보병과 마력을 이용하는 병과로 이루어진 육군의 선봉을 맡아 적군의 전열을 돌파하고 흐트러뜨릴 예정이었다. 반면에 프랑스 전차는 심지어 3개 경기계화사단DLM이나 3개 예비기갑사단DCR에 속한 전차마저 독립적인 공격부대로서 기동하는 게 아니라 보병 전투에서 적군의 돌파를 저지하는 데 기여할 예정이었다. 프랑스가 투입한 전차 2900대 중에서 960대만이 이런 기계화부대로 편성되었고 나머지는 정규 사단들에 흩어져 있었다. 독일 육군과 달리 영국과 프랑스의 육군은 현대식 전차전을 경험한 적이 없었다.[210] 전력 균형에 대한 중요한 결론은 독일 측이 핵심 지점들에서 국지적 우위를 누렸다는 것이다.

이 격차는 양편이 선택한 전략 때문에 더욱 벌어졌다. 프랑스의 패배가 2차대전의 결정적인 전환점이었으므로 이 분쟁은 상세히 검토할 가치가 있다. '황색 작전'의 세부 계획을 둘러싼 독일 군부의 논쟁은 3월까지 완전히 해소되었다. 독일군은 3개 집단군으로 편성되었다. 3개 기갑사단으로 이루어진 B집단군은 벨기에에서 프랑스군과 영국군 주력의 반격을 유도하기 위해 네덜란드와 벨기에로 돌파해 들어갈 예정이었다. C집단군은 마지노 선에 배치된 프랑스군 36개 사단을 붙잡아두기 위해 독일 서부방벽 뒤편에 자리잡았다. 핵심은 게르트 폰 룬트슈테트Gerd von Rundstedt 장군 휘하 7개 기갑사단으로 이루어진 A집단군으로, 벨기에 남부의 아르덴 숲과 룩셈부르크를 마주하고 있었다. A집단군은 아르덴 숲을 빠르게 통과해 전역 사흘째 뫼즈 강을 도하한 뒤, 노출된 좌측면을 방어하면서 영불해협을 향해 북동쪽으로 진격해 연합군을 포위하고 그들의 저항을 완파할 예정이었다. 이 계획의 성공은 프랑스군이 벨기에 북부를 돌파하는 독일군 공세의 미끼를 덥석 물지 여부와 이 공세를 독일군 공격의 진짜 주축처럼 보이게 하려는 정교한 기만계획에 달려 있었다.

어차피 이 계략은 필요하지 않았는데, 가믈랭과 프랑스군 최고사령부가 오래전부터 벨기에로 진군해 들어가기로 결정해둔 터였기 때문이다. 3월에 가믈랭은 이른바 '브레다 수정안'을 채택해 연합군의 위험을 더욱 키웠는데, 여기에는 프랑스군의 정예인 제7군(이전 예비대)을 벨기에를 가로질러 브레다에 신속히 배치하고 영국 원정군의 지원을 받아 네덜란드 육군과 함께 연속적인 방어전선을 구축한다는 계획이 포함되었다. 브레다는 프랑스 국경에서 딜 강보다도 더 먼 곳에 있었지만, 가믈랭은 연합군 30개 사단이 네덜란드 전선에 제때 도착해 독일군의 돌파를 저지할 수 있다는 도박을 감행했다. 전체적인 균형을 보면 북부에서 연합군 60개 사단 대 독일군 29개 사단이었고, 전선 남부에서는 역으로 18개 사단 대 45개 사단이었다. 오랫동안 프랑스 측은 현대식 육군이 아르덴 숲을 통과하기란 사실상 불가능하다고 상정했고, 벨기에군의 경무장 엄호부대와 장비가 부실한 7개 예비사단이 이곳을 지키고 있었다.[211] 양편은 이례적으로 높은 위험을 감수하면서도 서로 다른 방식으로 1918년의 유산에 얽매였다. 영국군 사령관들의 지지를 받은 가믈랭은 1차대전에서 독일군을 결국 지치게 만든 연속 전선과 조직적인 전투를 복원하고자 했고, 이 방법으로 같은 결과를 다시 얻을 수 있다고 자신했다. 독일군 사령관들은 실제로 이 결과가 되풀이될까 우려하여 1914년에 외면했던 신속한 돌파와 포위에 모든 것을 걸었다.

독일군이 서부에서 적국 비행장들을 맹습하고 낙하산부대의 대담한 타격으로 벨기에의 핵심 요새인 에방에말을 장악하는 것으로 강습을 개시했을 때, 가믈랭은 이것이 "자신이 기다리던 바로 그 기회"라고 보고했다.[212] 프랑스 제1군과 제7군, 영국 원정군은 마침내 벨기에 영토로 진입해 딜 강과 그 너머 브레다까지 진격하는 것을 허락받았다. 프랑스 제9군과 제2군은 스당의 북쪽과 남쪽에 있었고, 만약 독일군이 남부에서 돌진할 경우 유일한 장애물이었다. 그런데 서부 전투가 시작되자 거의 아무것도 연합군의 계획대로 흘러가지 않았다. 연합군은 브레다로 돌진했으나 도착하기 전에 네덜란드 육군이 이 지역을 포기하고 더 북쪽으로 이동했다. 5월 14일 로테르담이 폭격당하고 독일군이 시내로 진입했다. 이튿날 네덜란드군 총사령관은 "이 중과부적 투쟁을 멈추어야 한다"고 발표하고서 곧장 항복했다. 동쪽의 알베르 운하를 따라 펼쳐진 벨기에 방어선도 곧 독일군의 맹공을 견디지 못하고 붕괴했고, 벨기에군 부대들이 프랑스군이 진군해오는 경로로 퇴각했다. 수적 열세인 독일군 사단들에 맞서 딜 강을 따라 일종의 전선을 형성했지만, 쇄도하는 피란민(최종 추정치는 프랑스와 벨기에의 민간인 800~1000만 명)이 진군하고 퇴각하는 병력에 꼭 필요한 간선도로를 막아 연합군의 배치를 방해하는 바람에 방어선이 제대로 구축되지 않았다.[213] 5월 16일 딜 전선의 방어군은 총사령관 조르주 장군으로부터 최대한 빨리 프랑스 국경으로 퇴각하라는 지시를 받았다. 통과할 수 없다던 아르덴 숲이 돌파되어 남부의 프랑스군 전열 전체가 흐트러졌기 때문이다.

독일의 작전계획에 대응해 연합군은 벨기에 함정을 향해 진군했다. 독일군 사령관들이 기대했던 그대로였다. 히틀러는 뮌스터라이펠에 있는 개조된 방공벙커에 본부를 차렸다. 그는 프랑스가 6주 안에 패하여 영국과 협상할 길을 열어줄 것이고, 양국 지도부가 "제국을 잃는 위험"을 원치 않을 것이라고 예상했다.[214] 이 본부로 A집단군이 5월 10일 룩셈부르크와 아르덴 숲을 통과했다는 소식이 들어오기 시작했다. 남부 기갑부대들은 세 축으로 편성되어 있었다. 첫째는 독일에서 기갑전의 주창자인 하인츠 구데리안Heinz Guderian 중장이 스당으로 지휘하는 축이었고, 둘째는 한스 라인하르트Hans Reinhardt 중장이 스당 북쪽의 몽테르메로 이끄는 축이었으며, 셋째는 헤르만 호트Hermann Hoth 장군이 돌진하는 다른 두 축의 측면을 방어하기 위해 벨기에 도시 디낭으로 지휘하는 축이었다. 기갑사단들과 보병사단들이 좁은 도로에서 공간을 두고 다투는 바람에 독일군의 이동은 곧 지체되었다. 차량 4만 1140대와 병력 14만 명이 무려 250킬로미터에 걸쳐 교통 정체를 빚었고 사령관들이 이를 극복하고자 안간힘을 썼다. 이 위기는 신중한 병참 계획 덕에 얼마간 완화되었다. 진군로를 따라 연료 집적소가 설치되었고, 3개 트럭 수송대대가 지나가는 기갑사단들에 연료와 탄약, 보급품을 공급했다. 마침내 이동이 이루어지자 이런 병참 노력이 신속한 기동에 결정적으로 기여했다. 병참부대는 목마른 마라토너에게 물을 건네듯이 이동 중인 전차에 휘발유통을 건넸다.[215]

이 전역의 가장 결정적인 순간은 5월 11일부터 13일까지 독일 기갑부대가 사실상 돌진을 멈추어 연합군 공군력의 좋은 표적이 되었을 때였다. 그런데 이 취약한 구역에 연합군 항공기가 거의 없었다. 독일 공군이 상공에서 계속 엄호했고, 연합군 공군의 태반이 앞다투어 북부로 이동하고 있었거니와 독일 차량과 전차가 끝없이 늘어서 있다는 프랑스 소수 조종사들의 보고를 도통 믿지 않았기 때문이다. 독일군 종대들은 룩셈부르크와 남부 아르덴을 돌파하는 동안 벨기에 국경부대 및 프랑스 기병대와 교전했지만, 조르주나 가믈랭은 이것이 독일군의 주요 돌격일지도 모른다는 보고를 받지 못했다. 프랑스군의 계획이 더 북쪽 플랑드르 평원에서 주 전투를 치른다는 생각에 입각한 계획이었기 때문이다. 5월 13일, 아르덴 숲 통과 계획의 악몽 같은 배치에도 불구하고 독일 기갑전력의 세 축모두 뫼즈 강에 다다랐다. 뫼즈 강 도하는 극적인 국면이었다. 교량들을 파괴한 프랑스군이 반대편 강기슭을 따라 포진하고 있었다. 그때 독일 공군의 태반에 적군 진지들을 난타하라는 지시가 내려왔고, 850대의 폭격기와 급강하폭격기가 반대편 강기슭에 연기와 잔해의 융단을 깔았다. 스당에서 구데리안을 상대한 프랑스 제55사단은 대공포가 단 1문밖에 없었다. 훗날 예상보다 손실이 훨씬 적었던 것으로 밝혀지긴 했지만, 끊임없는 폭격의 심리적 타격으로 프랑스 방어군은 겁을 먹고 사기가 꺾였다.[216] 구데리안의 3개 사단은 중포와 기관총의 포화에 맞서 싸우며 전진해야 했지만, 밤 11시 정각까지 첫 가교를 건설하고 첫 전차가 도하할 만큼의 진전을 이루어냈다. 더 북쪽에서는 에르빈 로멜 장군이 직접 지휘하는 제7기갑사단이 디낭 인근 우Houx에서 강을 건넜고, 프랑스군의 맹렬한 저항에 맞서 저녁까지 3킬로미터의 교두보를 확보했다. 라인하르트의 2개 기갑사단은 몽테르메에서 까다로운 지형 탓에 더 완강한 저항에 부딪혔고, 뫼즈 강 서안의 고립지대에서 방어부대를 물리치고 빠져나오는 데 이틀이 걸렸다. 그럼에도 뫼즈 강 도하는 더 약한 프랑스 예비사단들 사이에서 패닉을 일으켰고, 마침내 프랑스군 최고사령부도 발생할 리 없다고 단정했던 상황의 심각성을 알아차렸다.

5월 13일에서 14일로 넘어가는 한밤중에 조르주 장군의 사령부에 마침내 상세한 소식이 전해졌다. 잘 알려져 있듯이 조르주는 눈물을 흘리며 무너졌다. "스당에서 아군 전선이 뚫렸다니! 붕괴가 발생했다."[217] 뒤이어 가믈랭이 구상했던 조직적인 전투가 그야말로 뒤집어졌다. 샤를 윙치제Charles Huntziger 장군 휘하 제2군의 예비사단들은 차츰 사라졌고, 더 북쪽에서 앙드레 코라프André Corap 장군의 제9군도 비슷한 위기에 처했다. 프랑스군 최고사령부가 기동전을 예상하지 못한 탓에 반격 노력도 무산되었다. 교통 여건이 열악하고 프랑스 전차와 트럭에 연료를 공급하기 어려웠던 탓에 프랑스 차량 수백 대가 독일 기갑사단들이 진격해오는 경로에서 옴짝달싹 못하는 신세가 되었다. 장거리를 빠른 속도로 진군할 수밖에 없었던 부대들은 기진맥진하거나 장비가 없는 상태로 도착했다. 벨기에에서 연합군의 진군은 귀중한 보급품과 연료 집적소를 남겨두고 떠나는 수세적 퇴각이 되었다. 자주 맹렬한 국지적 저항이 있었으므로 이따금 제기되는 주장처럼 부전승이었던 것은 아니지만, 이런 대응은 프랑스의 본래 계획과 정반대인 무질서한 임시방편이었다. 5월 16일 처칠은 런던에서

"전차 160대로 프랑스를 정복할 수 있다고 생각하다니 터무니없다"고 주장했지만, 이튿날 파리로 날아가 외무부에서 가믈랭을 만날 때 보니 직원들이 벌써 문서를 소각하고 있었다. 가믈랭에게 프랑스 예비대는 어디 있느냐고 묻자 장군이 짧게 대답했다. "전혀 없습니다(il n'y en a pas)."[218]

프랑스 사령관들과 정치인들은 무슨 일이 벌어졌는지 이해하려는 가운데 이 위기의 규모를 너무 더디게 알아차렸다. 게다가 불확실성과 열악한 교통이 연합국의 패주에 속도를 더 붙였다. 프랑스군이 반격에 나섰다면 뫼즈 강 도하의 속도를 늦추고 전열을 정비할 수 있었겠지만, 실제 대응이 워낙 지리멸렬하고 단편적이었던 까닭에 독일군의 3개 기갑군단 모두 만슈타인의 계획대로 방향을 돌려 영불 해협의 항구 칼레, 불로뉴, 됭케르크를 향해 질주했다. 그러자 독일군 본부는 잠시 공포에 사로잡혔다. 1주일간 놀라운 성공을 거둔 뒤, 히틀러는 영불 해협으로 진격하는 기갑사단들의 길고 노출된 측면이 필시 프랑스군의 강력한 대응을 불러올 거라고 우려했다. 5월 17일 히틀러는 사령관들과 전체 이동의 속도를 늦추어야 할지 논의했다. "총통은 몹시 불안해한다"고 프란츠 할더는 적었다. "총통은 자신의 성공에 놀랐고 아무런 위험도 무릅쓰지 않으려 하며, 따라서 우리를 멈춰 세우려 한다."[219] 5월 18일 C집단군이 마지노 선의 프랑스군 36개 사단을 묶어두기 위해 이곳을 공격하기 시작했다. 연합군은 두 차례 짧게 반격했다. 5월 18일 북쪽 아라스에서 영국 원정군의 전차들이 반격했고, 하루 전인 17일 샤를 드 골Charles de Gaulle 대령이 이끄는, 그 무렵에 편성된 프랑스 제4기갑사단이 몽코르네에서 독일군을 공격했다. 이 반격은 히틀러의 불안을 더욱 부추겼다. 하지만 실상은 딴판이었다. 독일군 진격의 충격과 연합군의 일관성이라곤 없는 대응은 바로 독일 기동전의 강점을 살릴 수 있는 조건이었다. 겁에 질린 히틀러가 몽코르네 반격 이후 한 번, 아라스 반격 이후 한 번, 이렇게 두 차례 개입하는 바람에 이동이 지체되었음에도 기갑사단들은 1주일 만에 엄청난 거리를 주파했고, 기갑군단 사령관들은 해안까지 밀어붙여 플랑드르 고립지대에 갇힌 프랑스 제7군과 제1군, 영국 원정군, 벨기에 육군 전체를 포위하려 했다. 그때 독일군이 결정타를 가하지 않은 것은 흔히 말하듯이 히틀러의 '중지 명령' 때문이 아니라 A집단군의 초조한 사령관 룬트슈테트의 명령 때문이었다. 후자는 기갑사단들에 함께 대형을 이루어 재정비와 더불어 휴식을 취하고, 일부는 남쪽으로 이동해 나머지 프랑스 지역에서 프랑스군을 물리치는, 서부 작전의 제2단계인 '적색 작전'에 착수하고, 또 일부는 됭케르크로 이동하라고 지시했다. 히틀러는 룬트슈테트의 명령을 승인하고 그에게 진격을 언제 재개할지 결정하는 임무를 맡겼다. 5월 28일, 벨기에 국왕이 항복하여 덫에 갇힌 벨기에군 21개 사단은 공격 대상에서 제외되었다. 이틀 전인 5월 26일, 마침내 독일 육군은 얇은 방어선 뒤편의 고립지대에 여전히 갇혀 있는 프랑스군과 영국군 25개 사단을 섬멸하는 것을 허락받았다.

히틀러 본부가 잠시 겁을 먹은 사실은 연합군을 압도했던 위기에 비하면 아무것도 아니었다. 속속 소식이 들어오자 프랑스 정부는 도무지 믿기 어려운 현실에 직면했다. 5월 15일 오전 7시 30분, 처칠과 통화한 레노는 "우리가 패했다, 우리가 전투에서 졌다"라는 음울한 결론에 이르렀다.[220] 5월 20일 레노와 좋은 관계였던 적이 없는 가믈랭이 해임되고 시리아 주둔 프랑스군 사령관으로 1차대전 참전 장군이자 레노의 협력자인 막심 베이강Maxime Weygand으로 교체되었다. 또 프랑스 국민의 뚝 떨어진 사기를 끌어올리고자 1916년 베르됭 전투에서 승리한 장군으로 당시 마드리드 주재 대사를 맡고 있던 필리프 페탱Philippe Pétain 원수를 본국으로 불러

들여 부총리에 임명했다. 두 사람의 임명으로 런던과 파리에서 잠시 자신
감이 되살아났다. 베이강은 독일군의 긴 측면을 북쪽과 남쪽에서 공격하
는 계획을 세웠지만(더 정확히 말하면 가믈랭의 계획을 이어받았지만), 이는 전
혀 현실성이 없는 계획이었다. 더 현실적인 방안으로 베이강은 솜 강과
엔 강으로의 후퇴를 준비하면서 만신창이 부대들에 "부단한 공격 정신"
을 보여줄 것을 요구했고, 잔존 병력은 실제로 그렇게 했다.[221] 그러나 참
패의 규모를 감출 수는 없었다. 새 전선에는 프랑스군 40개 사단밖에 없
었고, 3개 예비 차량화부대가 독일군에 뚫린 모든 구멍을 메우려 애썼다.
영국 전시내각과 참모본부는 뻔한 결론을 내렸다. 5월 25일, 전 내각부 장
관 모리스 행키Maurice Hankey를 수장으로 하는 위원회가 '특정 우발 사태
시 영국의 전략'에 대해 보고했다. 행키는 전 지구적 전쟁이 프랑스 사태
로 결판나지 않을 테지만, 미국과 제국의 원조, 공군과 해군의 보호에 힘
입어 영국 혼자서라도 전쟁을 이어갈 수 있다고 결론지었다.[222]

영국과 프랑스는 전역 개시 불과 1주일 후인 5월 18일 병력 철수에 대
해 생각하기 시작했다. 독일군이 잠시 공세를 멈춘 틈을 타 영국 원정군
사령관 존 고트John Gort 소장은 고립지대의 북쪽과 남쪽에 방어선을 두르
고 주로 프랑스 제7군과 제1군의 잔존 병력으로 방어했다. 5월 26일 칼레
와 불로뉴에서 '다이나모Dynamo' 작전이 시작되었다. 만신창이 군인들은
마침내 잉글랜드 남부 기지들에서 날아오는 전투기 스핏파이어와 허리
케인의 항공지원을 더 받을 수 있었다. 고립지대를 소탕하기 위한 전투가
주변 도처에서 벌어지는 가운데 됭케르크의 군인 33만 8682명이 여기저
기서 그러모은 각종 선박 861척에 승선했으며, 이 작전으로 영국군 24만
7000명과 프랑스군 12만 3000명이 철수했다. 됭케르크에 관한 영국 역
사서들에서 대체로 무시하는 프랑스 측의 철수작전도 있었다. 프랑스 해

군부는 군인 4만 5000명을 영국으로, 4000명을 르아브르로 실어날랐고, 뒤이어 나중에 솜 강 전선에 다시 합류할 10만 명을 프랑스 북부 항구 셰르부르와 브레스트로 철수시켰다.[223] 6월 4일 종료된 영국 작전의 손실은 구축함 13척을 포함하는 선박 272척과 포기한 모든 중장비—차량 6만 3000대, 오토바이 2만 대, 전차와 기갑차량 475대, 포 2400문—였다.[224] 훗날 한 군인이 썼듯이, 철수 병력은 "한없는 파멸 … 군사적 아수라장"을 남겨두고 떠났다. 영국 육군은 1940년 6월에 항복하지 않았지만, 벨기에와 프랑스 전투는 영웅적인 철수가 아니라 대패로 여겨야 한다. 1940년 6월 영국을 방어해야 할 육군에는 대전차포 54문과 포 583문밖에 없었다. 당시 정규 육군은 전투부대로서 무기력했다.[225]

5월 말까지 북동부전선의 저항이 계속 붕괴하는 동안, 영국과 프랑스는 2주 전만 해도 상상할 수 없었던 끔찍한 항복 시나리오를 고려하기 시작했다. 베이강은 의연하고 활기찬 모습을 보이면서도 5월 25일 프랑스 내각에 전투 포기를 고려하라고 말했고, 레노가 맨 먼저 '휴전'이라는 단어를 입 밖에 냈다—다만 1918년 12월 독일 측이 알아차렸듯이 '휴전'은 모호한 용어였다. 그렇지만 1940년 3월 25일 양국이 개별 강화를 맺지 않겠다고 서로 약속한 터라 프랑스가 휴전을 하려면 영국의 동의를 얻어야 했다. 5월 26일 레노가 런던으로 날아가 처칠에게 프랑스가 전투 포기를 고려해야 할지도 모른다고 설명했다. 레노는 알지 못했지만, 그날 오전 영국 전시내각은 핼리팩스 외무장관이 이탈리아 대사를 통해 받은 제안을 논의하기 시작했다. 무솔리니가 회담을 주최할 수 있다는 제안이었다. 이탈리아의 동기는 여전히 불분명한데, 당시 이탈리아 지도부에서 독일의 프랑스 정복이 임박했다고 보고 이 기회를 잡아 이익을 얻고자 무솔리니의 선전포고를 준비하고 있었기 때문이다. 사흘간 토의한 후 영국 측은 아무런 결단도 내리지 않기로 결정했다. 흔히 이 결정을 유화론자들이 승리할 뻔했던 전환점으로 보긴 하지만, 완패의 귀결도 얼마간 논의하지 않을 수 없었으며, 핼리팩스조차 영국의 주된 이권을 해치는 그 어떤 합의에도 찬성하지 않았다. 결국 처칠이 전시내각에서 자리를 보전한 체임벌린의 지지를 얻어 무솔리니의 제안을 거부하는 쪽으로 토의를 끌고갔다. 영국 지도부는 이미 프랑스 없는 전쟁을 고려하고 있었다. "프랑스가 스스로 방어할 수 없다면 전쟁에서 빠지는 편이 낫습니다"라고 처칠은 동료들에게 말했다.[226]

전황이 급속히 악화되는 가운데 프랑스는 3주 더 싸움을 이어갔다. 휴전이 줄곧 가장 유력한 선택지였으나 다른 대안도 모색했다. 5월 말 프랑스군이 어쩌면 새로운 영국 파견군의 지원을 받아 브르타뉴와 셰르부르 항구 일대에서 방어선을 지킬 수 있다는 '브르타뉴 보루' 방안이 제기되었고, 그 타당성을 평가하기 위해 연구를 의뢰했다.[227] 더 희망을 걸었던 선택지는 프랑스령 북아프리카 제국에서 저항을 지속하는 방안이었다. 북아프리카에는 이탈리아가 리비아에서 선제공격할 가능성에 대비해 대규모 병력이 이미 주둔하고 있었고, 본국에서 프랑스 군인 수천 명을 그곳으로 수송할 수 있었다. 6월 초 레노는 8만 병력을 프랑스령 모로코로 대피시키는 계획을 세우기 시작했다. 몽코르네에서 반격에 성공한 후 국방차관이 된 드 골은 6월 12일 프랑스 해군부에 3주 안에 87만 명을 아프리카로 이동시킬 것을 요청했다. 그 정도의 수송은 영국 해군만이 해낼 수 있었지만, 당시 영국은 됭케르크 구조에 뒤이어 아직 프랑스 서부에 남은 모든 영국 병력(아울러 폴란드군 1만 9000명)을 철수시키는 데 매진하고 있었다. 프랑스를 포기하는 이 '에어리얼Aerial' 작전은 6월 14일 시작되어 열흘 후에 완료되었다. 이 작전으로 18만 5000명이 잉글랜드로 돌아갔으며, 손실은 구축함 6척과 수송 선박의 3퍼센트에 불과했다.[228] 6월 22일 베이강은 북아프리카 프랑스군 총사령관 샤를 노게스Charles Noguès에게 휘하 병력으로 북아프리카에서 저항한다면 전망이 어떠할지 물었다. 그 무렵 프랑스 함대의 주력과 약 850대의 항공기가 아프리카 제국에 배치되어 있었지만, 신식 전차는 169대밖에 없었고 14개 사단 중 7개 사단만이 교전할 준비가 되어 있었다. 노게스에게 침공을 저지할 만한 병력이 있었음에도, 베이강은 제국 선택지를 추구하는 것이 프랑스 보루 선택지에 비해 현실적이지 않다고 판단했다. 6월 26일 노게스는 "영혼의 죽음" 상태로 제국 저항이 끝났음을 받아들였다.[229]

그보다 한참 전에 프랑스의 운명은 독일의 완승에 의해 결정되었다. 6월 5일 독일군은 전역의 제2단계인 '적색 작전', 프랑스의 잔존 병력을 물리치고 항복을 강요하는 작전을 수행할 준비가 되어 있었다. 솜 강, 엔 강, 우아즈 강을 따라 급히 형성한 프랑스군 전선에는 독일군이 투입할 수 있는 118개 사단을 상대로 40개 사단만이 배치되었다. 이 단계에서 독일군 후미의 대규모 보병이 선봉을 따라잡아 최전방에 비교적 생생한 병력을 공급했다. 조르주 장군은 베이강에게 이제 남은 게 거의 없으므로 오로지 명예를 위해 싸울 뿐이라고 말했다. "예비부대도, 교대부대도, 증원부대도 없습니다. … 기병도 전차도 없습니다. 비극적인 상황 … 희망 없이 싸우는, 벗어날 수 없는 상황입니다."[230] 엄청난 전력차에도 불구하고 프랑스군 부대들은 붕괴 초기 몇 주보다 더 나은 조직력과 결의를 보여주었지만, 결과를 바꿀 수는 없었다. 6월 9일 독일 A집단군이 루앙에 이르렀고, 12일 독일군이 파리에 근접해 프랑스군을 북쪽과 남쪽으로 밀어냈다. 6월 10일 베이강은 레노에게 전선의 "결정적 파열"이 임박했다고 말했다.

프랑스 정부는 수도를 포기하고 먼저 루아르 계곡으로 갔다가 결국 보르도로 피신했다. 6월 3일 공군기지들이 폭격당한 파리는 무방비 도시임을 공표했고, 14일 독일 육군이 의기양양하게 입성했다. 6월 12일 각료회의에서 베이강은 휴전할 때가 왔다고 말했다. 레노는 아직 결단을 내리지 못했지만, 15일 조르주가 프랑스군 사령관들의 회의를 소집했을 때 그들 모두 전투를 멈추어야 한다는 데 동의했다.[231] 지치고 좌절한 레노는 체념하여 이튿날 사임했고, 휴전 선택지의 주창자인 페탱 원수가 후임 총리가 되었다. 그럼에도 이 문제는 해결되지 않았는데, 베이강이 휴전을 프랑스군을 재편할 수도 있는 '전투 중지'로 가정했기 때문이다. 반면에 페탱은 6월 17일 정오에 라디오를 통해 프랑스 국민에게 정부의 결정을 알리면서 "우리는 전투를 멈추어야 합니다"라고 말했다. 베이강은 조르주에게 자신은 "교전 종료를 시도"하기로 결정했을 뿐임을 발표하고 모든 사령관에게 계속 싸우라고 명령할 것을 지시했다.[232] 프랑스 전투는 페탱의 발표로 끝나지 않고 여드레 후에 끝났다. 전투가 분명히 끝났고 군인 수천 명이 소속 부대에서 이탈해 집으로 돌아갔음에도, 프랑스 서부와 중부의 온전한 부대들은 지치고 장비가 부족한 와중에도 싸움을 이어갔다. 오베르 프레르Aubert Frère 장군 휘하 제7군의 12만 명은 루아르 계곡에 버티고 서서 독일군의 접근을 이 수계의 각 단계마다 저지하려 애썼다. 제7군은 6월 25일에야 싸움을 멈추었다.[233]

휴전을 요청하는 논의는 1940년 5월 이탈리아 독재자가 히틀러의 편에서 전쟁에 개입하기로 결정하는 바람에 더욱 복잡해졌다. 무솔리니는 이미 10년간 교전한 후 영국 및 프랑스와 대결할 준비가 경제적으로나 군사적으로나 되어 있지 않아서 1939년 9월에 부득이 선언했던 이탈리아의 '비非교전' 상태를 싫어했다. 1939년 12월 무솔리니는 히틀러에게 추축국에 대한 자신의 언약을 결국 지킬 것이라는 모호한 약속을 했다. 1940년 3월에는 이탈리아가 "스위스의 10배"가 되지 않고는 전시 내내 중립을 지킬 수 없다는 서신을 썼다.[234] 그러나 명백히 준비되지 않은 분쟁의 위험을 무릅쓰는 데 반대하는 국왕과 군 수뇌부가 무솔리니에게 계속 제동을 걸었다. 이탈리아군 총사령관 바돌리오 원수는 무솔리니에게 대비 태세가 아무리 일러도 1942년까지는 완료되지 않을 것이고 이마저 낙관적인 평가라고 말했다. 이 조언을 무솔리니가 얼마나 존중했는지는 판단하기 어렵다. 그가 이탈리아의 군사적 잠재력에 대한 본인의 수사적 비전에 빠져 있었을 뿐 아니라, 독일이 실제로 서부에서 공격에 나설지, 공격한다 해도 서부 전역이 얼마나 빨리 결판날지 확신하지 못했기 때문이다.[235] 히틀러가 론 강 유역에서 독일군과 나란히 싸울 20~30개 사단을 이탈리아가 제공할 수 있을지 물었을 때, 이탈리아 육군 사령부는 즉각 거절했다. 무솔리니와 그의 파벌이 원한 것은 '병행' 전쟁, 즉 국방부 차관 우발도 소두Ubaldo Soddu의 말마따나 "독일을 '위한' 전쟁이나 독일과 '함께하는' 전쟁이 아니라 <u>우리 자신</u>을 위한 전쟁"이었다.[236] 그렇지만 독일의 승리 소식이 들어오기 시작하자 무솔리니는 더 이상 방관할 수 없다고 판단했다. 5월 13일, 그는 한 달 안에 전쟁을 선포하겠다고 발표했다. 5월 28일, 벨기에의 항복 소식을 들은 뒤 버스를 놓치고 "이양 과정에 참여할 자격"을 주장하지 못할 것을 우려한 무솔리니는 선전포고 날짜를 6월 5일로 정했다. 그러나 실제 포고는 6월 10일까지 미루어졌고, 이날 그는 로마 베네치아 광장의 발코니에서 별로 열광하지 않는 군중에게 개전을 알렸다.[237]

이 선전포고는 이탈리아가 참전 준비를 마쳤다는 뜻이 아니었지만, 영국과 프랑스는 즉각 보복에 나서 이틀 후 폭격기로 토리노와 제노바를 공습했다. 무솔리니는 페탱이 휴전을 청했다는 소식을 듣고서야 행동을 취했다. 서부 국경의 이탈리아 육군에 사흘 후 프랑스군에 대한 공세를 개시하라고 명령했다. 그런 다음 히틀러를 만나 가능한 휴전 조건을 논의하기 위해 서둘러 뮌헨으로 향했다. 독일로 가는 기차에서 무솔리니는 최대치―프랑스 전역 점령, 프랑스 함대 압수, 프랑스령 튀니지·소말릴란드·코르시카 점령―를 요구하겠다고 말했지만, 치아노에게 말했듯이 도착하자마자 "자신의 역할은 2등"이라고 느꼈다.[238] 히틀러는 향후 강화협정에서 독일의 선택지가 줄어들지 않고 프랑스가 영국의 품에 안기지 않도록 더 온건한 휴전을 원했다. 또 리벤트로프에 따르면 이번 휴전은 유럽 유대인을 이제 패배한 프랑스의 식민지 마다가스카르로 쫓아버릴 기회였다.[239] 히틀러는 서로 합의하는 휴전을 허용하지 않았다. 6월 19일 프랑스군 최고사령부는 에스파냐 주재 독일 대사관을 통해 히틀러가 휴전 조건을 고려할 의향이 있다는 통지를 받았고, 이튿날 프랑스 대표단이 최전선을 지나 23년 전인 1918년에 독일이 휴전협정 체결을 강요당했던 장소인 콩피에뉴 숲에 도착했다. 1918년 당시 휴전협정에 쓰였던 것과 동일한 객차에서 짧은 의식을 치른 후 양측은 6월 22일부터 휴전하기로 확정하면서도, 이탈리아가 교전 중지에 동의해야만 협정의 효력이 발생한다는 조건을 달았다.[240]

이탈리아군이 20일에야 싸움을 시작했기 때문에 무솔리니는 무언가 확실히 결판날 때까지 며칠간 기다릴 수밖에 없었다. 정원 미달에 장비가 부실한 이탈리아군 약 22개 사단이 프랑스 남동부 국경을 공격했으나 단단히 자리잡고서 결연히 싸우는 적군에 막혀 거의 전진하지 못했다. 프랑스 도시 망통을 점령하긴 했으나 그것을 제외하면 사흘간 무력하게 싸워 얻은 성적이라곤 사망 1258명에 동상 2151명밖에 없었다.[241] 그럼에도 이탈리아는 마지못해 휴전에 동의했고, 6월 23일 프랑스 대표단이 로마에 도착해 빌라 인치사Villa Incisa에서 협정에 서명했다. 프랑스 대표단은 자신들에게 선택지가 별로 없음을 알면서도 이 휴전이 이탈리아군에 대한 군사적 패배를 의미한다는 것은 받아들일 수 없었다. 무솔리니는 히틀러에게 했던 약속을 지키고자 자신이 생각해둔 극히 야심찬 조건보다 훨씬 온건한 조건을 제시했다. 그러나 독일의 조건이나 이탈리아의 조건이나 지난날 베르사유 조약으로 독일에 강요했던 조건과 그리 다르지 않았다―어떤 의미에서는 더 나빴다. 프랑스는 본국 북부와 서부를 점령당해 사실상 주권을 잃었다. 프랑스군은 10만 명으로 축소해야 했다. 다만 영국이 프랑스의 제국 영토를 쉽게 점령하지 못하도록 한정된 식민지 병력은 유지할 수 있었다. 해군기지와 방어시설은 무장을 해제하고, 무기는 양도하고, 함대는 이동하지 말아야 했다. 또한 이탈리아 교섭자들은 이탈리아 휴전위원회가 코르시카, 프랑스령 북아프리카, 소말릴란드, 시리아에서 관할권을 가져야 한다고 주장했다.[242] 이제 온천 도시 비시를 본거지로 삼은 페탱의 프랑스는 아직 점령되지 않은 중부와 남부의 영토를 제한된 독립성으로 통치했다.

1940년 연합국의 패배로 전쟁의 성격이 바뀌었다. 공세에 편승한 이탈리아와 일본은 치명적인 위기를 불러일으키겠다며 유럽 제국들을 위협함으로써 점점 늘어나는 기회를 활용하고자 했다. 전역이 훨씬 오래 이어지리라 예상했던 스탈린은 연합국의 패배에 충격을 받았지만, 1940년 7월 영국 대사 스태퍼드 크립스Stafford Cripps에게 말했듯이 그 결과는 이제 "옛 평형"으로 돌아갈 일이 없다는 것을 의미했다.[243] 스탈린의 입장을 강조하듯 소련은 동유럽 영토를 잠식하기 시작해 발트 국가들과 루마니아의 부코비나 북부 및 몰도바 지방을 병합했다. 연합국의 패배로 미국은 재무장 프로그램에 박차를 가했고, 미국 여론은 추축국의 위협에 촉각을 곤두세웠다. 하지만 가장 중대한 결과는 히틀러가 이제 유럽 추축국으로 유럽 전역에서 '신질서'를 창출할 수 있음을 깨달은 것이었다. 이와 마찬가지로 일본 지도부도 이제 유럽 연합국의 패배로 아시아에서 갑자기 주어진 기회를 붙잡으려 했다. 1930년대에는 그럴 계획이 없었다. 그것은 영국과 프랑스의 선전포고 결정이 불러온 예상치 못한 결과였지만, 추축국 지도부에게 이례적인 전략적 기회를 선사했다. 어떤 '신질서'든 주된 장애물은 아직 남은 영국의 저항이었다. 6월 18일 뮌헨에서 무솔리니를 만난 히틀러는 영 제국을 파괴할 마음이 없으며 여전히 이 제국을 "세계의 평형에서 중요한 요인"으로 여긴다고 역설했다. 하지만 1940년에 서부에서 강화협정을 맺지 못한다면 "총력을 다해 절대적이고 무자비한" 전쟁을 일으킬 작정이었다.[244]

"재앙의 홍수"

1940년 8월 20일, 처칠은 영국 공군 전투기 사령부의 '소수the Few'에 대한 짧은 발언("인류 분쟁의 역사상 이토록 많은 사람들이 이토록 소수의 사람들에게 이토록 큰 빚을 진 적은 없습니다")으로 널리 기억되는 하원 연설을 하려고 자리에서 일어났을 때, 그해 여름 서방 열강을 엄습한 파국을 요약하는 데 느릿한 연설 대부분을 할애했다. "그야말로 재앙의 홍수입니다"라고 처칠은 의원들에게 말했다. "믿음직한 네덜란드가 제압되었습니다. … 벨기에가 공격받아 쓰러졌습니다. 우리의 훌륭한 원정군이 진로를 차단당해 하마터면 붙잡힐 뻔했습니다. … 우리의 동맹 프랑스가 이탈했습니다. 이탈리아가 우리에게 맞서고 있습니다." 이런 전망은 석 달 전만 해도

"믿을 수 없어 보였을 것"이라고 처칠은 결론지었다.[245] 이 연설은 저항을 이어가겠다는 패기 있는 선언을 포함했지만, 하원의 반응은 신통치 않았다. 하원 방청석에서 연설을 들은 처칠의 비서 조크 콜빌Jock Colville이 보기에 의원들은 기운이 없었다. 훗날 그는 '소수'에 대한 인상적인 문장을 들은 것도 기억하지 못했다.[246] 런던 주재 소련 대사 이반 마이스키도 이날 방청석에 있었다. 그는 연설의 웅변술이 인상적이지 않다고 생각하긴 했지만—"오늘 처칠은 최상의 모습이 아니다"— 재앙의 홍수에도 불구하고 의회 로비 단체들이 "새로 찾은 자신감"으로 가득하다고 보았다.[247] 그보다 몇 주 전에 처칠의 아들 랜돌프Randolph는 마이스키에게 프랑스의 붕괴 이후 영국의 교전 상태가 제국을 보전하는 데 반드시 필요하다고 설명했다. "제국을 잃는다면 우리는 2등이 아니라 10등 국가가 될 것입니다. 우리는 아무것도 없습니다. 우리 모두 굶어죽을 것입니다. 그래서 끝까지 싸우는 수밖에 없습니다." 그 아버지에 그 아들이라고 마이스키는 생각했을 것이다.[248]

이런 재앙 목록은 독일에 선전포고할 때만 해도 예상하지 못했다고 처칠은 말했다. 처칠의 군사보좌관 헤이스팅스 이스메이Hastings Ismay는 훗날 만약 1939년 8월에 영국 참모본부가 이런 결과가 나올지 조금이라도 짐작했다면 "내각에 전쟁에 돌입할 경우 압도적인 재앙이 닥칠 것이라고 서슴없이 경고했을 것이다"라고 썼다. 오히려 그들은 참전이 아니라 "굴욕적인 양보"를 권고했을 것이라고 이스메이는 결론지었다.[249] 당시 영 제국은 홀로 세계대전을 치를 전망에 직면해 있었다. 프랑스가 패배하고 영국군이 유럽 대륙 전투에서 이탈한 결과, 영 제국의 미래는 별안간 국제적 추측에 열린 문제가 되었다. 패배의 규모나 영국 본토 자체가 위협받는 가운데 제국의 전초기지들을 방어해야 하는 자명한 곤경을 감안하면 별로 놀랍지 않은 일이었다. "이제 우리는 어떤 미래를 맞이할 수 있을까?" 라고 영국 하원의원 헨리 '칩스' 채넌Henry 'Chips' Channon은 1940년 7월 일기에 썼다. "엉망이다. … 우리의 치세는 서서히 끝나가고 있다. 나는 그 결말을 애석해할 것이다."²⁵⁰ 인도 여론에 관한 보고서들에 의하면 패전 소식에 인도의 반응은 "당혹"과 "침울"이었지만, 반제국주의자들은 제국 전체가 흔들리는 분명한 징후라고 보았다. 인도 국민회의 지도자 자와할랄 네루Jawaharlal Nehru는 "제국은 조각날 것이고, 왕의 모든 말과 모든 신하를 투입해도 다시 합치지 못할 것이다"라고 썼다.²⁵¹ 제국 밖에서는 이제 영국의 붕괴를 당연시했다. 소련 논평가들은 독일이 영국을 침공해 비교적 쉽게 점령할 것이라고 예상했으며, 미국 여론도 영국에 공감할 때조차 갑자기 영국의 생존을 확신하지 못했다. 최근까지 동맹이었던 프랑스에서마저 영국의 변변찮은 전투 기여와 세계 질서 파탄의 책임을 묻는 영국 혐오증의 물결이 일었다. 비시에 모인 새로운 프랑스 정부의 각료들 중에는 영국에 적대적인 비판자들이 있었다. 그중 신임 총리 피에르 라발Pierre Laval과 그 후임 다를랑 제독은 영국의 제국 주장이 지나간 시대의 공허한 메아리라고 생각했다. "잉글랜드의 시절은 지나갔다"고 라발은 1940년 7월에 썼다. "이제 무슨 일이 일어나든 잉글랜드는 제국을 잃을 것이다."²⁵²

영국 입장의 약점은 처칠의 새 정부에서도 없어지지 않았다. 처칠은 제국과 그것이 상징하는 이상을 위해 계속 싸우는 쪽으로 영국 국민을 이끌고자 하면서도, 사석에서는 "우리의 약함, 느림, 통제력과 추진력 부족"을 개탄했다.²⁵³ 그럼에도 영국 측은 금세 프랑스의 패배를 있는 그대로의 현실이 아니라 제국에 더 긍정적인 결과로 받아들였다. 체임벌린은 프랑스가 "골칫거리에 불과"하고 영국 혼자인 편이 더 낫다고 생각했는데, 이는 처칠이 해군장관 시절에 이미 사석에서 표명한 바 있는 견해였다.²⁵⁴ 영국 홀로 전쟁을 수행할 경우의 여론을 조사해보니 응답자의 4분의 3이 전쟁 지속을 기대했고, 이보다는 낮은 50퍼센트가 최종 결과를 자신했다.[255] '홀로' 싸운다는 생각은 이제 스스로를 파시스트 골리앗과 맞서 싸우는 현대판 다윗으로 여기는 나라의 단결 구호였지만, 처칠과 그의 정치적 지지자들에게 '혼자'는 본국뿐 아니라 영 제국 전체를 포괄하는 개념이었다. 처칠은 제국에 감상적인 태도를 보였고, 당시 역사가 루이스 네이미어 Lewis Namier가 관찰했듯이 자신의 내각을 그런 감상적인 애착을 공유하는 "키플링식 제국주의자들"로 채웠다.[256] 처칠에게 제국의 생존은 핵심 우선 사항이었다. 1938년 그는 "나의 이상은 좁고 제한됩니다. 나는 영 제국이 몇 세대 더 그 힘과 광채를 유지하는 모습을 보고 싶습니다"라고 말했다.[257]

그러나 영국의 전략적 선택지는 프랑스의 패배 이후 좁은 범위로 한정되었다. 영국의 우선 과제는 생존이었고, 그러자면 이제 노르웨이 북부부터 프랑스의 대서양 해안까지 장악한 독일군에 의해 파멸하거나 패배하지 않아야 했다. 1940년 여름 아직 추구할 수 있는 한 가지 선택지는 추축국을 무찌를 만한 유효한 방법이 없음을 인정하고 적과 타협하는 것이었다. 이것은 소수의 견해였고 얼마나 지지를 받았는지 짐작하기 어렵지만, 어쨌거나 그 소수에게는 정치적 대변인들이 있었다. 교섭을 통한 타결안의 가장 저명한 대변인은 1차대전 시기의 전 총리 데이비드 로이드 조지였다. 로이드 조지는 영국이 체임벌린 임기 때보다 전쟁을 더 효과적으로 수행해야 한다고 계속 주장하긴 했지만, 언론과 의회에서 분명히 밝혔듯이 독일과 일종의 합의에 이르는 편을 선호했다. 체임벌린은 로이드 조지를 현 정부가 파탄나면 다른 정부로 바꾸려고 대기하고 있는 잠재적인 페탱 원수로 여겼고, 훗날 처칠은 의회에서 1941년 5월의 로이드 조지의 마지막 주요 연설에 응수하면서 이 험담을 되풀이했다.[258] 로이드 조지는 이런 비교에 마음이 쓰라렸지만, 페탱처럼 그도 과거 분쟁의 끔찍한 대가에 기가 꺾인 나머지 영국이 차라리 강화를 통해 전쟁 이전의 추세에서 벗어나 독일이 빈틈없이 지켜보는 가운데 국가정체성을 되살리기를 바랐을 가능성도 없지 않다. 하지만 1940년에는 그럴 권한이 없었다. 처칠은 그해 5월 총리에 취임하면서 불과 몇 주 만에 불명예스럽게 전쟁을 끝내지는 않겠노라 다짐했다. 그렇지만 6월 말 전 세계를 상대로 영국은 "나치의 지배를 인정하느니 파멸을 택할 것입니다"라고 역설한 사람은 온갖 비방에 시달린 체임벌린이었다.[259]

됭케르크 철수 이후 영국 육군 전체가 일시적으로 약소국의 수준으로 줄어들긴 했지만, 1940년 여름 영국이 무방비였던 것은 아니다. 영국 해군은 비록 근해, 대서양, 지중해, 아시아 제국 등 4개 전구에 자원을 배분해야 했지만 여전히 세계 최대 규모였다. 영국 공군은 항공기 수로 보나 다가오는 적기에 맞서 전투기를 경제적·효과적으로 운용하기 위해 고안한 관제-통신 통합체계로 보나 방어력을 키워가고 있었다. 영국의 세계 무역과 금융경제, 대규모 상선대는 먼 곳의 자원을 들여와 이미 다양한 무기의 생산량에서 독일을 앞지르고 있는 본국 전쟁경제에 공급할 수 있다는 뜻이었다. 미국 산업계는 1930년대의 중립법에도 불구하고 영국으로부터 대량 주문을 받아 항공기 2만 대, 항공엔진 4만 2000대를 공급한 데 더해 독일 전투기에 비해 영국 전투기의 성능을 높여주는 옥탄가 100의 연료를 주기적으로 제공했다.[260] 7월에 영국 측은 독일과 이탈리아에 맞서는 전쟁 수행을 위해 당시 역량에 맞는 세 갈래 전략을 추구하기로 의견을 모았다. 첫째 전략은 1939년 영국-프랑스의 전쟁계획에서 핵심 요소였던 봉쇄와 경제전이었다. 둘째 전략은 추축국이 점령한 유럽을 겨냥하는 정치전으로, 정치 선전과 사보타주를 섞어 수행할 예정이었다

("유럽을 불타오르게 하자"라고 처칠은 표현했다). 셋째 전략은 주로 폭격 범위 안에 있는 산업 중심지들을 노려 독일과 이탈리아를 장거리 '전략'폭격하는 것이었다.

이들 작전은 하나같이 실제로 성공할 가망이 전혀 없었다. 봉쇄는 이제 유럽 대륙을 대부분 지배하는 독일과 이탈리아가 풍부하고 다양한 원료 및 식량 자원에 접근할 수 있다는 예기치 않은 사실 때문에 좌절되었다. 이런 자원을 놓고 독일 재계와 군대는 전쟁 노력을 위해 거의 즉각 협력하기 시작했다. 정치전과 사보타주는 기껏해야 공리공론이었다. 라디오와 전단을 활용하는 선전은 제각기 다른 의제를 가진 여러 경쟁 기관들 사이에서 조율하기가 어려웠다. 정보원들은 피점령 유럽에 선전을 받아들일 만한 청중이 있음을 시사했지만, 광범한 저항이나 국지적 반란을 조장할 가능성은 없다시피 했다. 어울리지 않게 경제전 장관 휴 돌턴Hugh Dalton이 이끄는 특수작전집행부Special Operations Executive: SOE 아래 조직된 팀들은 제한된 침투라도 해내려면 먼저 시간을 들여 훈련을 받아야 했다. 1940년 여름 영국이 가장 희망을 걸었던 전략은 독일 폭격이었다. 7월에 처칠은 항공기생산부 장관 비버브룩Beaverbrook 경에게 보낸 유명한 편지에서 "매우 무거운 폭격기들이 철저하게 파괴하고 몰살하는 공격"으로만 히틀러 정권을 무너뜨릴 수 있을 것이라고 결론지었다. 폭격은 1940년 5월 11/12일 밤에 루르-라인란트 공업 지역을 표적으로 개시했고, 그해 말까지 상황이 허락하는 한 거의 매일 밤 이어갔다. 이 공습은 독일인 수천 명이 방공호에서 여름밤을 보내도록 강제하고 독일 공군으로 보복하라는 광범한 대중적 요구를 불러일으키긴 했지만, 독일이 입은 타격은 대수롭지 않았다. 처음에는 첩보에 근거해 독일 산업공장과 대중의 사기에 입힌 손실을 낙관적으로 서술했지만, 표적 지역에 적은 수의 항공기만 있었고 폭탄이 실제로 타격한 항공기는 더 적다는 사실이 분명해진 이후 서술은 곧 암울해졌다.[261] 나중 서술에서 폭격이 영국의 사기를 북돋웠다는 심리적 효과를 강조하긴 했지만, 초기 공습은 그다지 관심을 끌지 못했다.

이런 노력 외에 영국 지도부는 해외의 지원을 구했다. 미국 여론은 영국이 생존할 전망뿐 아니라 유럽 전쟁에 미국이 더 적극적으로 개입해야 하느냐는 쟁점을 놓고도 갈렸다. 처칠은 미국에 구애하는 데 역점을 두면서도 너무 많은 것을 넘겨주지 않으려고 조심했다. 침공 위기 시 영국 함대가 신세계를 향해 출항하는 문제를 놓고 여름에 논의할 때, 처칠은 미국 주재 대사 로디언Lothian 경에게 이렇게 말했다. "영 제국의 잔해를 주워 모을 것이라는 미국 측의 안일한 가정을 단념시키시오."[262] 그런데 당파를 막론하고 제국을 별반 지지하지 않는 미국 정계에서 제국 테마를 끊임없이 되풀이할 경우 미국 정치인들과의 사이가 멀어질 수 있었다. 아서 밴던버그Arthur Vandenberg 상원의원은 핼리팩스 경에게 "귀국 영국이 영 제국에 대한 이야기를 멈춘다면 우리 모두 훨씬 잘 지낼 겁니다"라고 말했다.[263] 반면에 영 제국의 지원은 당연시할 수 있었다. 다만 연합국이 패배한 후 1940년 여름 제국의 역할은 런던에서 위세 좋은 수사법으로 주장하던 것보다 더 모호했다. 제국의 인력과 산업 자원을 충분히 동원하는 데에는 시간이 걸렸고, 그런 자원은 대부분 영국으로 보내지 않고 현지 방어에 사용해야 했다. 분쟁 첫 15개월간 영국은 제국의 군사적 필요량의 90퍼센트를 공급했다.[264]

제국 인력을 동원한 규모는 지역별로 천차만별이었다. 처음에 백인 자치령들은 지난 1차대전 때처럼 다시 해외에 파병하는 방안을 거부하고 자기네 군대를 현지 방어에 투입하고자 했다. 결국 오스트레일리아 정부는 중동에 파병하는 데 마지못해 동의했다. 캐나다에서는 프랑스어를 사용하는 캐나다인을 징집하지 않고 해외에 배치하지도 않겠다고 약속하는 조건으로만 동원할 수 있었다. 남아프리카에서도 영국인 공동체와 아프리카너 공동체 사이에 비슷한 알력이 존재했고, 국외에서 싸울 각오가 된 남아프리카 지원병들은 네덜란드계의 지배적 존재감을 나타내는 선명한 오렌지색 어깨끈을 착용했다. 1940년 여름 동안 자치령들이 계속 전쟁을 지원하긴 했지만, 오스트레일리아 총리 로버트 멘지스Robert Menzies는 교섭을 통해 강화하는 방안에 끌렸고, 캐나다에서는 영국 공군의 훈련 시설을 설치하는 문제를 놓고 격한 논쟁이 벌어졌는가 하면 캐나다의 첫 파병부대가 영국 내 숙영지에서 맞닥뜨린 조건에 대한 불만이 강하게 제기되었다.[265] 아직 자치령이던(1937년부터 독립국이긴 했지만) 아일랜드에서는 에이먼 데벌레라Éamon de Valera 총리가 지난 20년간 싸워온 목표인 아일랜드 통일의 가능성을 제안받았음에도 중립 포기를 거부했다. 1939년 9월 2일 그는 아일랜드 의회에서 "다른 이들은 몰라도 우리는 강한 나라가 약한 나라에 사용하는 무력이 무엇을 의미하는지 알고 있습니다"라고 말했다. 처칠은 아일랜드 측이 "전쟁 중에 숨기만 한다"고 투덜거렸지만, 아일랜드 정부는 2차대전 내내 꿈쩍도 하지 않았다.[266]

제국의 나머지 부분은 엇갈린 반응을 보였다. 인도의 상황은 특히 미묘했는데, 정치적 배경이 각양각색인 인도 정치인들 사이에 영국의 전쟁을 지원하면 정치 개혁이나 심지어 독립에 대한 즉각적인 약속으로 보상받을 것이라는 암묵적 가정이 있었기 때문이다. 영국은 제국의 아시아 가장자리, 즉 이라크, 케냐, 아덴, 이집트, 싱가포르를 지원하기 위해 인도군을 파병했고, 인도 방어를 지원하기 위해 인도 내에서 상당한 기금을 모았다. 하지만 인도의 주요 정당들은 파시즘에 반대하면서도 자신들이 받아들일 만한 반파시즘 투쟁의 정치적 대가를 영국 측이 지불하기를 원했다.

1940년 6월 29일 간디는 완전한 독립을 요구했다. 그러나 처칠 정부는 델리에 인도인들로 이루어진 전쟁자문위원회War Advisory Council를 설치하고 집행위원회를 확대하는 것 외에 중요한 양보를 해줄 의향이 없었고, 국방과 재정, 내정의 요직을 단단히 틀어쥔 채 내주지 않으려 했다. 10월에 인도 국민회의는 시민 불복종 운동을 시작했고, 이미 감옥에 있던 인도 공산당의 지도부 500명에 더해 국민회의의 지도부 700명이 투옥되었다. 인도 정부가 국민회의를 불법화하고 그 조직을 분쇄할 수 있도록 혁명운동 법령이 준비되었지만, 런던 내각은 이 법령의 시행을 주저했다. 그럼에도 1941년 봄까지 국민회의 당원 7000명이 유죄 판결을 받고 4400명이 감금되었다. 영국은 본토 방어의 수요 때문에 참전을 지지하는 인도인들에게도 매우 제한된 자원만을 공급할 수 있었다. 결국 인도는 200만 명이 넘는 지원병을 제공했지만, 분쟁 초기 수년간 인도군의 군사적 여건은 열악하기 그지없었다. 전쟁이 발발했을 때 인도 아대륙 전역에 신식 전투기가 하나도 없었고 대공포도 단 하나뿐이었다. 거의 2년 후, 일본이 동남아시아를 침공하기 직전에 인도 내 병력은 여전히 신식 전투기, 전차, 기갑차량이 전무하고 대공포 20문과 대전차포 20문밖에 없었다.[267] 다른 전장들로 이동한 인도군은 영국으로부터 거의 모든 자원을 공급받아야 했다. 영국의 입지가 이토록 취약했기에 1940년 7월 초 일본이 영국에 중국 내 장제스의 국민혁명군에 물자를 공급하는 '버마[미얀마] 로드'를 차단할 것을 요구했을 때, 처칠은 "대일본 전쟁의 온갖 불편"을 무릅쓰지 못하고 그 요구에 응할 수밖에 없었다.[268]

다른 심각한 문제는 이집트였다. 이집트는 1936년 조약으로 명목상 독립국이었지만, 영국은 이곳에서 커다란 정치적·군사적 존재감을 유지했고, 아시아 제국의 생명선인 수에즈 운하를 방어하기 위해 특권을 누렸다.

1940년 5월과 6월 영국이 유럽에서 패배에 직면하자 알리 마헤르Ali Maher 총리의 이집트 정부는 전쟁으로 끌려 들어가기를 거부했을 뿐 아니라 영국군의 주둔을 적극적으로 종식시키려 했다. 영국은 1차대전 시기의 보호령을 다시 강제하거나 계엄령을 선포할까 생각했지만, 결국 가혹한 위협만으로도 파루크Farouk 국왕이 마헤르를 파면하고 친영파 정치인 하산 사브리Hassan Sabry로 교체하는 결과를 이끌어낼 수 있었다. 새 총리는 영국의 요구에 더 부응하긴 했으나 역시 이집트의 참전은 거부했다. 이집트 정부는 1945년 2월 25일에야 새로운 국제연합에서 한자리를 확보하기 위해 아직 남은 추축국을 상대로 전쟁을 선포했다. 영국은 이집트 주둔군을 세계 전략의 필수 요소로 여겼다. 그리하여 수에즈 운하의 양쪽 끝에 있는 항구에 병력을 증원하고 중포를 설치했는데, 이는 1888년의 운하 조약을 위반하는 조치였다.[269] 영국은 전시 동안 독일과 이탈리아 선박의 운하 진입을 거부했지만, 결연한 적에 맞서 운하를 방어하는 것은 영국의 유럽 내 우선순위와 조화시키기 어려운 과제였다. 수에즈에 대한 위협은 그다음 2년간 줄곧 실질적인 위협이었다. 수에즈 동쪽에서 제국의 통합이 곧 영국의 보호를 의미할 것이라는 약속은 독일의 침공이 중대한 위협으로 남아 있는 한 지킬 수가 없었다. 1940년 11월 독일 정보기관은 인도양에서 침몰한 한 선박에서 입수한 기밀문서를 일본 측에 건넸는데, 그 문서는 동남아시아에서 최악의 사태가 일어나더라도 제국의 입지를 지키기 위해 할 수 있는 일이 거의 없다는 당시 영국의 견해를 분명하게 보여주었다. 1940년 제국은 여전히 영국 측에 한정된 자원이었지만, 이제 영국 역시 제국과 여러 전초기지 측에 한정된 자원이었다.

이런 곤란한 문제들은 독일의 정복 이후 연합국의 세 제국—네덜란드, 벨기에, 프랑스—이 직면한 현실에 의해 더욱 부각되었다. 벨기에 제국과 네덜란드 제국은 모국으로부터 완전히 차단되었다. 독일과 휴전협정을 맺은 덕에 비시 당국은 프랑스 제국에 대한 통제권을 그나마 유지할 수 있었지만, 전쟁이 경과함에 따라 제국 프로젝트가 거의 완전히 어그러지고 제국이 다른 국가들의 수중으로 넘어갔다. 1942년 비시 정권의 식민장관 쥘 브레비Jules Brévié는 결국 사임했다. "우리에게 더 이상 제국이 없으므로 나의 역할은 끝났다."[270] 한편 세 제국주의 국가들에는 저마다 고려해야 할 불확정적 요소들이 많이 있었다. 추축국의 유럽 신질서 계획은 불분명했고 해외 영토의 운명은 미지수였다. 1940년 6월 중순 무솔리니와 히틀러의 회담 자리에서 양국 외무장관 치아노와 리벤트로프는 아프리카 지도를 세세히 살펴보며 제국의 잔해를 어떻게 나눌지 상의했다. 아프리카 북부와 서부는 이탈리아의 몫, 사하라 이남은 독일의 몫이었다. 이모든 거창한 계획은 영국이 패배해야 실행할 수 있었지만, 1940년 여름 독일령 아프리카 제국이라는 발상이 하나의 가능성으로서 다시 부상했고, 독일 외무부와 해군의 식민지 로비 세력이 이 발상을 열광적으로 추구했으며, 제국식민동맹의 지도자 리터 폰 에프가 6월에 임시 식민장관에 임명되었다.[271] 추상적인 첫 계획은 예전 프랑스령 식민지들, 벨기에령 콩고, 나이지리아, 심지어 남아프리카와 로디지아까지 아우르는 독일의 제국 블록을 제안했고, 프랑스령 마다가스카르 섬을 유럽 유대인 인구의 반半자치 본거지로 사용하는 방안을 포함했다.[272] 프랑스의 제국 유지를 용납한다는 독일의 결정은 영원한 결정이 아니라 프랑스를 독일 편에 두고 행여 영국과 화해할 가능성을 차단하려는 속내가 반영된 결정이었을 뿐이다. 결국 영국이 비시 프랑스를 사실상 적으로 대한 탓에 양국이 화해할 일은 생기지 않았지만 말이다.

패배한 옛 제국주의 열강 벨기에, 네덜란드, 프랑스는 영국이 단기적인 전략적 필요성 때문에, 혹은 장기적인 계획을 염두에 두고서 그들의 제국 세력권으로 영향력을 확대하지 않을지 확신할 수 없었다. 1940년 5월 영국은 독일군의 진출을 미연에 저지하기 위해 덴마크령 아이슬란드를 점령한 뒤 곧장 소수의 공산주의자를 체포해 추방하고 교역을 통제하는 등 섬 주민들을 익숙한 식민지 방식으로 대하기 시작했다.[273] 미국의 입장도 호의적이지 않았다. 미국의 반식민 로비 세력은 장차 식민제국들이 1919년의 위임통치 수임국들처럼 국제기구의 신임을 받아야 한다는 생각을 널리 알렸으며, 더 급진적인 반제국주의자들은 유럽 전쟁을 이전의 모든 속국으로 독립을 확대할 기회로 보았다. 아이슬란드에서 영국의 통치에 반대하는 움직임이 거세지자 1941년 6월 미군이 이곳을 넘겨받았고, 2년 후 이 섬나라는 독립 공화국임을 선포했다. 1942년 미국 국무장관 코델 헐은 전후에 국제 신탁통치 체제에 따라 식민지 민족들에게 궁극적인 독립을 보장할 국제 헌장을 요구했다.[274] 본국들의 패배로 인해 제국 통치를 유지하겠다는 그들의 권리 주장은 파탄이 났다. 실로 1940년은 세계 제국 프로젝트의 최종 위기 국면에서 하나의 결정적인 전환점이었다.

벨기에와 네덜란드는 1940년 군사작전의 결과로 복잡한 정치 상황에 봉착했다. 양국 모두 자기네 제국으로부터 차단되고 본국이 점령되어 통치자가 아닌 종속민으로서 익숙하지 않은 상황에 처했다. 브뤼셀에 남겠다는 벨기에 국왕의 결정으로 인해 국외로 달아나 망명 벨기에를 대표한다던 벨기에 각료들의 주장이 약화되었고, 벨기에령 콩고의 헌정 질서가 모호해졌다. 콩고에 세계 최대 우라늄 광상을 비롯한 풍부한 광물 자원이 있었던 까닭에 모든 주요 강국이 이곳의 운명에 관심을 쏟았다. 이 식민지를 탈취하기 위해 프랑스와 독일이 협정을 맺을 수도 있다는 이야기가 돌았다. 브뤼셀에서 독일 당국은 벨기에의 식민지 광업기업들을 상대로 독일의 권리 주장을 강요하려 했다. 1940년 5월 영국 정부는 콩고의 중립을 인정하기를 거부했는데, 콩고의 풍부한 자원을 연합국의 전쟁 노력에 사용할 수 있기를 바랐기 때문이다. 벨기에의 주권을 살리려는 시도로 국왕은 망명 중인 식민장관 알베르 드 블레샤우어Albert De Vleeschauwer가 콩고와 르완다-브룬디의 중립을 지키기 위해 두 식민지에 대한 행정 권한을 갖는다고 선언했지만, 드 블레샤우어는 영국의 압박을 받은 뒤 1940년 7월 콩고의 자원을 연합국의 전쟁 노력에 사용한다는 데 동의했다. 1년 후 콩고의 통화와 무역은 영국의 경제권역에 통합되었다.[275] 미국도 콩고에 관심을 기울여 1941년 8월까지 병력 1200명을 배치했다. 그중에는 흑인 부대가 있었는데, 식민지 인구가 미국 흑인을 그들의 궁극적 해방의 상징으로 여기지 않도록 조치해달라는 벨기에 망명정부의 요구에 따라 이 부대는 다른 곳으로 옮겨졌다. 드 블레샤우어는 영국과 미국의 개입에도 불구하고 벨기에의 주권을 지키고자 분투했지만, 1943년경이면 미국이 전후에 독립의 전주곡으로 옛 식민지들의 국제 관리를 고집할 것이라는 징후가 이미 뚜렷했다.[276]

벨기에와 비슷하게 네덜란드도 암울한 상황이었다. 네덜란드 빌헬미나 여왕은 런던에서 망명정부와 함께 피신처를 구했지만, 제국을 결속하기 위해 할 수 있는 일이 거의 없었다. 카리브 해의 식민지 퀴라소와 수리남은 영국과 미국의 신탁통치를 받게 되었고, 그 이후의 운명은 미정으로 남았다.[277] 네덜란드 식민경제에 대한 독일의 구상은 영국 해군의 봉쇄와 네덜란드 식민행정의 적대로 인해 좌절되었다. 동인도에서 네덜란드 정부는 식민지에 거주하는 독일인 2800명과 네덜란드 국가사회주의당의 당원 500명을 구금했으며, 그 보복으로 네덜란드의 독일 당국은 저명한 네덜란드 시민 500명을 체포해 부헨발트 강제수용소로 보냈다. 네덜란드 대중이 식민지를 국가정체성의 핵심 요소로 여기고 그 미래에 대한 관심을 키워가는 추세를 독일 측은 정치적 위협으로 해석했고, 그 주요 정치운동인 네덜란드연합Nederlandsche Unie을 결국 금지했다.[278] 한편 네덜란드령 동인도는 일본의 전쟁 노력에 꼭 필요한 석유, 고무, 주석, 기타 원료의 공급량을 당장 대폭 늘리라는 일본 정부의 압력을 받게 되었다. 또 일본 정부는 동인도에서 다른 열강이 일본의 통상 이권을 침해하도록 허용할 경우 군사 개입을 하겠다고 위협했고, 바타비아(지금의 자카르타) 정부가 1941년 들어서까지 일본 사절과의 논의를 지연시키는 데 성공하긴 했지만 이미 동인도를 새로운 아시아 경제질서의 일부로 상정하고 있었으며, 1942년 초에는 동인도 전역을 장악해 한동안 네덜란드 제국에 종언을 고했다.[279]

프랑스 제국은 전혀 다른 경우였다. 그러나 전쟁을 거치며 프랑스 제국의 최종 운명은 네덜란드와 벨기에의 경험에 더 가까워졌다. 처음에 비시 정권은 그들을 대하는 독일의 태도를 보고서 프랑스 본국이 난파한 것과 별개로 제국을 구할 수도 있다는 희망을 품었다. 아프리카 제국에서 독일의 경제적 요구를 우선순위로 충족해야 했지만 대개 그 요구가 예상보다 과도하지 않았고, 제국 내부의 평화를 유지하기 위해 프랑스 병력을 현지에 남겨두는 것을 허용받았다.[280] 페탱 원수는 프랑스에서 새로운 질서를 창출하는 데 꼭 필요한 요소가 제국이라고 보았다. 비시 정권의 선전은 모국과 식민지들의 통합이라는 이념을 활용하고 페탱을 '제국의 구원자'로 묘사했다. 전시에 해양식민동맹의 회원 수는 세 배로 늘어 70만 명을 상회했다. 또 제국의 경제개발을 위해 새로운 사하라 종단 철도 계획을 포함하는 거창한 10년 계획을 세우고 그중 일부를 유대인 강제노동을 동원해 부설했다. 제국 의회와 제국 시민권을 가능케 하는 입헌 계획이 나오기도 했다. 샤를-로베르 아주롱Charles-Robert Ageron의 표현대로 제국은 프랑스의 굴욕적인 패배를 "보상하는 신화"가 되었다.[281] 그러나 제국의 현실은 그렇게 장밋빛이 아니었다. 이탈리아의 영토 요구는 독일의 도움으로 겨우 막아냈지만, 무솔리니가 언젠가 프랑스로부터 커다란 영토를 넘겨받고자 한다는 것은 분명했다. 인도차이나에서는 베트남 북부에 일본군 부대와 항공기의 배치를 허용하라는 압박을 물리칠 수가 없었고, 1940년 9월 꾸준한 잠식의 시작 격으로 일본군 6000명이 배치되고 공군기지 5곳이 들어섰다.[282] 그렇지만 1940년 프랑스 제국의 통합을 주로 위협한 것은 역설적이게도 추축국이 아닌 예전 동맹국 영국이었다. 추축국의 권리 주장은 한동안 제약을 받은 반면에 영국을 억제할 방법은 없었다.

1940년 6월, 최근 동맹국에 대한 영국의 정책은 프랑스 정부가 제국에서 동원 가능한 항공기, 병력, 함정으로 영국과 나란히 싸울 수도 있을 것이라는 희망에 영향을 받았다. 영국 식민장관 로이드 경은 6월 19일 보르도를 방문해 프랑스군이 북아프리카에서 저항을 이어가고 프랑스의 지중해 함대가 그 저항을 지원한다는 약속을 받아내려 애썼다. 프랑스는 약속을 했다가 곧바로 취소했다.[283] 독일과 휴전협정을 체결한 뒤 프랑스 제국은 투쟁까지 포기했다. 영국 측에 남은 것이라곤 잉글랜드로 데려온 소규모 프랑스 병력과 국방차관 샤를 드 골뿐이었다. 6월 18일 드 골은 런던에서 허락을 받아 프랑스인에게 싸움을 계속하라고 독려하는 방송을 했고, 열흘 후 처칠 정부로부터 '투쟁하는 프랑스인'의 지도자로 인정받았다. 그런데 영국으로 실려온 이 전사들은 싸우려는 열의를 보이지 않았다. 수병 1만 1000명 가운데 1500명을 제외한 모두가 프랑스로 돌아가는 쪽을 택했고, 불과 2000명의 군인만이 싸우자는 요청에 응했다. 하지만 드

골의 지지파가 소수임에도 영국은 아직 프랑스군 동맹이 남아 있는 척하기로 결정했고, 이에 대응해 비시의 새 정권은 궐석재판을 열어 반역자 드 골에게 사형을 선고했다.[284]

당시 영국 당국과 비시 정부의 대립은 프랑스 함대의 운명과 관련이 있었다. 영국 참모본부는 그 함대가 독일 수중에 들어가는 것을 원치 않았는데, 그럴 경우 지중해에서 해군력의 균형이 독일 쪽으로 크게 기울 터였기 때문이다. 다소 주저한 끝에 영국 전시내각은 프랑스 함대를 먼저 포획하거나 그러지 못하면 파괴하기로 결정했다. 7월 3일 영국 해군은 프랑스 해군을 상대로 '캐터펄트Catapult' 작전을 개시했다. 영국 항구에 있던 프랑스 선박 200여 척에 승선해 압류하고, 이집트 알렉산드리아 항구에 있던 해군 함정들의 무장을 해제하고, 서아프리카 다카르 항구에 있던 순양전함을 어뢰로 공격했다. 알제리 도시 오랑 인근에 자리한 메르스엘케비르의 주요 기지에서는 제임스 소머빌James Somerville 제독이 지휘하는 영국 전대가 항구를 봉쇄하고 프랑스 사령관 마르셀-브루노 장술Marcel-Bruno Gensoul 제독에게 함정들을 스스로 가라앉히거나, 영국이나 미국, 카리브 해의 어느 항구로 이동시키거나, 교전의 결과를 받아들이라는 내용의 최후통첩을 전달했다. 장술은 이것을 허풍으로 간주하고 요구에 응하지 않았다. 11시간을 기다린 후 영국 군함들은 마침내 포문을 열어 전함 브르타뉴Bretagne를 격침하고 다른 두 전함에 손상을 입혔다. 7월 6일, 전함 됭케르크Dunkerque가 어뢰에 맞아 심각하게 손상되었다. 프랑스 해군의 손실은 사망 1297명에 부상 351명이었다. 며칠 후 비시 정권은 영국과의 모든 외교 관계를 단절하고 폭격기를 보내 지브롤터의 영국 해군기지를 공습했다.[285]

프랑스 함대에 대한 공격에 프랑스 여론은 충격을 받았지만, 그것은 프랑스 제국을 겨냥하는 영국의 해군 전략 중 일부에 지나지 않았다. 이제 영국의 봉쇄는 프랑스와 프랑스령 아프리카 식민지들로 확대되어 북아프리카 교역이 차단되었고, 식민지들로 들어오는 중요한 식량과 석유의 수입량이 줄어들었다. 예컨대 알제리의 석유 수입량은 전쟁 이전의 5퍼센트 수준까지 뚝 떨어졌다. 비시 프랑스의 호송선단은 영국 함정의 공격을 받았다. 그 결과로 국지적 식량 위기가 발생하고 비시 정권과 친親비시 식민주의자들이 영국의 개입에 계속 분통을 터뜨렸다.[286] 메르스엘케비르 사태 이후 다를랑 제독은 무솔리니에게 퇴짜를 맞을 때까지 이탈리아 해군과 프랑스 해군이 공동으로 알렉산드리아를 공격하는 방안을 모색했다.[287] 영국 역시 프랑스 식민지들이 드 골의 편을 들도록 압박을 가했다. 처음에는 태평양의 뉴헤브리디스 제도만이 드 골의 편에 섰지만, 1940년 후반에 가봉, 카메룬, 차드, 타히티가 그 뒤를 이은 결과 프랑스 제국은 두 개의 무장 진영으로 갈라졌다.[288] 8월 들어 영국은 세네갈을 자유프랑스La France Libre[2차대전 중 드 골이 이끈 망명정부]로 끌어들이려 했고, 드 골의 협력을 얻어 수도 다카르를 겨냥하는 두 번째 작전, 암호명 '메너스Menace'에 착수했다. 다카르에는 전함 리슐리외Richelieu가 정박해 있었고, 폴란드와 벨기에 국가의 금준비金準備가 안전하게 숨겨져 있기도 했다. 이번에는 비시 수비대가 완강히 저항하고 영국 해군 함정들이 큰 손실을 입어 낭패를 보았다. 이 작전은 연기되었지만, 모든 유럽 제국은 영국이 타국의 식민지에 자국의 전시 이권을 무자비하게 강요할 태세라는 것을 알게 되었다. 가을에는 프랑스가 단독 강화를 맺거나 영국을 겨냥하는 범유럽 블록에 제국을 끌어들일 것이라는 소문이 파다했다. 처칠은 프랑스 정권을 맹비난하고 만약 독일의 전쟁 노력에 가담한다면 비시를 폭격하겠다고 협박했다.[289] 네덜란드에서 전황을 주시하던 파시스트 지도자 안톤 뮈세르트Anton Mussert는 300년에 걸친 영국 제국주의야말로 유럽의 진짜 적이라고 주장하고 남아프리카의 네덜란드계 정착민들에게 보어 전쟁을 다시 시작할 것을 촉구했다.[290]

유럽 추축국에 영 제국은 유럽 대륙과 지중해 분지의 정치적 재편을 가로막는 장애물로 남았지만, 두 나라는 영국을 패배시키거나 항복시키기 위한 전략을 서로 조율하려는 노력을 거의 기울이지 않았다. 프랑스 전투의 승리로 갑작스레 기회가 생기자 양국이 사전에 향후 전략에 대해 얼마나 생각해둔 바가 적은지 드러났지만, 로마에도 베를린에도 그 전략을 함께 세우려는 열의가 별로 없었다. 무솔리니는 자신은 '병행 전쟁'을 치르는 것이지 히틀러의 전쟁에 가세하는 게 아니라고 역설했다. 그는 프랑스에 대한 영토 요구를 제한하라는 주장을 울며 겨자 먹기로 받아들였고, 비시 정권이 북아프리카에서 방어군을 유지하도록 허용한다는 독일의 결정을 그 병력이 이탈리아를 상대로도 사용될 수 있다는 이유로 탐탁잖아 했다.[291] 두 정권은 미래의 신질서에 대한 견해가 서로 달랐다. 무솔리니에게 신질서란 히틀러가 대륙 북부 전역에서 해낸 것처럼 유럽에서 이탈리아 제국의 존재감을 공고히 하려는 긴요한 구상이었지 제국을 아프리카나 중동에 국한하려는 계획이 아니었다. 반면에 히틀러는 무솔리니가 지중해 세력권을 키우는 것은 기꺼이 용인하면서도 독일군에 지시하기를 이탈리아 측에 기밀을 알려주지 말라고 했다. 6월 말 무솔리니가 히틀러에게 독일이 영국을 상대로 어떤 작전을 구상하고 있든 간에 이탈리아 원정군을 보내 참여하겠다고 제안했을 때, 히틀러는 정중하지만 명확하게 거절했다. 그러자 무솔리니는 독일 항공기로 수에즈 운하를 폭격하겠다는 히틀러의 제안을 거절했다. "명백히 우리와 우리의 가능성에 대한 신뢰가 크지 않다!"라고 치아노는 일기에 썼다.[292] 1939년 5월 이탈리아-

독일 동맹을 확정했다는 '강철 조약'은 하나의 제스처에 지나지 않았다. 1941년 봄까지 두 동맹은 각자의 길을 갔다.

히틀러와 독일군 수뇌부가 1940년 여름 서부 전쟁을 끝내기 위해 고를 수 있는 전략적 선택지들은 두 개로 줄일 수 있었다. 하나는 영국이 수용할 만한 정치적 해법을 찾는 것이었고, 다른 하나는 영국의 저항을 끝낼 만한 군사적 방도를 찾는 것이었다. 두 선택지 모두 수월하지 않았는데, 전자는 영국 내 강화파가 실제로 타협안을 제시할 만한 정치적 수단을 지녔는지 불분명했기 때문이고, 후자는 봉쇄부터 침공까지 실행 가능한 군사적 선택지로 과연 성공을 거둘 수 있을지 불확실했기 때문이다. 결국 히틀러는 하나라도 통하기를 바라며 둘 다 시험해보았다. 처칠이 영국 홀로 싸우겠다고 맹세한 6월 18일의 연설 이후로 정치적 상황은 덜 유망해 보였지만, 개인적으로 히틀러는 영국이 계속 싸우려는 이유를 도통 이해할 수가 없었다. 육군 참모총장 프란츠 할더는 7월 13일 히틀러와 회의한 뒤 이렇게 기록했다. "총통은 어째서 잉글랜드는 강화 노선을 택하고 싶어하지 않는가 하는 물음에 완전히 사로잡혀 있다."[293] 히틀러가 혼란에 빠진 이유는 합의에 이를 가능성과 관련해 영국에서 나오는 메시지들이 서로 엇갈린다는 데 있었다. 1940년에 일군의 막후 중재자들은 영국 내에 협상안을 제시할 수 있는 영향력 있는 파벌이 존재한다는 생각의 불씨를 계속 살려두었다. 6월 말 괴벨스는 일기에 영국에는 "두 파벌이 있다. 강력한 호전파와 강화파"라고 썼고, 며칠 후 "잉글랜드발 강화에 대한 소문이 무성하다"라고 적었다.[294]

7월 초 히틀러는 영국이 분별력을 갖도록 다시 한 번 공개 호소하기로 결정했다. 7월 19일로 예정된 제국의회 연설을 며칠 앞두고 히틀러는 참모진에게 자신은 영 제국을 파괴하는 도구가 되고 싶지 않다면서 독일이 홀리는 피가 미국과 일본에만 이로울 것이라는 이유를 들었다.[295] 당연하게도 역사가들은 이 주장에 회의적이었지만, 히틀러는 영 제국의 성취에 대한 감상적인 찬탄을 처칠과 공유했다. 1930년대에, 그리고 다시 전시에 히틀러는 영 제국이 독일 식민 계획의 모델이라는 테마로 돌아갔다—독일의 다른 제국주의자들도 영 제국을 모델로 삼았다.[296] 적국 영국을 바라보는 이런 정신분열적 견해는 결국 7월 19일 히틀러의 연설에 반영되었다. 히틀러는 제안에 앞서 영 제국의 파괴를 예언하고 "그 제국을 파괴하는 것도, 심지어 손상시키는 것도 결코 나의 의도가 아닙니다"라고 주장한 뒤 잠시 이성에 호소했다. "나는 투쟁을 꼭 이어가야 할 이유를 알지 못합니다."[297] 괴벨스에게 말했듯이 이 호소는 아무것도 정확하게 밝히지 않은 "짧고 간결한 제안"이었지만 어쨌거나 "최종 발언"이었다.[298] 처칠은 응답하지 않았다. 영국 내각의 외교고문 로버트 밴시터트Robert Vansittart가 답변 회피 이유를 묻자 처칠은 "이야기를 주고받을 만한 사이가 아닌" 히틀러에게 할 말이 없다고 말했다.[299] 며칠 후 핼리팩스 경은 제안을 거절했고, 히틀러는 그것이 "최종 거절"임을 마지못해 받아들였다.[300]

히틀러는 영국의 거절을 예상했다. 다만 영 제국을 보전하는 것이 동맹 이탈리아, 일본, 소련의 이해관계와 상충된다는 사실에도 불구하고, 그가 영국의 휴전 요청을 선호했으리라는 점에는 의문의 여지가 거의 없다. 그럼에도 7월 19일 연설을 하기도 전에 히틀러는 영국을 공중과 해상에서 봉쇄하라는 1939년 11월의 지령을 다시 내리고 잉글랜드 남부를 침공할 가능성에 대비하는 군사계획의 수립을 승인했다. 잉글랜드 남동부 해안에 상륙하기 위한 '바다사자Seelöwe' 작전에 대한 지령은 7월 16일 하달되었다. 작전의 전제조건은 "해협을 건너는 독일군을 공격할 만한 역량이 안 될" 정도로 영국 공군을 제압하는 것이었다.[301] 또 며칠 전 참모진과 논의하던 중 히틀러는 영국의 저항이라는 문제에 대한 더 급진적인 군사적 해법을 처음으로 제시하기도 했다. 영국이 비타협적 태도를 보이는 이유를 파악하려 애쓰던 그는 영국이 소련과 합의를 볼 가능성에 기대를 거는 건 아닌지 의심하기 시작했다. 강화 제안 이틀 후 히틀러는 삼군 총사령관을 만나 추진 가능한 작전에 대한 구상을 가다듬었다. "러시아를 매우 면밀히 주시해야 한다"고 공군 부관은 기록했다. "러시아를 공격할 계획을 극비리에 세워야 한다." 히틀러는 잠재적 희생국을 더 확실하게 파악하기 위해 소비에트-핀란드 전쟁에 대한 뉴스영화를 요구했다.[302] 그리고 7월 31일 마침내 군 사령관들에게 자신의 전략적 결론을 설명했다. 저항을 포기하지 않으려는 영국이 독일에 대한 양면 전쟁을 조장할 수도 있다는 희망을 아예 품지 못하도록 소련을 선제공격하는 계획을 마련해야 한다는 결론이었다. 당장 이 결론은 전쟁을 확대한다는 확고한 지령이 아니라 그저 만일의 사태에 대비하는 조치였지만, 이후 영 제국을 패배시킬 해법은 동방에 있다는 히틀러의 확신에 영향을 주었다.

흔히 이 결정은 1년 후 붉은군대를 상대로 개시한 엄청난 작전의 뿌리로, 그리고 히틀러가 이제 영국을 침공하거나 복종시키는 데 관심이 없었음을 나타내는 분명한 징후로 여겨져왔다. 그러나 이는 현실을 왜곡하는 것이다. OKW는 봉쇄나 침공을 통해서든 정치적 결단을 통해서든 영국의 항복을 받아내는 편을 선호했으며, 히틀러는 7월 21일 사령관들에게 말했듯이 영국이 "그의 수중에서 주도권을 빼앗는 것"을 원치 않았다.[303] 영국 대신에 소련을 공격하자는 제안은 애당초 숙고의 산물이 아니라 영국의 비타협적 태도에 대한 반작용이었다. 1940년 여름 히틀러가 여전히 우선시한 목표는 러시아에서 제국을 넓혀가는 것이 아니라 영국의 저항을 끝내는 것이었다. 영국 전략과 소련 전략은 양자택일이 아니라 상호 보완적이었다. 그럼에도 히틀러에게는 소련의 야망을 우려할 만한 확실한 근거가 있었다. 스탈린은 독일의 서부 전쟁을 기회로 삼아 1939년 8월의 양국 조약에서 기밀로 합의한 권리를 주장했다. 독일이 동방에서 새로 확보한 제국 세력권을 향해 소련은 한 걸음씩 다가왔다. 1940년 6월 처칠이 급진적 사회주의 정치인 스태퍼드 크립스 경("괴짜들의 나라에서도 괴짜"라고 처칠은 훗날 평가했다)을 모스크바에 대사로 보내자 베를린에서는 영국과 소련의 화해가 목표일지 모른다는 의혹이 일었다.[304] "잉글랜드에서무슨 일이 벌어지고 있는지 불분명하다"라고 히틀러는 7월 21일 군 참모진에게 말했다. 며칠 후 괴벨스는 "[잉글랜드가] 정신을 차리도록" 몇 차례강타할 필요가 있다고 적었다.[305]

영국을 겨냥하는 독일의 군사행동 계획은 충분히 진지했다. 소련의 위협에 대해 온갖 생각을 하면서도 독일군은 거의 1년간 해상과 공중에서영국군과 끊임없이 교전했고, 1941년 봄에는 지상에서도 싸웠다. 당시 히틀러가 소련에만 시선을 고정하고 있었다면 이렇게 대대적인 노력은 말이 되지 않는다. 1940년 여름 독일은 공군과 해군의 군비 생산으로 자원을 돌리기 위해 육군의 군비 생산을 줄였고, OKW는 상륙 침공을 수행하는 데 필요한 작전명령과 물자를 준비했다. 침공 계획은 광범하고 상세했으며, 그저 영국 지도부가 싸움을 단념하도록 심리적 압박을 가할 의도였다면 이런 침공 규모 역시 말이 되지 않는다. 그럼에도 해군과 공군이 영불 해협 횡단의 적절한 여건을 마련해야 하는 전역은 독일군이 예상치 못한 전개였다. 육해공군 모두 전쟁 전에는 대규모 상륙작전이나 장거리 항공전 수행에 중점을 두지 않았다. 해군은 노르웨이 전역 기간에 심각한손실을 입었고, 영국 해군의 개입에 큰 위협을 가하기에는 여전히 잠수함이 너무 적었다. 한층 더 중요한 관건은 침공 해로를 보호하고 영국 공군력을 억제하는 독일 공군의 역량이었다. 문제는 당시까지 독일 항공함대가 1939년 폴란드에서, 그리고 1940년 스칸디나비아와 서유럽에서 지상군의 공세를 지원할 때 가장 좋은 효과를 냈다는 사실이었다. 공군은 장거리 독립 작전의 경험이 거의 없었다. 대규모 해외 전역으로 방향을 전환하고 적절한 비행장을 건설하려면 시간이 걸렸다. 그래도 독일 공군은 폴란드와 프랑스에서 수행했던 임무를 더 큰 규모로 수행하기 위해 준비했다. 침공에 앞서 적의 공군력을 파괴하고 군사 기반시설을 약화시킨 뒤 적의 해군력에 맞서 침공군을 상공에서 엄호하고 지상 작전에 전술적 항공지원을 제공하는 임무였다.[306]

양편은 1940년 여름에 공군력이 핵심 요소임을 깨달았다. 7월에 영국 참모본부는 "문제의 핵심은 제공권"이라고 보았다.[307] 뒤이어 늦여름에 2차대전의 첫 대규모 항공전이 벌어졌다. 양국 공군의 편제는 판이했다. 독일 공군은 대규모 항공함대마다 폭격기, 전투기, 급강하폭격기, 정찰기를 조합한 반면에 영국 공군은 기능별로 사령부를 따로 두고—전투기 사령부, 폭격기 사령부, 연안 사령부—육군이나 해군의 작전을 지원하는 연합부대는 편성하지 않았다. 독일 공군은 전력의 대부분인 총 77개 비행대대로 이루어진 제2항공함대와 제3항공함대를 프랑스에 배치했다. 노르웨이에서는 훨씬 작은 제5항공함대(6개 비행대대)가 동부와 북동부 해안의 표적들을 공격할 예정이었다. 8월 초, 항공전역 전야에 독일은 운용 가능한 메서슈미트 Bf109 단좌전투기 878대, 메서슈미트 110 쌍발전투기 310대, 폭격기 949대, 급강하폭격기 280대를 보유하고 있었다. 8월 초 영국 공군은 운용 가능한 전투기 715대(19개 슈퍼마린 스핏파이어 비행대대와 29개 호커 허리케인 비행대대)에 더해 통지 하루 후에 운용할 수 있는 항공기 424대를 보유하고 있었다. 영국 폭격기 사령부는 독일에 비해 규모가 훨씬 작아 1940년 7월에 폭격기가 667대밖에 없었고, 여름 동안 출격한 폭격기의 85퍼센트가량은 독일 공군기지, 군수창고, 침공 함정보다 독일 내 표적을 겨냥했다.[308] 그렇지만 영국 공군은 독일 공군보다 전투기 조종사 인력 풀이 더 넓었으며, 주간 항공전 기간에 영국 공장들은 새로운 전투기 2091대를 생산한 반면에 독일 공장들은 988대밖에 생산하지 못했다. 이 전투의 결정적 요소는 전투기 대 전투기 교전이었으며 이것이 잉글랜드 남부 상공에서 승패를 판가름했다. 영국 본토군 총사령관 앨런 브룩 Alan Brooke 장군은 공군에 간단한 명령을 내렸다. "적의 제공권 확립을 저지하라."[309]

독일군은 제공권 확보를 위한 작전을 예상보다 소소하게 시작했다. 6월 말과 7월 내내 몇 안 되는 항공기로 찔러보기식 공격Störangriffe을 감행해 방어군을 시험하고 조종사들에게 영국 본토에 적응할 기회를 주었다. 하지만 이 찔러보기로 영국 전투기 사령부 조직의 성격을 간파하진 못했는데, 이 조직은 적군 공습부대의 접근을 경고하고 아군 전투기의 대응을 조정하는 복잡한 통신 네트워크에 의존했다. 핵심 요소는 1930년대 중반 개발된 레이더(전파탐지기)의 사용이었다. 고공비행 항공기를 탐지하는 30개 레이더 탐지소와 저공비행 항공기를 탐지하는 31개 레이더 탐지소가 잉글랜드 서남부의 콘월부터 스코틀랜드 북부까지 펼쳐져 있었다. 이들 기지를 1000개 관측소에 배치된 방공감시대 3만 명이 지원했다. 레이더 탐지소와 관측소는 전화망을 통해 전투기 사령부 본부 및 다수의 전투기 기지에 연결되어 있어 몇 분 안에 경고를 전할 수 있었고, 그러면 전투기들이 앞다투어 출격할 수 있었다. 전투기 사령부의 총사령관 휴 다우딩 Hugh Dowding 공군 대장이 훗날 이 체계가 자주 "부정확하고 불충분한 정보"를 제공했다고 불평하긴 했지만, 적의 거의 모든 급습에 전투기로 웰

만큼 대응할 만한 정보를 제공했고, 그 덕에 전투기가 고정 위치에서 초계하느라 시간을 허비하지 않을 수 있었다.[310] 한 달 넘게 준비하고 찔러본 뒤, 독일 공군 총사령관 괴링은 암호명 '독수리의 날Adlertag'로 시작해 바라건대 나흘 후 영국 방공을 분쇄하는 것으로 마무리하는, 전투기 사령부에 대한 대대적인 공격으로 영국 공군의 저항을 시험해보고자 했다. 8월 1일, 히틀러 본부는 제공권을 위한 작전을 시작하라는 명령을 하달하고 '독수리의 날'을 8월 5일로 정했다.[311] 하지만 기상 악화로 작전 개시가 1주일 넘게 지체되었다. 그 후 '독수리의 날'을 8월 13일로 정했지만, 구름이 끼는 바람에 썩 내키지 않는 마음으로 작전을 개시했고 그날 전투기 사령부의 기지를 단 하나도 공격하지 못했다. 독일 공군의 손실은 항공기 45대, 영국 공군의 손실은 불과 13대였다.

'영국 전투'(영국 본토 항공전)라 불리게 된 이 전투를 독일군은 어설프게 개시한 뒤 몇 달간 이어갔다. 영국 공군을 나흘 만에 불구로 만들겠다던 독일 공군의 약속은, 비록 1939년과 1940년에 거둔 성공에 근거한 약속이긴 했지만, 지킬 수 없는 것으로 판명이 났다. 독일 공군은 전투 초기 3주간 영국 공군 기지를 53차례 공습했고, 날씨가 갠 8월의 마지막 열흘간 점점 공격의 강도를 높였다. 이 가운데 전투기 기지들을 32차례 공습하고 두 차례 빼고는 모두 잉글랜드 남동부의 제11비행단을 겨냥했지만, 해안 인근의 전방 기지 3곳만 일시적으로 마비시키는 데 그쳤다. 제11비행단은 주 기지의 손상에도 불구하고 부속비행장들에서 항공기를 이륙시킬 수 있었고, 위장에 공을 들여 산재한 항공기들을 숨겼다. 이에 앞서 8월에 레이더 탐지소들이 잠시 폭격을 받았지만, 독일 측이 탐지소를 중시하지 않은 덕에 레이더 감시망은 비교적 손상이 적었다. 승패가 아슬아슬하게 갈렸다는 견해, 처칠이 전투기 사령부의 '소수'에 관한 유명한 문장으로 윤색한 견해가 그간 강조되었지만, 8월 말과 9월 초 내내 전투기 사령부의 규모가 현저히 축소되거나 조종사의 수가 부족했던 적은 전혀 없었다. 9월 6일 전투기 사령부는 운용 가능한 항공기 738대를 보유했던 반면에 독일의 전투기 전력은 평균 500대로 줄어들었다.[312] 이 단계에 이르자 융커스 Ju87 급강하폭격기와 쌍발 Bf110은 고성능 단발 전투기에 맞서기에는 너무 취약해 전투에서 거의 물러났다. 양편 모두 손실이 컸다. 힘겹고 극적인 대결이었지만 그것이야말로 영국 방공의 목표였다.

독일군 역시 영국 공군을 '소수'로 여겼다. 8월 말 독일 첩보에 따르면, 영국 전투기 기지 18곳이 기능을 상실하고 전투기 사령부의 규모가 기껏해야 항공기 300대가량으로 줄어든 상황이었다. 독일 라디오는 "공중 지배"를 달성했다고 알렸다.[313] 활활 타는 건물과 구멍이 숭숭 난 철도를 목격했다고 보고하고 격추한 적기의 수를 자주 뻥튀기하던 독일 조종사들에게 이 주장은 자신들의 초기 경험에 들어맞는 것이었다. 이 사실은 8월 말 침공 직전에 영국의 방어 노력을 약화시키기 위해 공격 대상을 다양한 군사·경제 표적으로 바꾸기로 결정한 이유를 설명해준다. 히틀러 본부에서는 항공전 소식을 제공권을 거의 장악했다는 의미로 받아들였다. "잉글랜드의 전투기 방어는 강한 영향을 받았다"고 9월 3일 OKW의 공식 일지 작성자는 기록했다. "문제는 잉글랜드가 투쟁을 지속할 수 있느냐는 것이다."[314] 침공 전 공군 계획의 최종 단계는 런던을 연속으로 강타하여 가장 위험한 순간에 수도를 혼란에 빠뜨리는 것이었다. 9월 2일 공군에 런던 공격을 준비하라는 지시가 내려왔고, 사흘 후 히틀러는 여전히 제공권에 대한 소식이 맞기를 바라며 공격 개시를 명령했다. 9월 5/6일 밤 군사·교통·설비 표적을 노린 폭탄이 남쪽 크로이던부터 북쪽 엔필드까지 런던 30개 자치구에 떨어졌다.[315]

히틀러가 8월 말 영국의 베를린 공습에 대한 보복으로 9월 7일 공군의 표적을 런던으로 바꾸었고 이 변화 덕에 전투기 사령부가 공격을 모면했다는 신화가 끈질기게 이어져왔다. 그러나 사실 공격 대상을 런던과 여타 군사·산업 표적으로 바꾼 것은 침공 전 계획에 부합하는 결정이었고, 독일 공군은 9월 5/6일의 광범한 공습을 감행하기 1주일 전부터 런던 자치구들에 폭탄을 투하해오고 있었다.[316] 히틀러는 이 표적 변경을 이용해 지난 넉 달간 영국 공군의 폭격에 시달려온 독일 서부 공동체들의 비판을 가라앉힐 수 있었다. 널리 홍보된 9월 4일의 연설에서 히틀러는 독일 국민에게 영국 도시들을 초토화하겠다고 약속했지만, 이 주장은 수사에 지나지 않았다. 독일은 런던을 공격해 무력화하고 대략 1주일 후에 침공할 작정이었다. 히틀러는 조수 조건이 유리하고 날씨가 맑을 수도 있는 9월 15일로 침공일을 정했다. 그랬다가 9월 3일에 20/21일로 바꾸었다. 괴링은 영국 공군이 다 죽어간다고 줄기차게 주장했다. 또 괴벨스에게 영국과의 전쟁이 3주 안에 다 끝날 거라고 말했다.[317]

영국은 수개월간 침공에 대비했고, 실제로 정치와 군사 지도부는 프랑스가 패배하고 몇 주 안에 영국이 침공으로 재앙을 맞을 것으로 예상했다. 7월에 브룩은 훈련된 인력과 장비의 부족이 "끔찍한" 실정이라고 보았다. 됭케르크에서 영국 육군은 포의 88퍼센트와 차량의 93퍼센트를 잃었다.[318] 1940년 6월부터 8월까지 추가로 32만 4000명을 소집했지만 그들을 훈련시키고 장비를 갖추기에는 너무 늦은 시점이었다. 육군 22개 사단은 1차대전 시기의 소총 30만 정을 사용했고, 그중 절반만이 독일군이 일으키려는 기동전에 준비되어 있다고 평가할 수 있었다.[319] 상황이 얼마나 절망적으로 보였던지 크립스는 모스크바 대사로 부임할 때 소련의 항공기와 전차를 구입하기 위해 힘써보라는 지시를 받았다—이 요청을 소련은 정중히 거절했다.[320] 침공이 언제 이루어질지 정확히 알아낼 방법은 없었으며, 대체로 역사가들이 독일의 의도를 의심하긴 했으나 영국 측은 분명 침공이 닥칠 거라고 생각했다. 국내정보국 보고서에 따르면 영국 인구는 여전히 침공을 예상하면서도, 영국 공군이 독일 측과 마찬가지로 대폭 뻥튀기한 적기 손실에 대한 소식에 기운을 얻어 초여름보다는 덜 불안해했다. 9월 초 정보부는 대중의 분위기가 "이례적으로 좋음"이며 이것이 적어도 음주가 감소한 듯한 사실에 반영되었다고 보았다.[321] 9월 초 사진 정찰과 독일 공군의 '에니그마' 통신문 해독, 즉 '울트라' 작전(1940년 5월 처음으로 해독)으로 얻은 증거는 침공이 임박했음을 시사했고, 9월 7일 영국은 암호명 '크롬웰'을 발령해 12시간 내 침공이 예상된다며 군 조직 전체에 최고 경계태세를 주문했다. 이때는 아무 일도 없었지만, 그다음 주말인 9월 14~15일이 조수와 월광이 적당해 '침공 주말'로 널리 간주되었다. 병사들은 각 지역의 종소리를 듣자마자 싸울 수 있도록 전투복 차림으로 취침하라는 지시를 받았다.[322]

우연찮게도 9월 14일은 히틀러가 삼군 총사령관을 만나 '바다사자' 작전의 전망을 재검토한 날이었다. 9월 내내 히틀러는 침공의 가능성과 관련해 엇갈린 메시지를 받았다. 작전참모장 알프레트 요들Alfred Jodl은 여름에 제안한, "러시아를 경유해 돌아가는" 더 간접적인 방책을 선호했다.[323] 해군 총사령관 에리히 레더Erich Raeder 대제독은 처음에 침공에 찬성했으나 9월에 이르러 너무 위험하다고 생각했다. 괴링은 공군이 필요조건과 시간표를 맞추었다고 계속 역설했다. 히틀러는 첫 번째 침공 시도에서 실패하면 정치적 여파 때문에 그해의 다른 성공들이 빛을 잃을 것을 알고 있으면서도, 공군 부관에 따르면 9월 14일 여전히 "성공적인 '바다사자'를 잉글랜드에 승리하는 최선의 해법"으로 여기고 있었다.[324] 주된 쟁점은 항공전이었다. 독일의 침공 계획은 언제나 제공권 확보를 전제로 했다. 괴링의 호언장담에도 불구하고 OKW는 9월 중순 영국의 공중 저항이 무너지지 않았다는 사실을 알아챘다. 침공의 관건은 독일 공군을 이용해 영불해협을 건너는 병력을 영국 해군의 공격으로부터 보호하고 초기 교두보들에 항공지원을 제공하는 것이었다. 히틀러는 9월 17일에 기존 입장을 재검토하기로 결정했고, 그에 앞서 독일 공군은 나중에 '영국 전투의 날'이라고 불리게 된 9월 15일에 런던을 주간 공습하다가 공격부대의 거의 4분의 1을 잃는 큰 손실을 입었다. '바다사자'는 다시 연기되었고, 10월 12일에 이르러 1940년에는 작전을 단념하고 이듬해 봄에 필요하면 되살리기로 했다.

영 제국은 1940년에 무너지거나 패배를 받아들이지 않았지만, 그해는 유럽 제국주의의 오랜 역사에서 하나의 전환점이었다. 유럽에서의 패배와 피점령으로 다른 식민 본국인 프랑스, 벨기에, 네덜란드의 권리 주장, 즉 멀리 떨어진 영토를 지배하겠다는 주장은 돌이킬 수 없이 허물어졌다. 영 제국에서 이 위기는 미래에 대한 거북한 의문을 자아냈다. 그럼에도 영국 정부는 자신들의 역설, 즉 영국의 전쟁 노력에 제국이 소중하다는 것을 강조하는 동시에 정치적 자치권을 늘려달라는 인도의 요구를 무력으로 억누르고 이집트를 사실상 계엄령으로 통치하는 역설을 직시하기를 거부했다. 우선 과제는 본국의 생존이었다. 독일에서도 영국에서도 상대편의 전쟁 의지를 약화시키거나 결정적인 군사적 결실을 거둘 만한 전략을 찾아볼 수 없었지만, 육군 180개 사단과 유럽 대륙 대부분의 전리품을 가진 독일이, 히틀러가 동방으로 관심을 돌리지만 않았다면, 1941년에 서부 전쟁을 끝낼 방도를 찾았으리라는 것이 거의 확실해 보인다. 그에 반해 영국은 독일에 승리할 길이 없었다. 유럽에서 두 차례 노르웨이와 프랑스에서 쫓겨나고, 아프리카에서 위기에 직면하고, 경제적으로 약해지고, 더 넓은 세계 경제에 접근할 경로를 필사적으로 방어하던 영국은 전략적 파산 상태였다. 프랑스 함락 이후 영국이 1년간 치른 전쟁은 1930년대에 이미 대비한 전쟁이었다—방공, 강력한 해군, 소규모 제국 분쟁. 이 전쟁은 체임벌린이 대비했으나 처칠이 수행할 수밖에 없었다.

제2장

제국의 환상, 제국의 현실,
1940-1943

1941년 6월 22일 '바르바로사' 작전을 개시한 이후 소비에트 우크라이나 어딘가의 길가에서 지친 독일군 부대가 쉬고 있다. 대다수 독일 군인들은 걷거나 자전거를 타고서 소련의 시골을 가로질렀다.

독일, 이탈리아, 일본 정부는 세계의 모든 국가가 저마다 권리를 가진 공간을 얻는 것을 항구적 평화의 전제조건으로 여긴다. … 신질서를 확립하고 유지하는 것이 삼국의 주요 목표다.

— 삼국동맹 조약, 1940년 9월[1]

1940년 9월 27일 오후 1시 정각, 독일 외무장관과 이탈리아 외무장관은 베를린 주재 일본 대사와 함께 총리 관저의 접빈실에서 화려한 제복 차림의 인파에 둘러싸인 채 금박 입힌 탁자에 앉아 세 제국의 삼국동맹 조약을 정식으로 체결했다. 관저 밖에서는 학생 무리가, 비록 이탈리아 외무장관 치아노 백작에 따르면 "신념 없이" 끌려온 듯했지만, 일본과 이탈리아의 국기를 흔들었다. 치아노는 접빈실의 분위기가 예상보다 냉랭하다고 보면서도, 베를린 측의 심기가 좋지 않고 건강이 나쁜 것은 영국의 폭격을 피해 방공호에서 긴긴밤을 보내기 때문이라고 생각했다.[2] 형식상 절차를 빠르게 처리하기 위해 일본의 요청에 따라 영어로 작성한 문서에 세 사람이 서명한 뒤, 커다란 출입문을 세 번 요란하게 두드리는 소리가 들렸다. 문이 열리고 히틀러가 연극조의 과장된 몸짓으로 들어와 조용히 탁자에 앉아서 세 조인국이 세계 언론을 위해 준비해온 연설을 기다렸다.

지구 반대편 도쿄에서는 이보다 덜 거창한 행사가 열렸다. 천황은 불과 1주일 전에야 이 조약에 동의했는데, 이것이 번역상의 실수를 피하기 위해 조약문을 영어로 급히 작성한 이유였다. 조약 문서에 부서한 일본 외무대신 마쓰오카 요스케松岡洋右는 훗날 "세계 평화의 파괴가 아닌 구축"을 위해 개시한 협정이었다고 주장했다.[3] 조약의 유효 기간은 10년이었다. 삼국은 어떤 새로운 나라가 그들에 맞서 참전할 경우 서로에게 군사 원조를 제공하기로 했다 — 분명히 미국을 염두에 둔 경고였다. 더 중요한 점은 이 조약으로 구세계를 세 제국주의 열강의 세력권으로 나누었다는 것이다. 독일의 몫은 유럽 대륙, 이탈리아의 몫은 지중해 분지와 아프리카, 일본의 몫은 동아시아였다. 각 세력권에서 삼국은 '신질서'를 공고히 다지고 확장하기로 했다. 이 지정학적 합의는 수백 년간 영국과 프랑스가 지배해온 구 제국 질서가 마침내 끝났다고 선언할 만큼 삼국이 자신만만하다는 것을 공개적으로 알리는 신호였다.

영국 문제

새로운 정치 질서에 대한 이 원대한 선언은 패배를 인정하지 않는 영 제국을 어떻게 할 것이냐는 문제를 미결로 남겨두었다. '영국 문제'에는 두 측면이 있었다. 삼국동맹 측에 영국은 얼마나 취약해 보이든 간에 신질서를 공고히 하는 데 장애물이었다. 반면에 영국 측의 문제는 어떻게 하면 자원을 과도하게 사용하지 않고 제국 상실까지 포함하는 또다른 실패를 무릅쓰지 않으면서도 삼국의 야망을 저지할 수 있느냐는 것이었다.

독일이 '바다사자' 작전을 연기한 결정은 영국과의 전쟁을 끝내려는 계획에 여전히 내재하는 불확실성을 드러냈다. 히틀러의 정치·군사 파벌은 두 가지 방안을 지지했다. 하나는 서로 타협하는 강화 외에 다른 정치적 대안이 없음을 영국 측에 납득시키기 위해 '대륙 블록'을 결성하는 것이 었고, 다른 하나는 본토 방어의 필요성 때문에 영국의 전력이 약해진 지중해에서 군사적 수단으로 영국 측을 제거하는 주변부 전략이었다. 첫째 방안은 프랑스의 패배 이후 이제 베를린에서 유럽 경제를 지배할 수 있음을 깨달은 다음부터 이미 추진하고 있었다. 독일 경제학자들과 관료들은 이제 동유럽뿐 아니라 유럽 전역을 아우르는 '대경제권'에 대해 말하기 시작했다. 또한 통합 시장, 라이히스마르크에 기반하는 공동통화 블록, 공동 어음교환 제도, 유럽 산업과 은행업에 대한 독일의 경제적 침투 등을 위한 계획을 가동했다.[4] 베를린을 유럽 금융과 상업의 수도로 바꾸어 경제를 재건하는 계획은 그동안 런던 시티가 누려온 지배적 위치에 도전하기 위해 고안되었다. 이 계획은 영국을 정치적으로 고립시키는 목표의 예비 단계였으며, 일본 지도부 사이에서도 인기를 얻은, 새로운 세계 경제구역 질서에 관한 전쟁 이전의 사고방식을 반영하고 있었다. '대륙 블록' 방안을 위해서는 가능하다면 비시 프랑스와 프랑코의 에스파냐를 추축국 진영으로 끌어들이는 한편 독일-소비에트 조약에 기초하는 소련과의 관계를 강화할 필요가 있었다. 가을에 영국이 패하지 않은 가운데 "영국에 맞서 강력하고 효과적인 동맹"을 결성하는 방안도 잠시 히틀러의 관심을 끌었던 것으로 보인다.[5]

1940년 10월 말, 히틀러는 그로서는 이례적인 여정에 나섰다. 총통은 유럽 정치인들이 베를린을 찾아오기를 기대하던 관행에서 벗어나 먼저 프랑코 장군과, 뒤이어 페탱 원수와, 끝으로 동료 독재자 무솔리니와 일련의 정상회담을 하기 위해 기차에 올랐다. 목표는 영 제국에 대항하는 대류 블록 방안과 지중해 선택지를 타진하는 것이었다. 히틀러가 이 여정에서 큰 성공을 기대했는지는 불분명하지만, 그에 앞서 공군 총사령관과 해군 총사령관의 지지를 받은 OKW 참모진은 영국을 괴롭히는 더 나은 방책은 지브롤터를 점령하고 아프리카의 공군기지들에서 영국의 해운을 위협하고 수에즈 운하를 함락함으로써 영국을 아시아 제국으로부터 차단하는 한편 중동의 석유에 접근할 길을 여는 것이라고 한동안 주장했다. 군사 계획자들은 지브롤터를 함락하는 '펠릭스Felix' 작전을 위한 지령을 제시했다. 당시 무솔리니의 군대가 이집트 영토에 대규모 육군을 두고 있었지만, 전체 계획은 영국을 고립시키고 전역을 조율하기 위한 에스파냐, 프랑스, 이탈리아와의 정치적 합의에 달려 있었다. 이 계획은 제국의 쟁점 때문에 실패할 운명이었다. 프랑코는 협력의 대가로 프랑스령 아프리카 제국의 일부와 거액의 보조금을 원했지만, 그러고도 그가 전쟁 노력에 동참할지 여부는 불분명했다. 히틀러와 프랑코가 10월 23일 프랑스-에스파냐 국경에 자리한 앙다이에서 만났을 때, 히틀러는 곧 이 대원수로부터 아무것도 얻을 수 없음을 알아차렸다. 프랑스령 아프리카 제국을 에스파냐에 넘겨주면 프랑스와 소원해져 '블록'을 만들 수 없었다. 24일 몽투아르에서 만난 페탱은 반영국 블록에 동참하기를 꺼리는 프랑스의 의견을 되풀이하고 프랑스 속령에 대한 에스파냐와 이탈리아의 위협을 우려했다. 28일 피렌체에서 만난 무솔리니는 프랑스 제국의 현상 유지를 받아들이거나 에스파냐에 양보하는 그 어떤 블록에도 완강히 반대했다.[6] 같은 날 무솔리니는 히틀러에게 미리 알리지 않은 채 그리스 침공을 명령했으며, 이는 정치적 제휴라면 전부 거절하겠다는 상징적 조치였다.

반영국 블록의 남은 가능성은 일찍이 여름에 무솔리니와 따로 화해한 소련에 있었다.[7] 11월 10일 소련 외무장관 뱌체슬라프 몰로토프Vyacheslav

Molotov가 전해에 폴란드를 분할하며 합의한 사항을 확장하기 위해 베를린에 도착했다. 리벤트로프는 기존 교섭의 성공을 바탕으로 소련의 적절한 세력권은 영 제국의 아시아와 중동이며 이들 지역이 이제 정치적 압력에 노출되어 있고 머지않아 수에즈 생명선으로부터 차단될 수 있다는 것을 몰로토프에게 납득시키려 했다. 스탈린이 영국을 겨냥하는 삼국동맹 조약에 가담하도록 설득할 수 있을지 의논하긴 했지만, 리벤트로프가 이 이야기를 꺼내자 몰로토프는 독일이 크게 양보해야만 가능하다고 말했다. 훗날 리벤트로프가 회상하기로 히틀러는 이 방안에 말을 아꼈고, 스탈린을 더 회유하려는 시도는 "터무니없이 위험"하다고 보았다.[8] 몰로토프와 스탈린이 독일과 이탈리아의 관심 지역인 남동유럽과 터키로 소련의 이권을 확장하는 데 주된 관심이 있다는 사실이 밝혀진 후 정치적 해법은 무너졌다. 최종 결과, 범유럽 동맹의 추정 참여국들 중 영 제국과 싸우는 데 관심이 있는 나라는 이탈리아밖에 없었다. 히틀러는 몰로토프와 사흘간 회담한 뒤 소련 강습과 영국의 최종 패배 사이의 관계에 대한 견해를 더욱 굳히긴 했지만, 에스파냐와 프랑스에서 정치적 실패를 겪은 터라 이미 그런 결론으로 기울어 있었다. 몽투아르에서 출발한 기차에서 히틀러는 OKW 참모진에게 1941년 여름 소련을 때려눕혀 영국의 패배를 확실히 하는 것 외에는 현실적 대안이 달리 없다고 말했다. 히틀러는 외교를 불편해했고 폭력에 더 자신이 있었다.[9]

가을에 독일의 전략은 일종의 교착 상태에 이르렀다. 독일군은 항공전 개시 이전인 1940년 8월 1일에 다시 발령한 봉쇄 지령을 계속 이행했고, 자연히 공중-해상 봉쇄가 적국을 직접 압박하는 주된 수단이 되었다. 봉쇄의 목표는 영국의 전쟁경제가 고갈되고 전쟁을 이어가려는 대중의 의지가 꺾일 정도로 영국의 식량 및 원료 공급에 악영향을 주는 경제전을 강제하는 것이었다. 9월 16일 괴링은 공군에 항만 시설, 식량과 석유 비축물, 창고, 식품 가공 시설, 핵심 공공시설을 겨냥한 야간 폭격 패턴으로 전환하라고 지시했고, 11월부터 영국의 항공산업, 특히 항공기 엔진 부문을 타격하는 작전을 승인했다. 해군은 영국의 해운을 겨냥하는 작전을 개전 이래 줄곧 수행해오고 있었지만, 히틀러는 작전을 더 강화하라고 지시했다. 공군과 해군은 대체로 괴링이 독일 항공기의 해전 투입을 꺼린 탓에 서로 거의 협조하지 않았으며, 해군은 소수의 항공기로 수상함과 잠수함의 전과를 보완하는 정도로 만족해야 했다. 1940년 8월부터 1941년 6월까지 독일 항공기가 영국 해안지대에 기뢰 5704발을 투하했고, 1940년 6월부터 1년간 소수의 장거리 포케-불프 200 '콘도르' 항공기가 총 톤수 34만 5000톤의 상선 119척을 격침했다. 해군의 봉쇄 계획은 더욱 성공할 것으로 기대되었다. 이는 영국의 상선 2200만 톤 가운데 매달 75만 톤을 격침한다는 계획으로, 이런 손실 속도면 영국 정부가 전쟁을 포기할 수밖에 없을 것으로 예상되었다.[10]

　독일의 해상 봉쇄는 이제 프랑스의 대서양 연안 기지들을 이용해 잠수함 함대로 대서양 접근로를 차단하는 수준을 훨씬 넘어섰다. 주력함의 약세를 의식한 독일 해군은 개조한 상선기습함('유령선')과 개별 군함을 혼용해 치고 빠지는 전술을 구사했다. 영국 해군은 망망대해에서 이런 독일 함선을 추격하기가 어려웠다. 1941년 말 '유령선'의 톤수는 50만 톤에 달했고, 추가로 군함 셰어Scheer, 히퍼Hipper, 샤른호르스트Scharnhorst, 그나이제나우Gneisenau를 합하면 26만 5000톤이었다.[11] 1941년 5월에 진수한 신형 전함 비스마르크Bismarck는 첫 항해에서 영국 순양전함 후드Hood를 파괴했지만, 며칠 후 더 이상 적함에 손상을 입히지 못하고 가라앉았다. 그렇지만 봉쇄의 핵심 수단은 독일 잠수함(Unterseeboot 또는 U보트)이었다.

독일 사령관 카를 되니츠Karl Dönitz 제독 휘하에는 잠수함이 비교적 적었다. 1941년 초 U보트를 200척쯤 보유하긴 했지만 어느 시점에든 바다의 U보트는 평균 22척에 불과했고 1941년 1월에는 겨우 8척이었다.[12] 그럼에도 프랑스 서부의 기지들을 확보한 후부터 U보트는 영국 측의 희생을 점점 늘려갈 수 있었다. 가을에 되니츠는 잠수함대에 이른바 '이리떼 전술Rudeltaktik'을 지시했다. 영국 남해안 주변 선박에 대한 공중 위협 때문에 대서양을 횡단하는 영국 무역선은 서해안과 북서해안으로 항로를 변경한 터였다. 바로 이 북상 항로에 독일 U보트들이 집결했다. 9월부터 독일 잠수함은 자칭 '행복한 시절'을 누렸다. 1940년 10월에 35만 톤의 선박을 격침했고, 1941년 4월에 68만 7000톤으로 정점을 찍었다.[13]

영국 정부는 오래전부터 잠수함전의 재개를 예측했으나 1940년 여름에 맞닥뜨린 결과, 즉 독일이 북유럽 연안을 대부분 통제하는 결과는 예상하지 못했다. 영국은 개전 초부터 선박을 호위하긴 했지만(연안 선박은 9월 6일부터, 원양 선박은 9월 8일부터), 1940년 가을에는 침공 위협 때문에 소형 호위함들이 대부분 영국 남동해안 방어에 매여 있었다. 영국은 침공 위협이 줄어든 10월부터 호위함의 수를 늘릴 수 있었고, 호송선단 보호와 대잠수함전을 위해 수병을 훈련시켰으며, 더 많은 항공기를 호송작전에 투입했다. 겨울철에 장거리 선덜랜드 비행정을 비롯한 연안 사령부의 항공기는 독일 잠수함을 연안 수역과 북부 접근로에서 더 멀리 대서양으로 몰아냈다. 또 신기술이 호위함과 항공기의 성능 개선에 기여했다. 고성능 조명, 미터파 주파수 레이더(항공기용 ASV Mk I과 II, 호위함용 286형), 개량된 폭뢰 등이었다.[14] 1941년 2월부터 강화된 해군 호위함과 공군력으로 대잠수함 작전 전체를 책임지는 서부해역 사령부가 리버풀에 설치되어 대잠수함 방어가 재편되었지만, 해군 정보기관의 지원을 받은 이 전략의 핵심 요소는 잠수함을 아예 피하려고 노력하는 것이었다. 1940년과 1941년에 호위를 받는 선박의 손실은 줄곧 적었다. 1940~1941년 북대서양의 주요 항로를 지나던 선박 8722척 중 256척을 잃었는데, 일부는 잠수함 때문이었고 일부는 종래의 해양 원인 때문이었다. 독립적으로 항해하거나 낙오한 선박은 자주 표적이 되었지만, 호송선단을 발견하고 그 대형을 깨트리는 것은 만만찮은 임무였다.[15]

그럼에도 모든 바다에서의 누적 손실은 영국의 전쟁 노력에 상당한 위협이 되었다. 수입량이 급감하자 영국은 엄격한 통제에 들어갔다(1940년 11월 동안 바나나 무역이 중단되었다). 1941년 3월 처칠은 이 해전을 '대서양 전투'라고 불렀다―'영국 전투'와 마찬가지로 '대서양 전투'는 영국의 전쟁 기억에서 우상적 지위를 누려왔다. 처칠은 대서양 전투 특설위원회 의장을 맡아 항구에서 하역의 속도를 높이고 상선을 더 신속하게 수리하고 수입을 더 엄격히 제한하는 조치를 승인했다. 또 호위함을 더 생산하고자 백방으로 힘썼다. 이 모든 노력의 결과로 1941년 초여름부터 U보트의 행동반경이 제한되고 손실이 증가했다. 3월에 U보트의 '에이스' 3명이 강력한 호위함과 동행하던 호송선단을 공격하다가 목숨을 잃었고, 5월에 또 다른 '에이스' 오토 크레치머Otto Kretschmer가 독일 해군의 에니그마용 암호표와 함께 붙잡힌 바람에 블레츨리 파크Bletchley Park(2차대전 시기 영국의 암호해독 기구)에서 여름부터 독일 해군의 통신문을 주기적으로 해독할 수 있었다. 1941년 1월부터 5월까지 U보트는 모든 호송선단의 23퍼센트와 접촉했지만, 6월부터 8월까지는 불과 4퍼센트만 접촉했다.[16] 영국 선박을 소모시키려던 1년간의 노력은 영국의 전쟁 수행 능력이나 의지에 거의 영향을 주지 못했다.

1940년 9월부터 1941년 6월까지 주로 영국의 항구와 통상을 겨냥한 항공전도 마찬가지였다. 영국 측이 곧 '대공습Blitz'이라고 이름 붙인 독일의 폭격은 대중에게 무차별 테러 폭격으로 기억되었지만, 히틀러는 참모진의 질문을 받았을 때 아직 테러를 허가하지 않겠다고 두 차례 고집했다―다만 가을과 겨울에 워낙 부정확해서 독일 측이 일부러 무차별 폭격을 가한다고 해석한 영국 공군의 폭격에 테러 폭격으로 보복할 권리는 계속 보유했다.[17] 런던과 내륙항 맨체스터를 비롯한 항구도시들은 아홉 달 동안 이어진 항공전 기간에 주요 표적이 되었다. 독일의 주요 공습 171회 중 141회가 영국 항구들과 그 저장시설 및 가공시설을 겨냥했고, 전체 소이탄의 86퍼센트와 고폭탄의 85퍼센트가 이들 항구에 투하되었다.[18] 또한 독일 지도부는 주기적인 야간 폭격이 영국 국민의 사기를 떨어뜨리고 사회적·정치적 항의를 유발하여 식량과 교역에 대한 당국의 불안을 가중시키기를 바랐다. 11월에는 항공산업을 공격하라고 명령했는데, 이 작전에는 11월 14/15일 밤 코번트리 폭격('월광 소나타' 작전)이 포함되었다. 애초에 항공엔진과 부품 공장 30곳을 노린 폭격이었고 실제로 일부 공장이 심각하게 손상되었지만, 그와 더불어 밤중에 도시 중심부도 대부분 불타버렸다. 뒤이어 11월 말 버밍엄이 공습을 받았지만, 1940년 12월부터 1941년 6월까지 독일이 우선시한 표적은 줄곧 항구 지역과 무역 표적이었으며, 그중 글래스고, 벨파스트, 브리스틀에는 항공산업 표적도 있었다. 2월 6일 히틀러는 이 우선순위를 확정하고 주거 지역보다 군사-경제 표적을 공격하는 것이 중요하다고 다시 한 번 강조했다.[19]

9개월에 걸친 봉쇄 작전은 독일군 지도부가 전시 동안 추구한 여러 작전 중 이례적인 사례였다. 이는 결정적인 전투가 아니라 불확실한 소모율에 기반하는 전략이었다. 독일은 해외 물자에 대한 영국의 경제적 의존도를 진지하게 평가한 적이 없었으며, 손상 보고서를 바탕으로 폭격의 경제적 효과에 대한 정확한 정보를 추론하기란 거의 불가능했다. 항공기 승무원과 지휘관에게는 갈수록 사기가 떨어지는 장기 작전이었는데, 아군의 손실은 큰 반면에 전략적 이점은 불분명했기 때문이다. 영국 전투 때처럼 독일은 작전을 정당화하기 위해 전과를 과장했으나 영국의 항복은 여전히 요원했다. 히틀러는 승리를 가져오는 공격 수단으로서의 폭격에 관심을 잃었고, 1940년 12월에 이르러서는 과연 폭격이 영국 산업에 큰 타격을 줄지 의심했다. 두 달 후 그는 영국의 사기와 관련해 같은 견해를 다시 표명했다. 이때 그의 판단은 견실했다. 폭격은 확실히 폭격당한 주민들 사이에서 광범하고 일시적인 위기를 유발했으나 영국 정부를 속박하지 못했다. 봉쇄가 영국의 무역과 생산량에 끼친 영향은 극미했다. 독일 공군 정보기관은 외견상 손상을 입힌 이후 1941년 영국의 항공기 생산량을 7200대로 추산했지만, 실제 생산량은 2만 94대였다.[20] 1941년 후반 영국의 계산에 따르면 점점 늘어나는 생산량에서 폭격으로 인한 손실은 약 5퍼센트에 불과했다.[21]

사실 영국의 경제 전망에서 한층 더 심각한 타격은 1939~1940년의 이례적 수준의 경제 동원으로 인해 해외 재원이 고갈된 것이었다. 1940년 12월까지 영국은 전쟁 이전 금준비와 미국 달러의 절반을 썼고, 1941년 3월까지 나머지를 다 써버린 탓에 핵심 수입물자를 공급하는 달러화 블록에서 사실상 파산할 처지였다. 파운드화 블록에서도 재정 불균형이 갈수록 심해져 결국 전쟁 막판에는 33억 5500만 파운드에 이르렀지만, 당분간 동결할 수 있었다.[22] 영국은 신세계에서 수입하는 물자에 결정적으로 의존했으며, 1940년 12월 처칠은 루스벨트 대통령에게 경제적 파국을 막기 위해 무언가 해달라고 직접 호소했다. 미국 지도부가 영국의 지불 능력이 실제로 고갈되었는지 의심하긴 했지만, 루스벨트는 12월 말 연설에서 자신의 정권이 "민주주의의 조병창"이 되겠다고 약속하고 다음달에 영 제국에 즉납 없이도 군수물자를 제공하겠다고 약속하는 법안을 의회에 제출했다. 이 법안이 3월 11일 무기대여법으로 발효되기 전에 미국 부흥금융공사는 영국의 채무불이행을 막기 위해 긴급 자금 4억 2500만 달러를 빌려주었다. "이 지원이 없었다면 히틀러주의의 패배를 기대할 수 없었다"고 처칠은 사적으로 기록했다.[23]

독일이 영국 본토를 겨냥하는 작전을 지속한 것은 결국 실패를 인정하지 않고는 포기하기가 어려웠기 때문이다. 영국 공습을 단념했다면 피점령 지역들과 미국 측은 희망적인 메시지로 받아들였을 것이고, 날씨가 맑은 날이면 여전히 밤마다 영국 공군의 공습에 시달리던 독일 서부의 주민들은 자국의 공습 포기를 납득하지 못했을 것이다. 그리고 성공적이지 않은 공세에도 이점이 있었다. 서부 전투를 지속한 데에는 히틀러가 동방을 공격해 양면 전쟁의 위험을 무릅쓸 가능성에 대한 모스크바의 우려를 가라앉히려는 의도가 깔려 있었다. 스탈린은 독일이 양면 전쟁을 벌일 리 없다는 견해를 1941년 6월 독일이 소련을 침공한 순간까지 고수했다. 게다가 영국군은 정부에서 두루 예상한 춘계 침공에 대비해 대규모 병력을 본국에 묶어둘 수밖에 없었다. 2월에 영국 하원의원 해럴드 니콜슨Harold Nicolson은 켄트 지역의 민간인 소개를 지켜보며 일기에 "우리 모두 이 나라에 대한 침공이 불가피하다고 말하고 있고 생각하고 있다"고 적었다.[24] 영국은 전쟁 노력의 직접적인 결과로 이제 제국에 대규모 증원병력을 제공할 수 없게 되었는데, 이 위기는 히틀러의 동맹 이탈리아 측에 지중해와 아프리카에서 약해진 적을 상대로 '병행 전쟁'을 벌일 전망을 열어주었다.

1940년 여름과 가을, 독일이 영국에 승리할 가능성이 높고 북유럽 분쟁을 활용할 기회가 그리 오래 지속되지 않을지도 모른다는 전망에 따라 이탈리아는 야망을 부풀렸다. 삼국동맹 조약으로 이탈리아 지도부는 이제 이탈리아가 강대국으로서 존중받는다는 새로운 의식에 눈을 떴고 세계의 재분할에 동참하라는 권유까지 받았지만, 이 강화된 지위를 정당화할 만한 구체적인 증거가 있어야 했다. 이탈리아 언론인 오리오 베르가니Orio Vergani가 보기에 무솔리니는 "소문으로 들리는 강화 테이블에 이탈리아의 온전한 승리와 함께 도착하고 싶어했다".[25] 프랑스 패전의 여파 속에서 이탈리아 측은 프랑스 영토, 식민지, 군사 자원을 놓고 과도한 권리를 주장했다가 독일 지도부에 거절당한 뒤, 동맹 독일에 대한 적대감을 키워가는 한편 새로운 유럽 질서 안에서 이탈리아가 과연 독일 승리의 덕을 본 '행운의 모리배'나 '유순한 협력자' 이상의 존재가 될 수 있을지 심각하게 곱씹어보았다.[26] 그 역설적인 결과로 1940년 9월 삼국동맹 조인국 중 가장 약한 이탈리아가 또다른 제국 건설 프로그램에 제일 먼저 착수했다.

이탈리아는 이미 우발 사태에 대비해 대체로 비현실적인 온갖 계획을 세워둔 터였다—몰타 침공, 프랑스 제국 점령, 아덴 또는 이집트나 수에즈 공격, 스위스 또는 프랑스 론 강 유역이나 유고슬라비아 침공, 그리스 침공의 G 작전 등. 퀴리노 아르멜리니Quirino Armellini 장군이 일기에 털어놓았듯이, 이탈리아 정책의 주요 기준은 행동하는 것이었다. "우리는 우선 전쟁에 돌입한 다음 무슨 일이 벌어지는지 지켜볼 것이다."[27] 무솔리니는 아프리카에서 공식 적국인 영국을 상대로 전쟁을 이어갈지 아니면 남유럽에서 잠재적 적국인 동맹 독일을 미연에 막아설지 양단간에 어려운 결정을 내려야 했다. 역사가들은 이탈리아 전략계획의 특이한 성격을, 그리고 자국의 역량을 한참 넘어서는 군사적 야망을 머뭇거리면서도 계속 추구한 무솔리니의 비합리적인 집념을 올바르게 강조해왔지만, 당시 이탈리아 독재자가 자초한 상황에서는 행동하지 않는 선택이 행동하는 선택만큼이나 새로운 제국주의 야망을 위험에 빠뜨릴 것처럼 보였다. 또 무솔리니는 적극적인 제국정책을 개시한 후부터 항상 승리를 거두었다—잔인하게 평정한 리비아에서, 에티오피아·에스파냐·알바니아에서, 심지어 단기간에 수치스럽게 끝난 프랑스 공격까지—고 주장할 수 있었으며, 어느 관찰자의 말마따나 이는 "그의 무오류성"을 입증하는 충분한 증거였다.[28] 무솔리니의 과대망상을 꺾어놓고자 용기를 낸 이탈리아 사령관은 아무도 없었다.

영국을 상대로 전쟁을 벌인 초기 몇 달간은 무솔리니에게 행운이 따랐다. 에티오피아의 새로운 이탈리아령 아프리카 제국과 국경을 접하는 소말릴란드의 영국 보호령은 비교적 방어가 부실했다. 1940년 8월 이탈리아 부대와 현지 아스카리askari 부대가 섞인 병력이 영국 수비대를 공격해 홍해 건너편의 또다른 영국 보호령 아덴(지금의 예멘)으로 쫓아버렸다. 영 제국군은 206명, 이탈리아군은 2052명을 상실했다. 바다에서는 영국 해군과 이탈리아 해군 모두 해군력을 되도록 보전하려 했고, 지중해에서 호송선단의 항로를 보호하는 데 주력했다. 양국 함대는 7월 9일 이탈리아 남부 칼라브리아의 푼타스틸로 앞바다에서 충돌했으나 결판을 내지 못했다. 영국 함대는 이탈리아의 허술한 공중정찰에 걸리지 않았고, 뒤늦게 도착한 이탈리아 폭격기는 자국 함정을 공격했다. 양편 모두 심각한 손실을 입지 않았음에도, 며칠 후 무솔리니는 이탈리아 국민에게 지중해에서 영국 해군력의 50퍼센트를 제거했다고 발표했다.[29] 북아프리카에서 무솔리니는 궁극적으로 영 제국의 생명선인 수에즈 운하를 차단하기 위해 이집트 침공을 개시하고 싶어 안달했다. 이탈리아군 사령관 로돌포 그라치아니 원수는 보급로가 위협받고 수송차량이 불충분한 사막 조건에서 총

공격을 감행하는 선택지를 꺼렸다. 무솔리니는 독일 군인이 영국 본토에 첫발을 내딛는 순간에 이집트 진격을 개시할 것이라며 원수를 안심시켰지만, '바다사자' 작전이 오래 지연되면서 이탈리아의 승리로 내세울 수 있는 진격을 앞당기고 싶어 조바심을 냈다. 9월 13일 그라치아니는 결국 로마의 압력에 굴복해 7개 보병사단을 리비아 국경 너머 약 80킬로미터 안쪽, 이집트 서부 사막에 있는 작은 정착지 시디바라니로 이끌었고, 그곳에 멈춰 정교한 숙영지 방어선을 구축했다. 영 제국군은 더 나은 방어진지로 물러났고, 뒤이어 소규모 접전이 벌어져 이탈리아군 120명과 영국군 50명이 사망했다. 이번에 무솔리니는 이탈리아 국민에게 지난 300년을 통틀어 군의 최대 승리라고 발표했다. 곧이어 모래언덕을 가로질러 시디바라니까지 이어지는 도로―'승리의 길'―가 건설되었다.[30]

무솔리니는 이탈리아가 식민지 분쟁만으로는 유럽 합의에서 독일과 동등한 위치를 얻지 못할 것이라고 판단했다. 유럽 본토에서 분쟁을 벌이는 것이 '병행 전쟁' 방안을 강화하는 더 확실한 길이었다. 8월과 9월에 그는 유고슬라비아 또는 그리스와 전쟁할 가능성에 더 다가섰다. 8월 중순에 양편이 만났을 때 독일 지도부가 두 가능성 모두 거부했다는 사실은 잘 알고 있었다. 무솔리니는 이탈리아와 유고슬라비아의 전쟁을 독일과 폴란드의 전쟁처럼 여겼다. 다시 말해 이탈리아가 아드리아 해 건너편의 영토 요구를 인정받지 못했던 1918년 이후 합의를 바로잡는 전쟁으로 여겼던 것이다. 무솔리니는 37개 사단으로 슬로베니아를 통과해 공격하는 계획을 세웠지만, 독일이 어떻게 나올지 불확실해 9월 말 계획을 취소했다.[31] 그러자 남은 선택지는 그리스와의 전쟁뿐이었는데, 추축국이 지배하는 유럽에서 그리스의 독립을 희생양 삼아 이탈리아의 잠재적 권력 입지를 다지려는 이기적인 계산이었다. 알바니아의 이탈리아군 사령관

세바스티아노 비스콘티 프라스카Sebastiano Visconti Prasca는 그리스를 간단히 점령할 수 있고 "군사적 부전승"으로 자신의 군사적 명성을 높일 수 있다고 생각했다. 치아노 백작은 알바니아에서 그리스 영토로 식민지 관할권을 넓힐 기회라고 보았다. 이탈리아령 에게 해 섬들의 총독 체사레 데 베키Cesare De Vecchi는 그리스 정복을 통해 알바니아의 제국과 에게 해 동부의 제국을 잇는 육교를 구상했다. 이탈리아-그리스 관계의 단절을 앞당기기 위해 데 베키는 로도스 섬에서 이탈리아 잠수함을 보내 1940년 8월 15일 노후화된 그리스 순양함 헬리Helli를 어뢰로 공격했다. 온갖 도발에도 불구하고 그리스의 군 수뇌부와 정치 지도부는 호전적인 이웃을 달래고자 힘을 합쳐 노력했으며, 사실 아직까지는 무솔리니가 전쟁을 승인할지 여부도 확실치 않았다.[32]

주저하던 무솔리니에게 전환점은 10월 12일 독일군이 플로이에슈티 유전을 보호한다며 루마니아로 진입했다는 소식이었던 것으로 보인다. 이탈리아 지도부는 자국의 '정치경제 세력권'으로 여기던 남유럽을 잠식해오는 독일에 대응할 필요가 있다고 판단했다. 10월 15일 회의에서 무솔리니는 파시스트 지도부와 함께 열하루 후 그리스와의 전쟁을 개시하겠다고 선언했다. 악천후에 개전일은 10월 28일로 미루어졌다. 무솔리니는 프라스카 사령관에게 성공은 무엇보다 작전의 속도에 달려 있다고 당부했다. 히틀러에게 알릴 생각일랑 없었다. "내가 그리스를 점령했다는 사실을 그는 신문을 보고 알 것이다."[33] 그러나 최종 결정을 너무 늦게 내린 탓에 이탈리아군의 대비 태세는 그야말로 엉망진창, 어느 목격자의 표현에 따르면 무솔리니의 "구제 불능 즉흥주의"의 희생물이었다.[34] 한정된 군사력 증강은 이미 시작한 터였지만, 유고슬라비아 계획을 취소한 뒤 무솔리니는 이탈리아 본토의 병력 110만 명 중 절반을 동원 해제하라고 지시했다. 애초에 그리스 전역 계획은 불과 8개 사단으로 에피루스 지방과 이오니아 섬들에 제한된 공격을 가한다는 구상이었다. 그런데 10월 중순 이탈리아에서 전체 사단의 절반을 동원 해제하던 와중에 무솔리니는 침공군을 20개 사단으로 늘리고 가능하다면 불가리아의 협력을 얻어 그리스 전체를 장악하기로 결정했다. 알바니아에 도착한 사단들은 장비와 병력, 보급품이 부족했다. 또 알바니아의 비행장들이 열악해 이 전역에 투입된 이탈리아 공군의 태반은 본토 남부의 기지들에서 출격해야 했다. 그리스군의 잠재력과 배치에 관한 허술한 정보는 어려움을 가중시켰다. 이탈리아는 교전하기에 가장 불리한 지형에서 쌀쌀한 날씨에 불과 6만의 병력과 270대의 전투기, 160대의 L3 경전차로 공세를 개시할 예정이었다.[35]

　그리스는 위협을 알아채고서 알바니아 국경에 배치된 부대들과, 혹시 불가리아가 이탈리아와 함께 공격할 경우에 대비해 트라키아 지방에 배치한 부대들로 동원계획 'IB'를 가동했다. 10월경 제출받은 정보에서 주된 위협이 알바니아의 이탈리아 육군임을 파악한 그리스는 이탈리아 병력이 통과해야 하는 산악지대에 포와 기관총좌를 숨겨 견고한 방어전선을 구축했다. 히틀러가 정상회담을 위해 피렌체에 도착하는 때에 맞추어 무솔리니가 이탈리아군이 다시 의기양양하게 진군하고 있음을 알릴수 있도록, 이탈리아군은 10월 28일 오전 선전포고 없이 침공을 개시했다. 이 전쟁은 예측 가능한 재앙이었다. 그리스군은 신식 병기나 항공기가 거의 없었고 물자가 넉넉지 않았지만, 고국을 방어하기에 사기가 높고 전장을 속속들이 안다는 이점이 있었다. 이탈리아 부대들은 당장 큰 손실을 입었다. 무전과 전화 통신이 너무 열악해 이탈리아 육군은 구식 전령에 의존해야 했다("유능한 전화교환병이 단 한 명도 없다"고 12월에 전역 사령관은 불평했다). 육군은 하루에 보급품 1만 톤이 필요했지만 알바니아의 작고

붐비는 항만시설로는 3500톤만 공급할 수 있었다.[36] 날씨가 궂어 항공기는 조금씩만 운용할 수 있었고, 이탈리아 남부에서 날아와 위기의 지상군에 보탬이 되기에는 시간이 너무 오래 걸렸다. 며칠 만에 그리스 육군은 이탈리아군 전선에 큰 구멍을 냈다.

11월 중순, 그리스군 총사령관 알렉산드로스 파파고스Alexandros Papagos는 반격을 개시해 알바니아 영토 안으로 80킬로미터를 진격해 들어갔다. 11월 22일 알바니아 소도시 코르처가 함락되었다. 그리스 도처에서 종이 울렸으며, 아테네에 있던 한 미국 기자는 개전 이래 연합군이 거둔 첫 승리라고 보았다. 수도의 거리에서 환희에 찬 그리스인들은 "티라나를 원한다!"를 연호했다.[37] 무솔리니의 '전격전' 때문에 이탈리아의 유럽 제국은 별안간 종언을 고할 뻔했다. 이탈리아 육군은 아테네를 향해 신속하고 의기양양하게 진군하기는커녕 그저 알바니아를 지키기 위해 수천 명을 다시 소집할 수밖에 없었다. 1940년 11월부터 1941년 4월까지 추가로 21개 사단, 즉 병력 50만 명 이상, 역축 8만 7000마리, 차량 1만 6000대를 그리스 전쟁에 투입했다.[38] 1941년 3월, 양편이 기진맥진하고 이탈리아군 사령관들이 해임되어 교체되는 가운데 이탈리아군이 주요 공세를 개시했지만 이번에도 나흘 만에 멈춰 섰다. 얄궂게도 1차대전 시기에 무솔리니가 싸웠던 혹독한 알프스 전선을 떠올리게 하는 조건에서 양편은 유달리 큰 손실을 입었다. 이탈리아군의 사상자는 전역 기간을 통틀어 15만 4172명(사망 1만 3755명 포함)에 달했는데, 이는 영하의 날씨에 부실한 장비, 부족한 식량과 의료 보급품으로 싸워야 했던 군인들 중 4분의 1가량이었다. 그리스군의 사상자는 전사자 1만 4000명을 포함해 대략 6만 명이었으며, 수천 명이 동상에 걸려 부풀고 검게 변한 팔다리를 그리스 산악지대의 높은 곳에 들어선 열악한 야전병원에서 절단해 불구가 되었다.[39]

그리스 전쟁의 낭패는 이탈리아의 나머지 해외 제국에서 위험한 반향을 불러일으켰다. 알바니아를 보강하기 위해 사력을 다하는 바람에 이집트의 그라치아니 장군 병력과 에티오피아의 이탈리아 병력을 보강할 전망이 아예 사라졌고, 이탈리아 해군이 아드리아 해에서 대규모 보급 임무를 지원하느라 발이 묶였기 때문이다. 영국 해군은 이탈리아의 새로운 우선순위를 곧장 활용했다. 1940년 11월 12일, 몰타에서 알렉산드리아까지 선단을 호위하던 앤드루 커닝엄Andrew Cunningham 제독의 동지중해 함대는 수에즈 운하를 통과해 도착한 항공모함 일러스트리어스Illustrious를 추가한 전력으로, 조명탄과 폭탄, 어뢰를 운반하는 페어리 '소드피시' 복엽기를 이용하여, 이탈리아 해군의 모항인 타란토에 맹공을 퍼부었다. 이 임무에서 영국 해군은 이탈리아 공군의 허술한 공중-해상 정찰의 덕을 보았지만, 주된 전술적 이점은 신형 공중어뢰에 있었다. 이 어뢰는 타란토 항구의 보호망(이 경우 불완전했다) 아래에서 추진할 수 있었고 새로운 자기감응식 신관 덕분에 낌새를 채지 못하는 군함의 용골 밑에서 폭발할 수 있었다. 효과적인 대공사격은 거의 없었다. 선도기가 조명탄을 터뜨린 뒤 뇌격기들이 두 차례 파상공격으로 항구를 타격했다. 전함 콘테 데 카보우르Conte de Cavour가 치명상을 입었고, 다른 두 전함 카이오 두일리오Caio Duilio와 리토리오Littorio도 비록 수리가 가능하긴 했으나 심각하게 손상되었다.[40] 영국 해군이 처음에 생각했던 것만큼 극심한 피해는 아니었지만, 이탈리아 주력 함대는 황급히 나폴리로 퇴각했다. 수개월 후, 1941년 3월 28일 그리스 마타판 곶 근해에서 영국 알렉산드리아 함대에 의해 이탈리아 순양함 3척과 구축함 2척이 격침되고 전함 비토리오 베네토Vittorio Veneto가 손상된 뒤, 이탈리아 해군은 전투기의 엄호 범위 밖으로 전함을 내보내지 않기로 결정했고, 이로써 이탈리아 주력 전투함대가 연

합군을 위협하던 시절은 끝났다.[41]

불과 5년 전 에티오피아 정복으로 수립했던 이탈리아의 아프리카 제국은 그리스 재앙 이후 단 몇 달 만에 흐트러졌다. 중동과 아프리카의 영국군도 본국 방어에 필요한 인력과 군사 자원 때문에 약해지긴 했지만, 그래도 이탈리아군보다는 조직력과 기술 면에서 앞서 있었다. 무솔리니처럼 어딘가에서의 승리를 열망하던 처칠은 그라치아니의 이집트 침입에 응수하라며 카이로의 영국군 총사령관 아치볼드 웨이벌Archibald Wavell 장군을 들볶았다. 아프리카에서 수적으로 크게 열세였음에도(리비아와 동아프리카의 이탈리아 현역 군인 29만 8500명과 현지인 병력 22만 8400명 대 영 제국군 총 6만 명이었다), 웨이벌은 이탈리아군이 그리스에 정신이 팔린 틈을 타 반격을 준비했다. 영국 제7기갑사단, 1개 인도 사단, 서서히 편성 중인 1개 오스트레일리아 사단의 일부로 이루어진 3만 병력은 1940년 12월 9일 사막에서 '컴퍼스Compass' 작전을 개시했다. 영 제국군은 두 축을 따라 빠르게 이동해 이탈리아군의 정적인 전열 너머로 침투한 뒤 배후에서 공격을 가했다. 이탈로 가리볼디Italo Gariboldi 장군이 이끄는 이탈리아 제10군의 최전선은 놀라고 당황해 어쩔 줄을 몰랐다. 장비가 부족하고 대전차무기가 거의 없고 기갑전 경험이 적은 이탈리아군의 저항은 곧 와해되었다. 1941년 1월 4일 영 제국군은 바르디아에 이르렀고, 그곳에서 이탈리아군 4만 5000명이 항복했다. 1월 23일 투브루크가 함락되고 추가로 2만 2000명이 포로로 잡혔다. 사막을 가로질러 베다폼에 도착한 제7기갑사단은 퇴각하던 이탈리아 부대들을 막아섰다. 2월 7일 전투가 끝나고 리비아 동부 대부분과 포로 13만 3000명, 포 1290문, 전차 400대, 차량 수천 대가 영국군의 수중에 들어갔다. 싸우며 밀고 나아가 리비아 서부에서 잠시나마 숨을 돌린 이탈리아 군인은 8500명에 불과했다. 영 제국군은 전역 기간 2달 동안 500명을 잃었다. 웨이벌은 북아프리카에서 추축국에 남은 마지막 항구인 트리폴리까지 밀어붙여 이탈리아군이 사막에서 저항할 가능성을 아예 지워버릴 수도 있었지만, 다른 전구로 와달라는 압력을 받았다.[42] 그의 다음 목표는 이탈리아령 동아프리카였다. 그곳에서 이탈리아 총독인 사보이 가의 아오스타 공작 아마데오는 불가능한 임무에 직면했다. 영국 해군의 봉쇄로 모든 물자가 차단되고, 에티오피아 인구의 광범한 반란에 당면하고, 차량과 연료, 군수품(대부분 1918년부터 쓰던 것들)이 부족한 여건에서 그가 바랄 수 있는 것이라곤 현상 유지뿐이었다. 이탈리아 제국을 전복하는 데에는 수단에서 공격하는 2개 인도 사단, 케냐에서 공격하는 1개 남로디지아 사단과 영 제국의 2개 아프리카 사단, 이렇게 5개 사단으로 족했다. 1월 21일에 시작된 전역은 아디스아바바를 함락한 4월 6일 사실상 끝났다. 1941년 5월 영국의 감독 아래 에티오피아 황제 하일레 셀라시에가 복위했다. 불과 몇 주 만에 아프리카의 이탈리아 제국 거의 전체가 종언을 고했다.

아프리카와 그리스에서의 패배로 이탈리아가 전쟁에서 이탈하진 않았지만, 제국주의 야망과 가용 자원을 조정할 수 있는 현대식 군사기구와 지휘통제기구를 갖추는 데 파시스트 정권이 얼마나 실패했는지가 여실히 드러났다. 최근에 이탈리아 군대가 전장의 전투부대로서 전후의 대중적 이미지보다는 유능했다는 주장이 제기되었지만, 이 주장은 여전히 납득하기 어렵다. 만약 분별 있는 지휘를 받고 적절한 자원을 공급받았다면 이탈리아 군인들이 더 효과적으로 싸웠으리라는 데에는 의문이 별로 없고, 전쟁 후반에 서서히 개선이 이루어짐에 따라 실제로 그렇게 입증되었다. 용감한 군인들이 암울한 조건에서 구식 장비를 가지고도 최선을 다해 싸웠다는 것도 의심할 여지가 없다. 그러나 1940~1941년에 패한 이탈리아군은 훌륭한 지휘를 받지도, 자원을 효율적으로 공급받지도 못했고, 그 결과로 사기가 뚝 떨어졌다. 주된 문제는 이탈리아가 전쟁 노력을 위해 마련한 구조에 있었다. 무솔리니는 결정권을 자기 수중에 집중시켰지만, 그의 결정은 툭하면 제멋대로 개입하고 사령관들의 조언을 받아들이기를 꺼리는 군사 아마추어의 결정이었다. 삼군 간 협력도 형편없었다.[43] 1940년 이탈리아 육군은 기껏해야 제한된 식민지 전쟁을 치를 장비를 갖추었을 뿐 현대식 기동전에는 전혀 대비되어 있지 않았다. 대전차포는 거의 없었고, 그나마 보유한 포는 구식이었으며(사막의 야포 7970문 중 1930년 이후 생산된 것은 246문뿐이었다), 전차는 무게가 가볍고 장갑이 부실하고 동력이 부족했다.[44] 무솔리니가 전격전을 수행할 수 있는 군대를 갈망하긴 했으나 파시스트 국가는 군사적 효율성 면에서 영원한 장애물이었다.

모든 전선에서 패할 듯한 지경에 이르자 무솔리니는 끝내 히틀러에게 군사 원조를 요청할 수밖에 없었다. 무솔리니는 12월 7일 공식 요청했고 히틀러는 망설이다가 결국 동의했다. 이 무렵 무솔리니의 즉흥적인 그리스 침공으로 인해 독일이 원료와 석유의 공급처로 중시하는 발칸 반도 전체가 불안정해질 판국이었다. 영국이 개입할 경우(11월 2일 영국의 해군 파견단이 아테네에 도착했고, 몇 주 후 첫 공군 부대들이 도착했다) 이전 스칸디나비아 위기가 재연되어, 소련을 상대로 주요 전역을 준비 중인 독일군의 측면이 위험해질 수 있었다.[45] 1940년 12월에 머지않아 현실이 될 듯한 이탈리아의 패배는 불과 3개월 전에 삼국동맹 조약으로 정치적 권리를 선언했던 추축국의 평판에도 악영향을 끼쳤다. 독일 지도부가 이탈리아 측을 돕기로 한 것은 그들의 곤경을 동정해서가 아니라 그러는 편이 독일에 이익이었기 때문이다. OKW의 한 기획참모가 말했듯이, "마지못해 주고 마지못해 받은" 지원이었다.[46] 무솔리니에게 알리지 않은 채 히틀러는 이미 12월 13일 암호명 '마리타Marita' 작전으로 그리스에 개입할 준비를 하라고 지시해둔 터였다. 불가리아의 동의하에 독일군은 1941년 초 불가리아-그리스 국경으로 이동했다. 빌헬름 리스트Wilhelm List 원수 휘하 제12군은 5개 군단 및 지원부대인 제8비행군단과 함께 4월 초에 침공할 계획으로 3월 말 불가리아에 자리를 잡았다. 이 계획을 독일군은 이탈리아군과 거의 조율하지 않았으며, 이탈리아군은 독일군이 공격할 때까지 알바니아 전선에 붙어 있었다.

발칸을 안정화하기 위해 준비하는 동안, 히틀러는 북아프리카의 이탈리아군을 지원할 항공 자원과 기갑 자원의 이동을 승인했다. 대함 작전의 전문가 한스 가이슬러Hans Geisler 장군이 지휘하는 제10비행군단은 1940년 12월 항공기 350대와 함께 시칠리아 섬에 도착해 기지들을 세우기 시작했다. 이곳에서 출격해, 몰타 섬의 비행장과 잠수함으로 이탈리아의 보급 작전을 위협하는 영국군을 무력화할 의도였다. 1월 16일, 타란토 급습에 참여했던 항공모함 일러스트리어스가 독일 항공기에 의해 손상을 입었다. 몰타 섬이 완전히 무력화되진 않았지만, 1941년 봄 반복되는 공습에 북아프리카 전구로 가는 이탈리아 호송선단에 대한 영국 해군의 활동은 여름에 독일 항공기가 물러날 때까지 제한되었다. 1941년 1월과 2월에 제15기갑사단과 제5경차량화사단은 프랑스에서 벌인 전차전의 주역 중 한 명인 에르빈 로멜의 지휘 아래 리비아로 이동했다. 이 독일 아프리카군단은 사기가 꺾인 이탈리아군에 새로운 버팀목이 되어주었다. 1941년 2월경 리비아 서부에는 이탈리아군 6개 사단과 항공기 100대밖에 없었다. 북아프리카의 이탈리아군 총사령관 그라치아니는 신경쇠약으로 쓰러져 이탈로 가리볼디로 교체되었다. 독일 군단과 나란히 이탈리아 기갑부대가 추가로 도착하자 로멜은 당장 영 제국의 역량을 시험하러 나섰다. 히틀러

본부는 트리폴리 동쪽의 더 방어하기 좋은 전선까지 일정 거리를 전진하는 '해바라기Sonnenblume' 작전을 구상했지만, 로멜은 지난 몇 주간 사막에서 추격하느라 기진맥진한 눈앞의 적군이 자신을 막을 수 없다고 보았다. 영 제국군은 얇게 퍼져 있었고 '컴퍼스' 작전 이후 전차의 수가 현격히 줄어든 상태였다. 로멜은 영국군을 사막 저편으로 격퇴했으며, 로멜을 제어하려던 히틀러의 최고사령부와 리비아의 이탈리아 사령관의 노력은 완전히 실패했다. 가리볼디는 명목상 로멜의 상관이긴 했으나 독일군 사령관이 이탈리아 측의 지휘를 따라야 한다고 고집할 수 없었다. 오히려 로멜은 투브루크까지 밀고 나아가 4월 8일 그곳을 포위했다. 로멜이 대체로 이탈리아 동맹군을 무시하긴 했지만—그리고 이탈리아 장비의 열악한 수준에 충격을 받긴 했지만—사막에서의 반격은 독일군과 이탈리아군의 협공이었으며 이탈리아군에 실제로 승리의 전망을 처음으로 열어주었다.

사막에서 전세가 급격히 뒤집힌 것은 무엇보다 런던 정부가 추축국과 싸우는 그리스를 지원하기 위해 원정군을 보낸다는 정치적 결정을 내렸기 때문이다. 영국은 1939년 봄 폴란드의 독립과 더불어 그리스의 독립까지 보장한 바 있었다. 그러나 영국이 그리스에 개입하는 바람에 이미 취약한 북아프리카 주둔군이 더 약해지고 이집트와 수에즈 운하가 위험에 노출되었다. 게다가 독일군과 진지하게 싸울 경우 그리스를 구할 수 있으리라는 현실적 전망이 있는 것도 아니었다. 처칠은 무솔리니처럼 유럽에서의 승리를 열망했고, 또 무솔리니처럼 정치적 야망과 군사적 현실을 조화시키지 못했다. 1월 9일, 참모본부 및 전시내각과 논쟁한 뒤 처칠은 소신대로 행동했다. 웨이벌에게 아프리카 전선을 떠나 그리스군을 지원하라고 지시했으나 장군은 이 방안에 완강히 반대했다. 성난 처칠은 "귀관에게 필요한 건 군사법원과 총살대로군"이라고 대꾸했다.[47] 처칠은 고집을 부렸지만, 그리스 독재자 이오아니스 메탁사스Ioannis Metaxas는 독일의 즉각적인 침공을 유발할까 두려워 영국의 지원을 받기를 꺼렸다. 그렇지만 1941년 그가 사망한 뒤 신임 총리 알렉산드로스 코리지스Alexandros Koryzis는 독일의 위협이 곧 닥칠 듯한 1941년 3월 2일, 결국 영국과 정식 군사협정을 맺었다. 영국은 이 협정을 폭넓은 반추축국 전선의 일부로 구상했고, 처칠의 외무장관 앤서니 이든이 이 전선에 대해 협상하기 위해 지중해로 파견되었다. 2월 19일 아테네에 도착한 이든은 터키와 유고슬라비아를 방문해 연합국의 대의에 동참하라고 설득했으나 소용이 없었다. 양국은 그물에 걸려들지 않으려 했는데, 당장은 분명 독일이 이기는 쪽이었기 때문이다—당시 영 제국군이 리비아에서 총퇴각하고 있었기에 더욱 그렇게 보였다. 3월 7일, 'W군'을 이룬 뉴질랜드와 오스트레일리아 병력이 버나드 프레이버그Bernard Freyberg 소장의 지휘 아래 그리스 본토에 상륙했다. 퍽 흡사했던 노르웨이 전역 때처럼 그리스 전역에서도 영국군은 무너지는 동맹을 떠받치려다 실패하고 6주 만에 내쫓겼다.

독일군이 그리스에 들이닥친 4월 6일(울트라 작전으로 암호를 해독한 영국 정보기관은 이 작전을 이미 알고 있었다) 무렵이면 정치적 상황이 다시 바뀌어 있었다. 이든의 노력에 퇴짜를 놓았던 유고슬라비아 정부는 3월 25일 삼국동맹 조약에 가담했으나 반독일 군사 쿠데타에 의해 곧장 전복되었다. 이든은 베오그라드 측이 이제 그리스-영국 동맹에 참여할 거라는 희망을 잠시 품었지만, 새로 들어선 유고슬라비아 정권 역시 독일의 침공을 유발할 법한 약속을 경계했다. 그렇지만 이 쿠데타에 격분한 히틀러는 그리스 전역을 개시한 지 며칠 만에 유고슬라비아까지 파괴하는 쪽으로 작전을 확대했고, 우선 베오그라드를 무자비하게 폭격하기 시작했다. 지령 제25호에 따라 리스트의 제12군은 유고슬라비아 남부까지 공격하는 것으로 작전을 변경했고, 그동안 헝가리와 오스트리아에서 유고슬라비아 북부를 공격할 새 부대들이 편성되었다. 또 항공기 약 900대가 대영국 전장에서 새 전역으로 이동했다. 1940년 10월 이탈리아군이 그리스를 상대로 급하게 즉흥적으로 배치되었던 것과는 아주 대조적으로, 독일군 계획자들은 불가능해 보이는 병력 배치를 단 2주 만에 완수했다. 1941년 4월 6일 독일군은 7개 기갑사단을 포함하는 33개 사단으로 공세를 시작했다. 뒤이은 전투는 '전격전'의 모범이었다. 험난한 산악 지형, 익숙하지 않은 풍경에서 유고슬라비아군과 그리스군을 쓸어버렸다. 4월 17일 유고슬라비아가 항복했고, 20일 그리스 측이 한 독일군 지역 사령관과의 휴전협정에 서명했다. 이튿날 리스트의 제12군이 이탈리아군이 진입하지 못하도록 그리스-알바니아 국경을 지키는 가운데 그리스가 독일에 무조건 항복했다. 무솔리니는 이것이 자신의 전쟁이므로 이탈리아의 승리여야 마땅하다고 항의했다. 히틀러는 4월 23일 살로니카에서 열린 두 번째 항복 의식에 이탈리아 측이 참석하는 것을 마지못해 허락했고, 그리스군 사령관 예오르요스 촐라코글루Georgios Tsolakoglou는 이탈리아의 승리 주장을 인정할 수밖에 없었다. 하지만 현실은 이탈리아를 비켜가지 않았다. 4월 말 빈에서 전리품 분배를 논의할 때 이제 이탈리아의 역할이 독일의 위성국이라는 것이 명확히 드러났다. 1940년 무솔리니의 혼란스럽고 호전적이고 정리되지 않은 전략은 6개월 후 독립 이탈리아 제국의 최종 소멸로 이어졌다. "우리 동맹들의 운명은 비극적일 수 있다. 식민지의 운명이다"라고 치아노는 불평했다.[48]

이 못지않게 영 제국이 맞이한 결과도 비극적이었다. 4월 14일경 됭케르크 철수작전이 지중해에서도 필요하다는 것이 분명했다. 며칠 후 승선이 시작되었고 영 제국군과 그리스군 5만 명이 크레타 섬이나 이집트로 수송되었다. 크레타의 강력한 영국 주둔군이 안보를 계속 위협하자 독일 측은 쿠르트 슈투덴트Kurt Student 장군의 정예 낙하산부대를 투입하는 대 담한 작전을 세웠다. 5월 20일 독일 낙하산부대가 강하한 뒤 이례적으로 큰 손실에도 불구하고 말레메의 주력 공군기지를 확보했다. 그다음 열흘 간 양편은 섬을 놓고 치열하게 경합했지만, 영국 참모본부는 또다시 전면 적 패배를 당할 이유가 없다고 판단해 5월 31일 현지 수비대를 이집트로 철수시키기 시작했다. 인명 손실은 3700명이었으며, 그중 2000명은 독일 항공기에 연이어 공격과 폭격을 당한 영국 군함들의 승조원이었다. 그리 스와 크레타에서의 패배로 영국군이 유럽 본토에 주둔할 수 없다는 것이 확인되었고, 그 결과로 이집트의 줄어든 병력이 더욱 심각한 위협에 노출 되었다. 영국 육군부는 '발생 가능한 최악의 경우'에 대비해 우발사태 계 획을 수립했다. 다름 아닌 이집트를 포기하고 수단까지, 더 심하면 저 멀 리 남아프리카까지 후퇴하는 경우였다. 4월 24일, 일찍이 영국의 그리스 낭패에 반대했던 웨이벌은 런던 육군부에 그 시점의 편성과 장비를 보건 대 온전한 대형이 단 하나도 없다고 알렸다. 그리고 "우리는 전쟁을 시작 한 이래 줄곧 임기응변과 부족한 물자로 싸우고 있습니다"라고 말을 이 었다.[49] 영국에서는 영국 원정군British Expeditionary Force의 두문자어 BEF가 이제 'Back Every Fortnight'(2주마다 후퇴)를 뜻한다는 농담이 퍼졌다. 국 내정보수집국Home Intelligence은 국민이 어떤 질문에 가장 몰두하는지 보고 했다. "독일군은 아군과 지상에서 마주할 때마다 **항상** 이길 것인가?"[50]

그리스와 크레타에서 위기가 발생하는 동안 중동의 영국군도 위협에 직면했다. 4월 1일 이라크 민족주의자들이 영국의 영향력을 줄이고 추축 국과 손을 잡고자 쿠데타를 일으켰던 것이다. 이라크 위기는 바그다드 법 학교 교수 출신인 급진적 민족주의자 라시드 알리 알-가일라니Rashid Ali al-

Gaylani가 총리가 된 1940년부터 계획되었다. 라시드의 지원을 받은 이라크 장교 음모단—'황금광장'으로 알려진—은 유럽에서 연합국이 패한 기회를 살려 이라크에 잔존하는 영 제국과의 연계를 없애려 했다. 신임 총리는 1941년 1월 31일 영국 정부가 압력을 가한 뒤 축출되었지만, 이미 추축국의 지원을 받을 속셈으로 독일 및 이탈리아와 접촉한 터였다. 4월 초 군사 쿠데타가 일어나자 섭정 압드 알-일라Abd al-Ilah 공은 영국 위임통치령 팔레스타인으로 피신할 수밖에 없었다. 라시드는 '국방 정부'를 구성했으며, 영국이 중동에서 가장 두려워한 강국 독일과 소련이 거의 즉각 새 정부를 인정했다.[51] 라시드가 비록 약해졌을지언정 아직 이라크에 남아 있는 영국군과의 무력 충돌을 실제로 원했는지는 불분명하지만, 독일군이 발칸으로 밀고 들어간 뒤 이라크를 급습할 가능성을 우려한 영국 참모본부는 긴요한 석유 채굴권과 지중해 전구로 이어지는 육로를 지키기 위해 영국과 인도 병력 수천 명을 이라크 남부 항구 바스라로 파병하는 '세이바인Sabine' 작전을 승인했다. 라시드 정부는 영국군의 이동을 요구했다. 영국은 요구를 거절했을 뿐 아니라 영국-이라크 방위협정을 위반하고 병력을 추가로 데려왔다. 이라크군은 전쟁에 대비했다. 예루살렘의 대大무프티grand mufti(무프티는 이슬람법에 관한 의견을 밝힐 수 있는 법학의 권위자를 뜻하며 대무프티는 그중 가장 높은 직책이다)이자 친독파인 아민 알-후사이니Amin al-Husayni는 당시 영국군 때문에 팔레스타인에서 바그다드로 피신해 있었는데, 영 제국에 지하드를 선포하고 성전을 위해 무슬림을 불러 모았다.[52] 4월 25일 이라크는 무기를 공급받고 그 대가로 유전시설과 항만시설에 대한 접근을 약속하는 조약을 이탈리아와 체결했고, 비시 정부가 통제하는 시리아를 통해 이라크로 무기가 들어오기 시작했다. 지중해 동해안을 따라 하이파로 이어지는 영국 송유관이 차단되었으며, 이라크군은 바그다드에서 90킬로미터 떨어진, 유프라테스 강기슭의 하바니야에 있는 영국의 주요 공군기지를 포위해 빼앗을 준비를 했다. 5월 1일, 포와 여러 경전차의 지원을 받는 이라크군 9000명은 비행장이 내려다보이는 낮은 고원에 자리를 잡고서 전투태세를 취했다.

수치상으로는 대등하지 않은 전력이었다. 하바니야에는 영국 공군과 육군 인력 1400명과, 영국이 이 지역 주둔군을 지원하기 위해 이라크 현지에서 모집한 병력 1250명밖에 없었다. 이 기지는 각종 구식 훈련기와 9대의 글로스터 글래디에이터 복엽전투기를 보유한 영국 공군 훈련부대의 본거지였다. 바스라 항구에 집결한 영국 병력은 바그다드로 이어지는 지역을 침수시킨다는 이라크의 결정으로 인해 하바니야에 당장 지원을 제공할 수 없었다. 이집트에서 약세인 영국군의 처지를 고려해 하바니야 지원을 매우 꺼리던 웨이벌은 하는 수 없이 기동구조대인 '합부대Habforce' [하바니야부대Habbaniya Force의 줄임말]를 그러모았고, 팔레스타인과 트란스요르단에서 이라크를 구하러 출발했다. 그런데 하바니야는 자체 방어를 해냈다. 영국 비행교관과 수습조종사는 훈련기를 띄워 이라크군 진지에 온종일 폭탄을 퍼부었다. 사기가 떨어지고 물과 식량이 부족하고 끊임없이 폭격과 기총소사를 당한 이라크군은 와해되었다. 5월 6일 이라크군은 팔루자로 이어지는 도로를 따라 총퇴각하던 중 반대편에서 오는 이라크 예비군과 맞닥뜨렸다. 뒤이은 혼란 속에서 영국 공군은 노출된 병력과 차량에 치명적인 집중사격을 가했다. 이라크군은 팔루자까지 추격당했고, 그곳에서 도시가 영국군의 수중에 들어간 5월 20일까지 격전을 벌였다. 포와 폭탄에 의해 팔루자가 전면 파괴된 광경에 어느 영국 군인은 지난날 보았던 "1차대전 기간에 난타당한 플랑드르 도시들"의 사진을 떠올렸다.[53] 그다음 주에 하바니야와 바스라에서 날아온 항공기의 든든한 지원을 받은 '합부대' 1400명이 바그다드에 집결했으며, 5월 30일 라시드, 알-후사이니, 황금광장 장교들이 이란과 터키로 도피했다. 바그다드 시장이 남아 휴전을 협상했다. 영국군은 그리 크지 않은 손실로 이라크 육군과 공군을 패주시키고 봉기를 진압했다. 이 분쟁은 영국군에게 익숙한 싸움, 즉 현지 모병 부대와 인도 부대로 소규모 영국 부대를 지원하고 적군이 비록 수는 많더라도 군사적 관점에서 부족하다고 상정한 싸움이었다. 하바니야의 정보장교 서머싯 데 체어Somerset de Chair는 이렇게 썼다. "우리에게 그것은 우리 제국의 동쪽 경계에서 벌어진 또 하나의 전투일 뿐이었다."[54]

영국이 이라크 전역에 더 절박하게 대응한 까닭은 이제 발칸과 에게 해에 자리잡은 추축국이 이번 기회를 이용해 반란을 지원하고, 지중해 동부에서 이미 취약한 자국의 입지를 흔들어댈지 모른다고 우려했기 때문이다. 라시드는 독일과의 연계를 활용해 이라크의 대의를 지원하도록 유도하려 애썼지만, 독일은 발칸 위기 탓에 다른 데 신경쓸 여력이 없었다. 게다가 히틀러는 중동을 이탈리아와 비시 프랑스의 세력권으로 여겼다. 중동에서 반란이 일어난 뒤에야 영국군을 약화시키는 일이 가능해 보였지만, 독일의 지원은 적은 양의 무기 수송, 바그다드로의 군사 사절단 파견, 그리고 2개 비행대대―메서슈미트 Bf110 중전투기 대대와 구식 하인켈 He111 폭격기 대대―로 한정되었다. 이탈리아는 1개 피아트 CR.42 복엽기 비행대대를 보냈다. 두 공군 부대는 비시 프랑스 당국의 허가를 받아 시리아 알레포의 공군기지를 사용할 수 있었고, 나중에는 이라크 북부 모술에 착륙했다. 그들은 산발적인 공습에 나섰으나 5월 말까지 당초 전력의 95퍼센트를 잃었다. 이탈리아와 마찬가지로 독일도 이라크의 석유에 가장 관심이 많았다. 1941년 5월 독일 석유 사절단이 이라크에 도착해

석유산업을 조사하는 한편 영국을 몰아낸 후 해당 산업을 넘겨받을 전망을 확인했는데, 이는 추축국이 승리할 경우 기존의 제국 주인이 다른 제국 주인으로 바뀔 거라는 확실한 신호였다.[55] 하지만 결과를 바꾸기에는 개입의 시점이 너무 늦었고 힘이 너무 약했다. 히틀러는 5월 23일 전쟁지령 제30호를 발령해 라시드의 반란을 지원하겠다고 약속했으나 그 무렵이면 분쟁이 거의 끝난 상태였다. 6월 11일의 두 번째 지령 제32호에서는 중동에서 영국군을 몰아내는 작전은 임박한 대소련 전역이 끝난 이후에야 고려할 수 있다는 점을 분명히 했다.[56] 히틀러에게 중동은 여전히 자신의 전략적 범위를 넘어서는 부차적인 문제였다.

나머지 전쟁 기간에 아랍의 반영국 정서를 활용해 또다른 무장 봉기를 부추기려는 독일의 노력은 정치전으로 국한되었다. 아랍 세계를 겨냥한 선전전이 추축국이 벌인 가장 큰 정치 공세였다. 독일 외무부는 1939년 4월부터 베를린 남쪽 체젠에서 아랍어 라디오 방송국을 운영했고, 1941년에는 24시간 내내 방송하며 영 제국주의와 유대인이 아랍 세계 및 이슬람의 주적이며 도처의 무슬림이 그에 맞서 봉기해야 한다는 핵심 메시지를 전달했다.[57] 그리고 공중에서 중동 곳곳에 끊임없이 뿌리는 전단과 팸플릿으로 방송을 보완했는데, 그 양이 1942년 봄까지 총 800만 톤이었다. 쿠란에서 인용문을 뽑아 "부정하고 폭력적인 범죄자" 영국으로부터 아랍을 해방시킨다는 대의를 뒷받침하기도 했다. 또한 아랍 민족들을 노예로 만들려는 유대인의 세계 음모라는 관념을 활용했다. 친위대는 쿠란에서 예언한 거대한 유대인 왕 다잘을 신의 종복 히틀러가 무찌를 거라고 주장하는 팸플릿을 100만 부 발행했다. "적힌 대로 히틀러는 다잘을 죽이고 그의 궁을 파괴하고 그의 협력자들을 지옥으로 내던질 것이다."[58] 이 캠페인은 별다른 성과를 거두지 못했다. 이라크 반란은 영국의 제국주의 야망에 대한 아랍의 적대감이 폭력으로 귀결된 유일한 경우였다. 라디오 선전은 라디오 기기가 부족해 효과가 떨어졌고—사우디아라비아를 통틀어 26대밖에 없었고, 이집트의 5만 5000대는 대부분 유럽인 거주자의 소유였다—쿠란을 들먹이며 뻔한 정치적 동기를 뒷받침하려던 책략은 이슬람 성직자들의 분노를 자아냈다. 아야톨라 호메이니Ayatollah Khomeini라는 이름으로 더 잘 알려진 이란의 물라(이슬람의 학자 또는 그 존칭) 루홀라 무사비Ruhullah Musavi는 나치의 선전을 가리켜 "인간 정신의 가장 유독하고 악랄한 산물"이라고 비난했다.[59] 자신들은 반제국주의자라는 독일과 이탈리아의 주장은 리비아의 아랍인과 베르베르인 주민을 잔혹하게 탄압한 후로는 유지되기가 어려웠다. 한 보고서에 따르면 북아프리카의 독일 군인은 아랍인 주민을 존중하는 척하면서도 그들을 열등한 인종처럼 대하고 '유색인', '검둥이', 더 나아가 혼란스럽게도 '유대인'이라고 불렀다.[60]

그럼에도 영국은 이라크 반란 이후 이 지역의 안보가 계속 위협받자 비관론으로 기울었다. 육군 참모총장 존 딜John Dill 장군은 바그다드가 항복하고 불과 2주 후에 작전부장에게 "그대도 알겠지만 우리는 중동을 잃을 걸세"라고 말했다.[61] 비시 프랑스 당국이 시리아에서 추축국 공군 부대들에 지원을 제공한 사실은 영국이 옛 동맹 프랑스로부터 아무런 호의도 기대할 수 없다는 것을 다시 한 번 확인해주었다. 시리아와 레바논에는 프랑스 부대와 식민지 부대를 합해 최소 3만 5000명과 전차 90대라는 상당한 전력이 있었다. 웨이벌은 이 위협을 제거하라는 지시를 받았고, 6월 8일 영국군, 인도군, 오스트레일리아군, 자유프랑스군이 뒤섞인 병력이 이라크에서 다마스쿠스를 향해 서쪽으로, 그리고 팔레스타인에서 베이루트를 향해 북쪽으로 이동했다. 격전 이후 프랑스군 사령관 앙리 덴츠Henri Dentz는 휴전을 요청했다. 영국은 이 프랑스 위임통치령의 군사적 통제권을 장악했고, 자유프랑스는 프랑스 민정의 통제를 다시 수립하려 시도해 엇갈린 성과를 거두었다.[62] 이제 영국 군대와 관료는 이집트부터 이란 국경까지 중동 전역을 차지했는데, 이때가 중동에서 영국 세력권의 범위가 가장 넓은 시기였다. 영국은 통제 범위를 감추고자 영국 민주주의의 덕목을 알리는 캠페인을 벌였다. 독일 측과 마찬가지로 영국 홍보 당국은 자기네 선전을 뒷받침하고자 쿠란을 동원했다. 이라크에서 배포된 어느 형형색색 포스터는 "이슬람의 종교는 민주주의의 영혼이다. … 민주주의는 쿠란의 정수다"라고 주장했다.[63] 이 캠페인은 자유주의 정치의 덕목을 설파하면서도 통제력을 유지하고자 종래의 제국 관행—언론 검열, 즉결 체포, 추방, 중앙정부와 지방정부에 심어둔 고문顧問—을 이어가려는 영국의 명백한 의도로 인해 훼손되었다. 바그다드 주재 미국 공사관은 영국 측이 이라크 정부와 경제기구에 깊숙이 침투했고 모두 "영 제국의 안녕에 이바지"하도록 만들려는 의도라고 워싱턴에 보고했다.[64] 영국의 우선 과제는 줄곧 통신과 석유 공급처의 안전이었지만, 1941년 6월 말 독일이 소련을 침공하면서 새로운 위협이 대두했다. 독일군이 이집트를 통과해 진격해오는 동시에 캅카스 지역에서 중동으로 밀고 들어올 가능성이 생겼던 것이다. 더 나쁜 가능성은 일본과 독일이 힘을 합해 유라시아에서 영국과 그 동맹들을 몰아내는 지정학적 악몽이었다.

매킨더 순간

영국 지리학자 핼퍼드 매킨더Halford Mackinder는 중부유럽부터 태평양까지 유라시아의 대륙 공간이 지구의 지정학적 '심장부'라는 견해를 주창한 것으로 유명하다. 이 광대한 땅덩이, '세계섬world island'의 자원을 통제하는 국가가 해양국가들의 '바깥 주변부'를 지배할 것이라는 견해였다. "심장부를 통치하는 자가 세계섬을 지배한다"고 매킨더는 1919년에 썼다. "세계섬을 통치하는 자가 세계를 지배한다."[65] 매킨더는 1904년 〈역사의 지리적 중심축The Geographical Pivot of History〉이라는 논문에서 이제 심장부의 막대한 물적 자원을 활용할 수 있도록 해주는 현대 교통 때문에 영국의 전지구적 권력이 뒤집어질 가능성을 경고하기 위해 이런 견해를 처음으로 제창했다. 1919년에는 독일과 일본이 러시아와 중국을 희생양 삼아 자기들끼리 유라시아를 지배할 수도 있다고까지 말했다. 독일은 중부유럽과 동유럽에 단단히 발을 딛고 일본은 '대양 인접지'라는 이점을 누리는 지배 형태였다.[66] 이 견해는 영국에서 거의 영향력이 없었고, 매킨더의 저술을 읽고 1차대전 직후에 벌써 지리적 '중심축'에 관해 쓴 독일 지리학자 카를 하우스호퍼가 아니었다면 계속 세상에 알려지지 않았을 것이다. 하우스호퍼는 지리적 환경과 국력의 밀접한 관계를 설명하기 위해 '지정학'이라는 용어를 대중화한 주역이었다. 하우스호퍼가 재직한 뮌헨 대학의 학생들 중 한 명이 훗날 히틀러의 부관이자 국가사회주의당의 초기 당원이 되는 청년 루돌프 헤스였다. 헤스는 히틀러에게 하우스호퍼를 소개했고, 하우스호퍼는 미래의 독재자 히틀러가 1923년 쿠데타 실패 이후 란츠베르크 형무소에서 읽게 될 지정학 주제의 텍스트를 공급했다.[67]

매킨더까지 이어지는 정확한 연결고리를 추적하기는 어렵지만, 하우스호퍼가 히틀러에게 지리적 중심축에 관한 간접 서술을 전해주었을 가능성이 있다. 동료 수감자 헤스에게 《나의 투쟁》을 구술할 무렵 히틀러는 분명 독일의 운명이 심장부에 달려 있다는 견해를 흡수한 상태였다. "이 지구상에서 충분히 넓은 공간만이 한 민족의 존속의 자유를 보장하고" 그런 공간은 상상 속의 "동방"에서 찾을 수 있다고 히틀러는 썼다.[68] 훗날 하우스호퍼는 히틀러의 "지정학적 지배력"을 칭송했는데, 여기에는 그가 영제국—이 제국의 지정학적 지배력에도 감탄했다—을 여행하면서 도출한 "공간을 점령하는 세력들"에 관한 본인의 사상이 반영되어 있었다. 하우스호퍼는 독일이 유라시아 육상 세력을 건설하는 데 일조하고, 그리하여 해양 앵글로색슨족을 배척하고 지배하기를 바랐다. 일본의 한반도와 만주 식민화에 관한 초기 연구를 통해 그는 일본 역시 이 프로젝트에 "세계 대륙 정치의 대륙 지향적 파트너"로서 참여할 수 있을 것이라고 확신했다.[69] 1913년 그는 일본의 세계적 지위와 "대일본"으로서의 지정학적 미래에 관한 주요 연구를 발표했다. 지정학은 1930년대 일본에서 인기를 끌었는데, 이 학문이 일본의 영토 확장의 지혜가 서구의 패권을 극복할 방도라는 것을 확인해주는 듯했기 때문이다. 일본 학자 고마키 사네시게 小牧實繁는 1940년에 펴낸 《일본 지정학 선언》에서 동아시아 전역에 걸친 일본의 패권을 주장했다.[70] 매킨더의 '심장부'는 미래의 세계 권력구조에 관한 추상적 사변으로 시작했지만, 독일과 일본의 제국주의자들이 유라시아 지배라는 엘도라도를 찾는 방법에 관한 서술로 끝났다. 대규모 영토 정복으로 세계의 지정학적 질서를 뒤엎을 수 있다는 환상은 1930년대와 1940년대에 독일과 일본이 추구한 가장 극단적인 팽창주의 야망이었다. 그러나 당시 양국이 정복하려던 영역은 이미 획득한 영토 이외의 광대한 지리적 범위였으며, 그것을 얻으려면 세계에서 가장 강력한 국가들로부터 빼앗아야 했다. 양국의 지정학적 상상과 지정학적 현실 사이의 간극은 인종적 오만과 군사적·지리적 현실을 애써 무시하는 태도로만 메울 수 있었다. 매킨더는 외부에서 '심장부'를 전부 정복하는 상황을 예견한 적이 없었다. 역사를 통틀어 유라시아 외부의 그 어떤 국가도 '심장부'에서 영속적인 종주권을 확립한 적이 없었다.

그럼에도 지정학적 환상만으로는 양국이 정복을 결정한 시점을 충분히 설명할 수 없는데, 두 경우 모두 유라시아 강국이라는 더 넓은 비전을 뒷받침하고 보완하는, 주의를 끄는 단기적인 경제·전략·이데올로기 요인들이 작동하고 있었기 때문이다. 히틀러의 경우 일련의 변화하는 상황에 대응하면서 소련을 타격한다는 결정을 점차 굳혀갔고, 그 과정에서 공상적인 제국주의 야망이 꼭 필요하고 불가피한 야망이라는 점을 본인에게, 독일군에게, 그리고 더 폭넓은 독일 대중에게 제시하며 정당화할 수 있었다. 침공 결정도 히틀러의 몫이었다. 1939년에 대폴란드 전쟁을 준비하던 때처럼 히틀러는 일단 마음을 정한 이상 단념하지 않으려 했다. 측근 중에 괴링과 리벤트로프가 대영국 전쟁을 먼저 끝마치는 편이 전략상 더 유리하다고 몇 달간 설득했으나 소용이 없었다. 그래도 히틀러의 결정은 불확실했다. 1940년 12월 육군 총사령관 발터 폰 브라우히치Walter von Brauchitsch 원수는 히틀러의 육군 부관에게 독재자가 실은 소련 침공 계획에 대해 엄포만 놓는 것은 아닌지 물었고, 이제 히틀러가 침공하기로 결정을 내렸다는 확답을 들었다. 한 달 후 OKW 참모진은 여전히 히틀러의 "의도가 확고한지" 확신하지 못해 이제 침공 결정을 돌이킬 수 없고 더 이상 질문하지 말아야 하는지를 재차 확인했다.[71]

그때까지 소련 전역은 일종의 진공 상태에서 구상되었다. 히틀러가 여러 동기로 영 제국을 패배시키는 문제, 동방에서 '유대-볼셰비키'의 위협에 맞서는 문제, 독일 국민을 위해 '생존공간'을 장악하고픈 욕구를 실현하는 문제와 동시에 씨름하고 있었기 때문이다. 주된 원인은 처칠 정부가 강화를 거절한 데 있었다. 1940년 7월 말 독일군 수뇌부를 호출해 향후 전략을 논의할 때, 히틀러는 1941년 봄에 강력한 군사적 타격으로 소련을 격멸하고 싶지만 그 목표는 영국이 유럽에서 동맹을 얻을 마지막 희망을 없애는 데 있다고 알렸다. 이런 반영국 동기를 히틀러는 1940년 8월부터 1941년 6월까지 10개월 동안 마치 전략상 주문呪文처럼 되뇌었고, 1941년 6월 22일 오전 '바르바로사Barbarossa' 작전의 개시를 알린 두서없는 대국민 연설에서도 다시 거론했다. "유대-앵글로색슨 전쟁광들의 음모에 맞서는 것만큼이나 볼셰비키의 중심지 모스크바의 유대계 세력과도 맞서야 할 시간이 왔습니다."[72] 영국에 협정을 강요하기 위해 소련을 분쇄하는 방안을 독일 육군 계획자들은 회의적으로 바라보았고, 특히 참모총장 프란츠 할더는 1941년 1월 소련 침공이 "잉글랜드에 영향을 주지 못한다. … 우리가 서부에서 무릅쓰는 위험을 과소평가해서는 안 된다"고 적었다.[73] 히틀러에게 영국을 운운하는 계략은 노골적인 침략 전쟁을 상대국의 행동 탓에 부득이 실행하는 선제공격으로 위장하는 수법, 이전의 대폴란드 전쟁처럼 현실을 뒤집는 수법이었다.

사실 대소련 전역은 영국의 패배라는 목적지를 에둘러 가는 경로 그 이상이었다. 이 전역은 그 자체로 전쟁의 목표로서, 동유럽에서 독일의 제국 건설을 위협하는 주된 세력을 제거할 뿐 아니라 베를린에서 통치하는 유라시아 제국의 향후 입지를 다지기 위한 싸움이었다. 붉은군대를 상대하는 전역의 초기 계획은 1940년 육군 수뇌부가 제안했는데, 그들은 소련의 접근을 차단하고 동부 국경을 보호하기 위해 징벌적 타격을 가하고 싶어했다. 그런데 히틀러는 이 제안을 더 원대한 계획으로 바꾸고 7월 31일 군 수뇌부에게 너무 늦기 전에 소련을 섬멸하겠다고 선언했다. 소련군이 발트 삼국과 루마니아로 진입하는 것은 분명한 위협이었다. 독일 정보기관은 소련군이 독일령 폴란드와 접하는 새로운 서부 국경—이른바 '몰로토프 선'—을 요새화하고 수비대를 배치하는 한편 베를린을 사정거리 안에 두는 접경지대 부근으로 공군기지들을 옮기는 움직임을 감지할 수 있었다. 1940년 11월 몰로토프가 독일을 방문한 뒤, 히틀러는 스탈린의 욕구를 가라앉힐 수 없어 보이기 때문에 가급적 서둘러 소련을 파괴해야 한다는 뜻을 내비쳤다. 가장 위험한 시나리오는 서쪽의 영-미 동맹과 동쪽의 소련이 독일을 동시에 타격하는 것이었다. 리벤트로프는 회고록에서 "총통의 큰 걱정거리"는 독일이 "인명과 자산의 큰 손실을 초래하는 거대한 양면 전쟁"으로 끌려 들어가는 사태였다고 기억했다.[74] 당시로서는 가늠하기 어려웠던 전략적 상황의 성격 때문에 소련을 신속히 패배시키는 것이 군사적 측면에서 합리적인 선택지로 보였다. 1941년 3월 30일, 이번 전역에 참여하는 모든 사령관에게 2시간 30분 동안 내리 이어간 연설에서 히틀러는 소비에트 국가를 파괴함으로써 "러시아-아시아의 위협을 영원히" 제거할 것이라고 천명했다.[75] 이 목표를 실현할 가능성에 어떤 의구심을 품었든 간에 독일군 사령관들은 대소련 분쟁에 기꺼이 관여했다. "러시아군이 우리를 공격할 첫 번째 호기를 붙잡을 것이라는 히틀러의 주장은 내가 보기에 틀림없이 옳은 것이었다"고 침공군 제2항공함대의 사령관 알베르트 케셀링Albert Kesselring은 회고했다. 그리고 "서유럽에서 공산주의를 멀리 떨어뜨려 놓는 것"이 극히 중요하다고 덧붙였는데, 이는 10년 후 냉전의 절정기에도 어울릴 만한 태도였다.[76]

독일군 사령관들이 독일-소비에트 전쟁의 전략적 필요성을 인정하면서도 진지하게 고려하지 않은 듯한 한 가지 물음은 궁극적으로 무엇을 위해 드넓은 유라시아 영토를 정복하느냐는 것이었다. 상황상 부득이 전쟁을 벌인다는 히틀러의 모든 주장의 밑바탕에는 정복을 통해 광대하고 해양 강대국들이 도저히 공격할 수 없는 궁극적인 독일 제국을 만들어내겠다는 소신이 깔려 있었다. 히틀러는 또다른 생존공간 장악을 포함하는 노골적인 제국주의 전략에 대해서는 말을 더 아꼈지만, 1941년 1월 9일 장시간 회의 도중 장군들에게 독일의 수중에 들어올 물자와 토지라는 "헤아릴 수 없는 부"를 상기시켰다. 제국을 러시아 깊숙이 확장하고 나면 독일은 "대륙들을 상대로 전쟁을 벌일 수 있는 모든 수단을 갖게 될" 터였다.[77] 전년 8월에 히틀러가 정한 정복 영역, 즉 북쪽의 아르한겔스크부터 남쪽의 아스트라한에 이르는 영역은 매킨더의 '세계섬'으로부터 잘라낸, 독일인이 보유해 마땅한 영토를 선사할 터였다. 몇 달 후 히틀러는 측근들에게 "러시아의 이 공간은 반드시 언제나 독일인이 지배해야 한다"고 말했다.[78] 이것은 독일에서 제국 공간으로서의 '동방'에 대해 수십 년간 품어온 환상의 극치였다.

히틀러의 이런 동기들 각각은 서로를 강화하며 침공을 정당화하는 치명적인 혼합물을 이루었지만, 그 보상은 2년 전만 해도 상상하기조차 힘들었던 독일령 유라시아 제국이었다. 1940년 7월부터 12월까지 히틀러가 서서히 결심을 굳혀가는 동안 독일군은 세부 계획을 수립했다. 12월 중순 히틀러의 승인이나 수정을 받기 위해 준비한 최종 문서는 육군과 히틀러 본부가 수행한 두 가지 주요 연구에 근거했다. 에리히 마르크스Erich Marcks 소장이 담당한 첫째 연구는 8월에 마무리되었다. 마르크스는 두 방향, 즉 레닌그라드 방향과 우크라이나 공업지대 방향으로 침공한 뒤 각각 남쪽과 북쪽으로 선회해 모스크바를 포위하는 작전을 제안했다. 개인적으로 마르크스는 아르한겔스크부터 볼가 강까지 뻗은 영역을 최종 목표로 삼는 전역, 미국까지 상대하는 더 큰 전쟁을 유발할 수도 있는 전역에 비관적이면서도, 히틀러에게는 결코 의구심을 내비치지 않았다.[79] 둘째 연구는 히틀러 본부의 지시에 따라 베른하르트 폰 로스베르크Bernhard von Lossberg 중령이 준비했다. 9월 중순 완성한 로스베르크 계획은 세 방향의 공격을 예상했다. 보급에 필요한 발트 항구들을 함락하려는 북부 공격, 모스크바를 함락하기 위해 대부분의 기갑사단과 차량화사단으로 수행하는 중부 공격, 오데사와 흑해 연안뿐 아니라 우크라이나의 풍부한 자원까지 차지하기 위해 남쪽으로 전개하는 공격으로, 모두 한 계절 안에 완수할 예정이었다.[80]

두 계획을 바탕으로 작성한 최종 초안은 12월 5일 히틀러에게 제출되었다. 히틀러가 몰로토프의 방문을 계기로 "가능만 하다면 언제나 독일의 앞길을 가로막을" 러시아를 제거하는 것이 자기 운명의 소명이라고 확신한 이후였다. 독일 군부는 세 갈래 공격을 선호했지만, 히틀러는 먼저 레닌그라드 함락과 우크라이나 자원 확보에 집중한 뒤 모스크바로 진격하기를 원했다. 할더와 육군 수뇌부는 내심 모스크바 방향을 공격의 주축으로 유지하기를 바랐지만, OKW 작전참모장 요들이 히틀러의 요구에 따라 지령 초안을 수정했다. 12월 18일, 히틀러는 12세기에 제3차 십자군을 이끈 신성로마제국 황제의 별명을 따서 '바르바로사'(붉은 수염)로 명명한 작전에 대한 전쟁지령 제21호에 서명했다. 매우 야심찰 뿐 아니라 과연 독일군이 그렇게 광대한 영토를 정복하고 점령할 수 있을지 의문시하는 다른 평가들을 대체로 무시하는 지령이었다. 1940년 8월 육군 참모본부의 군사지리 부서는 상세한 보고서에서 소련이 이미 시베리아에서 확보해둔 다량의 산업자원과, 소련의 지리나 기후가 독일군의 활동을 심각하게 제약한다는 단순한 사실을 강조했다.[81] 국방군 군수경제국장 게오르크 토마스Georg Thomas 장군은 침공 직전까지 히틀러에게 석유 비축량이 정말로 부족하다는 사실을 입증하려 했으나 소용이 없었다. 1941년 6월 히틀러는 "필요하지만 가지지 못한 것은 정복해야 한다"고 대꾸했다고 한다.[82]

독일 군부가 몇 달에 걸쳐 논의하여 수립한 계획은 여러 가정에 달려 있었다. 그러나 수뇌부는 그런 가정을 한 번도 진지하게 의심하지 않았다. 붉은군대를 물리치는 독일군의 능력은 당연시되었다. 마르크스의 계획은 프랑스 침공을 확대한 버전으로, 8~11주의 전역을 예상했다. 로스베르크는 종착선에 당도하기까지 주요 단계들에 9~17주가 걸릴 것으로 전망했다. 또한 공산주의 국가의 취약성, 붉은군대 지휘관 및 사병의 무능과 사기 저하 등에 대한 기존의 확신이 안일하고 그릇된 정보에 근거하는 군부의 정식 판단에 반영되었다. 히틀러의 작전참모장은 "러시아 거인은 돼지 방광으로 판명날 것이다. 그걸 찔러서 터뜨릴 것이다"라고 주장했다.[83] 독일군에게는 소련의 산업과 군사기구의 현황에 대한 정보가 태부족했다. 1941년 육군 정보기관이 배포한《소련군 안내서》는 부실한 증거에 입각해 붉은군대가 "현대전에 부적합하고 결정적 저항을 할 수 없다"고 주장했다. 독일군 장군들은 마치 식민 전쟁이라도 치르는 양 적을 '몽골인', '아시아인', '유목민 무리' 같은 경멸조의 인종적 용어로 지칭하곤 했다. 5월에 귄터 블루멘트리트Günther Blumentritt 장군은 무능한 장교들이 지휘하는 "못 배우고 반쯤 아시아인인" 병사들을 상대하는 여드레에서 2주의 전역을 상상했다. 브라우히치는 독일-소비에트 국경 부근에서 격전을 치른 뒤 일련의 소탕작전을 벌이는 최대 4주의 전역을 상상했다.[84] 히틀러는 사령관들에게 러시아군이 "끈질긴 적수"이되 "통솔력 없는" 집단이라고 말했다. '바르바로사' 작전 전야에 히틀러는 승리하기까지 4개월이 걸릴 것으로 예측했는데, 대다수 사령관들의 짐작보다 더 신중한 예측이었다.[85]

독일 군부는 자신들이 소련군보다 월등히 우세하다는 이런 자신만만한 믿음에 더해, 독일이 자원 병목현상에 걸리지 않고 영국 및 미국과 대결할 수 있도록 신속한 승리를 거둔다는 전략을 추구했다. 그러나 독일군의 계획은 그전 유럽 작전들의 무대와는 지형과 기후가 전혀 다른 드넓은 지리 영역에서 여기저기 분산된 부대들에 보급을 해야 하는 문제를 거의 고려하지 않았다. 전체 도로의 5퍼센트만이 단단하게 포장된 도로인 영역에서 독일 육군이 기동전을 지속할 수 있을지 여부는 처음부터 미심쩍었다. 이런 제약을 진지하게 고려하지 않은 것은 할더를 비롯한 고위 사령관 다수가 지난 1차대전 기간에 러시아 전선에서 복무했던 사실을 감안하면 더욱 의아한 일이다. 그럼에도 할더는 "모터로 모든 것을 달성해야 한다. 차량화 제고 …"라고 생각했다.[86] '바로바로사' 무렵 독일 육군은 차량 60만 대를 보유하고 있었지만 그중 다수가 포획한 트럭과 밴이라서 이를 유지하거나 예비 부품을 구하기가 어려웠다. 독일은 차종이 2000종 넘는 상태에서 전역을 개시했다. 동력 이동수단을 추가로 구하지 못하자 독일은 무려 75만 마리의 말에 의존했는데, 말이 철도 화물로서 공간을 너무 많이 차지했기 때문에 그중 다수는 전선까지 끌거나 등에 타고서 데려가야 했거니와, 러시아의 모진 더위와 추위 속에서는 전혀 부릴 수 없었다.[87] 독일군이 1939년부터 의지해온 철도 보급은 소련 전역에서 보장되지 않았는데, 독일 기관차와 철도 차량이 소련의 광궤 철도에서 달릴 수 없어서 독일 공병들이 유럽 러시아 도처에서 철도를 교체해야 했기 때문이다. 십중팔구 벌어질 보급 병목현상을 완화하기 위해 임시방편이 도입되었다. 전차들이 연료와 탄약을 평소 적재량의 두 배로 실었을 뿐 아니라 더 오래 기동할 수 있도록 200리터의 휘발유가 담긴 드럼통 트레일러까지 끌고 다녔다.[88] 그렇지만 험악한 지형 때문에 연료 소비가 늘어날 수밖에 없었고, 이미 위태로운 연료 보급 상황이 더욱 악화되었다. 그럼에도 독일군은 잠재적인 병참 위기를 무시해도 괜찮을 정도로 전역을 신속히 완료할 것이라는 가정을 고집했다.[89]

1940년 11월부터 1941년 5월까지 전역 준비에 더 속도가 붙었다. 11월 중순 히틀러의 재가를 받은 건설총감 프리츠 토트Fritz Todt는 동프로이센 소도시 라스텐부르크 인근의 250헥타르 삼림지에 새로운 군사 본부를 건설하기 시작했다. 신설 화학물질 공장 아스카니아 노르트Askania Nord로 가장한 이 본부는 벙커와 감시탑, 집무실로 이루어진 거대한 망으로 건설되었고, 결국 철조망, 콘크리트 요새, 지뢰밭으로 둘러싸였다. 장차 히틀러가 자신의 최대 전역을 수행할 본거지였다. 그는 이곳에 늑대굴Wolfsschanze이라는 이름을 붙였다. 연합국은 각국 수도에서 전쟁을 수행했지만 히틀러는 베를린의 행정기구와 군사기구로부터 동떨어진 장소에서 수행하는 편을 택했고, 그 탓에 방문자들은 독일 수도와 새로운 본부를 오가는 기차를 타고 이동해야 했다.[90] 독일 측은 상세한 계획을 계속 세우면서도 스탈린과 붉은군대가 조만간 닥칠 사태를 간파하지 못하도록 기밀을 엄수할 필요가 있었다. 육군과 공군이 점차 동진하는 동안 독일은 그들이 휴식을 취하거나 대영국 작전을 준비하는 척했다. 정보를 얼마나 제한했던지 독일 군인들도 작전 개시 몇 시간 전에야 무슨 작전인지 들을 수 있었다. 독일군이 영 제국군을 포위할 수 있도록 소련 영토를 지나 중동까지 가는 것을 러시아 측에서 허락했다는 소문이 돌기도 했는데, 실제로 이루어졌다면 전쟁의 향방에 심대한 영향을 주었을 것이다.[91] 이런 사정으로 마침내 '바르바로사' 작전이 시작되었을 때, 양쪽 군대 모두 놀랐다.

대폴란드 전쟁과 마찬가지로, 생존공간을 둘러싼 이번 전쟁도 군사적 대비와 더불어 유라시아를 식민지 공간으로 바꿀 수단을 필요로 했다. 이번에도 히틀러는 힘러와 보안기구에 대략 3000명의 비밀경찰·친위대·보안국SD 인력으로 이루어진 4개 특무집단이 수행하게 될 '특수 임무'를 맡겼다. 그들은 독일군을 따라 소련 영토로 들어가 공산당 당직자, 지식인, 군사위원, 그리고 공직에 종사하는 모든 유대인을 살해함으로써 공산주의 체제를 무력화하라는 지시를 받았다. 히틀러는 3월 30일 장군들 앞에서 길게 연설할 때 대부분의 시간을 할애해 그들이 볼셰비키 적을 섬멸하는 전쟁에 참여한다는 점과 종래의 교전 법규에서 벗어나 가장 잔혹한 방법을 구사하더라도 허용하겠다는 점을 설명했다. 한 참석자는 당시 장교 250명이 불법적인 비정규군과 함께 행동하라는 선동을 들으면서도 동요하지 않고 입도 뻥끗하지 않았다고 회상했다. 그들 모두가 히틀러가 정한 조건에 기꺼이 동조했던 것은 아니지만, 대다수가 그랬다. '바르바로사'는 애초부터 다른 종류의 전쟁으로 구상되었다. 힘러는 학살부대들을 편성하는 한편 이미 폴란드에서 '독일 민족성 강화를 위한 제국판무관'으로서 실행했던 종족 청소의 전례를 본떠 새로운 식민지 영역을 위한 계획을 세우기 시작했다. 1940년 힘러의 부관 콘라트 마이어-하이틀링Konrad Meyer-Heitling이 제시한 초기 '동부 종합계획Generalplan Ost'은 독일의 공간을 옛 폴란드 영토의 독일-소비에트 국경까지만 확장했다. '바르바로사' 전야인 6월 21일에 하달된 새 계획은 불과 3주 후에 실행 준비를 마쳤는데, 이번에는 독일의 공간을 유라시아의 방대한 지역들로 확장했다. 이는 유라시아의 슬라브인과 유대인 주민을 몰아내고 30년에 걸쳐 독일인을 '식민화 구역들'에 정착시킨다는 계획이었다.[92]

유라시아의 경제 자원을 히틀러의 의도에 따라 체계적으로 몰수하거나 착취하려는 계획도 마련되었다. 2월과 3월에 헤르만 괴링이 4개년 계획 수장의 권한으로 '동부경제참모부'를 가동한 뒤 결국 3월 19일 새 조직을 승인했다. 6000명 이상의 참모—특무집단 규모의 두 배—가 원자재 비축물, 석유, 식량을 몰수하고 독일 전쟁경제에 이바지할 소련 산업체들의 운영권을 넘겨받을 예정이었다. 그리고 4개 경제사찰단이 북쪽의 아르한겔스크부터 모스크바 일대를 거쳐 남쪽의 바쿠와 이란 국경에 이를 것으로 예상되는 정복 영역에서 활동할 계획이었다.[93] 괴링의 지시에 따라 계획대로 농업 착취에 착수한 농업부 차관 헤르베르트 바케Herbert Backe는 점령지에서 독일 국가와 군대로 곡물을 보내서 현지의 곡물이 부족해지면 최대 3000만 명이 굶주릴 것이라는 기막힌 통계를 냉소적으로 계산했다. 1941년 4월 괴링의 부관 파울 쾨르너Paul Körner가 서명한 기밀 명령은 바케에게 무자비하게 행동할 권한을 주었다. 침공 한 달 전인 5월 2일 열린 차관급 회의에서 이른바 '기아 계획'을 발표했을 때, 도덕적인 이유로든 다른 어떤 이유로든 그 계획에 반대하는 의견은 전혀 없었다. "빈곤, 기아, 검약을 러시아인 개개인은 수백 년간 견뎌왔습니다"라고 바케는 주장했다. "러시아인의 위장에는 신축성이 있습니다. 그러므로 그릇된 연민은 필요 없습니다."[94]

1941년 6월, 역사상 최대 규모의 침공군이 배치되었다. 육군은 병력 300만 명, 전차 3600대, 포 7000문 이상이었고, 북부·중부·남부의 3개 집단군으로 편성되었으며, 항공기 2500대의 지원을 받았다. 전차와 항공기의 수는 1년 전 프랑스와 교전할 때에 비하면 크게 다르지 않았다. 그렇지만 프랑스 전역에 비해 기갑사단이 18개, 차량화사단이 13개로 증가했으며, 이를 위해 각 사단에 더 적은 수의 전차와 차량을 할당할 수밖에 없었다. 프랑스를 침공할 때 기갑사단들은 저마다 300대가량의 전차를 보유했지만, '바르바로사' 작전 때는 평균 210대를 보유한 중부집단군을 제외하면 대략 150대를 보유했다. 그중 41퍼센트만이 더 우수한 마크 IV와 마크 III 모델이었고, 나머지는 경전차이거나 체코군과 프랑스군으로부터 노획한 것이었다.[95] 78개 보병사단은 주로 말과 수레에 의존했고, 황량한 시골의 먼 거리를 도보로 이동했다. 그렇지만 독일 육군은 혼자가 아니었다. 이 전역에 핀란드군, 루마니아군, 슬로바키아군이 가세했고, 곧이어 이탈리아와 헝가리의 소규모 파견대도 합류했다. 그리하여 침공군의 총 병력은 153개 사단, 370만 명이었다.

히틀러가 독일의 이익을 우선시했음을 고려하면, 다른 국가들의 동참 결정은 얼마간 설명이 필요하다. 핀란드와 루마니아의 경우 1940년에 소련에 빼앗긴 영토를 되찾으려는 욕구, 더 나아가 그 밖의 영토를 차지하여 '대핀란드'와 '대루마니아'를 실현하고픈 소망이 있었다. 핀란드 정권은 히틀러와의 관계에 주의했지만, 침공국 소련으로부터 당한 피해를 되갚으려는 욕망에 꺼림칙한 마음을 애써 억눌렀다. 핀란드 의회 의장은 소비에트 권력에 저항하기 위해서라면 "핀란드는 악마와도 동맹을 맺을 것"이라고 주장했다.[96] 이 전역은 신을 믿지 않는 공산주의에 맞서는 십자군 운동으로 일컬어졌고, 루터교회 목사 480명이 전쟁─1939~1940년 전쟁과의 연계를 강조하는 뜻에서 '연속 전쟁'이라 불렀다─의 기독교적 메시지에 힘을 보태고자 핀란드군에 배속되었다.[97] 독일은 핀란드에 '바르바로사'의 기밀을 알려주었는데, 스칸디나비아에서 독일의 광물 이권을 보호하기 위해 이 나라의 북단에 독일군을 배치할 예정이었기 때문이다. 심지어 소규모 특무집단까지 핀란드에 배치되었고, 결국 유대인과 공산당원 1000여 명의 살해를 책임졌다. 그럼에도 핀란드 정부는 거기까지만 하려고 했다. 잃었던 영토를 되찾은 뒤 핀란드군은 레닌그라드 포위에 가담하기 직전에 멈추고 독일군의 무르만스크 진군을 돕지 않으려 했다. 리스토 뤼티Risto Ryti 대통령의 말대로 1941년 11월부터 핀란드는 "별개 전쟁"을 치를 작정이었다.[98]

루마니아는 핀란드와 더불어 침공의 시작을 함께한 주요 동맹이었다. 독일 군부가 루마니아 유전을 보호하는 데 이미 관여한 상황에서 대소련 전역을 감추기란 불가능했다. 히틀러는 루마니아 국민과 군대를 전반적으로 낮게 평가하면서도, 1941년 봄에 '지도자Conducător'로서 통치권을 확립한 루마니아 독재자 이온 안토네스쿠Ion Antonescu 원수를 존중했다. 1940년 8월 히틀러가 제2차 빈 중재Second Vienna Award에서 루마니아가 트란실바니아의 일부를 헝가리에 돌려줄 것을 강요한 이후 루마니아 정권 역시 독일의 침공에 가담하는 데 신중을 기했지만, 독일과 함께해야만 나머지 루마니아 영토에 대한 소련의 위협을 막아내고 어쩌면 빈 중재의 조건을 뒤집을 수 있을 것이라는 주장이 제기되었다. 핀란드처럼 루마니아도 이번 전쟁을 십자군 운동으로, 미하이 안토네스쿠Mihai Antonescu 부통령의 말대로 "위대한 성전聖戰"으로 보았다.[99] 루마니아 정권은 제3군과 제4군의 32만 5685명으로 이루어진 안토네스쿠 집단군을 동원했다. 명목상 안토네스쿠가 지휘하긴 했지만, 루마니아군 부대들은 오데사 방면으로 진군하는 독일 남부집단군에 통합되었다. 일부 루마니아 정치인들은 자국 군대가 베사라비아와 북부 부코비나를 탈환한 이후 이들 지역의 경계에서 멈추기를 원했지만, 안토네스쿠는 이미 관여한 이상 소련이 패하거나 심각한 응징을 당할 때까지 싸워야 한다고 판단했다.[100]

슬로바키아와 헝가리는 가담하긴 했으나 싸우려는 열의가 적었다. 슬로바키아 정부는 독일 침공군의 남쪽 갈래 중 일부가 슬로바키아 영토에서 출발할 예정이었으므로 동조하라는 압력을 받았다. 그렇지만 후방 지역 방위를 위해 2개 사단을 투입하고, 7월에 소련군의 반격을 받아 궤멸하게 될 소규모 기동부대를 독일 남부집단군에 배속시키는 정도로 그쳤다. 일부 장군들이 '역사적 헝가리'의 더 넓은 경계를 복구할 수 있기를 바라기는 했지만, 헝가리 정부와 그 섭정 호르티 미클로시Horthy Miklós도 전역 참여에 열의가 없기는 마찬가지였다. 6월 26일 소련의 항공기로 짐작되는 폭격기 3대가 도시 커셔를 공격한 후에야 호르티와 내각은 약 4만

5000명으로 이루어진 기동부대의 참전을 승인했다. 하지만 어느 헝가리 군 사령관에 따르면 이 기동부대는 도무지 이해할 수 없는 목표를 추구하는 전쟁에 "별로 열의가" 없었다.[101] 유럽 '십자군 운동'이라는 관념은 별다른 영향을 주지 못했고 독일 선전기관이 침공을 도덕적으로 정당화하려는 얄팍한 수단으로 써먹었을 뿐이다. 나중에 동부점령지 장관이 되는 알프레트 로젠베르크Alfred Rosenberg는 '바르바로사' 개시 이틀 전에 참모진에게 이번 전쟁은 볼셰비즘을 처단하는 십자군 운동이 아니라 "독일의 세계 정책을 추구하고 독일 제국을 보호하기 위한 것"이라고 말했다고 한다.[102]

이런 솔직한 현실 인식을 감안하면, 무솔리니가 이미 북아프리카와 지중해에서 한계에 다다른 자국 군대에 소련 침공에 동참할 군단Corpo d'Armata을 파견하라고 자진해서 지시한 것은 설명하기 어려운 일이다. 히틀러가 '바르바로사'를 이탈리아 측에 철저히 함구하기를 원했음에도 이탈리아 정보기관은 대소련 전역에 관한 상세 정보를 무솔리니에게 꼬박꼬박 제공했고, 5월 30일 무솔리니는 히틀러에게 알리지 않은 채 전역이 시작되는 즉시 동부로 보낼 3개 사단—2개 보병사단과 1개 차량화사단—을 대기시키라고 지시했다.[103] 히틀러는 '바르바로사' 개시 이틀 전에 이 제안을 받고서 탐탁지 않았으나 거절하기가 어려웠다. 공군 부관 니콜라우스 폰 벨로브Nicolaus von Below에게 말했듯이, 히틀러는 이탈리아군의 "전투력은 언급할 가치도 없다"고 보았다.[104] 무솔리니의 제스처는 1940년 후반에 부득이 독일에 지원을 요청했던 수모를 뒤집는 격이었고, 지난 프랑스 전역 때처럼, 비록 이번에는 이탈리아가 하위 파트너일지라도, 향후 유럽 강화협정에 한 발 걸쳐두려는 시도였다.[105] 1941년 8월 무솔리니는 몸소 동부전선까지 가서 그 무렵 우크라이나에 도착한 이탈리아군 파견부대를 히틀러와 함께 사열했다. 히틀러는 1942년 봄에 우랄 산맥을 넘어

페르시아와 카스피 해까지 진출하려는 원대한 계획에 대해 자세히 설명했다. 이번만큼은 동료 독재자의 지정학적 환상에 짜증이 난 무솔리니가 "그런 다음에는요?"라며 대꾸했다. "알렉산드로스 대왕처럼 얻을 수 없는 것 때문에 울어야 할까요?" 통역사에 따르면 히틀러는 "말은 없었으나 격노했다".[106]

독일-소비에트 국경의 반대편에서는 독일의 의도에 대한 증거를 파악하기가 어려웠다. 그렇지만 소비에트 지도부는 독일의 위협을 무시하지 않았고, 프랑스 함락 이후 국방인민위원 세몬 티모셴코Semyon Timoshenko 원수는 이제 독일이 "가장 중요하고 강력한 적"이라고 말했다.[107] 처음에 스탈린은 자본주의 강국들끼리 기진맥진하도록 전쟁을 벌여 공산권이 어부지리를 얻기를 바랐다가 프랑스가 패하자 기대를 접었다. 하지만 소련군이 아직 대규모 전쟁을 치를 준비가 되어 있지 않았으므로 침공 직전까지도 독일을 도발하지 않으려 했다. 소련은 1941년 1월 독일과 새로운 무역협정을 의논했고, 독일군이 침공한 주말까지도 자원을 가득 실은 기차를 독일로 보내고 있었다. 전쟁 발발 시 소련의 계획은 고정된 방어시설들 뒤편에 소규모 국경 부대들을 배치하여 적군의 공격을 오랫동안 막아내고, 그동안 붉은군대 대부분을 총동원하여 적군을 그들의 영토로 다시 몰아낸다는 것이었다. 1941년 여름 소련군은 아직 전쟁 대비를 마치지 못한 상태였다. 새로운 기계화군단을 아직 편성 중이었고, 새 국경에서 방어시설들이 세워지고 있었으며, 전쟁이 닥쳤을 때 동원계획이 미완성이었다. 육군 참모총장 게오르기 주코프Georgy Zhukov 장군은 독일의 군사력 증강을 보여주는 분명한 증거에 대응해 4월 말 서서히 동원하라고 지시하고 5월 13일 33개 사단을 소련 서부로 보내라고 명령했다. 그러나 6월까지 소수의 사단만이 장비를 완비한 데다 숨겨져 있지 않은 소련 항공기를 독일 항공기가 줄줄이 폭격하고 기총소사하기 사흘 전에야 뒤늦게 공군기지들을 위장하라는 지시가 내려왔다.[108] 스탈린 본인도 전쟁 대비에 걸림돌이었는데, 모든 첩보, 특히 서방 정보원의 첩보를 독일-소비에트 전쟁에 불을 붙이려는 고의적인 도발로 간주했기 때문이다. 소련 공군의 정찰 내용은 독일군의 대비태세 강화를 시사했고, 접경 지역에서 독일 공작원으로 의심되는 236명을 붙잡기도 했다. 독일군이 공격할 정확한 날짜를 비롯해 80개가 넘는 첩보 경고가 모스크바에 도착했으나 스탈린은 요지부동이었다.[109] 5월 중순 육군은 독일군의 대비태세를 교란하기 위한 파쇄공격을 제안했으나 전혀 실행되지 않았다. 이 제안이 그해 여름 독일을 침공하려던 소련의 더 폭넓은 계획의 일부였다는 주장은 설득력이 없으며, 특히 스탈린 본인이 분쟁을 애써 피하려 했다는 점에서 그렇다.[110] 6월 14일 주코프는 스탈린에게서 동원령을 받아내려 했으나 스탈린은 "그건 전쟁이네"라며 거부했다.[111] 6월 21일 밤 티모셴코와 주코프는 마침내 스탈린에게서 경계 상향 명령을 받아냈지만, 어리벙벙한 방위군에게는 너무 늦은 조치였다. 이튿날 오전 일찍 소련군이 경고 전보를 해독하고 있을 때 독일군의 폭탄과 포탄이 그들을 덮치기 시작했다.[112]

히틀러는 분명 불안한 마음으로 자신의 역사적 결정이 마침내 실현되기를 기다렸다. "초조하고 뒤숭숭했다"라고 히틀러의 공군 부관은 회상했다. "그는 말이 많았고, 끊임없이 왔다갔다했고, 어떤 소식을 초조하게 기다리는 듯 보였다."[113] 훗날 니키타 흐루쇼프Nikita Khrushchev는 스탈린 역시 6월 22일을 앞둔 며칠간 "혼란, 불안, 사기 저하, 심지어 마비 상태"로 보였다고 썼다.[114] 6월 21일 밤 히틀러는 임박한 침공 소식을 무솔리니에게 전하면서 "내 생애를 통틀어 가장 힘든 결정"에 대해 "몇 달간 초조하게 숙고"했다고 털어놓았는데, 이번에는 거의 확실히 진심이었다. 이튿날 오전

3시 30분, 추축국 군대가 전선 전체에 걸쳐 공격에 나섰다. 첫 포성이 울리는 동안 히틀러는 세 시간밖에 자지 못해 게슴츠레한 눈으로 대국민 성명을 구술하고 제국의회에 가서 소련과의 전쟁 상태를 알렸다. 그런 다음 늑대굴을 향해 출발했다. 히틀러는 러시아에 가본 적이 없었고 자신이 정복하려는 사람들에 대해 거의 몰랐다. 리벤트로프에게 말했듯이, "우리가 실제로 동방의 문을 열어젖히고서 어떤 힘을 발견할지" 확신하지 못했다.[115] 스탈린이 정치국원들을 소집한 모스크바의 불확실성은 더 심했다. 스탈린은 "시급히 베를린에 연락해" 히틀러가 승인한 공격이 아님을 확인하고자 했다. 그리고 몰로토프를 독일 대사관에 보내 무슨 일인지 물어보게 했으나 양국이 전쟁 중이라는 공식 답변을 듣는 데 그쳤다. "우리가 무슨 짓을 했기에 이런 꼴을 당해야 합니까?"라고 몰로토프는 대꾸했다. 상황이 분명해진 뒤 스탈린은 오전 7시 15분 소련군에 침공군을 "섬멸"하라고 명령했고, 저녁에는 차후 독일의 영토에서 싸우라고 지시했다.[116]

최전선의 현실은 전혀 딴판이었다. 기습에 소비에트 측의 대비태세가 흐트러지자 추축군은 가차 없는 전진에 더욱 박차를 가했다. 처음에 제각기 공세에 나선 3개 주요 집단군은 붉은군대의 대부분이 드비나 강과 드니프로 강 너머로 퇴각하기 전에 격멸하려 했다. 발트 삼국과 레닌그라드를 장악하는 임무를 맡은 북부집단군은 6월 26일 리투아니아를 지난 뒤 보병사단들이 따라올 때까지 기다리지 않고서 라트비아로 깊숙이 밀고 들어갔다. 북부집단군은 7월 1일 리가를 함락했고, 7월 중순 레닌그라드에서 불과 96킬로미터 떨어진 진지에 들이닥쳤다. 페도어 폰 보크Fedor von Bock 원수가 지휘하는 중부집단군은 벨라루스로 신속히 진입해 6월 28일 협공으로 민스크를 함락하고 포로 32만 4000명을 사로잡았다. 그런 다음 보크는 스몰렌스크로 이동해, 티모셴코가 쇄도하는 독일군을 저지하고자 필사적으로 편성한 기갑사단들의 확장된 측면에서 격전을 치른 뒤 7월 16일 이 도시를 함락했다. 가장 치열한 전투는 게르트 폰 룬트슈테트 원수가 지휘하는 남부집단군의 전방에서 벌어졌는데, 소련이 우크라이나의 산업 자원을 보호하기 위해 남부 축에 병력을 집중하기로 결정한 사실을 독일 정보기관이 탐지하지 못했기 때문이다. 소련은 가용한 신식 전차를 대부분 보유한 기계화군단으로 키이우 특별군관구의 방어를 보강했다. 그리고 접경 지역들을 치열하게 방어했고, 두브노와 오스트로그로 접근하는 경로에서 1주일간 대규모 전차전을 벌여 기갑전력을 대부분 잃으면서도 독일군이 키이우로 빠르게 진군하는 것을 허락하지 않았다. 남부집단군 우측면의 경로에 있던 르보프(지금의 르비우)는 결국 6월 30일 함락되었고, 7월 2일 소비에트 제5군과 제6군이 총퇴각했다.[117] 남쪽의 루마니아군과 독일군은 7월 말까지 부코비나와 베사라비아의 '실지失地'를 점령했고, 8월 초 오데사를 향해 드네스트르 강을 도하하기 시작했다. 열악한 도로, 호우, 완강한 저항 때문에 키이우 일대를 협공해 드니프로 강 서쪽에서 붉은군대를 차단하려던 계획이 지체되었으며, 남부집단군은 초기 목표를 달성하지 못한 채 멈춰 섰다. 7월 중순에야 룬트슈테트의 전방 기갑부대들은 키이우를 타격할 수 있는 거리에 이르렀다. 원수는 히틀러의 공군 부관에게 "이제까지 전쟁에서 이런 호적수를 맞닥뜨린 적이 없다"고 말했다.[118]

전선의 북부와 중부에서 독일군이 신속히 진격하자 소련의 전방 방어계획은 혼란에 빠졌다. 1941년 6월 소련 국경과 그 뒤편에는 상당한 병력이 있었고 문서상으로는 군비 면에서 침공군보다 수적으로 우세했다. 300만 명의 186개 사단, 포 1만 9800문, 전차 1만 1000대, 전투기 9500대였다.[119] 그렇지만 소련 공군은 기지들을 공격당한 지 며칠 만에 항공기를

2000대가량 잃고 무력해졌다. 7월 초까지 총 손실은 3990대였으며, 손상된 항공기 다수마저 이제 교전구역 안에 있어 쉽게 수리할 수가 없었다. 소련 항공기는 대부분 구식이었거니와, 전부 무전기가 없어서 공군에 대한 중앙 통제가 거의 불가능했다. 전차 병과는 T-26 경전차를 비롯해 주로 무장과 장갑의 성능이 떨어지는 구식 모델들로 이루어져 있었다. 무장이 더 좋은 소수의 신식 T-34 중형 전차와 KV-1 중전차는 전차 병과의 8퍼센트에 불과했고 몇 안 되는 기갑부대들에만 분배되었다. 이 신식 전차는 독일의 모든 전차와 싸워 이길 수 있었으나 전황에 영향을 주기에는 수효가 너무 적었고, 역시 무전기가 없어서 적의 책략에 당할 수 있었다.[120] 밤낮 없는 폭격으로 인한 혼돈 속에서 야전군은 어디서나 탄약과 연료가 부족했다. 교전 초기 몇 주간 주요 군수품 집적소 340곳 중 200곳이 공격받아 보급 문제는 더욱 악화되었다. 게다가 통신이 열악하고 독일군의 진격으로 금세 두절되어서 사령관들은 전장을 통제할 수가 없었고, 인접 사단들에서 무슨 일이 벌어지는지 알지도 못했다. '바르바로사' 첫 달에 전투에 투입된 소련군 부대 319개─보병부대, 기계화부대, 기병부대─거의 전부 격멸되거나 중상을 입었다.[121] 소련군이 대규모 인력 손실을 입은 주원인은 1차대전 시기 보병들에게 기관총 사격에 맞서 연이어 전진할 것을 명령했던 조야한 전술을 물려받은 데 있었다. 키이우 전방의 최전선에 대한 독일군의 한 보고서는 독일 기관총들이 너무 뜨거워져 손을 대지 못할 때까지 소련 보병들이 네 차례 전진하다가 살육당한 광경을 묘사했다. 이어서 보고서는 "맹렬히 공격하느라 우리는 완전히 지치고 무감각해졌다. … 지금 우리가 치르는 전쟁은 길고 치열하고 힘겨운 전쟁이 될 것이다"라고 말했다.[122] 더 나은 지휘와 보급을 받으며 조직적인 방어나 반격에 나설 수 있었던 장소에서 소비에트군은 적군에 큰 손실을 입힐 능력이 있음을 보여주었지만, 공세는 거의 언제나 일방적이었다. 1941년 9월 말까지 소비에트의 돌이킬 수 없는 병력 손실(사망, 실종, 포로)은 무려 206만 7301명에 달했다.[123]

초기 전과에 독일 측은 의기양양했고 소련군이 취약하다는 전쟁 전 예측이 옳았다고 생각했다. 전역 전체를 염두에 둔 광범한 계획을 마침내 실행할 수 있을 것으로 보였다. 할더는 7월 3일 일기에 "2주 만에 러시아 전역에서 승리했다"라는 결론을 적은 것으로 유명하다. 희열감이 널리 퍼졌다. 7월 27일 히틀러는 만찬 손님들에게 이렇게 말했다. "내가 동부전선 전투를 걱정하지 않는 이유는 그곳에서 일어나는 모든 일이 내가 언제나 바람직하다고 생각해온 방식대로 전개되고 있기 때문입니다. … 나는 항상 동쪽의 태양을 갖는 것이 우리에게 꼭 필요하다고 생각했습니다." 2주 후 히틀러는 러시아 영토에 대해 "이 땅은 우리 것이라고 해도 무방하다"고 주장할 수 있었다.[124] 7월 23일, 할더는 한 달 안에 모스크바와 레닌그라드가 함락되고, 육군이 10월까지 볼가 강에 이르고 결국 12월까지 유전 도시 바쿠와 바툼에 도달할 것으로 전망했다.[125] 수 개월간 독일군 사령관들은 전선에서 소련의 가용한 공군력과 기갑부대를 대부분 파괴하고 적군 포로들과 시체 더미들을 목격한 뒤, 소련의 예비 병력과 장비가 많이 남지 않았을 것으로 짐작했다. 1940년 프랑스의 손실보다 훨씬 큰 이 정도의 손실을 입은 국가라면 응당 화평을 청할 것이고 이제 '바르바로사' 작전을 신속한 승리로 매듭지을 수 있을 것으로 예상했다. 영국과 미국의 정보기관도 소련이 머지않아 패하고 독일군이 볼가 강에 도달해, 소련의 지구력에 대한 전쟁 전의 비관적인 평가가 사실로 확인될 것이라는 견해를 공유했다. 양국은 소련에 군수품 공급을 제안하면서도, 소련의 패배가 임박했다고 보고 처음에는 군수품이 독일군의 수중에 들어

가지 않도록 조심했다.[126]

사실 붉은군대가 패했다는 견해는 착시였다. 독일군은 허물어지는 방어군을 상대로 빠르게 전진하면서 전문 기술을 보여주었지만, 전쟁 전에 더 비관적인 이들이 예측했던 여러 단점과 결점을 노출하기도 했다. 소비에트 군인이 강인한 적으로 판명날 거라던 예측은 여러 부대가 위기를 모면할 가능성이 전혀 없는 상황에서도 보여준 목숨을 건 저항을 통해 사실로 확인되었다. 독일군이 전진하면서 많은 소련 병력을 우회했기 때문에 그들이 숲과 습지대로 숨어들어 적을 기습했고, 그들을 찾으러 시골을 샅샅이 뒤지는 독일군 부대들의 발목을 잡았다. 소련군이 포로로 붙잡은 독일군을 잔인하게 대하자 가혹한 보복의 순환이 나타났다. 독일 육군 부대와 보안부대는 파르티잔과 비정규군을 살해하고 그들을 숨겨준다고 판단한 촌락을 불태웠다. 그리고 양편 모두 일상적으로 포로를 살해했다. 고트하르트 하인리치Gotthard Heinrici 장군은 7월 초 아내에게 보낸 편지에서 휘하 보병사단의 암울한 현실을 이렇게 묘사했다.

우리 바로 전방에 있던 러시아군은 이제 격멸되었소. 처음부터 끝까지 믿기 힘들 정도로 피투성이였지. 경우에 따라서는 아무도 살려주지 않았소. 아군 부상병에게 러시아군은 야수와도 같았다오. 그에 대응해 아군은 갈색 군복 차림이라면 모조리 사격하고 때려죽였소. 방대한 숲은 아직도 흩어진 병사와 탈영병으로 가득한데, 일부는 비무장, 일부는 무장 상태인 그들은 극히 위험하다오. 우리가 이 숲을 지나도록 사단들을 보낼 때면 수만 명인 그 병력이 이 통행 불가 지형에서 가까스로 붙잡히지 않을 지경이라오.[127]

몇 주 후 장군은 아내에게 "우리 모두 러시아군을 과소평가했소"라고 말했고, 이틀 후 "우리의 신속한 전진은 느릿한 비틀거림으로 바뀌었소"라고 털어놓았다. 같은 달 말에는 검열의 위험을 무릅쓰고 소식을 전했다. "여기서 우리는 전쟁의 대가를 치르고 있다오. 정말 필요한 전쟁이었을까?"[128]

지형과 기후가 독일군의 곤경을 가중시켰다. 비포장도로에서 보병과 차량이 답답하고 숨막힐 듯한 먼지를 일으켰지만, 비가 내리면 도로가 별안간 진창으로 변하곤 했다. 3개 집단군 모두 빽빽한 숲이나 습지대를 빠져나가기 어려웠고, 전선이 넓어지면서 무한정 길어지는 듯한 거리는 폴란드나 프랑스에서 마주했던 문제와는 전혀 다른 문제를 야기했다. 보병은 오랜 강행군, 매복의 위협, 열기 때문에 기진맥진했다. 어느 병사는 집에 보낸 편지에 "무한한, 결코 다다를 수 없는 목적지", "이곳에서 몇 번이고 똑같은" 끝없는 풍경의 성격에 대해 썼다.[129] 다른 병사는 "러시아의 빌어먹을 숲! 누가 아군이고 누가 적인지 알 수가 없다. 그래서 우리는 아군에게 쏘고 있다"라고 불평했다.[130] 러시아의 지형과 기후가 수천 마리의 말, 특히 포를 끄는 데 필요한 덩치 큰 말에 끼친 영향은 더 심각했다. 폭염에 열악한 도로에서 먼 거리를 이동한 말은 며칠 만에 지쳤지만, 보병사단은 멀찍이 앞서가는 기갑부대를 따라잡아야 했기에 말을 한계까지, 때로는 짐을 끌다가 죽을 때까지 다그쳤다. 차량 수천 대가 고장나는 바람에 말에 더욱 의존할 수밖에 없었지만, 11월경에는 말의 65퍼센트만 남아 있었고, 이제 사료가 불충분한 가운데 혹독한 겨울이 닥칠 판이었다.[131] 보급이 어려울 거라던 예측은 전역을 개시하기 무섭게 현실이 되었다. 7월 중순까지 철로 교체를 불과 수백 킬로미터만 마친 터라 말과 차량에 크게 의존해야 했다. 중부집단군은 하루에 열차 24대 분량의 보급품이 필요했으나 절반밖에 받지 못했다. 전선 전체에 걸쳐 연료가 몹시 부족했던 데다 열악한 도로와 흙먼지가 전차의 속도를 늦추고 연료 소비량을 늘린 까닭에 더욱 부족해졌으며, 러시아의 강에 허술하게 놓은 교량들이 대개 전차와 무거운 차량을 지탱하기에는 너무 엉성해서 길을 우회해 가느라 연료 소비량이 더욱 늘었다. 차종이 너무 많아서 이미 병참 위기를 일으켰던 화물차 문제는 타이어를 마모시키는 모래땅과 엔진을 고장내는 흙먼지 때문에 한층 악화되었다. "우리는 단단한 흙덩어리 안에서 싸우고 있다"고 7월 중순 어느 군인은 관찰했다. 독일군은 첫 4주 만에 수송력의 4분의 1을 잃었다. 뒤이어 11월까지 몇 달간 나쁜 날씨에 부적절한 도로를 따라 물자와 병력을 수송하고 나자 여전히 주행할 수 있는 차량은 겨우 15퍼센트뿐이었다.[132]

신속한 승리는 소련군의 전력과 교전 구역의 성격을 완전히 오판하고서 벌인 도박이었다. 4년 전 일본이 중국 중부의 광활한 공간에서 중국군을 속전속결로 물리치는 것이 얼마나 어려운 일인지 오판했던 것과 마찬가지였다. 전선 어디서나 독일군은 휴식과 재정비가 필요했지만, 비록 당장 결정적인 전과를 거두기에는 너무 약하긴 해도 분명 패배를 받아들일 마음이 없는 적의 끈질긴 반격작전을 막아내야 했다. 전년 12월에 해소하지 못하고 보류했던 전략 지시를 둘러싼 논쟁이 다시 불거지면서 상황은 더 어려워졌다. 7월 19일 히틀러는 지령 제33호를 내려 모스크바로 향하던 중부집단군의 전진을 사실상 멈추었다. 중부집단군의 자원 중 일부는 북부로 이동해 레닌그라드 포위를 도왔고, 일부는 남쪽으로 가서 룬트슈테의 남부집단군이 도네츠 분지와 캅카스 유전지대로 진격하기 전에 키이우 일대의 대규모 소련군을 에워쌀 수 있도록 지원했다. 모스크바로의 진군은 9월 초에 보급 위기를 완화한 뒤에야 재개할 예정이었다. 육군 수뇌부는 모스크바 일대의 붉은군대를 무찔러야 전쟁을 결판낼 수 있다며 히틀러의 지시에 격렬히 반대했고, 7월 말과 8월 초 내내 우선순위를 둘러싼 논쟁을 벌이다가 전략적 주도권을 놓치고 말았다. 우크라이나의 경제 자원이 매우 중요하다는 히틀러의 견해는 그 자원을 금세 얻어내고 사용할 수 있어야만 전략상 의미가 있었지만, 그런 보장은 없었다. 그가 보기에 우크라이나의 자원에 비하면 모스크바는 "그저 그런" 표적이었다. 8월 24일 제2기갑군 사령관 구데리안 장군이 휘하 부대를 남쪽의 우크라이나가 아닌 모스크바로 이끌겠다고 고집을 부리자 히틀러는 "나의 장군들은 전쟁의 경제적 측면을 전혀 모른다"고 불평했다.[133] 한 달간의 논쟁과 결판나지 않는 교전에 심통이 난 히틀러는 자기 마음대로 결정을 내렸다. 구데리안은 필요한 전차 대수의 절반에도 못 미치는 부대를 남쪽으로 이끌었고, 악천후 속에서 격전을 치른 끝에 마침내 키이우 동쪽의 도시 로흐비차에서 남부집단군의 북쪽 측방부대를 만나 소련 5개 군을 가두었다. 스탈린이 우크라이나 수도에 남아 그곳을 사수하라고 명령한 병력이었다. 9월 19일 키이우가 함락되었고, 포위된 소련군은 6일간 더 맹렬하게 싸운 뒤 항복했다. 키이우 작전으로 독일군은 이례적으로 많은 66만 5000명의 포로를 잡았는데, 이는 최종 승리가 머지않았음을 시사하는 결과였다.

남부집단군이 대폭 줄어든 병력에 거의 기진맥진한 상태로 키이우를 지나 도네츠 공업지대와 크림 반도로 이동하는 동안, 북쪽으로 향한 중부집단군 부대들은 리터 폰 레프Ritter von Leeb 원수의 북부집단군이 8월 말에스토니아를 가로지르고 9월 8일 레닌그라드 외곽에 당도하도록 도왔다. 실리셸부르크가 함락되자 레닌그라드와 내륙을 잇는 마지막 지상 연결로가 끊어졌다. 민간인 수천 명이 구축한 조잡한 방어선을 따라 9월 25일까지 격전이 벌어졌다—이날 히틀러는 중부집단군의 파견 부대들을 다시 중부로 돌려보냈다. 레닌그라드는 포위되어 매일 폭격과 포격을 당했다. 히틀러는 피해가 큰 시가전을 치르지 않고 도시 주민들을 굶겨 죽이려 했다. 그리고 레닌그라드가 사라지기를 바랐다. "그 도시는 아시아의 슬라브인이 유럽의 출입문으로 구상한 곳이다. 이 출입문을 닫아야 한다."[134] 10월부터 레닌그라드는 라도가 호를 통해서만 비정기적으로 보급을 받을 수 있었고, 11월 중순에 호수가 얼어붙자 위태로운 '빙판길'이 만들어졌다. 노동자와 군인이 식량을 우선 배급받았지만, 12월에는 그들마저 하루에 질 낮은 빵을 225그램밖에 받지 못했고, 나머지 주민들은 고작 140그램만 받았다. 겨울철에 최대 90만 명의 주민이 처참한 여건에서 굶주림과 질병으로 죽었다. 1월 들어서야 빙판길을 통해 하루 평균 2000톤의 물자가 공급되기 시작했고, 그 덕에 생존자들은 1943년에 마침내 포위가 풀릴 때까지 연명할 수 있었다.[135]

북부와 남부에서 성공을 거둘 듯하자 히틀러는 마침내 중부집단군을 재건해 모스크바 측이 소비에트 서부전선군과 예비전선군을 집결하기 전에 붉은군대의 마지막 예비대—마지막이라고 믿었다—를 격멸하는 방안을 허용했다. 쑥대밭이 되어 버려진 시골을 지나며 끝없이 전투를 치른 독일군 지휘관들과 사병들은 모스크바 자체가 목표라고 생각했지만, 9월 6일 하달한 지령 제35호에서 히틀러는 모스크바 자체를 장악하는 것이 아니라 모스크바 서쪽에서 티모셴코가(9월 중순부터는 이반 코네프가) 지휘하는 부대들을 무찌르는 데 초점을 맞추었고, 그 이후에 동쪽의 모스크바를 포위하려 했다. 새 전역 개시는 전력이 약해진 부대들을 복구하려는 절박한 노력으로 인해 몇 주 연기되었다. 9월까지 중부집단군의 전차 전력은 3분의 1로 줄어들었고, 수리가 필요한 전차는 독일까지 실어날라야 했다. 병력 충원도 원활하지 않았다. 중부집단군은 9월까지 22만 명을 잃었으나 보충병은 15만 명뿐이었고, 더 보충될 가망은 거의 없었다. 비꼬는 뜻 없이 '태풍'이라는 암호명을 붙인 새 작전은 보급체계에 완전히 과부하가 걸린 탓에 불과 몇 주간만 연료와 식량을 공급받을 수 있었다. 그럼에도 모스크바 공세는 독일의 낙관론을 되살렸다. 대규모 작전을 펴기에는 보급 상황이 얼마나 위태로운지 정확히 알고 있던 병참감 에두아르트 바그너Eduard Wagner마저 10월 5일 "최후의 거대한 붕괴가 우리 목전에 있다. … 모스크바의 동쪽으로. 그리고 나면 전쟁은 거의 끝날 것이다"라고 썼다.[136] '태풍' 작전을 개시한 10월 2일, 히틀러는 하루 뒤 스포츠궁에서 독일 국민에게 연설하기 위해 베를린으로 돌아갔다. 히틀러는 청중에게 "세계적 차원에서 진정으로 중요한 투쟁"에서 돌아왔다고 말했는데, 대체로 진실한 주장이었다. 그리고 이어서 "추악하고 흉포하고 짐승 같은 적"인 볼셰비즘을 처단했으니 앞으로 "다시는 재기하지 못할 것"이라고 말했지만, 이 주장에는 진실이 거의 담기지 않은 것으로 판명이 났다.[137]

그전의 공세들과 마찬가지로 '태풍' 작전도 처음에는 순조로웠다. 계획은 익숙한 패턴을 따랐다. 3개 기갑군으로 뱌지마와 브랸스크를 포위하고, 뒤따라오는 보병부대들로 촘촘히 그물을 쳐 탈출을 막은 뒤, 모스크바와 그 너머로 이어지는 도로를 거의 무방비로 만든다는 계획이었다. 소비에트 사령관들은 대규모 작전이 임박했다는 것, 혹은 약해진 독일군이 그런 작전을 실행할 수 있다는 것을 알지 못하다가 구데리안의 제2기갑군이 오룔과 브랸스크 방면으로 돌진하기 불과 이틀 전에야 긴급 경보를 받았다. 10월 2일 중부집단군의 북쪽 측방부대가 완강히 저항하는 뱌지마를 맹공격했다. 10월 3일 오룔이 함락되었고, 4일 후 뱌지마와 브랸스크가 포위되었다. 일부 소련군이 뱌지마에서 탈출할 수 있었던 것은 문자 그대로 제3기갑집단의 연료가 바닥나 하루 동안 포위망을 좁힐 수 없었기 때문이다. 하지만 키이우의 전례처럼 결국 소련군 100만 명이 포로로 잡히거나 살해될 상황이었고, 포위된 고립지대를 처리하고 나면 마침내 모스크바로 가는 길이 열릴 것으로 보였다. 이는 값비싼 일정 지연으로 밝혀졌는데, 가을장마 기간인 라스푸티차가 막 시작되려는 시점에 고립지대를 소탕하느라 며칠간 힘겹고 치명적인 근접전을 치러야 했기 때문이다. 독일 군인, 말, 차량이 고립지대에서 계속 저항하는 소련군과 싸우고, 물자가 줄어들고, 질퍽질퍽한 도로가 전진 속도를 기어갈 정도로 늦추는 가운데 모스크바는 점점 더 멀게 느껴졌다. 게다가 극히 부적절한 도로망, 좁은 길목에서 수시로 빚어지는 교통 정체, 무너진 교량, 몇 안 되는 포장 고속도로에서 30미터 너비의 구덩이를 만드는 소련제 지연폭발 지뢰 등이 벌써 이동을 방해하고 있었다. 구데리안의 제2기갑군에 보급하는 데 쓰인, 브랸스크로 이어지는 도로에서는 주요 교량 11개를 비롯해 33개 시설이 파괴된 터라 차량들이 에둘러 가느라고 시간과 연료를 더 소모하고 습지대와 흙길을 지나야 했다.[138] 가을비가 쏟아지기 한참 전부터 공세를 지속하기에 충분한 양의 연료와 탄약을 전혀 공급하지 못해 이미 위태로웠던 상황은 진창이 생기면서 더욱 악화되기만 했다. 제3기갑집단은 작전에 돌입한 지 이틀 만에 연료가 다 떨어져 공중으로 보급을 받아야 했고, 2주 후 이번에는 탄약이 바닥나 바르샤바에서 실어와야 했다.[139] 이런 여건에서 중부집단군의 전력은 점차 약해졌다. 11월 1일 보크 장군은 "전진을 당분간 중단한다"고 알렸다.[140]

'태풍' 작전을 시작한 10월에 소련군의 저항은 이미 공격의 기세를 꺾기에 충분했다. 그럼에도 땅이 얼어붙은 11월 중순, 지치고 물자가 부족한 독일군 부대들은 소련 수도를 함락하기 위해 다시 한 번 힘쓰라는 요구를 받았다. 히틀러는 모스크바를 지나 최대 목표선까지 진격하는 것이 여전히 가능하다는 믿음과 붉은군대에 결정적 승리를 거두는 과제를 1942년까지 미루어야 한다는 판단 사이에서 갈피를 잡지 못했다. 11월 19일 히틀러는 할더에게 "대립하는 양편이 서로를 섬멸할 수 없기" 때문에 결국 교섭을 통한 강화가 필요할지도 모른다고 말하기까지 했다. 이튿날 군수탄약부 장관 프리츠 토트는 히틀러에게 "이 전쟁은 더 이상 군사적 수단으로는 이길 수 없습니다"라고 직설적으로 말했다.[141] 장군들은 이미 추가 손실을 막기 위해 10월의 전선으로 물러나자고 요청한 터였지만, 히틀러는 개의치 않고 공세를 이어가야 한다고 판단했다. 4개월이 넘도록 힘겨운 교전을 벌여온 3개 집단군은 사실 전투능력이 없었다. 11월 21일, 작전이 거의 중단되었다. 소수 부대들이 12월 초 소련 수도가 보이는 곳까지 가까스로 진격했지만, 그것은 절망의 몸짓이었다. 살을 에는 추위를 막아줄 동복도 없고 배급도 부실한 여건에서 그들은 섭씨 0도를 한참 밑도는 기온에 더 이상 제대로 기능하지 않는 전차와 포를 가지고 분투했다. "우리 모두 러시아에 지치고 전쟁에 지쳤다"라는 어느 군인의 기록에는 널리 퍼진 사기 저하가 반영되어 있었다.[142] 중부집단군은 개전 이래 사상자로 35만 명을 잃어 추정 전력의 절반으로 줄어든 데다 수송체계가 거의 멈춘 탓에 끊임없이 소모되는 무기를 다시 보급받을 수 없었다. 모스크바로 향하던 구데리안의 제2기갑군이 결국 툴라 근방에서 멈춰 섰을 때, 남은 전차라곤 40대뿐이었다.

모스크바를 포위하려는 '태풍' 작전이 계속 지연되자 소비에트 측은 한숨 돌릴 수 있었다. 10월 중순만 해도 수도가 공포에 사로잡히고 정부 부처들이 급히 동쪽의 쿠이비셰프로 대피했다. 스탈린은 10월 18일 위협받는 수도에 남기로 결정했고, 눈비를 맞으며 외곽 방어선을 구축하는 작업에 주민들을 투입했다. 그리고 주코프를 모스크바를 방어하는 서부전선군 사령관에 임명했다. 주코프는 초기 가용 병력 8~9만 명에 더해, 훈련된 장교, 인력, 장비가 부족한 부대들을 그러모아 '모자이스크 선'을 따라 집중 배치했지만, 그 선이 허물어지자 모스크바 본대에서 16킬로미터 떨어진 방어선으로 병력을 돌려세웠다. 11월 19일 보크 휘하의 기진맥진한 부대가 다시 한 번 비틀거리며 전진하자 스탈린은 주코프에게 "우리가 모스크바를 지킬 수 있다고 확신하나? … 공산당원처럼 솔직하게 말해보게"라고 물었다. 주코프는 확신하지 못하면서도 "틀림없이 모스크바를 지킬 겁니다"라고 답했다.[143] 11월 말, 일본이 남아시아의 영국, 네덜란드, 미국의 속령들을 공격할 것이라는 확실한 첩보를 입수한 뒤, 소련은 대부분 극동아시아와 중앙아시아에서 빼낸 대규모 예비대를 조직해 방어에 투입했다. 12월 1일 브라우히치는 붉은군대에 "대규모 예비 대형들이 없다"고 보고했다. 그러나 사실 주코프는 33개 보병사단과 7개 기병사단, 30개 보병여단과 2개 기갑여단, 총 병력 100만 명, 전차 700대, 항공기 1100대를 지휘하고 있었다.[144]

붉은군대는 다가오는 독일군의 협공을 격퇴하고 수도의 서쪽에 단단한 방어선을 구축한다는 한정된 작전을 세웠다. 12월 5일 오전 3시 정각, 눈이 수북이 쌓인 전장에서 소비에트군이 모스크바 북쪽과 남쪽, 두 개의 주요 축을 따라 전진했다. 허를 찔린 독일군 부대들과 사령관들은 작전에 따라 공세를 취하느라 미처 준비하지 못한 방어태세를 취하려 애썼다. 소련군은 12월 15일 북부 도시 클린을 탈환했고, 남쪽에서 구데리안의 부대를 툴라에서 칼루가까지 130킬로미터 밀어냈다. 칼루가에서 양편은 독일군이 퇴각할 때까지 가가호호 치열한 시가전을 벌였다. 독일군 사령관들은 불가피한 퇴각에 대처하는 한편 동장군과 영양 부족에 시달리다 이제 패닉에 빠지기 시작한 중부집단군이 완전히 붕괴하지 않도록 분투했다. 한참 북쪽에서 붉은군대는 티흐빈을 되찾았고, 남쪽에서는 가까스로 로스토프를 함락한 독일 남부집단군을 상대로 전세를 뒤집었다. 독일 육군은 처음으로 퇴각했고, 3월에 비가 내려 서로의 진을 빼는 반격이 멈출 때까지 계속 후퇴했다. 독일군은 약 8만 명을 잃은 반면, 여전히 여러 면에서 전술상 서투른 데다 경험이 부족한 장교들이 지휘하던 붉은군대는 44만 명을 잃었다.[145] 임박한 듯한 독일군의 완전 붕괴를 막기 위해 히틀러는 12월 26일 부대들에 현 위치에서 방어선을 사수하라는 '정지 명령 Haltebefehl'을 내렸다. 그보다 1주일 전에는 사령관들을 더 면밀히 통제하고 그들의 퇴각 요구를 틀어막고자 브라우히치를 해임하고 독일 육군의 지휘권을 직접 넘겨받았다.

'바르바로사' 작전이 실패했다는 사실은 12월이 오기 한참 전부터 명백했다. 소련을 4개월 내에, 심지어 더 짧은 기간에 결정적으로 물리칠 수 있다는 도박은 장비와 훈련된 인력이 부족하고 소련의 역량에 대한 정보가 충분하지 않았음을 감안하면 처음부터 위험성이 컸다. "우리는 아군의 전력과 자신감을 과대평가한 벌을 받았다"고 1941년 12월 어느 일반참모는 썼다.[146] 작전이 실패한 데에는 뚜렷한 전략적 이유도 있었다. 침공의 주목적을 결코 명확히 밝히지 않았고, 그래서 소련군을 제거하려는 독일 군부의 바람과 착취할 영토에 집착하는 히틀러의 입장 사이에 긴장이 존재했다. 이 긴장 때문에 먼저 7월과 8월에 공격의 우선순위를 놓고 논쟁을 벌이느라 침공이 한참 지연되었고, 뒤이어 최대 영토를 추구하는 히틀러가 독일군을 나누는 데 계속 관여하게 되었다. 유럽에서 가장 험난한 지대와 미비한 기반시설을 포함하는 세 주요 전구에서 장거리 작전의 병참 문제를 충분히 고려하지 않은 기묘한 태만은 '동방'이 어떤 곳인지 상상하지 않은 전반적인 태만을 더욱 또렷하게 드러냈을 뿐이다. 독일군에게 폴란드와 프랑스의 전역은 비교적 거리가 짧았고 독일의 철도망으로 수행할 수 있었다. 반면에 소련 영토에서는 집단군들 사이에 부대를 이동 시키라는 잦은 요구로 인해 철도 지원이 거의 없는 열악한 도로에서 적에게 끊임없이 괴롭힘을 당하며 450~650킬로미터의 길고 힘겨운 여정에 나서야 했다. 소비에트 군사기구가 어떻게 독일군의 맹공에 무너지지 않고 살아남았는가 하는 질문이 자주 제기되곤 한다. 그러나 독일군이 특히 1941년 말에 씨름했던 여러 장애물을 감안하면, 어떻게 독일 군사기구가 그토록 넓은 영역을 점령하고 1942년 들어서까지 대부분 유지했느냐고 물어야 마땅할 것이다. 히틀러 및 군 참모부의 기대와 전선의 실상 사이에는 영원한 간극, 갈수록 악화되는 여건에서 작전상 가능한 수준 이상을 요구받은 독일군의 특출한 인내력과 전문적 능력으로만 메울 수 있었던 간극이 존재했다. 독일 군인들은 점점 체념하며 싸웠다. 1942년 1월 2일, 유흐노프에서 포위에 직면한 하인리치 장군은 다시 한 번 아내에게 편지를 썼다. "무엇이 닥칠지, 무엇이 불가피한지 아는 것은 너무나 참담한 일이지만, 그래도 무슨 말이든 벽에 대고 하고 싶다오. 이제부터 운명이 가차없이 펼쳐질 것이오. 큰 규모에서도 마찬가지겠지. 전쟁의 향방과 관련해 더 이상 나 자신을 속이지 않겠소."[147]

동방에서 독일이 당한 첫 패배를 배경으로 전 지구적 전쟁은 근본적으로 변모했다. 1941년 12월 7일(일본 날짜는 12월 8일) 오전, 일본 함재기가 진주만의 미국 태평양 해군기지를 폭격하는 동안 일본 육군 부대들이 동남아시아와 필리핀에서 영국, 네덜란드, 미국의 주둔군을 상대로 공세를 개시했다. 이 작전은 심지어 베를린 주재 일본 대사 오시마 히로시大島浩 장군에게도 비밀이었는데, 그는 1941년 여름부터 대소련 전쟁에 가담해

"공산주의의 근원을 파괴"할 것을 본국 정부에 촉구하고 있었다. 일본 정부가 대사의 말대로 했다면 유라시아 전체를 독일과 일본이 지배하는 '매킨더 순간'이 왔을지도 모르지만, 일본 지도부는 7월 말 도요다 데이지로 豊田貞次郎 외무대신이 오시마에게 전했듯이 "북부 문제를 해결할 절호의 기회"가 생길지라도 독일의 성공에 편승하는 선택을 꺼렸다.[148] 7월 25일, OKW 총장 빌헬름 카이텔Wilhelm Keitel 원수는 보크에게 "일본이 러시아와 관련해 최고의 시간이 왔다고 여겼으면 하는 총통의 바람은 무산된 것으로 보인다"고 알렸다.[149]

실제로 일본 지도부는 이미 1941년 7월에 동남아시아의 석유와 자원을 확보하기 위해 남진하고 도요다의 전임 마쓰오카 요스케가 1941년 4월 소련 측과 합의한 중립조약을 고수하는 편이 전략상 더 중요하다고 판단했다. 일본이 선호한 결과는 독일과 소련이 강화를 맺어 스탈린이 서방 해양세력에 맞서 삼국동맹 조약에 가담하는 것이었는데, 이편이 매킨더의 전략지정학적 추론에 더 들어맞았을 것이다. 이런 이유로 일본 지도부는 소련을 물리치는 데 동참하라는 독일 지도부의 압력에 미지근한 반응을 보이고 독일군의 전역을 직접 지원하지 않았다.[150] 오히려 일본 지도부는 미국과 전쟁을 벌일 경우 독일이 자신들을 지원하기를 바랐다. 일본이 침공국이기 때문에 삼국동맹 조약의 조항에 따르면 독일이 그런 지원을 약속하지 않았음에도 말이다. 히틀러는 1941년 3월 '일본과의 협력'에 관한 지령에서 밝혔듯이 여전히 주적으로 여기던 영국을 물리치는 목표를 우선시했으므로 미국과의 전쟁을 피하기를 원했지만, 진주만 소식을 듣고는 이제 일본 때문에 미국이 유럽에 관여하지 못하고 영국의 주의가 흩어질 것이라고 판단했다. 대소련 전역에 대한 지원을 꺼린 일본 측과는 반대로 히틀러는 일본과 함께 미국과 싸우는 길을 택했다.[151]

진주만 폭격 이후 나흘간 미국은 유럽 추축국과 전쟁 상태가 아니었지만, 장제스는 미국이 아시아 분쟁에 말려들었다는 데 기뻐하며 당장 추축국에 전쟁을 선포했다. 12월 11일 히틀러는 위태로운 러시아 전장을 떠나 독일 의회에 가서 미국에 선전포고를 했고, 같은 날 무솔리니가 그 뒤를 따랐다. 히틀러는 자신의 연대를 보여주고자 리벤트로프에게 전시 연합전략에 대한 독일-일본 협정을 체결하라고 지시했는데, 실제로는 독일이 아시아의 일본군에 전략적 또는 군사적 지원을 거의 하지 않았기 때문에 실속 없는 의사 표시에 지나지 않았다. 그럼에도 독일과 일본에서 진주만 소식—그리고 뒤이어 일본군이 남방에서 연전연승한다는 소식—은 명백한 위험을 내포함에도 불구하고 곧장 대중의 열광을 불러일으켰다. 도쿄에서는 군중이 황궁 밖에 모여 천황의 신성한 인도에 감사를 드렸다.[152] 독일 비밀경찰의 보고서들은 독일 인구가 미국과의 전쟁을 받아들인다—"유일하게 가능한 답변"—는 것을 보여주었고, 또 일본의 승리로 미국의 관심이 태평양으로 돌아가고, 영국에 대한 무기대여 지원이 줄어들고, 영국과 소련의 전쟁 노력이 약해지고, 전쟁이 짧아질 것으로 전망했다. 러시아에서 들려오는 비보와 반대로 아시아의 승리 소식이 쌓여가자 괴벨스는 라디오로 발표할 때마다 일본에 팡파르를 울리기로 결정했다.[153] 독일 해군도 조만간 세계에서 단연 최대 규모의 해군을 휘두를 국가와의 전쟁을 환영했다. 선전포고 이튿날 히틀러를 만난 에리히 레더 대제독은 미국이 태평양 전쟁에 전력을 다하면 영국은 옴짝달싹 못할 것이라고 장담했다.[154]

미국에 대한 선전포고가 치명적인 전략적 오판이었다는 데에는 의심의 여지가 별로 없다. 중국, 소련, 영 제국을 상대로 이미 힘겹고 값비싼 전쟁을 치르고 있던 추축 삼국이 세계 최대 경제 대국까지 적으로 돌린 것은 도무지 합리적인 선택이 아니었으며, 실제로 일본과 독일의 지도부는 애초에 미국과의 전쟁을 피하려 했다. 비교적 약한 군사 대비태세와 오랫동안 고립주의를 고수해온 역사를 감안할 때 미국은 대규모 전쟁을 치를 능력과 의지가 없다는, 상대를 깔보는 견해가 추축국의 선전포고 결정을 부추겼다. 선전포고 당일 히틀러는 점심 손님들에게 미군 장교들은 진짜 군인이 아니라 "군복을 입은 사업가들"에 불과하다고 말했고, 며칠 후에는 미국 산업이 "터무니없이 과대평가되었다"고 주장하기도 했다.[155] 그러나 졸고 있다고 해도 거인은 거인인 법이다. 미국에 대한 선전포고는 오히려 합리적이지 않은 관점에서 이해해야 한다. 일본 지도부는 당시 분쟁을 자국을 에워싸는 서구 열강에 불가피하게 맞서는 자위전쟁으로 정당화할 수 있다고 보았고, 여기에 영국 및 네덜란드와의 전쟁도 포함된다고 생각했다. 도조 히데키東條英機 장군은 서구가 일본을 "과거의 '작은 일본'"으로 바꾸어 2600년에 걸친 황실의 영광을 끝내려는 속셈이라고 주장했다. 일본 지도부는 전쟁을 통해 서구의 개인주의적이고 물질주의적인 문화를 몰아내고 '아버지-천황' 아래 아시아 민족들이 한 가족을 이루는—전통적 목표인 팔굉일우八紘一宇[천하가 한 집안이라는 뜻]—신성한 사명을 추구한다고 생각했다. 역경에 대한 합리적인 계산의 맞은편에는 죽은 천황들과 쓰러진 군인들의 혼령이 한 번도 패하지 않은 제국을 지켜줄 것이라는 믿음이 있었다. 전쟁 초반의 승리는 일본의 '정신력'과 '황실 조상들'의 보호 덕분이었고, 후반의 패배는 '애국심 부족' 때문이었다. 이런 관점에서 보면 일본의 선전포고는 그저 위험한 지정학적 계산의 산물이 아니라 서구의 적과는 확연히 다른 문화관을 반영하는 결과였다.[156]

히틀러는 워싱턴 측이 이미 영국과 소련에 대한 무기대여 원조, 해전 지원, 독일의 모든 경제 자산 동결을 통해 선전포고 없이 추진하던 전쟁이 이제 명확해졌다고 보았다. 어차피 새로운 독일 제국이 언젠가 미국과 전쟁을 벌일 거라고 오래전부터 예상하던 바였다. 히틀러가 일본 대사에게 말했듯이, 전쟁 상태가 공식화되자 잠수함 함장들이 "미국 선박과 영국 선박을 구분하려 애쓰는 심리적 피로"에서 벗어나 대서양 전투가 아주 단순해졌다.[157] 선전포고 이후 독일 U보트들은 서쪽으로 이동해 미국 해안지대를 배회하면서 여전히 호송선단이나 공중엄호 없이 항해하는 선박을 격침하는 '북치기Paukenschlag' 작전을 수행했다. 1942년 첫 4개월간 연합국 선박 260만 톤이 격침되었는데, 이는 1941년 한 해의 피해량을 상회하는 수치였다.[158] 그런데 여태껏 선전포고 없이 벌여온 분쟁을 전쟁 상태 선언으로 공식화했을 뿐이라는 히틀러의 주장 이면에는 더 위협적인 음모론이 자리하고 있었다. 히틀러의 왜곡된 현실관에 따르면 독일에 대한 미국의 적대감은 세계 유대인이 불러일으킨 것이었다. 히틀러의 한 통역사는 그 현실관을 기록했다. "미국은 어디서나 유대인과 같다. 문학계에 유대인이 있고, 정계에 유대인이 있고, 상업과 산업에 유대인이 있고, 꼭대기에 완전히 유대화된 대통령이 있다."[159] 국가사회주의 세계관에 의하면 루스벨트는 런던과 모스크바의 유대인들이 전쟁을 지속하도록 몰아가는 유대인 종복이었다. 12월 12일 히틀러는 나치당 지도부를 비밀회의에 소집해 미국과의 전쟁은 유대인이 획책한 것이라고 설명하고, 지난 1939년 1월에 만약 독일이 전 지구적 전쟁에 끌려 들어간다면 유대인을 말살하겠다고 했던 자신의 예언을 이제 실현할 때라고 주장했다. 베를린 대관구장 자격으로 참석한 요제프 괴벨스는 이튿날 일기에 이렇게 적었다. "이제 세계대전이며, 유대인의 절멸은 틀림없이 필연적인 결과다."[160] 비록 그간 역사가들이 이 회의를 집단학살의 명확한 시작점으로 여기는 것을 주저하긴 했지만(점령한 동유럽 영토에서 독일 보안부대와 육군이 이미 수십만 명을 살해한 이후였기 때문이다), 세계대전과 유대인의 공모를 관련지은 히틀러의 눈에는 선전포고가 비합리적인 도박으로 보인 게 아니라 합리적인 심판으로 보였다.

일본 지도부는 미국과의 전쟁이 이상적인 상황과는 거리가 멀다는 것을 알고 있었다. 그러나 이 전쟁은 미국이 선전포고 없이 석유를 비롯한 핵심 산업 자원에 대한 일본의 접근을 제한하고 일본의 적인 중국군에 지원과 자금을 제공하는 혼란스러운 단계를 끝내는 조치이기도 했다. 일본의 결정은 적국 영국을 패배시키려면 더 크고 잠재적으로 더 강력한 상대를 공격해야 한다는 히틀러의 주장과 공통점이 많았다. 다시 말해 일본 지도부는 미국(그리고 영 제국)과의 싸움이 중국 분쟁을 해결하는 데 어떤 식으로든 도움이 된다고 주장했던 것이다. 독일과 일본 모두 우크라이나에서든 동남아시아에서든 물적 자원을 추가로 구하지 않고는 분명 향후 전쟁을 성공적으로 수행할 수 없었다. 지난 10년간 제국을 확장한 일본은 미국이 서반구를 바라보는 것과 흡사한 시선으로 동아시아―다른 열강이 마땅히 존중해야 하는 일본의 자연스러운 정복 영역―를 바라보고 있었다. 일본 지도부는 다른 열강이 어째서 현 상황을 기정사실로 받아들이지 않는지 이해하기 어려워했고, 일본의 팽창이 국제 규범 위반임을 일체 부인하고 새로운 아시아 질서의 지도자가 될 적법한 권리가 자국에 있다는 전제 위에서 미국과의 교섭을 시작했다. 1941년 1월 마쓰오카 요스케 외무대신은 미국이 아시아에서 일본이 맡은 역할, 즉 "문명의 파괴를 예방"하고 공정한 평화를 확립하는 역할의 성격을 파악하려는 노력을 전혀 하지 않는다며 공개적으로 비난했다.[161] 미국의 비타협적 자세를 일본 측은 자신들의 국가적 존립을 억누르고 결국 없애려는 국제 음모의 일부로 해석했다. 1941년 일본이 미국과 잠정적 협정을 맺어 대중국 전쟁을 자기네 조건대로 해결하는 한편 제국을 유지하는 데 필요한 전략자원을 확보하려 노력했을 때, 당연히 양측 사이에는 공통 기반이 거의 없었다.

퍽 아이러니하게도 루스벨트와 미군 수뇌부의 관심은 태평양보다 유럽 분쟁에 한층 더 쏠려 있었다. 1941년 동안 미국 대통령은 연설에서 히틀러와 독일은 152번 언급했으나 일본은 5번에 그쳤다.[162] 미국은 해군력의 증거(1940년 5월 루스벨트는 태평양 함대에 대양 기동연습 이후 진주만에 상주하라고 지시했다)와 미국산 금속 및 석유에 크게 의존하는 국가에 대한 경제적 압박으로 일본을 억지할 수 있다고 가정했다. 이미 1938년 루스벨트는 도덕적인 이유로 일본과의 석유, 철강, 항공기, 금융 거래를 금지하고 자금을 동원해 일본 산업에 필요한 원료를 먼저 구입한 바 있었다.[163] 1940년 1월, 미국은 1911년에 일본과 맺은 통상조약을 파기했다. 그리고 1940년 여름 일본군이 프랑스령 인도차이나 북부에 진입하자, 수출통제법을 도입해 항공 연료, 철과 강의 부스러기, 철광석, 구리, 정유 설비 등 여러 전략물자의 일본 수출을 공식 제한했다. 1년 후, 인도차이나 남부가 점령되자 일본 자산을 동결했다. 1941년 8월 1일 루스벨트는 일본 측에 모든 유류 제품에 대한 수출 허가를 미연방에 신청하라고 통보했다—그렇다고 해서 모든 신청을 기각해 일본을 지나치게 몰아붙일 마음은 없었다. 미국은 이런 단호한 태도에 경제 위기를 목전에 둔 일본이 꼬리를 내릴 것으로 예상했다. 그러나 일본 주재 미국 대사 조지프 그루Joseph Grew는 워싱턴에 "일본 측을 협박해도 그들의 결의는 더 강해질 뿐"이라고 경고했다.[164] 실제로 일본은 경제 상황이 완전히 혼란에 빠지자 더 급진적인 해결책에 박차를 가했다.

1941년에 일본 정계와 군대의 지도부는 중국 위기를 외교로 해결하는 편이 나을지 아니면 영국 및 미국과의 또다른 전쟁으로 해결하는 편이 나을지를 놓고 줄곧 논쟁을 벌였는데, 그들로서는 피하고픈 상황이었다. 소련을 공격하겠다고 결정한 히틀러와 마찬가지로, 일본 지도부는 점차 전쟁이 필요하고 또 피할 수 없어 보인다는 결론에 이르렀다. 미국 정계는 4년에 걸친 중국 전쟁이 일본에 끼친 영향을 이해하지 못했다. 그 4년간 일본 사회는 민간인 인구에게 공급하는 물자와 식량을 줄이고, 무거운 재정 부채를 지고, 희생과 금욕의 대중문화를 강조하면서 총력전에 적합한 사회로 변모해갔다.[165] 미국 지도부는 재앙이 임박했다는 절박감을 느끼지 않았지만, 일본 지도부는 중국에서 승전하지 못하고 미국의 금수 조치로 경제가 질식당하자 이성적인 판단으로는 피했을 법한 해결책을 받아들였다. 위기에 어떻게 대응할지 불분명한 일본 지도부의 성격은 1941년 여름과 가을에 마쓰오카가 외무성에서 물러나고 고노에 내각이 붕괴하는 결과로 구체화되었다. 일본의 신질서를 구축한 이 두 주역을 대신한 인물은 국가의 선택지에 모호한 입장을 보인 일본 엘리트층의 성격을 의인화한 듯한 군인 관료 도조 히데키였다. 1941년 7월 도조가 육군대신으로서 처음 주관한 회의에서 장제스에 대한 지원을 제거하기 위해 남진하고 동남아시아의 석유와 원료를 장악하는 것이 이제 우선순위라는 합의가 이루어졌다. 그전까지 향후 전략을 두고 분열했던 육군과 해군은 한시적으로 서로의 계획을 공유하기로 했다. 독일-소비에트 전쟁으로 만주에 대한 소련의 위협이 사라진 가운데 머지않아 소련이 패배해 기회가 생기면 재빨리 활용하기 위해 육군이 여름 사이에 만주 관동군의 규모를 두 배로 키워놓은 상황이긴 했지만, 당장은 남진하여 중국을 고립시키는 편이 전략적으로 더 유효했다.[166] 7월 말 일본 육군은 인도차이나 남부를 점령해 장제스를 지원하는 주요 보급로(1940년에 전체 보급의 70퍼센트를 담당한 것으로 추정되는)를 차단했다. 그러자 전쟁으로 향하던 추세에 가속이 붙었다. 미국의 석유 제한 조치로 일본의 석유 수입량이 4분의 3가량 줄어들 듯한 상황에서 8월 9일 일본 육군은 11월에 개전을 결정한다는 계획을 제출해 승인을 받았다. 해군은 결정 시한을 10월로 앞당기는 편을 선호했다. 9월 6일 어전회의에서 전역이 승인을 받고 고노에의 말마따나 "자존 자위" 전쟁으로 정당화되었다.[167]

그렇지만 10월 18일 고노에의 후임으로 총리가 된 도조는 곧장 외교적 해결을 위한 노력을 재개하여 일본의 후견 아래 아시아의 평화를 달성하는 길을 닦고 고노에의 표현대로 "우리를 당장 전쟁에 빠뜨리지" 않겠다고 약속했다. 전쟁인지 평화인지를 결정하는 시한은 11월 말로 늦추어졌다. 일본 내각은 며칠간 회의를 열어 두 선택지의 전망을 철저히 검토한 뒤, 한 차례 더 외교적 노력을 기울이기로 했다. 11월 5일 어전회의에서 천황은 이 마지막 수가 통하지 않으면 전쟁을 피할 수 없다는, 수동태 형식의 의견을 들었다. 내각과 군 참모부는 전쟁을 자신들이 선택한 무언가가 아니라 자신들에게 강요된 무언가로 보았다. 도조는 워싱턴 측에 제시할 두 가지 계획을 재가했다. 계획 A는 인도차이나에서 즉각 철군하고 중국에서(하이난, 북부 영토, 만주국은 예외) 2년 내에 철군할 것을 약속했지만, 그 대가로 교역 복원, 중국 지원 중단, 일본-중국 관계에 개입하지 않겠다는 합의 등을 기대했다. 계획 B는 미국이 통상 금지령을 끝내고 중국 내 역할을 부인한다면 더 이상 침공하지 않을 것을 약속하는 더 온건한 제안이었다.[168] 두 계획 모두 노무라 기치사부로野村吉三郎 대사와 베테랑 외교관 구루스 사부로来栖三郎가 워싱턴 측에 제출했다. 1941년 11월이면 두 계획은 희망사항에 지나지 않았지만, 일본 측은 진지하게 타협안이라고 생각했다. 11월 22일, 일본의 외교 무선통신을 방수傍受하던 미국 기관(암호명 '매직Magic')이 두 교섭자에게 전해진 통신문을 해독했다. 정치적 합의의 최종 시한을 11월 29일로 고수하라는 내용이었다. "이번에는 진의로 말하건대 절대로 시한을 변경해서는 안 된다. 그 후로는 사태가 저절로 일어날 것이다."[169] 미국 군부는 11월 말부터 태평양 지역에서 전면 경계태세에 들어갔지만, 일본이 어디를 타격할지는 여전히 불분명했다.

루스벨트는 태평양에서 평화를 유지하고 미국의 이권에 부합하는 방안이라면 모종의 타협에 반대하지 않았지만, 일본과의 교섭을 진행한 국무장관 코델 헐은 중국의 어느 부분이든 일본의 수중에 남겨두는 합의에 결연히 반대했다. 군 수뇌부의 조언과 대통령의 바람에 맞서 헐은 11월 26일 일본 교섭자들에게 자신의 통첩(보통 '헐 노트'라 부른다)을 전달하여, 길게 볼 때 양국의 협정은 만주 점령 이전의 상황을 복원한다는 조건으로만 성립할 수 있다는 점을 분명히 했는데, 분명 일본 지도부로서는 협상할 여지조차 없는 요구였다.[170] 이를 최후통첩으로 여긴 일본 정부는 11월 29일 선택지를 놓고 의논했다. 도조는 "외교적 거래에 희망이 없다"고 결론지었고 전쟁 선택지가 우세를 점했다. 미국 및 영 제국과의 전쟁에 적극 찬성한 일본 지도부 인사는 거의 없었던 것으로 보인다. 일본 측은 치욕과 불명예를 당하느니 싸우는 편이 낫다는 숙명론적 입장에서 개전 결정을 받아들였다. 도조는 11월 5일 어전회의에서 미국의 조건을 받아들이면 일본은 삼류 국가가 될 거라고 말한 바 있었다. "미국은 한동안 격분할 테지만 나중에 이해하게 될 것입니다."[171] 일본 측이 기대한 결과는 자국에 필요한 석유와 자원을 장악하고 그로써 미국 여론에 충격을 주어 일본의 국가적 목표에 부합하는 협정을 맺는 길을 여는 것이었다. 일본이 독일과 소련의 강화협정을 중재하여 미국을 고립시키자는, 11월에 되살아난 의견도 있었지만, 두 교전국 모두 관심을 보이지 않았다.[172]

헐 노트가 노무라 대사에게 전달된 날, 나구모 주이치南雲忠— 제독이 지휘하는 해군 기동타격부대가 명령이 오면 진주만의 미국 태평양 함대를 공격하기 위해 쿠릴 열도의 기지에서 나와 항해하고 있었다. 12월 2일 제독은 일본 시간으로 12월 8일의 공격 추진을 승인하는 암호 통신문 '니타카 산 올라라 1208'을 받았다. 병력 호위함들도 중국 남부와 인도차이나에서 필리핀과 말라야를 향해 남진하고 있었다. 후자에 대한 보고를 받은 워싱턴 측은 일본군이 말라야와 네덜란드령 동인도를 점령할 작정이라고 생각했지만, 나구모의 함대는 공격을 받을 때까지 파악하지 못했다. 진주만을 기습한다는 계획은 해군 수뇌부가 남진을 진지하게 준비하기 시작한 1940년 말에 구상되었지만, 일찍이 1920년대부터 해군 내에서 논의되던 주제였다.[173] 세부 계획은 연합함대 사령장관 야마모토 이소로쿠山本五十六의 괴짜 참모 구로시마 가메토黑島龜人가 세웠는데, 며칠간 어두컴컴한 방에 나체로 틀어박혀 해결책을 짜냈다고 한다.[174] 이 정도 규모의 해상 공습은 새로운 사건이었다. 한 가지 전례라면 1940년 11월 영국의 타란토 공격이 있었는데, 공습 이튿날 일본 대사관 직원들이 타란토에 나타나 공격의 효과를 지근거리에서 관찰했다. 또 일본은 독일이 노르웨이에서 공군력을 이용해 영국의 훨씬 큰 해군 주둔군을 무력화하는 데 성공한 사례에서도 큰 영향을 받았다. 1941년 봄, 일본은 타격력을 극대화하기 위해 항공모함들을 단일 함대 사령관의 휘하에 배치했다. 그리고 공중어뢰가 해저로 가라앉지 않고 진주만 부두의 비교적 얕은 물에서도 작동할 수 있도록 개조했고, 해군 조종사들에게 저고도 어뢰 공격과 급강하 폭격을 철저히 훈련시켰다. 야마모토는 미국과 충돌하지 않기를 바란 여러 고위 장교들 중 한 명이긴 했지만, 동남아시아 작전과 남진의 우선 목표인 석유 및 자원 확보를 미국 태평양 함대가 위협하는 사태를 미연에 방지하려면 진주만 공격이 꼭 필요한 첫 단계임을 알고 있었다. 그렇지만 진주만 계획이 처음 제출되었을 때 해군 참모부는 아시아 전역戰役에서 해군력을 너무 많이 가져가고 항공모함을 위험에 빠뜨린다는 이유로 퇴짜를 놓았다. 야마모토가 사임하겠다며 으름장을 놓고 나서야 해군은 입장을 바꾸어 10월 20일 마지못해 계획을 승인했다. 나구모의 제1항공함대는 정박 중인 미국 전함 최소 4척에 더해 항만시설과 저유소를 파괴하는 임무를 맡았다. 이 함대는 항공기 432대를 탑재한 항공모함 6척, 전함 2척, 순양함 2척, 구축함 9척으로 구성되었다. 이토록 위험한 작전치고는 그리 크지 않은 해군 부대였지만, 오래전부터 해군 전략가들은 공군력을 해전의 핵심 요소로 여기고 있었다.

나구모가 설령 오아후 섬으로 접근하는 도중 발각되더라도 공격하라는 지시를 받았음에도, 12월 7일 오전의 기습은 완벽했다. 미국의 실패는 이제 잘 알려져 있다. 현지 사령관 허즈번드 키멀Husband Kimmel 제독은 사보타주가 일어날지 모른다는 경고를 듣고서 항공기들을 지상에 모아둔 터였다. 제한된 레이더 체계는 오전 7시 정각에 정지되었고(한 차례 탐지했으나 연습 중인 B-17기 편대로 여겼다), 항공기정보센터(영국 공군의 체계를 본뜬)는 아직 작동하기 전이었다. 어뢰 방어망은 없었다. 소수의 일본 잠수정이 공습 이전 새벽에 항구 방어물을 뚫고 들어오다가 발각되어 한 척이 파괴되었지만, 전면적인 경보가 뒤따르지 않았다. 무엇보다 미국의 가용 정보는 일본이 곧 행동한다는 경보를 발령하도록 재촉했지만, 모든 근거는 그 장소를 동남아시아로 가리켰다.[175] 사실 야마모토는 성공할 가망이 겨우 50 대 50이라고 판단한 작전에서 유달리 운이 좋았다.

이른 새벽 미쓰비시 '0식零式' 전투기〔약칭 제로센/레이센零戰〕, B5N '케이트Kate' 폭격기, D3A '발Val' 급강하폭격기가 두 차례에 걸쳐 항공모함에서 날아올랐다. 먼저 발진한 제1파의 항공기가 183대, 제2파의 항공기가

167대였다.[176] 집중 훈련을 받긴 했으나 이번 작전은 힘겹기 그지없었다. 가장 성공한 타격은 하와이의 미국 항공기들을 거의 전부 파괴한 것으로, 180대를 완파하고 129대를 손상시켰다. 미국 주력함들에 대한 공격은 덜 성공적이었다. 뇌격기 40대 중 13대만이 명중시켰으며, 급강하폭격기는 표적을 분간하기 어려워 정박 중인 순양함 8척 중 2척을 손상시키는 데 그쳤다. 제2파가 도착했을 무렵에는 연기에 가려 표적이 잘 보이지 않았다. 명중률이 낮았을 뿐 아니라 상당수 일제 폭탄이 터지지 않았다. 이 전투를 상징하는 이미지, 즉 애리조나Arizona 함이 폭발하고 침몰하는 놀라운 광경은 운 좋게도 폭탄 하나가 선체 앞부분의 탄약고까지 뚫고 들어갔기 때문이었다. 복귀한 항공병들이 괴멸적인 피해를 입혔다고 보고했지만, 영국의 타란토 공습과 마찬가지로 연기가 걷히고 나자 일본 측의 판단만큼 극적인 결과는 아닌 것으로 밝혀졌다. 미국 항공모함들은 공습을 당하는 동안 모두 해상에 있었다. 전함 4척은 격침되고 1척은 해변에 얹혔다. 다른 전함 3척은 경미한 손상을 입었다. 순양함 2척과 구축함 3척은 심각하게 손상되었고, 보조함 2척은 격침되었다. 일본 해군이 탈출하려는 적 함정을 가로막고 하와이를 봉쇄하기 위해 투입한 함대 잠수함 27척은 2개월간 겨우 유조선 1척을 격침하고 전함 1척을 손상시키는 데 그쳤다.[177] 진주만 기습은 야마모토가 기대했던 것 이상의 전과를 거두었지만, 경험이 더 많고 더 나은 전술을 구사했다면 훨씬 큰 전과를 거두었을 것이다.

진주만 공격의 확실한 결과는 미국인들을 죽이거나 불구로 만든 것이었다. 총 2403명이 죽고 1178명이 다쳤다. 이로써 루스벨트는 분열된 미국 대중에게 참전 필요성을 납득시키는 문제에서 벗어났다. 진주만 공격 며칠 전만 해도 루스벨트는 속내를 털어놓는 친구 해리 홉킨스Harry

Hopkins에게 차마 전쟁을 선포할 수 없다고 말했다. "우리는 민주국가이고 평화로운 국민이지. 그래도 좋은 성과를 올리고 있다네."[178] 그런 와중에 일본의 공격은 미국 여론에 충격을 주고 고립주의자와 개입주의자가 논쟁하던 세월에 종지부를 찍었다. 어떤 대가를 치르더라도 일본을 타도해야 한다는 대의가 온갖 의견을 가진 미국인들을 하나로 묶었다. 한편, 역시 일본의 침공 위협에 시달리던 영 제국은 미국이 일본에 격분하자 미국으로부터 유럽 전쟁에 동참한다는 약속을 받아낼 가능성이 줄어들 것을 우려했다. 독일과 이탈리아가 루스벨트에게 유럽 추축국과도 싸울 필요성을 미국 국민에게 납득시킬 기회를 주지 않는 이상 미국이 일본을 상대하는 데 주력할지 모른다고 우려했던 것이다. 처칠은 미국과의 공동 전략을 마련하기 위해 대표단을 이끌고 워싱턴에 도착해 12월 22일부터 3주간 암호명 '아르카디아Arcadia' 회담을 진행했다. 영국 대표단은 자기네 전쟁관에 대한 미국의 동의를 얻어내려 애썼다. 이미 1941년 3월에 양국의 비공식 참모 회담에서 유럽을 공동으로 우선시한다는 잠정 합의에 이른 바 있었다. 또한 1941년 8월 뉴펀들랜드의 플러센치아 만에서 열린 처칠과 루스벨트의 첫 회담에서 '나치 독일' 타도를 새로운 세계 질서의 핵심으로 규정하는 '대서양 헌장'을 작성한 바 있었다.

1941년 12월의 정상회담에서 처칠은 미국 해군의 강한 의구심에도 불구하고 루스벨트로부터 유럽을 계속 우선시한다는 확약을 받아냈다. 또한 양측은 공동 토론장인 연합참모본부에서 서로의 전략적 논의를 취합한 데 더해 해운, 탄약 생산량, 정보 등을 다루는 합동위원회를 구성하는 등 전시에 이례적이고 실로 독특한 조치를 취했다.[179] 그럼에도 의견이 엇갈리는 중요한 문제들이 있었다. 루스벨트와 군 참모부는 대통령 주변의 여러 반영파 인사들이 '제국주의 전쟁'으로 여긴 당시 전쟁에 대한 영국의 계획을 그대로 따르는 방안에 끌리지 않았다. 처음에 미국이 우선시한 과제는 소련의 패배를 막는 것이었다. 루스벨트는 재무장관에게 "러시아의 붕괴보다 더 나쁜 사태는 없습니다. 러시아가 붕괴하는 것보다는 차라리 뉴질랜드, 오스트레일리아, 혹은 다른 무엇을 잃는 편이 낫습니다"라고 말했는데, 이는 영국의 제국 이권과 어우러지지 않는 견해였다.[180] 루스벨트와 육군 참모총장 조지 마셜George Marshall 장군은 소련의 전쟁 노력을 돕기 위해 1942년에 히틀러의 유럽을 정면에서 공격할 필요가 있다고 생각했지만, 이 위험한 공격에 영국 측은 완강히 반대했다—논쟁은 작전 실행이 명백히 불가능해진 1942년 후반에야 해소되었다. 루스벨트는 자신이 미국의 세계 전략이라는 관점에서 생각한다는 것을 보여주고자 1942년 1월 1일, 진주만 공격 불과 3주 후에 '아르카디아' 회담을 이용해 추축국과 전쟁 중인 모든 국가로 이루어진 연합국United Nations을 대표하여 선언을 발표했다. 대서양 헌장과 마찬가지로, 민족자결과 경제적 자유라는 핵심 원칙을 담은 이 선언은 기존의 제국 질서의 가치관이 미국의 국제주의 가치관으로 대체되고 있음을 보여주었다. 이런 국제 질서의 변화는 전쟁이 진행될수록 더 뚜렷하게 드러났다.

아르카디아 회담 기간에는 묘한 비현실적 감각이 있었다. 동남아시아와 태평양 서부 도처에서 일본 육군과 해군은 남방 진격을 완수하기 위해 신속하고도 과감하게 움직였다. '바르바로사' 작전과는 규모에서 큰 차이가 났다. 중국 전역과 진주만 작전 때문에 일본 군부는 한정된 병력만 불러모을 수 있었다. 육군은 51개 사단 중 11개 사단과 항공기 700대를 동원할 수 있었고, 해군은 육군의 상륙작전을 지원하기 위해 1000대의 항공기 중 대략 절반, 항공모함 2척, 전함 10척, 중순양함 18척을 투입할 수 있었다.[181] 남방 전역은 4개의 주요 작전에 병력을 매우 얇게 분산시켰기 때문에 진주만보다도 더 위험했다. 바로 필리핀 함락 작전, 태국 점령 작전, 말라야 및 싱가포르 해군기지 함락 작전, 네덜란드령 동인도 정복 작전이었다. 그럼에도 일본군은 1937년 이래 오래도록 이어온 전쟁에서 이례적인 승리를 거두었다. 서방의 방어군은 약했는데, 무엇보다 영국은 유럽과 중동의 전장에서 빼올 수 있는 병력이 별로 없었고 미국은 이제 막 병력 증원을 시작한 터였기 때문이다. 독일이 네덜란드를 점령한 이후 네덜란드군은 식민지 현지인 부대들로 이루어져 있었다. 남방의 영 제국군은 대부분 경험이 부족한 인도군 사단들이었다. 참사를 요약한 소식이 매일같이 런던과 워싱턴에 도착했다. 첫 소식은 처칠이 일본군을 저지하기 위해 보내야 한다고 고집한 영국의 주력함 2척이 침몰했다는 비보였다. 전함 프린스 오브 웨일스Prince of Wales와 리펄스Repulse는 남중국해까지 항해하는 동안 자신들에게 알려진 모든 일본 항공기의 항속거리 밖에 있다며 자신만만했고, 일본군의 능력을 제대로 알지 못했다. 그러다가 12월 10일 인도차이나 기지들에서 날아온 뇌격기들에 의해 격침되었다. 동양에서 영국의 해군력은 불과 몇 시간 만에 사라졌다. 일본군만이 이 교전에 '말레이 연해 전투'라는 이름을 붙일 수 있었다.[182]

영국령 말라야와 미국 보호령 필리핀을 노리는 두 주요 전역은 12월 8일 시작되었다. 장거리 해상 비행을 전문으로 훈련받은 조종사들이 대만에 있는 일본 제국 기지들에서 날아왔다. 오아후 섬 기습 때처럼 그들은 필리핀 클라크 공군기지의 활주로에 늘어선 미군 항공기들을 발견하고서 B-17기의 절반과 전투기의 3분의 1을 파괴했다. 12월 10일 필리핀 주도主島인 루손 섬에서 상륙작전을 시작한 일본군은 수도 마닐라를 향해 신속히 진군해 1월 3일 항복을 받아냈다. 1941년 침공 전에 임명된 미군 사령관 더글러스 맥아더Douglas MacArthur 장군은 미군과 필리핀군이 섞인 병력을 남쪽의 바탄 반도로 철수시켰다. 공중엄호를 받지 못하고 미국 잠수함을 통해 고작 1000톤의 보급품을 공급받은 이 병력은 패배할 운명이었다. 맥아더는 훗날을 도모하며 1942년 3월 12일 오스트레일리아로 피신했다. 바탄 반도는 4월 9일 항복했고, 살아남은 미군 사령관 조너선 웨인라이트Jonathan Wainwright 장군은 코레히도르 섬 요새를 녹초가 될 때까지 결연하게 방어한 끝에 5월 6일 전투를 포기했다. 일본 제14군은 미군 1만을 포함해 거의 7만 명의 군인을 포로로 잡았다. 그들은 바탄 반도를 따라 임시 수용소까지 행진했다. 항복을 경멸하도록 배웠고 의약품과 식량 부족에 시달리던 일본 제국군은 지칠 대로 지치고 굶주린 포로들을 구타하고 살해하고 업신여겼다.[183]

1941년 12월 8일 말라야 북부에서 상륙 침공을 개시한 야마시타 도모유키山下奉文 장군의 제25군은 초기에 선박을 충분히 구하지 못해 겨우 수천 명만 투입할 수 있었다. 하지만 허술하게 편성된 방어군은 며칠 만에 와해되고 혼란에 빠진 채 반도를 따라 남쪽으로 차츰 후퇴했고, 1월 28일 말라야 영국군 총사령관 아서 퍼시벌Arthur Percival 중장의 지시에 따라 조호르를 포기했다. 대규모 영 제국군은 싱가포르 섬으로 철수했다. 결국 야마시타는 일본 대본영에서 향후 네덜란드령 동인도로 진격하는 데 꼭 필요한 발판으로 여긴 싱가포르를 약 3만 병력으로 강습했다. 내륙 방면의 공격을 막아낼 준비가 되지 않은 섬 기지에 8만 5000명의 영국군·인도군·오스트레일리아군이 가득 들어찬 것으로 추정하고서(증원병력이 도착해 총원이 약 12만에 달했다) 그보다 훨씬 적은 병력을 투입했던 것이다.[184] 2월 8일 야마시타는 2개 사단과 근위대에 야간 강습을 시작하라고 명령했다. 처칠은 방어군에 최후의 한 명까지 싸우다가 죽으라고 타전했지만, 이는 제국의 모험 이야기에나 쓰일 법한 소재였다. 사기가 꺾인 방어군은 걸핏하면 눈에 보이지 않고 명백히 잔인한 적군에 밀려 몇 주간 퇴각한 뒤 공황 상태에 빠졌다. 싱가포르 항구에서 방어군이 몇 척 남지 않은 선박에 올라타려 버둥거릴 때, 퍼시벌 장군은 야마시타에게 항복하기로 했다. 포로 12만 명이 잡힌 것은 영 제국의 역사상 가장 크고 치욕스러운 패배였다.[185] 영국의 다른 전초기지들도 빠르게 무너졌다. 1941년 12월 15일, 홍콩이 불가피한 점령을 18일간 막아내다가 일본 제16군에 항복했다. 방어군이 퇴각하며 현지 유전을 고의로 파괴한 영국령 보르네오는 1942년 1월 19일 항복했다. 곧이어 영국령 버마도 위협을 받았다.

버마 함락은 애초 일본 군부의 의도가 아니었다. 초기 침공군은 말라야 전역의 안전을 위협할 수 있는 인근의 영국 비행장들을 제거할 생각이었다. 하지만 일본군 사령관들은 영 제국군이 허약하다는 증거를 마주하자 더 멀리 이동해 버마를 점령하고 인도까지 위협하고픈 유혹을 느꼈다. 일본 육군은 추가 확장이 "영국에 굴복을 강제하고 미국의 전의를 없애는" 결과로 이어지기를 기대했다.[186] 더 단조롭게 말하자면, 버마 정복을 통해 인도에서 중국 남서부 장제스의 군대까지 물자를 운반하는 보급로를 차단하고 쌀이 많이 나는 곡창지대와 연간 400만 배럴을 생산하는 예난자웅 유전을 점령할 수 있기를 바랐다. 영국이 보유한 전력이라곤 영국군·인도군·버마군이 뒤섞인, 무장이 부실한 대략 1만의 병력과 구식 브루스터 버팔로 전투기 16대밖에 없었다.[187] 1942년 1월 22일 이이다 쇼지로飯田祥二郎 장군 휘하 일본 제15군이 4개 사단 3만 5000명으로 주요 버마 작전을 개시하자 영 제국군은 랑군(양곤)으로 무질서하게 퇴각했다. 버마 보급로가 중국에 반드시 필요했기 때문에 12월에 장제스가 일본군의 강습에 대비해 중국 병력을 배치할 것을 영국 측에 제의했지만, 당시 인도 총사령관 웨이벌 장군은 이 제안을 퉁명스레 거절했을 뿐 아니라 장제스가 아시아 전쟁의 대전략을 감독하기 위해 충칭에 합동군사위원회를 설치하려던 노력을 고의로 방해하기까지 했다.[188] 영국이 랑군에 비축되어 있던, 중국을 위한 무기대여 원조 물자를 일방적으로 차지하자 두 동맹 간의 긴장 상태는 악화되었고, 특히 그 물자의 양이 대수롭지 않았기에 더욱 앙금이 쌓였다. 영 제국군은 3월 7일 랑군을 포기하고 급히 북쪽으로 퇴각했다. 장제스는 중국을 업신여기는 영국의 태도, 어느 미국인 관찰자가 말한 "우월 인종 콤플렉스"에 몹시 분개했다.[189] 결판이 나기도 전인 12월에 장제스는 웨이벌에게 "당신과 당신네 국민은 일본군과 싸우는 법을 모릅니다. 일본군에 저항하는 것은 … 식민지 전쟁과 같지 않습니다. … 이런 일을 하기에 당신들 영국인은 무능합니다"라고 말했다.[190]

장제스는 이제 전시 동맹인 미국에 큰 기대를 걸지 않으면서도 미국의 원조를 원했다. 루스벨트는 장제스에게 참모장을 보내주기로 했고, 1930년대에 중국에 주재했던 무관으로 본인 말고는 거의 누구든 아니꼽게 보는 것으로 유명한 조지프 '식초 조' 스틸웰Joseph 'Vinegar Joe' Stilwell을 골랐다. 스틸웰은 내심 장제스를 "고집스럽고 무식하고 편협하고 우쭐대는 전제군주"로 여기면서도 1942년 3월 초 충칭에 도착해 마지못해 직책을 맡았다.[191] 스틸웰은 곧장 장제스를 설득해 중국 최정예 부대인 제5군과 제6군의 지휘권을 넘겨받아 랑군을 탈환하고 무기대여 보급로를 다시 확보하려 했다. 장제스는 스틸웰에게 대부분의 중국 사단들은 불과 3000명의 소총수로 구성되어 있는 데다 기관총이 적고 트럭이 별로 없고 포는 아예 없다고 주의를 주었다.[192] 이에 개의치 않은 스틸웰은 실전 경험이 전혀 없고 적에 대한 정보가 거의 없으면서도 버마 중부의 일본군을 저지하러 이동했다. 그 결과는 예상 가능한 재앙이었다. 공중엄호를 거의 받지 못한 데다 자신이 지휘해야 할 중국군 장교들을 별로 존중하지 않은 스틸웰은 유능한 일본군에 밀려 퇴각할 수밖에 없었다. 일본 육군은 4월 29일 버마 북부의 라시오를 함락한 뒤 5월 들어 버마의 거의 전역을 통제했다. 5월 5일 스틸웰은 중국군 수천 명을 내버려둔 채 소규모 일행과 함께 서쪽으로 도피했다. 중국 제6군은 전멸하다시피 했다. 제5군의 잔여 병력은 끔찍한 상황에서 인도 국경 도시 임팔까지 가고자 분투했다. 5월 20일 제5군에 앞서 임팔에 도착한 스틸웰은 패착의 책임을 장제스와 중국 장군들, 영국군에 돌렸다.

인도로 돌아가는 영국군의 장거리 퇴각은 버마를 탈출하려는 대규모 피란민 무리 때문에 지체되었다. 결국 60만여 명에 달한 그들은 대부분 인도인과 영국계 버마인이었다. 윌리엄 슬림William Slim 소장 휘하의 흩어진 병력에 계속 물자나 증원병력을 보내는 것은 어려운 일이었으며, 남루하고 기진맥진한 잔여 병력은 군장비를 거의 다 잃어버린 채 인도에 도착했다. 버마 영국군 총사령관 해럴드 알렉산더Harold Alexander 장군은 "그들은 일본군뿐 아니라 자기들의 일도 모르는 지경이다"라고 불평했다.[193] 영제국군 사상자는 버마에서 싸운 2만 5000명 중 1만 36명이었고 중국군 사상자는 최소 2만 5000명이었던 데 비해 일본군 사상자는 전역을 통틀어 불과 4500명이었다.[194] 정확히 얼마나 되는지 모르는 피란민들도 참혹한 여건에서 인도 아삼까지 갈 수 있는 단 두 개의 산길을 넘으려다 죽었다. 아마도 최대 9만 명이 굶주림과 질병, 그리고 아이러니하게도 인도를 일본의 침공으로부터 지켜준, 통행이 거의 불가능한 몬순기후 진창 때문에 목숨을 잃었을 것이다.[195] 스틸웰은 얼마 되지 않는 중국 내 미군을 총괄하는 사령관으로서 충칭으로 복귀했지만, 버마와 더불어 중국군 보급에 꼭 필요한 도로를 상실했고, 아울러 중국이 연합국의 일원으로 진지하게 받아들여질 것을 기대했을 법한 장제스의 신뢰까지 모조리 잃어버렸다. 장제스가 스틸웰의 복귀를 받아들인 것은 이제 동맹을 "그저 공허한 말"로 여기면서도 여전히 미국의 지원을 바랐기 때문이다.[196]

싱가포르가 넘어간 이상 더 남쪽의 네덜란드령 동인도가 정복되는 것은 뻔한 결과였으며, 3월 18일 연합군은 항복하고 이 군도와 풍부한 자원을 일본 측에 넘겨주었다. 일본군은 전역 전체를 마무리하기 위해 태평양 북부의 미국령 웨이크 섬과 괌 섬부터 남단의 영국령 길버트 엘리스 제도까지 섬들을 연달아 함락했다. 불과 4개월 만에 일본군은 동남아시아와 태평양의 제국 영역을 거의 전부 점령했다. 포로 25만 명을 생포하고, 선박 196척을 격침하거나 손상시키고, 이 지역의 연합군 항공기를 거의 모조리 파괴하는 동안 일본군의 총 손실은 사망 7000명, 부상 1만 4000명, 항공기 562대, 소형 함정 27척이었다.[197] 이것은 일본군 수뇌부가 감탄하고 앵글로색슨 열강을 상대로 실현하고자 했던, 1940년 독일군의 전역을 본뜬 전격전이었다.[198] 일본의 전격전은 손쉬운 승리를 거두었지만, 바로 그때 독일의 전격전은 실패했다. 일본이 성공한 이유는 어렵지 않게 찾을 수 있다. 병참 문제가 독일군의 전역을 괴롭혔던 것과 달리, 일본의 우세한 해군과 대규모 상선은 병력과 장비를 공급하는 과제를 감당할 수 있었다. 또 수년간 공들인 상륙전 교리와 연습이 명백한 성공을 가져왔다. 반면에 서방 국가들은 일본군의 현황을 한심할 정도로 몰랐는데, 이는 최신 정보를 모으려는 노력을 거의 하지 않은 결과였을 뿐 아니라 일본의 군사능력을 무시하는 안일한 인종주의의 소산이기도 했다. 말라야 총독은 퍼시벌 장군에게 "뭐, 귀관이 그 꼬마들을 쫓아버리겠지요!"라는 기억에 남을 말을 했다.[199] 반면에 일본 정보기관은 동남아시아에서 살거나 일하는 대규모 일본인 무리에 섞여 지내는 첩보원들로부터 빈틈없이 정보를 얻었고, 식민 통치에 대한 아시아인의 적대감에 의존했다. 일본군은 제국 방위가 얼마나 허술한지 잘 알고 있었고, 대부분 중국의 가혹한 조건에서 오랫동안 교전을 경험하며 철저히 훈련받은 부대와 조종사를 전장에 투입할 수 있었다.[200] 동남아시아를 통틀어 일본군 침공을 격퇴하는 데 동원할 수 있는 연합군 병력 중 실전 경험이 있는 이들은 거의 없었다. 무장이 부실하고, 대개 훈련이 부족하고, 일본군을 저지할 수 없다는 두려움으로 갈수록 사기가 떨어진 그들은 전반적으로 적의 상대가 되지 못했다. 이 문제를 실증한 사례가 바로 홍콩 정복이었다. 중국에서 영 제국의 금융 및 무역 중심지인 이 식민지를 오래된 구축함 2척, 소수의 어뢰정, 구식 항공기 5대, 성병을 비롯한 각종 질병으로 엉망이 된 육군 부대들이 방어하고 있었다. 지원병방어부대는 현지 국외거주자인 55~70세 남자들로 구성되었다. 홍콩이 함락되기 직전에 수송된 캐나다군 여단들은 전투 훈련을 받은 적이 거의 없었다.[201] 유럽 제국군은 오랫동안 손쉬운 정복에 투입된 터였다. 이제 그들은 백인 통치를 쓸어버리기를 열망하고 또 그런 순간에 대비해온 경쟁 제국을 맞닥뜨렸다.

아시아와 태평양에서 영 제국은 완전히 붕괴했다. 일본의 정복 영역은 인도 북동부 국경부터 태평양의 길버트 엘리스 제도까지 광활하게 뻗어 있었다. 대본영은 인도를 침공할 계획이 없었고, 육군이 더 많은 인력을 할애할 수 없다는 이유로 오스트레일리아 북부와 동부 해안을 침공하자는 해군의 제안을 보류했다.[202] 그럼에도 2월 19일 일본군은 오스트레일리아 항구도시 다윈을 폭격했고, 오스트레일리아의 표적에서 가까운 뉴기니의 포트모르즈비를 점령하려다가 5월 7~8일 산호해 해전에서 미국 항공모함 2척에 의해 일본 항공모함 1척이 격침되고 다른 1척이 손상된 후에야 물러났다. 영국의 상처에 소금을 뿌리는 격으로 나구모 제독은 4월에 항공부대를 인도양으로 이끈 뒤 실론 섬(스리랑카)의 콜롬보와 트링

코말리에 있는 영국 해군기지를 폭격하여 전함 3척을 격침하고 나머지 동양함대가 추가 손상을 피하여 봄베이(뭄바이)로 달아나도록 만들었다.[203] 영국 참모본부는 인도양에 대한 일본의 위협을 우려한 나머지 일본군의 상륙을 미연에 막고자 5월 5일 프랑스 식민지 마다가스카르를 침공했지만('철갑Ironclad' 작전), 6개월간 싸운 후에야 비시 수비대의 항복을 받아낼 수 있었다.[204]

불과 몇 주 만에 동남아시아 지역에서 지정학적 변동이 일어나자 미국과 그 제국 동맹의 관계도 근본적으로 바뀌었다. 싱가포르에서 고작 며칠 싸우고 항복한 영국군은 바탄 반도를 용맹하게 방어한 미군과 판연히 대비되었다. 영국의 전쟁 노력이 숱하게 실패한 마당에 아시아에서 영 제국의 방어마저 금세 무너지자 미국 군부와 대다수 국민은 지난 2년간 스스로를 지키지 못한 제국을 구하려는 전략에 끌려 들어가지 않아야겠다는 마음을 더욱 굳혔다.[205] 루스벨트와 그 고문들은 이미 워싱턴에서 두루 논의한 노선을 따라 영국의 쇠약해진 세계적 역할을 보완할 만한 전 지구적 전략을 짜는 쪽으로 신속히 움직였다. 제국을 부정적으로 보는 루스벨트의 태도에 중요한 영향을 준 존스홉킨스 대학의 지리학자 아이제이아 보먼Isaiah Bowman은 미국이 "머뭇거리고 주저하고 의심하던" 세월은 지났고 이제 "새로운 세계 질서로 서둘러 이행할" 때가 왔다고 생각했다. 1942년 5월 미국 외교협회 의장 노먼 데이비스Norman Davis는 "과거에 존재했던 영 제국은 결코 다시 나타나지 못할 것"이라고 결론짓고 "미국이 그 자리를 대신해야 할 것이다"라고 덧붙였다.[206] 1939년 임명된 대통령 외교문제자문위원회는 이미 식민지의 민족자결, 무역의 자유, 원료에 대한 평등한 접근을 새로운 세계 질서의 특징으로 꼽은 터였다.[207]

인도에서 점증하는 정치적 위기만큼 미국과 영국의 의견이 갈린 사안도 없었다. 루스벨트는 '아르카디아' 회담에서 인도 독립 문제를 제기했고, 이에 처칠이 "너무나 강경하게, 너무나 끈질기게" 반발하자 그 이후 얼굴을 맞대는 회담에서는 이 문제를 꺼내지 않았다(이 조언을 스탈린에게도 해주었다).[208] 그럼에도 루스벨트는 일본이 인도를 침공할 듯한 상황에서 인도 문제를 중시했고, 1942년 4월 처칠에게 메시지를 보내 인도의 참전을 대가로 자치정부를 승인할 것을 권고했다. 이 전보가 도착할 때 같은 자리에 있었던 해리 홉킨스는 밤새도록 미국 대통령의 간섭을 성토하는 처칠의 장광설에 시달렸다. 한 달 전 처칠은 전임 모스크바 대사 스태퍼드 크립스를 인도로 보내 영국이 인도 방어를 책임지는 복잡한 연방 헌정을 제안했지만, 인도 국민회의는 인도를 '발칸화'하려는 미봉책으로 여기고서 거부했다. 그리하여 인도의 상황은 교착 상태로 남았다. 그렇다 해도 영국 지도부 대다수에게 제국의 미래는 미국이 아닌 영국이 결정할 문제였다.[209] 크립스가 실패한 뒤 1942년을 거치며 영국 제국주의에 대한 미국의 의견은 강경해졌다. 간디는 7월 루스벨트에게 편지를 써 세계를 "자유에 안전한" 곳으로 만들겠다는 주장이 인도와 제국에서 공허하게 들린다는 것을 연합국 측에서 인정하라고 촉구했다. 인도 민족주의 운동은 1차대전 막바지에 우드로 윌슨의 14개조가 지키지 못한 약속을 대서양 헌장과 연합국 선언으로 이행하기를 원했다. 인도에서 루스벨트를 대리한 윌리엄 필립스William Phillips는 대통령에게 보내는 정기 보고서에서 인도 인구 태반의 냉담함과 적대감을 알렸다("좌절, 낙담, 무기력").[210]

1942년 여름 한 미국 언론인이 '인도를 떠나라Quit India'라는 표현을 처음 만들었지만, 그 직후인 8월 초 인도 국민회의 지도부가 한데 모여 인도의 독립국 지위를 즉각 선언하라고 요구하는 내용의 결의안을 작성하면서 이 표현을 채택했다. 그 이후 인도 총독 린리스고 경의 말마따나 "1857년 반란 이래 가장 심각한 반란"이 일어났다.[211] 8월 9일 간디를 포함해 국민회의 지도부 전원이 체포된 뒤 전시 내내 감옥에 갇혀 지냈다. 1942년 말 인도인 6만 6000명이 구금 상태였으며, 1943년 말 대략 9만 2000명이 대부분 불결하고 과밀한 감옥에서 수갑과 족쇄를 차고 있었다. 초기 체포는 인도 중부와 북동부에서 광범한 폭동과 폭력을 촉발했다. 당국은 경찰서 208곳, 철도역 332곳, 정부 청사 749곳, 우체국 945곳이 파괴되거나 손상된 사실을 꼼꼼히 기록했다. 주로 청년으로 이루어진 성난 시위대의 폭탄 공격도 664차례나 있었다.[212] 인도 경찰과 군부대에 의존하던 영국 당국은 군대(특별권한) 조례를 통해 무력 사용 제한을 모두 해제했고, 경찰과 군이 곤봉뿐 아니라 총기까지 사용하고 결국 박격포, 가스, 기총소사로 군중을 해산시키는 것까지 허용했다. 공식 통계에 따르면 경찰은 최소 538차례 발포해 인도인 1060명을 살해했지만, 십중팔구 실제 사망자는 더 많았을 것이다. 억지책으로 태형도 허가를 받아 널리 동원되었다. 어느 지방관은 28명에게 개 채찍으로 공개 태형을 가하라고 지시한 뒤 이렇게 썼다. "의심할 나위 없이 불법이다. 잔인한가? 아마도. 하지만 행정구 전역에서 더는 문제가 없었다."[213] 런던의 인도청은 태형과 경찰 폭력에 대한 소식이 대중에게 알려지지 않도록 무진 애를 썼으나 영국과 미국의 반제국주의 로비 단체들이 그 소식을 부각시켰다. 간디를 혐오하고 이번 위기로 인도 지배가 완전히 흔들릴 것을 우려한 처칠은 가장 무자비한 제국 폭력을 의도적으로 휘두르는 방안을 지지했다. 질서는 복구되었지만, 반란을 부채질한 분노는 전시 비상사태가 끝난 1945년 이후 다시 터져나올 터였다.

1942년 여름에 루스벨트는 동맹 영국과 협의하는 위험을 무릅쓰지 않은 채 식민제국들의 미래에 관한 생각을 개진했다. 6월에 소비에트 외무장관 몰로토프가 워싱턴을 방문하자 루스벨트는 이 기회에 궁극적인 독립의 전 단계로 신탁통치를 시행하는 방안에 대한 소련의 입장을 알아보려 했다. 몰로토프는 찬성했는데, 반식민주의가 모스크바의 정통 사상이었기 때문이다. 루스벨트는 "백인 국가들은 … 이들 지역을 식민지로서 계속 유지할 가망이 없습니다"라는 자신의 견해를 설명하며 회담을 끝맺었다. 이런 정서는 유망한 전후 질서에 대한 미국의 구상과 영국의 구상이 근본적으로 달랐음을 뜻한다. 1942년 후반 루스벨트의 측근 고문과 함께 카리브 해의 신탁통치에 대해 논의할 때, 처칠은 자신이 총리로 있는 한 영국은 제국을 고수할 것이라고 설명했다. "우리는 호텐토트족이 일반투표를 통해 백인을 바다로 내던지도록 놔두지 않을 겁니다."[214] 근 1년에 걸쳐 일본군이 남방으로 진격하는 내내 미국의 전략계획은 영국과의 의견차 때문에 틀어졌다. 1942년 5월, 연합참모본부의 영국 담당관인 비비언 다이크스Vivian Dykes 준장은 미국이 영국을 "미국의 위성국 위치"에 두려 한다고 불평했다.[215] 양편은 영 제국의 미래와 전후 국제 질서에 대한 견해차를 보이며 줄곧 긴장을 빚었다. 그것 때문에 협력을 중단하진 않았지만, 이제 미국은 신구 제국주의를 제거하려는 소련과 중국의 투쟁에 합세했다.

인종과 공간: 전시 제국 통치하기

추축국이 만들어낸 영토제국들은 여러 면에서 특이했다. 수십 년간 마구잡이로 성장한 구 제국들과 달리, 신생 영토제국들은 10년 내에, 독일의 경우 불과 3년 만에 만들어졌다가 패전 이후 급속하고도 완전하게 파괴되었다. 그런데 추축 삼국 모두 전쟁 수행에 몰두하여 제국 중심부에 심각한 부담을 안기면서도, 심지어 교전하는 도중에도 새로운 제국의 제도적·정치적·경제적 기반을 구축하려 했다. 광범한 분쟁의 결과가 어떻게 나오든 간에 이제 제국은 영원한 현실이라는 당시의 환상을 오늘날 설명하기는 어려워 보이며, 소련과 미국이 연합국 편의 주요 교전국이 된 이후였기에 더욱 그렇다. 그러나 추축국은 제국을 건설하고자 전쟁을 벌이고 있었기에 제국의 미래가 오래도록 이어지리라는 환상에 매달리며 제국의 취약하고 즉흥적인 성격을 일부러 무시했다.

새로운 제국 영역들의 운영에는 공통된 특징이 있었다. 삼국 지도부는 '생존공간'의 언어를 공유했고 일단 정복한 후에는 영역을 방어하기 위해 가혹한 조치를 승인했다. 세 제국은 하나의 일관성 있는 전체가 아니라 상이한 행정적·정치적 형태들이 뒤섞인 혼합체였고, (기존 식민제국들의 구조와 같은) 공통된 통제 구조를 결여했다. 새로운 제국 영역들의 최종 정치적 양태는 교전이 끝날 때까지 정해지지 않았지만, 각 경우에 지배적 제국 세력은 종래의 주권 개념과 국제법에 얽매이지 않으려 했다. 전쟁을 지속하는 동안 정복지의 큰 권역들은 군정으로 운영했고, 함락한 지역의 자원은 무엇보다 군사적 용도로 사용하려 했다. 군정과 민정 모두 군이 지역 안보를 유지하도록 돕는 경찰과 민병대를 필요로 했을 뿐 아니라 지역 공무에 이바지하는 부역자까지 구했다. 일본은 패한 제국들이 남겨둔 기존 식민지 통치체제를 물려받았고, 독일과 이탈리아는 지역 안정을 확보하는 데 필요하다면 활용할 수 있는 국가구조―심지어 증오스러운 소비에트 체제까지―를 물려받았다. 세 제국 모두 새로운 질서의 통합을 위협하거나 점령군의 이권을 해치는 현지 민족 정서를 용납하지 않았다. 제국의 이해관계에 적대적인 모든 행위는 사실상 불법화했다. 또 권위를 확립하기 위해 다른 식민지의 조치를 모방한 극단적 수준의 테러, 훨씬 광범하고 경악스러운 테러를 도입했다. 예를 들면 국외 추방, 재판 없는 구금, 일상적 고문, 마을 초토화, 대량 처형, 그리고 유럽 유대인의 경우 절멸 등의 조치였다. 세 제국은 직접적인 방법과 간접적인 방법으로 3500만 명 이상의 목숨을 앗아갔다. 아시아의 경험과 유럽의 경험 사이에 근본적인 차이가 있었다면, 그것은 인종정책이 제국의 구조를 형성한 정도였다. 분명 일본 군인과 관료는 일본인을 우월한 인종으로 여기고 특히 중국인을 혐오했지만, 제국 이데올로기는 일본이 큰형 노릇을 하는 아시아의 '형제애' 이념을 지향했다. 반면에 유럽에서는, 특히 독일에서는 새로운 질서의 구조가 인종에 기반을 두었고, 위계적 제국의 정점에 있는 '독일인'이나 '이탈리아인'이 새로운 종속민들에게 추방, 굶주림, 대량 학살 등의 처분을 내렸다.

처음에 일본은 '남방'의 새 영토를 중국 영토 대부분을 제압하고 평정하려 했던 실책을 피할 수 있는 영역으로 보았다. 다시 말해 남방은 일본이 서양의 멍에에 매인 아시아의 해방자로 행세할 수 있는 영역이었던 것이다. 중국에서 제국을 강요받은 사람들은 일본을 해방자가 아닌 점령자로 보았고, 결국 군과 헌병대를 동원해 순응을 강제할 것으로 내다보았다. 1930년대에 점령된 중국 영토는 명목상 중국 괴뢰정권들이 통치했다. 만주국의 정권, 내몽골의 정권, 왕커민王克敏이 이끄는 베이징의 '유신정부', 중국에서 가장 중요한 도시인 상하이 특별시, 그리고 처음에는 량훙즈梁鴻志가 통치하고 1940년 3월부터 전 국민당 간부 왕징웨이가 통치한 국민당 수도 난징의 임시정부 등이었다. 1939년 12월, 왕징웨이는 공식 협정을 맺어 일본 측이 군대를 주둔시키고 1937년 개전 이래 점령한 중국 중부와 남부 전역에 '고문단'(그들의 조언은 무시할 수 없었다)을 심어둘 수 있게 해주었다.[216] 그중 어느 지역에서도 중국의 주권은 현실이 아니었다. 북중국은 사실상 화북정무위원회가 운영했으며, 만주국은 실질적으로 식민지였다. 왕징웨이 정권은 적법한 국민정부임을 주장하긴 했으나 장제스로부터 강화 동의를 얻어내기 위한 대본영의 수단으로 써먹혔다. 이 시도가 실패하자 일본 측은 자신들의 승인하에 제한된 군사력을 동원하는 '청향清鄉 공작'을 통해 공산당의 저항을 물리치는 데 왕징웨이를 활용했다. 왕징웨이와 1944년 그의 뒤를 이은 천궁보陳公博는 난징에 본부를 둔 지나 파견군의 고문단에 의해 줄곧 감시를 당했다.[217]

왕징웨이를 수반으로 하는 '국민정부'의 전체 영역에서 일본은 자국의 이익에 합치하는 질서를 지역 수준에서 확립하기 위해 광범한 '청향' 공작에 착수했다. 선무宣撫('민심을 안정시키다')라는 글자가 새겨진 완장을 두른 선무반宣撫班 군속들은 1938년 3월 "반일 사상을 없애고 … [중국인에게] 일본에 의존해야 한다는 것을 알리라"는 내용의 '청향 공작 요강'을 지시받았다. 그들은 "제국군의 관대한 자비"를 알릴 것을 요구받았다—이는 몇 달 전 난징 일대에서 벌어진 학살을 감안하면 어려운 일이었고, 방송을 통해 듣는 평화 및 상호 협력의 수사법과 일본의 폭력을 조화시키려 애쓰던 선무반의 청년 이상주의자들이 당면한 여러 모순 중 하나였다.[218] 촌락 수준에서는 현지 중국인들로 이루어진 이른바 '치안유지위원회'가 질서를 회복하는 한편 주민들에게 지나가는 어떤 일본 군인에게든 고개를 숙이는 습관을 가르쳤다(숙이지 않았다가는 마구 얻어맞을 위험이 있었다). 만주국에서 주민들을 천황과 그 대리인들에 대한 충성으로 결속하기 위해 설립한 대규모 '협화회協和會'의 선례를 따라, 중국 주민회가 친일 정서를 표현하고 참여를 거부하는 사람들을 따로 처벌하는 데 동원되었다. 복종한 개인들은 '충의 신민 증서'를 받았다.[219] 평범한 중국인에게 순응은 생존하는 길, 불순응은 체포, 고문, 죽음으로 가는 확실한 길이었다.

중국에서 '질서' 확립에 쓰인 여러 장치는 신속한 군사 점령 이후 남방에서도 사용되었다. 일본군은 1940년 실행 가능한 남부 진격 계획을 세우기 시작했고, 1941년 3월 '남방 점령 지역들의 행정과 안보 원칙'의 골자를 밝히는 문서를 생산했으며, 진주만 공격 2주 전인 11월 도쿄 대본영 정부연락회의에서 이 골자를 재확인했다.[220] 일본군이 점령한 각양각색의 지역들에서 유지된 세 가지 중심 정책이 있었다. 첫째, 치안과 질서를 확립한다. 둘째, 일본 육군과 해군에 필요한 자원을 획득한다. 셋째, 점령지에서 최대한 자급자족한다. 이 밖에 중국에서처럼 점령 지역들을 갖가지 종속 단위와 위성 단위로 나누었고, 각 단위의 최종 운명에 대한 결정을 내리지 않았다. 11월 회의에서 일본 측은 "토착 독립운동을 때 이르게 장려하지 않는다"고 정했다. 침공 이후 점령 지역들은 전략적 우선순위에 따라 육군의 군정과 해군의 군정으로 나뉘었다. 육군은 버마, 홍콩, 필리핀, 수마트라, 자바를 통치했다. 해군은 네덜란드령 보르네오, 셀레베스(술라웨시), 말루쿠 제도, 뉴기니, 비스마르크 제도, 괌을 책임졌다. 말라야와 수마트라는 새로운 남방 일대의 핵심으로서 하나의 특별방어지역으로 통합되었다. 쇼난도昭南島('남방의 빛')로 개명된 싱가포르는 자체 군정이라는 특별한 지위를 부여받았고, 1943년 4월 인도차이나의 수도 사이공에서 옮겨온 남방군 본부가 되었다.[221]

태국과 프랑스령 인도차이나는 일본의 적국이 아니면서도 일본 육군에 침범당한 특이한 사례였다. 태국 측은 일본군 부대와 항공기가 말라야와 버마의 전선까지 접근하도록 허용했지만, 그 결말은 일종의 점령이었다. 쁠랙 피분 송크람 원수의 태국 정부는 1941년 12월 11일 일본과 동맹을 맺었고, 연합군 항공기의 폭격에 뒤이어 1942년 1월 25일 자신들이 이기는 편에 가담한다고 생각하며 연합국에 전쟁을 선포했다. 역사상 태국의 일부로 여겨지는 말라야의 영토를 되찾게 해주겠다는 일본의 약속도 있었다. 1943년 10월 18일, 말라야 북부의 페를리스, 케다, 켈란탄, 트렝가누 지방이 실제로 태국령으로 넘어갔다.[222] 비시 식민정권의 프랑스령 인도차이나는 1940년 여름 북부에서 일본군을 받아들이도록 강요당했고, 사이공이 남방군의 본부가 된 1941년 7월에 완전히 점령되었다. 1941년 12월 9일 일본이 프랑스령에서 프랑스의 지원을 받으며 군사행동을 할 권리를 확인하는 프랑스-일본 방위조약이 체결되었고, 요시자와 겐키치芳澤謙吉가 일본의 이권을 감독하는 전권대사로 임명되었다. 남방군 사령관 데라우치 히사이치寺內壽— 원수는 인도차이나를 마치 점령지인 양 취급했다.[223]

남방을 획득한 일본은 이제 이른바 대동아 전쟁에서 새로운 제국 프로젝트를 감독하는 구조를 확립하려 했다. 그리하여 1942년 2월 대동아건설심의회를 발족하고, 11월 1일 대동아성省을 정식으로 신설했다. 다만 대동아성의 소관은 말라야-수마트라 특별방어지역으로 확장되지 않았다. 1943년 5월 일본은 말라야-수마트라와 나머지 네덜란드령 동인도가 자기네 식민제국의 일부분으로서 "영원히 일본에 속한다"고 선언했다.[224] 또한 남방은 이제 대동아공영권에 속했는데, 이는 일본 황도皇道의 지도 아래 아시아가 협동한다는 모호한 개념으로 1940년 8월 1일 마쓰오카 요스케가 신문 인터뷰 중에 처음으로 명칭을 붙였다. 일본은 이 권역에서 한때 서양의 지배로부터 자유로웠던 동아시아와 태평양의 민족들이 단결하여 평화롭고 번영하는 미래로 함께 나아갈 수 있을 것이라고 주장했다. 대동아공영권은 금세 도쿄에서 점령 지역에 대한 계획 수립의 기준이 되었고, 일본의 점령을 단순한 식민주의와는 다른 무언가로 정당화하는 수단으로서 정계와 매체의 담론에 스며들었다. 대제국을 위해 제시한 화합과 단결의 이데올로기에 부응하는 정치적 변혁이 일본 국내에서도 이루어졌다. 1940년 8월 일본 정당들은 자발적으로 해산하고 10월에 대정익찬회大政翼贊會를 결성했다. 이 기구는 자유주의적 의회주의를 거부했고, 천황의 인도 아래 국내에서 황도를 고취하고 국외에서 영토 정복을 촉진하는 데 공동으로 힘썼다. 일본 국민도 이러한 익찬체제에 통합되었다. 당시 총리 고노에 후미마로에 따르면, 일본 내의 정치적 화합은 일본이 "새로운 세계 질서의 확립을 주도"하기 위한 전제조건이었다.[225] 국가와 제국은 문화적으로나 정치적으로나 불가분한 관계가 되었다.

일본의 신체제를 이데올로기적으로 뒷받침하는 작업은 새로운 영토의 운영을 돕기 위해 일본에서 사방으로 퍼져나간 수천 명의 관리, 선전원, 계획자의 자기 이해에 반드시 필요했다. 그들은 이제 일본이 아시아-태평양 전역을 위해 성취할 수 있는 목표를 이상화하는 견해에 고무되었거니와, 초반에는 대동아공영권의 수사법이 진실이기를 소망한 피점령 인구 일부로부터 환대를 받았다. 이데올로기 홍보에 동원된 일본 지식인들과 저술가들에게 문제는 일본이 유럽과 미국의 식민주의를 끝내고 있다는 주장과 일본을 신체제의 '중핵'이나 '주축'으로 분명하게 자리매김할 필요성 사이에 긴장이 발생한다는 것이었다. 자바에서 군정에 가세한 선전조직은 일본이 수천 년 전에 중동부터 아메리카 태평양 연안에 이르는 영역에서 문화적 지도자로서 누렸던 중심 위치를 그저 되찾고 있을 뿐이라는 견해를 개진했다. 당시 일본 잡지 《우나바라海原》는 "요컨대 일본은 아시아의 태양이요 기원이요 궁극적인 힘이다"라고 주장했다. 점령군은 '3A 운동'을 통해 인도네시아인에게 그들의 미래가 "아시아의 빛 일본, 아시아의 어머니 일본, 아시아의 지도자 일본"에 달려 있음을 납득시키려

했다.[226] 결국 새 권역의 목표는 서양과 구별되는 일본의 문화적 유산과 잘 어우러지는 형태의 제국을 만들어내는 것이었다. 1942년 초 총력전연구소의 한 간행물에 따르면, 공영권의 모든 민족은 저마다 "적절한 위치"를 얻고 주민들은 모두 "민심의 통일"을 공유할 테지만, 그 중심에는 일본 제국이 있어야 했다.[227]

처음에 기존과 다른 아시아라는 이념에 열광했던 사람들은 군정과 일본의 개입이라는 현실을 마주하고 곧 환상에서 벗어났다. 인도네시아 언론인 H. B. 자신Jassin은 1942년 4월 예술잡지에 기고한 글에서 사람들이 "서양의 것이라면 무엇이든 받아들이고 동양의 것이라면 무엇이든 폄하하는" 데 비해 "일본은 자기네 것을 간직하면서도 새로운 것을 받아들인다는 점에서 훌륭하다"라고 보았다. 하지만 전후에 쓴 회고록에서는 지난날 협동과 화합의 미사여구에 열광했으나 "나중에 그것은 갈수록 커지고 멋지게 채색되지만 안에 든 것은 공기뿐인 아름다운 풍선들"로 밝혀졌다며 씁쓸해했다.[228] 자바 일본 선전단의 수장이었던 마치다 게이지町田敬二마저 훗날 당시 자바 군정의 현실과 군 수뇌부의 태반이 인도네시아인의 포부를 고취할 만한 이념에 적대감을 보인 사실을 감안하면 일본의 이데올로기적 노력은 헛수고였다고 인정했다. "'대동아공영권'의 커다란 깃발은 사실 일본의 새로운 식민지 착취를 의미했을 뿐이며 개고기를 소고기라고 광고한 격이었다."[229]

전반적으로 점령군 군인들은 민간인 이데올로그들보다 더 실용적이고 자기중심적이었다. 일본군이 도착하자마자 일본 통치의 핵심이 위협이라는 것이 분명하게 드러났다. 동인도에서 일본 군정은 즉각 인도네시아의 민족주의적 상징을 금하고, 검열을 도입하고, 모든 집회를 막고, 화기 소유를 불법화하고, 통행금지를 실시했다. 약탈 혐의자는 공개적으로 참수하거나 손발을 묶은 채로 죽을 때까지 땡볕 아래 놔두었다. 자바인은 모든 일본 군인에게 깍듯이 고개를 숙여야 했고, 인사하지 않으면 머리통을 얻어맞거나 더 나쁜 일을 당했다. 학대가 얼마나 만연했던지 중국계 주민들은 일본 점령 초기를 '움직이는 손에 얻어맞은 시기'라고 불렀다.[230] 말라야에서는 승리에 뒤이어 누구든 반일이거나 친영국 정서를 간직한 것으로 여겨지는 사람을 겨냥한 처형과 구타의 물결이 일었다. 군정의 완곡어법에 따르면 처벌의 이유는 "그들이 저지를 수 있는 실수를 없애기 위해 올바른 길을 제시"하는 데 있었다. 잘라낸 머리는 다른 이들에게 경고하는 의미로 길가의 장대에 꽂아두었다. 싱가포르에서는 기독청년회 YMCA 건물에 본부를 차린 헌병대가 '숙청'에 착수했는데, 독일 친위대라면 이 용어를 이해했을 것이다. 주요 표적은 화인華人(해외 중국계) 공동체였고(화인만 겨냥한 건 아니었지만) 중국 국민당의 정치 세력과 연관된 교사, 변호사, 관료, 화인 청년을 망라했다. 처형 추정치들은 5000명부터 1만 명까지 서로 차이가 크다. 말라야 본토에서 처형된 이들은 2만 명을 상회할 것이다.[231]

1941년 11월에 합의한 세 가지 정책은 모든 점령 지역에 적용되어 엇갈린 결과를 가져왔다. 일본은 질서를 추구하면서 위협 또는 혹독한 처벌과, 중국의 촌락 수준에서 실시했던 선무 및 자치위원회 책략을 결합했다. 말라야에서는 질서를 회복하고자 평화위원회를 설립하고 영국 식민행정으로부터 물려받은 다수의 현직 말라야인 관리를 활용했다. 불평하거나 실적이 나쁜 사람은 반일로 몰려 가혹한 처벌을 받을 위험이 있었다. 이윽고 일본은 본국과 북중국에서처럼 주민회를 도입하는 한편 지역 경찰과 자원병을 준군사조직 민병대와 보조경찰에 받아들였다. 결국 대다수 점령지에서 지역 '자문회'가 발족하긴 했으나 아무런 권한도 없었고, 일본 관리와 군인은 책임을 인정하지 않은 채 현지 여론을 판단할 수 있었다. 또한 일본의 대정익찬회를 본떠 대중을 결속하고 사회 규율을 단속하는 운동조직들을 창설했다. 필리핀에서는 정당들을 해산하고 하나의 '신생 필리핀 봉사단KALIBAPI'을 조직했고, 1944년 11월 '필리핀 애국동지회Makapili'를 신설했다. 이들의 활동은 각 육군 부대에 배속된 헌병대가 감독했다.[232] 헌병대는 점령지의 치안을 좌우했지만, 동포를 고발하려는 다수의 앞잡이와 정보원을 모집하는 방법으로만 치안을 유지할 수 있었다. 헌병대의 수는 적었고 방대한 영토에 퍼져 있었다. 말라야에서 한창 활동할 때 헌병대의 소속 대원은 고작 194명이었다.[233] 그들은 완전히 자의적으로 행동했고, 원하기만 하면 일본 군인도, 심지어 고급장교까지 징계할 수 있었다. 기록은 전혀 근거 없는 고발이 빈발했음을 보여준다. 피해자는 운이 좋으면 결백이 입증될 때까지 끔찍한 고문을 견디고 살아남을 수 있었지만, 운이 나쁘면 개연성 낮은 범죄를 자백하고 처형되었다.

일본 통치의 식민지적 성격은 분명 피점령 인구에게 신중한 순응을 강제했지만, 무장 및 비무장 저항을 유발하기도 했다. 그런 저항에 일본은 유달리 가혹하게 대응했다. 저항이 가능했던 것은 일본이 통제한 영토의 지리적 범위가 대단히 광대했고 얇게 분산된 수비대와 경찰력이 도시들과 그 사이를 연결해주는 철도에만 배치되었기 때문이다. 산악 지형, 숲, 밀림은 게릴라군에게 숨어서 기동전을 펼칠 기회를 주었다. 남방을 점령할 무렵 일본군은 이미 만주국과 중국에서 주로 중국 공산당이 이끄는 저항운동을 상대해본 경험이 많았다. 만주국에서 일본 육군은 저항 세력에 물자를 공급하는 고립된 촌락과 농장에 게릴라가 접근하지 못하도록 시골 주민들을 '집단부락'에 재정착시키는 조잡한 제도를 시행했다. 1937년까지 적어도 550만 명이 약 1만 개의 집단부락으로 이주해야 했다. 1939년과 1940년, 교통 문제를 완화하기 위한 도로 건설 계획 이후 일본군은 만주국에서 모든 무장 저항을 제거하려는 대규모 작전을 개시했다. 동원 규모는 일본 군인 약 6000~7000명, 만주국 보조부대 1만 5000~2만 명, 경찰 전투부대 1000명이었다. 저항 세력을 지원하는 것으로 의심되는 촌락들은 불태우고 그 주민들은 남녀노소를 가리지 않고 학살했다. 보안부대들은 일본 측에서 말한 '진드기' 전략, 즉 확인된 게릴라 집단을 집요하게 추격해 궁지에 몰고 섬멸하는 전략을 택했다. 게릴라 은신처 수천 곳이 발각되어 제거되었으며, 1941년 3월경이면 항일 저항이 거의 막을 내렸다.[234]

남방에서도 공산당이 항일 저항의 큰 부분을 담당했으며, 일본 당국은 공산당을 특히 위협적인 세력으로 여겼다. 그중에서도 중국 본토의 더 큰 전쟁과 연관된 화인이 주된 역할을 했다. 1941년경 동남아시아 도처에는 국민당의 노력이든 공산당의 노력이든 중국의 전쟁 노력을 지원하고 정신적 지지를 보내는 '구원운동' 단체가 702개 있었다.[235] 말라야에서 공산당은 말라야 인민항일군을 창설하자마자 저항을 시작했고, 더 폭넓은 말라야 인민항일연합의 지원을 받았다. 1945년경 항일군은 투사가 6500에서 1만 명에 달했던 것으로 추정되며, 8개 지방 연대로 편성되어 있었고, 항일연합에 속한 최대 10만 명으로부터 지원을 받았다.[236] 이 단계에서 항일운동은 영국 특수작전집행부가 조직한 연합국 침투요원들의 지원을 받았다. 1942년부터 종전에 이르기까지 항일운동은 부침을 겪었다. 일본은 첩자와 앞잡이에 의존해 게릴라 활동을 진압했는데, 그들 중에는 다름 아닌 말라야 공산당의 총서기 라이텍Lai Teck이 있었다. 라이텍은 1942년 9월 슬랑오르의 바투 동굴에서 열린 게릴라 수뇌부 회의를 누설했고, 그 덕에 일본은 공산당의 주요 지도부를 매복 공격해 살해할 수 있었다.

1943년에는 일본의 대규모 보안작전으로 게릴라 세력은 와해되어 거의 1년 내내 울창한 밀림과 산지에서 그저 생존을 우선시할 수밖에 없었다. 항일운동은 단발적인 사보타주 행위와 일본 당국을 위해 일하는 자들을 노린 암살에 관여했지만, 뇌물과 사면을 제안하는 일본의 유인책에 저항군의 수는 격감했다. 항일연합 사람들은 게릴라처럼 이동할 수 없었기에 더욱 고통을 받았다. 일본은 외진 마을이 반란군을 돕지 못하도록 몇 차례 재정착 계획을 실행하긴 했지만, 만주국의 재정착 규모나 훗날 1950년대에 영국이 게릴라 세력을 진압하면서 수백만 명을 이주시킨 규모에 비할 바는 아니었다. 일본군 5500명과 '매국노' 2500명을 살해했다는 항일군의 주장이 사실이든 아니든 간에, 저항은 점령국을 계속 짜증나게 만들고 새로운 제국에서 '평화'와 '화합'이 그저 상대적인 것임을 일깨웠다.[237]

말라야 외에 유일하게 저항을 이어갔던 필리핀에서도 공산당과 국민당 세력을 망라한 화인이 일정한 역할을 했다. 다만 화인은 말레이에서는 인구의 3분의 1 이상이었으나 필리핀에서는 인구의 1퍼센트에 불과했다. 그들 다수는 청년 남성 이주자였기에 일본의 '정화' 작전을 피하고자 1942년 초에 결성된 소규모 화인 좌파 저항운동 세력인 필리핀-중국 항일유격대와 필리핀-중국 항일의용대에 가담했다. 도시에서는 필리핀-중국 항일·반괴뢰동맹이 저항을 이끌었다. 중국 본토 국민당과 연관된 화인 우파도 4개의 작은 단체를 조직하여 화인의 노력을 더욱 분산시켰다.[238] 공산당의 주된 항일단체는 1942년 3월 루이스 타루크Luis Taruc가 주도해 결성한 필리핀인의 후크발라합Hukbalahap('항일인민군')이었다. 그달에 후크발라합이 일본군 500명을 상대로 치른 첫 전투는 무장 저항에 참여한 여러 여성 중 한 명인 경탄스러운 펠리파 쿨랄라Felipa Culala가 지휘했다. 1943년 초 후크발라합 투사가 1만 명에 달했던 것으로 추정되지만,

그해 3월 루손 섬에 배치된 일본군 5000명에게 참패한 뒤로는 말라야의 경우처럼 생존과 충원에 집중할 수밖에 없었다.[239] 1944년 후크발라합은 다시 대략 1만 2000명을 헤아렸지만, 이제 미국으로부터 공급받은 무기와, 루손보다 작은 민다나오 섬에서 특히 귀중한 것으로 밝혀진 효과적인 무선망을 갖추고 있었다.[240] 그들은 결국 미군이 이끄는 게릴라들과 연합해 1944년 가을 미국의 침공을 지원했다.

일본 점령정책의 두 번째 갈래, 즉 점령군과 일본의 전쟁 노력에 자원을 공급하는 정책은 1941년 계획자들이 당초 예상한 수준보다 더 복잡한 것으로 밝혀졌다. 각 점령지의 지령은 일본의 수요를 우선시하겠다는 점을 분명히 했다. 일본은 남방의 부대들에 현지 자급을 지시할 의도였는데, 본토에서 그토록 멀리 떨어진 그들에게 보급하는 것은 불가능하다고 판단했기 때문이다. 이는 피점령 인구의 "생계를 … 그들이 견딜 수 있는 한계까지 압박"하겠다는 뜻이었다.[241] 아직까지 프랑스의 제한된 통치를 받고 있던 인도차이나에서도 일본은 물자를 자급하려 했다. 남방 진격 이면의 주된 이유는 대동아공영권의 다른 곳에는 부족한 핵심 자원을 장악하는 데 있었으며, 그 자원은 주로 말라야의 보크사이트와 철광석, 네덜란드령 동인도의 석유와 보크사이트였다. 서방 연합국은 말라야와 태국에서 공급받던 고무와 주석을 상실해 고통받았지만, 두 자원은 일본 측에 긴급히 필요한 물자가 아니었다. 쌀과 여타 식량은 현지 부대에 필요했지만 일본 본토에도 공급할 필요가 있었다. 그 외에도 일본은 점령군이 사용할 여러 물자를 징발하거나 구입했고, 물자를 내어주지 않을 수 없도록 조처했다. 1943년 8월 말라야 군정은 '중요 물품과 재료의 통제에 관한' 조례를 발표하여 일본군에 필요한 어떤 물자든 징발할 수 있는 권리를 부여했다. 그리고 말라야의 분산된 경제를 조직화하는 난제에 대처하고자 1943년

5월 5개년 생산계획을 발표하고 한 달 후 다시 5개년 산업계획을 발표했다. 또 공급량을 확보하기 위해 독점협회들에 더해 가격과 허가받은 무역을 통제하는 중앙기관들을 설립했지만, 운송수단이 감소하고 부패가 만연한 탓에 계획을 실현하는 데 어려움을 겪었다.[242]

본국 경제에 필요한 자원 공급은 경우에 따라 성공하기도 하고 실패하기도 했으나, 전반적으로 보면 최고사령부의 낙관적인 기대치에 거의 미치지 못했다. 말라야와 인도네시아 빈탄 섬에서 일본의 알루미늄 공업에 공급하는 보크사이트 수출량은 1943년 73만 3000톤에 달했지만, 말라야의 망간 광석 산출량은 영국의 폭파에 영향을 받아 1942년 9만 780톤에서 1944년 불과 1만 450톤으로 격감했다. 남방의 철광석 수출량은 1940년 320만 톤에 이르렀지만, 1943년 27만 1000톤, 1945년 2만 7000톤으로 뚝 떨어졌다. 1930년대에 일본 기업들은 말라야의 고품질 철광석을 개발해 1939년 본국 경제에 190만 톤을 공급했지만, 아이러니하게도 전시에는 이보다 훨씬 적은 양만 공급했다. 철광석 공급량은 북중국의 점령 영역에서 산출량을 늘리는 방법으로만 유지할 수 있었다.[243] 일본은 동남아시아의 두 가지 주요 수출산업인 고무와 주석 산업이 쇠락하도록 방치하여 말라야 노동자들 사이에서 대규모 실업과 빈곤을 유발했다. 일본은 연간 약 8만 톤의 고무만 필요했기에(그리고 비축분 15만 톤을 차지했다) 1943년경 고무 생산량이 전쟁 이전 생산량의 4분의 1 이하로 줄었다. 주석은 1만~1만 2000톤만 필요했고, 그 결과 생산량이 1940년 8만 3000톤에서 1944년 불과 9400톤으로 급감했다.[244] 핵심 자원은 침공 결정을 촉발한 석유였다. 보르네오, 수마트라, 자바, 버마의 귀중한 유전들은 해마다 일본군의 수요를 채우고도 남는 양을 생산했다. 유정을 이용할 수 없게 만들려던 영국과 네덜란드의 시도는 대체로 실패했다. 일본군은 애초 석유 산출량을 전쟁 이전 수준으로 회복하는 데 2년이 걸릴 것으로 예상했지만, 일부 시설은 며칠 만에 가동할 수 있었고, 무엇보다 동남아 지역 석유의 거의 3분의 2를 생산하는 수마트라 팔렘방의 주요 유전을 가동할 수 있었다. 일본은 산유 공정을 관리하고자 본국 석유산업 인력의 약 70퍼센트를 파견했고, 그 바람에 국내에서 숙련 인력이 부족해졌다. 1943년경 일본은 남방에서 하루 13만 6000배럴의 석유를 생산했지만, 그중 거의 4분의 3이 남방 교전지대에서 소비되어 본토로 향하는 양은 얼마 안 되었다.[245] 1944년 일본의 석유 수입량은 미국의 금수 조치 이전에 구할 수 있었던 3700만 배럴의 불과 7분의 1인 490만 배럴이었으며, 이런 상황은 일본 군부가 예상하지 못한 미국의 공중 및 해상 봉쇄로 인해 더 악화되었다.[246] 석유 때문에 전쟁이 필요해 보였으나 전쟁은 석유를 소모했다.

일본군의 최종 정책목표—남방에서 자급자족하여 일본 본토에서 교역하거나 수송할 필요성을 줄이는 것—는 토착 인구가 두루 빈곤해지고 굶주리는 희생을 치르고서야 달성할 수 있었다. 주로 세계 시장에 물자를 공급하는 수출 기반 식민지인 점령 지역들에서는 당장 자급자족을 강제하기가 어려웠다. 서구에 상품을 판매해야 현지 인구에게 필요한 식량과 소비재를 수입할 수 있었다. 다자간 무역이 붕괴하자 점령 지역들은 현지에서 생산하거나 물물교환을 할 수 있는 물자에 의존할 수밖에 없었다. 남방은 중국, 만주국, 일본에서 작동하는 엔화 블록에 통합되지 않았다. 인도차이나와 태국을 제외한 남방의 대다수 지역들에서는 식민지 은행이 파산한 데 이어 금융제도가 허물어졌다. 지역 채권시장이 없었고 수출이 붕괴해 과세제도가 흔들렸기 때문에 일본 군정은 그저 군표를 화폐인 양 인쇄하고 그것이 법정통화라고 공표했다.[247] 일본 군정은 조잡하게 인쇄된 일본 지폐를 인정하지 않거나 기존 화폐를 보유하는 사람은 누구든 가혹하게 처벌하는 방법으로 이런 금융 자급자족을 강제했다. 말라야에서 "이 통보를 삼가 준수하라"라고 적힌 포스터는 군표—바나나가 그려져 있어 '바나나 돈'이라는 별명이 붙었다—만이 유효한 통화라고 알렸다. 위반자는 고문과 처형을 당했다. 초인플레이션을 막기 위해 통화 공급량을 줄이려는 노력에는 대규모 복권 판매, 카페와 유원지, 도박, 매춘(이른바 '택시 접대부') 등에 대한 과세가 포함되었다.[248]

그러나 물가를 강제로 통제하려는 노력에도 불구하고, 일본군 수비대들이 식량과 재화를 차지하려 경쟁한 탓에 인플레이션 발생은 불가피한 결과였다. 그토록 넓은 영역의 경제를 제대로 통제하기가 어렵다보니 부패와 사재기, 투기가 만연했으며, 그 대가는 흔히 도시 빈민들이 치러야 했다. 운송망이 붕괴해 쌀을 잉여 지역에서 부족 지역으로 옮기기가 어려웠고, 관개체계가 손상되고 질병과 징발로 역축이 줄어 농작물 수확량이 격감했다.[249] 일본의 수요가 늘어날수록 현지 인구 태반의 생활수준은 악화되었다. 대규모 쌀 생산에 부적합한 말라야 지역의 인구는 부득이 뿌리채소나 바나나를 더 많이 소비했지만, 그것으로는 하루 평균 520칼로리밖에 얻지 못했다. 평범한 노동자는 암시장에서 식량을 추가로 구할 수도 없었다. 전시에 싱가포르의 생계비지수는 1941년 12월의 100에서 1943년 12월 762로, 1945년 5월에는 1만 980으로 치솟았다. 말라야 케다 주에서 사롱(허리에 두르는 민속의상)의 가격은 1940년에는 1.8달러였으나 1945년 초에는 1000달러였다.[250] 말라야인은 맨발에 거의 나체로 일했고 옷이 아닌 누더기를 걸쳤다. 1944년 자바에서는 하루에 100~250그램의 쌀을 배급받아 목숨을 부지하기도 힘들 지경이었다. 본래 식량을 자급하던 자바에서 피점령 기간에 300만 명이 굶어죽은 것으로 추정된다. 바타비아의 거리에는 "일본인을 죽여라, 우리는 굶주린다!"라는 표어가

나붙었다.[251] 인도차이나에서는 1944년 프랑스가 일본과 협정을 맺어 후자가 쌀을 더 많이 징수하도록 허용하는 바람에 통킹 소작농들의 식량이 극도로 부족해졌다. 이곳에서도 1944/45년 겨울철에 250~300만 명이 아사한 것으로 추정된다.

생활수준의 위기에 더해 피점령 인구는 점령군의 노역 요구에도 대처해야 했다. 갈수록 심해진 노역 요구는 이미 쇠약해진 노동력을 더욱 가혹하게 압박했다. 그 본보기는 만주국에서 시행했던 제도로, 그곳에서 일본 당국은 16~60세의 모든 남성에게 1년에 4개월간 일본 육군을 위해 노역하고(노무자), 남성이 3명 이상인 가족에게 남성 1명을 1년간 노역에 내보내라고 명령했다. 1942년부터 1945년까지 만주인 500만 명이 일본을 위해 일하고 북중국에서 강제 이주된 노동자 230만 명이 노역을 거든 것으로 추정된다.[252] 남방에서 일본은 도로, 철도, 공군기지, 방어시설을 건설할 노동력이 부족하자 징용 노무대를 도입했다. 가장 악명 높은 사례는 방콕과 랑군을 잇는 버마 철도 부설 노역으로, 징용된 인원의 3분의 1에 달하는 10만 명의 말라야인과 인도네시아인, 인도 타밀족, 버마인이 질병, 탈진, 영양실조로 사망했다. 자바의 촌장들은 사실상 일본의 강압에 따라 노동력 할당량을 공급하는 달갑지 않은 과제를 떠맡아야 했다. 1944년 후반에 방어선 구축에 투입된 노무자는 260만 명이었지만, 일본이 징용할 수 있었던 노동자 1250만 명 대다수가 한동안 강제노동에 종사했던 것으로 추정된다. 1943년 후반 보르네오로 끌려간 자바인 1만 2000명처럼 해외 프로젝트에 투입된 노동자들은 학대와 굶주림에 시달렸다.[253] 징용자는 소모품으로 여겨졌으며, 그들의 처우는 전시 점령지들이 식민지와 같은 상태임을 확인해주었다.

그럼에도 일본이 유럽과 미국의 제국주의 체제가 끝났음을 알리는 데 활용한 해방의 언어는 충분히 현실적이었다. 일본 논평가들은 아시아의 질서라는 새로운 개념과 서구, 특히 영국의 "이기주의, 불공정, 불의"를 대비시켰다. 도조는 이제 일본의 목표는 "정의의 길을 따라 대아시아를 미국과 영국의 족쇄로부터 풀어내는 것"이라고 주장했다.[254] 그러나 이는 아무 조건 없이 독립을 허용하는 '윌슨적 순간'을 의도한 언어가 아니었는데, 1918년 일본 지도부는 윌슨의 약속을 위선으로 간주했기 때문이다. 1942년 총력전연구소가 간행물에서 분석했듯이, 일본은 독립을 "자유주의와 민족자결의 이념에 근거"하는 관점이 아니라 대동아공영권에 협력하는 구성국이라는 관점에서 규정했다.[255] 대동아공영권이 범아시아주의의 산물이었던 것도 아니다. 초기에 많은 반식민주의 민족주의자들이 아시아 민족들의 평등을 상정하는 범아시아주의에 관심을 쏟는 일본의 모습을 보고 그렇게 믿기는 했지만 말이다. 버마의 독립에 대한 남방군의 솔직한 평가는 정복군 다수의 속내를 알려준다. 어떤 새로운 정권이든 "겉으로는 독립의 외양을 입힐 테지만 실제로는 … 일본의 정책을 실행하도록 유도할 것이다". 일본 정부와 군부는 만장일치는 아니더라도 대체로 아시아 민족들의 독립을 제국의 중심이라는 일본의 특별한 지위에 대한 동의를 얻어낼 기회로 보았다. 인도가 일본의 아시아 '형제'로서 독립 제안에 어떻게 반응할지 타진해본 적은 없었지만, 일본 지도부는 그것이 좋은 거래라고 생각했다. 남방 진격을 하기도 전에 일본은 라쉬 비하리 보스Rash Behari Bose가 이끄는, 방콕에 근거지를 둔 인도독립연맹Indian Independence League과 접촉했다. 말라야에 자리잡은 뒤 일본은 전쟁포로 지위를 포기하려는 다수의 인도 군인들을 조직해 인도독립연맹과 협력할 인도국민군INA을 창설하고 시크교도 모한 싱Mohan Singh 대위에게 지휘를 맡겼다. 양측의 갈등으로 모한 싱이 체포되고 인도국민군이 붕괴하다시피 했지만, 1943년 3월 전 인도국민회의 정치인 수바스 찬드라 보스Subhas Chandra Bose를 수장으로 하는 인도국민군이 다시 규합되었다. 찬드라 보스는 도조의 동의를 얻어 1943년 10월 21일 자신이 국가원수, 총리, 국방장관, 외무장관을 맡는 자유인도 임시정부Azad Hind를 선포했다. 1944년 인도국민군의 1개 사단이 인도 북동부를 침공했으나 패하여 괴멸적 손실을 입었으며, 일본의 감독하에 자유인도를 수립하려던 꿈은 끝내 실현되지 않았다.[256]

1942년 1월 도조는 국회에서 버마와 필리핀이 일본과 그 이권에 대한 충성을 입증한다면 언젠가 독립을 얻을 것이라고 발표했다. 침공 전, 버마와 필리핀의 민족주의자들은 반식민 운동의 잠재적 지지자로서 일본을 방문한 바 있었다. 일본 육군은 1941년 12월 버마독립군 창설에 동의했는데, 애초 30명의 '타킨당' 민족주의자들로 이루어진 이 독립군에는 훗날의 민족주의 지도자 아웅 산Aung San도 끼어 있었다. 일본 육군은 아무런 약속도 하지 않았고, 버마독립군이 20만 명 규모로 급속히 성장하자 이를 해산시키고 그 대신 일본이 주도하고 훈련시킨 버마방위군을 창설했다. 1943년 버마는 마침내 독립을 약속받았고, 8월 1일 투옥 중에 탈출한 민족주의자 바 모Ba Maw를 수반으로 하는 새 국가가 선포되었다. 버마의 주권에 대한 립서비스를 하긴 했지만, 사실 일본은 통제권을 단단히 틀어쥐고 있었다. 1944년 6월 아웅 산은 "우리가 가진 이 독립은 유명무실하다. 일본식의 내정일 뿐이다"라고 불평했다.[257] 도조의 약속 이후 필리핀에서 벌어진 사태도 별반 다르지 않았다. 일본 군정은 1942년 1월 필리핀 정치인 호르헤 바르가스Jorge Vargas가 이끄는 괴뢰정권의 수립을 허락했다. 괴뢰정권의 역할은 자문이었고, 국가임시위원회는 일본 군정을 지지하고 대동아공영권에 찬동하겠다는 입장을 분명히 밝혔다. 1943년 여름 정당이나 보통선거 없이 새 헌법이 도입되었고, 바르가스가 아닌 호세 라우렐 José Laurel이 국가원수에 임명되었다. 버마 엘리트층과 달리 필리핀 엘리트 층은 일본 측과 화해했고, 일본군이 주둔하는 한 제한된 주권만 가질 수 있는 새로운 국가를 받아들였다.[258]

일본은 남방의 나머지 점령 지역은 애당초 '독립'을 제안하지 않고 일본에 통합할 의도였다. 대동아성이 1943년 11월 도쿄에서 대동아회의를 개최했을 때, 남방에서는 버마와 필리핀의 대표만 초대를 받았다. 그러다가 일본의 패전이 어른거리고 상황이 변하면서 남방의 다른 지역도 '독립'할 가능성이 생겼다. 1944년 9월 7일 도조의 후임 총리 고이소 구니아키小磯國昭는 인도네시아가 '훗날' 독립할 수도 있다고 발표하고, 일본 국기 옆에 게양한다는 조건으로 민족주의 깃발의 게양을 허용했다.[259] 또 인도네시아인을 비록 부차적 역할일지언정 일본 행정기관에 받아들이겠다고 양보했지만, 명목상 독립은 항복하기 직전에야 제안했다. 유일하게 다른 경우는 특이한 프랑스령 인도차이나였다. 일본 측은 연합군의 프랑스 해방과 비시 정권의 종식 이후 프랑스 관료와 기업가의 태도에 갈수록 짜증이 났고, 결국 1945년 2월 1일 도쿄 최고전쟁지도회의는 군부에 친일 독립 정권의 수립을 목표로 인도차이나를 완전히 장악할 것을 권고했다. 3월 9일 일본군은 메이고明號 작전을 개시해 프랑스 주둔군의 무장을 해제하기 시작했고, 5월까지 두서없는 싸움을 이어갔다. 일본이 독립을 공식 인정하진 않았지만, 코친차이나의 전 황제 바오 다이Bao Dai는 3월 11일 베트남의 독립을 선언했다. 이틀 후 캄보디아가 독립을 선언했고, 4월 8일 루앙프라방(라오스)이 그 뒤를 이었다. 각국은 일본 '고문단'을 두고 일본군과 협력해야 했으며, 실질적인 독립 방안을 엄격히 제한하는 일본 총독과 관방장의 감독을 받았다.[260] 남방에서 일본이 결국 양보한 것은 연합군의 침공에 맞서는 군사행동이 임박한 상황에서 얼마간 대중의 지지를 얻을 필요가 있었기 때문이지만, 식민 열강이 돌아왔을 때 권위를 되찾기 어렵도록 독립 열망을 불러일으키려 했을 가능성도 있어 보이며, 실제로 식민 열강은 나중에 곤경을 겪었다. 만약 일본이 전쟁에서 이기거나 타협적 강화를 체결했다면 대동아가 어떻게 진화했을까 하는 문제는 추측할 수 있을 따름이다. 일본의 대동아공영권은 전쟁 위에 건설되고 전쟁에 의해 파괴된 제국의 구성물이었다.

유럽 추축국이 세운 신질서는, 역시 전쟁에 의해 수립되고 파괴되긴 했지만, 더욱이 전쟁의 영향을 더 전면적으로 받긴 했지만, 일본의 신질서와는 전혀 다른 지정학적 현실에 직면했다. 1940년과 1941년에 유럽 추축국이 침공해 점령한 국가들은 식민지가 아니라 고유한 정치적·법적·경제적 구조를 가진 독립 주권국이었다. 주요 침공국인 히틀러의 독일은 유럽과 북아프리카에서 무솔리니의 쇠락하는 제국주의를 구했으며, 그 결과로 신질서의 형태는 대체로 베를린과 독일의 이해관계에 따라 결정되었다. 독일이 지배하는 광역권Grossraum 개념의 핵심은 서구의 관습적인 주권 개념을 무시하고 일군의 국가들과 속령들로 하여금 권역 전체를 지도하는 제국 중심부의 독특한 역할을 인정하도록 만든다는 점에서 일본의 대동아공영권 개념과 다르지 않았다. 1939년 독일 법학자 카를 슈미트는 국제법과 광역권에 관한 영향력 있는 연구에서 미래의 패권국들이 특정한 '광역권'으로 팽창할 것이고 그 안에서 팽창하는 국가가 중심을 차지하고 다른 종속국들이 비록 명목상 '독립국'일지언정 패권국 주위를 맴도는 위계구조를 형성할 것으로 내다보았다. 근대 민족국가의 절대적 주권에 관한 종래의 국제법은 '광역권들'의 새로운 지정학적 시대에 적합하지 않다고 슈미트는 주장했다. "시대에 뒤진 국가 간 국제법"은 대체로 유대인의 구성물이었다.[261] 슈미트는 광역권의 창설을 새로운 시대의 특징으로 규정함으로써 히틀러의 침공을 정당화한 여러 이론가들 중 한 명에 지나지 않았다. 일본의 속국들처럼 이 신질서의 속국들은 독일이 평가하는 장점에 따라 저마다의 기능과 위치를 부여받을 터였다.

1939년만 해도 1941년 말까지 독일의 광역권이 에스파냐 국경에서 러시아 중부까지, 그리스에서 노르웨이 북극권까지 팽창할 거라고 상상한 독일인은 히틀러를 포함해 거의 없었다. 독일의 광역권은 균일하지 않았고 일본 제국처럼 여러 통치 양상들이 하나의 모자이크를 이루었다. 히틀러는 신질서의 지정학적 형태에 대한 최종 결정을 승전 이후에 내린다는 입장을 고수했지만, 이미 전시부터 서유럽, 북유럽, 남동유럽의 점령지와 독일이 생각하는 동방 전역은 근본적으로 구별되었다. 동방은 새로운 영토제국의 심장부로서, 그곳에서는 기존 국가들을 파괴하고 이미 서쪽의 체코와 폴란드에서 진행 중인 식민지적 착취 패턴을 도입할 예정이었다. 나머지 유럽에서 아직 기능하고 있던 국가들의 경우에는 기성 제도와 행정조직을 활용해 독일의 감독하에 두었다.

선결 과제는 '대독일' 건설을 완료하는 것이었다. 독일은 체코슬로바키아와 폴란드의 영토를 병합한 데 더해, 알자스-로렌과 룩셈부르크를 민정 수반이 관할하는 사실상 자국 영토라고 선언했고, 1919년 이후 협정에서 덴마크와 벨기에에 빼앗겼던 작은 영토까지 되찾았다. 대독일 밖에서 최전방으로 여긴 점령지—프랑스 서부와 벨기에—는 군정으로 관할하는 동시에 군정과 나란히 명목상 독립적인 민정—프랑스 온천도시 비시의 민정과 브뤼셀의 민정—이 계속 기능하도록 허용했다. 네덜란드는 제국판무관 아르투어 자이스-잉크바르트Arthur Seyss-Inquart가 운영했고, 노르웨이는 노르웨이인 국가사회주의자 비드쿤 크비슬링의 부역 '정부'가 존재함에도 불구하고 제국판무관 요제프 테르보펜Josef Terboven이 운영했다.[262] 덴마크의 상황은 점령지 중에서 독특했다. 덴마크 정부가 점령에 저항하지 않았기 때문에 독일 정부는 '혼합점령occupatio mixta'을 적용했는데, 이는 국제법에서 중립국이 교전국에 의해 점령되지만 그 이후 점령군과 전쟁하지 않는 상황을 규정하는 데 쓰이는 개념이었다. 덴마크는 정치체제를 그대로 유지할 수 있었고, 1943년까지 사법권을 보유했다. 덴마크의 국제 법률가들은 이 상태를 덴마크가 주권을 보유하되 독일이 그 주권을 대신 행사하도록 허용하는 '평화적 점령'으로 규정했다. 양국의 관계는 1942년 친위대 지도자 베르너 베스트Werner Best가 독일 전권대사로 임명된 후에야 악화되었고, 1943년 8월 29일 덴마크 정부와 국왕 크리스티안 10세는 더 이상 국가를 다스리기를 거부했다. 독일은 덴마크에 계엄령을 선포하고 1945년까지 사무차관 협의회를 통해 통치했다. 법적으로 미심쩍긴 했지만 1944년 6월 연합국은 저항이 존재한다는 이유로 덴마크를 독일과 전쟁 중인 연합국의 일원으로 여길 수 있다고 발표했다.[263]

히틀러가 애당초 군사적으로 개입할 마음이 없었던 남동유럽의 상황은 훨씬 복잡했다. 이탈리아 지도부는 남동유럽을 삼국동맹 조약으로 인정받은 자국의 '권역'으로 여겼고, 그런 이유로 그리스를 공격한다는 결정을 내렸다. 하지만 이탈리아군이 패한 탓에 독일이 동맹 불가리아와 헝가리의 지원을 받아 그리스와 유고슬라비아를 물리치고 점령해야 했다. 그리스가 항복했을 무렵 이탈리아의 아프리카 제국은 이미 누더기나 마찬가지였다. 에리트레아, 소말리아, 에티오피아는 영 제국군에 빼앗겼고, 리비아는 전장이 되었으며, 이곳의 이탈리아 주둔군은 연합군뿐 아니라 전쟁을 틈타 이탈리아의 통치를 뒤엎으려고 기를 쓰는 리비아 저항군에게도 도전받았다. 영국은 리비아 보조병력 4만 명을 비전투 역할로 이용했고, 카이로로 피신한 이드리스 국왕에게 이탈리아의 패배 이후 리비아 국내 통치를 맡기겠다고 약속했다. 이탈리아 육군, 헌병대, 현지 정착민은 1930년대 초에 자행했던 광포한 반란 진압을 떠올리게 하는, 아랍인과 베르베르인의 마을들을 겨냥한 잔혹한 평정작전을 시작했다. 영 제국군이 이집트 쪽으로 밀려날 때마다 이탈리아의 폭력은 점점 도를 넘었다. 의심스러운 자들의 경우에는 기괴한 방식으로 공개 교수형에 처했고, 그중 일부는 턱에 고기 갈고리를 쑤셔넣은 다음 도살장에서 짐승처럼 피를 흘리며 죽어가도록 놔두었다. 이탈리아의 아프리카 제국주의의 비열한 종결부는 발작하듯 저지른 식민지 폭력이었다.[264]

아프리카를 상실한 이탈리아로서는 유럽 제국의 성공이 더욱 중요했지만, 독일군에 의존한 터라 다비데 로도뇨Davide Rodogno가 말한 '의존적 제국주의'—새로운 유럽에서 이탈리아의 종속적 위치를 드러낸 모순어법—를 실행할 수밖에 없었다. 1941년 7월 이탈리아 휴전위원회의 일원은 추축국이 승리할 경우 "유럽은 수백 년간 독일의 패권 아래 머물 것"이라며 불평했다.[265] 이탈리아는 남동유럽의 전리품을 독일 및 불가리아와 나누어야 했고, 그 탓에 균일한 하나의 권역이 아니라 들쑥날쑥한 여러 지역을 통제해야 했다. 유고슬라비아에서 이탈리아는 슬로베니아 남부, 크로아티아 남서부, 달마티아의 짧은 해안선, 몬테네그로, 코소보의 일부, 그리고 마케도니아 서부를 점령했다. 나머지 크로아티아와 슬로베니아는 독일의 권역이었으며, 잔존 세르비아 국가는 독일 군부에 굴종하는 괴뢰 정권으로서 수립되었다. 그리스에서 이탈리아는 이오니아 제도, 에게 해 열도 대부분, 그리고 불가리아가 병합한 마케도니아 동부와 트라키아, 독일에 넘어간 그리스권 마케도니아를 제외한 그리스 본토 대부분을 차지했다. 1943년까지 이탈리아 군정과 독일 군정 사이에는 불편한 공동 통치가 존재했다.

이 지역들은 갖가지 방식으로 이탈리아에 연결되었다. 슬로베니아는 이탈리아의 류블랴나 주로서 병합되었다. 몬테네그로는 보호령으로 지정되었고 고등판무관과 군정청의 통치를 받았다. 달마티아 해안은 1941년 6월 이탈리아 총독이 관할하는 영토로 병합되었다. 그리스 영토는 이탈리아가 사실상 병합지로서 통치했지만, 그리스와 휴전하며 체결한 최종 영토협정을 독일 측에서 인정하지 않아 병합을 정식화하진 못했다. 또 독일군은 주요 항구 피레아스를 포함해 그리스의 중요한 고립영토들에 대한 통제권을 주장했다. 크로아티아의 상황은 이탈리아가 점령하는 내내 불분명했다. 크로아티아 민족주의자들은 두 국가의 점령군이 주둔함에도 불구하고 크로아티아 독립국 수립을 소망했다. 무솔리니는 옛 크로아티아 군주정을 복구하는 방안을 궁리하고 유력한 후보자를 찾아 토미슬라브 2세(10세기 크로아티아 국왕 토미슬라브의 이름을 따서)로 명명했지만, 그 후보자는 독이 든 게 뻔히 보이는 성배를 거부했다.[266] 독일은 크로아티아 농민당의 지도자 블라드코 마체크Vladko Maček를 수반으로 하는 일종의 보호령을 원했지만, 무솔리니는 전쟁 전에 이탈리아로 피신했던 파시스트이자 크로아티아 혁명운동 우스타샤Ustaša의 지도자인 안테 파벨리치Ante Pavelić를 수반으로 하는 정부를 지지했다. 이탈리아 지도부가 크로아티아의 일부나 전부를 병합하는 방안을 모색하긴 했지만, 독일 주둔군이 걸림돌이었다. 독일 전권사령관 에트문트 글라이제 폰 호르슈테나우Edmund Glaise von Horstenau 장군이 자그레브를 근거지로 삼은 데다 독일 고문들이 크로아티아 정권에 자리잡고 있었다. 1943년 9월, 이탈리아의 항복 이후 독일은 괴뢰정권이 운영하는 위성국 크로아티아 전역에 대한 책임

을 넘겨받았다.[267]

상술한 영역들 중 어느 곳도 공식적으로 식민지가 아니었지만, 이탈리아는 유럽 제국을 통제하기 위해 아프리카의 식민지 관행을 들여와 적용했다. 남동유럽과 관련된 결정은 로마 정부나 각 영역의 임명된 대표들(군정장관, 고등판무관, 부총독 등)이 내렸다. 지역 수준에서는 이탈리아에 협력하는 행정관podestà들을 임명했다. 이탈리아는 어느 정도의 자치를, 또는 대중적 민족주의의 성장을 허용할 생각이 없었다. 가능한 곳에서는 지역 경찰이나 민병대를 이용해 이탈리아가 감독하는 질서를 확립했다. 이탈리아의 민정이나 군정을 직접 위협하는 자들은 헌병대의 광범한 탄압, 리비아와 에티오피아에서처럼 자주 극단적인 폭력으로 나타난 탄압을 당했다. 이탈리아 관료들과 부대들은 유럽 제국에 매우 얇게 퍼져 있었고, 대체로 자원이 부족했다(크레타 섬에서는 40퍼센트의 군인이 군화가 없어서 부득이 현지에서 만든 나막신을 신었던 것으로 추정된다). 두려움과 불만은 제국의 인종을 대표한다던 군인들에게 영향을 주었다. 일본군 수비대처럼 갈수록 피폐해지고 만성질환을 앓은 이탈리아군은 저항하는 자들에게 화풀이를 했다. 이탈리아령 도처에 강제수용소가 생겨났고, 수감자들은 열악한 조건에서 방치, 굶주림, 의료 지원 결여로 고통받았다. 에티오피아에서처럼 이탈리아는 자기네 통치에 도전할지도 모르는 현지의 교사, 학자, 의사, 법률가 등 엘리트층을 참수하는 데 힘썼다. 그 밖의 수감자들은 붙잡힌 저항자이거나 그저 혐의자였고, 일부는 슬로베니아와 달마티아에서 종족청소를 당한 희생자였다. 수용소와 수감자의 수는 확실하게 알려진 바 없지만, 전후에 전쟁범죄를 조사한 유고슬라비아 측의 보고서에 따르면 정확히 민간인 14만 9488명이 억류되었다. 그 이후 실시한 조사에서 내놓은 수치는 10만 9000명이었다. 어쨌든 두 조사 모두 이탈리아의 제국 경험에 희생된 이들이 아주 많다는 결론이었다.[268] 1943년 이탈리아의 전쟁 노력이 최종 위기에 봉착하자 외무부 관료들은 별안간 4월에 열릴 무솔리니와 히틀러의 정상회담을 위해 유럽 지도Carta d'Europa를 새로 만들었다. 새로운 유럽의 전후 질서에서 민족성의 자유로운 발전을 허용할 것을 제안하는 지도였다. 제국의 패배에 직면했을 때 일본이 남방의 해방을 촉진하기로 결정한 것처럼, 이탈리아도 제국 실험이 끝나갈 무렵 이런 계획을 세웠으며 아마도 연합국의 힘을 빼려는 의도였을 것이다.[269] 독일 측 교섭자들은 아무런 약속도 하지 않겠다고 고집했고, 이탈리아의 유럽 제국은 1년 후 이탈리아의 항복으로 완전히 사라질 때까지 잠정적인 상태로 남았다.

독일과 이탈리아의 유럽 대륙 점령에서 핵심 요인은 점령을 유지하고 국내 전쟁경제를 활성화할 수 있도록 물질적 자원과 식량을 획득하고 이용하는 것이었다. 이 점에서 이탈리아는 독일과의 경쟁 때문에 항상 불리한 처지였다. 1941년 3월 어느 독일 장군은 "이탈리아는 그 관계에서 평등하게 대우받지 못하는 데 점차 익숙해져야 한다"고 말했다.[270] 발칸 자원의 운명은 그런 불평등 상태를 분명하게 보여주었다. 발칸이 명목상 이탈리아의 권역이었음에도 독일은 1940년 이전에 발칸 경제에 전면적으로 파고들었고, 특히 두 나라에 극히 중요한 루마니아산 석유를 이용할 권리를 장악했다. 네덜란드령 동인도의 석유를 장악한 일본과 달리 독일은 동맹 루마니아로부터 유전을 빼앗을 수 없었는데, 루마니아가 석유를 자국 산업의 발전을 위해 사용하고 핵심 수출품으로 거래하고 있었기 때문이다. 하지만 1940년 여름부터 독일은 루마니아산 석유의 주요 구매자였고 이탈리아의 이용을 제한했다. 독일은 루마니아 석유 생산량의 일부를 확보하기 위해 적국의 석유 자산, 특히 네덜란드 대기업 셸 '아스트라'Shell 'Astra' 사를 몰수했고, 1941년 3월 석유 획득을 감독하고자 단일 지주회사 콘티넨탈-욀Kontinental-Öl을 설립했다.[271] 1941년 후반에 독일은 루마니아 석유 생산량의 절반 이상을 차지했지만 그것으로도 충분하지 않았다. 1943년 루마니아의 석유 수출량은 전시를 통틀어 가장 낮은 수준으로 떨어졌다. 그중 독일의 몫은 45퍼센트로 감소했고, 이는 독일이 구할 수 있는 석유 1130톤 중 240만 톤에 불과했다. 나머지 대부분은 이제 독일 국내에서 생산하는 합성석유였다.[272]

발칸의 다른 자원들도 대부분 이탈리아가 아닌 독일이 통제했는데, 독일 당국, 특히 괴링의 4개년 계획 기구가 독일의 이권을 확보하는 데 더 능하고 더 무자비했기 때문이다. 1941년 5월 독일 대표단은 이탈리아 측에 알리지 않은 채 크로아티아에서 전시 동안 독일에 금속광석을 생산하고 새로운 광석지대를 개발할 우선권을 주는 협정을 체결했다. 1941년 4월 독일 교섭단은 이탈리아의 점령 지역에 포함됨에도 불구하고 헤르체고비나의 보크사이트를 이용할 특권을 확보했고, 코소보의 납과 아연 광산을 이탈리아령 알바니아가 아니라 독일의 통제를 받는 세르비아와 연계시켜야 한다고 고집을 부렸다. 이탈리아는 1941년 6월에야 이탈리아-크로아티아 경제위원회를 설립했으나 너무 늦은 조치였다. 크로아티아 지도부는 독일의 진출을 지원하기로 약속하고 이탈리아 주둔군의 확대를 거부했다.[273] 그리스에서도 같은 양상이 나타났다. 독일은 핵심 광물이 있는 마케도니아를 점령하기로 결정하고 수출품의 4분의 3을 차지했다. 1942년 독일은 그리스의 전체 생산량의 47퍼센트를 흡수했으며, 이탈리아는 그리스 영토를 훨씬 많이 점령하고 있음에도 고작 6퍼센트를 흡수했다. 열악한 운송수단, 연료 부족, 조율되지 않은 계획이 자기네 '광역권'에서 최소한이라도 얻어내려던 이탈리아의 노력을 방해했다.[274]

광역권의 서쪽 절반에서도 독일의 이권이 단연 우세했다. 1940년 여름 괴링은 4개년 계획 전권위원으로서 신질서의 경제를 독일 국가가 감독하고 조정할 것이라고 발표했는데, 통합적인 유럽 경제를 건설하는 목표보다 전쟁 노력을 뒷받침하는 단기 목표를 우선시했기 때문이다. 독일 사기업들은 신질서 경제에 참여할 수는 있었지만 어디까지나 소유가 아닌 수탁 경영의 형태였다. 알자스-로렌 지역의 철광산들은 제국공업 지주회사가 임명한 수탁자 카를 라베Karl Raabe가 경영했고, 전쟁 막바지까지 독일 국가의 수중에 남아 있었다. 140만 톤의 철강 생산능력을 지닌 로렌의 알짜 산업도 제국공업이 차지했다. 이 지역의 나머지 기업들은 야망을 더 쉽게 제한할 수 있는 독일의 작은 철강 기업들에 주로 분배했다.[275] 점령지 벨기에에서는 산업에 대한 독일의 직접 개입이 덜했지만, 벨기에의 석탄과 철강, 엔지니어링 산업은 독일의 전쟁 노력을 지원할 것을 요구받았다. 독일에 석탄이 더 필요하지 않았기에 독일로 수출된 벨기에산 석탄은 거의 없었다. 하지만 벨기에는 독일의 군사적 수요를 위해 철강을 생산할 것을 요구받았고, 1941/42년 겨울 철강 생산량이 감소하자 독일 철강업계의 거물이자 제국철강연합의 수장인 헤르만 뢰힐링Hermann Röchling이 철강 생산의 합리화를 감독하고 전체 생산량에서 독일이 사용하는 몫을 1941~1942년 56퍼센트에서 1944년 초 72퍼센트로 끌어올렸다.[276] 이와 비슷하게 네덜란드와 노르웨이의 자원도 식량, 원료, 공업시설과 수리시설에 대한 점령군의 수요에 맞추어 통제되었다. 광역권 곳곳의 사업가들은 여러 동기에서 서로 협력했지만, 주된 동기는 각자의 사업을 지키고 노동자를 독일로 보내라는 강제 조치를 예방하는 데 있었다. 독일은 중부유럽과 동유럽 점령지에서는 사기업을 압류하고 착취하는 전략을 택했지만, 광역권 서부에서는 소유주가 유대인만 아니라면 대체로 사기업을 살려두었다. 하지만 유대인 사업가들은 노골적인 몰수부터 강제 매입까지 갖가지 방법을 구사한 독일의 '아리아화' 정책에 시달렸다. 현지 정권들도 독일이 유대계 자산을 전부 가져가기 전에 저마다의 방식으로 그 자산을 빼앗으려 했다.

광역권 서부는 일본의 권역처럼 독일이 지배하는 권역이긴 했지만, 제국의 생존공간은 아니었다. 그 생존공간을 독일은 동부에서, 먼저 1939~1940년에 점령한 지역들에서 찾았고, 무엇보다 소련 침공을 계기로 식민지 정착과 종족 청소, 무자비한 착취라는 환상적인 전망을 열어준 광대한 영역에서 찾았다. 동부는 더 노골적이고 잔인한 의미의 제국이었으며, 그곳의 실상은 독일 치하의 서쪽 국가들보다는 일제 치하의 경험에 더 가까웠다. 이탈리아처럼 독일도 '식민지'라는 공식 용어를 대체로 승인하지 않았지만, 새로운 유럽 영토와 관련해 사용한 언어에는 식민지 공간에 대한 상상이 반영되어 있었다. 침공을 개시한 후로는 히틀러 본인이 식민지 모델을 차용해 동부의 미래를 곧잘 묘사하곤 했다. '바르바로사' 침공 이후 몇 주간의 대화(이른바 '식탁 담화')에서 히틀러는 러시아가 영국령 인도에 상응하는 공간을 독일에 제공할 것이고 그곳의 막대한 인구를 불과 25만 명의 제국 관료와 군인으로 관리할 것이라는 화제를 자주 꺼내곤 했다. 1941년 8월 히틀러는 "인도가 잉글랜드를 위해 하는 일을 동방의 공간이 우리를 위해 할 것이다"라고 주장했다. 새 제국을 운영하는 과제를 위해 독일은 "새로운 유형의 인간, 타고난 통치자들 … 총독들"을 배출하려 했다. 독일인 식민지 이주자에게는 "눈에 띄게 아름다운 정착지에 거처를 마련해주어야" 했다. 9월 17일, 완전한 승리의 가능성이 아직 보이던 때에 히틀러는 "독일인은 그 광대한 공간을 느껴야 한다. … 독일 국민은 그들 제국의 수준까지 발돋움해야 한다"고 생각했다. 1개월 후, '바르바로

사' 작전이 이미 교착 상태가 된 때에 히틀러는 동부가 "우리에게 불모지처럼 보인다. … 한 가지 의무밖에 없다. 독일인의 이주를 통해 이 고장을 독일화하고 토착민을 북미 인디언처럼 간주하는 것이다"라고 말했다.[277] 거의 몰살당한 아메리카 토착민은 영국의 인도 통치라는 이미지에 영 어울리지 않는 유비였지만, 히틀러는 두 가지 역사적 비교 사례를 모두 활용해 식민지 패러다임을 뒷받침했다. 7월 16일 측근 마르틴 보어만Martin Bormann에게 말했듯이, 동부에서 히틀러의 목표는 어떻게 해서든 "그곳을 지배하고 관리하고 착취하는 것"이었다.[278]

독일에서 동부를 연구한 한 세대의 학계 전문가들이 이 지역을 묘사하면서 자주 '공간'이라고 부른 것은 의도적인 행위였다. 이 표현은 동부가 이미 도시와 시골의 대규모 인구가 거주하는 공간, 주요 국가가 조직하고 사회적·행정적 구조를 수립한 공간이 아니라 장차 식민화할 수 있는 공간임을 암시했다. 1941년 7월 20일 동부점령지 장관에 임명된 알프레트 로젠베르크는 일찍이 일기에서 러시아 영역에 대한 견해를 밝혔다. "동부는 도시, 산업, 규율의 측면에서 서부와 근본적으로 다르다. … 사람들은 그곳이 상상 이상으로 황량하다는 것을 감안해야 한다."[279] 소련 영토를 점령하기 시작한 독일 군인, 관료, 경찰이 받은 인상은 그곳을 식민 공간으로 보려는 성향을 더욱 강화했다. 어느 육군 정보장교는 러시아 사람들의 삭막한 인상을 기록했다. "이곳 사람들은 그냥 바닥에다 침을 뱉고 코를 푼다. 여기서는 신체의 악취를 관리하지 않고 양치하는 사람이 드물다. … 박식한 고관들과의 회의일지라도 서유럽인에게는 고역일 수 있다."[280] 일반 병사들은 러시아와 러시아인을 견뎌내며 동부의 전쟁이 여타 전쟁과 얼마나 다른지를 끊임없이 깨달았다. 라이헤나우 장군 휘하 제6군의 병사들이 기후와 부실한 음식에 대해 불평하자 장군은 장교들에게 "군인이라면 식민지 전쟁에서처럼 궁핍을 참아내야 한다"고 말했다.[281] 소련군의 매복 공격과 야습 같은 변칙적인 전투, 포로 살해와 신체 절단 같은 행위를 보고서 독일군은 '야만적인' 토착민 저항군의 전투를 떠올렸다. "우리가 파르티잔들과 치르는 투쟁은 북아메리카에서 붉은 인디언들을 상대한 투쟁과 흡사하다"고 히틀러는 주장했다.[282] 동부에 배치되는 독일군은 마치 살기 어려운 외진 식민지에 배치되는 양 달갑지 않아 했다. 폴란드 마이다네크 강제수용소의 여성 간수들은 겨울의 혹한, 모기가 들끓는 여름의 폭염, 음산한 막사, 비위생적인 여건, 도통 알아들을 수 없는 언어를 사용하는 수감자들, 공격당할지 모른다는 끊임없는 두려움 등에 대해 불평했다. 식민지에서처럼 동부에서도 슬라브인을 철저히 차별하는 관행은 보상을 가져왔다. 식민지 이주자는 가장 좋은 것이라면 무엇이든 차지하고 문명인의 우월감을 유지했다.[283]

독일 점령군은 폴란드에서처럼 소련에서도 주민들을 시민이 될 수 없고 기껏해야 신민 신분인 식민지인으로 다루었다. 대다수 소비에트 시민들에게 이런 대우는 실망으로 다가왔다. 점령 초기 몇 주간 많은 주민들은 스탈린주의 정권이 끝나고 생활이 나아질 것으로 전망했다. 1941년 7월에 보낸 어느 편지에는 "여러분은 궁핍과 공산주의로부터 우리를 구해주었습니다"라고 적혀 있었고, 어느 가족은 "앞으로 여러분의 직무에 아돌프 히틀러 씨의 행운이 함께하길 빕니다"라고 말했다. 그러나 독일군이 식량을 압수하고 도처에서 살인을 저지른 지 몇 달 만에 소련 주민들은 두 개의 악 중에서 차라리 스탈린주의가 더 나을지 모른다고 생각했다.[284] 점령자와 피점령자는 서로 법체계가 달랐다. 소비에트 주민은 어느 독일인을 만나든 모자를 벗는 등 꼬박꼬박 예의를 차려야 했고, 그러지 않으면 두들겨 맞거나 더 나쁜 일을 당할 수 있었다. '독일인 전용'이라는 표지

판은 점령자와 피점령자를 갈라놓았다. 신민에 대한 독일인의 일반적 견해는 머리가 둔하고, 게으르고, 꾀죄죄하고, 말귀가 어둡고, "어린애처럼 자기 생각을 표현하지 못하고", 채찍—태형을 금지하려던 로젠베르크의 노력에도 불구하고 독일 행정관 다수는 이 도구를 휘둘렀다—에만 복종하는 개인이라는 것이었다.[285] 협력을 더 끌어내기 위해 히틀러는 "우리는 우크라이나인에게 스카프와 유리구슬 등 식민지 사람들이 좋아하는 모든 것을 제공할 것이다"라는 유명한 말을 했다.[286] 식민지인의 호의를 얻고자 축제일, 특히 5월 1일이나 6월 11일(역설적이게도 '해방의 날'로 축하했다)의 행사를 준비하는 등의 제스처로 독일 측도 얼마간 노력하긴 했다. 1943년 5월 1일 오룔에서는 주민들을 모아 남자들에게는 러시아산 담배를 두 갑씩 주고 여자들에게는 총 4625개의 보석을 주었으며, 노동자들을 선별해 추가로 소금 자루를 주었다.[287] 그렇지만 전반적으로 현지 주민들을 평정하는 과정은 민중이 얼마간 협력하려던 지역들에서마저 거칠고 극단적이었다. 독일 당국은 지역 경찰과 보조경찰Schutzmannschaften 부대들을 창설하고 곤봉과 채찍, 때로는 화기를 지급했고, 주민들의 어떠한 법규 위반이든 징계하는 일선 조직으로 운용했다. 동아시아의 일본과 마찬가지로, 독일은 소련의 고발 관행을 물려받은 밀고자와 앞잡이에 크게 의존했다. 피해자는 많은 경우 파르티잔 가족이나 유대인이었지만(그들의 운명은 뒤에서 다루겠다), 히틀러의 표현대로 "우리를 곁눈질로 보기만 해도" 누구든 도처에서 수시로 살해당했다. 우크라이나 폴타바 지구에서 지역 준군사 경찰부대들은 1942년 내내 어디서나 매일 평균 2~7명을 사살했다.[288] 일상적인 처형은, 비록 쉽게 알아볼 수 있긴 했지만, 식민 통치의 극단적인 표현이었다.

독일은 영토를 점령한 뒤 새로운 공간을 어떻게 관리할지에 대해서는 별로 생각해둔 바가 없었다. 로젠베르크는 '바르바로사' 작전에 앞서 히틀러 및 여타 지도부와 논의하는 자리에서 그들의 의도는 발트 해부터 바쿠까지 전 영역에 작은 독립국들과 더불어 병합지들과 보호령들을 세우려는 데 있다고 생각했다. 그러나 로젠베르크가 동부점령지 장관으로 정식 임명된 무렵 히틀러는 새로운 제국의 전후 조직에 대한 확실한 약속을 아예 하지 않는 쪽으로 마음을 바꾸기 시작했다. 히틀러는 로젠베르크에게 "정치적 최종 결정을 미리 내리지 않겠다"고 말했다. 리투아니아에서 현지 민족주의자들이 정부 수립을 선언하자 독일은 신속히 진압했다. 스테판 반데라Stepan Bandera가 이끄는 우크라이나 민족주의자조직OUN의 지지자들은 1941년 6월 30일 르비우에서 반데라를 수반providayk으로 하는 새로운 우크라이나 정권 수립을 선포했지만, 7월 5일 반데라는 구금된 뒤 베를린에서 가택 연금에 처해졌다. 민족주의자 조직은 우크라이나에서 '크로아티아식' 해법을 기대했으나 우크라이나인은 독일의 '동맹'이 아니라는 말을 들었다.[289]

로젠베르크는 독일이 구상하는 일종의 우크라이나 정치체를 수립하는 데 반대하지 않았지만, 그의 새 부서 동부점령지 제국관할부는 일본의 대동아성과 마찬가지로 대체로 이빨 빠진 조직이었다. 점령 지역들의 경제를 관할하는 모든 책임이 괴링과 그의 동부경제참모부에 있다는 사실이 분명해진 뒤, 로젠베르크는 "나는 **전권**을 얻지 못했다"고 불평했다. 또한 친위대와 독일 경찰의 수장인 힘러는 정복 지역에서 보안, 종족 재정착, '유대인 문제'의 해결은 자기 조직—적어도 뚜렷이 구별되는 다섯 부분으로 이루어져 있었다—의 소관이라고 주장했다.[290] 동부가 여전히 교전구역이었으므로 전선 바로 뒤편의 지역들은 야전 사령관, 각 부대 사령관, 더 작은 수비대 사령관이 관할하는 군정의 구조에 속했다. 일본 군정과 마찬가지로 독일 군정은 주민 평정과 감시, 전쟁 노력을 위한 보급품 확보, 지역 치안 유지, 나아가 유대인 등록과 표시 및 유대인 자산 처분 등 다양한 책무를 처리했다.[291] 독일 군정은 지역 주민 중의 협력자들에게 의존했고, 민정의 복사판처럼 그들을 시장과 관료로 임명했다. 심지어 민정 지역들에서도 군대가 조직의 존재감과 우월감을 유지했다. 그로 인해 점령지를 통제하는 구조에 얼마나 일관성이 없었던지, 로젠베르크의 부서는 '혼돈부Cha-Ost Ministerium'라는 별명을 얻었다.

전선이 전진하면서 민정 지역들도 생겨났다. 히틀러가 임명한 제국판무관들이 각각 운영하는 제국판무관부Reichskommissariat였다. 처음에는 오스틀란트 제국판무관부와 우크라이나 제국판무관부, 이렇게 두 개였다. 전자는 나치당 간부 힌리히 로제Hinrich Lohse가 관할하고 발트 삼국과 벨라루스의 대부분을 포함했으며, 후자는 동프로이센 대관구장 에리히 코흐Erich Koch가 관할하고 1941년에 벨라루스의 일부와 우크라이나의 상당 부분을, 1942년에 우크라이나의 영토를 추가로 포함했다. 이들 지역에서 히틀러와 힘러는 저 멀리 비아위스토크까지 오스틀란트 영역을 독일에 병합하고, 갈리치아를 폴란드 총독부에 추가하고, 크림 반도를 고텐가우Gottengau라는 예스러운 이름의 독일 식민지로 삼고, 레닌그라드 너머까지 뻗은, 잉게르만란트Ingermanland라고 알려진 지역을 독일인 정착지로 만들려고 했다. 또 독일은 모스크바 일대에 하나, 남부를 함락한 뒤 캅카스 일대에 하나, 이렇게 두 개의 제국판무관부를 더 구상했다. 히틀러는 루마니아의 참전의 대가로 우크라이나 남서부의 기다란 영토 트란스니스트리아Transnistria를 '대루마니아'의 일부로서 넘겨주었다. 이곳에서 안토네스쿠는 군정관들pretorii을 임명해 13개 군을 관할하고 현지 우크라이나인 경찰과 관료를 기용해 질서를 유지했다.[292]

제국판무관부의 행정 구조는 로젠베르크 부서가 작성한 갈색 서류철 Braune Mappe에 적혀 있다. 광역을 관할하는 총괄판무관이 대략 24명 있었고(가장 중요한 곳은 민스크를 수도로 하는 벨라루스였다), 그 아래 행정 단위의 판무관이 도시 지역들에 80명, 시골 지역들에 900명 있었다.[293] 독일 주둔군은 매우 얇게 분산되어 있었다. 총괄판무관은 약 100명의 부하 직원을 두었고, 도시와 시골의 판무관은 부하 직원이 겨우 2~3명에 현지에서 임명한 경찰과 민병대의 조력을 받았다. 벨라루스의 홀리보카예 구역에서는 불과 79명의 독일인 관리들이 40만 명의 주민들을 감독했다. 추정 인구가 5500만 명에 달하는 점령지 전역에서 고작 3만 명의 독일인 관리들이 농업부터 광업까지 모든 것을 담당했다.[294] 대다수 시골 주민들은 독일 당국이 파르티잔과 그 공범을 찾고자 수시로 불시에 들이닥치는 경우를 제외하면 독일인을 좀처럼 보지 못했다. 시골에서는 소련의 행정 단위 라이온raion이 유지되었고 지역 군수나 촌장이 관할했다. 1941년 7월 공표된 군사명령에 따라 종속 인구는 라이온 수준 이상의 행정 단위에서는 전혀 권한을 행사할 수 없게 되었다. 독일 통치조직이 모든 권력을 차지했고, 자의로든 타의로든 조력하는 부역자들을 대규모로 거느렸다. 힘러는 민정조직과 나란히 친위대와 경찰 간부들의 관계망을 확립했으며, 보통 이들은 구역 수준에서 총괄판무관 및 친위대와 경찰의 지도자에게 느슨하게 배속되었다. 명목상 판무관들의 권한 아래 있었음에도, 힘러는 부하들이 민간 행정관들—그가 보기에는 "보수를 과하게 받는 관료 무리"—의 요구를 무시하고 자신에게 직접 명령을 받도록 허용해주었다.[295] 로젠베르크는 힘러의 보안기구에 몹시 분개했지만, 바로 그 기구를 통해 매일 '식민지' 치안 활동을 잔인하게 실행하고 있었다.

거의 모든 피점령 인구에게 결정적인 요인은 그들이 어떤 통치를 받느냐가 아니라 소비에트 체제가 사라져버린 마당에 이제 지역 경제에서 어떻게 식량과 일거리를 얻을 수 있느냐는 것이었다. 1941년 여름 어느 독일 관리는 "옛 러시아에서 경제생활은 완전히 사멸했다"고 적었다. 또다른 독일인 관찰자는 붉은군대가 침공군에게 유용한 것이라면 모조리 체계적으로 파괴한 결과, 우크라이나에 "철저한 황폐와 공허"의 광경만이 남았다고 주장했다.[296] 독일군이 신속히 도착한 지역에서는 모든 것이 파괴되진 않았지만, 소련이 이미 수천 곳의 공장과 노동력을 내륙으로 황급히 옮긴 터라 점령지에는 유용한 산업역량이 남아 있지 않았다. 이른바 '녹색 서류철Grüne Mappe'에 정리된 독일의 경제전략은 일본의 전략과 흡사했다. 군대는 현지에서 자급하고, 전쟁경제와 군대에 물자 및 장비를 공급하는 목표를 무조건 우선시하고, 독일의 이권에 부합하는 지역 인구에게만 물자를 공급하고, 나머지는 '기아 계획'에 따른 운명을 맞도록 방치한다는 전략이었다. 1941년 6월 28일 히틀러는 괴링이 점령지 경제의 모든 측면에 대한 "완전한 결정권"을 보유하고 침공 전에 설치한 동부경제참모부를 통해 그 권한을 행사할 것이라고 알렸다.[297] 비축 물자와 기계류는 전리품을 찾는 여단들이 몰수해 독일로 보냈다. 상당한 양의 비축 물자, 원료, 가죽과 모피가 있었지만, 전리품을 수송하는 것은 힘겨운 일이었고 수송 중에 분실되거나 손상된 양도 많았다. 몰수한 원료 1800만 톤(대부분 철과 석탄) 중에서 불과 550만 톤만이 독일에 도착했다.[298] 독일군이 우크라이나 남부 공업지대를 점령할 태세였던 1941년 9월에야 괴링은 국영 독점기업들의 설립을 승인해 소비에트 산업의 남은 부분을 차지하고 전쟁 노력에 활용하고자 했다. 직물업 독점기업 동부섬유사Ost-Faser-Gesellschaft는 군대를 위해 생산을 조정했다. 중공업과 광업은 제국공업의 자회사인 동부광업제련소Berg- und Hüttenwerksgesellschaft Ost가 전부 차지했다.

괴링이 "침공의 주된 경제적 목표"로 여긴 석유는 캅카스 지역을 함락한 뒤 콘티넨탈-욀 사가 독점 관리할 예정이었다. 괴링의 중공업 보좌관 파울 플라이거Paul Pleiger가 설명했듯이, 독점기업들의 목표는 당장의 "경제적·식민지배적 착취"가 아니라 전쟁에서 승리하기 위한 단기 요건을 확보하는 데 있었다.[299]

일본이 동남아시아에서 알아챘듯이, 생산을 복구하는 것은 전쟁 전의 예상보다 한층 더 어려운 일이었다. 유일하게 성공한 주요 사례는 고품질 강철을 생산하는 데 단연 요긴한 니코폴의 망간 광석 생산을 복구한 것이었다. 지지부진한 시작 단계 이후, 괴링의 항공부 차관 에르하르트 밀히 Erhard Milch가 망간 생산을 재개하는 긴급한 책무를 맡았다. 1942년 6월 니코폴 망간 광산에서 한 달에 총 5만 톤이라는 전쟁 이전의 양을 다시 생산했고, 9월 소련의 생산량을 넘어섰다. 소련이 니코폴을 다시 함락하기 전까지 독일은 망간 180만 톤을 서쪽으로 수송했다. 다른 곳에서는 전시 여건에서 손상된 생산시설을 복구하기가 어려웠다. 도네츠 분지의 주요 공업지대에는 침공 전 공업용 모터 2만 6400대 중에서 2550대만 남아 있었다. 광산은 폭파된 상태였고, 소련이 미처 비우지 못한 공장에서는 사보타주가 발생했으며, 운송수단은 어디서나 느리고 미덥지 못했다. 게다가 자포리자에 있던 소련 최대 수력발전소의 댐이 폭파된 터라 공업지대 전역에 전력이 부족했다. 노역자들이 1943년까지 댐을 재건했지만, 독일군이 퇴각하기 직전에 다시 폭파했다. 도네츠 분지의 풍부한 탄광과 철광은 복구할 수 없었다. 독일 공병들과 소련 광부들은 1941년부터 1943년까지 전전 생산량의 5퍼센트에 불과한 400만 톤을 채굴하는 데 그쳤다. 이 2년간 철광석 38만 톤과 갈탄 75만 톤은 독일의 전체 공급량이라는 대양에서 물 한 방울 정도에 그쳤다.[300] 철강 생산량을 복구하려던 노력은 결국 제한되었으며, 루르 지역 사기업들을 손상된 공장들의 '대부代父'—소유주가 아니라—로서 초청하고 이미 국내에서 생산 압력을 받고 있던 그 기업들이 마지못해 초청을 받아들였음에도 효과가 없었다. 가장 실망이 컸던 자원은 석유였다. 1942년 여름 독일 육군이 마침내 캅카스의 산유 도시 마이코프에 다다랐을 때, 생산을 재개하는 데 필요한 시추기 50대는 여전히 독일에서 수송을 기다리고 있었다. 가뜩이나 국내 산업 전문인력이 부족한 마당에 독일의 소규모 천연 유전들에서 석유 엔지니어와 장비를 빼내 동부로 보내야 했지만, 정작 마이코프에 도착한 엔지니어들이 목도한 것은 소련이 철저히 파괴해버린 유정들이었다. 1942년 12월부터 이 지역을 포기한 1943년 1월 17일까지 엔지니어들은 1940년에 340만 톤을 생산했던 유전에서 고작 1500톤을 채취하는 데 그쳤다.[301] 소련의 석유로 독일의 전쟁 노력에 연료를 공급하고, 손상된 시설을 복구하고, 송유관으로 석유를 나르거나 소규모 독일 유조선 선단으로 유류 제품을 수송할 방법을 찾겠다는 온갖 이야기에도 불구하고, 설령 캅카스 지역을 정복했다 할지라도, 석유를 제대로 채취하려면 수년간 더 많은 노력이 필요했을 것이다. 석유는 히틀러의 전략의 핵심에 비현실성이 자리잡고 있음을 다른 무엇보다도 분명하게 보여주었다.

동부의 전쟁이 소모전으로 변해감에 따라 독일군은 수송체계의 압박을 줄이고자 현지에서 무기와 장비를 더 많이 생산하기를 원했지만, 한 달에 포탄을 100만 발 이상 생산한다는 이른바 '이반 계획Ivan Programme'을 통해 탄약 생산을 재개하려는 노력은 1942년에야 이루어졌다. 손상된 공장에서 기계와 재료를 빼내고 독일에서 추가로 자원을 들여온 뒤, 1943년 5월에 필요 노동자 9300명 중 불과 880명으로 마침내 생산을 시작했다. 그러나 이 계획은 수개월 후 붉은군대가 진격해오는 바람에 종결되었다. 1943년 봄 도네츠 지역의 재가동 공장들에서 고용한 총원은 고작 8만 6000명이었으며, 독일에서 강제노동하는 처지를 모면한 소비에트 노동자들은 규율하기 힘들었거니와 절망스러울 정도로 뜨내기 일꾼 같았다.[302] 물적 자원을 차지하기 위한 전쟁의 최종 결과는 완전한 손해였다. 동부 전쟁 노력에 들인 엄청한 비용은 동부에서 들여오거나 몰수한 그리 많지 않은 원료와 완제품의 가치를 상쇄했다. 1944년 3월 전쟁경제조사국은 광역권 전역에서 얻은 물자의 가치 777억 마르크 가운데 동부점령지 물자의 가치는 45억 마르크에 불과하다고 계산했다. 이는 전쟁 전의 소비에트 경제가 얼마나 피폐해지고 손상되었는지를 알려주는 증거다. 동부점령지 전역에서 압수한 전리품의 가치는 불과 5900만 마르크로 추산되었다. 나머지 유럽에서 얻은 전리품의 추정 가치는 2억 3700만 마르크였다. 전시에 물자의 가치를 추산하기가 현실적으로 매우 힘들다는 점을 감안하더라도, 이 통계는 동부의 부에 대한 환상이 그저 환상이었음을 보여준다.[303]

히틀러가 향후 유럽의 곡창지대로 점찍은 영역의 식량도 거의 마찬가지였다. 독일의 구상은 점령지에서 생산한 식량을 먼저 군에 공급하고, 남는 식량은 국내로 보내 배급량을 늘린다는 것이었다. 헤르베르트 바케의 '기아 계획'에서 소비에트 인구를 위한 식량은, 특히 경제 자원을 별로 기대할 수 없는 지역들에서는 우선순위가 아니었다. 1941년 7월 국방군 군수경제국장 토마스 장군은 "큰 지역들은 방치한다(기아)"라고 적었다. '녹색 서류철'에는 삼림 지역과 도시 지역에 식량을 공급하지 않는다고 또렷이 적혀 있었다. 식량을 잉여 생산하는 우크라이나 지역에서도 전역 개시 한 달 만에 군대에 공급할 식량을 구하기 어려워지자 식량 생산자들의 생존에 개의치 말고 "주민들을 더욱 강하게 압박해" 소비할 수 있는 식량을 모조리 빼앗으라는 지령이 내려왔다. 독일은 키이우를 굶길 작정이었고, 9월에 군대가 이곳을 점령하자 식량을 도시로 보내려는 배후지 농민들의 온갖 시도를 차단하고 전쟁 전의 계획대로 독일 국내로 수출하려 했다.[304] 이 전략은 실패했는데, 동부에서 식량을 실어오기는커녕 오히려 군대 식량의 약 50퍼센트(말 수십만 마리를 먹일 사료의 절반을 포함해)를 동부로 보내야 했을 뿐 아니라, 의도적인 기아정책을 강행할 경우 독일군이 현지 노동력을 이용하지 못하고, 이듬해 식량 공급량이 줄어들고, 후방에서 기아로 인한 폭동이 발생할 것으로 예상되었기 때문이다.

결국 괴링은 독일 점령군을 위해 일하는 사람은 누구든 "**절대로** 굶겨서는 안 된다"고 지시했지만, 그들의 가족과 일하지 않은 사람들은 먹거리를 별로 얻지 못했다.[305] 배급량은 고된 노동이나 공동체 생활을 가까스로 유지할 만한 정도에 그쳤다. 그날그날 '유용한 노동'을 하는 자에게는 1200칼로리, 점령군에 직접적인 이득이 되지 않는 노동을 하는 자에게는 850칼로리, 14세 이하 어린이와 모든 연령의 유대인에게는 420칼로리였다. 대량 기근을 피하긴 했지만 어디까지나 도시의 많은 가족들이 시골에 식량이 더 많겠다 싶어 그리로 달아난 덕분이었다. 그러나 시골에서도 주기적인 수확물 징발, 높은 수준의 현물 과세, 강제 배급제 때문에 주민들은 대개 식량이 부족했다. 그들은 부족한 식량을 보충하고자 밭에서 채소를 기르고 주기적인 수색에 걸리지 않도록 비밀리에 지하 저장고를 파서 식량을 숨겼지만, 그렇게 해도 겨우 허기나 달래는 정도였다.[306] 독일이 얼마나 철저하게 징발을 했던지 전방 부대들로부터 150킬로미터까지의 영역은 식물성이든 동물성이든 먹거리라고는 없는 '죽음의 구역'으로 통했다. 최전방에 위치한 소련 도시 쿠르스크와 하르키우에서는 하루 배급량이 빵 100그램이었다.[307] 도시 소비자들이 살아남을 수 있었던 것은 주로 물물교환으로 돌아가는 대규모 암시장이 존재했기 때문이다. 독일 주둔군이 아주 얇게 분산된 상황에서 물가 상승을 규제하기란 불가능했다. 1942년 여름 벨라루스의 한 야전사령부에서 빵 1킬로그램의 공식 가격은 1.2루블이었으나 비공식 가격은 150루블이었고, 1리터 해바라기유는 공식적으로 14.5루블에 거래되었으나 암시장 가격은 280루블이었다.[308] 이런 여건에서 대규모 기아는 일상의 현실이었으며, 식량정책을 향한 분노는 생활이 나아지기를 바라던 현지 인구가 독일에 등을 돌린 핵심 원인이었다. 그렇다고 '유럽의 곡창지대'가 독일의 기대에 부응했던 것도 아니다. 독일-소련 조약으로 평화가 유지된 1939년부터 1941년까지 소련이 획득한 식량의 양이 전시 동안의 수확량보다 더 많았다. 이곳에서 얻은 식량은 대부분 독일 국내가 아니라 점령지에서 소비되었다. 동부의 독일군 부대들과 민간인 점령자들이 연간 곡물 약 700만 톤을 가져갔고, 독일로는 1941~1942년에 200만 톤, 1942~1943년에 290만 톤, 1943~1944년에 170만 톤만 실어보냈다. 이는 첫해와 마지막 해 독일 곡물 소비량의 10퍼센트였고, 1942~1943년에는 히틀러와 괴링이 소련 현지 인구가 어떤 희생을 치르든 간에 마지막 한 톨까지 짜내라고 강력히 요구한 결과 더 높은 19퍼센트였다.[309]

동부에서 안정적인 경제 여건을 되살리기 어려웠던 주된 이유들 중 하나는 전쟁을 치르는 와중에도 단행한 엄청난 규모의 생명정치적 재편 프로그램에 있었다. 히틀러는 폴란드에 승리한 뒤 1939년 10월 6일의 주요 연설에서 자신은 새로운 독일 제국에서 "새로운 민족지적 질서"를 원한다고 똑똑히 말했다. 그리고 열흘 후 힘러에게 이번 전쟁은 "법적 제약이 없는 인종 전쟁"이라고 말했다.[310] 힘러, 친위대가 제국보안본부RSHA에 모아놓은 학계 전문가 무리, '독일 민족성 강화를 위한 제국판무관

RKFDV', 친위대 인종이주본부RuSHA는 점령지 중 선별한 지역들을 독일화하고, 나머지 식민화된 영역에서 과잉 인구를 제거하고, 점령지 전역에서 대규모 유대인 인구를 이런저런 방식으로 근절하려는 복잡한 프로그램에 착수했다. 초기의 단기 계획Nahpläne I~III은 엇갈린 결과를 가져왔다. 1940년 말까지 폴란드 병합영토에서 강제 추방된 폴란드인과 유대인의 수는 RKFDV 부관 콘라트 마이어-하이틀링이 힘러에게 제출한 '동부 점령지 원칙 입안'에서 요구한 60만 명이나 1940년 4월의 단기 계획 II에서 요구한 80만 명이 아니라 24만 9000명이었다. 많은 폴란드인이 강제 추방을 모면했거나, 철도 교통이 계속 체증을 빚는 동안 은밀히 되돌아왔다. 독일은 만성적인 노동력 부족을 해결하고자 폴란드인 노동자 다수를 동부가 아닌 서부로 강제 이주시켰지만, 이는 종족 청소에 반하는 조치였다. 그래서 독일로 보낸 폴란드인이 독일 인종을 오염시키지 않도록 인종 이주본부 직원들이 인종 면에서 바람직하지 못한 이들을 조사해 가려냈다. 하지만 폴란드 총독 한스 프랑크는 자신의 영지를 폴란드 병합영토의 폴란드인과 유대인을 재정착시키는 쓰레기 처리장으로 만드는 데 반대했다. 결국 유대인은 폴란드 총독부가 아닌 게토에 몰아넣거나, 소련과의 국경을 따라 늘어선 동부 방벽(침공 이후 곧 불필요해졌다)으로 보내 강제노동을 시켰다. 1940년 12월에 작성한 단기 계획 III은 게토에 살지 않는 폴란드인과 유대인 77만 1000명을 추방할 것을 요구했지만, 이 새로운 물결의 종족 청소는 군 수송을 우선시할 필요성 때문에 1941년 3월 중단되었다. 힘러와 진척 상황이 불만인 인종이주본부는 소련과의 전쟁으로 마침내 이주 정체를 해소하고 인종 면에서 받아들일 수 없는 모든 사람을 러시아의 먼 황무지로 보낼 가능성, 그곳에서 수백만 명을 기아와 추위로 없애버릴 가능성이 열렸다고 보았다.

그러나 '바르바로사'는 인종 유토피아의 전망일 뿐 아니라 불길한 징조이기도 했다. 점령지에는 소규모 독일 주둔군을 수렁에 빠뜨리고 독일 인종을 위해 생존공간을 차지한다는 목표를 어그러뜨릴 수도 있는 수백만 명의 슬라브인과 유대인이 있었다. 한 가지 해법은 기존 인구 중 상당수를 제거하는 것으로, 이는 바케의 '기아 계획'에서 예상하고 당시 1941년 7월 동부 종합계획에서 승인한 조처였다. 두 번째 해법은 독일인 정착민을 데려오고 비독일인을 추방하는 방법으로 동부의 핵심 지역들을 독일화하고자 적극 노력하는 것이었다. 이는 장기 계획이었으나 점령 초기 몇 해에 걸쳐 시행되었다. 폴란드 총독부, 에스토니아, 라트비아, 갈리치아, 크림 반도는 철저히 독일화할 의도였으며, 이미 동부에서 살고 있는 독일인에 더해 인종 계획의 기이한 표현대로 '재독일화Wiedereindeutschung'할 수 있는 독일인 특성이나 혈통 증거를 가진 동부 주민까지, 아울러 서부의 독일인까지 이들 지역에 정착시킬 계획이었다. 폴란드, 알자스-로렌, 소련 점령지에서 친위대와 인종이주본부 직원들은 약 400만 명을 조사해 세 가지 주요 범주로 분류했다. O 범주는 동부 정착에 적합한 사람, A 범주는 독일 내 수용소로 돌려보내 독일인이 되는 법을 다시 교육시킬 사람, S 범주는 인종 면에서 부적합해 출생지로 돌려보내거나, 소수의 경우 노동수용소로 보낼 사람이었다.[311] 과거의 독일인 식민지 이주자들이 슬라브 환경에 완전히 흡수되지 않았음을 보여주기 위해 소련 영역에 남아 있는 독일인의 생물학적·문화적 흔적을 찾기도 했다. 로젠베르크 부서는 민족지학자 카를 슈툼프Karl Stumpp를 '슈툼프 특공대'의 대장으로 파견해 '독일인'의 흔적이 남아 있는 듯한 우크라이나 마을들에서 인구조사를 실시하도록 했다. 하지만 친위대의 인종 관리들은 슈툼프가 독일인으로 선별한 사람들 대다수를 인종 면에서 받아들일 만한 부류로 여기지 않았고,

마을 주민 다수도 그들을 독일 민족의 잠재적 일원으로 다시 분류하려는 시도에 저항했다.[312]

같은 시기 독일은 저 멀리 우랄 산맥이나 그 너머까지 이를 수도 있는 공간을 장기간에 걸쳐 식민화하기 위해 물리적으로 재편하는 작업도 시작했다. 그 목표는 100여 킬로미터마다 친위대 수비대와 소규모 정착민을 배치해 '정착지와 거점'을 건설함으로써 대규모 슬라브인 인구 안에서 흐를 독일 피의 동맥을 만들어내는 것이었다. 이 '거점'은 독일인이 정착한 지역을 보호하는 한편 슬라브인의 배후지를 평정하고 통제할 예정이었다. 또한 주민 2만 명을 넘지 않는 소도시들을 건설하고 그 주위에 억센 독일 농민들이 사는 마을들을 배치하여 대도시의 사회적 위험을 피하는 동시에 식민지 이주자들이 새로운 땅에 단단히 뿌리내리도록 유도할 방침이었다. 힘러는 1942년 말 연설에서 이 식민지들이 "우리가 돈 강과 볼가 강, 바라건대 우랄 산맥까지 늘려나갈 진주 목걸이와 같다"고 말했다.[313] 소련 주요 도시들의 경우는 히틀러의 고집대로 지워버리거나 독일화할 작정이었다. 모스크바와 레닌그라드는 "평평하게 만들고" 바르샤바는 폴란드 국가정체성의 핵심 요소를 제거하기 위해 독일인 4만 명이 거주하는 도시로 축소할 생각이었다.[314]

건설 프로그램의 책임은 힘러의 또다른 행정 부문인 경제행정본부 WVHA의 전반적인 지도 아래 친위대의 경제 전문가 한스 카믈러Hans Kammler가 맡았다. 카믈러는 평화가 찾아오려면 아직 멀었음에도 '잠정적 평시 건설 프로그램'을 짜고 1942년 2월 개시했다. 일련의 초기 거점들은 더 일찍, 힘러가 루블린 지역 친위대와 경찰의 수장인 오딜로 글로보크니크Odilo Globocnik에게 수비대에 대한 책임을 맡긴 1941년 7월에 건설하기 시작했다. 하지만 노동력, 특히 대량 살인 이후 유대인 노동력이 부족해 프로그램의 진척이 더뎠고, 1942년 가을이면 건설을 거의 단념하기에 이르렀다.[315] 육군의 병참 문제를 완화하기 위해 폴란드와 우크라이나를 가로지르는 장거리 고속도로를 건설하는 문제를 비롯해 군사적 과제들이 우선시되었다. 군사적 건설을 책임진 토트 조직Organisation Todt은 무려 2만 4993킬로미터의 도로와 손상된 교량 수백 개를 보수했다. 토트 조직은 2175킬로미터의 고속도로Durchgangsstrasse IV를 크림 반도와 캅카스까지 이어갈 계획이었고, 1941년 갈리치아에서 현지 친위대 지도자 프리드리히 카츠만Friedrich Katzmann과 협력해 도로 건설에 착수했다. 카츠만은 도로가 통과하게 될 회랑지대에 사는 유대인을 살려두었는데, 도로를 건설하다가 죽을 때까지 부려먹기 위해서였다. "1킬로미터마다 유대인 천 명이나 만 명이 죽더라도 상관없다"고 카츠만은 말했다. 유대인 노무자들은 음식을 거의 받지 못했고, 마구잡이로 구타를 당했으며, 태만하거나 쓰러지면 친위대가 아니라 토트 조직을 위해 일하는 지역 건설 경비대에 의해 즉각 사살되었다. 1943년 노동수용소들이 폐쇄된 무렵까지 2만 5000명이 죽거나 살해당한 것으로 추정된다.[316]

난제는 새로운 땅에서 살아갈 정착민을 구하는 것이었다. 발트 국가들, 루마니아, 폴란드 내 소련 점령 구역의 독일인, RKFDV의 공식 보고서에 따르면 1942년 말에 총 54만 4296명이었던 독일인 가운데 결국 이 병합지와 점령지에 정착한 인원은 수천 명이었다.[317] 게다가 소련 내의 정복 식민지들로 이주하겠다는 의사를 내비칠 뿐 아니라 인종 면에서도 받아들일 만한 독일인을 구하는 것은 더욱 어려운 문제였다. 로젠베르크 부서에서 재정착을 담당한 에르하르트 베첼Erhard Wetzel은 서부의 독일 주민들이 "동부에 정착하기를 거부한다. … 그저 동부 영토가 너무 단조롭거나 음울하다고, 또는 너무 춥고 원시적이라고 보기 때문이다"라고 말했다.[318]

힘러는 지시를 내려 폴란드 총독부 동부의 도시 자모시치 일대에 독일의 시범 정착지를 건설했고, 1942년 11월 독일인이 이주할 공간을 마련하고자 300개 마을의 폴란드인 5만 명을 그들의 농장과 집에서 추방했다. 하지만 수개월 뒤 이 프로젝트가 중단될 때까지 이주한 독일인은 애초 계획한 6만 명이 아니라 고작 1만 명이었고, 대다수가 베사라비아와 루마니아에서 왔으며, 일부는 이번이 두 번째 재정착이었다.[319] 돌격대와 친위대 모두 대원들에게 동부 정착에 자원하라고 권유했지만, 1943년 1월까지 돌격대 신청자는 (애초 구상한 5만 명이 아닌) 불과 1304명이었고 실제로 동부로 간 인원은 고작 422명이었으며, 친위대의 경우 식민지를 부하들로 채우려는 힘러의 얼토당토않은 야심에도 불구하고 1942년 6월까지 신청자가 4500명에 그쳤다.[320] 독일은 공간을 채우고자 과거 독일령 동아프리카 출신인 정착민들에게 폴란드의 농장을 제공했고, 어느 신문 보도에 따르면 1943년 가을 그들은 동부 재건의 일환으로 "여전히 모든 지역에서 진정한 개척 활동을 수행할 수 있었다".[321] 이미 1941년 6월 독일은 네덜란드인에게 같은 '독일 국민'이 되어 '동부를 바라보라!'고 호소했지만, 독일군을 위해 일하러 떠났던 네덜란드인 6000명 가운데 당초 기대했던 수천 명이 아니라 수백 명만이 동부 땅에 정착하겠다고 자원했다. 하지만 독일 당국의 생색내는 듯한 태도와 익숙하지 않은 환경에 직면한 그들은 곧 환상에서 벗어났다. 영속적인 영토를 네덜란드 식민지로서 얻기를 바라던 그들의 바람은 이루어지지 않았다. 독일 측이 네덜란드인은 술을 자주 마시고 규율을 지키지 않는다고 불평하자 그들 다수가 동부를 떠났다. 다만 동유럽의 임시 농민을 관리하던 네덜란드 위원회마저 자원자 대다수가 "모험가 무리"라고 불평할 정도이긴 했다.[322]

잠재적인 독일인 식민지 이주자 집단이 없음에도 독일 당국은 유토피아적인 정착 계획을 계속 추진했다. 가장 극단적인 계획은 동부점령지에서의 대규모 인구 감축Entvolkung을 구상했다. 베첼이 작성한 동부 종합계획의 한 버전은 30년에 걸쳐 3100만 명을 추방하고 1400만 명을 제국 권력을 위한 노동력으로 남겨두는 식민화 프로그램을 제안했다. 1942년 12월 23일 힘러에게 제출된 동부 종합계획의 최종 버전과, 1942년 말 한스 엘리히Hans Ehlich가 작성한 최종 정착계획은 독일의 전쟁 노력이 이미 깊은 위기에 빠진 시점에 터무니없는 프로젝트를 제안했다. 두 계획은 동부점령지의 민족들 중 폴란드인의 85퍼센트, 체코인의 50퍼센트, 발트인의 50퍼센트, 벨라루스인의 75퍼센트, 우크라이나인의 65퍼센트를 '소모용'으로 산정하여 총 4792만 5000명의 타인종을 추방하거나 제거할 작정이었는데, 이미 대부분 살해당한 유대인은 포함하지 않은 수치였다.[323] 최고의 공상가는 힘러 본인으로, 1942년 가을까지도 독일 제국이 장차 400~500년간 존속할 것이라고 상상했고, 나중에 독일인 6억 명이 거주하는 제국이 "아시아에 맞서 목숨을 건 싸움"을 벌일 것이라고 주장했다.[324]

'유대인 청정' 제국

수백만 명이 전쟁으로 죽고 수십만 명이 고국에서 퇴거당하거나 추방당했지만, 수천만 명을 조직적으로 추방하거나 살해한 활동이 여러 동부 종합계획에서 제안한 노선에 따라 이루어졌던 것은 아니다. 그러나 예외가 있었으니, 동부 도처에 살던 유대인 인구의 운명이었다. 유대인의 비극은 유럽 유대인 대다수가 과거 차르의 '지정 거주지Pale of Settlement'였던 영역, 즉 러시아 제국에서 발트 국가들부터 우크라이나 남서부까지 유대인 영구 거주지로 설정되었던 영역에서 여전히 살고 있다는 사실이었다. 이 비극은 독일을 통틀어 가장 악랄한 반유대주의자들이 바로 그 영역을 점령하고 독일인의 낙원으로 바꾸려 하는 보안기구에 모여 있다는 현실로 인해 더욱 심각해졌다. 게슈타포의 유대인과 과장 아돌프 아이히만Adolf Eichmann이 추산한 유럽 유대인 1100만 가운데 660만 명이 동부점령지에 살고 있었고, 다른 150만 명이 소련의 나머지 영토에 살고 있었다.[325] 그 결과, 1941~1943년의 집단학살로 목숨을 잃은 유대인은, 결코 전부는 아니지만, 대부분 동부 출신이었다. 그들의 운명은 굶주리도록 방치되거나, 독일인에게 공간을 마련해주기 위해 추방되거나, 강제노동에 투입된 다른 수백만 명의 운명과 완전히 별개였는데, 독일 국민에게 유대인은 먼저 독일 국내에서, 그다음으로 동부점령지에서, 끝으로 광역권 전역에서 어떻게 해서든 제거해야 할 인종적 주적이었기 때문이다. 이들 영역은 나치 정권의 인종 언어로 '유대인 청정judenrein' 구역이어야 했다. 1945년 이후 홀로코스크 또는 쇼아Shoah로 알려진 사태는 유대인이 추축국 점령지와 영토의 어디에 살고 있든 가리지 않았다. 독일이 동부를 중시한 까닭은 그곳이 자기네 수중에 들어온 모든 유대인의 종착지였기 때문이다. 동부에서 유대인은 점점 더 체계적인 방식으로 살해되었다.

유대인과의 전쟁은 종족 재편을 위한 거창한 계획과 밀접한 관련이 있었지만, 이런 계획은 유대인 문제—어디까지나 히틀러와 나치당 엘리트층이 자기네 상상 속에서 유대인이 문제라고 생각해서 생긴 문제—의 '최종 해결'이라는 완곡한 표현을 설명하는 한 가지 갈래일 뿐이었다. 히틀러와 그 주변의 반유대주의자들은 근본적으로 마키아벨리적 세계관을 가지고 있었는데, 그 세계관에서 인종적 선善의 세력을 대표하는 독일인은 세상 모든 악의 근원인 '유대인'과 대립했다. 히틀러의 기이한 종말

론에서 독일 민족의 생존은 유대인을 제거하는 데 달려 있었다. 유대인은 "인종들의 자기 보존"에 도전하는 데 골몰하는 "반反민족"을 대표했다.[326] 1936년, 히틀러는 직접 쓰고 소수의 측근에게만 보여준 몇 안 되는 문서들 중 하나에서 유대인의 위협을 없애지 못할 경우 로마 제국의 붕괴 이래 "가장 섬뜩한 인종적 파국"이 닥쳐 독일 민족Volk의 "완전한 말살"로 귀결될 것이라는 견해를 개진했다.[327] 히틀러가 예상한 경쟁의 조건은 냉혹했다. 독일인이 절멸되든지 유대인이 절멸되든지 둘 중 하나였다. 1939년 1월 30일 독일 의회에서 연설한 히틀러는 공개 석상에서는 처음으로 절멸을 명시적으로 거론하면서 만약 유대인이 독일을 다시 전 세계적 전쟁에 빠뜨린다면 그들을 기다리는 운명은 '절멸Vernichtung'이라고 예언했다.

히틀러가 보기에 전쟁과 유대인 절멸로 나아가는 후속 조치는 불가분했다. 실제로 훗날 히틀러는 유대인 절멸 예언을 언급하면서 전쟁 첫날인 1939년 9월 1일로 거슬러 올라갔다. 1941년 12월 결국 독일이 전 세계적 전쟁에 직면했을 때, 히틀러는 12월 12일의 운명적인 회의에서 광역권 전역에서 유대인을 제약 없이 섬멸하는 조치를 정당화하기 위해 이 예언을 다시 끄집어냈다. 며칠 후 힘러는 히틀러와 상의한 뒤 일기에 이렇게 적었다. "유대인 문제: 파르티잔으로서 근절한다."[328] 예언의 실제 기념일인 1942년 1월 30일, 히틀러는 이제 "모든 시대를 통틀어 가장 악한 세계의 적이 적어도 천 년간 제 역할을 끝낼 시간이 올 것이다"라고 선언했다.[329] 2주 후 히틀러는 괴벨스에게 유대인은 "우리 적들의 절멸과 함께 그들 자신의 절멸까지 경험할 것"이라고 말하며 집단학살과 전쟁을 다시 한 번 관련지었다. 1942년 4월 말 독일 의회 연설에서 히틀러는 1차대전 발발 이래로 독일이 직면해온 모든 고통과 위험의 책임을 세계 유대인에게 덮어씌우며 그들을 박멸하겠다는 결정을 정당화했다.

이미 1914년에 잉글랜드를 1차대전으로 밀어넣은 숨은 세력은 유대인이었습니다. 그 이후 우리를 약하게 만들고 결국 독일이 더 이상 승리의 깃발을 국내로 가져올 수 없다는 소문으로 항복을 강요한 세력은 유대인이었습니다. 유대인은 우리 민족 사이에서 혁명을 조장하고 우리로부터 저항의 가능성을 모조리 앗아갔습니다. 1939년 이래 유대인은 다시 영 제국을 조종해 가장 위험한 위기로 몰아갔습니다. 유대인은 한때 유럽을 파멸시킬 뻔했던 볼셰비키 감염병의 전달자였습니다. 그와 동시에 유대인은 금권정치인 무리의 전쟁광이었습니다. 유대인 파벌은 오로지 유대인-자본가의 관점에서 미국까지도 바로 미국의 모든 이익에 반하는 전쟁으로 몰아갔습니다.[330]

허황된 분노와 역사적 날조를 뒤섞은 이 유독한 연설은 유대인을 죽을 때까지 싸워야 하는 독일의 강적으로 규정했다. 히틀러에게 이 견해는 머지않아 그 공상적 성격을 드러낼 이성의 산물이 아니라 강한 신념의 산물이었다. 히틀러는 수용소를 방문하거나 유대인을 직접 죽인 적은 없었지만, 유대인을 역사적 악과 동일시하는 그의 은유는 복수를 용인하는 서사를 지어냄으로써 전쟁 중반에 실제로 이루어진 살해의 방식을 좌우했다.

1941년 시작된 유대인 대량 살인은 초기에는 비체계적이고 변덕스러운 현상이었지만, 그 배경에는 1933년부터 유대인을 고립시키고 조롱해온 나치 정권이 있었으며, 이 사실을 고려해야만 유대인 학살을 이해할 수 있다. 1940년까지 나치 정권의 의도는 유대인의 부를 빼앗고 유대인에게 이주를 강요하는 것이었고, 실제로 유대인 수십만 명이 다른 곳으로 이주했다. 독일 국내외에서 유대인의 역사적 위협에 대한 담론이 널리 퍼진 가운데 독일 친위대, 경찰, 보안부대 전체는 정치교육 과정에서 히틀러의 피해망상적 유대인관의 핵심을 주입받았고, 히틀러의 '유대인 문제'의 답을 찾으려던 학계 역시 그 유대인관을 받아들였다. 이들 파벌은 히틀러의 은유적인 '유대인' 관련 견해를 실제 유대인을 박해하고 살해하는 정책으로 변환하는 역할을 했다. 유대인의 상황은 개전 이후 폴란드계 유대인 수백만 명이 독일의 통제하에 놓인 후로 바뀌었다. 1939년 9월 21일 제국보안본부 수장 라인하르트 하이드리히는 모든 유대인을 총독부에 몰아넣고 게토나 노동수용소에 배치하라고 지시했다.[331] 바르테란트 병합 지역에 사는 유대인도 총독부로 보내라고 지시했지만, 유대인을 이주시키는 것은 힘겨운 일로 밝혀졌고 이제 독일 영토가 된 이 지역에 주요 게토들을 건설해야 했다. 일례로 1940년 가을 칼리시 시에 게토/노동수용소를 세웠지만 너무 약하거나 늙거나 병든 유대인은 모두 인근 숲으로 데려가 사살했으며, 이는 순전히 지역 수준에서 실행한 집단학살의 초기 사례였다.[332]

이미 폴란드계 유대인을 대부분 모아놓은 총독부에서 한스 프랑크는 18~60세의 모든 유대인 남성에게 강제노동을 명령했으며, 그들은 전쟁 노력을 위한 프로젝트에 투입되어 가혹한 조건에서 노동을 했다. 루블린의 오딜로 글로보크니크는 유대인 남성 5~7만 명이 속한 노동수용소 76개를 조직해 방어시설이나 도로, 수로를 건설했으며, 유대인들은 무릎 높이의 물속에서 매일 일해야 했다. 강제노동자들은 이미 치명적인 폭력을 경험하고 있었다. 노동을 회피하거나 게으름을 피웠다가는 사살되거나 교수형에 처해질 수 있었다. 게다가 식사가 얼마나 부실했던지 노동자들이 사망하거나 더 일하지 못해 사살될 지경이었다. 1941년경 유대인 노무자 70만 명 중 대다수가 신발도 없이 누더기 차림으로 노예처럼 일하고 있었다.[333] 나머지 유대인 인구는 400개로 추정되는 크고 작은 게토들

중 한 곳에 들어가야 했다. 게토들이 채워짐에 따라 독일 당국은 질병의 위협이나 유대인을 먹이는 비용을 걱정했으며, 강제 이주가 더뎠던 까닭에 민간 당국, 제국보안본부, 경찰, 군대는 서로 자주 논쟁을 벌였다. 전쟁 노력을 위한 노동력 수요는 유대인 공동체를 고립시키고 궁핍하게 만들려는 욕구와 충돌했고, 곧이어 유대인이 전혀 없는 공간을 만들거나 유대인이 기아와 질병으로 죽도록 내버려두려는 힘러 보안기구의 야망과도 충돌했다. 프랑스가 패배하자 모든 유대인을 프랑스 식민지 마다가스카르 섬으로 보낼 전망이 잠시 열렸다. 1940년 5월 힘러가 이 방안을 히틀러에게 제안했고 히틀러도 "십분 동의"했다.[334] 이 섬을 독일 보호령으로 삼고 독일 총독을 임명해 불운한 유대인들로 채워진, 사람이 살기 어려운 식민지를 감독한다는 구상이었다. 이 계획은 영국의 해상 통제 때문에 매우 비현실적인 것으로 드러났으며, 1942년 5월에 일본의 점령 가능성을 미연에 차단하고자 이 섬을 장악한 나라는 영국이었다. '바르바로사' 작전이 다가올수록 이제 유대인을 저 멀리 동부로 보내버릴 수 있다는 견해가 힘을 받았고, 히틀러도 1941년 여름까지 이 해법을 선호했던 것으로 보인다. 7월에 히틀러는 크로아티아 국방장관에게 "유대인을 마다가스카르로 보내든 시베리아로 보내든 상관없다"고 말했다.[335] 그러나 1941년 여름 옛 소련 영토에서 독일의 정책이 유대인 '소개疏開'에서 대량 살인으로 바뀐 이유를 어렵지 않게 설명할 수 있을 정도로 유대인을 적대 인종으로서 학대하거나 약탈하거나 살해하는 습성이 이미 만연해 있었다.

유대인 살해는 소련 침공을 개시한 1941년 6월 22일 직후부터 시작되었다. 웬디 로어Wendy Lower는 독일의 유대인 살해를 가리켜 각각의 대량 살인이 저마다 이야기를 가지면서도 다수의 작은 조각으로서 커다란 집단학살 이미지를 구성하는 "지역 홀로코스트 역사들의 모자이크"라고 불렀다.[336] 히틀러는 특무집단에 소비에트 국가기관의 유대인, 공산당의 유대인 당원, 모든 공직자 유대인을 살해하라고 명령했지만, 분쟁이라는 조건에서 유대인을 겨냥하는 무차별 폭력의 수문은 금세 열리고 말았다. 한 가지 원인은 유대인을 쉽게 알아볼 수 있는 데다 독일군이 초기에 침략한 마을과 도시에 유대인이 몰려 있었다는 것이다. 독일 보안부대는 군대의 조력을 받았으며, 군인은 곧 특무집단을 도와 유대인을 한데 모으고 감시했을 뿐 아니라 때때로 직접 살해하기까지 했다. 6월 21일 독일군 부대들은 중대 수준까지 "볼셰비키 선동가, 저격수, 사보타주 공작원, 유대인"에게 무자비하고 공격적으로 대응하라는 지시를 받았다. 9월에 OKW는 "새로 정복한 소비에트 영토의 유대인"에 대한 지령을 하달해 "특히 유대인에 대항하는" "무차별적이고 정력적인" 노력을 강화할 것을 요구했다.[337] 분쟁 초기 몇 주간 독일군이 진군하는 가운데 일어난 모든 약탈, 방화, 총격 사건의 배후에 유대인이 있다는 암시는 공식 담론에까지 스며들었다. 유대인의 책임을 당연시했기 때문에 그들의 혐의가 전부는 아닐지라도 대부분 허위라는 사실은 별로 중요하지 않았다. 1941년 12월 특무집단 A는 보고서에서 유대인이 "사보타주 공작원과 방화범으로서 극히 활동적"이라고 주장했다. 이미 이 거짓 주장에 근거해 10월 말까지 유대인 3만 명을 살해한 터였다.[338]

군 사령관들은 대개 그들 자신의 반유대주의와 공산주의 혐오에 영향을 받았고, 독일군의 측면에서 활동한다는 '파르티잔들'이 대부분 유대인이라는 가정을 순순히 받아들였다. 또한 소비에트 집시 공동체를 잠재적인 스파이나 사보타주 공작원으로 간주하여 주요 표적인 유대인과 나란히 일상적으로 살해했다. 무장친위대 부대들은 구태여 부추길 필요가 없었다. 이미 1941년 7월 친위대 기병여단은 모든 유대인 남성을 무차별 살해하라는 지시를 받았고, 그 직후 그들의 가족까지 제거하라는 지시를 받았다. 8월 초순 2주간 기병여단은 2만 5000명의 유대인을 마구 살해한 것으로 추정된다.[339] '파르티잔'과 '유대인'을 쉽게 동일시할 수 있었으므로 군부대와 보안부대는 마음대로 살해해도 괜찮은 느슨한 면허증을 받은 셈이었다. 특히 세르비아 점령지의 경우 유대인 남성 전원을 잠재적인 파르티잔 아니면 사보타주 공작원으로 간주했으므로 1941년 11월경 대량 살인이 기정사실이나 마찬가지였다. 게릴라에 의해 살해된 독일 군인 1명당 100명을 죽이라는 OKW의 지시에 따라 이미 인질 수백 명을 살해한 터였다. 베오그라드 군정은 동부에 유대인을 쫓아 보낼 공간이 없음을 확인한 뒤 8000명을 더 없애라고 지시했다. 그리고 수개월 후 여성, 어린이, 집시 7500명을 두 달에 걸쳐 독가스로 죽였다. 매일 정해진 수의 여성과 어린이에게 재정착을 약속하고 트럭에 태운 뒤 독가스로 살해할 때까지 가둬두는 수법이었다. 어린이에게는 사탕을 주면서 다 괜찮을 거라고 안심시켰다. 1942년 6월 9일 베를린에 간략한 메시지가 전달되었다. "세르비아에는 유대인이 없다."[340]

대량 살인을 선동한 주역은 특무집단 A, B, C, D였다. 살해의 규모가 밝혀진 뒤 특무집단은 독일에서 모집한 정식 '질서'경찰과 우크라이나, 발트, 벨라루스 지역의 보조병력으로부터 지원을 받았다. 이들은 1941년 12월까지 대략 70만 명을 살해했으며, 그중 (트란스니스트리아에서 루마니아 군부대와 보안부대에 살해된 9만 6000명을 포함함) 50만 9000명이 우크라이나의 민간 구역과 군사 구역에서 희생되었다.[341] 일부 경우에 지역 군 사령관들이 게토를 건설하라고 지시했지만, 힘러의 재촉을 받은 친위대와 경찰이 도착해 게토를 정리했기 때문에 게토 건설은 대개 임시 조치로 그쳤다. 벨라루스에서의 살해는 10월에 절정에 이르러 10월 1~2일 마힐료우에서 2000명, 열흘 후 비쳅스크에서 최대 8000명, 바리사우에서 7000~8000명이 학살당했다. 민스크에서는 대규모 게토를 조성했지만, 11월 초독일 본국의 첫 추방자들 중 일부에게 공간을 내주기 위해 1만 명을 살해했다. 독일 육군은 9월 말 마힐료우에서 중부집단군 사령관들의 수뇌부회의를 열었는데, 그때 특무집단 B의 사령관 아르투어 네베Arthur Nebe가 군사적 협력을 독려하고자 유대인 문제와 반파르티잔 전투에 대해 강의했다. 육군 부대들은 10월에 '도적패'를 사냥한다며 시골로 산개해 들어갔으나 도적 대신에 유대인을 다수 살해했다. 벨라루스의 육군 총사령관구스타프 폰 마우헨하임Gustav von Mauchenheim 장군은 "유대인을 시골에서보이지 않게 하고 집시 역시 말살하라"고 지시했으며, 그의 제707보병사단은 민스크 일대의 유대인 약 1만 명을 살해한 데 더해 민스크 게토의 유대인까지 살해했다.[342]

유대인에 대한 대우는 일관되지 않았고, 일부 유대인은 독일군에 필요한 기술을 가졌거나 초기 검거를 피했거나 생존 가망이 있는 게토로 들어간 덕에 살아남았다. 독일군이 도착한 뒤 대중의 포그롬이 현지 친위대의활동을 부추긴 라트비아와 리투아니아에서는 살해의 첫 물결이 지나간후에야 게토가 건설되었다. 리가에서는 1941년 10월 게토를 조성하기 전에 유대인 인구의 절반이 목숨을 잃었고, 12월 초 게토 주민 2만 7000명이 이번에도 독일 유대인에게 자리를 내주기 위해 인근 룸불라 숲에서 살해되었다. 한편 우크라이나에서는 지토미르에 게토를 건설한 직후 유대인 3145명을 제거했다. 얄타에서는 12월 5일 게토를 설치했으나 12일 후그곳 주민들을 살해했다.[343] 우크라이나는 키이우 외곽 바비야르 골짜기에서 이 도시의 '유대인' 테러리즘에 보복한다는 이유로 단일 사건으로는최대 규모의 집단학살을 벌인 곳이기도 하다. 9월 29일, 키이우의 유대인 주민 상당수가 도시를 가로질러 행진했다. 대부분 다른 지역으로 이주하기를 바라던 그들은 집결지에 도착한 뒤 집단별로 온종일 두들겨 맞고 옷을 죄다 빼앗긴 뒤 골짜기에서 기관총 세례를 받았다. 이틀간 총 3만 3771명이 목숨을 잃었다. 동쪽에서 교전이 진행되는 와중에도 9월에 키이우 일대에서 13만 7000명이 살해되었다.[344] 당시 목격자 이리나 호로슈노바Iryna Khoroshunova는 일기를 쓰면서 이제는 누구나 공감할 만한 감각을 표현했다. "나는 하나밖에 모른다. 무언가 끔찍한 일, 섬뜩한 일, 상상도 못할 일, 이해할 수도, 파악할 수도, 설명할 수도 없는 일이 벌어지고 있다."[345]

역사가들은 히틀러가 언제 유대인 절멸을 명령했는지를 놓고 의견이 갈리지만, 이는 1941년 6월부터 유대인을 절멸시키라는 최고 권위자의 직접 명령 없이도 집단학살이 이루어진 현실을 간과하는 것이다. 베를린의 어느 누구도, 특히 특무집단의 보고서를 받은 히틀러와, 1941년 여름 동안 보안부대들에 더 잔인하게 행동하라고 요구한 힘러는 유대인 살해에 반대하지 않았을 것이다. 히틀러의 개입은 특정한 핵심 국면에만 필요했다. 예를 들어 8월에 대서양 헌장이 발표된 후 독일 유대인에게 노란색 별 모양의 배지를 달도록 한 것은 히틀러의 직접 지시에 따른 조치였다. 또 히틀러는 9월 18일 마침내 독일, 오스트리아, 체코의 모든 유대인을 동부의 게토로 강제 추방하라고 명령했고, 실제로 10월 말부터 추방이 시작되었다. 그 무렵 제국보안본부는 이미 중부유럽과 관련한 히틀러의 추방 명령에 맞추어 그때까지 점령한 광역권의 모든 유대인을 동부로 추방하는 방안을 의논하고 있었다. 히틀러는 스탈린이 '볼가 독일인', 즉 18세기 식민지 이주자의 후손인 러시아 남부의 독일어 사용자 수천 명을 시베리아로 추방하라고 명령했다는 소식에 특히 격분했던 것으로 보이며, 소비에트 내 독일인이 살해당할 경우 '중부유럽의 유대인'도 같은 운명을 맞을 것이라는 로젠베르크의 성명을 승인했다.[346] 결국 1941년 12월과 1942년 1월에 유대인 정책 관련자들은 절멸에 대한 히틀러의 발언에 근거해, 의도적으로 살해하는 방법으로든 죽도록 노동을 시키는 방법으로든 더 포괄적이고 범유럽적인 차원에서 유대인을 절멸시키는 방침을 이제 승인받았다고 생각했다. 총독부의 대규모 유대인 인구를 이주시킬 수 없으면서도 총독부를 독일화하기를 열망하던 한스 프랑크는 12월 12일 회의에서 돌아온 뒤 행정관들에게 이제 그곳에 사는 유대인 100만 명을 어떤 식으로든 제거해도 괜찮다고 말했다. 집단학살을 급진화하라는 히틀러의 명령은 없었지만, 관련자들은 이미 엄청난 수를 살해한 소련과 동부 폴란드의 유대인뿐 아니라 독일의 수중에 들어온 모든 유대인까지 언젠가 동부의 살육장으로 보내리라는 것을 전혀 의심하지 않았다. 이것이 (1941년 12월에 연기되어) 1942년 1월 20일에 열린 악명 높은 반제Wannsee 회의의 주요 결론이었다. 그 자리에서 하이드리히는 히틀러의 승인을 받은 후에 유럽 유대인을 동부로 소개시키는, 유대인 문제의 최종 해결에 대해 논의했다. 하이드리히는, 아울러 힘러 역시 아직까지 유대인 추방자들을 점점 더 동쪽으로 보내면서 혹사시키는, 유대인 노동력을 최대한 착취하는 방안을 생각하고 있었지만, 반제 회의 참석자들은 노동하지 못하는 유대인은 죽을 거라고 생각했다. 요컨대 소개는 어떤 식으로든 유대인을 절멸시킨다는 것을 의미했다.[347]

반제 회의에서 논의한 유대인 취급법에는 중심 계획이 없었다. 1941년의 경우처럼 1942년에도 한 해 내내 살해의 물결은 지역 친위대, 군부, 민간 당국의 계획에, 그리고 힘러와 하이드리히(1942년 6월에 암살당할 때까지)의 잦은 재촉에 달려 있었다. 그중 가장 중요한 조치는 대면 살해(홀로코스트 전체 사망 중 대략 절반을 담당)에서 독가스 시설 살해로의 전환을 포함했

364

는데, 후자에는 살인 용도로 개조된 밴과 트럭, 또는 가스실이 사용되었다. 독가스 시설은 독일과 체코의 유대인을 추방할 만한 게토 공간을 확보해야 하는 긴급한 과제의 해결책으로서 1941년 10월과 11월에 처음 개발되었다. 바르테란트 대관구장 아르투어 그라이저Arthur Greiser는 추방 계획에 실패한 뒤 아직 그곳에 살고 있는 유대인을 최대 10만 명까지 살해하는 조치를 승인받고자 했다. 그는 학살 장소로 헤움노 마을 근처의 작은 저택을 고르고 11월부터 가스차를 사용해 유대인을 살해했다. 같은 시기 오딜로 글로보크니크는 루블린 인근 베우제츠의 예전 노동수용소에 독가스 시설을 설치해 노동하지 못하는 유대인을 살해할 것을 제안했고, 하이드리히가 이를 수락했다.[348] 독가스 살해로 전환하며 채택한 방법은 독일과 오스트리아에서, 그리고 나중에 폴란드 점령지에서 지적장애인을 살해한 이른바 T4 프로그램(베를린의 주소 티어가르텐 4번지에서 유래한 명칭)에서 이미 익숙하게 사용하던 방법이었다. 글로보크니크는 T4 인력 120명을 루블린으로 데려왔고, 다른 살해 장소들에서도 조력을 받았다.[349] 베우제츠 수용소에서는 1942년 3월부터 유대인을 독가스로 죽이기 시작했으며, 폴란드 영토의 다른 두 장소 소비보르와 트레블링카 수용소에도 독가스 시설이 건설되었다. 소비보르는 1942년 5월에, 트레블링카는 7월에 가동을 시작했다. 이들 수용소는 오로지 절멸을 위해 유대인을 이송한 라인하르트 작전Aktion Reinhard의 현장이 되었다. 아직 노동할 수 있다고 판정한 유대인은 남겨두었지만, 살해의 첫 물결에 총독부의 유대인 16만 명이 독가스에 희생되었다. 하이드리히가 암살된 후 힘러는 친위대 고위 장교들에게 이렇게 말했다. "우리는 대규모 유대인 이주를 1년 내에 처리할 것이다. 그러고 나면 아무도 돌아다니지 않을 것이다. 말끔히 쓸어버려야 한다."[350]

이른바 살해의 '제2차 물결'은 1942년 여름에 시작되었다. 이때가 가장 치명적인 집단학살 시기였다. 1942년 하반기 동안 폴란드 총독부에서 약 120만 명이 살해되었다. 여전히 대부분 대면으로 살해하던 우크라이나에서는 추가로 77만 3000명을 제거하여 이 제국판무관부에 유대인을 거의 남겨두지 않았다. 1942년 12월 31일자 보고서는 "유대인: 영토 정화의 최종 단계"라고 알렸다. 나머지 수천 명은 뒤이은 몇 달 사이에 마저 없앴다.[351] 가차없는 살해는 유대인 노동력의 사용과 게토 및 노동수용소에 고립된 유대인의 생존을 둘러싸고 계속 진행된 논쟁과 불확실성을 감추었다. 1942년 4월, 동부의 군대와 민간 고용주들의 압력을 받은 힘러는 16~35세의 유대인 남성을 공장과 건설업의 노동력으로 남겨두라고 지시했다. 하지만 1942년 여름부터 힘러는 태도를 바꾸었다. 장차 식민화할 지역에서 인종 불순물의 섬들을 살려두는 방안을 받아들이는 대신에 힘러는 유대인을 고용하려는 모든 프로젝트를 폐지하고 전쟁 노력을 위해 유대인을 동원하지 말고 살해할 것을 요구했다. 그러나 독일군과 민간 행정관은 이 지시를 계속 거역했다. 1943년 초 폴란드 노동수용소들에는 아직 유대인 12만 명이 있었으며, 힘러는 1943년 여름에야 유대인 수감자들을 나머지 모든 유대인과 함께 살해할 수 있도록 그 노동수용소들을 폐쇄해야 한다고 주장할 수 있었다.[352] 갈리치아에서는 1943년 상반기 6개월간 이전의 살해 물결을 모면했던 유대인 14만 명이 살해되었다. 독일이 점령한 우크라이나에서는 1943년에 생존자 15만 명이 제거되었다. 고속도로 IV 건설을 위해 소수의 수용소들을 살려두었지만, 1943년 12월 마지막 수용소를 정리하고 나머지 유대인도 다 없앴다. 그 무렵 아우슈비츠-비르케나우와 마이다네크 두 곳에 대규모 노동-절멸수용소가 건설되었으며, 이들 수용소에서 중부유럽, 서유럽, 남유럽의 유대인 100만 명 이상이 독가스로 살해되었다. 여기에는 총독부와 대규모 우치 게토에 남아 있다가 1944년 8월 붉은군대가 진격해올 무렵 살해된 마지막 유대인 노무자들과, 그해 여름에야 추방된 헝가리 유대인의 절반이 포함되었다. 아우슈비츠-비르케나우에서 유대인 추방자 110만 명 가운데 어린이와 청소년 21만 6000명을 포함해 96만 5000명이 살해되었다.[353] 그 무렵이면 유대인 절멸에 전념해 소임을 끝마친 수용소들은 폐쇄된 상태였다.

동부의 살해 과정이 허술하게 조율되고 걸핏하면 마찰을 빚었다 할지라도, 유대인에게 최종 결과는 똑같았다—신속히 죽든 서서히 죽든 어차피 죽는 결말이었다. 더 넓은 광역권의 유대인의 경우에는 상황이 더 복잡했는데, 피점령국이나 동맹국 행정기관의 협조 없이는 그들을 추방하기가 쉽지 않았기 때문이다. 독일 보안기관은 인력이나 지역 정보가 부족해서 점령지에서마저 독자적으로 행동하지 못했다. 또 독일은 자국의 정책이 동맹국이나 위성국에서 현지의 이권과 태도를 유린하는 것처럼 보이지 않도록 신경써야 했다. 현지 경찰과 관료는 독일의 계획이 성공하거나 실패하는 데 영향을 주었다. 독일의 압력과 자원 때문에 집단학살이 나머지 유럽으로 확대되었다는 가정이 1945년 이후 오랫동안 정설로 받아들여졌지만, 그것은 이야기의 절반일 뿐이다. 유럽에 만연했던 이런저런 형태의 반유대주의가 유대인 추방을 촉진한다는 방침에 결정적인 영향을 주었으며, 대부분의 경우 독일은 압박을 가할 필요가 거의 없었다—다만 자진해서 유대인을 대량 살해한 경우는 루마니아와 크로아티아뿐이었다. 이 시각으로 보면 유대인 박해의 확대는 명백한 독일의 소행이 아니라 범유럽적 소행이었다. 히틀러의 독일이 중요했던 까닭은 다른 국가들에 그들의 '유대인 문제'를 해결할 기회, 그들이 선택만 하면 유대인 인구를 독일의 제물로 넘겨줄 기회를 제공했기 때문이다. 게슈타포에서 아이히만이 이끄는 유대인과와 독일 외무부, 친위대는 모두 그 기회의 요점을 설명하고자 점령 지역과 동맹 지역에 대표단을 파견해 집단학살 외교를 수행했다. 그들의 존재가 언제나 순응을 보장했던 것은 아니지만 말이다.

나머지 유럽에서도 유대인을 표적으로 삼은 방식에는 표준 패턴이 없었으며, 갖가지 대응은 지역 환경이나 정치적 계산, '유대인 문제'에 대한 사회적 태도에 달려 있었다. 반유대주의 역시 여러 형태로 나타났다. 일부 경우에는 인종 편견이나 유대인이 국가정체성을 해칠 것이라는 우려에 근거했고, 다른 경우에는 기독교도 측에서 유대인을 '그리스도 살인자들'로 비난하는 강한 종교적 요소가 존재했으며, 또다른 경우에는 국가적 필요를 위해 유대인의 부를 빼앗으려는 뚜렷한 경제적 동기가 있었다. 유대인을 박해하고 결국 추방한 슬로바키아, 헝가리, 루마니아처럼 세 경우가 뒤섞여 나타난 예도 있었다. 이 세 추축국은 독일의 반유대주의를 차용할 필요가 없었고 고유한 반유대인 편견과 차별의 내력을 가지고 있었다. 헝가리아와 루마니아의 경우 수십 년 전으로 거슬러 올라가는 내력이 있었다. 서부 점령국들에서 독일은 유대인을 재정착시킨다는 허구를 활용해 유대인 공동체들의 협조를 유도하는 한편 현지 부역자들이 집단학살에 참여하는 현실로부터 거리를 둘 수 있도록 했다. 여러 경우의 동기와 상황이 어떠했든 간에, 많은 유럽인은 그들도 답할 수 있는 '유대인 문제'가 있다고 생각했다.

루마니아에서는 1938년 초 카롤 2세의 독재정이 가혹한 반유대인 법률을 통과시켜 유대인 22만 5000명의 시민권을 박탈하고, 유대계 신문들을 폐간시키고, 유대인 공무원들을 해고했다. 반유대인 입법은 안토네스쿠 원수 치하에서 1943년까지 계속되었다. 루마니아 파시스트들이 걸핏하면 유대인을 마구 폭행하고 그들의 자산을 파괴했지만, 루마니아 유대인에게 진짜 위기는 '바르바로사' 작전과 부코비나 및 베사라비아 재정복과 함께 찾아왔다. 두 지역에는 루마니아의 거주 규정에 따르면 대부분 '무국적'인 유대인 80만 명이 살고 있었다.[354] 이곳에서 루마니아 군대, 루마니아 농민, 독일계 주민은 대규모 유대인 공동체들이 1년에 걸친 소련의 점령을 방조했다고 비난했고, 1941년 7월과 8월에는 학살과 포그롬을 자행해 최대 6만 명의 유대인을 죽였다. 친위대 특무집단 D도 살해의 일부를 담당하긴 했지만, 주역은 루마니아인이었다. 종족 청소 정책(유대인뿐 아니라 집시, 헝가리인, 러시아인까지 포함)을 선언하고 추구한 안토네스쿠는 아직 남은 유대인 약 14만 7000명을 트란스니스트리아로 추방할 것을 지시했다. 불결한 임시변통 수용소들에 갇힌 그들은 재산을 빼앗겼고, 반쯤 굶주리고 병들었으며, 또다른 살인적 잔혹행위에 시달렸다. 이 추방자들 가운데 10만 명 이상이 죽거나 살해당했다. 게다가 트란스니스트리아를 '대루마니아'의 심장부로 만들려던 루마니아는 소비에트 유대인까지 표적으로 삼아 살해하거나 똑같은 임시변통 수용소들에서 위태롭게 살아가도록 했다. 이들 가운데 13~17만 명이 사망한 것으로 추정된다.[355] 1942년 가을, 지금까지도 명확히 밝혀지지 않은 이유로 유대인 추방에 대한 마음을 바꿔먹은 안토네스쿠는 유대인을 나머지 루마니아에서 폴란드 절멸수용소들로 보내라는 독일의 요구를 거부했다. 사실 안토네스쿠는 친위대 대표 구스타프 리히터Gustav Richter와 협정을 맺은 뒤 추방을 계획했지만, 9월 말 그 계획을 보류했다. 안토네스쿠가 독일의 요구에 순응하지 말라는 국제적 압력을 받긴 했지만, 가장 유력한 이유는 순응이 함축하는 듯한 루마니아 주권에 대한 위협, 같은 달 자유주의 정당의 지도자가 연설 중에 말한 "국가의 따귀를 때리는 행위"였을 것이다. 이미 트란스니스트리아로 추방된 유대인은 탈출을 시도할 경우 사형에 처해졌지만, 1944년 3월 수감자 대다수가 이미 죽은 시점에 안토네스쿠는 이 지역을 독일군에 넘겨주고 아직 남은 유대인 1만 700명을 본국으로 송환했다. 비록 루마니아 자체가 방치와 질병, 살인으로 유대인 25만 명 이상의 죽음을 야기하긴 했지만, 루마니아의 유대인을 모조리 죽이려던 독일의 노력에는 분명히 한계가 있었다.[356]

슬로바키아는 한결 고분고분했다. 1939년 3월부터 독일의 비공식 '보호'를 받은 이 신생국에서는 인구의 불과 4퍼센트만이 유대인이었음에도 급진적 반유대주의가 활개를 쳤다. 이 나라에는 재계와 은행업을 지배하고 슬로바키아어가 아닌 독일어나 헝가리어, 이디시어를 구사하며 별개의 정체성을 드러내는 유대인 소수집단에 대한 깊은 적대감이 존재했다. 슬로바키아는 '유대인 문제'에 대한 고민을 1939년에 본격적으로 시작했지만, 초기의 주된 목적은 유대인의 재산을 빼앗는 데 있었다. 1941년 9월까지 유대인 사업체의 85퍼센트가 폐업하거나 (독일인을 비롯한) 비유대인에게 넘어갔다. 1년 전, 슬로바키아 의회는 유대인 문제를 1년 내에 해결해야 한다는 법령을 통과시킨 바 있었다. 그로부터 1년 후, 유대인의 생활을 심각하게 제약하는 유대인 법률이 도입되었다. 그런 다음 요제프 티소Jozef Tiso의 정부는 친위대 대표 디터 비슬리체니Dieter Wisliceny에게 독일이 빈곤한 유대인을 데려가 슬로바키아의 비용과 책임을 덜어줄 것인지 물었다. 1942년 5월 15일, 헌법에 준거해 유대인 추방을 합법화하는 법률이 통과되었고, 슬로바키아 측이 추방자 1명당 500마르크를 지불해 독일의 '보안 비용'을 충당한다는 협정이 체결된 후 유대인 5만 8000명이 슬로바키아 기차에 실려 임시 수용소들로 추방되었으며, 그곳에서 친위대에 의해 다시 절멸수용소들로 끌려갔다. 노동에 적합하거나 특별한 면제 사유가 있는 유대인은 슬로바키아에 남겨두었지만, 1944년 8월 독일이 이 위성국을 점령했을 때 추가로 1만 3500명이 아우슈비츠-비르케나우로 추방되어 그곳에서 마지막으로 살해된 무리에 섞여 목숨을 잃었다. 추방자의 재산은 국가가 넘겨받아 슬로바키아의 학교와 여타 기관에 분배했다. 슬로바키아 유대인 8만 9000명 중 약 9000명은 친구가 숨겨주거나, 종족상 슬로바키아인으로 가장하거나, 국경 너머 헝가리로 달아난 덕에 목숨을 건졌다. 헝가리에서는 맹렬한 반유대주의에도 불구하고 전쟁 초기에 유대인이 살아남았다.[357]

헝가리 사회는 오히려 슬로바키아와 루마니아 사회보다, 그리고 확실히 거의 전간기 내내 독일 사회보다 더 반유대주의적이었다. 헝가리에서는 사업과 전문직에서 유대인의 역할에 대한 경제적 분노가 중요한 결과를 가져왔다. 사업과 전문직에서 유대인의 수를 제한하려는 노력은 1920년대 초까지 거슬러 올라갔다. 1938년과 1939년, 헝가리는 첫 번째와 두 번째 유대인법을 제정하여 유대인의 전문직 진출을 제한하고 공직에 취업할 권리를 박탈했다. 또 1940년 내내 법규를 도입해 유대인의 재산을 빼앗고 그들의 부를 토지 재분배의 자금으로 사용했으며, 유대인 수천 명의 무역 권리를 인정하지 않았다. 1940년대 초 반유대주의 정치인들과 경제학자들은 자기들끼리 대화할 때 헝가리 유대인 83만 5000명을 국외로 강제 이주시킬 필요성에 초점을 맞추었다. 1940년 히틀러를 찾아간 헝가리 총리 팔 텔레키Pál Teleki는 히틀러조차 아직까지 가능하다고 생각지 않던 '유대인 문제'의 범유럽적 해결을 요청했다. 1941년 7월 헝가리의 무국적 유대인과 난민 약 1만 4000명은 등을 떠밀려 독일이 점령한 갈리치아의 경계를 넘어갔는데, 그들을 받아들일 마음이 없던 독일 보안부대는 카미야네츠-포딜스키 시에서 거의 전부를 살해했다. 이는 '바르바로사' 초기에 자행한 단연 최대 규모의 대량 살인이었다.[358] 헝가리 내 유대인은 게토로 내몰렸고, 신체 건강한 남성 유대인은 노동수용소로 들어가야 했다. 헝가리 섭정 호르티 제독과 그 주변의 보수파는 1944년 3월 19일 독일이 헝가리를 군사 점령하여 제독의 통치를 무너뜨릴 때까지 헝가리 유대인을 폴란드 내 독일 수용소들로 보내라는 요구에 저항했다. 점령으로 더 이상 거리낄 게 없던 아이히만과 그를 수행한 독일 관료 60여 명은 헝가리 유대인을 등록하고 게토에 가두고 강제 이송한 헝가리 당국의 신속하고도 철저한 노력, 때로는 독일 살인기구마저 압도하는 듯했던 노력을 목격하고서 깜짝 놀랐다. 독일은 헝가리를 점령하고 불과 두 달 후인 1944년 5월 15일 유대인 추방을 시작해 8주 만에 43만 명을 이송했다. 그중 4분의 3이 아우슈비츠에서 곧장 죽음을 맞았다. 다 합해서 대략 50만 명이 추방되었지만, 보수 엘리트층이 부다페스트의 유대인을 지키려 애쓴 데다 헝가리 군대에 유대인 노동력이 필요했던 까닭에 헝가리 유대인이 전멸하는 결과는 막을 수 있었고, 약 12만 명이 추방 위험을 모면하고 살아남았다.[359]

추축국 진영에서 예외는 불가리아와 이탈리아(1943년 9월 독일이 반도의 3분의 2를 점령할 때까지)였다. 분명 양국에도 반유대주의가 존재했지만, 헝가리 호르티의 경우처럼 국내에는 그저 독일의 분부대로 움직이는 것을 꺼리는 뚜렷한 경향이 있었다. 불가리아에서 주된 반유대주의 법률—민족 방어법—은 1940년 11월 엘리트층이 그 합법성을 놓고 격론을 벌인 이후에야 제정되었다. 1941년 불가리아는 유대인의 재산 중 일부를 획득하는 조치를 시행했고, 베를린에서 제국보안본부와 더 급진적인 유대인 정책을 수립하는 방안에 대해 논의한 뒤 1942년 8월 26일 내각 명령을 통해 유대인 관련 책무, 수도 소피아에 거주하는 유대인의 재정착, 유대인 재산 몰수, 독일의 규정보다 더 포괄적인 '유대인' 규정 등을 관장하는 판무관부의 설치를 승인했다. 뒤이어 유대인을 추방할 준비를 했지만, 1943년 3월 불가리아 정부 각료들은 루마니아 정권과 흡사하게 독일이 불가리아 유대인의 운명을 결정해야 한다는 생각에 항의했다. 1943년 3월부터 불가리아는 지난 1941년에 점령한 지역들—그리스의 트라키아, 유고슬로비아로부터 빼앗은 마케도니아 동부—에서 유대인을 추방하기 시작했지만, 독일의 요구에 순응하는 데 적대적인 차르 보리스 3세가 3월에 불가리아 유대인의 추방 연기를 승인했고, 국내외의 압력을 받은 뒤 5월에 자신이 결코 찬성한 적 없는 추방 계획을 종료한다는 결정을 재가했다. 더 남쪽에서 독일 군정과 친위대는 1943년 3월 거의 반대라곤 없는 그리스에서 추방을 시작해 결국 6만 명을 아우슈비츠로 보냈다. 하지만 1943년 가을 제국보안본부는 불가리아 정부에 대한 더 이상의 압박을 단념했으며, 불가리아 유대인 5만 1000명은 가혹한 차별적 법률에도 불구하고 전쟁에서 살아남았다.[360]

'유대인 문제'와 관련해 이탈리아 제국 건설자들은 국내 파시스트 소수파의 강한 반유대주의에 영향을 받으면서도 독일이 이탈리아 유대인을 좌우해야 한다는 생각에 저항했다. 독일을 모방하기보다 파시스트 운동 내부의 압력을 받은 그들은 1938년 유럽의 패턴대로 일련의 유대인 법률을 공포하여 유대인을 공직에서 제거하고 전문직에서 내쫓고 강제노동 제도를 도입했지만, 무솔리니가 원하던 강제수용소를 창설하지는 않았다. 1942년 무솔리니는 이탈리아 주요 도시 여섯 곳의 '유대인 문제 연구 센터' 설립을 승인하여 '유대인 문제'를 더 급진적인 방식으로 해결할 긴급한 필요성을 선전했지만, 이탈리아가 항복하고 독일이 이탈리아를 점령할 때까지 중대한 조치로 이어지지는 않았다.[361] 이탈리아가 점령한 지역에서도 현지 군 사령관들과 로마 관료들은, 그들 중 한 명이 말했듯이, "정치적 위신과 인류애라는 명백한 이유로" 유대인 주민과 피란민을 넘겨받으려던 독일의 노력에 저항했다. 1942년 10월 독일 외무부의 유대인 전문가는 유대인 문제의 최종 해결과 관련해 추축국 사이에 "이 사안에 대한 통일된 정책"이 없다며 애석해했다.[362] 이런 상황은 1943년 9월 독일군이 이탈리아 본토와 나머지 제국을 점령하면서 극적으로 바뀌었다. 독일 보안경찰과 게슈타포는 1943년 10월 로마에서 이탈리아 유대인을 한데 모으기 시작했고, 한 달 후 북부에서도 유대인을 잡아들였다—특히 프랑스에서처럼 근래에 이주해온 유대인을 표적으로 삼았다. 11월 30일 이탈리아 살로 괴뢰정권의 내무장관 귀도 귀디Guido Guidi는 이탈리아 지역 경찰에 모든 유대인을 체포해 억류하라고 지시했지만, 실제 체포는 대부분 독일군이 담당했다. 또 독일군은 포솔리 마을과 볼로냐 시에 추방할 유대인을 잡아두는 수용소를 세웠다. 살로 정권이 등록한 유대인 3만 2802명 중 결국 6806명만이 추방되었고, 322명은 이탈리아에서 죽었으며, 950명은 전후에 행방불명이었다.[363] 독일 집단학살 기구 측에 이는 실망스러운 결과였지만, 이탈리아를 신뢰할 수 없는 동맹으로 여기던 그들의 견해에 들어맞는 결과이기도 했다. 유대인을 색출해 체포하는 일은 체계적인 조치보다는 지역 수준의 조치에 달려 있었다. 최대 6000명의 유대인이 스위스로 달아났고, 그중 일부는 연합군 전선까지 갔다. 또다른 수천명은 가톨릭 기관에 숨어 있거나, 유대인이라는 사실이 표나지 않는 곳에서 그저 주민들 틈에 섞여 지냈다. 유대인을 숨겨주다가 붙잡힌 사람은 며칠간 감금될 수 있었지만, 동부에서처럼 일상적으로 사살이나 교수형을 당하지는 않았다.[364]

서유럽과 스칸디나비아의 점령지에서도 유대인의 운명은 지역에 따라

각기 달랐지만, 독일 당국은 추축국 동맹들 사이에서 유대인 정책을 시행할 때와 비교해 직접적인 책임을 더 많이 떠맡아야 했다. 그러면서도 독일 당국은 추방할 유대인을 등록하고 확인하고 심지어 체포하는 과제를 위해 비독일인의 협력, 결코 균일하지 않은 협력에 크게 의존했다. 벨기에 경찰은 독일 보안기관이 붙잡은 유대인 중 17퍼센트만 체포했고 네덜란드 경찰은 약 24퍼센트를 체포했지만, 프랑스 경찰은, 해방의 전망이 다가올수록 순응하려는 의향을 점점 덜 보이면서도, 추방을 목적으로 61퍼센트를 체포했다.[365] 피점령 지역들의 공통분모가 있었다면 그것은 1942년 독일의 유대인 색출에 기꺼이 협력했다는 사실이다. 1942년에 서부에서 가장 많은 수의 유대인이 추방되었고, 그 후로 독일의 전운이 명백히 기울어감에 따라 추방자의 수가 줄어들었다. 프랑스의 경우 오래전부터 민족주의 우파가 부추긴 '유대인 문제'가 존재했으며, 전쟁이 다가올수록 대중의 반유대주의가 두드러졌다. "평화! 평화! 프랑스는 유대인을 위한 출정을 원하지 않는다"라는 것이 1938년 체코 위기 때 프랑스의 한 가지 반응이었다. 1939년 프랑스에서는 유대인 난민의 전문직 참여를 제한하는 조치가 취해졌다. 또한 (작가 아서 쾨슬러를 비롯해) 무국적자로 규정된 유대인이 붙잡혀 1939년과 1940년에 프랑스에서 우후죽순 생겨난 여러 강제수용소 중 한 곳에 수감되었다. 이들 수용소는 식량이나 적절한 숙소의 제공을 등한시하고 수감자에게 고된 노동을 강요한다는 점에서 독일의 사례와 별반 다르지 않았다. 1940년 9월 식량 배급량은 하루 빵 350그램과 고기 125그램이었다. 그러나 많은 경우 이 양만큼 배급되지 않았다. 귀르 수용소 수감자들은 하루 800칼로리로 생존하려 애썼다. 질병부터 영양실조까지 온갖 이유로 사망이 빈발했다. 1940년 봄에는 수용소들의 유대인 난민이 5000명이었으나 1941년 2월 최고조에 달한 때에는 4만 명이었다.[366]

이 프로그램 중 어느 것도 독일 측이 사주하지 않았고 거의 모든 수용소를 프랑스 당국이 운영했다. 파리 외곽 드랑시에 있던 주요 수용소를 독일은 1943년 6월에야 유대인 추방을 위해 넘겨받았다.

1940년 6월 비시 정권 수립 이후 반유대주의 입법의 물결이 뒤따랐다. 1940년 7월 독일 대사는 피에르 라발 총리와 회담한 뒤 베를린에 이렇게 보고했다. "프랑스 국민의 반유대주의 성향이 얼마나 강한지, 우리 쪽에서 더 이상 지원할 필요가 없을 정도다."[367] 1940년 10월 비시 정권은 포괄적인 유대인 법령을 공포하여 유대인을 국가직과 여타 전문직들에서 배척하고 유대인 조부 3명(독일의 규정)이 아닌 2명을 둔 모든 사람을 '유대인'으로 규정했다. 또 1927년 이후 귀화한 유대인 이민자들의 신분을 박탈하고 그들을 붙잡아 수용소에 가둘 수 있도록 허용했다. 독일이 유대인 사업체를 수탁 관리하는 계획을 준비하자 비시 정권은 그에 앞서 유대인 재산의 몰수를 허용하는 프랑스 법을 신속히 공포했다. 1942년 프랑스가 수탁 관리하는 유대인 자산은 4만 2227개였으나 독일 측은 불과 45개였다.[368] 비시 정부는 모든 유대인을 등록할 것을 지시했으며, 그렇게 작성한 명단은 1942년 11월 독일이 비시 프랑스를 점령한 후 게슈타포가 유대인으로 알려진 사람들을 잡아들이는 데 도움이 되었다. 비시 정권이 더 나쁜 사태를 피하기 위해 독일 측에 선수를 쳤다는 주장이 제기되었지만, 그 증거는 빈약하다. 1942년 6월 유대인에게 노란색 별을 달도록 강요한 것, 유대인 신분증과 배급카드에 'juif'(유대인) 도장을 찍은 것, 프랑스의 감독하에 3000명이 사망한 듯한 가혹한 수용소들을 운영한 것 등 비시 정권의 많은 조치는 독일이 요구한 게 아니었다.[369] 비시 프랑스에서 독일은 1941년 5월 처음으로 유대인 체포의 물결을 일으켜 4곳의 추가 수용소—3곳은 프랑스 측이 운영—에 가두었지만, 유대인을 체포해 폴란드

내 수용소들로 추방하는 조치는 프랑스에서 아이히만을 대리한 테오도어 다네커Theodor Dannecker가 적어도 유대인 난민과 귀화인 신분을 상실한 유대인은 모두 추방해야 한다고 고집한 1942년 여름에야 시작되었다. 비시 정권은 남부에서 유대인 피억류자 4500명을 포함해 비프랑스인 유대인 1만 1000명가량을 이송할 정도로 협력했다. 추방자 수는 1942년 4만 1951명, 1943년 1만 7069명, 1944년 1만 4833명으로 애초 1942년에 아이히만과 다네커가 요구한 10만 명에 한참 못 미쳤다. 이 가운데 68퍼센트는 외국인 유대인, 32퍼센트는 프랑스인 유대인이었다.[370] 비시 정권은 대량 살인을 지지하진 않았지만, 프랑스 경찰과 관료는 독일의 장단에 맞추어 유대인에게 조건을 부과하고 유대인을 수색했다.

벨기에와 네덜란드에서 유대인 공동체들의 경험은 서로 크게 달랐다. 벨기에에서 유대인 주민 약 7만 5000명 중 95퍼센트는 벨기에인이 아닌 외국 국적자였다. 그들의 명백한 취약성에도 불구하고 주로 1942년에 2만 9906명만 추방되었고, 수천 명이 벨기에 민간인들로부터 피신처를 제공받거나 체포를 피했다. 반면에 네덜란드에는 예전부터 자리잡고 살아온 18만 5000명가량의 대규모 유대인 인구가 있었고, 그중 75퍼센트—14만 명—가 수용소들로 추방되어 대부분 살해되었다. 네덜란드 가정에서 많은 유대인을 숨겨주었고 그중 적어도 1만 6100명이 살아남았지만, 다른 수천 명은 네덜란드 경찰과 독일 경찰에 발각되거나 고발당했다. 네덜란드 국민의 일부는 '유대인 문제'를 해결하려는 독일의 노력에 반대하지 않았다. 네덜란드에서 독일 당국은 1941년 1월 제국판무관 자이스-잉크바르트가 모든 유대인을 등록하라고 지시한 이후 네덜란드 관료와 유대인 공동체가 보인 반응에 의존했다. 그 시점에 유대인 등록이 장차 어떻게 쓰일지 상상할 수 있는 사람이 별로 없긴 했지만, 반대하는 반응은 거의 없었다. 네덜란드 경찰은 특히 협조적이었다. 비록 유대인을 정식으로 체포하지 않고 그저 붙잡아 독일 경찰에 넘겨주는 역할만 맡으려 했지만, 독일 측을 지나치게 적대시하지 않는 것이 그들의 공식 방침이었기 때문이다. 1942년 7월부터 1943년 7월까지 절정의 1년간 소도시와 마을에서 유대인을 불러모으고 독일 측에 넘겨준 주역은 네덜란드 경찰이었다. 그 이후 프랑스에서처럼 독일이 패전하고 결국 해방을 맞이할 기대감에 협력을 줄이긴 했으나 그 시점이면 이미 유대인 14만 명이 대부분 사망한 터였다. 벨기에에서 유대인 공동체는 규모가 작고 사회적으로 주변부였으며, 이 사실이 훨씬 높은 비율로 살아남은 이유를 잘 설명해준다. 반유대주의는 벨기에 극우 정당들 사이에서조차 핵심 쟁점이 아니었고, 네덜란드 및 프랑스와 비교해 확실히 그 정도가 덜했다. 추방이 절정에 달한 1942년 10월경 벨기에 비유대인이 유대인 약 2만 명을 숨겨주었다. 유대인을 등록하는 벨기에 관료제는 네덜란드 관료제만큼 발달하지 못한 상태였으며, 대체로 이민자인 유대인 인구는 이미 복종을 피하는 기술에 조예가 깊었다. 그러나 벨기에에서도 관료와 경찰은 유대인을 색출하는 데 최대한 협력했으며, 독일 측이 먼저 자기 몫을 가져간 뒤 벨기에인은 프랑스인이나 네덜란드인 못지않게 유대인의 소유물, 재산, 주택을 차지하려 했다.

유대인 인구를 거의 전부 구할 수 있었던 곳은 스칸디나비아의 두 나라뿐이었다. 덴마크 정부는 1943년 8월 정부가 사퇴한 데 이어 파업과 항의의 물결이 일어날 때까지 얼마 안 되는 유대인 인구를 넘겨달라는 압력을 받지 않았다. 저항운동에서 유대인이 일익을 담당한다고 판단한 히틀러와 리벤트로프는 1943년 9월 제국전권위원 베르너 베스트에게 덴마크의 모든 유대인을 추방할 것을 촉구했다. 베스트는 유대인 추방을 덴마크

사회를 더 소원하게 만드는 실책으로 여겼던 듯하며, 유대인을 보트에 태워 스웨덴으로 보내는 구조작전이 벌어질 때 베스트와 독일 경찰은 그것을 저지하려는 노력을 거의 기울이지 않았다.[371] 핀란드에서 2200명가량의 작은 유대인 공동체는 국내 반유대주의 위협에 직면하지 않았고, 핀란드 정부는 유대인 난민 8명을 독일로 돌려보낸 것을 제외하면 유대인 인구를 넘기라는 압력을 받지 않았다. 핀란드가 전쟁에서 이탈하지 않도록 독일이 이 나라를 점령할지도 모른다는 가능성이 제기된 1944년에야 핀란드 정부는 유대인 인구를 스웨덴으로 보내는 계획을 세웠다. 여름철에 소수의 아이와 어머니를 스웨덴으로 보내긴 했지만, 핀란드 정부는 혹시라도 연합국 측에서 핀란드가 광범한 집단학살에 동참했다고 생각할 것을 우려하여 유대인이 타국으로 떠나도록 허용하는 조치를 꺼렸다. 어쨌거나 독일 보안부대와 경찰부대는 너무 얇게 퍼져 있어 핀란드의 유대인 문제에 개입하지 못했고, 핀란드 유대인은 핀란드군이 붉은군대에 항복할 때까지 살아남았다. 운 좋게도 그들은 패배를 목전에 두고도 유대인 생존자를 붙잡고자 포위망을 넓히며 다가오던 독일의 손아귀를 피할 수 있었다.[372] 유대인과 관련해 끝까지 한결같았던 히틀러는 자살 직전인 1945년 4월 이렇게 주장했다고 한다. "국가사회주의는 독일과 중부유럽에서 유대인을 제거했으므로 국민들로부터 영원히 감사받을 권리를 정당하게 요구할 수 있다."[373]

'유대인 청정' 유럽을 만들려던 독일에 유럽 국가들이 협력했던 암울한 이야기가 동부에서 독일 제국을 건설한 이야기와 결부된 것은 어디까지나 히틀러가, 힘러나 아이히만과 마찬가지로, 유대인 수백만 명이 거주하는 공간으로서의 영토제국도, 더 넓은 광역권도 도저히 상상할 수 없었기 때문이다. 유대인은 독일 중심의 제국 질서를 구축하려는 노력을 방해하는 세계적 차원의 적으로 규정되었다. 그런 질서를 창출하려던 온갖 야심, 1940년 9월 삼국동맹 조약으로 경솔하게 표명한 야심은 처참한 실패로 끝났지만, 그에 앞서 폭력적인 제국 건설의 물결이 유라시아와 그 가장자리를 집어삼켰다. 그 이전 제국 건설의 역사에서 집단학살의 양상은 수십 년, 혹은 더 긴 기간에 걸쳐 전개되었던 데 반해 독일의 유대인 추방, 재산몰수, 살해 프로그램은 짧은 기간에 집중적으로 추진되었다. 분명히 인적 손실을 더 적게 보면서도 새로운 제국들을 건설할 수 있었을 것이다. 그러나 제국의 환상과 제국의 현실 사이에서 영원히 발생하는 긴장은 제약 없는 폭력의 발작을 야기하여 제국을 상상된 유토피아에서 악몽 같은 좌절과 처벌, 파괴의 디스토피아로 바꾸어놓았다.

제3장

국가-제국의 죽음,
1942-1945

1944년 8월 프랑스를 가로질러 진격한 모르탱 전투 기간에 연합군 서부 최고사령관 드와이트 D. 아이젠하워 장군이 뒤집힌 독일 6호 '티거' 전차 옆을 지나가고 있다.

우리가 승리한다면 틀림없이 동양과 서양에서 모두 승리할 것이고, 우리가 패한다면 두 곳에서 모두 패할 것이다.

— 오시마 히로시, 1942년 11월[1]

1942년 11월 말, 베를린 주재 일본 대사는 당시 전쟁의 전망에 대해 강의하기 위해 유럽의 동료 대사들을 소집했다. 그 무렵 주요 전구 세 곳에서 각기 중요한 전투가 벌어지고 있었다. 러시아 남부 스탈린그라드에서는 독일군과 소련군이 도시를 둘러싼 거대한 투쟁에 갇혀 있었다. 태평양에서 전진한 일본군의 가장 바깥 경계에 해당하는 영국령 솔로몬 제도의 과달카날 섬에서는 더 적은 수의 일본 군인과 미국 해병대원이 싸우고 있었다. 끝으로 리비아 북부에서는 영 제국군이 (제2차) 엘 알라메인 전투 이후 무질서하게 퇴각하는 독일-이탈리아군을 북아프리카 해안을 따라 추격하고 있었다. 오시마는 동료들에게 일본, 이탈리아, 독일이 서로의 전략계획을 조율할 때라고 말했고, 그것이 인도에 맞서는 작전과 중동에서 독일군과의 연계를 의미하기를 바랐다. 오시마는 이미 몇 달 전에 "독일이 스탈린 정권을 무너뜨리는 것은 사실상 불가능할 것"이라고 판단한 터였고,

일본의 여러 고위 외교관들과 마찬가지로 독일이 어쩌면 일본의 중재를 통해 소련과 화해하고 '4개국 조약'을 체결하기를, 그리하여 유라시아 세력과 앵글로색슨 열강이 대적하기를 여전히 바라고 있었다.

침략전쟁을 유리한 강화협정으로 끝낼 수 있다는 생각은 일본이 꾸준히 품어온 환상이었다. 1943년 봄, 일본 대표단이 베를린에 도착했다. 그들은 소비에트 전역을 포기하고 지중해에서 영국과 미국 주둔군을 끝장내는 전략에 찬성하도록 히틀러를 설득하려 했다. 몇 주 후 도쿄에서 열린 회의에서 고위 군인들과 정치인들은 독일과 소련의 강화가 전쟁 전체의 관건이라고 생각했다. 그렇게 되면 공산주의의 잠식을 두려워하는 서방 열강이 유럽에서 합의에 이를 수밖에 없고, 장제스도 중국에서 협정을 수용할 수밖에 없어 연합국과 포괄적이고도 유리한 강화협정을 체결할 길이 열린다는 전망이었다.[2] 히틀러는 아무것도 받아들이려 하지 않았다(실은 스탈린도 마찬가지였을 것이다). 일본의 모든 제안에 히틀러는 소련을 물리치는 것이 우선이고 자신은 결코 합의를 볼 수 없다고 역설했다. 1943년 7월, 이제 추축국의 전쟁 노력이 위기에 처한 상황에서 히틀러는 오시마에게 독일과 일본이 모든 장애물을 극복할 것이라고 장담했다.[3]

추축국 지도부가 1942~1943년 전쟁의 전환점을 맞아 얼마나 착각에 빠져 있었는지는 훗날의 관점에서 보아야만 알 수 있을 것이다. 오시마가 추축국의 향후 세계 전략을 궁리하는 동안 벌어진 전투들은 아직까지 요원하던 연합국의 최종 승리를 확실하게 의미했던 것은 아니지만, 추축국의 영토 범위를 마침내 제한했다. 스탈린그라드, 과달카날, 엘 알라메인은 추축국이 가장 멀리까지 진군한 지점들이었다. 그 후 추축국은 새로 획득한 영토에서 오랫동안 치열하게 접전을 벌이며 후퇴했다—훨씬 먼저 전쟁 수행 능력을 잃은 무솔리니의 이탈리아는 예외였다. 아직 남은 추축국

군대를 정복지에서 빼내는 데 그토록 오래 걸렸다는 사실은 추축국 지도부가 정치적 해법을 거부하고 군사적 저항을 지지했다는 사실, 그리고 오시마처럼 패배하기 전에 타협적 강화를 바란 이들이 항복하지 않고 대항한다는 지도부의 기존 방침을 바꿀 수 없었다는 사실을 반영한다. 또한 전쟁을 지속할 경우 추축국 국내 인구가 치러야 할 희생을 지도부가 고의로 무시했다는 사실을 반영한다. 국내 인구는 항복하는 순간까지 전쟁 노력을 이어갈 것으로 기대되었고 실제로 이어갔다. 그들이 참패를 목전에 두고도 어떻게, 그리고 왜 계속 싸웠는가 하는 것은 여전히 답하기 어려운 물음으로 남아 있다.

제국의 궁지: 엘 알라메인, 스탈린그라드, 과달카날

거의 1942년 내내 추축국 지도부는 성공적인 결과를 상상할 수 있었다. 이탈리아의 군사적 운수가 내리막길로 접어든 1942년 11월까지도 무솔리니는 "이른바 연합국"이 "실패와 파국밖에 보여주지 못했다"고 떠벌릴 수 있었다.[4] 1942년 여름 독일 육군과 그 동맹들은 아직까지 러시아와 이집트 내부에 깊숙이 들어가 있었고, 일본군은 같은 해 전반기에 함락한 방대한 지상·해양 영역의 바깥 주변부를 확보하고 중국 영토에 대한 통제권을 강화하려 시도하고 있었다. 1942년 전반기에 이들 영역에서는 연합국의 "실패와 파국"이 확연히 두드러졌다.

광대한 남방을 장악하는 데 갑자기 성공한 일본군 수뇌부는 승리감에 도취되어 또다른 정복을 구상했다. "우리는 여기서 어디로 가야 할까?"라고 연합함대 참모장은 일기에 썼다. "오스트레일리아로 진군할까? 인도로? 하와이를 침공할까?" 해군 기획참모들은 새로운 제안서를 작성했으며, 그중 야마구치 다몬山口多聞 소장의 계획은 캘리포니아 연안을 침공하기 전에 오스트레일리아와 뉴질랜드를 정복하자는 것이었다.[5] 일본군이 어떤 결정을 내리기도 전인 1942년 4월 18일 미국의 제임스 두리틀James Doolittle 중령이 이끄는 소규모 함상폭격기부대가 도쿄를 가볍게 공습하여 그들의 전략을 재검토하도록 강요했다. 일본군은 태평양 대신에 중국으로 다시 주의를 돌렸다. 두리틀의 공습은 확실히 미국인의 사기를 북돋웠지만, 장제스가 우려했던 대로 공습에 발끈한 일본 파견군은 중국에서 미군이 사용할 수 있는 공군기지가 있는 지역들을 장악하려는 작전을 지시했다. 2열 종대 5만 명의 군인이 항저우와 난창에서 저장성과 장시성으로 산개하여 넓은 철도 회랑 지대에 구멍을 내고 공군기지들 일대를 초토화했다. 신속한 작전 성공에 뒤이어 일본군은 9월에 16개 사단을 투입해 장제스의 수도 충칭에 결정타를 날릴 예정이었지만, 새 영토의 기다란 해안 방어선을 지킬 인력이 필요해 작전을 포기했다—일본이 두 전쟁을 동시에 치르기가 얼마나 어려울 것인지 보여준 전조였다.[6] 일본 해군 역시 두리틀 공습에 자극을 받아 태평양 중부의 미드웨이 섬을 기지로서 장악하여 향후 미군의 출격을 위협하고 하와이와 오스트레일리아 사이의 해양 통신을 교란하려는 계획을 세웠다. 야마모토 제독은 그 무렵 엔터프라이즈Enterprise, 호닛Hornet, 때마침 수리한 요크타운Yorktown, 이렇게 3척으로 줄어든 미국 항공모함 함대를 미드웨이를 방어하도록 유인한 뒤 파괴하고 태평양 중부에서 일본의 제해권을 확보하고자 복잡한 계획을 세웠다. 미드웨이 자체를 노리는 침공부대와 지원단 외에 두 번째 기동부대가 태평양 북단 알래스카 앞바다에 늘어선 알류샨 열도의 두 섬, 애투와 키스카를 장악하라는 지시를 받았다. 일본 항모부대는 자국이 보유한 정규항공모함 6척 중 4척 — 가가加賀, 아카기赤城, 히류飛龍, 소류蒼龍 — 으로 이루어졌고, 나구모 주이치 제독의 지휘를 받았으며, 미드웨이의 항공기를 무력화하는 한편 위협에 대응하는 미국 항모들과 교전할 예정이었다.

뒤이은 전투에서 소규모의 취약한 미국 항모부대와 일본 연합함대의 주력이 맞붙었다. 미군 사령관들, 즉 하와이의 체스터 니미츠Chester Nimitz 제독과 항모를 책임진 레이먼드 '전자두뇌' 스프루언스Raymond 'Electric Brain' Spruance 소장은 한 가지 예상 밖의 이점을 가지고 있었다. 6월 3일 일본 기동부대들이 미드웨이 인근에 당도하기 며칠 전, 조지프 로슈포르Joseph Rochefort 대령이 지휘하는 해군 정보부대가 일본 해군의 암호를 해독했던 것이다. 미드웨이 섬이 적의 목적지이고, 정동正東으로 움직이는 더 작은 규모의 침공부대와 달리 일본 항모 타격부대는 북서쪽에서 미드웨이 섬으로 접근하고 있다고 확신하기에 충분한 정보였다.[7] 스프루언스와 동료 기동부대 지휘관 프랭크 플레처Frank Fletcher 소장은 미국 항모 3척을 나구모 함대의 북쪽에 배치하고 공격을 준비했다. 일본 항모들의 위치를 발견한 뒤 1942년 6월 4일 오전 7시 정각에 미국 항공기들이 앞다투어 발진했지만, 항모에서 출격한 뇌격기들과 미드웨이에서 출격한 중형 폭격기들의 공격은 오전 나절까지 아무런 성과도 거두지 못했다. 미국은 단 한 발의 폭탄과 어뢰도 일본 항모에 명중시키지 못한 채 발진시킨 항공기 94대를 거의 전부 잃었다.

미국의 마지막 도박은 돈틀리스Dauntless 급강하폭격기 54대였다. 일본 함정들에 레이더가 없었기에 이 폭격기들은 급강하하는 동안에만 포착되었다 — "아름다운 은빛 폭포"였다고 어느 목격자는 회상했다. 총 10발의 폭탄이 일본 항모 3척에 명중했다. 마침 승조원들이 함재기에 탑재할 폭탄에 둘러싸인 채 재급유하고 있던 터라 일본 항모들은 특히 취약했다.

가가는 몇 분 만에 불길에 휩싸여 대파되었다. 나구모의 기함 아카기에 떨어진 폭탄 1발은 이미 연료와 폭탄을 가득 싣고 있던 함상 폭격기들을 폭발시키고 이 항모까지 불지옥으로 만들었다. 몇 분 후에 피격당한 소류도 같은 신세가 되었다. 요크타운도 대파되고 나중에 일본 어뢰에 격침되었지만, 오후 늦게 일본의 네 번째 항모 히류를 끝장낼 만큼의 급강하 폭격기들이 남아 있었다. 이 난전에서 일본은 고도로 훈련된 함재기 조종사의 3분의 1을 잃었다.[8] 미드웨이 해전(일본 해군은 이 교전에 이름을 붙이기를 거부했다)은 언제나 전쟁의 중대한 전환점으로 여겨져왔지만, 교전 당일의 강렬한 드라마와 일본 측의 심각한 손실에도 불구하고 그 정도는 아니었다. 장기전을 앞둔 상황에서 일본은 여전히 막강한 수상함 함대와 잠수함 함대를 보유한 반면에 미국은 한동안 항공모함이 2척밖에 없었고, 1942년 9월에 새러토가Saratoga와 엔터프라이즈가 손상되고 와스프Wasp가 격침되고, 10월에 호닛이 격침된 후로는 한때나마 항모가 아예 없었다.[9] 미드웨이 함락에 실패하고 그전에 포트모르즈비를 장악하려던 작전을 포기했던 일본은 1942년 5월과 6월에 세력권 경계에서 한참 남쪽에 있는 영국 보호령 솔로몬 제도를 완전히 점령함으로써 손실을 금세 메웠다. 일본은 솔로몬 제도 남단의 과달카날 섬에 공군기지를 건설하여 오스트레일리아, 미국 서부, 하와이 사이의 보급선을 항공기로 차단할 의도였다.

일본이 아시아와 태평양에서 영토를 더 차지하는 동안, 북아프리카의 추축군은 이집트 국경을 지나 알렉산드리아의 영국 해군기지와 그 너머 수에즈 운하로부터 불과 96킬로미터 떨어진 지점까지 밀고 나아갔다. 키레나이카에서는 영 제국군과 이탈리아 육군—독일 아프리카군단의 3개 사단만이 지원했다—이 어느 한쪽이 기진맥진할 때까지 전진과 후퇴를 반복했는데, 이번 공세로 전장의 추가 세 번째로 흔들렸다. 영 제국군은 1941년 여름에 참패한 이후 대체로 추축국의 지상군과 공군에 대해 수적 우세였고 종종 상당한 격차로 앞섰다. 1941년 11월 웨이벌의 후임 클로드 오친렉Claude Auchinleck 장군은 투브루크 포위를 풀기 위해 '십자군Crusader' 작전을 개시했다. 그 결과는 혼란한 소모전이었지만, 로멜과 이탈리아 장군들은 보급 문제 때문에 교전을 그만두고 로멜이 그해 초에 출발했던 엘 아게일라까지 퇴각할 수밖에 없었다. 로멜은 보급 상황이 갑자기 나아진 덕에 1942년 1월 지친 적을 상대로 공세를 재개할 수 있었고, 이번에는 영 제국군이 그 무렵 포위에서 풀려난 투브루크 바로 서쪽의 아인 엘 가잘라 선까지 밀려났다. 이탈리아군 참모총장 우고 카발레로 Ugo Cavallero는 로멜 및 독일군 남부 총사령관 알베르트 케셀링 원수와 함께 투브루크를 탈환하고 이집트 국경까지 밀고 나아가기 위한 '베네치아 Venezia' 작전을 짰다. 5월 26일, 이탈리아 동료들을 동맹이 아닌 부하처럼 대하던 로멜은 가잘라 선을 강습하라고 명령했다. 추축군은 9만 병력을 3개 독일 사단인 제15기갑사단, 제21기갑사단, 제90경보병사단—북아프리카 전역을 거의 다 겪은 유일한 독일군 부대들—과 정원 미달의 6개 이탈리아 사단으로 편성했으며, 항공기 600대와 전차 520대(220대는 성능이 떨어지는 이탈리아 모델들이었다)의 지원을 받았다.[10] 지휘관이 몇 차례 교체된 뒤 이제 닐 리치Neil Ritchie 중장이 지휘하는 영국 제8군은 병력 10만 명, 전차 849대, 이집트 기지들에서 날아온 웰링턴 중형 폭격기를 포함해 항공기 604대를 보유하고 있었다. 영국군의 전방에는 자유프랑스군 부대가 지키는 남쪽 보루 비르 하킴Bir Hakeim을 포함해 넓은 지뢰밭이 있었고, 영국군은 가잘라 선의 뒤편에 포진해 있었다. 그때까지의 교전으로 이미 지친 추축군에게 리치의 진지는 이론상 너무 강해 보였다.[11]

추축군의 공세는 위험하고 희생이 큰 것으로 판명났지만, 영국 측은 이미 드러난 결점―부대를 조금씩 보내고, 보병을 기갑부대의 방어 없이 남겨두고, 기동전을 효과적으로 조율하지 못하는 약점―을 다시 노출했고, 그 덕에 로멜은 주도권을 쥘 수 있었다. 격전을 치른 후 6월 10일 비르하킴 보루를 함락한 로멜은 북쪽으로 방향을 돌려 한 줄로 늘어선 영국 기갑부대를 공격했다. 맹렬한 전차전의 결과, 연합군 기갑부대가 거의 섬멸당했다. 영국 제8군은 전투에 전차 1142대를 투입했다가 1009대를 잃었다. 상당한 규모였던 영국 기갑전력은 6월 13일에 이르면 운용 가능한 전차 70대로 쪼그라들었다.[12] 제8군은 이집트 국경의 메르사 마트루로 무질서하게 후퇴했으며, 이번에 로멜은 6월 20/21일 단 하루 동안 투브루크를 강습해 필수 보급품인 석유와 식량뿐 아니라 장군 6명을 포함해 영국군, 남아프리카군, 인도군 3만 3000명까지 손에 넣었다. 로멜의 지친 부대 역시 6월 말까지 불과 100대의 전차(40대는 이탈리아 전차)로 줄어들긴 했지만, 그는 제8군을 쫓아 이집트 영토 깊숙이 들어가 엘 알라메인의 작은 간이역과 통행 불가인 카타라 저지低地 사이의 65킬로미터 선에 다다랐다. 무솔리니는 조만간 카이로에 의기양양하게 입성할 심산으로 6월 26일 대규모 수행단과 함께 리비아로 날아갔다. 처칠이 백악관에서 루스벨트와 회담하고 있을 때 투브루크 함락 소식이 전해졌다. 처칠은 눈에 띄게 충격을 받았다. 그 소식에 미국이 전차와 항공기를 제공한다거나, 심지어 미국 제2기갑사단을 즉시 파병한다거나(루스벨트가 거부했다), 이집트부터 테헤란에 이르는 지역을 담당할 미국 1개 군을 창설한다(제국의 핵심 권역에 미군을 끌어들이고 싶지 않았던 처칠이 거부했다)는 등의 제안이 나왔다. 카이로 주재 미국 대사 알렉스 커크Alex Kirk는 "결함 있는 전략과 미적거리는 방식"에 기인하는 "영국의 엉망진창 실책"에 대해 은밀히 보고했고, 오친렉 장군 본인도 런던에 보내는 보고서에서 "여전히 우리는 대체로 직업

군인과 싸우는 아마추어 군대다"라고 털어놓았다.[13] 7월 3일 처칠은 소련 대사 이반 마이스키에게 영국군이 패배하면 1942년에 유럽에서 '제2전선'을 펼칠 가능성이 별로 없다고 밝힌 뒤 음울하게 말했다. "독일군이 우리보다 전쟁을 더 잘합니다. … 게다가 우리에게는 '러시아의 정신'이 없습니다. 항복하느니 죽는다는 정신 말입니다."[14]

그 러시아의 정신은 1941년 겨울의 치열한 방어전을 치른 뒤 1942년 여름과 가을에 독일의 광범한 영토 정복에 맞설 때 다시 확연하게 드러났다. 히틀러는 1941년 가을에 달성하지 못한 붉은군대 섬멸을 완수하고 싶었지만, 전해의 전역을 악화시켰던 전략 논쟁이 다시 불거졌다. 육군 최고사령부는 여전히 결정적인 작전으로 모스크바를 장악하는 전략을 지지했고, 히틀러는 볼가 강과 캅카스 지역으로 남진하는, 이미 중단했던 전역을 재개하는 전략을 선호했다. 히틀러는 어쩌면 이번에는 수에즈 운하와 중동의 석유를 향해 진격하는 로멜의 부대와 실제로 합류할 수도 있다고 보았다. 비판자들이 "유토피아적인 공세 계획"이라고 말했지만, 히틀러는 '그건 불가능하다, 통하지 않는다'라고 말하는 전문가들과 사령관들 때문에 다시 방침을 바꾸는 일은 없다고 못박았다. 문제들이 있더라도 견실한 지도력으로 "무조건 해결해야" 했다.[15] 히틀러는 봉쇄—이 경우에는 붉은군대를 중공업과 석유로부터 완전히 차단하는 것—가 현대전의 필수 요소라는 생각에 몰두했다. 마치 이 판단을 뒷받침하기라도 하듯, 정보원들은 붉은군대의 잠재력과 소비에트 산업의 역량을 매우 과소평가하는 한편 독일군의 점점 심각해지는 약점을 무시했다. 1942년 3월까지 독일 육군은 사상자로 100만 명 이상을 잃었지만, 그 인원을 모두 보충하지는 못했다. 또 항공기부터 소화기까지 장비의 손실도 컸지만, 당시 독일 전쟁경제로는 그중 일부만 다시 공급할 수 있었다. 동부전선의 162개 사단 중

8퍼센트만이 만반의 전투태세를 갖춘 부대로 분류되었다.

4월 5일, 히틀러는 붉은군대의 필수 물자를 차단한 뒤 레닌그라드를 함락하기 위해 "소비에트 측에 남아 있는 방어 전력을 일소"하라는 지령 제41호를 하달했다. 독일 작전의 암호명은 '청색Blau'이었다. 이는 네 단계로 이루어진 복잡한 계획이었고, 각 단계를 순서대로 전개할 예정이었다. 독일군 부대들은 세 개의 축을 따라 북부 오룔 지역에서 보로네시로, 하르키우 일대에서 더 남쪽으로, 끝으로 크림 반도에서 로스토프로 진격할 계획이었다. 세 축의 부대들은 돈 강의 거대한 만곡부에서 합류하고, 그곳에서 남부집단군은 A군과 B군으로 갈라져 A집단군은 캅카스 지역으로 이동해 유전을 차지하고 B집단군은 로스토프부터 스탈린그라드에 이르는 지역을 장악하여 A집단군의 배후를 보호할 예정이었다. 이 과정에서 독일 측은 또다시 단기간의 포위만으로도 붉은군대의 상당수를 곤경에 빠뜨리고 그 저항 능력을 없앨 수 있다고 가정했다. 이 시점에 스탈린그라드는 전장의 중심이 아니었다. 히틀러는 스탈린그라드를 함락하기보다 무력화하기를 바랐다. 핵심은 러시아 중부로 이어지는 볼가 보급선을 끊는 것이었지 이 도시 자체가 아니었다.

히틀러는 지령에서 중부집단군에 수세를 유지하라고 명령했지만, 1941년 말처럼 모스크바 전면의 전선이 가장 위험하다고 판단한 스탈린은 정반대 결론을 내렸고, 그 결과로 남부가 상대적으로 약해졌다. 유토피아적 공세 계획은 히틀러의 전유물이 아니었다. 스탈린도 겨울철의 성공을 바탕으로 기나긴 1600킬로미터 전선에서 일련의 공세를 개시하여 독일군을 소비에트 영토에서 완전히 몰아낼 수 있기를 바랐다.[16] 소련군의 공세는 소비에트 정보기관에서 독일군 방어선 중 가장 약한 부분이라고 오판한 남부에서 시작해 우선 독일군에 몹시 중요한 우크라이나의 철도 교차점인 하르키우를 탈환한 다음 크림 반도를 되찾을 계획이었다. 5월 12일 공세를 시작한 세묜 티모셴코 원수는 대규모 2개 집단군을 하르키우와 그 너머로 진격시켰다. 1941년보다 한층 더 단단하게 조직되고 중무장한 적군에 독일 방어군은 잠시 움츠러들었지만, 독일 남부집단군은 티모셴코가 기갑부대를 보병부대보다 너무 빠르게 진격시킨 덕에 소련군을 함정으로 끌어들일 수 있었다. 남부집단군은 '프레데리쿠스Fredericus' 작전으로 소련군의 취약한 후미를 차단했고, 열흘 후 함정을 봉쇄했다. 5월 28일까지 붉은군대는 병력 24만 명, 전차 1200대, 포 2600문을 잃었으며, 이 승리로 '청색' 작전에 대한 히틀러의 낙관론이 입증되는 듯했다.[17] 크림 반도를 탈환하기 위한 소련군의 2차 공세는 격퇴되었고, 추가로 투입된 3개 군, 즉 제44군, 제47군, 제51군은 포로 17만 명을 남기고 궤멸되었다. 6월에 만슈타인은 흑해 연안의 세바스토폴을 함락하라는 임무를 맡았고, 볼프람 폰 리히트호펜Wolfram von Richthofen이 지휘하는 제4항공함대의 지원을 받았다. 이 도시는 견딜 수 없는 폭격을 당한 뒤 7월 4일에야 항복했고, 추가로 포로 9만 5000명이 발생했다. 세바스토폴 공방전으로 만슈타인은 원수장元帥杖을 수여받았으나 독일군의 주요 작전의 개시는 지연되었다.[18]

독일군은 6월 28일 새 작전을 개시한 뒤 며칠 만에 전해와 같은 속도로 진격했고, 기습으로 거의 전해 못지않은 성과를 거두었다. 처칠이 울트라를 통해 독일군 배치에 관한 정보를 방수해 스탈린에게 경고했음에도, 심지어 6월 19일 독일 항공기가 소련군 전선 뒤편에 추락해 전투 계획이 발각된 후에도, 스탈린은 지난 1941년 6월의 경우처럼 독일이 고의로 허위 정보를 흘린 것이라고 확신했다.[19] 7월 9일 독일군은 보로네시를 차지했지만, 사기가 꺾이고 흐트러진 듯한 적을 추격하기 위해 북익이 남쪽으로 선회하려면 그전에 맹렬한 측면 공격을 저지해야 했고, 그 바람에 진군이 지연되었다. 7월 25일 독일군은 로스토프를 함락했고 이번에는 적에 맞서 지켜냈다. 소련군은 스탈린그라드까지 이어지는 평원을 가로질러 점차 사라졌다. 1941년의 대규모 포위 이후 붉은군대는 독일군의 새로운 함정에 빠지지 않으려 했으며, 그런 조심성 때문에 독일군은 적의 전투 능력을 '일소'한다는 목표를 달성할 수 없었다. 당시 남부집단군 사령관 보크는 "육군 최고사령부는 더 이상 그곳에 없는 적을 포위하고 싶어한다"고 불평했다.[20] 독일 기갑부대는 스탈린그라드에서 불과 120킬로미터 떨어진 돈 강의 만곡부에서 합류했으나 애초 기대했던 정도의 적을 가두지 못했다. '청색' 작전은 예정대로 진행되지 않거나 최대 목표를 달성하지 못했지만, 독일군 사령관들이 대체로 무방비 상태인 러시아 영토를 대거 점령할수록 비관주의에 빠져든 데 반해 히틀러는 "러시아군은 끝났다"고 믿고서 7월 23일 이제 '청색'에서 '브라운슈바이크Braunschweig'로 이름을 바꾼 작전에 대한 새로운 지령을 내렸다. 암호명 '에델바이스' 아래 빌헬름 폰 리스트 원수가 지휘하는 A집단군은 돈 강 남부를 정리하고 캅카스 지역으로 진입한 다음 병력을 나누어 일부는 저 멀리 바쿠까지 흑해 연안을 함락하고, 일부는 캅카스의 산길을 장악하고, 일부는 산유 도시 그로즈니를 점령할 계획이었다. 히틀러가 보크를 두 번째로 해임한 뒤 이제 막시밀리안 폰 바이크스Maximilian von Weichs 상급대장이 지휘하는 B집단군은 돈 강을 건너 스탈린그라드를 장악하고 볼가 강 하류를 통제한 뒤 암호명 '왜가리Fischreiher' 작전으로 아스트라한을 함락할 계획이었다.[21] 히틀러의 사령관들 대다수에게는 모순이 또렷하게 보였다. 점점 더 적은 병력으로 점점 더 넓은 영토를 점령한다는 모순 말이다.

독일군이 진격해올수록 붉은군대 부대들은 급히 구축한 방어선과 중화기를 내버리고 장교와 군 정치위원의 협박을 무시하는 등 점점 더 패닉에 빠져드는 모습을 보였다. 7월 28일 스탈린이 직접 군대에 정지 명령을 내렸다. 명령 제227호 '한 발도 물러서지 마라!Ni shagu nazad!'는 "소비에트 영토의 1미터마다 목숨이 다할 때까지 완강히 방어해야 한다"고 지시했다.[22] 그리고 1941년 붉은군대의 패닉에 대비해 창설했던 보안기관의 '독전대督戰隊'를 투입해 겁을 내거나 명령을 기피하는 것으로 의심되는 군인들을 모조리 체포했다. 그 군인들은 대부분 소속 부대로 돌아갔지만, 사살되거나 징벌대대Shtrafbat에 배치되기도 했다. 그렇다고 해서 더 이상의 퇴각을 승인하지 않았던 것은 아닌데, 스탈린 역시 전해 여름의 포로 손실을 되풀이하고 싶지는 않았기 때문이다. 스탈린은 사령관들에게 이제 악명 높은 독일군의 협공을 피하라고 명령했다.

독일 B집단군은 돈 강을 향해 진격했으며, 그동안 불가리아, 이탈리아, 헝가리의 추축군이 독일군의 긴 측면을 보호했다. 독일의 압력에 세 나라의 병력은 이제 루마니아군 5개 사단, 헝가리군 10개 사단, 이탈리아군 5개 사단으로 늘어나 있었다. 독일 기갑부대는 평평한 스텝지대를 전차에 이상적인 전장으로 여겼지만, 막상 싸울 상대가 거의 없었다. 어느 독일 군인은 이렇게 기록했다. "그곳은 동부에서 내 눈으로 본 단연코 가장 황량하고 음침한 지역이었다. 메마르고 초목이 자라지 않는 생명 없는 스텝지대, 관목도 없고 나무도 없고 몇 마일을 가도 마을 하나 없는 곳."[23] 프리드리히 파울루스Friedrich Paulus 장군 휘하 제6군이 이제 명확한 목표인 스탈린그라드를 신속한 기습으로 함락하고 나면, 그 스텝지대가 독일의 새로운 영토가 될 터였다. 지도상에서 방대한 새 영토는 인상적으로 보였다. 더 남쪽에서는 8월 초 A집단군이 산유 도시 마이코프를 점령했고, 8월 21일 독일 산악부대가 캅카스 산맥의 최고봉인 엘브루스 산의 정상에 국기를 꽂았다(이 성과에 히틀러는 등산하느라 시간을 허비했다며 격분했다).
이때가 추축국이 세 전구에서 모두 궁극적인 승리를 거둘 수 있을 듯했던
찰나의 순간이었다.

1942년 여름은 연합국 측에 전쟁의 저점이었다. 연합국은 무기대여 지
원을 제외하면 서로 거의 연관이 없는 러시아, 북아프리카, 아시아의 세
전구에서 따로따로 전쟁을 치러야 했다. 연합국 상호 간의 병참 구조가 서
서히 자리잡아가던 1942년에는 대서양에서 지속된 잠수함 공격의 위협
(이 전역에 대해서는 제6장에서 다룬다) 때문에 무기대여 지원마저 제한되었
다. 미국의 참전으로 이제 연합국이 어마어마한 경제적 잠재력을 이용할
수 있게 된 한편 미드웨이에서 잠시 승리를 거두긴 했지만, 미국의 교전은
초기에 연합국 전체의 전쟁 노력에 별다른 차이를 가져오지 못했다. 루스
벨트는 미국 국민과 추축국 적들에게 미국 군수생산의 엄청난 규모에 대
해 많이 말했지만, 미국 국민은 1942년에 생산한 항공기 4만 7826대와
전차 2만 4997대로 대체 무얼 하고 있는지 물었을 것이다. 1943년 1월까
지 미국제 폭탄은 독일 땅에 떨어지지 않았다. 1943년 7월까지 미국 지상
군 부대들은 유럽 본토에서 활동하지 않았다. 태평양 전구의 첫 육상 전
투는 1942년 8월 미군의 단 1개 사단이 수행했다. 진주만 이전만 해도 미
국 국민이 전쟁을 원하지 않는다고 우려했던 루스벨트는 이제 그들을 만
족시킬 만큼 전쟁이 충분하지 않다고 걱정하고 있었다.
영 제국과 소련의 위기에 직면한 미군 계획자들로서는 미국의 전략을
미국의 관점에서 세워야만 했다. 동남아시아에서 영국의 입지가 와해되
자 웨이벌 장군의 총지휘 아래 미군, 오스트레일리아군, 네덜란드군, 영
제국군이 연합하던 짧은 시절은 끝났다. 태평양 전구에서 미군은 두 개

의 사령부를 설립했다. 체스터 니미츠 제독 휘하의 태평양 사령부와 맥아더 장군 휘하의 남서태평양 사령부였다. 오스트레일리아군은 이제 맥아더 휘하 미군 사령부 구조에 통합되었는데, 오스트레일리아 지도부는 영국이 아시아를 유지하지 못해 별안간 일본의 침공 가능성을 마주한 터라 이 조치를 환영했으며, 1943년 말까지 남서태평양에서 지상군의 주력은 오스트레일리아군이었다.[24] 이제 태평양 전구는 전쟁 막판인 1945년에 영국이 마침내 관여할 만한 입장이 될 때까지 미국의 소관이었다. 1941년 12월 '아르카디아' 회담에서 유럽을 우선시한다고 합의하긴 했지만, 처칠과 영국군 참모부는 유럽 본토에 재진입하려 시도하기 전에 먼저 지중해 전구에 집중하기를 원했다. 영국 측은 루스벨트의 동의를 얻어 이집트에 대한 압박을 줄이는 방편으로 프랑스령 북아프리카에서의 암호명 '체조선수Gymnast' 작전을 제안했지만, 미국 군부는 이것을 영 제국을 은밀히 지원하는 계획으로 여겼고 차라리 북유럽에 일찍 상륙해 소련에 대한 압박을 줄이는 편을 선호했다.[25] 마셜 장군의 계획 책임자 드와이트 D. 아이젠하워Dwight D. Eisenhower 준장은 '아마추어 전략가들'—실은 처칠과 루스벨트가 이 부류였다—을 맹비난했고, 유럽에서 암호명 '슬레지해머Sledgehammer' 작전을 일찍 전개한 뒤 1943년의 암호명 '소탕Roundup' 작전에 48개 사단을 투입해 대규모 강습을 하는 계획을 세웠다. 이 전략은 병력을 집중한다는 미국 군부의 교리에 더 부합했고, 런던에서 선호한 주변부 전략을 거부했다. 루스벨트는 '체조선수'가 불가능하다고 들었으며, 3월 9일 이 소식이 처칠에게 전해졌다.[26]

독일과 직접 맞붙는 전략에는 미국이 영국의 전쟁을 대신 치른다는 인상을 풍기지 않으려는 의도 외에도 여러 가지 동기가 있었다. 진주만의 여파로 미국 여론은 일본의 침공에 무력감을 보이는 한편 거센 전쟁열의 첫 물결이 지나간 뒤 루스벨트의 지도력에 갈수록 환멸감을 느꼈다. 고립주의 지도부는 자기네 방침을 포기했지만, 일반 고립주의자들은 일본을 먼저 상대하는 전략을 선호하고 유럽 전쟁에 관여하는 전략을 계속 불신했다. 1942년 전반기의 여러 여론조사에서 과반수는 태평양에 집중하는 방안을 줄곧 선호했다.[27] 마셜이 선호한 전략, 즉 1942년 후반을 기해 독일 수중에 든 유럽에 먼저 상륙하는 전략은 미국 국내에서 비판을 가라앉히고 헌신을 다시 불러일으키기 위한 한 가지 방법이었다. 3월에 루스벨트는 처칠에게 미국은 "올 여름에" 유럽 전역戰役을 원한다고 말했다.[28] 다른 걱정거리는 소련의 생존이었다. 소련과 독일의 휴전 가능성에 대한 우려는 마셜이 동부의 독일군을 빼내기 위해 서유럽에서 전선을 형성해야 한다고 고집한 이유를 설명해준다. 이런 우려는 3월에 루스벨트가 '슬레지해머' 작전을 지지하기로 결정한 이유이기도 하다. 1942년 6월, 몰로토프가 워싱턴을 방문했을 때 루스벨트는 이 소련 외무인민위원에게 스탈린이 "올해 제2전선의 형성을 기대"해도 좋다고 확언했는데, 이는 마셜조차 시기상조라고 생각한 약속이었다.[29] 루스벨트는 지정학적 현실을 파악하긴 했으나 전략과 작전에 대한 이해가 부족했다. 몰로토프에게 '제2전선'을 조건 없이 약속한 것과 마찬가지로 영국 측에 '체조선수' 작전을 지원하겠다고 약속한 것 역시 냉철한 군사적 약속이 아니라 영국 및 소련의 교전 상태를 유지하기 위한 정치적 계산이었다.

마셜의 계획으로 영국-미국 동맹에는 또 하나의 심각한 간극이 생겼다. 영국이 리비아에서 참담한 실패를 겪자 북아프리카 모험에 반대하는 미국의 선입견은 더욱 굳어지기만 했다. 마셜은 두 차례 런던을 방문해 자신의 주장을 개진했으며, 영국 측은 미국 지도부가 일본과 싸우는 쪽으로 선회할 것을 우려하여 '슬레지해머'와 '소탕' 작전에 립서비스를 했으나 처칠과 참모부의 사적인 견해는 완전히 부정적이었다.[30] 몰로토프의 방문 이후 처칠과 육군 참모총장 앨런 브룩 장군은 루스벨트의 마음을 돌려보고자 워싱턴을 찾아갔다. 처칠은 북아프리카 작전이야말로 "유럽의 진정한 제2전선"이라고 주장했다—그해 후반에 스탈린을 설득하고자 이제 독일 폭격이 '제2전선'이라고 주장하긴 했지만 말이다.[31] 처칠은 미국 대통령에게 '슬레지해머'와 '체조선수' 둘 다 계속 구상해도 좋다며 모호한 태도를 보였지만, 런던으로 돌아간 뒤 7월 8일 전보를 보내 영국은 1942년 유럽 본토 침공에 전적으로 반대한다는 뜻을 명확히 밝혔다. 이것이 미국의 유럽 우선 전략에 영향을 줄 것이라는 우려는 공연한 걱정이 아니었다. 이틀 후 마셜은 루스벨트에게 영국이 고집을 꺾지 않는다면 자신은 태평양으로 주의를 돌려 "일본에 대항하는 결정을 추진하겠다"고 말했다.[32] 처칠은 사적으로 마셜의 위협을 개탄했지만—"미국 측은 그저 올해 프랑스에서 학살을 자행할 수 없다는 이유로 태평양에서 부루퉁하게 싸우려 한다"—이는 심각한 위협이었다.[33] 마셜은 미국 합동참모본부뿐 아니라 전쟁장관[육군장관에 해당] 헨리 스팀슨Henry Stimson과 해군장관 프랭크 녹스Frank Knox의 지지까지 얻어 미국의 이해관계를 제대로 반영하는 쪽으로 우선순위를 바꾸라며 루스벨트를 압박했다. 영국 전략에 대한 반란은 언제나 대서양 약속을 더 중시해온 루스벨트가 마침내 7월 25일 마셜에게 유럽 침공을 포기하고 올해가 가기 전에—가능하다면 11월의 의회 중간선거 이전에—미군이 행동할 수 있도록 '체조선수'(이제 '횃불Torch'로 명칭 변경)를 준비하라고 명령하고서야 끝이 났다. 1942년 7월은 루스벨트가 군 참모진에게 복종을 강요하기 위해 통수권자라는 자신의 공식 역할을 상기시키고 이 직함으로 서명한 유일한 시기였다. '슬레지해머' 계획의 설계자 아이젠하워는 루스벨트의 결정에 "역사상 가장 암울한 날"이라고 생각했다.[34] 미군 수뇌부는 명백히 영국의 이권이 걸린, 그들이 원하지 않는 지역에서의 작전을 준비할 수밖에 없었다.

'슬레지해머'가 재앙적인 실패가 될 거라던 영국의 견해는 틀리지 않았다. 아이젠하워와 그의 팀이 구상한 미군 계획, 즉 봄철에 실행할 더 대대적인 공세의 서막 격으로 5~10개 사단으로 영불 해협을 건너 셰르부르와 코탕탱 반도를 점령한다는 계획은 현실성이 전혀 없었다. 8월 19일 영국-캐나다군이 독일군의 방어를 시험하고 소련을 얼마간 지원하기 위해 디에프를 급습했을 때('주빌리Jubilee' 작전), 독일 방어군은 불과 몇 시간 만에 적을 격퇴하고 대체 무슨 의도로 공격한 것인지 의아해했다. 미국이 '슬레지해머'에 집착한 것은 유럽을 위한 진짜 전쟁과 별 상관이 없어 보이는 이집트 방어에 사로잡힌 듯한 고집불통 동맹국에 미국의 전략을 강제하고 싶어서이기도 했지만, 그 못지않게 붉은군대를 지원하고 싶어서이기도 했다. 소비에트 지도부는 낙담한 마셜의 실망감을 공유했다. 몰로토프는 약속을 약속으로 받아들였고, 스탈린은 확약을 액면 그대로 받아들였다. 소비에트 군 수뇌부는 적을 직접 상대한다는 미군의 전략 교리를 공유했으며, 양군은 영국의 전략 선호가 독일을 함께 물리치는 과제보다 제국의 장기적 이권을 더 중시하는 속내를 드러낸 것은 아닌지 의심했다.

"1942년은 유별난 대비의 해였다"고 처칠의 수석 군사보좌관 헤이스팅스 이스메이는 회고록에 썼다. "그해는 끔찍한 참사의 현장에서 시작"했지만 "운명의 완전한 반전"으로 끝났다.[35] 연합국이 우선순위를 두고 씨름하는 동안 태평양, 러시아, 북아프리카에서 서로 별개이지만 공히 전략적 전망에 영향을 주는 세 전투를 벌일 상황이 조성되었고, 그 결과로 전쟁의 주도권이 연합국으로 넘어갔다. 과달카날, 엘 알라메인, 스탈린그라

400

드의 전투는 전환점에 이르렀다. 세 전투 모두 얼마간 자세히 살펴볼 가치가 있다. 세 전투는 규모와 맥락에서 서로 큰 차이가 있었다. 과달카날 전투에는 소수의 사단이 참여했고 상당수의 함정과 해군 항공기가 이 섬에 있는 비행장의 통제권을 놓고 싸웠다. 엘 알라메인 전투도 동부전선의 전쟁에 비하면 작은 규모였지만, 과달카날과 달리 상당한 거리에 걸쳐 대규모 항공전과 전차전이 벌어졌다. 스탈린그라드 전역은 러시아 남부 대부분을 아우르는 엄청난 규모의 투쟁이었고 병력 수십만 명, 항공함대들 전체, 전차 수천 대가 투입되었다. 세 전투의 환경은 그보다 더 다를 수 없을 정도였다. 과달카날은 동서 145킬로미터에 남북 40킬로미터의 작은 섬으로 대부분 울창한 밀림으로 덮여 있었고, 침공군은 적군의 위험뿐 아니라 밀림에 서식하는 큼직한 말벌, 전갈, 뱀, 대형 악어, 거머리(나무에서 인간의 피부로 툭 떨어졌다)에도 대처해야 했다. 게다가 풍토병으로 말라리아, 이질, 뎅기열, '털진드기병'도 있었다.[36] 과달카날에서 싸운 양편의 거의 모든 군인은 이런저런 질병에 굴복했다. 엘 알라메인의 경우 보급기지로부터 수백 킬로미터 떨어진 황량한 사막에서 전투를 치렀으며(로멜의 경우 1942년 7월경 트리폴리의 주요 항구로부터 1450킬로미터 떨어져 있었다), 군인들은 폭염, 파리떼, 하룻밤 사이에 지역의 지형을 바꿔놓을 수 있는 모래폭풍, 전투를 군사적 까막잡기로 만들 정도로 시야를 가리고 숨통을 조이는 흙먼지, 수시로 생기는 피부 궤양, 이질, 심각한 탈수에 시달렸다. 스탈린그라드 전투는 가장 결정적인 몇 주간 약 65킬로미터 너비의 광역도시권 폐허에서 1차로 혹서 속에서, 2차로 혹한 속에서 벌어졌다. 이질과 장티푸스, 동상은 공격하는 쪽에 더 영향을 주었을 테지만, 이 전장은 어느 쪽이나 극히 힘겨운 곳이었다. 세 전장에는 한 가지 공통점이 있었다. 어느 전장도 며칠간의 결정적인 싸움으로 끝나지 않고 결판이 날 때까지,

국지적 승리가 명확해질 때까지 몇 달간 지속되었다.

1942년 5월 일본은 퇴각하는 영국군으로부터 수도 툴라기를 빼앗고서 솔로몬 제도를 점령했다. 6월에는 한국 징용자들과 일본 공병들을 1700명 가량의 소규모 수비대와 함께 솔로몬 제도에서 가장 큰 과달카날 섬으로 보내 전략적 공군기지를 건설하기 시작했고, 8월 중순 공사를 마무리했다. 이 기지는 연합국의 해운을 위협할 뿐 아니라 한참 북쪽 뉴브리튼 섬의 라바울에 있는 일본 해군의 주요 기지까지 보호해줄 터였다. 일본 군부는 적어도 1943년까지는 연합국이 개입하지 않을 것으로 예상했지만, 미국 해군 총사령관 어니스트 킹Ernest King 제독은 태평양 함대에 가급적 빨리 하계에 반격할 것을 촉구했다. 과달카날의 활주로가 잠재적 위험임을 인지한 미군은 이 섬을 확실한 표적으로 삼았지만, 니미츠는 7월 초에야 해군 제1해병사단을 투입하는 '감시탑Watchtower' 작전을 승인했다.[37] 지형에 대해 아는 바가 거의 없어서 해군 정보기관이 《내셔널 지오그래픽》 잡지의 과월호를 구하고 소수의 선교사를 인터뷰해서 섬의 그림을 그린 마당에 대규모 상륙작전을 실행하기에는 미군의 준비가 섣부르고 불충분했다. 항공사진을 찍긴 했으나 해병대 침공부대가 이미 해안에 당도한 후에야 전달되었다.[38] 맥아더와 해군 남태평양 사령부의 사령관 로버트 L. 곰리Robert L. Ghormley 중장은 너무 위험하다고 판단해 작전 취소를 권고했지만, 킹은 어딘가를 타격해야 한다고 고집했다. 예측할 수 없는 기간의 전역을 수행하기에는 훈련과 물자가 부족함에도 불구하고, 알렉산더 밴더그리프트Alexander Vandegrift 소장의 제1해병사단은 뉴질랜드에서 리치먼드 터너Richmond Turner 소장이 지휘하는 수송함 25척에 승선했다. 그리고 프랭크 플레처 중장이 지휘하고 그나마 운용 가능한 항공모함들을 포함하는 해군 기동부대가 수송함들을 호위했다.

미군 76척은 1942년 8월 6/7일 밤 들키지 않고 과달카날의 북쪽 해안 앞바다에 도착했다. 해병대는 상륙용 주정에 올라탔으며, 2만 3000명 중 대다수는 해안으로 향하고 더 작은 분대들은 툴라기 섬과 그 밖의 작은 두 섬을 함락하기 위해 출발했다. 그들은 호송선단이 접근하는 동안 폭우와 안개의 도움을 받아 운 좋게 완전 기습에 성공했는데, 일본 수비대로서는 적의 압도적 우세에 할 수 있는 일이 애당초 별로 없었다. 한국 징용자들과 일본 군인들은 손상되지 않은 비축품과 장비를 남겨둔 채 주변 밀림으로 달아났다. 툴라기 섬과 더 작은 섬들에서는 저항이 더 거셌으나 8월 8일까지 제압되었다. 미국 해병대는 이 초기 교전에서 일본군의 전장 행동을 처음으로 경험했는데, 그들은 더 싸워봐야 무의미한 경우에도 포기하지 않았다. 가장 작은 두 섬에서는 886명이 살해되고 단 23명만 생포되었으며, 그 이후 태평양 전역에서 이런 비율이 되풀이해 나타났다.[39] 해병대는 비행장 주변에 견고한 방어선을 구축하고 미드웨이에서 전사한 해병대 소령의 이름을 따서 헨더슨 비행장Henderson Field이라고 명명했다. 이 비행장은 한참 북쪽의 일본 기지들에서 출격한 장거리 폭격기들에 의해 자주 공습을 당했다. 그러자 이틀 후 플레처는 항모들을 철수시켰고, 다시 며칠 후 터너는 일부 물자를 내리지 못하고 겨우 나흘 치 탄약만 남겨두고서 취약한 수송함들을 철수시켰다. 그곳에 남은 대형 수상함 몇 척은 8월 8/9일 밤 사보 섬과 비행장 북쪽 사이의 해협에서 일본 기동부대의 야간공격을 받아 거의 다 파괴되었다. 미국 해병대는 라바울의 일본군이 당면 위협의 성격을 오판하여 해병대원 2만 명 이상이 아니라 불과 2000명이 상륙한 것으로 짐작했다는 점에서 이번에도 운이 좋았다. 이 정보 실패는 몇 주간 지속되었다. 8월 18일, 지난 1937년에 휘하 병력으로 마르코폴로 다리 사건을 촉발했던 이치키 기요나오一木清直 대좌는 2000명의 소규모 구조부대를 이끌고서 공군기지 부근에 상륙해 기지를 탈환하려 했다. 그는 2진이 하선하기를 기다리지 않고 1진만 데리고서 미 해병대의 방어선을 성급히 공격했다. 부대는 거의 전멸했고, 중상을 입은 이치키는 붙잡히기 전에 할복했다.[40]

일본의 공격이 실패한 시점에 이제 완성된 활주로에 미국 해병대의 첫 항공기가 도착했다. 그때부터 일본 해군의 집중포화에 일시적으로 활주로를 못 쓰게 되거나 그곳에 배치된 항공기가 손상된 몇 차례를 제외하면, 이른바 '선인장 공군'('선인장Cactus'은 과달카날의 암호명이었다)의 주기적 보강은 미군 수비대에 중요한 전력승수force multiplier였다. 무엇보다 항공기로 라바울과 과달카날 섬을 오가는 일본 수송함을 공격할 수 있었는데, 일본 대본영은 미군의 이 교두보가 진짜 위협이 되며 초기 몇 달간 손쉽게 정복에 성공한 일본군의 위신을 흔든다는 것을 깨달았다. 8월 28일 야마모토 제독은 당초 미드웨이에 상륙하도록 파견되었던 병력 5600명을 동원하는 대규모 병력수송함 선단 작전을 지시했으며, 나구모의 남은 항공모함들 중 3척을 포함하는 대규모 해군 부대가 작전을 지원했다. 곧이어 동부 솔로몬 제도에서 벌어진 항공모함 대 항공모함의 교전에서 나구모는 귀중한 함재기 33대를 잃은 뒤 부득이 철수했으며, 호위 없이 남겨진 병력수송함들은 공중 공격에 퇴각할 수밖에 없었다.[41] 뒤이은 수개월 간 수천 명으로 이루어진 일본군 부대들이 야간에 차례로 투입되었다—10월까지 2만 명, 전역이 끝날 때까지 4만 3000명이었다. 그러나 미리 진을 친 방어부대와 해병대 직업군인을 상대한 일본군은 남방을 장악하며 보여주었던 전과에 견줄 만한 결실을 전혀 거두지 못했다. 9월에 가와구치 기요타케川口淸健 소장의 두 번째 대규모 강습도 이치키의 강습과 같은 운명을 맞았다. 강습부대는 비행장의 동쪽, 서쪽, 남쪽을 공격하기 위해 갈라졌지만, 통신이 열악해 사흘간이나 작전 조율이 이루어지지 않은 데다 전술적 상상력도 부족했다. 9월 12일 공군기지 남쪽의 낮은 능선―곧 '피의 능선'이라는 별명이 붙었다― 을 겨냥한 주요 작전은 가와구치 부대의 대다수가 빠르게 부패하는 시체 더미가 될 때까지 돌격을 되풀이하는 것이었다. 일본 병사들은 과달카날을 '죽음의 섬'이라고 불렀다.

9월 18일, 일본 대본영은 과달카날을 다른 어떤 작전보다도 우선시하기로 결정하고 충칭으로 진격하려던 계획을 돌연 중단하고 파푸아뉴기니를 겨냥한 작전을 약화시켰다. 햐쿠타케 하루키치百武晴吉 중장은 제17군으로 미군의 교두보를 없애라는 지시를 받았지만, 일본 해군이 약세인 미국 해군 기동부대들과 효과적으로 대결하고 비행장을 주기적으로 폭격하는 동안 일본 육군은 작은 고립지대에 중포와 전차를 잔뜩 모아놓은 미군을 상대로 지난번과 같은 패턴의 작전을 반복했다. 10월 23일부터 25일까지 사흘간의 강습은 다시 격퇴되었고 일본군 사상자가 다수 발생했다. 일본은 한 차례 더 대규모 상륙부대를 보내기로 했고, 병력수송함 11척에 가득 들어찬 3만 병력이 전함 히에이比叡와 기리시마霧島를 주축으로 하는 대규모 기동부대의 호위를 받으며 11월 14일 도착했다. 대니얼 캘러헌Daniel Callaghan 소장이 지휘하는 미국 소함대는 6000명을 태운 병력수송함을 헨더슨 비행장까지 호위하는 임무를 마친 뒤 북쪽으로 가서 아베 히로아키阿部弘毅 중장의 전함부대와 정면으로 충돌했다. 캘러헌이 전사했지만, 아베의 기함 히에이가 대파되고 아베도 부상당했다. 이 전함은 이튿날 느릿느릿 달아나다가 공습에 침몰했다. 곤도 노부타케近藤信竹 중장은 야마모토로부터 병력수송함 선단이 통과할 수 있도록 손상된 전함 기리시마를 계속 운용해 공군기지를 포격하라는 명령을 받았다. 그러나 플레처의 후임 윌리엄 홀시William Halsey 중장이 배치한 전함 2척이 대비하고 있었고, 그중 워싱턴Washington의 지휘관은 당시 도입된 사격통제 레이더를 이해하고 있었다. 일본 전함은 11월 15일 첫 번째의 정확한 일제사격에 격침되었다.[42] 병력수송함 선단은 적 공군이 무력화되었을 것으로 예상하고서 주간에 접근하다가 오도 가도 못하게 되었다. 미국 항공기들은 무력하기는커녕 폭탄을 퍼부어 수송함 6척을 바다에 가라앉혔다. 4척이 해안에 당도했으나 폭격과 포격에 파괴되었다.

제1해병사단은 11월과 12월에 마침내 교대했고, 밴더그리프트는 5만 병력의 육군 제14군단 사령관 알렉산더 패치Alexander Patch 소장에게 과달카날 방어의 책임을 인계했다. 그 무렵 분쟁은 거의 끝난 상황이었다. 잔여 일본군 수비대가 버티긴 했지만, 도쿄에서 더 이상 제대로 보급할 수 없고 미드웨이 해전보다 더 많은 함정과 조종사를 앗아간 섬 기지를 포기하기로 결정했다. 12월 31일 히로히토 천황이 철수를 승인했고, 1943년 1월 20일 아직 걸을 수 있는 군인들을 대피시키기 위한 '게고ヶ號' 작전이 시작되었다.[43] 야간에 호송선단으로 과달카날에서 1만 642명을 구조하고 최후의 미약한 방어를 담당할 부상자와 쇠약자는 남겨두었다. 음식과 적절한 보급품이 거의 없었던 탓에 대피시킨 군인들은 피골이 상접하고 거개가 병을 앓는 상태였으며, 대다수가 다시는 전장으로 돌아가지 못했다. 전투를 치른 5개월간 일본 육군(그리고 해군 지상병력)은 3만 2000명을 대부분 식량 보급 감소로 인한 굶주림과 질병으로 잃었다. 그중 수병이 1만 2000명, 그리고 가장 경험 많은 조종사 수백 명을 비롯한 항공기 승무원이 2000명 넘게 사망한 것으로 추정된다.[44] 과달카날 전역을 대부분 담당한 미국 제1해병사단에서는 1242명이 전사했는데, 이는 장차 태평양 도처의 전투에서 계속 발생할 손실의 일부에 지나지 않았다. 미국 해군은 4911명, 항공대는 420명을 잃었다.[45] 일본군에게 과달카날은 단 하나의

외딴 공군기지를 차지하기 위해 병력, 함정, 항공기를 대대적으로 투입했다가 엄청난 손실을 입은 재앙이었다. 양측의 불균형한 손실은 새로운 외곽 경계를 방어하려는 일본의 편집증을 드러냈다. 아울러 과달카날 전투는 스탈린그라드 전투와 마찬가지로 군대를 이미 한계치까지 밀어붙인 체제의 결정적 고비를 상징하게 되었다.

과달카날 전투와 같은 시기에 엘 알라메인에서도 장기전이 벌어졌다. 태평양 전투보다 이 사막 전투에 훨씬 많은 것이 걸려 있었는데, 황량한 전장 너머에 추축국이 이집트를 정복하고 수에즈 운하를 장악하고 중동의 석유를 획득할 수 있는, 점점 사라져가는 가능성이 있었기 때문이다. 히틀러는 8월에 군수장관 알베르트 슈페어와 중동에 대해 의논할 때 개인적으로 앞날을 낙관했다. "잉글랜드는 식민제국이 허물어지는 동안 무력하게 지켜봐야만 할 걸세. … 1943년 말에 우리는 테헤란, 바그다드, 페르시아 만에서 천막을 칠 거야."[46] 처칠은 다가오는 분쟁을 '이집트 전투'라고 불렀고, 오친렉에게 잉글랜드 켄트 지역에 대한 침공에 저항하는 것처럼 이집트를 방어하라고 요구했다. 처칠은 전투의 결과를 비관했다. "아무것도 그들을 돕지 못하는 모양이야. 나는 육군의 공격정신이 의심스럽네"라고 육군 작전참모장에게 불만을 토로했다. 루스벨트 역시 사령관들이 "온갖 실책"을 저지른 영국군이 가져올 결과를 의심했다.[47] 당면한 위협을 얼마나 심각하게 인식했던지 카이로의 영국 대사관 직원들은 1942년 7월 초에 기밀문서를 소각했으며—검게 탄 종잇조각들이 바람을 타고 인근 거리까지 날아갔다—런던 참모본부는 '최악의 경우' 수단의 나일 강 상류로 철수하고 시리아와 팔레스타인에서 최종 방어선을 구축하는 계획을 세웠다.[48]

사실 추축군은 가잘라와 투브루크에서 승리하긴 했지만 보급기지로부터 너무 멀어져 전력이 약해진 상태였다. 지쳐버린 불과 1만 명의 잔여 병력으로 공세를 감행해 성공을 거둔다는 것은 한낱 공상에 그쳤다. 6월 말 로멜이 난타당하고 사기가 떨어진 적군이 아군의 마지막 일격을 막아내지 못하기를 바라던 순간에 아프리카군단은 운용 가능한 전차가 55대, 이탈리아 기갑부대들은 15대밖에 남지 않은 상태였다. 이탈리아 아리에테 Ariete사단은 불과 8대의 전차와 40문의 포를 보유하고 있었고, 새로운 공세의 첫날에 포 36문을 잃었다.[49] 영국 제8군의 사병들은 확실히 지난 몇 달간의 패배와 퇴각으로 환멸감에 젖어 있었다. 검열관들은 군인들의 편지에서 "무분별하고 패배주의적인 이야기"가 늘어나는 추세를 확인했다.[50] 엘 알라메인 선의 전반적인 예상은 영국군이 나일 강 삼각주로 더 물러난다는 것이었다. 오친렉은 위기를 저지하기 위해 중동 군사기구의 핵심인 카이로의 중동 사령부를 부관에게 위임하고 제8군을 직접 지휘하는 이례적인 조치를 취했다. 서로 멀리 떨어진 일련의 방어진지들을 애써 구축한 그는 집중사격으로 적의 공격을 저지할 수 있기를 바랐다. 7월 1일, 역사가들이 보통 제1차 엘 알라메인 전투라고 부르는 항쟁, 11월 초까지 이어진 항쟁의 첫 단계가 시작되었다. 첫 전투는 로멜이 방어진지들을 무너뜨리고 가잘라에서처럼 적의 배후로 돌아가려고 다시 시도함에 따라 금세 일련의 더 작은 교전으로 옮겨갔다. 평소의 전투먼지에 더해 모래바람까지 휘몰아쳐 전투 여건이 좋지 않은 가운데 로멜은 적에 대한 정보가 거의 없었는데, 특히 독일이 카이로 주재 미국 무관으로부터 방수하던 기밀정보, 추축국이 6월까지 의존한 기밀정보가 결국 발각되어 차단되었기 때문이다. 로멜의 기갑부대는 데이르 엘 셰인에서 포착되지 않은 방어진지의 사격에 즉시 저지당했고, 그곳을 지키는 인도군 여단을 물리치는 데 거의 하루 종일 걸렸다. 이탈리아군과 독일 제90경보병사단이 더 북쪽의 해안까지 밀고 나아가 영국 제8군의 주요 방어진지를 포위하려 했을 때, 영국군은 집중포화로 적의 진군을 막고 일시적인 패닉에 빠트려 추가 이동을 차단했다. 독일군과 이탈리아군 사단들은 영국 서부사막공군Western Desert Air Force의 끊임없는 공중 폭격에 시달렸는데, 어느 시점에 사막공군의 공격 속도는 작전에 따라 매분마다 전투기를 출격시키는 것과 맞먹을 정도였다. 7월 2일과 3일에 로멜은 다시 공격하라며 휘하 병력을 을러댔지만, 많은 사상자, 연료와 차량의 부족, 기진맥진한 체력 때문에 나일 강삼각주와 수에즈 운하까지 돌진하려던 시도는 무위로 그쳤다. 행운이 로멜을 도울 수도 있었지만, 아프리카군단의 상태를 감안하면 작전은 도박이었다. 로멜은 정지 명령을 내리고 알라메인 방어군의 맞은편에 포진할 준비를 했다.

증원병력이 늘어나는 가운데 오친렉은 수세를 유지하지 않고 이제 상당히 약해진 적을 물리쳐보기로 했다. 7월 동안 그는 네 차례 공격을 감행했으나 한 번도 적의 전열을 돌파하지 못했다. 7월 동안 로멜의 초기 공격 이후 제8군은 사상자 1만 3000명의 손실을 입고 거의 아무것도 달성하지 못했다. 8월 초 처칠과 브룩 장군은 스탈린을 만나러 가는 길에 이집트에 들렀다. 현장에서 오친렉의 추진력이 부족하다고 판단해 격분한 처칠은 그를 경질하고 해럴드 알렉산더 장군을 중동 사령부의 수장으로 임명했다. 그리고 8월 6일 제8군 군단장들 중 한 명인 윌리엄 고트William Gott 중장을 제8군 전체의 사령관으로 임명했다. 그런데 고트가 이튿날 항공기 추락으로 사망했고, 처칠은 결국 추천을 받아들여 후임으로 버나드 몽고메리Bernard Montgomery 중장을 임명했다. 8월 13일 몽고메리가 잉글랜드에서 제8군 사령부에 도착했다. 뉴질랜드군 제2사단 참모장이 친구들로부터 들은 평판에 따르면, 몽고메리는 "미칠 줄 아는" 사람이었다. 확실히 그는 모든 사령부에 자신의 흔적을 남기고 싶어하는 자기중심적인 괴짜로 여겨졌다. 몽고메리에 대한 독일의 서류철은 진실에 더 가까워서, 자신이 원하는 바를 아주 가차없이 결행하는 "무정한 인물"로 묘사했다.[51] 앞으로 퇴각 이야기는 그만한다는 것을 똑똑히 알려주고자 몽고메리는 부임하자마자 제8군에 통보했다. **"여기서** 우리는 버티며 싸울 것이다. 더 이상 퇴각은 없다. … 여기서 살아서 견뎌내지 못한다면 죽어서 견뎌내자." 울트라 정보 덕에 추축군의 공세 재개가 머지않았음을 알게 된 그에게는 새롭게 출발할 시간이 별로 없었다. 그럼에도 그의 초기 영향은 효과 만점인 것으로 드러났다. 1주일도 지나지 않아 검열관들은 "신선한 공기, 활기찬 공기가 이집트의 영국군을 휩쓸었다"고 보고했다.[52]

8월 말까지 양편은 휴지기를 이용해 기진맥진한 병력을 재건했다. 병참 문제를 감안하면 추축군의 병력 충원이 인상적이긴 했지만 독일군과 이탈리아군 사단들은 줄곧 연료와 탄약 보급품이 결정적으로 부족했다. 연합군의 잠수함과 항공기가 보급품을 가로채거나 바다에 가라앉혔기 때문이다. 리비아까지 수송한 석유와 차량 중 3분의 1에서 2분의 1을 추축군은 9월과 10월에 상실했고, 그 탓에 사막에서 전략을 짜는 데 제약이 걸렸다. 독일이 러시아 전선에 공군력을 집중하고 이탈리아의 상선대가 약화된 상황에서 이 추세를 뒤집기란 불가능했다.[53] 연료가 있다 해도 수백 킬로미터 떨어진 전선까지 운반하려면 도착하기도 전에 보급용 연료의 4분의 3을 소비할 수밖에 없었다. 투브루크 함락으로 숨통이 크게 트였던 것도 아닌데, 추축군의 보급품으로 매달 10만 톤이 필요한 마당에 투브루크 항구는, 자주 폭격을 당하지 않더라도, 1만 톤의 화물만 처리할 수 있었기 때문이다.[54] 카발레로와 케셀링 둘 다 로멜에게 긴급 조치로 필요한 연료와 탄약을 공급하겠다고 약속했지만, 로멜이 다시 공세로 돌아설 준비를 마친 시점에 수중의 연료는 8일 치에 불과했다. 전력의 균형은 보급보다는 덜 비관적이었다. 이제 독일군 8만 4000명과 이탈리아군 4만 4000명 대對 영 제국군 13만 5000명이었고, 전차 수로는 독일 234대, 이탈리아 281대, 영국 693대였다.[55] 결정적 차이는 공군력에 있었다. 로멜은 그를 지원할 수 있는 공군기지로부터 멀리 떨어진 반면에 서부사막공군은 전선과 추축군 보급선까지 쉽게 날아갈 수 있는 거리 안에 있었기 때문이다.

로멜은 이제 독일군의 관습이 되다시피 한 전투, 즉 남쪽의 지뢰밭을 지나 연합군의 전선을 돌파한 뒤 북동쪽으로 선회해 알람 엘 할파의 평평한 능선에 진을 친 적의 주력을 고립시키는 전투를 계획했다. 그곳에는 포와 대전차포를 보유한 연합군 보병부대가 포진해 있었다. 몽고메리의 방어는 오친렉의 참모진이 미리 작성해둔 계획에 크게 의존했지만, 그 계획은 공군력을 이용해 지뢰밭을 통과하려는 추축군 기갑부대를 약화시키고 능선의 방어탄막에 화력을 집중하는 데 달려 있었다. 당시 연합군 기갑부대에서 점점 늘어나던 신형 장비인 미국의 그랜트 전차와 셔먼 전차는 유의미한 차이를 만들어낼 것으로 기대되었다. 두 전차는 영국 전차들에 비해 철갑탄과 고폭탄 둘 다 발사할 수 있다는 중요한 장점이 있었다—전자는 장갑을 관통했고, 후자는 대전차포대와 포대를 파괴했다. 또한 몽고메리는 마침내 독일의 기존 전차 모델들에 대항할 수 있는, 더 무거운 대전차포도 점점 많이 공급받았다. 기존 계획에 더해 몽고메리는 포와 공군력에 의지해 대체로 정적인 방어전을 치르고 제8군이 전혀 숙달하지 못한 기동전을 피하겠다고 고집했다.

두 계획 중에서 영국의 계획만 통했다. 제2차 엘 알라메인 전투가 될 수도 있었던 이 교전에는 그 대신 알람 엘 할파 능선의 이름이 붙었는데, 전반적인 교전이 이곳을 장악하려다 실패한 독일군의 시도로 국한되었기 때문이다. 8월 30일 밤, 독일 기갑사단들은 오전에 탁 트인 사막에 도달할 수 있도록 지뢰밭을 통과하기 시작했다. 그런데 빽빽하게 집결시킨 병력과 차량이 발각되어, 조명탄이 표적을 비추는 가운데 밤새도록 맹렬한 폭격을 당했다. 이동이 지체되어 연료를 위험할 정도로 많이 소비한 로멜은 오전에 적군을 낮질하듯이 폭넓게 공격하는 방책을 포기하고 범위를 좁혀 알람 엘 할파 능선 자체만을 강습하기로 결정했다. 그곳에서 로멜의 부대는 치명적인 탄막사격과 은닉된 대전차포대에 의해 저지되었다. 이틀간 로멜의 부대는 연료가 거의 바닥나고 폭격과 포격에 시달려 사기가 떨어지는 가운데 적의 빈틈을 노렸으나 성과를 거두지 못했다—7시간 동안 포격을 당한 누군가는 "내가 겪어본 적 없는" 탄막사격이라고 썼다.[56] 9월 2일 로멜은 싸우면서 출발선까지 퇴각하라고 명령할 수밖에 없었지만, 연료도 수송차량도 없는 이탈리아 차량화사단들은 병력의 3분 2와 포의 3분의 1을 남겨두었다. 이것이 보급이 부족해 제약을 받은 부대의 마지막 불꽃이었다. 그렇지만 승패가 판가름났던 것은 아니다. 로멜과 이탈리아군 사령관들은 적군이 나날이 강해진다는 것을 알고서 지뢰 44만 5000발을 촘촘히 매립한 지대의 뒤편에 진을 쳤다.[57] 알람 엘 할파 전투는 최종 전투인 제2차 엘 알라메인 전투 못지않게, 전장에서 서투른 영국군이 중동을 추축국에 넘겨줄 거라는 희망에 종지부를 찍었다.

최종 전투를 앞두고 몽고메리는 휘하 제8군에 자신의 흔적을 남길 기회를 잡았다. 휘하 병력의 한계를 알고 있던 그는 엄밀한 계획을 따르는 전투를 선택했다—종심방어하는 좁은 전선에서 분명 유일한 선택지나 다름없었다. "나는 작전의 범위를 실행 가능한 수준으로 제한하고 성공을 거두는 데 필요한 병력을 운용한다"고 그는 주장했다.[58] 이미 노출한 약점을 고려하면, 작전에 대비해 명확하고 상세한 계획을 세우겠다는 몽고메리의 결정은, 비록 그가 지나치게 조심한다는 비난을 자주 듣긴 했지만, 현실을 직시한 선택이었다. 그는 나중에 '라이트풋Lightfoot' 작전이라고 알려진 작전의 개요를 10월 6일 구상했고, 나흘 후 지휘관들과 상의해 수정했다. 그는 이번 전투에서 제국군이 한 팀으로서 움직이기를 원했고, 자신이 팀의 주장 역할에 몰두하는 동안에도 그러기를 바랐다. 이전에 패배한 전투들은 영국 지휘관들 휘하에 다국적 제국군을 편성하기가 어렵다는 것을 잘 보여주었다.[59] 몽고메리는 지휘관들과 제국군의 관계를 개선하는 데 시간을 들였다. 또 그는 지상 공격과 공중 공격을 통합하고 아서 코닝햄Arthur Coningham 공군 소장의 서부사막공군과 긴밀한 관계를 맺는 것이 얼마나 중요한지 알고 있었다. 그리하여 공군 전술사령부와 지상군 전술사령부의 긴밀한 공조를 추구했다. 또한 지휘관들이 섞여서 서로 어떻게 협력할지 논의하도록 하는 간단한 방법으로 기갑부대와 보병부대를 통합하려 했다. 기갑부대가 보병부대에 적절한 엄호를 제공하지 못한 것이 오랫동안 두 부대 간 불화의 씨앗이었기 때문이다. 끝으로 몽고메리는 포를 한데 모아서 치명적인 탄막사격을 가하려 했는데, 이는 지난 1918년을 연상시키는 전술이었다.

　제국군이 계획을 확실하게 이해하도록, 그리고 제병연합 개념을 제대로 받아들이도록 몽고메리는 실탄과 지뢰를 사용하는 연습을 통해 전투를 예방 접종하는, 한 달간의 집중 훈련을 도입했다.[60] 이 모든 개혁의 이면에는 대부분 미국에서 온 넉넉한 신형 장비가 있었다. 미국은 전차 전력의 21퍼센트와 서부사막공군 비행대대들의 거의 절반을 제공했다. 미국 육군 항공대는 이집트에서 B-24와 B-17 폭격기로 무장한 제10공군을 창설했고, 추축군에 물자를 공급하는 리비아의 항구들과 지중해의 위험한 해로를 오가는 호송선단들을 난타했다.[61] 10월 중순에 전선을 마주한 양편의 잠재적 전력은 병력과 장비의 측면에서 연합군 쪽이 압도적으로 강했다. 추축군 병력은 정원 미달의 12개 사단(독일군 4개, 이탈리아군 8개) 8만 명이었고, 연합군의 병력은 10개 사단 23만 명이었다. 전차는 548대(그중 이탈리아제의 약한 모델들이 280대, 가장 효과적인 독일제 전차는 불과 123대였다) 대 1060대였다. 항공기는 350대 대 530대였고, 동쪽 기지들에서 동원할 수 있는 연합군 항공기가 더 많이 있었다.[62] 포와 가장 중요한 대전차 무기는 수적 격차가 훨씬 작았지만, 이탈리아 사단들은 심각한 정원 미달에 신식 포가 부족했다. '폴고레Folgore' 낙하산사단은 최종 전투에서 무훈을 세우긴 했으나 중장비가 전무하다시피 했다.[63]

연합군의 엘 알라메인 계획은 전선의 북쪽에서 보병으로 적 보병, 주로 이탈리아 보병을 공격한 뒤 기갑부대로 적의 예상되는 반격을 저지하는 것이었다. 추축군 전선을 나날의 소모전으로 '허물어트릴' 작정이었다. 또 몽고메리는 정교한 기만계획을 고집했는데, 남쪽에서 대규모 기갑부대를 보여주어 독일 제21기갑사단과 이탈리아 아리에테 기갑사단을 정작 모형에 불과한 가짜 위협의 맞은편에 묶어둔다는 구상이었다.[64] 영국군의 작전은 로멜이 치료차 독일에 가 있는 10월 23일 밤에 시작되었다. 엄청난 집중포화에 뒤이어 보병부대가 강습해 독일군의 통신망을 끊었다. 로멜의 역할을 대신한 게오르크 슈투메Georg Stumme 장군은 무슨 일이 벌어지는지 알 수 없어 상황을 파악하고자 차량을 타고 급히 전선으로 가다가 공격을 당해 심장마비로 사망했다. 로멜이 복귀한 25일 저녁, 북쪽의 영제국군은 끊임없는 포격과 공중 공격의 지원을 받으며 전선을 결정적으로 돌파할 태세였다. 몽고메리의 계획이 완벽하게 통했던 것은 아니지만, 그의 개혁은 효과가 있었다. 추축군 전차부대와 대전차부대가 이틀간 영국 기갑부대를 저지하긴 했으나 10월 26일 독일 제15기갑사단은 전차가 불과 39대 남았던 데 반해 영국 제8군은 아직 754대를 유지하고 있었다.[65] 추축군은 이길 수 없는 소모전을 치르다 '허물어졌다'.

그때쯤 로멜은 남쪽에서 속았다는 사실을 깨닫고서 전선이 돌파되지 않도록 독일 제21기갑사단과 이탈리아 아리에테사단의 절반을 북쪽으로 이동시켰다. 로멜은 본국 OKW에 이번 전투를 이길 수 없다고 통지했고, 몽고메리가 계획을 바꿔 11월 1일 '슈퍼차지Supercharge' 작전—전선 북쪽에서의 보병/전차 협동 강습—을 개시했을 때 돌파를 저지할 수 없었다. 로멜은 히틀러와 이탈리아군 최고사령부에 퇴각하고 있다고 알렸다. 11월 3일, 히틀러는 또다시 정지 명령—"승리 아니면 죽음 외에 다른 길은 없다"—을 하달했으나 추축군 전선은 그야말로 녹아내리고 있었다. 11월 2일 로멜은 전차가 35대밖에 없었고, 적 기갑부대를 파괴하는 데 사용해온 88밀리 대전차포 전부를 포함해 포와 보병의 절반을 잃은 상태였다.[66] 히틀러는 누그러져 제한된 후퇴를 허락했지만, 이탈리아군 최고사령부의 안토니오 간딘Antonio Gandin 장군은 물러서지 말라는 입장을 굽히지 않았다. 그 결과 이탈리아의 6개 사단은 거의 전멸했고, 탄약도 식량도 식수도 차량도 거의 없던 남쪽의 병력은 방치되었다. 연합군은 추축군의 사망자와 부상자 7000명에 더해 독일군 7429명과 이탈리아군 2만 1521명을 포로로 잡았다. 제8군의 사상자는 1만 3560명, 그중 전사자가 2350명이었다.[67] 몽고메리는 추격을 위해 제한된 계획만 전개했고, 연합군은 리비아 해안을 따라 로멜을 뒤쫓아 1월에 트리폴리에 닿았으나 기진맥진한 추축군 잔여 병력을 포획하진 못했다. 그럼에도 추축군의 손실은 충분히 심각했다. 이탈리아의 전쟁 노력은 사실상 끝났으며, 독일군은 중동과 그곳의 석유를 확보하기 위해 명백히 자원이 부족하고 전략의 초점이 불분명한 전역을 전개하다가 인력과 장비를 다량 허비했다. 결국 히틀러는 길게 뻗은 사막을 놓고 싸우느라 귀중한 군사자산을 낭비한 꼴이었다. 제2차 엘 알라메인 전투가 아슬아슬하게 판가름났다는 주장이 종종 제기되지만, 로멜은 승리할 수 있을 만한 지원을 히틀러로부터 결코 충분히 제공받지 못했다. 로멜은 프랑스령 튀니지로 퇴각해 다시 싸우려 했지만, 11월 8일 추축군을 서쪽과 동쪽에서 분쇄하는 '횃불' 작전을 전개하기 위해 미군과 영국군 6만 5000명이 북서아프리카에 상륙했다. 그제서야 처칠은 11월 15일에 개전 이후 처음으로 영국 전역의 교회에서 종을 울리는 것을 재가했다.[68]

과달카날과 엘 알라메인의 경합은 두 전구에서 중요한 전환점이었지만, 볼가 강을 차단하고 소련의 석유를 획득하려던 독일의 노력에서 비롯된 거대한 분쟁에 비하면 대수롭지 않아 보였다. 소련에서의 전투는 군인 수백만 명을 집어삼켰고, 전시 전체를 통틀어 발생한 영국이나 미국의 군 사상자보다 더 많은 사상자를 냈다. 사막에서는 22개 사단이 싸운 데 반해 스탈린그라드 일대에서는 독일군과 소련군 310개 사단, 200만이 훌쩍 넘는 병력이 전투에 휘말렸다.[69] 엘 알라메인과 달리 스탈린그라드 전투의 개시일은 불분명했다. 소련 역사에 따르면 개시일은 제62군과 제64군이 스탈린그라드에서 불과 96킬로미터 떨어진 치르 강변에서 독일 제6군과 충돌한 1942년 7월 17일이지만, 히틀러가 결국 이 도시를 포위하지 않고 함락하기로 결정한 시점은 더 늦은 7월 말이다. 독일 B집단군은 7월에 한동안 이동하지 못했고 8월 초에도 연료와 탄약을 기다렸으며, 제6군 사령관 파울루스가 몇 주간 끈질기게 싸워 돈 강의 만곡부를 정리하고 결국 8월 10일 칼라치에서 붉은군대 10만 명을 사로잡은 뒤에야 돈 강을 건너 스탈린그라드를 향해 본격적으로 진군할 수 있었다. 그때까지 파울루스는 휘하 기갑부대의 절반을 잃어 겨우 200대의 전차로 소련 군의 전차 1200대 이상을 상대해야 했다. 게다가 8월에 독일군 사상자가 20만 명 발생했다.[70] 이제 '스탈린의 도시'로서 상징적 중요성을 띠게 된 스탈린그라드를 더 빨리 장악할 수 있도록 히틀러는 A집단군이 캅카스 지역을 정복하는 데 꼭 필요한 헤르만 호트 장군의 제4기갑군을 이동시 켜 스탈린그라드 공격을 지원했다. 이 변경은 유전지대 공격을 약화시키 면서도 스탈린그라드를 함락하려는 B집단군에 결정적인 우위를 선사하 지 못한 재앙적 조치로 판명났다. 호트는 칼미크 스텝지대에서 완강한 저 항을 물리쳐가며 북진해야 했고, 그 탓에 스탈린그라드에서 20킬로미터 떨어진 지점에 도착했을 때 남은 전차가 150대밖에 없었다.

이 우선순위 변경은 히틀러의 결정이었다. 1941년과 마찬가지로, 길고 취약한 병참선에 의존하며 점점 줄어드는 병력으로 모든 것을 달성하려 는 혼란스러운 노력은 히틀러의 군사적 지도력의 명백한 한계를 보여주 었다. 위기가 깊어질수록 히틀러는 사령관들을 더 견딜 수 없어 했다. 9월 에 히틀러는 자신이 원하는 바를 사령관들이 확실히 이행하도록 두 달간 A집단군을 직접 지휘했다. 할더 장군은 일기에 히틀러의 전략이 "터무니 없고, 그도 그것을 알고 있다"고 적었다.[71] 9월 24일, 지난 몇 달간 쌀쌀맞 게 논쟁한 끝에 히틀러는 이 육군 참모총장을 해임하고 더 젊고 고분고분 하며 무엇보다 다른 어떤 후보보다도 열정적인 국가사회주의자 지휘관 인 쿠르트 차이츨러 중장으로 교체했다. 이 변화는 히틀러가 자신의 전략 적 충동을 더 기꺼이 받아들일 만한, 이데올로기에 더 헌신하는 지휘부를 원한 시점을 나타낸다.[72] 히틀러가 임시로 지휘한 캅카스 전역은 스탈린 그라드와 밀접한 관련이 있었는데, 독일군이 쿠반 평원을 가로질러 흑해 연안을 따라 진군하는 동안 노출되는 긴 측면을 B집단군이 방어해주기로 되어 있었기 때문이다. 제4기갑군이 북쪽으로 이동한 탓에 이제 에발트 폰 클라이스트Ewald von Kleist 원수가 지휘하는 제1기갑군이 남부에서 한 정된 보병 지원을 받으며 모든 과제를 수행해야 했다. 병력이 지치고 보 급이 불확실하고 운송 기반시설이 부실한 상황에서 기갑부대는 숲과 도 랑으로 뒤덮인 지대를 돌파하기에 이상적인 무기가 아니었다. 이 지역으 로 파견된 소련군 병력과 지휘부가 미숙했음에도—산악 전투를 훈련받 은 산악부대가 하나도 없었거니와 스키, 아이젠, 로프, 등산화 같은 장비 도 없었다—클라이스트의 부대는 그로즈니 또는 바쿠에 이르러 이들 유 전 도시를 함락하는 데 실패했고, 11월 들어 북쪽에서 스탈린그라드를 장 악하려던 노력이 중단된 시점에 이 '브라운슈바이크' 작전의 핵심 요소도 맹렬한 저항에 직면해 멈추었다.[73]

독일군의 진격에 대한 스탈린의 반응은 모호했는데, 여전히 모스크바 를 겨냥하는 위협이 진짜라고 생각해 남부에서 위기가 번지는 와중에도 르제프와 뱌지마의 중부전선에서 반격할 것을 고집했기 때문이다. 그렇 지만 소련군 전력에 대한 독일군의 추정은 매우 부정확한 것으로 드러났 다. 7월부터 9월까지 독일군이 스탈린그라드와 소비에트 유전을 위협하 는 동안 소련군 최고사령부Stavka는 남부전선에 투입할 50개 사단과 33개 여단이라는 충분한 예비병력을 보유하고 있었기 때문이다. 1942년 소련 의 전차와 항공기 생산량은 독일의 생산량을 크게 앞질렀고, 소련 공장들 은 독일보다 3배 많은 포를 만들어냈다—붉은군대의 전과를 개선한 결 정적 요인으로 작용했다. 독일군이 볼가 강과 스탈린그라드 자체로 서서 히 다가올수록 스탈린은 독일군의 작전이 실제로 통할 전망에 갈수록 동 요했고, '제2전선'으로 독일군의 주의를 돌리지 않은 서방 동맹들의 표리 부동에 분노했다. 10월에 스탈린은 마이스키에게 "이제부터 우리가 어떤 동맹들을 상대하는지 알게 될 걸세"라고 말했다.[74] 파울루스의 기갑군단들이 스탈린그라드 북쪽 볼가 강에 처음 도달하고 사흘이 지난 8월 26일, 스탈린은 주코프를 최고사령관 대리로 임명하여 붉은군대의 끝없는 손실과 전략적 위기를 초래한 자신의 한계를 암묵적으로 인정했다.[75] 10월 9일에는 군 정치위원들의 이중 지휘권을 박탈하여 그들의 역할을 격하하고 군 지휘관들의 절대적 책임을 복원함으로써 히틀러와 정반대로 전쟁의 이데올로기적 차원의 중요성을 줄이는, 더욱 급진적인 결정을 내렸다. 이 변화로 스탈린이 국방위원회GKO 수장으로서 군대에 자주 직접 개입하는 행태가 줄어들었던 건 아니지만, 마침내 지휘관들은 당의 노선을 걱정하지 않을 수 있게 되었다. 반면에 독일군 지휘관들은 매사에 종잡을 수 없게 개입하는 히틀러 때문에 제약을 받았다.

스탈린그라드 자체를 둘러싼 공방전은 훨씬 넓은 전장의 일부일 뿐이었다. 이 도시 북쪽과 남쪽의 너른 시골 주변부에서 독일군과 추축군은 소련군의 공격을 막아내고 있었다. 양편에서 전선으로 보낸 증원병력 태반은 결국 스탈린그라드 자체가 아니라 그 주변에서 싸우게 되었다. 소련군은 공격으로 추축군의 방어선을 돌파하진 못했지만—10월 19일 스탈린그라드 북쪽에서 콘스탄틴 로코솝스키Konstantin Rokossovsky 장군이 지휘한 돈 강 전선군의 대규모 강습은 큰 손실을 보고 실패했다—전투 초기 동안 추축군을 잡아두고 그들의 병력과 장비를 꾸준히 줄였다.[76] 전장이 넓었던 까닭에 9월 3일 마침내 호트의 제4기갑군과 합류한 파울루스는 휘하 제6군의 작은 부분—정원 미달의 20개 사단 중 8개 사단—만을 스탈린그라드를 차지하는 임무에 투입할 수 있었다. 도시 안에서 난타당한 병력에 비해 도시 밖 병력의 전투태세가 더 나을 것도 없긴 했지만 말이다.[77] 그럼에도 스탈린그라드 이야기의 핵심이 된 것은 도시를 둘러싼 치열한 공방전이었다. 파울루스는 도시를 함락할 수 있다는 자신감이 거의 없었던 듯하지만, B집단군 사령관 바이크스는 9월 11일 히틀러에게 열흘 안에 정복하겠다고 약속했다.[78] 스탈린그라드는 8월 24~25일 볼프람 폰 리히트호펜의 제4항공함대의 분쇄 공격을 받았지만, 이 공격은 전투에 별 영향을 주지 못했다. 변화라면 커다란 돌무더기가 생겨 기갑부대가 뚫고 나아가기가 힘들어졌고, 뒤틀린 대들보와 허물어진 벽 사이에 숨은 방어부대가 훌륭한 엄폐물을 얻었다는 것이다. 독일군은 오래된 도시의 일부를 장악하고 남쪽에서 볼가 강 쪽으로 파고든 뒤, 9월 13일 이 강의 서안 전체를 장악하기 위한 대규모 공세를 계획했다. 파울루스의 강력한 적수는 전임자 안톤 로파틴Anton Lopatin 장군이 볼가 강을 건너 퇴각하려 시도한 이후 9월 12일 제62군 사령관에 임명된 바실리 추이코프Vasily Chuikov 장군이었다. 사흘 동안 블록 단위로 격전을 치른 독일군은 적을 밀어붙여 도시의 중앙 지역을 대부분 차지했다. 낮에는 우세한 화력과 공군력으로 파울루스가 주도권을 잡았지만, 밤에는 붉은군대가 편성한 '돌격단들'이 기관단총, 칼, 총검으로 무장하고 함락된 구역들로 침투해 상실한 영역을 되찾을 정도로 독일 군인들을 공포에 빠뜨렸다.[79] 어느 독일 군인은 일기에 "야만인들, 그들은 폭력배의 수법을 쓴다, 스탈린그라드는 지옥이다"라고 썼다.[80]

스탈린그라드 전투는 양편 군대에 실로 엄청난 인내력 시험이 되었다. 그들은 병력이 줄어들고 장비와 식량이 부족하고 사방에서 저격수와 돌격단에 위협받는 조건에서 싸웠다. 추이코프의 제62군은 독일군이 포격하지 못하도록 전선에 최대한 붙어서 싸웠고, 강 건너편에서 적을 겨냥하는 중포와 두려움을 자아내는 여러 카튜샤 로켓포의 지원을 받았다. 이 포들이 일제사격을 하면 포탄의 총 무게가 4톤, 탄착 범위가 10에이커에 달했다. 또 도시 방어부대는 추이코프가 애초 보유했던 항공기 300대가 아니라 소비에트 제8공군의 항공기 1500대 이상의 지원을 받았다. 그리고 소련군은 개선된 전술과 무선통신에 힘입어 독일군이 '바르바로사' 개시 이후 당연시해온 제공권에 더 효과적으로 도전할 수 있었다. 10월에 파울루스는 볼가 강 건너편에서 추이코프에게 보급하는 데 쓰이는 강둑과 북쪽의 넓은 공업 구역을 장악하라는 임무를 맡았다. 당시 그는 휘하 병력 33만 4000명 중 실질적인 전투병으로 6만 6569명만 투입할 수 있었으며, 그들은 이번 최후의 돌격으로 마침내 추이코프의 병력이 항복할 수밖에 없기를 간절히 바라며 싸웠다. 초조하게 승리를 기다리던 스탈린은 방어군을 다그쳤다. 10월 5일, 스탈린은 스탈린그라드 전선군의 사령관 안드레이 예료멘코Andrei Yeryomenko 장군에게 "나는 귀관의 전과가 성에 차지 않는다. … 스탈린그라드의 모든 거리와 모든 건물을 요새로 바꿔라"라고 말했지만, 이미 현실이 사실상 그러했다.[81] 11월 9일, 파울루스는 기진맥진한 7개 사단으로 너비 500미터의 볼가 강 돌출부를 확보하기 위한 '후베르투스Hubertus' 작전에 착수했으나 반격과 중포의 포격에 저지당했으며, 소련 제62군은 강둑 수 킬로미터를 악착같이 지켜냈다. 그러자 차이츨러는 히틀러를 설득해 스탈린그라드를 단념하고 전선을 축소하려 했지만 히틀러는 "나는 볼가를 떠나지 않겠다!"라고 대꾸했다.[82] 그 무렵 파울루스의 병력은 너무 약해져 큰 위기를 겪지 않고는 전장에서 철수할 수도 없었을 것이다. 독일군은 작동하는 차량이 거의 없었거니와 추가 손실을 피하기 위해 11월까지 거의 모든 말[馬]을 먼 곳으로 보내둔 터였다.[83] 11월 18일, 추이코프는 '특별명령'을 예고하는 암호 통신문을 받았다. 그리고 자정에 도시 안팎의 독일군을 포위할 예정이라는 통지를 받았다.

스탈린그라드에 온통 신경이 쏠려 있었지만, 결정적 작전은 스탈린그라드 일대의 독일군을 포위하고 차단하려는 소련의 계획인 '천왕성Uranus' 작전이었다. 전후에 주코프가 9월 중순 크렘린의 극적인 회의에서 자신이 이 계획을 스탈린에게 제안했다고 주장하긴 했지만, 스탈린의 약속 일지에는 이 회의에 대한 기록이 없다. 포위 가능성에 대한 논의에는 알렉산드르 바실렙스키Aleksandr Vasilevsky가 이끄는 참모본부의 더 많은 이들이 참여했으며, 바실렙스키가 주코프와 함께 10월 13일 스탈린에게 '천왕성' 작전을 제안했다.[84] 계획은 간단명료했다. 스탈린그라드까지 이어지는 독일군의 긴 돌출부, 즉 독일군이 주공을 펼칠 수 있도록 추축군에서 전력이 약한 루마니아군, 헝가리군, 이탈리아군을 배치해 방어하는 돌출부의 북쪽과 남동쪽에 대규모 예비대를 집결시킨다는 계획이었다. 종격실縱隔室은 파울루스가 돌파하지 못할 정도로, 그리고 반격을 가해 돌출부에 다시 구멍을 내지 못할 정도로 그 폭—150킬로미터 이상—이 넓어야 했다. 이 작전은 그저 계획의 일부였는데, 스탈린과 그의 참모진이 다시 한 번 독일군의 전선 전체를 뒤흔들려 했기 때문이다. 소련 군부는 독일 남부집단군과 동시에 중부집단군까지 격퇴하고자 '천왕성'과 그리 다르지 않은 규모의 '화성Mars' 작전을 구상했다. 만약 성공을 거둔다면 그 후에는 더 큰 규모의 행성 작전—남부의 '토성Saturn' 작전과 북부의 '목성Jupiter' 작전—을 전개해 독일 남부집단군과 중부집단군을 격멸할 작정이었다.

'천왕성' 작전을 위해 붉은군대는 극비로 정교한 기만작전을 통해 병력 100만 이상, 중포 1만 4000문, 전차 979대, 항공기 1350대를 모았다.[85] 독일 정보기관은 이번에도 소련군의 전력을 경솔하게 과소평가한 탓에 병력 집결을 간파하는 데 거의 완전히 실패했다. 북부에서는 11월 19일에, 남부에서는 11월 20일에 '천왕성' 작전이 전개되었다. 예상대로 측면의 약한 추축군은 붕괴했으며, 11월 23일 두 협공부대는 칼라치 남쪽에서 수 킬로미터 떨어진, 지난 8월에 재앙의 현장이었던 소베츠키 마을에서 서로 만났다. 소련군은 60개 사단과 1000대의 전차로 넓은 종격실을 형성하는 과제를 신속히 완료하여 독일 제6군과 제4기갑군의 자그마치 33만 명(그리고 여러 루마니아군과 크로아티아군 부대들)을 가두었다. 이 작전의 놀라운 성공은 붉은군대가 과거의 숱한 실책으로부터 얼마나 배웠는지를, 아울러 히틀러의 군사 지휘에 얼마나 전략적 일관성이 없는지를 보여주었다. 파울루스가 올가미에서 빠져나갈 방법을 놓고 무슨 궁리를 했든 간에, 11월 20일 히틀러는 도시를 고수하라고 명령함으로써 장군의 희망을 꺾어버렸다. 독일 군부는 공중 보급을 약속했으나 겨울철 악천후와 되살아난 소련 공군의 점증하는 개입 때문에 약속을 이행하기가 불가능한 것으로 판명났으며, 보급 시도 중에 수송기 488대와 승무원 1000명을 잃었다.[86] 새로 창설된 돈 강 집단군의 사령관 만슈타인이 '겨울폭풍 Wintergewitter' 작전으로 포위망을 돌파하려 시도했으나 소련 예비 기갑부대에 격퇴되었다. 파울루스는 자력으로 대처해야 했다.

스탈린그라드 고립지대를 축소하려는 전역은 1943년 1월 10일에야 시작되었다. 작전의 암호명은 '올가미Koltso'였다. 그사이에 소련군은 이제 '작은 토성Little Saturn'으로 알려진 작전으로 만슈타인의 돈 강 집단군을 재차 포위하려 했다. 이탈리아 엄호부대는 격멸되었지만 만슈타인은 올가미를 벗어났다. 캅카스에서 여전히 분투하던 A집단군은 12월 27일 배후가 차단되지 않도록 로스토프 쪽으로 급히 후퇴하라는 명령을 받았다. 차이츨러는 히틀러로부터 퇴각 명령을 받아내기 위해 애썼고, 총통이 또 언제 마음을 바꿀지 모른다고 올바로 짐작하면서 히틀러 본부의 곁방에서 전화로 곧장 A집단군에 명령을 전달했다.[87] A집단군은 좁은 지형을 간신히 빠져나와 '청색' 작전을 시작하기 전과 거의 같은 위치에서 만슈타인의 지휘에 따라 병력을 재편했다. 스탈린그라드의 독일군은 '올가미' 작전으로 궤멸되었다. 붉은군대는 갇힌 병력을 대략 8만 명으로 추정했으나 실은 25만 명 이상이었다. 이 고립지대 병력을 붉은군대는 병력 약 28만 명, 전차 250대, 포 1만 문, 항공기 350대로 포위했다. 반면에 파울루스가 투입할 수 있는 전력은 병력 2만 5000명, 전차 95대, 대전차포 310문에 불과했다.[88] 식량과 탄약은 바닥나기 직전이었다. 그럼에도 첫 주에 독일군은 놀랍도록 완강하게 저항했다. 고립지대 바깥쪽의 시골 지역은 급속히 축소되었고, 1월 17일에는 고립지대의 절반만 남았다. 1월 22일 소련군은 최종 돌격을 준비했고, 나흘 후 추이코프의 노련한 부대가 합류했다. 파울루스는 주위의 장병이 굶주리고 남은 보급품이 없어 총포를 발사하지 못하는 와중에 히틀러로부터 타협을 추구하지 말라는 지시를 받았다. "더 이상 탄약이 없는 부대에 제가 무슨 명령을 내려야 합니까?"라고 파울루스는 고립지대에서 무전을 쳤다.[89] 어느 군인은 19일에 "나의 사기는 다시 0이 되었다. … 여기에는 하얀 구역, 벙커, 비참함만 있을 뿐 제대로 된 집이 없다. 그 사실이 더디지만 확실하게 정신을 망가뜨린다"고 썼다.[90] 1월 31일 우니베르마크Univermag 백화점에 설치된 파울루스의 본부가 습격당하고 장군이 항복하기 전부터 독일 장병은 항복하기 시작했다. 도시 북부에서는 2월 2일까지 저항이 이어졌다. 이 전역 전체의 사상자 수는 양편 모두 이례적으로 많았다. 스탈린그라드와 관련한 정확한 수치는 여전히 불분명하지만, 1942년 7월부터 12월까지 동부전선에서 독일군의 사망자는 28만 명, 이탈리아군의 사망자와 실종자는 8만 4000명에 달했으며, 스탈린그라드에서 추축군 11만 명이 포로로 잡힌 뒤 대부분 사망했다. 남부의 전역들에서 소련군의 돌이킬 수 없는 손실(사망자와 실종자)은 61만 2000명에 달했다.[91]

더 야심찬 '토성'과 '목성' 계획은 실현되지 않았다. 독일 중부집단군을 뒤흔들기 위해 구상한 '화성' 작전, 주코프가 직접 지휘하고 스탈린이 '천왕성'보다 더 중요하게 여긴 작전은 전과가 별로 없는 반면에 거의 50만 명의 사상자와 1700대의 전차를 잃은 참담한 실패였지만, 이 실패는 스탈린그라드의 성공에 가려졌다.[92] 스탈린과 소비에트군 최고사령부는 남부의 완승에서 더 많은 성과를 얻지 못한 데 실망했지만, 그래도 스탈린그라드는 과달카날과 엘 알라메인에서의 소소한 성공에 비하면 장대한, 눈부신 승리였다. 세계 여론은 이 분쟁에 주목했다. 프랑스 잡지 《라 스멘 La Semaine》의 2월 4일자 머리기사 제목은 "스탈린그라드, 역사상 최대 전투"였다.[93] 독일 국민들에게 스탈린그라드의 승패는 그저 하나의 전투보다 더 깊은 의미로 다가왔던 듯하다. 이 패배는 소련의 자원을 이용해 서부의 전투를 치른다는 야망과 제국 프로젝트 전체에 치명적인 도전을 제기할 가능성의 종식을 의미했다. 전략적 측면에서 보면 스탈린그라드의 승리로 소련은, 비록 독일의 위협을 완전히 끝내지는 못했지만, 전시 초기 15개월 동안 직면했던 끝없는 위기에서 벗어났다. 여기서 살펴본 세 전투는 영토제국 건설의 수많은 사례에서 명백히 드러나는, 제국을 지나치게 확장할 경우의 위험을 입증하지만, 더 많은 싸움을 통해서만 제국의 안보를 확보할 수 있는 상황에서 그런 확장은 외면하기 힘든 유혹이었다. 그럼에도 연합국은 세 전투에서 공히 위압적인 평판을 지닌 적을 상대로 승리를 거두어야 했다. 일본군, 독일군, 이탈리아군이 패한 것은 그저 전략적·전술적 실패나 자원 부족의 결과가 아니라 연합군이 더 효과적으로 싸우는 법을 배운 결과였다. 그 결과는 전쟁의 향방을 바꾸었다.

"전쟁은 복권입니다"

아돌프 히틀러가 독일이 전쟁에서 패했고 그의 제국 프로젝트가 무산되었다는 것을 정확히 언제 깨달았는지에 대한 역사적 합의는 없다. 1943년 여름 터키 군사대표단이 방문해 히틀러에게 승전할 것으로 예상하는지 물었을 때, 그는 간단히 답했다. "전쟁은 복권입니다."[94] 그러나 히틀러가 패배를 인정하지 않으려 했다는 점에는 의심의 여지가 없다. 1942년 11월, 1923년의 맥주홀 봉기를 기념하는 연례행사에 참석했을 때 히틀러는 "나는 독일 군인이 밟은 땅은 결코 돌려주지 않을 겁니다"라고 말했다고 한다. 그로부터 채 석 달도 지나기 전에 독일은 스탈린그라드와 돈 강 스텝지대를 빼앗겼다. 히틀러는 분노하고 낙담했지만, 동부의 정복지를 계속 넘겨주는 와중에도 한 뼘의 땅이라도 지켜내라는 명령을 고집했다. 어느 장군의 전후 증언에 따르면, 히틀러는 장군들과의 브리핑을 끝낼 때마다 전쟁이 "결국 독일의 승리로 끝날 것"이라고 장담했다고 한다. 그는 연합국의 특정 국가와 타협적 강화를 맺는 방안을 지지하지 않고 오히려 적의 동맹이 깨질 것이라는 기대에 의지했다. 1944년 2월에야 히틀러는 우크라이나를 가로지르는 독일군의 장거리 퇴각을 논의하던 중에 후퇴가 결국 파국으로 이어지는, 반박할 수 없는 순간이 올 수도 있다는 것을 인정했다. 더 퇴각했다가는 "궁극적으로 독일의 패배를 의미"할 터였다. 그러면서 자신의 명령 없이 땅을 포기하는 지휘관은 해임하거나 총살하겠다고 위협했다―다만 실제로는 대부분 그런 처분을 내리지 않았다.[95] 히틀러가 이제 사실상 장거리 퇴각이 되어버린 전쟁을 최후의 순간까지 이어가리라는 것은 의문의 여지가 없는 일이었다.

일본과 이탈리아의 지도부 역시 허황된 낙관론과 이제 승전할 수 없다는 암울한 진실—완패를 면하는 해결책을 아직 모색할 수 있긴 했지만—
사이에서 맴돌았다. 과달카날, 엘 알라메인, 스탈린그라드는 추축국 본
국에서 수천 킬로미터 떨어져 있었으며, 실제로 연합국이 1942/43년 겨
울에 승리한 시점부터 모든 적국에 완승을 거두기까지는 근 3년이 걸렸
다. 그럼에도 이 전환점은 1940년 9월 추축국이 삼국동맹 조약으로 새로
운 제국 질서를 선언하고 추구해온 2년의 세월에 종지부를 찍었다. 이 기
간에 추축국은 서로 긴밀한 전략적 연계를 맺고서 군사적 성공을 바탕으
로 이제 혼란에 빠진 유럽 식민 세계를 모방하면서도 대체하는, 더욱 진
정한 전 세계적 제국주의 세력권을 구축하려 했다. 추축국 세 제국의 협
력은 실제로는 결코 광범하지 않았지만, 기존 삼국동맹 조약에 1940년
12월 21일 부가한 조약으로 각국 수도에 세 개의 전문적 위원회—'일반
위원회', '경제위원회', '군사위원회'—를 창설했다. 이들 위원회는 정치
인, 관료, 군부 대표로 구성되었고 전략, 군사, 기술, 첩보에 관한 정보를
교환하는 토론장으로 기능할 예정이었다. 그렇지만 세 위원회는 1941년
여름에야 활동하기 시작했고, 세 수도 간의 연계는 기껏해야 근소한 정도
였다. 일본은 곧 이탈리아 위원회에 대한 관심을 접었는데, 이탈리아가 독
일의 위성국에 불과하다고 보았기 때문이다. 이탈리아 교섭자들도 군사
기술의 세부를 일본 대표단에게 알려주지 않으려 했다. 정보 협력도 각국
의 제국 이권을 지킬 필요성 때문에 제한되었다. 1942년 봄에 삼국은 군
사전략이 조약의 범위를 벗어난다고 판단하여 군사위원회의 기능을 "주
변부에서의 활동"으로 격하했다.[96] 독일군이 캅카스에서 이란과 이라크
쪽으로 남진하고 이탈리아군이 수에즈 운하에서 동진했다면 군사적 협
력이 더 이루어졌을 수도 있다. 일본 지도부는 중동에서 영국을 몰아낼
수 있다면 인도양에서의 협력을 꺼리지 않았고, 1942년 1월 18일 독일을

상대로 인도양에서 동경 70도를 기준으로 제국의 이익권을 나누는 협정을 체결했다. 이 협정 이후 양국은 경계선 침해 문제로 자주 실랑이를 벌였지만, 1942년 말이면 인도양에서의 공동 전략은 더 이상 가능하지 않았다.[97] 남은 것이라곤 일본이 통제하는 말라야의 기지에서 활동하는 소수의 독일 잠수함으로 영 제국의 해운을 방해하는 제한된 협력뿐이었다—하지만 이는 일본에 별 도움이 되지 않았다. 스탈린그라드 이후 독일과 일본은 이제 각자의 제국을 지키기 위해 따로 전쟁을 치른다는 것을 알고 있었다.[98]

이 단계에서 연합국의 협력은 분명 추축국의 협력보다 긴밀했지만, 여전히 관계를 해치는 중요한 차이와 논쟁이 있었다. 1943년 1월, 전해 11월의 '횃불' 작전 초기에 비시 프랑스군으로부터 빼앗은 모로코 도시 카사블랑카에서 처칠과 루스벨트가 만났을 때, 핵심 쟁점은 어떻게 추축국에 최종 승리를 거두냐는 것이었다. 사실 1943년부터 연합국의 전략은, 가장 간단히 말하자면, 추축국을 그들이 새로 얻은 제국에서 축출한 뒤 필요하다면 제국의 중심부를 침공하고 점령하는 것이었다. 이것은 스탈린과 소련군에게 더 간단명료한 전략이었는데, 명확하게 한정할 수 있는 공간에서 하나의 주적만 상대했기 때문이다. 반면에 서방 연합국은 서로 별개인 작전 전구들에서 세 개의 주적을 상대했고, 1943년에 대규모 상륙작전으로만 적을 전장으로 불러낼 수 있었다. 연합국 사이에 승리를 추구하는 가장 효과적인 방법에 대한 합의는 거의 없었고, 전략상 가능하거나 바람직한 방법에 대한 논쟁은 많았다. 스탈린은 스탈린그라드 전역의 막판에 깊숙이 관여하고 있다는 이유로(진실이었다) 카사블랑카로 와달라는 초대를 거절했지만, 그의 불참은 서방 연합국이 1942년에 '제2전선'을 형성하지 못했고 1943년 초에도 약속하지 않는 데 대한 불쾌감의 표시이기도

했다. 스탈린이 없는 가운데 루스벨트와 처칠, 양국 참모부는 추축 삼국에 도전하는 방법에 대한 견해를 자유롭게 개진하면서도, 여전히 공격을 정면으로 받아내고 있는 동맹 소련의 부담을 얼마간 덜어줄 필요성을 줄곧 의식했다.

적절하게도 '상징Symbol'이라는 암호명이 붙은 모로코 회담은 루스벨트와 그의 참모진이 미국 고위 사령관들 전원의 조언과 반대로 유럽이 아닌 아프리카에서의 교전을 선호하는 영국의 입장을 얼마나 지지하게 되었는지를 잘 보여주었다. 카사블랑카 회담이 열릴 수 있었던 것은 어디까지나 루스벨트가 이미 해외에 파병한 미군 17개 사단 중 9개 사단을 투입한 일본과의 전쟁에 자원을 더 집어넣지 말고 '유럽'(실제 전장은 유럽이 아니었지만)에서 미군의 작전을 펴도록 고집한 덕분이었다.[99] '횃불' 작전을 개시하기 어려웠던 까닭은 미국 동부 해안과 스코틀랜드에서 아직 상륙작전 준비를 다 마치지 못한 병력을 저 멀리 아프리카까지 실어날라야 했던 데다 비시 프랑스군의 저항 의지가 불분명했기 때문이다. '횃불' 작전의 미군 최고사령관 아이젠하워 장군은 성공 확률을 50퍼센트 이하로 보았다. 두 기동부대, 즉 카사블랑카와 오랑을 노리는 미군과 알제를 함락하려는 영미군은 1942년 11월 8일 상륙했다. 알제리보다 모로코에서 저항이 더 강하긴 했으나 연합군은 며칠 만에 세 항구 모두 수중에 넣었고, 비시 정권의 전 총리로 마침 아픈 아들을 보러 알제리에 와 있던 다를랑 제독과 11월 13일 휴전을 교섭했다. 아이젠하워는 곧 루스벨트의 승인을 받아 다를랑이 프랑스령 북서아프리카의 고등판무관으로 취임하는 것을 인정했으며—이 조치에 미국과 영국의 언론은 두루 항의했다—취임 후 다를랑은 프랑스 제국위원회의 승인을 받았다.[100] 반발에 대응해 아이젠하워는 그것이 일시적인 미봉책이라고 주장했지만, 얼마나 일시적인지는 불분명했다. 처칠의 막역한 친구 브렌던 브래컨Brendan Bracken은 총리에게 "매국노 수병의 역할에 제한을 두어야 하네"라고 주의를 주었지만, 아이젠하워와 루스벨트는 이미 문제에 직면한 군사작전에 다를랑이 제공할 수 있을 듯한 안정성을 선호했다.[101]

그 군사작전은 영국군 사령관 케네스 앤더슨Kenneth Anderson 중장이 제1군의 지휘를 맡아 빠르게 동진하여 독일군과 이탈리아군이 튀니스를 보강하기 전에 그곳을 함락한다는 것이었지만, 이 미숙한 부대는 도시에 접근하던 도중 폭우를 만나 발이 묶인 채로 히틀러의 명령에 따라 신속히 증강한 독일 수비대의 맹렬한 반격을 받았다. 아이젠하워는 12월에 보급로를 개선하고 중화기를 가져오기 위해 두 달간 진군을 연기했다. 연합국의 군사적 관계가 앞으로 얼마나 난처해질지를 드러내는 첫 징후는 아이젠하워가 "장군으로서 가망이 없다"라는 브룩 장군의 평가였다. 유럽 전쟁이 끝날 때까지 아이젠하워 밑에서 싸우게 될 몽고메리는 "전쟁을 어떻게 수행할지, 전투를 어떻게 치를지에 대한 그의 지식은 명백히 전무하다"고 생각했다.[102] 영국군 사령관들과 달리 아이젠하워는 교전 경험이 없었다. 차차 드러난 아이젠하워의 수완은 군 관리자로서의 수완으로, 이는 향후 2년간 중대한 전략적·정치적 의견 충돌이 빈발하는 환경에서 꼭 필요한 능력이었다. 실제로 북아프리카에 도착하고 첫 수개월간 그는 "위험한 정치적 바다"라고 올바로 판단한 프랑스 제국의 정치를 탐색하며 주로 시간을 보냈다.[103] 다를랑의 고등판무관 취임을 둘러싼 폭풍은 크리스마스 이브에 알제에서 프랑스 공화주의자 청년이 그를 암살한 뒤 잦아들었지만, 프랑스 제국의 영토를 어떻게 통치하고 이제 연합국 편이 된 프랑스군을 어떻게 지휘할 것인지의 문제는 미결로 남았다. 12월 11일, '횃불' 작전에 대응해 독일군과 이탈리아군은 비시 프랑스 전역을 점령하여 북아프리카의 정치적 권한을 무효화했다. 미국 측은 다를랑의 후임으로 독일 감옥을 탈출한 앙리 지로Henri Giraud 장군을 선호했지만, 영국 측은 드골이 프랑스와 자유프랑스 식민지들에서 대중적 지지를 받는다는 이유로 루스벨트가 질색하는 그에게 모종의 역할을 맡기기를 원했다. 아이젠하워는 프랑스 국민해방위원회가 창설되고 지로와 드 골이 공동 의장을 맡은 1943년 6월에야 타협을 중재했다. 그렇지만 국내에서 대서양 헌장으로 자신의 민주적 자격을 과시하던 루스벨트가 북아프리카에서 국민의 위임을 받지 못한 제국주의 행정을 지지한다는 것은 모순으로 남았다. 이에 아이젠하워는 미국의 정책 및 영국과 벌인 논쟁에 담긴 모순을 감추고자 '군사적 불가피성'을 운운하는 설명을 내놓았다.[104]

1월 14일에 열린 카사블랑카 회담은 연합국 전략의 향후 방향을 놓고 논전을 벌이는 무대가 되었다. 루스벨트는 미국 합동참모본부 자체가 태평양 전구보다 유럽 전구를 우선시하는 문제로 분열되어 있음을 알고 있었다. 당시 미군은 태평양 전장에서 날마다 추축군과 실전을 치르고 있다. 마셜과 육군 수뇌부는 가급적 빨리 프랑스를 침공해 태평양 전장에서처럼 독일군과 실전을 벌이기를 원했으나 영국 측은 열의를 보이지 않았다. 루스벨트 본인이 '횃불' 작전과 지중해 전구에 대한 불가피한 개입을 받아들인 동기는 군사적인 것 못지않게 정치적인 것이었다. 미국 대통령 및 그의 고문들과 사령관들 대다수는 지중해 지역에 대한 영국의 관심이 그들의 제국 이권을 반영한다고 상정했다. 아이젠하워는 "영국 측은 어떤 군사적 문제에든 본능적으로 제국의 관점에서 접근한다"는 점에 환상을 품지 않았으며, 미국 외무부의 한 관료는 영국 측으로서는 "제국의 재획득과 어쩌면 확장이 필수적 과업"이라고 설명했다.[105] 루스벨트가 지중해 지역에 관여한 이유 중 하나는 영국과 프랑스가 지중해와 중동에서 지난

1919년과 같은 지배적 제국의 역할을 재확립하지 못하도록 막는 데 있었다. 또한 루스벨트는 중동에서 확대하고 싶은 미국의 석유 이권을 보호할 필요성을 의식했다. 그는 이 지역에 미군을 주둔시켜 영국의 야망을 억누르고 미국의 세계 전략을 증진할 의도였다. 영국 교섭자들은 대체로 정치적 동기를 공공연히 표명하지 않았지만, 처칠의 경우 틀림없이 이 지역에서 영국의 역할을 유지하는 것을 제국 대전략의 일부로 여기고 있었다. 1943년 후반 루스벨트가 스탈린과 식민지 신탁통치 계획을 논의할 때, 처칠은 "전쟁 없이는 영 제국으로부터 아무것도 빼앗아가지 못할 것이다"라고 투덜거렸다.[106]

카사블랑카에서 영국 대표단은 1943년에 유럽을 대규모로 침공하는 방책에 단호히 반대하고 '제2전선'과 관련해 정확한 계획을 세우기를 거부했다. 오히려 영국 측은 임박한 북아프리카 점령을 기반으로 이탈리아에 대한 추가 작전을 전개하기를 원했다. 영국은 1940년 11월부터 1941년 10월까지 시칠리아 또는 사르데냐를 침공할 계획을 최소한 네 번 세웠는데, 이탈리아 독재정이 워낙 허약해서 전세 역전을 더 이상 견뎌내지 못할 것이라는 믿음이 '횃불' 작전의 다음 단계에 대한 영국의 사고에 줄곧 영향을 주었다.[107] 추축군이 튀니지에서 두 달 내에 패할 것이라고 예상한 영국은 미국이 이탈리아의 주요 섬들 중 하나를 침공하기로 약속하기를 원했으며, 양국은 많은 논쟁 끝에 시칠리아 섬을 함락하는 '허스키Husky' 작전을 펼치기로 의견을 모았다. 이는 이탈리아 본토를 침공할 수도 있음을 시사하는 작전이었다. 미국 팀은 향후 어느 시점에 북서유럽을 침공한다는 확약을 받아냈고, 이 방안을 뒷받침하기 위해 영국 공군과 미국 육군 항공대는 대규모 침공의 예비 작업으로서 함께 독일을 밤낮없이 폭격하기로 했다. 대서양의 해로를 여는 작전도 유럽 침공에 필수적인 예비 작업으로 여겨졌다. 영국은 유럽을 우선시하는 방침을 훼손하지 않는다는 조건으로 미국의 태평양 전역을 받아들였다. 회담 마지막 날 루스벨트는 연합국은 추축국 모든 국가의 무조건 항복만을 받아들일 것이라고 발표했다.

미국 측은 논쟁에 제대로 대비하지 못한 상태로 회담장에 도착한 반면에 영국 측은 카사블랑카 항구에 본부선Headquarters ship 불로로Bulolo를 정박시키고 회담을 지원할 대규모 참모진을 대동했다.[108] 미군 수뇌부는 루스벨트가 너무 많이 양보했다고 확신한 채 회담장을 떠났다. 5월에 워싱턴에서 '트라이던트Trident' 회담을 위해 서방 연합국이 다시 만났을 때 미국 측은 한층 대비한 상태였고, 두 나라 간의 균형은 미국에 유리한 쪽으로 기울었다. 미국은 태평양 전역을 계속 전개하기로 했다. 마셜은 프랑스 북부 해안을 겨냥하는 '오버로드Overlord' 작전에 병력을 충분히 투입할 수 있도록 지중해 전구를 다 마무리짓기를 원했는데, 이런 입장 때문에 영국 측은 교섭에서 타협할 수밖에 없었다. 양국은 연합군의 자원을 너무 많이 잡아먹지 않는 선에서 이탈리아에서 제한된 작전을 펴기로 했고, 1944년 5월 1일에 노르망디 아니면 브르타뉴에서 감행할 대대적인 상륙작전을 준비하기로 했다. 이 결정은 남은 전쟁 기간 내내 서방 연합국의 전략에 큰 영향을 주었다.

미국 측이 우려했듯이, 지중해 전역은 연합국이 원하던 수준보다 더 넓고 더 비용이 드는 전역이 되었다. 두 달 내에 완료할 거라던 튀니지 전역은 일곱 달이 걸렸다. 더 동쪽의 이탈리아군과 독일군은 1943년 1월 23일 트리폴리를 포기한 뒤, 전쟁 전에 프랑스가 튀니지 남부에서 이탈리아군을 저지하기 위해 방어시설을 구축해둔 마레스 선을 방어하기 위해 신속히 이동했다. 그곳에 도착한 몽고메리의 제8군은 방어선을 돌파하여 알제리에서 다가오는 영미군과 합류할 준비를 했다. 이 튀니지 요새는 추축군이 패할 경우 철수할 가망이 거의 없었음에도 히틀러의 고집에 따라 보강되었다. 북쪽에서는 로멜이 독일군을 지휘했고, 남쪽에서는 조반니 메세Giovanni Messe 장군이 이탈리아 제1군을 지휘했다. 그들은 연합군에 수적으로 현저히 열세였지만—마레스 선 전투에서 메세의 전차는 94대였던데 반해 적군의 전차는 620대였다—산악 지형이 방어하기에 알맞았다.[109] 로멜은 알제리에서 다가오는 병력을 파쇄공격하라고 지시했고, 2월 24일 카세린 고개에서 부득이 후퇴할 때까지 미국 제2군단에 대규모 역습을 가했다. 아이젠하워 휘하의 지상군 총사령관에 임명된 알렉산더 장군은 미군이 "연약하고 미숙하고 전혀 훈련되지 않았다"고 생각했고, 이런 영국식 편견에 젖어 추축군의 저항을 끝내기 위한 최종 계획에서 미군 사단들에 부수적인 역할을 맡겼다.[110] 추축군이 임시변통한 방어선은 쉽사리 돌파되지 않았지만, 연합군이 공중과 해상 봉쇄로 적의 충분한 보급품을 차단한 채 벌이는 전투의 결말은 뻔했다. 3월 9일, 몸이 편치 않은 로멜이 지휘권을 독일 제5기갑군 사령관 한스-위르겐 폰 아르님Hans-Jürgen von Arnim 장군에게 넘겨주었다. 1주일 후 마레스 선이 뚫리고 메세가 북쪽으로 퇴각했다. 연합군 양군은 힘을 합쳐 적군을 튀니스와 비제르테 일대의 작은 고립지대로 몰아갔다. 5월 7일 튀니스는 영국군에, 비제르테는 미군에 함락되었다. 항복할 무렵 한때 막강했던 독일 아프리카군단에는 전차가 달랑 2대만 남아 있었고 탄약은 아예 없었다. 독일군 대다수는 5월 12일까지 항복했지만 메세는 하루 더 싸움을 이어갔다. 총 27만 5000여 명이 포로로 잡혔는데, 이번에는 포로 대다수가 독일군으로 지난 2월 스탈린그라드에서 입은 손실보다도 큰 손실이었다. 병력의 미숙함이 정말로 반영된 연합군의 사상자 역시 많았다. 앤더슨의 영국 제1군은 적을 소

탕한다고 생각한 전투에서 2만 7742명의 사상자를 냈다.[111]

이때까지 시칠리아 침공 계획은 착착 진행되었다. 아이젠하워는 알렉산더가 지상군 총사령관을 맡아 영국 사령관들 팀—몽고메리, 앤드루 커닝엄 제독, 아서 테더Arthur Tedder 공군 대장—의 조력을 받는 동안 별로 관여하지 않았다. 시칠리아 침공은 유럽에서 상륙전 역량을 처음으로 시험하는 무대가 될 터였고, 미국 제7군과 영국 제8군, 캐나다 제1사단의 16만 명에 더해 차량 1만 4000대와 전차 600대를 실어나르기 위해 무려 2509척의 함정이 필요했다.[112] 초기 계획은 미군을 북서 해안에, 영국군을 남동쪽 모서리에 상륙시키려 했으나 이렇게 하면 병력이 너무 흩어질 게 분명했고—몽고메리가 보기에 이 계획은 "뒤죽박죽"이었다—5월 초 몽고메리가 적극 개입한 뒤 최종 침공은 섬의 남쪽과 남동쪽의 삼각형 지대에 집중하기로 했다.[113] 조지 패튼George Patton 장군 휘하 미국 제7군은 남쪽 해안의 젤라 부근에, 몽고메리의 제8군은 남동쪽 해안의 아볼라 근방에, 캐나다군은 두 부대 사이의 파치노 근처에 상륙할 예정이었다. 이탈리아군 최고사령부는 다음 타격이 어디를 겨냥할지 확신하지 못했으며, 이탈리아의 잔여 전력은 시칠리아, 사르데냐, 코르시카, 본토 사이에 얇게 퍼져 있었다. 시칠리아 섬 총사령관 알프레도 구초니Alfredo Guzzoni 장군은 독일군 2개 사단(헤르만 괴링 기갑사단 포함)과 이탈리아군 4개 사단을 합해 총 6개 사단을 지휘했으나 그중 1개 사단만이 효과적으로 싸울 준비가 되어 있었다. 이 전력에서 추축군은 전차 249대와 1000대를 조금 넘는 항공기를 동원한 반면에 같은 전구에서 연합군의 항공기는 2510대였다. 해안선 방어는 대체로 없었다. 어느 해군 지휘관은 "모든 게 완전 낭패"라고 불평했지만, 아직 손상되지 않은 함정이 전함 3척과 구축함 10척밖에 없던 이탈리아 해군은 라스페치아의 기지를 떠나 연합군 상륙부대와 겨루기를 거부했다.[114] 신뢰하지 못할 독일군과 나란히 불충분한 무기로 본토를 방어해야 할 전망에 이탈리아군은 사기가 낮았지만, 무솔리니는 전황을 낙관하며 파시스트 지도부에게 연합군이 너무 느리고 무능해서 이탈리아 영토에 발판을 마련하지 못할 거라고 장담했다. 설령 연합군의 목표물에 대한 어떤 의문이 있었을지라도, 연합군은 시칠리아로 가는 도중 두 섬 판텔레리아와 람페두사를 해상과 공중에서 가차없이 공격하여 각각 6월 11일과 12일에 항복을 받아냄으로써 남은 의문을 말끔히 털어냈다. 아이젠하워는 몰타 섬의 불편한 방공 터널에 사령부를 차렸다. 그보다 몇 주 전에 마셜에게 보낸 편지에서 아이젠하워는 "이 전쟁에서 저의 최고 야망은 다음번 작전은 상륙작전일 필요가 없는 장소에 마침내 도달하는 것입니다"라고 말했다.[115]

연합군 호송선단은 7월 11일 오전 시칠리아 앞바다에 도착했다. 해변에 적군은 거의 없었다. 추축군의 공군 전력은 기지 폭격으로 인해 이미 독일군 298대와 이탈리아군 198대로 줄어든 상태였거니와 나흘 동안 더 항공전을 치른 후에는 양군을 합해 161대밖에 남지 않았다. 7월 말까지 이탈리아 공군은 신식 전투기 41대와 폭격기 83대로 더 줄어들었다.[116] 연합군은 대대적인 항공 노력에 더해 해군 기동부대의 함포지원을 효과적으로 활용하여 작전 첫날에 확보한 작은 교두보들에 대한 독일군과 이탈리아군의 반격을 물리쳤다. 헤르만 괴링 사단은 젤라에서 상륙하는 미군을 공격하고 해변에서 3킬로미터 이내까지 접근했으나 함포 사격에 전차를 뒤로 물릴 수밖에 없었다. 이탈리아군에서 여전히 효과적으로 교전할 수 있는 소수의 사단들 중 하나인 리보르노Livorno사단은 같은 날 더 서쪽에서 길게 늘어선 전차들로 적을 공격했으나 앞바다에 정박한 연합군 구축함 2척과 순양함 2척의 천 번이 넘는 일제사격에 궤멸되다시피 했다.[117]

함포 사격은 연합군의 상륙작전에 꼭 필요한 지원인 것으로 거듭 입증되었다. 그 후 연합군은 내륙으로 추격에 나섰지만, 몽고메리는 미군이 왼쪽 측면을 방어하는 동안 영국군으로 적을 차단하고 북동쪽의 메시나 항구를 장악하기로 결심했다. 그런데 튀니지에서 이미 영국군의 행동에 분개했던 패튼은 "이번 전쟁은 영 제국의 이익을 위해 치르는 것이다"라는 견해를 공유하고 있었다.[118] 패튼은 몽고메리를 무시한 채 서쪽 해안 부근까지 무방비에 가까운 영토를 가로질러 7월 22일 팔레르모를 함락한 뒤 몽고메리에 앞서 메시나를 공격하기로 결심하고서 다시 이 도시를 향해 동쪽으로 질주했다. 영국 제8군은 7월 14일 교전 없이 카타니아를 함락하고 이틀 후 아그리젠토를 함락했다. 독일 케셀링 장군은 이탈리아 군인들이 수천 명씩 항복한다는 사실이 밝혀진 뒤 동맹군을 단념하고 독일군을 직접 지휘했다. 몽고메리는 에트나 산 부근에서 독일군의 효과적인 방어에 저지당했지만, 그 무렵 추축군은 철수 계획을 준비하고 있었다. 제8군은 8월 16일 패튼에 바로 뒤이어 메시나에 당도했지만, 예상을 깨고 대낮에 메시나 해협을 건너 탈출하는 적군을 두 부대 모두 차단하지 못했다. 독일군은 병력 3만 9569명, 차량 9000대, 전차 47대를 철수시켰다. 이탈리아군은 가까스로 병력 6만 2000명을 철수시켰지만 그 외에는 차량 227대와 노새 12마리뿐이었다. 연합군에 붙잡힌 포로는 12만 2204명이었다. 연합군의 손실은 총 4299명이었던 데 반해 추축군은 사망 또는 실종으로 4만 9700명을 잃었는데, 이는 태평양의 전투에서 더 흔하게 나타나는 비율이었다.[119]

쪼그라든 제국의 남은 부분을 지키기 위해 저항한다는 무솔리니의 공상은 그가 균형감각을 얼마나 상실했는지를 잘 보여주었다. 시칠리아 침공으로 20년에 걸친 그의 집권은 별안간 끝났다. 이탈리아에는 파시스트 정권을 지탱할 만한 여력이 남아 있지 않았다. 식량이 부족한 가운데 연합군 측에서 한참 논쟁한 끝에 7월 19일 로마의 표적들을 폭격하는 등 맹폭을 가하기 시작하자 대중은 적어도 이탈리아가 전쟁에서 졌다고 확신하게 되었다. 대중의 환멸로 말미암아 독재정의 대국민 통제력이 약해지긴 했으나 대중 혁명이 일어나진 않았다. 그 대신 무솔리니의 사령관들과 파시스트당 동료들이 부추긴 측근 쿠데타가 일어나 이 독재자가 권좌에서 쫓겨났는데, 그들 대다수는 무솔리니가 유발한 무제한 전쟁이나 명백히 일방적인 독일과의 동맹을 지지한 적이 없었다. 이탈리아군 참모총장 비토리오 암브로시오Vittorio Ambrosio 장군은 3월에 국왕에게 무솔리니를 아마도 바돌리오 원수로 교체해야 할 거라고 말했고, 6월까지 무솔리니를 체포할 계획을 세웠다. 로마가 폭격당한 7월 19일, 돌로미티 산맥의 구릉에 자리한 빌라 가지아Villa Gaggia에서 무솔리니가 히틀러를 만날 때 그의 사령관들은 이탈리아가 전쟁에서 빠질 방법을 논의할 것을 요청했으나 그는 거부했다. 독일의 지원 약속을 받지 못한 채 로마로 돌아온 무솔리니는 위기에 빠진 전쟁 노력과 관련해 자신의 권한을 다시 주장할 수 있기를 바라며 1940년 이래 열리지 않은 파시즘 대평의회를 소집했다.

대평의회는 무솔리니의 당내 정적들에게, 무엇보다 전 런던 대사 디노 그란디Dino Grandi에게 독재정을 끝낼 기회였다. 그란디는 대평의회에서 개인 통치를 거부하고, 국왕의 대권을 복원하고, 내각과 의회에 기반하는 합의제 정부를 수립할 것을 요구하기 위해 동의안을 작성했다. 그란디는 추축국 동맹을 끝내고 연합국의 대의에 가담하는 것을 포함하는 자신의 계획을 국왕에게 알렸다. 결의안을 제출받은 대평의회의 회의는 7월 24일 아홉 시간을 넘겨 25일 새벽까지 이어졌고, 마침내 그란디의 동의안에 대한 투표가 이루어졌다. 참석 위원들 중 19명이 찬성하고 7명이 반대했다.[120] 무솔리니는 이 결정이 무엇을 의미하는지 모른 채 퇴장했다. 그 후 25일 국왕과의 정례 브리핑에 참석한 무솔리니는 총리직에서 해임되었고 바돌리오로 교체되었다는 통보를 받았다. 궁정을 떠난 독재자는 체포되어 경찰 막사로 이송되었다. 그는 표결을 간단히 무시할 수 있다고 생각해 신변 안전에 전혀 대비하지 않았다. 무솔리니의 아내가 히틀러의 통역사에게 말했듯이, 그는 궁정 쿠데타의 가능성에 "이해하지 못할 만큼 무심"했다.[121] 이탈리아를 제국의 짧은 승리와 궁극적 재앙으로 이끈 독재정은 싸워보지도 못하고 무너졌다.

무솔리니와 달리, 히틀러와 독일 지도부는 이미 이탈리아의 위기 가능성을 예상하고 있었다. 무솔리니의 실각 소식에 히틀러는 당장 로마의 "유대인과 오합지졸"에 대해 분통을 터뜨렸다.[122] 히틀러는 충동적으로 독일군에 이탈리아 국왕과 바돌리오, 그 밖의 음모자들을 체포하고 동료 독재자를 복권시킬 것을 지시했지만, 이 충동은 지나갔다. 이탈리아 국왕과 새 정부 모두 독일과 나란히 전쟁 노력을 이어가겠다고 역설했다. 무솔리니를 복권시키는 대신에 OKW는 상당한 규모의 독일군을 이탈리아로 이동시키기 시작했는데, 이미 시칠리아 침공 소식을 들은 때부터 동부전선의 병력을 재배치한 조치의 일환이었다. 2주 만에 '알라리크Alarich' 작전으로 8개 사단이 이탈리아 북부로 이동했고, 9월 초 독일군 19개 사단이 반도 안에 있거나 반도로 향하고 있었다. 또 연합군의 다음 행보에 대비해 발칸 반도를 강화하는 '콘스탄틴Konstantin' 작전도 개시했다.[123] 독일의 군사적 목표는 연합군의 진군을 일부만 저지하는 것이었고, 더 큰 목표는 바돌리오 정부가 화평을 청하여 히틀러의 표현대로 "배반"하는 경우─ 그럴 가능성이 높아 보였다─에 대비하는 것이었다. 바돌리오가 휴전을 맺기로 결정하고 9월 8일 연합국과 이탈리아의 휴전이 공표되자 독일군은 정면 대결을 택하고 신속히 움직여 하룻밤 사이에 이탈리아를 동맹국에서 점령지로 바꾸어놓았다. 이탈리아 군인들은 무장 해제를 당하고 억류된 뒤 대부분 강제노동자로서 독일로 끌려갔다. 그리스 케팔로니아 섬에서는 지역 이탈리아군 지휘관들이 무장 해제 요구에 저항해 9월 15일 독일군 수비대와의 전투가 발생했다. 히틀러는 포로를 잡지 말라고 명령했고, 짧은 교전과 뒤이은 보복으로 이탈리아군 약 2000명이 전사하거나 살해되었다.[124]

히틀러는 이전 동맹국을 어떻게 다루어야 할지 확신이 서지 않았다. 군 수뇌부는 직접 점령하는 방책을 선호했지만 히틀러는 다른 추축국 동맹들에게 끼칠 영향을 우려했다. 히틀러의 충동은 무솔리니와 함께, 또는 무솔리니 없이 새로운 파시스트 정부를 수립하여 이탈리아가 그저 피점령국은 아니라는 인상을 주는 것이었지만, 9월 12일 독일 낙하산부대가 무솔리니가 감금되어 있는 그란사소 디탈리아의 한 호텔을 과감히 기습해 그를 빼돌렸고, 이틀 후 두 독재자가 뮌헨에서 만나 과도한 우정의 제스처를 나누었다. 그러나 무솔리니는 다시 집권하더라도 이제 반도를 지배하려는 히틀러의 명령에 순순히 복종해야 하는 신세임을 금세 깨달았다. 히틀러는 당장 루돌프 란Rudolf Rahn을 제국 전권위원에 임명했다. 독일군 사령관들은 군정을 실시하는 작전구역들을 정할 것을 요구했다. 이탈리아 지사들은 일상 행정을 위해 유임되었지만 독일 '고문들'의 그늘에 가려졌고 사실상 끊임없이 감독을 받았으므로 저 멀리 만주국의 통치와 흡사한 상황이었다.[125] 무솔리니는 '유령 정부'를 운영한다는 방안에 항의했으나 딱히 다른 선택지가 없었다. 로마는 새 정권의 소재지에서 배제되었고, 무솔리니가 선호한 북동부의 볼차노 또는 메라노 역시 거부되었다. 독일 측은 무솔리니를 가르다 호숫가의 소도시 살로에서 국가수반으로 앉혔고, 이탈리아 사회공화국Repubblica Sociale Italiana이라 불린 이 괴뢰국의 부처들을 포 강 유역의 도시들에 분산시켰다.[126] 이제 독일 측은 이탈리아를 '피점령 동맹국'이라고 불렀는데, 이탈리아가 독일의 속국이라는 데 아무런 의문도 남기지 않는 모순어법이었다. 무솔리니의 실각에 환호했던 이탈리아인들은 이제 신규 버전의 독재정에 시달리는 처지가 되었다.

이 정권 교체 덕에 지중해 전구를 지속함으로써 이탈리아를 거꾸러뜨리려는 처칠의 바람이 결실을 맺을 수 있을 듯했다. 그러나 8월에 퀘벡에서 열린 '쿼드런트Quadrant' 회담에서 처칠은 미국 측이 여전히 지중해 전역을 제한하기로 마음먹고 있음을 알게 되었다. 미국 전쟁장관 헨리 스팀슨은 이 "성가신 전투"를 개탄했으며, 미국 대표단은 모두 회담 전에 전쟁부 작전과에서 준비한 문서를 제출받았다. 이탈리아 지역에서 전투를 이어가는 것은 "비경제적인" 자원 사용이며 유럽에서 독일이 원하는 "전략적 교착 상태"로 귀결될 것임을 잘 보여주는 문서였다—이 견해는 이후의 사태로 정당화되었다.[127] 이제 처칠은 이탈리아 침공뿐 아니라 동지중해에서 가능한 작전에 대해서도 생각하기 시작했지만, '오버로드' 작전에 집중하라는 미국의 압력에 야망을 축소할 수밖에 없었다. 회담 참석자 전원은 추축군이 흐트러진 틈을 타 우선 로마를 신속히 장악하는 방책에 동의하면서도(아이젠하워는 10월까지 장악하기를 바랐다) 독일군의 대비태세를 고려하지 않았다. 이탈리아 남부 총사령관 케셀링은 로마보다 한참 남쪽에서 연합군을 저지하고 이제 로멜이 지휘하는 북부의 대규모 병력으로 방어를 지원해야 한다며 히틀러를 설득했다.

현 시점에서 되돌아보면 이탈리아를 주요 전선으로 고른 선택은 이해하기 어렵다. 이탈리아는 전장으로서 이점이 없었고, 지도를 슬쩍 보기만 해도 산맥과 수많은 도하 지점 때문에 유능한 적에 맞서 기동부대를 신속히 진군시키기가 도저히 불가능하다는 것을 알 수 있었을 것이다. 연합군 수뇌부는 어느 정도의 저항에 직면할지, 혹은 독일군이 얼마나 신속하게 이탈리아를 고도로 요새화된 전선으로 바꿀 수 있는지를 과소평가했다. 휴전협정을 정말로 준수한다는 점을 제외하면, 이탈리아 침공에 명백히 설득력 있는 전략적 이점이 있었던 것도 아니다. 몽고메리는 "작전을 어떻게 전개할지에 대한 분명한 방안―또는 계획―이 없다. … 분명한 목표가 정해지지 않았다"라며 이탈리아 침공을 달가워하지 않았다.[128] 영국 제8군과 이탈리아 전역에 투입된 마크 클라크Mark Clark 장군의 미국 제5군은 오랜 전투로 지쳐 있었고, 가을 날씨와 불리한 지형이라는 조건에서 로마 인근의 어디로든 북상하라는 벅찬 임무를 맡았다. 게다가 적어도 7개 사단과 대부분의 상륙정을 '오버로드' 작전 준비를 위해 이 전역에서 곧 빼낼 예정이었는데, 이 역시 이탈리아를 작전 전구로 진지하게 생각했다면 전략상 말이 안 되는 결정이었다.

결국 이탈리아 남부 침공은 미국 분석가들이 예측했던 대로 전략상 교착 상태를 열어젖혔다. 1943년 9월 3일 몽고메리는 '베이타운Baytown' 작전으로 제8군을 이탈리아 장화의 앞굽에 상륙시킨 뒤 가벼운 저항만 받으며 칼라브리아를 통과했다. 핵심 작전은 클라크의 제5군이 나폴리 남쪽 살레르노 만에서 개시한 '눈사태Avalanche' 작전이었다. 이 계획은 강을 중심으로 두 부분으로 나뉘는 50킬로미터 길이의 만에 불과 3개 사단으로 상륙하는 것이었으므로 위험이 따랐다. 클라크는 상륙에 앞서 폭격하기를 거부했는데, 첩보에 따르면 약한 독일군밖에 없었거니와 완전 기습에 성공할 가능성이 있었기 때문이다. 9월 9일, 영국 1개 군단과 미국 1개 군단이 서로 멀리 떨어진 해변에 상륙했다. 독일 제10군이 그들을 기다리고 있었다. '악세Achse' 작전을 가동한 케셀링은 예비대를 신속히 이동시켜 교두보를 파괴한 데 이어 적과 격전을 벌였다. 이때만 해도 상륙은 실패할 것처럼 보였다.[129] 클라크는 해군의 집중포화와 연합군의 제공권 덕에 구조되었으며, 아이젠하워가 연합국 합동참모본부에 어떤 결과가 나올지 "아슬아슬하다"고 통지한 전투를 1주일 넘게 치른 끝에 케셀링은 난타당한 병력을 일련의 강력한 방어선들로 후퇴시켰다. 그 방어선들은 로마 남쪽 카시노 산괴의 양편으로 서해안부터 동해안까지 이어졌으며, 각 부분에는 '구스타프' 선, '히틀러' 선, '베른하르트' 선이라는 암호명이 붙었다. 연합군은 독일 점령군에 항거하는 대중 봉기가 일어난 뒤 10월 1일 나폴리에 진입했고, 그사이에 제8군은 동쪽에서 포자 지역의 비행장들—이후 미국 제15공군이 루마니아의 유전과 오스트리아 및 남부 독일의 표적을 전략폭격할 때 기지로 사용되었다—을 빼앗았다. 그러나 10월 말에 이르러 로마를 신속히 함락하려던 아이젠하워의 희망은 사라졌고, 11월경 연합군은 구스타프 선에서 저지당하고 값비싼 소모전에 돌입했다. 알렉산더 장군은 독일군을 묶어둔다는 이유로 이탈리아 전역을 옹호했지만, 연합군도 이렇다 할 성과 없이 묶여 있기는 매한가지였다.

연합군은 태평양 전선에서도 여러 섬의 기지들로부터 완강한 방어군을 몰아내면서 비슷한 문제에 봉착했다. 일본을 어떻게 패배시킬 것인가 하는 더 큰 문제는 아직 먼 훗날의 일로 보였다. 과달카날에서 승리한 뒤 맥아더와 니미츠는 향후 대일본 전략을 구상하기 위해 1943년 3월 10일 회의를 열었다. 남태평양의 방어선을 이루는 일본 수비대와 비행장의 넓은 범위 및 수를 감안하면, 훗날 일본을 직접 위협할 수 있을 때까지 연합군—대부분 미군—의 해군력과 공군력을 증강하는 한편 서서히 전진하면서 적 기지들을 제거하는 것 외에 대안이 없었다. 첫 단계는 암호명 '수

레바퀴Cartwheel' 작전이었다. 이 작전은 맥아더가 지휘했지만, 니미츠의 중부태평양 사령부에서 일시적으로 파견한, 항공모함과 전함으로 이루어진 홀시 휘하 제3함대의 지원을 받았다. '수레바퀴' 작전은 1942년 2월 일본군에 함락된 오스트레일리아령 뉴기니의 일부인 뉴브리튼 섬에 속한 도시 라바울에 있는 주요 군사기지와 해군기지를 고립시키고 무력화하기 위해 솔로몬 제도와 뉴기니 해안에서 실행하는 13차례의 상륙작전을 포함했다.[130] 작전계획은 뉴기니에 있는 맥아더의 사령부에서 대니얼 바비Daniel Barbey 소장과 리치먼드 터너 소장이 세웠다. 바비는 상륙작전 전반을 책임졌고, 터너는 과달카날에서처럼 상륙부대를 지휘하기로 했다. 니미츠는 새로운 해군 전력을 구할 수 있을 때까지 할 일이 별로 없었다. 미국 합동참모본부는 1943년 11월 니미츠에게 길버트 엘리스 제도(지금은 별개의 두 국가인 키리바시와 투발루)를 침공하라고 지시했지만, 마셜 제도를 공격하라는 지시는 1944년 6월에야 내렸다. 그리하여 중부태평양 전역은 그 무렵에도 여전히 일본 본토에서 3800킬로미터나 떨어져 있었다. 11월에 니미츠가 길버트 제도의 타라와 섬과 마킨 섬을 장악하기 위해 준비할 때 그에게는 신형 항공모함 17척과 전함 13척이 있었는데, 이는 이제 일본 해군을 압도할 막강한 수상 전력이었다. 1943년에 미국 조선소들은 신형 항공모함 40척을 포함해 세계 곳곳에 배치될 총 419척의 군함을 생산했다.[131]

점령한 섬들의 방어를 주로 책임진 일본 해군은, 1943년 3월 25일의 해군 지령 제213호에 따르면, 외곽 섬들을 보유하는 것을 "우리 제국 본토의 국방에 지극히 중요한 사안"으로 여겼다.[132] 일본은 미국의 전쟁 노력을 소진시키기 위해 '신작전 방침'으로 모든 거점을 최후의 일인까지 사수하고, '백년 전쟁'이라는 야심찬 구호 아래 사실상 모든 섬 기지를 요새로 바꾸어 연합군의 전진을 저지하려 했다.[133] 일본 수비대들은 거의 1943년 내내 가만히 기다렸고, 그들의 보급로는 미국 육군과 해군의 공군력 확대로 인해 갈수록 위협을 받았다. '수레바퀴' 작전은 홀시의 제3함대가 '발톱Toenails'이라는 별난 암호명이 붙은 작전을 이끌어 솔로몬 제도를 강습하면서 시작되었다. 미군은 6일 3일 강습 명령을 하달했고, 2주 후 예비 작전으로 뉴조지아 섬을 습격했다. 주요 표적인 문다 지역은 7월 말에 확보했다. 일본군은 대부분 큰 섬인 콜롬방가라와 부건빌에 주둔하고 있었지만, 미군은 손실이 큰 상륙작전을 감행해 정면으로 맞부딪치기보다 적 수비대들을 우회하고 보급을 차단해 굶주리게 만들기로 결정했다—전시 마지막 2년간 '섬 건너뛰기' 전역을 전개하는 내내 채택한 전략이었다. 부건빌 섬 앞의 징검돌 격인 더 작은 벨라라벨라 섬은 8월 15일 손쉽게 함락했다. 그러자 일본군은 고립될 위험을 피해 콜롬방가라 섬에서 철수했다. 부건빌 섬에는 비행장과 해변을 방어하는 일본군 3만 5000명 등 햐쿠타케 장군이 지휘하는 총 6만 5000명의 제17군이 있는 것으로 추정되었는데, 솔로몬 제도를 소탕하려는 미군에게 단연 최대 규모의 적수였다. 미군은 섬 전체를 점령하지 않고 비행장을 건설할 수 있는 토로키나 곶 주변의 서해안에 고립지대를 확보하고 견고한 방어선을 구축하여 북부와 남부에 있는 중무장 수비대의 반격을 막아내기로 결정했다.[134] 미군은 지속적인 공습으로 부건빌 섬과 라바울의 일본 공군력을 축소시켰으며, 주요 강습에 앞서 10월 27일 미군과 뉴질랜드군(후자는 북아프리카 전역에서 복귀해 있었다)은 부건빌에서 약 120킬로미터 떨어진 트레저리 제도를 거의 저항 없이 장악하여 주요 상륙작전을 위한 기착지와 신형 레이더 탐지소로 활용했다. 부건빌 섬을 강습하는 '디퍼Dipper' 작전은 11월 1일 개시했고, 12월 중순까지 해안에 미군 4만 4000명이 상륙해 거점을 마련했다. 교전은 미군이 고립지대를 확보한 12월 18일까지 산발적으로 이어졌다. 1944년 3월, 햐쿠타케는 질병과 굶주림으로 쇠약해진 병력으로 일련의 정면 공격을 감행하여 일찍이 과달카날에서 저질렀던 전술적 오판을 되풀이했다. 일본군의 한 차례 야간 '반자이 돌격萬歲突擊'(태평양 전역에서 '천황 폐하 만세'를 외치며 돌격한 보병 전술) 이후 이튿날 아침 포와 기관총의 사격이 휩쓸고 지나간 자리에 겹겹이 쌓인 뒤틀린 시체들을 세어보니 3000구에 달했다. 햐쿠타케는 병력을 밀림으로 퇴각시켰다.[135] 전쟁이 끝난 1945년 8월경 그의 부대 중 3분의 1만이 살아 있었다. 부건빌 전역을 끝으로 솔로몬 제도를 협공하는 '수레바퀴' 작전은 완료되었다.

맥아더는 '발톱' 작전의 성공을 기다린 뒤 1943년 9월 뉴기니의 북쪽 해안을 따라 두 번째 협공을 시작했다. 9월 4일 오스트레일리아 제9보병사단은 공습 이외의 저항에 부딪히지 않고서 라에 인근 해변에 상륙했고, 9월 22일 많지는 않을지언정 방어 병력이 있던 판슈하펜 북쪽 해변에 상륙했다. 오스트레일리아군은 우선 교두보를 확보한 뒤 10월 2일 판슈하펜을 함락했다. 그리고 2주 후 이 기지를 탈환하려던 일본군의 반격을 격퇴했다. 연합군은 초기의 성공을 굳힐 수 있었지만, 그로부터 7개월 후에야 섬의 북쪽 해안을 따라 일본군 잔여 수비대에 대한 공세를 재개할 수 있었다. 이 무렵 라바울의 일본 해군기지 역시 '수레바퀴' 작전 때문에 미국 해군과 육군의 항공기에 취약한 상태였으며, 1944년 2월 일본 함대는 아직 주둔 중인 9만 5000명이 라바울에 고립되도록 남겨둔 채 북쪽 캐롤라인 제도의 추크로 이동했다. 솔로몬 제도 제압이 임박한 가운데 니미츠는 맥아더와 합의한 대로 육군 전역을 지원하던 해군을 빼내 중부태평양의 공세에 투입하기 시작했다. 그는 길버트 엘리스 제도의 두 섬을 공격하기로 결정했다. 타라와 환초의 베티오 섬, 그리고 마킨 섬이었다. 작전은 신설된 제5함대의 사령관 스프루언스 제독이 지휘하고, 과달카날 전투의 사령관 리치먼드 터너가 제5상륙부대를 책임지고, 홀랜드 스미스 Holland Smith가 해병대의 제5상륙군단을 이끌기로 했다. 또 엘리스 제도의 두 섬 푸나푸티와 나누메아를 10월까지 점령하고 비행장을 건설해 이후의 상륙을 지원하기로 했다.[136] 마킨 섬에는 일본 방어부대 300명과 이들을 지원하는 한국 징용자 271명밖에 없었다. 그들은 11월 21일 6000명의 강습부대를 맞닥뜨렸는데, 대부분 경험이 없는 제27보병사단의 병력이었다. 머릿수의 격차에도 불구하고 미군은 이튿날 오후에야 섬을 확보했다고 공표할 수 있었고, 사망자 56명, 환자와 부상자 131명의 손실을 입었다.[137]

이 손실은 마킨 섬 공격과 같은 날에 제2해병사단이 개시한 베티오 섬 강습의 손실에 비하면 아무것도 아니었다. 이전의 경험에서 배운 일본 해군 특별육전대는 토치카와 숨겨진 벙커에서의 은폐 사격으로 모든 전진선을 겨누는 섬 요새를 건설해두었다. 이 작은 섬은 엄폐물이 별로 없었고 강습에 앞서 며칠간 맹렬한 포격과 폭격에 시달렸지만, 방어부대는 비록 통신망이 파괴되어 방어를 조율하는 데 어려움을 겪긴 했으나 효과적으로 포진한 덕에 가장 심한 폭격을 피할 수 있었다. 미군은 이 섬과 큰 비행장을 확보하기 위해 그때까지 경험한 적 없는 가장 치열한 전투를 거의 사흘간 치러야 했다. '신작전 방침'에 걸맞게 일본군은 거의 최후의 일인까지 이 거점을 사수했다. 일본군 약 4000명이 사망하고 대다수가 한국 징용자인 불과 146명만이 살아남았다. 미 해병대의 손실은 사망 984명에 부상 2072명이었다.[138] 해병대 사령관 홀랜드 스미스는 폐허가 된 섬을 둘러보고서 이렇게 말했다. "이 방어시설을 자세히 보게. 그 개자식들은 방어의 달인이야. … 보루 하나를 차지할 수는 있었지만 모든 보루가 다른 두 보루의 엄호를 받았네."[139] 작은 섬 하나를 차지하기 위해 치른 대가에 대한 소식, 처음에 손실 정도를 과장한 소식은 미국 여론에 충격을 주었다. 그러자 해군 계획자들과 상륙부대는 애초 1944년 여름에 실행할 예정이었으나 타라와 환초를 장악한 뒤 일정을 앞당긴 마셜 제도 공략전을 효과적으로 치러서 미군의 손실을 줄이기 위해 함께 노력했다. 하지만 이 전역은 차라리 포기하는 편이 나았을 것이다. 1944년 1월 니미츠는 남서태평양과 필리핀으로 향하는 경로에 초점을 맞추자는 맥아더의 구상에 동의했지만, 맥아더의 "터무니없는" 계획에 "분개하고 경악"한 어니스트 킹 제독은 미국 합동참모본부에서 마셜 제도를 강습하는 암호명 '화승총 Flintlock' 작전을 실행한다고 못박았다.[140] 니미츠는 마셜 제도의 동쪽 끝에 있으며 방어가 가장 견고하고 첩보에 따르면 베티오 섬처럼 방어를 대폭 강화하고 있는 워트제 섬과 말로엘라프 섬을 피하기로 결정했다. 그 대신 만약 장악할 경우 추크의 주요 일본 해군기지를 폭격할 수 있는 서쪽의 두 섬 콰잘레인과 에니웨톡을 표적으로 정했다.

미군은 방어부대를 포격하기 위해 먼저 네 개의 작은 섬을 점령한 뒤 1944년 2월 1일 콰잘레인을 침공했다. 제4해병사단과 제7보병사단이 섬을 확보하기까지 나흘이 걸리긴 했지만, 콰잘레인의 방어시설은 베티오처럼 깊은 엄폐물이 아니라 급조한 참호와 개인호였다. 방어부대는 약 8000명이 사망한 반면에 미 해병대의 손실은 313명이었다. 니미츠는 이 결과에 흡족한 나머지 원래 5월 1일 예정이었던 에니웨톡 침공을 서두르라고 명령했다. 미군은 이번에도 먼저 더 작은 섬들을 여럿 확보한 뒤 나흘 후인 2월 21일에 에니웨톡을 침공했다. 이 섬은 방어가 더 강했음에도 이틀 만에 함락되었으며, 미군이 348명을 잃는 동안 거의 전부 죽을 때까지 싸운 일본인과 한국인 4500명이 사망했다. 마셜 제도 동쪽의 섬들은

1945년 항복할 때까지 해상과 공중을 차단당해 아무런 희망도 없는 일본 군의 수중에 남아 있었다.[141] 이제 니미츠와 스프루언스는 일본에서 2150 킬로미터 거리에 있는 마리아나 제도를 표적으로 삼을 수 있었다.

1943년 태평양과 지중해의 교전 규모는 스탈린그라드에서 독일군이 붕괴한 뒤 수개월간 이어진 전쟁에 비하면 작아 보였다. 소련에서는 붉은군대가 여전히 1500킬로미터 넘게 펼쳐진 지상 전선에서 추축군의 200개 넘는 사단을 상대하고 있었다. 스탈린과 소련 지도부는 영국과 미국이 이제 북아프리카를 거의 점령했으므로 카사블랑카 회담에서 1943년에 프랑스를 침공하기로 확정하기를 바랐다. 그런데 카사블랑카에서 시칠리아를 침공할 수 있다는 것 외에 구체적인 안이 아무것도 나오지 않자 스탈린은 처칠의 우려대로 "실망하고 격분"했다. 스탈린은 루스벨트에게 시칠리아는 "프랑스 내 제2전선"의 대안이 아니라고 말했다.[142] 1943년 5월에 서방 연합국은 1944년 봄까지 제2전선을 열지 않고 지중해에서 싸움을 이어갈 것이라는 '트라이던트' 회담의 결론을 스탈린이 들었을 때, 연합국의 동맹 관계는 최저점까지 떨어졌을 것이다. 설상가상으로 처칠은 자신의 지중해 계획으로 붉은군대에 대한 독일군의 새로운 공세를 막을 수도 있을지 모른다고 제안했지만, 그 무렵 스탈린은 독일군이 전시를 통틀어 최대 전투 중 하나인 '성채Zitadelle' 작전을 개시하기 직전임을 훤히 알고 있었다. 스탈린은 6월 24일 서방 연합국이 전해에 다짐했던 모든 약속과 서약을 거론하는 신랄한 답변을 보냈다. "이것은 단순히 실망의 문제가 아닙니다. … 이것은 심각하게 시험받고 있는 연합국에 대한 [소련 정부의] 신뢰의 문제입니다."[143] 그리고 6주 동안 서한 답변을 거부하여 워싱턴과 런던에서 그가 개별 강화를 교섭할지도 모른다는 불안—근거 없는 추측이었으나 지속적인 소문에 의해 윤색되었고 전후에 일부 역사서에서 계속 주장했다—을 자아냈다.[144] 스탈린은 어떠한 지중해 계획이든 '국면 전환용'으로 규정했다. '오버로드' 작전이 많이 진척된 그해 후반에도 스탈린은 동맹을 계속 의심했다. 11월 말 연합국 삼국의 정상회담을 위해 테헤란으로 가는 길에 그는 "이제 결정해야 할 주요 쟁점은 그들이 과연 우리를 도울지 여부다"라고 말했다고 한다. 그런데 이 단계에서 스탈린은 1943년에 소련군이 거둔 승리로 서방 연합국의 도움이 덜 필요해 보였다. 주코프는 스탈린이 "우리는 히틀러의 독일을 혼자서 끝장내기에 충분한 힘을 가지고 있을 것이다"라고 말한 것으로 기억했다.[145] 이 주장은 끝내 검증되지 않았지만, 소련이 근 3년 동안 추축국의 공격을 정면으로 받아낸 것은 사실이었다. 스탈린은 처칠에게 소련의 "막대한 희생"을 상기시키고 그에 비하면 영국과 미국의 손실은 "소소하다"고 지적했다.[146]

1년 사이에 전세가 마침내 붉은군대 쪽으로 크게 기운 뒤, 1943년 말 동부전선의 추이는 스탈린의 커져가는 낙관론을 부추기고 있었다. 스탈린그라드 전투 이후로도 동부전선이 아직 결판나지 않았다는 점은 1943년 2월과 3월에 걸쳐 한 달 동안 주인이 두 번 바뀐 우크라이나 도시 하르키우의 운명으로 분명하게 드러났다. 돈 강 스텝지대를 소탕하는 작전 이후 스탈린은 지난 몇 달간의 전투로 붉은군대가 지쳤음에도 광대한 전선에서 계속 공세를 펼 것을 요구했다. 전선의 제일 북쪽에서 1943년 1월 12일 '불꽃Spark' 작전을 개시한 소련군은 1주일 내에 레닌그라드까지 이어지는 좁은 회랑지대를 열어젖혀 긴 포위망을 일부분 깨뜨렸지만, 그곳에서 독일 북부집단군을 포위하려던 두 번째 작전은 독일 사령관 게오르크 폰 퀴흘러Georg von Küchler 원수가 방어선을 좁히고 강화하는 바람에 포기할 수밖에 없었다. 로코솝스키 장군의 중부전선군(돈 강 전선군에서 개명)

으로 독일 중부집단군을 포위해 격멸하려던 또다른 계획은 수포로 돌아 갔지만—"가능성보다 식욕이 우세했다"고 로코솝스키는 불평했다— 2월 초에 더 남쪽에서 쿠르스크와 하르키우를 겨냥해 실행한 '별Star' 작전 은 더 성공적이었다. 소련군은 2월 8일 쿠르스크와 벨고로드를 탈환했고, 2월 16일 친위대 기갑군단이 하르키우를 포기하자 남겨진 도시를 재점 령하고 독일군 전선 쪽으로 돌출된 넓은 지역을 강타했다.[147] 그러나 소련 군 최고사령부는 지친 병력으로 한층 야심찬 계획을 강행했던 전해의 실 책을 되풀이했다. 이번에는 우크라이나 남부 공업지대를 점령하고자 진 군하던 독일 남부집단군을 무리해서 차단하려 했다. 만슈타인은 히틀러 를 설득해 방어 중 역습을 허락받았고, 2월 19일 증강한 병력으로 하르키 우 서쪽에서 지나치게 늘어진 붉은군대를 밀어붙였다. 소련군의 진군이 급속히 와해되는 가운데 만슈타인은 3월 15일 하르키우를 장악하고 며칠 뒤 벨고로드를 되찾은 다음 쿠르스크 일대에서 여전히 독일군 전선 쪽으 로 튀어나온 지역, 남북으로 185킬로미터, 동서로 128킬로미터인 지역의 남쪽 면을 단단히 틀어막았다.

쿠르스크 돌출부는 2차대전에서 엄밀한 계획을 따른 주요 전투들 중 하나의 현장이 되었다. 히틀러는 스탈린그라드 전투에서 독일군이 붕괴 하자 새로운 상황에 어떻게 대응해야 할지 확신하지 못했다. 1942년 12월 에 OKW 군사 계획자들은 캅카스 유전을 다시 한 번 함락하고 전략적 주 도권을 되찾을 것을 제안했지만, 이듬해 2월경 히틀러는 그 제안이 군사 적 공상이라고 판단했다.[148] 2월 18일 히틀러는 사령관들에게 "올해에는 대규모 작전에 착수하지 않겠다"는 뜻을 분명히 밝혔지만, 만슈타인이 하 르키우에서 성공을 거두자 장군의 제안을 받아들였다. 바로 독일군 전선 을 줄이고, 포위된 붉은군대에 치명적인 패배를 안겨주고, 스탈린그라드 이후 잃어버린 위신을 얼마간 되찾기 위해 중부집단군과 남부집단군으로 쿠르스크 돌출부를 위아래로 협공하자는 제안이었다.[149] 1941년이나 1942년 같은 규모의 공세는 아니었으나 심각한 국지적 피해를 입힘으로써 1943년 동안 소련군의 추가 공세를 저지하려는 의도였다. 하르키우 남쪽에서 더 작은 다른 작전들—'매Habicht' 작전과 '표범Panther' 작전—로 쿠르스크를 지원할 구상도 했지만, 4월 중순 히틀러는 작전명령 제6호를 통해 '성채' 작전을 선택했다. 북쪽의 오룔 일대와 최근 탈환한 남쪽의 벨고로드 일대에서 쿠르스크 돌출부의 목 부분을 강습하는 작전이었다.[150] 이 무렵 소련군 최고사령부는 봄 해빙기의 진창이 사라지고 나면 쿠르스크 돌출부가 독일군의 목표가 될 거라고 이미 판단하고 있었고, 주기적인 정찰로 곧 이것이 옳은 판단임을 확인했다. 4월 12일 스탈린은 주코프와 바실렙스키를 만나 대응책을 논의했다. 스탈린은 방어전이 달갑지 않았지만 쿠르스크 일대의 견고한 방어 전장에서 독일군의 강습을 막아낸 뒤 배후의 예비대로 단숨에 강력한 반격을 가해 독일군 전선을 드니프로 강까지 밀어붙이는 방책을 받아들였다. 로코솝스키 휘하 중부전선군과 니콜라이 바투틴Nikolai Vatutin 휘하 보로네시 전선군은 늦어도 5월 10일부터 시작될 독일군의 공세에 대비하라는 지시를 받았고, 4월 말 두 사령관은 방어를 수행할 위치에 포진했다.[151] 5월 초까지 필요한 장비와 추가 인력이 준비되었으며, 돌출부에서 동원된 민간인 30만 명이 8중의 방어선을 구축하는 작업을 도왔다. 그곳은 4800킬로미터 길이의 참호와 대전차호, 흙과 목재로 만든 수천 개의 포좌, 외곽을 겹겹이 두껍게 에워싸는 철조망, 94만 2000발의 대전차지뢰와 대인지뢰로 이루어진 방어지대였다.[152]

독일의 작전계획은 예측 가능한 패턴을 따랐다. 당시 돌출부를 강화하기 위해 눈에 띄게 쏟아져 들어오는 다수의 부대들을 협공으로 차단하고 포위하려는 패턴이었다. 북쪽에서 발터 모델Walter Model 장군이 지휘하는 제9군이 협공의 한 축을 맡고, 남쪽에서 호트 장군의 제4기갑군이 켐프 파견군(사령관 베르너 켐프Werner Kempf의 이름을 따서 명명)의 지원을 받아 다른 축을 맡기로 했다. 히틀러에게 문제는 언제 타격할지 결정하는 일이었다. 남부집단군 사령관 만슈타인과 중부집단군 사령관 귄터 폰 클루게 Günther von Kluge 원수는 소비에트 측이 준비가 되지 않았다고 생각해 되도록 일찍 시작하기를 원했지만, 모델은 겨울과 봄에 격전을 치른 터라 휘하 병력에서 보병부대와 기갑부대를 증원할 시간이 필요하다고 주장했다. 5월 4일 히틀러는 '성채' 작전을 6월 12일까지로 연기했지만, 중부집단군의 영역에서 파르티잔이 극성을 부려 증원병력이 줄어드는 바람에 모델이 보급선을 더 안전하게 지키기 위해 '집시 남작Zigeunerbaron' 작전으로 응수할 수밖에 없었고, 그 탓에 공세 개시일이 다시 6월 19일로 연기되었다. 이 무렵 히틀러가 튀니지 전투 이후 이탈리아가 전쟁을 지속하도록 만드는 데 신경을 쓰긴 했지만, 무솔리니가 계속 싸우겠다는 의지를 밝힌 후로는 '성채' 작전이 덜 위험해 보였다. 그럼에도 작전의 결과는 확실치 않았으며, 기갑총감 구데리안 장군과 독일군 동부정보국의 수장 라인하르트 겔렌Reinhard Gehlen 둘 다 작전 취소를 권고했다.[153] 히틀러는 일정을 다시 늦추었는데, 이번만큼은 최신 중전차 모델인 5호 '판터' 전차와 6호 '티거' 전차가 전방 부대들에 도착할 시간을 주기 위해서였다. 그러나 히틀러가 마침내 7월 5일 오전에 작전을 개시하라고 명령한 시점까지 도착한 신형 전차는 328대뿐이었고 그중 251대가 공격부대에 배치되었다. 다수의 전차는 더 약한 3호 전차(309대)와 4호 전차(245대)였고, 각 기갑사단의 평균 전차 대수는 필요 전력의 절반인 불과 73대였다.[154]

소비에트 측은 다가오는 작전이 어떻게 펼쳐질지 예측하기가 여간 어렵지 않았다. 붉은군대가 방어전을 위해 포진하고 '선제공격'을 바라는 스탈린의 뜻을 거역한 첫 작전이었기 때문이다.[155] 종심 방어작전은 공세 훈련을 받은 육군이 자연스레 선호하는 작전이 아니었고, 새로운 전술 무대에 익숙하지 않던 것이 전투에서 맞닥뜨린 몇몇 문제의 원인이었다. 독일군의 오랜 작전 지연은 예상 밖의 일로서 불확실성을 유발하긴 했지만, 동시에 소련군에게 전력을 강화할 기회를 주었다. 6월까지 쿠르스크의 소련군은 이미 붉은군대의 40퍼센트와 소비에트 기갑전력의 75퍼센트를 방어지대에 잔뜩 밀어넣어 거의 완전한 전력을 갖추었다. 스탈린은 조바심을 냈고 6월에 먼저 공세를 취하는 방안을 다시 생각했지만, 주코프의 견해가 우세했다. 소련군은 주기적으로 경계태세를 취했으나 적의 공격은 없었다. 6월 말, 방수한 무전과 소비에트 정찰대가 붙잡은 독일 군인들을 심문한 결과는 모두 공격이 임박했음을 가리켰고, 7월 2일부터 붉은군대는 전면 경계태세에 들어갔다. 7월 4일에 붙잡힌 독일 군인은 이튿날 오전 '성채' 작전이 개시될 것임을 확인해주었다. 주코프는 4일 자정 이후 독일군 사령관들이 미리 알아채지 못한 소련군 공세에 역으로 당하는 건 아닌지 일시적으로 혼동하도록 포와 로켓탄, 폭격기로 집중공격을 가하라고 지시했다.[156] 이것이 파쇄공격임을 확인한 뒤, 독일군은 오전 4시 30분 공세를 시작했다. 전투에서 양편은 모두 대군으로 맞붙었다. 소비에트 육군과 공군은 병력 133만 6000명(일부는 여성), 전차와 자주포 3444대, 포와 박격포 1만 9000문, 항공기 2650대(예비 장거리 항공기를 더하면 3700대)를 배치했다. 돌출부 뒤편에는 이반 코네프Ivan Konev 장군이 지휘하는 스텝 전선군의 병력 57만 3000명, 전차와 자주포 1551대, 포와 박격포 7401문이 있었다.[157] 독일 집단군들은 병력 90만 명(다만 전투병은 62만 5271명뿐이었다), 장갑전투차량 2699대, 포 9467문, 항공기 1372대를 투입했다.[158] 독일 측은 전차와 자주포, 폭격기의 질에서 우위였고, 소비에트 측은 수에서 상당히 유리했다.

쿠르스크 돌출부 자체에서 열흘 조금 넘게 지속된 전투는 독일군의 실패였다. 이 결론은 강조할 필요가 있다. 독일 육군과 공군의 전술적 기량에도 불구하고, '성채' 작전은 만슈타인이 전후 회고록에서 애통해한 '빼앗긴 승리'가 아니라 주코프의 당초 계획이 옳았음을 입증한 작전이었다. 북쪽에서 모델의 제9군은 처음 이틀간 소도시 포니리까지 11킬로미터를 전진했지만, 맹렬한 탄막사격에 모든 방어 거점에서 고전할 수밖에 없었다. 제9군의 공격은 7월 7일 방어가 삼엄한 올호바트카 능선의 맞은편에서 저지되었는데, 그곳에서는 협동에 더 능한 소비에트 지상공격기가 제13군의 방어를 지원했다. 모델은 더 이상 돌파할 수 없어 9일 강습을 멈추었다. 주코프는 스탈린에게 첫 역습에 나설 시간이 왔다고 알렸고, 7월 12일 서부전선군, 브랸스크 전선군, 중부전선군의 부대들이 '쿠투조프 Kutuzov' 작전을 개시해 독일군 전선을 신속히 돌파한 뒤 이름과 달리 전차를 보유하지 못한 독일 제2기갑군을 포위하려 했다. 모델은 쑥대밭이 된 시골을 가로질러 제9군을 후퇴시켜 전선의 틈새를 막아보려 했지만, 독일군 공세의 이 부분은 이미 끝난 상황이었다. 남쪽의 독일군은 더 멀리까지 진군했는데, 어느 정도는 소련 정보기관이 북쪽의 협공이 더 강하고 로코솝스키의 자원이 더 많다고 오판했기 때문이다. 호트는 제24기갑군단에 약한 2개 사단을 예비로 남겨둔 채 돌출부 남쪽에 9개 기갑사단을 배치할 수 있었다. 이틀간 치른 교전에서 바투틴의 전선군은 오보얀-쿠르스크 간선도로 쪽으로 30킬로미터를 밀려났지만, 7월 7일 독일 기갑부대는 소련 제1근위전차군이 지키는 주요 방어선들 중 첫째 방어선을 맞닥뜨렸다. 독일 기갑사단들은 완강히 싸워 쿠르스크 이전의 마지막 자연

장애물인 프숄 강을 건넜지만, 친위대 '해골' 기갑사단이 확보한 이 교두보가 최대 진격 지점이었다.[159] 호트는 제2SS기갑군단의 진격 방향을 프로호로프카의 작은 철도 교차점 쪽으로 돌렸다.

뒤이어 프로호로프카에서 벌어진 전차전은 오랫동안 2차대전 시기 최대 규모의 전차 대 전차 전투로, 소비에트가 결국 승리하고 전차 수백 대가 파괴된 전투로 묘사되었다. 진실은 더 재미없는 것으로 밝혀졌다. 제2SS기갑군단 예하 2개 사단의 진격을 저지하기 위해 소련은 예비 부대들 중 하나로 파벨 로트미스트로프Pavel Rotmistrov 장군이 지휘하는 제5근위전차군에 서둘러 이동할 것을 명령하고 7월 12일 사전 정찰이나 계획이 충분하지 않은 채로 전투에 투입했다. 로트미스트로프는 자신이 벨고로드 반격의 일부를 담당한다고 착각했던 듯하며, 휘하 기갑부대 전체를 친위대 '라이프슈탄다르테Leibstandarte' 사단과 '다스 라이히Das Reich' 사단 쪽으로 이동시켰다. 전차 대수는 제5근위전차군이 500대, 독일 사단들이 204대였다. 제5근위전차군은 숨겨진 대전차호로 들어갔다가 독일 전차들, 주로 개량된 포를 탑재한 4호 전차의 우세한 화력에 분쇄되었다. 이틀간 제5근위전차군은 전차와 자주포 359대(208대는 완파)를 잃은 반면에 2개 친위대 사단은 7월 12일 단 3대만 잃었다.[160] 이는 중요한 전술적 승리였지만, 만슈타인의 바람처럼 '성채' 작전의 성공을 앞당기지는 못했다. 소비에트 남부전선은 붕괴하지 않고 계속 항전했다. 중상을 입은 제5근위전차군마저 16일까지 다시 전차 419대와 자주포 25대를 확보했다.[161] '쿠투조프' 작전이 시작되자 만슈타인은 남쪽에서 끊임없는 교전으로 항공지원이 이미 대폭 약화된 데다 보병을 잃어 기갑부대가 성과를 낼 때도 지형을 점하기 어려운 상황임에도 클루게를 돕기 위해 사단과 항공기를 북쪽으로 보내야 했다. 사실 쿠르스크 전투의 전차전 성격을 지나치게 강조하는 것은 이것이 1차대전 막판의 전투들과 흡사하게 보병과 포, 항공기의 전투였다는 실상을 놓치는 것이다. 자신감이 떨어지는 가운데 호트는 소련군의 저항을 깨뜨리고자 프로호로프카의 남쪽에서 추가 공격을 감행했다. 그리하여 7월 14일 예비대도 없이 '롤란트Roland' 작전을 개시했으나 지친 병력으로는 소련군 전열을 뚫을 수 없었다. "나는 기진맥진한 군인들이 임무에 집중하지 못해 갖가지 기본적인 실수를 저지르는 모습을 지켜보았다"고 어느 독일 군인은 기록했다.[162] 결국 남쪽의 협공은 7월 23일 포기해야 했다. 더 남쪽에서 미우스 강과 도네츠 강을 겨냥한 소련군의 새로운 공세 탓에 만슈타인이 '성채' 작전에서 부대들을 더 빼낼 수밖에 없었기 때문이다.[163]

7월 13일, 히틀러는 이미 클루게와 만슈타인에게 작전을 마무리해야겠다고 말했다—보통 연합군의 시칠리아 상륙을 원인으로 꼽고 이것이 고려사항이긴 했지만, 주된 원인은 모델의 전선이 돌파되어 갑자기 위기가 발생한 데 있었다. 이탈리아의 위기에 히틀러는 더디게 반응했고, 7월 17일 제2SS기갑군단의 3개 사단 중 '라이프슈탄다르테' 사단만을 지중해로 파견했다. '성채' 작전을 종결한 것은 초기 목표를 달성하는 데 실패했기 때문이다. 그 이후 독일 측이 예상하지 못한 소련군의 반격으로 이 실패는 더욱 악화되었다. 7월과 8월의 소모전에서 독일군은 초기 병력의 3분의 1에 달하는 사상자 20만 3000명과 항공기 1030대를 잃었다. 또 동부전선 전체에서 전차와 자주포 1331대를 상실했다. 소비에트 측은 손실이 훨씬 컸지만—쿠르스크에서만 사망 또는 실종 7만 명, 전차 1600대, 항공기 400대였다—1943년 여름에 공장들이 조잡한 대량생산에 집중한 터라 독일군보다 쉽게 물자를 교체할 수 있었다.[164] 쿠르스크 남쪽에서 독일군의 협공을 저지하는 데 예상보다 긴 시일이 걸리는 바람에 소련군은

8월 3일에야 예비 스텝 전선군과 바투틴의 보로네시 전선군을 벨고로드 쪽으로 투입해 '루먄체프Rumiantsev' 반격작전에 나설 수 있었다. 몇 주간 소모전을 치른 이 단계에서 만슈타인의 집단군에는 장갑전투차량 237대와 병력 17만 5000명밖에 없었고, 8월 말까지 병력이 13만 3000명으로 더 줄었다. 붉은군대는 8월 5일 벨고로드를 신속히 함락했고, 스탈린은 개전 이래 처음으로 모스크바에서 포 120문의 축포와 하늘을 수놓는 불꽃놀이로 축하행사를 열라고 지시했다. 만슈타인이 적의 돌진을 막으려 더 시도하긴 했지만, 8월 23일 하르키우가 함락되어 도시의 주인이 마지막으로 바뀌었다.

쿠르스크 이후 공세는 줄곧 일방향이었다. 7월에 만슈타인의 주의를 쿠르스크에서 하르키우 남쪽으로 돌리려던 작전은 진척이 느렸지만, 8월 중순 소련군 최고사령부는 우크라이나 공업지대를 되찾고 더 서쪽의 드니프로 강을 돌파하기 위한 조치로 남서부전선군과 남부전선군에 돈바스 서부를 탈환할 것을 명령했다. 붉은군대는 8월 30일 타간로크, 9월 8일 스탈리노(지금의 도네츠크)를 차지했고, 9월 22일 드니프로 강 남쪽 도시 드니프로페트롭스크에 다다랐다. 전선 전체를 공격하여 결코 독일 육군에 한숨 돌릴 기회를 주지 않는다는 스탈린의 전략에 맞추어 바실리 소콜롭스키Vasily Sokolovsky 장군이 지휘하는 서부전선군은 8월 7일 지난 1941년에 가장 치열한 전투의 무대 중 하나였던 스몰렌스크를 겨냥하는 '수보로프Suvorov' 작전을 개시했다. 240킬로미터에 걸쳐 격전을 치른 끝에 서부전선군은 9월 25일 스몰렌스크를 탈환했다. 독일군 전선이 움푹 파이는 동안 히틀러는 적의 공세를 막아낼 수 있도록 동부방벽Ostwall을 구축하라고 지시했다. 이 방벽에서 '보탄Wotan'이라는 암호명이 붙은 남쪽 부분, 즉 아조프 해안의 멜리토폴부터 자포리자까지 이어지는 부분은 히틀러가 (과장해서) 향후 전쟁 실행에 필수라고 여긴 니코폴과 크리비리흐의 원료나 산업을 방어하는 선이었다. 동부방벽의 북쪽 부분인 '판터Panther' 선은 드니프로 강과 데스나 강을 따라 북쪽으로 발트 해안의 나르바까지 이어졌다. 이 방벽은 엄청난 길이 때문에 효과적인 방어선이 될 수 없었고, 현장에 도착한 부대들은 견고한 방어진지가 아니라 지도에 그려진 선을 발견했다. 독일군은 패주하지 않고 후퇴하긴 했지만, 9월 말 만슈타인이 남부집단군을 드니프로 강 건너편으로 물릴 무렵 그의 60개 사단은 각각 평균 1000명 규모로 줄어 있었고 집단군 전체에 전차가 300대밖에 없었다.[165] 후퇴하는 동안 독일군 부대들은 무자비한 초토화 전략을 채택하라는 명령을 받아 가능만 하다면 무엇이든 폭파하고, 마을을 잿더미로 만들고, 남자든 여자든 주민들에게 강제노동자 신세로 함께 행군하도록 강요했다. 북쪽 끝에서 한참 남쪽을 돕기 위해 병력과 장비를 보내준 독일 북부집단군은 불과 36만의 병력과 7대의 전차로 소련군의 대규모 맹공에 직면했음에도 외곽 방어에 성공했다. 이 방어는 클뤼허의 후임으로 온 모델이 2년 반 만에 레닌그라드 포위를 풀고서 판터 선으로 퇴각한 1944년 1월에야 뚫렸다.

붉은군대는 1943년 8월부터 1944년 4월까지 우크라이나 도처와 벨라루스 동부에서 거의 끊임없이 싸웠다. 다만 붉은군대가 남쪽과 북쪽에서 신속히 진군하는 와중에도 히틀러가 니코폴과 크리비리흐를 사수하라고 고집한 탓에 우크라이나 공업지대의 일부는 1944년 2월까지 독일군의 수중에 있었다. 9월 말 소련군이 드니프로 강가에 늘어선 가운데 주코프는 반대편 강기슭을 더 빨리 장악하기 위해 공수공격을 제안했다. 전시의 숱한 공수작전과 마찬가지로 그 결과는 대실패였지만, 강 건너편에서 먼저 교두보를 확보하면 탐나는 '소비에트연방 영웅' 칭호를 얻을 것이라고 들은 부대들이 자그마치 40개의 작은 교두보를 마련했다. 무려 2438명이 영웅 훈장을 받았고, 그중 47명이 장군이었다.[166] 독일 남부집단군은 10월 동안 키이우 남쪽의 교두보들을 둘러쌀 만큼 강한 것으로 판명되었다. 그러나 바투틴의 보로네시 전선군—이제 전투의 지리가 바뀐 것을 고려해 제1우크라이나 전선군으로 개명—은 키이우 북쪽의 류베치 마을 인근에서 1개 사단을 강 건너편의 늪지대와 습지대, 독일군이 위험하지 않다고 생각하던 지역으로 보냈다. 제3근위전차군도 극비리에 이 교두보로 이동했다. 악천후가 독일의 공중 정찰을 방해했고, 키이우 남쪽에서 만슈타인이 이쪽에서 공격이 올 것이라고 믿도록 기만술을 썼다. 11월 3일, 독일 방어군은 늪지대에서 튀어나온 2개 부대에 완전 기습을 당했다.

키이우는 사흘 후, 볼셰비키 혁명 기념일인 11월 7일 전날에 함락되었다. 스탈린은 기념 연설에서 "위대한 전환점의 해"를 선포했다. 몰로토프는 호화로운 축하연을 열고 영국 대사가 만취해 테이블에 엎드릴 정도로 술을 넉넉하게 대접했다.[167] 스탈린그라드와 마찬가지로 키이우는 상징적인 승리였지만, 나머지 우크라이나를 휩쓴 거대한 움직임의 일부일 뿐이었다. 남쪽에서 코네프의 스텝 전선군(이제 제2우크라이나 전선군)은 드니프로 강 곳곳을 맹공격하며 니코폴을 위협했고, 그보다 한참 남쪽에서 독일 제17군은 크림 반도에서 배후를 차단당해 구조될 가망이 아예 사라졌다. 진을 빼는 5개월의 교전 끝에 소련군은 공세를 멈추었다. 병력은 지쳤고 보급품과 심지어 군화마저 부족했다. 그러나 1944년 봄 우크라이나 남부의 나머지 지역을 결국 재정복했다. 2월 8일 니코폴을 함락하고 2주 후 크리비리흐를 되찾았다. 코네프는 3월 중순 드네스트르 강과 몰도바 국경까지 도달했고, 4월 7일 보토샤니에서 루마니아 영토에 진입했다. 북쪽에서 주코프와 바투틴은 1941년 여름의 대규모 전차전 현장이었던 리우네

(이전 우크라이나 제국판무관부의 수도)와 루츠크를 함락한 뒤 남쪽으로 방향을 틀어 카르파티아 산맥의 언저리와 헝가리로 이어지는 야블로니차 고개에 이르렀다. 이것이 스탈린이 1944년의 "열 번의 통타"라고 부른 공세의 초기 국면이었다.[168]

1943년 소련의 공세는 북쪽의 레닌그라드 전선부터 남쪽의 아조프해까지 엄청난 규모로 이루어졌고 인력과 장비 면에서 큰 손실을 보았다. 붉은군대의 600만 명은 7월부터 12월까지 거의 끊임없이 싸웠다. 소련 문서고들이 개방된 이래 독일군을 격퇴한 소련군의 결점이 많이 지적되었다. 모든 수준에서 형편없었던 훈련, 부적절한 참모 책무, 서투른 정보 수집, 어설픈 전술, 결함 있는 군수생산 등이었다. 이런 시각에서 보면 1941년과 1942년 내내 밀려난 붉은군대가 어떻게 그토록 극적으로 전세를 뒤집을 수 있었는지 이해하기 어렵다. 보리스 소콜로프Boris Sokolov가 말했듯이, 오늘날의 통념적 견해는 독일 육군이 그저 "시체에 파묻혔다"는 것, 붉은군대가 내던질 수 있었던 엄청난 수의 시체에 압도되었다는 것이다.[169] 이 견해는 당시의 실상을 심각하게 오해하는 것이다. 1943년에 붉은군대의 부대들은 독일군과 마찬가지로 1941~1942년의 막대한 손실 이후로 인력이 부족했다. 영토 상실 이후 소비에트의 전쟁 노력에 이용할 수 있는 인력 풀은 추축국이 이용할 수 있는 인력 풀보다 조금 많은 1억 2000만 명가량이었다. 독일군은 점령한 유럽 영토에 넓게 분산되긴 했지만 최정예 전투부대들이 대부분 동부전선에 있었던 반면에 붉은군대는 일본의 위협에 대비해 상당한 규모의 병력을 극동에 두어야 했다. 소련의 동원은 더 무자비했다. 청장년 남성뿐 아니라 상당수의 여성도 징집했고, 부상병을 금세 전투부대로 돌려보냈으며, 독일군에 비해 지원부대의 수가 적었다. 그렇지만 소련이 1942년부터 손실을 줄이기 위해 실수에서 배우고 훈련을 개선하고 전술을 수정하는 노력을 경주하지 않았다면, 수적 우세도 요긴하지 않았을 것이다. 1942년 11월 소련은 육군과 공군이 더 효과적으로 교전하는 데 필요한 모든 교훈을 정리하고 전파하기 위해 '전쟁경험활용부'를 공식 설립했다.[170] 그와 동시에 화력과 항공지원, 기동성을 강화하여 훈련된 보병이 부족한 상황을 개선할 수 있도록 무기 대량생산에 중점을 두었다. 이제 La-5, Yak-1B, Yak-7B 전투기와 거대한 ML-20, SU-152 자주포를 비롯한 소련제 무기는 독일제 무기와 동급이었다. 소련은 미국의 무기대여법 덕분에 대량생산에 중점을 둘 수 있긴 했지만, 쿠르스크 전투 무렵에도 원조의 양은 그리 많지 않았다. 소련군은 여전히 결점이 있음에도 점차 문제를 개선하여 1941년의 어설프고 서투른 존재에서 만만찮은 전투기구로 거듭날 수 있었으며, 독일군은 명백한 작전 경험과 기발한 전술에도 불구하고 소련군을 물리칠 수 없었다.

1943년 11월, 스탈린은 처칠과 루스벨트가 여름부터 요청해온 연합국 정상회담 제안을 마침내 받아들였다. 그전까지 스탈린은 전선을 방문하느라 바빠서 그들을 만날 수 없다고 둘러댔고(실은 전시를 통틀어 1943년 8월 1일 서부전선군 사령부를 딱 한 번 방문했다), 처칠이 제안한 스캐퍼플로〔스코틀랜드 북부의 군항〕에서 만나고픈 마음이 없었다. 세 지도자는 스캐퍼플로 대신 1941년에 영국군과 소련군이 공동으로 점령한 나라 이란의 수도인 테헤란에서 만나기로 했다. 스탈린과 루스벨트가 이해한 정상회담의 주된 목표는 단 하나였다. 서방 연합국이 소비에트 전선의 중압을 덜어주기 위해 1944년 프랑스에서 대규모 전역을 드디어 개시하기로 굳게 다짐하는 것이었다. 10월에 테헤란 회담의 서막 격으로 모스크바에서 열린 외무장관 회담에서 코델 헐은 연합국이 소련 측을 저버리지 않을 것이라는 믿음을 주기 위해 몰로토프에게 '오버로드' 작전의 세부를 알려주었다. 또 모스크바의 미국 군사사절단은 선의의 표시로 10월 말부터 매일 소련 측에 침공 준비 상황에 대해 브리핑을 해주었다.[171] 처칠은 8월에 퀘벡에서 루스벨트를 다시 만났을 때 '오버로드'를 부득이 확정하긴 했지만 이탈리아와 프랑스에서 동시에 여는 두 전선이 과연 "주어진 임무를 수행할 만큼 강할지"에 대해 여전히 깊은 의문을 품고 있었으며, 영국 참모본부는 '오버로드'를 "다른 모든 것을 거는 아군 전략의 중심축"으로 삼는 방안에 대해 줄곧 우려했다. 스팀슨은 루스벨트가 11월의 정상회담 참석차 떠나기 전에 대통령에게 처칠이 "'오버로드'의 등에 칼을 꽂으려 합니다"라고 경고했다.[172] 둘 다 건강이 좋지 않았던 루스벨트와 홉킨스에게 테헤란 일정은 신체적으로 큰 부담이었지만, 전함 아이오와Iowa를 타고 가기로 한 덕에 대통령과 동행한 합동참모본부는 귀중한 기회를 잡아 확고한 합의를 이끌어낼 수 있었다. 1944년 "독일에 대항하는 미국-영국의 주된 지상전 및 항공전 노력"을 '오버로드' 작전에 집중하고, 이탈리아 전역에서 피사와 리미니를 잇는 선 너머로 나아가지 않으며, 이 선까지 북진한 이후에는 이탈리아 전구의 자원을 프랑스 남부를 침공하는 암호명 '모루Anvil' 작전에 투입한다는 합의였다. 한 조사보고서는 처칠의 주장처럼 자원을 발칸이나 에게 해로 돌려서는 안 된다고 지적했다. "아멘!"이라고 루스벨트는 보고서에 적었다.[173]

서방의 두 지도자는 중국 전황을 논의하기 위해 장제스를 카이로로 초대한 암호명 '육분의Sextant' 회담에서 먼저 만났다. 관심을 받은 장제스는 기뻐했다. 더욱이 10월에 모스크바에서 만난 소비에트 지도부가 중국을 전쟁 목표에 관한 4개국 선언의 서명국 중 하나로 포함시키는 데 마지못해 동의하여 훨씬 강한 동맹국들과 동등한 지위를 중국에 마침내 선사하고 결국 국제연합 안전보장이사회의 일원이 될 길을 열어주었던 터라 기쁨은 배가되었다.[174] 루스벨트는 중국이 전쟁을 유지하도록 신경썼고, 장제스에게 영국군이 벵골 만에 상륙해 일본군의 주의를 돌리는 암호명 '버캐니어Buccaneer' 작전에 착수하면 버마 전역에서 보급로를 뚫겠다고 약속했다. 두 지도자는 식민주의 종식에 대해 의논하고 전후에 영 제국의 결말을 짓는 데 동의했다.[175] 루스벨트는 스탈린이 반소련 영미 '블록'이 만들어지는 것은 아닌지 의심할 것을 우려하여 처칠과 따로 만나기를 거부했다. 카이로 회담 이후 일행은 11월 27일 테헤란으로 날아갔고, 스탈린은 비행을 두려워하면서도 바쿠에서 항공편으로 테헤란에 도착했다. 이튿날 스탈린은 처칠을 제쳐두고 루스벨트를 만나 1944년에 대규모 침공을 실행할 것이라는 확답을 들었다. 이 대화는 약속을 흔들 수도 있었던 처칠의 모든 시도를 미연에 차단했다. 29일 스탈린이 처칠의 면전에서 대놓고 '오버로드'를 원하느냐고 물었을 때, 이제 수적 열세임을 알고 있던 영국 총리는 대세를 따를 수밖에 없었다. 불안하긴 했으나 수를 써볼 여지가 거의 없었다. 이튿날 루스벨트는 제2전선의 주요 쟁점과 관련해 합의에 이르렀다고 발표했다. "이 결정에 만족합니다"라고 스탈린은 짤막하게 발언했다.[176] 또 스탈린은 이탈리아 전역과 동시에 프랑스 남부를 침공하자는 미국의 제안에 찬성하고, 발칸과 동지중해에서 군사행동을 이어가자는 영국의 제안에 "결단성 없다"—실제로 그랬다—며 퇴짜를 놓았다. 다른 쟁점들에서도 루스벨트는 10월의 모스크바 회담을 바탕으로 스탈린으로부터 원하던 것을 얻어냈다. 세 정상은 루스벨트의 표현대로 '네 경찰관'(미국, 소련, 영국, 중국)이 지배하는 전후 국제 질서에 잠정 동의했을 뿐 아니라 독일이 패전하면 공동으로 점령하고 분할하기로 했다. 스탈린은 히틀러를 물리친 뒤 대일본 전쟁에 가세하겠다는 뜻을 처음으로 내비쳤다. 이 결정을 내린 뒤, 영국 대사관에서 열린 처칠의 생일 축하연에서 지도자들은 우호를 표할 수 있었다. 취기가 오른 스탈린은 "나의 전우 루스벨트"와 "나의 전우 처칠"을 위해 건배한 반면, 처칠은 "루스벨트, 대통령, 나의 친구"와 "스탈린 강자"를 위해 건배하자고 응수했다. 이 대비는 구태여 통역할 필요가 없었다.[177]

루스벨트와 처칠이 중국과 지중해에 대한 논의를 이어가고자 테헤란에서 카이로로 돌아갔을 때는 우호적인 분위기가 한결 덜했다. 장제스(며칠 전 카이로에서 귀국한 장제스는 그에 맞서는 이른바 '소장파 장군들'의 음모가 좌절된 사실을 알게 되었다)를 돕겠다는 약속은 영국 측에 중요한 논쟁거리였다. 근 1년 동안 버마 로드를 여는 암호명 '애나킴Anakim' 작전을 놓고 연합국 내에서 논쟁이 벌어지고 영국 측이 꾸준히 반대해온 터였다.[178] 루스벨트는 중국의 참전을 유지하기 위해 버마 작전에 대한 약속을 이행하기로 결심했지만, 미국의 상당한 지원 없이는 '애나킴' 작전은 물론이고 '버캐니어' 작전도 수행하지 않으려는 영국 측과 사흘간 논쟁한 뒤 이 방안을 단념했다. 1943년 12월 7일 장제스는 버마 작전을 1944년 후반까지 연기한다는 통지를 받았고, 이 결정에 놀라지 않았다.[179] 같은 시기 처칠이 카이로에서 끈질기게 매달린 새로운 집착, 이탈리아의 이전 식민지 로도스 섬을 독일 점령군으로부터 빼앗으려는 집착(비판적인 브룩은 10월 일기에 "로도스 광기"라고 썼다)도 불화를 낳았다.[180] 미국의 입장은 더 이상 동지중해에서 아무런 약속도 하지 않는다는 것이었다. 처칠은 터키 정부가 참전하도록 설득하려 했고 도데카니사 제도 작전의 성공이 충분한 미끼가 될 거라고 생각했지만, 연합국 지도부를 만나러 카이로에 도착한 터키 대통령 이스메트 이뇌뉘Ismet İnönü는 터키의 중립 입장을 바꾸겠다는 약속을 전혀 하지 않았다. 테헤란 못지않게 카이로도 동맹의 향후 전략에 대한 영국과 미국의 견해차를 드러내긴 했지만, 처칠은 프랑스를 침공한다는 굳은 약속을 조금도 바꾸지 못했다. 워싱턴으로 돌아간 루스벨트는 스팀슨에게 이렇게 말했다. "'오버로드'를 무사히 데려왔다네."[181]

테헤란과 카이로 회담은 이후의 작전들에 영향을 주었다. 연합국 지도부는 적으로서의 이탈리아 제국을 제거한 1943년의 성공으로 다른 추축국 제국들도 물리칠 가능성이 높아졌음을 알고 있었다. 그렇지만 승리를 위해 얼마만큼의 시간과 비용을 더 들여야 할지 판단할 방도는 없었다. 1944년 봄과 여름에 연합국은 일련의 크고 복잡한 전투를 통해 추축국의 저항을 약화시키는 능력을 여실히 보여주었고, 가을에는 연합국이 의심할 나위 없이 승리할 것으로 전망되었다. 그러나 독일과 일본의 최종 패배라는 목표는 좌절스러울 정도로 손에 잡히지 않았다. 두 나라의 군대는 비록 수세에 몰리긴 했지만, 가용한 기술과 유리한 지형을 바탕으로 방어에 임하여 물적 자원을 훨씬 많이 보유한 적을 강력히 저지하고 심대한 피해를 입힐 수 있었다. 특히 제한된 반격과 파쇄공격을 가하는 적극방어 전략으로 방어군의 능력을 증대할 수 있었다. 방어하는 쪽은 이점이 많았다. 진을 치고 포를 숨길 수 있었고, 기동전을 할 만큼 연료가 충분하지 않으면 전차까지 감출 수 있었다. 철저히 숨긴 방어부대의 포를 찾거나 파괴하는 것은 어려운 일이었다. 베티오 섬을 방어할 때처럼 기관총과 박격포를 사용하는, 서로 연결된 토치카나 보루로 완전한 사계射界를 형성해놓으면 전진하는 적 보병과 전차를 극도의 위험에 빠뜨릴 수 있었다. 무연화약을 사용하는 박격포는 특히 찾기가 어렵고(대개 반사면反斜面에서 포탄이 날아왔다) 치명적이었다. 신식 박격포는 가벼워서 한 사람이 쉽게 옮길 수 있었고, 고각 단거리 사격으로 분당 25~30발을 발사할 수 있어 전진하는 적을 막아내기에 이상적이었다. 영국 육군은 독일군 전열의 가차없는 박격포 사격에 좌절한 나머지 1944년 8월 박격포에 맞서 싸우는 법에 관한 과학적 조언을 얻고자 박격포대응위원회Counter-Mortar Committee를 신설했다. 또 짧은 파장의 레이더를 연구했고 가을에 박격포의 위치를 찾는 데 도움이 되는 장치를 고안했지만, 박격포의 위협은 끝내 제거하지 못했다.[182]

박격포 외에도 매복을 위해 잘 숨길 수 있는 다양한 대전차무기가 있었다. 쉽게 사용하고 운반할 수 있는 독일군의 휴대용 단발 대전차무기 판처파우스트Panzerfaust는 연합군 장갑차에 큰 손실을 입혔다. 여기에 더해 1차대전 때부터 익숙한 지뢰와 철조망이 널리 사용되었다. 두 사례를 통해 효과적인 신식 방어지대를 제압하기가 얼마나 어려웠는지 살펴볼 수 있다. 1944년 9월 미군이 강습한 팔라우 열도의 작은 섬 펠렐리우의 전투는 일본군에게는 산호를 깎아낸 500개의 동굴과 터널에서 벌인 지하 전투였다. 일본군은 대부분의 동굴과 터널에 철문을 달고 큰 바위와 철제 들보를 사용해 지붕을 얹었고, 거의 전부 교묘하게 위장했다. 또 산호를 폭파해 만든 공간에 포를 집어넣은 뒤 포격할 수 있는 작은 구멍만 남기고 봉했다. 아울러 모든 방향에서 사격할 수 있도록 포와 토치카를 배치하고 지형의 성격에 따른 모든 이점을 최대한 활용했다. 이 자그마한 섬을 미군이 완전히 제압하는 데 9월 15일부터 11월 25일까지 걸렸다. 작전이 얼마나 힘겨웠던지 제1해병사단은 이후 6개월간 전투에 참가하지 못했다.[183] 이탈리아 전역의 두 번째 사례도 펠렐리우와 같은 수준의 방어 대비태세를 보여준다. 영국 제8군이 독일군 고딕 방어선의 동쪽 끝 아드리아 해안에서 '올리브Olive' 작전에 착수하기 전에 독일 공병들은 막강한 방어진지를 구축했다. 그곳에는 전차호 8944미터, 대전차지뢰 7만 2517발, 대인지뢰 2만 3172발, 철조망 11만 7370미터, 대피호 3604개, 기관총좌

2375개, 대전차포 479문이 있었다.[184] 놀라운 점은 연합군이 이탈리아, 태평양, 노르망디 시골에서 얼마나 느리게 진군했느냐가 아니라 이 깊고도 치명적인 방어를 도대체 어떻게 극복했느냐는 것이다. 1944년의 전역들에서 주로 퇴각하고 방어하는 적을 상대하는 동안 연합군은 방어군이 누리는 이점을 무력화하는 전술과 기술을 개발하고 점점 커지는 물질적 우위를 활용함으로써 눈앞의 곤경을 타개하는 법을 배워야만 했다.

아시아 전쟁에서는 일본군이 전략적 참사를 피하고자 버마와 중국에서 공세를 재개하면서 추축국의 방어태세가 잠시 중단되었다. 일본 점령군이 1년간 중국 게릴라 세력을 응징하는 습격 외에 별다른 성과를 내지 못한 뒤, 육군 작전과의 핫토리 다쿠시로服部卓四郎 대좌가 중국에서 전역을 재개하는 방책을 내놓았다. 이 '장거리 전략계획'은 당시 미국의 강력한 봉쇄 탓에 해로가 막힌 상황에서 동남아시아 정복지부터 일본 본토까지 이어지는 새로운 보급로를 확보하기 위해 중국 중부의 점령 지역과 인도차이나를 연결하는 철도 회랑을 정복할 것을 요구했다. 핫토리는 이로써 전쟁을 안정화하고 1946년까지 태평양 지역에서 공세를 재개할 수 있기를 바랐다. 당면 목표는 1944년 여름에 개시하는 전역에서 허난성, 허베이성, 후난성을 관통한 뒤 인도차이나 국경까지 닿는 주요 철도 노선을 장악하는 데 있었다. 여기에는 '이치고一號 작전'이라는 명칭이 붙었다. 도조는 12월에 이 계획을 승인하면서도 작전지역 내 미국 항공기지들을 함락하는 것으로 야망을 줄일 것을 고집했다―공세보다 수세에 가까운 전략이었다. 핫토리와 중국 현지 사령관들은 그 이상을 원했고, 1944년 4월 중순 도쿄의 반대를 무릅쓰고 두 단계 전역을 개시했다. 제1단계 '평한平漢' 작전으로는 베이핑〔지금의 베이징〕과 한커우를 잇는 철도 노선을 확보하려 했고, 제2단계 '상계湘桂' 작전으로는 창사와 헝양을 향해 남진하여 인도차이나에서 북진하는 일본군과 공조하려 했다. 북지나 방면군과 지나 파견군은 중국 내 병력 62만 중 50만 명을 두 작전에 투입해 일본 역사상 최대 전역을 전개했다.[185] 일본군에 직면한 국민혁명군은 보급품, 훈련된 병력, 의료시설, 심지어 군복마저 만성적으로 부족했고, 인도부터 중국까지 보급로를 뚫으려는 스틸웰 장군의 새로운 시도 때문에 장제스의 다른 부대들로부터 지원을 받을 전망도 거의 없었다.

일본군 일선 부대들까지 병참선이 길어졌거니와 노련한 사단들을 태평양 전쟁으로 보낸 이후 충원한 보병의 질이 떨어졌음에도, 약해지고 사기가 떨어진 적을 상대로 '이치고' 작전은 모든 국면에서 성공을 거두었다. 베이핑-한커우 철도를 완전히 장악한 뒤 5월 26일 일본군 15만 병력이 후난성으로 쏟아져 들어갔고, 6월 18일 그때까지 차지하지 못한 창사를 함락했다. 적군 3만 명이 도시를 포위했을 때 중국군 사령관 쉐웨薛岳 장군에게는 1만 명밖에 없었다. 그다음 표적 헝양은 쉐웨 장군과 팡셴줴方先覺 장군이 47일간 방어했으나 8월 8일 함락되었다. 중국 내 미국 육군 항공대의 사령관 클레어 셔놀트Claire Chennault 장군은 헝양의 중국군에 보급품을 더 보내고자 안간힘을 썼지만 스틸웰은 "그들을 내버려두게"라며 묵살했다.[186] 버마와 태평양에서 전역이 길어지고 위기가 발생하자 일본 참모본부는 '이치고' 작전을 끝내려고 다시 시도했지만, 핫토리는 미군 항공기지 여섯 곳을 장악한 후에도 작전을 이어가겠다고 고집을 부렸다. 광저우의 일본군 고립지대와 인도차이나에서 이동한 부대들은 중국 북부와 남부를 잇는 철도 노선 확보를 완료했다. 이 전역에서 일본군은 사상자로 2만 3000명을 잃은 데 반해 가뜩이나 부족한 장제스의 중국군은 75만 명을 잃었다.[187]

무타구치 렌야牟田口廉也 중장 휘하 일본 제15군도 버마에서 중국 전역

과 비슷하게 야심찬 전역을 구상했다. 핫토리처럼 무타구치도 인도 북동부 점령을 당시 연합국의 무기대여 물자를 산맥 너머 중국으로 공급하던 아삼의 공군기지들을 제거하는 방편으로 여기는 데 그치지 않고 더 나아가 가능하다면 인도에서 반영국 반란을 유발하고 연합국의 타협을 유도하려 했다. 1944년 1월, 도조는 "임팔 주변 인도 북동부의 전략지대"를 점령하는 더 신중한 '우고ウ號' 작전을 승인했다. 그 무렵 영국-인도군이 버마의 아라칸 지역으로 남진하여 2월 말 일본군 수비대를 대파했음에도 일본 측은 이 작전을 강행했다. 3월 7/8일 일본군 3개 보병사단과 인도국민군의 지원병 2만 명이 임팔과 코히마에 대한 공격을 개시했다. 인도국민군 지휘관 수바스 찬드라 보스는 휘하 부대가 고국을 '해방'시키는 데 일조하기를 바랐다. 차량이 부족한 일본군은 1만 2000마리의 말과 노새, 1000마리가 넘는 코끼리와 동행했다. 영국군 사령관 윌리엄 슬림은 사전에 작전에 대해 통지받고서 임팔 평원에서 방어를 준비했다. 공군의 든든한 지원을 받는 방어부대 15만 5000명은 보급품이 부족하고 전차가 없고 항공지원을 거의 못 받는 무타구치의 8만 5000명에 수적으로 우세했다. 교전은 양측 모두에게 잔혹했다. 훗날 슬림은 "살려달라는 요청은 받지도 않았고 들어주지도 않았다"고 회고했다.[188] 코히마가 포위되긴 했지만 공중 보급 덕에 이곳의 수비대와 임팔의 방어부대 모두 싸움을 이어갔고, 결국 굶주림과 질병, 수개월의 소모전으로 쇠약해진 일본군은 병력의 70퍼센트가량을 사상자로 잃고서 후퇴할 수밖에 없었다. 1944년 7월 4일 대본영의 명령에 따라 '우고' 작전은 종료되었다.[189]

한편 카이로 정상회담의 결론에도 불구하고, 스틸웰은 인도에서 훈련하고 무장한 중국 X군과 윈난성에 근거지를 둔 Y군을 동원해 버마 로드를 다시 열어보자고 장제스를 설득했다. 장제스는 2년 전의 재앙을 되풀이할까봐 버마 전역을 꺼렸지만, 루스벨트는 장제스가 응하지 않으면 "미합중국과 중국은 향후 협력의 기회가 제한될 것이다"라는 무정한 서신을 보냈다. 장제스는 중국이 "이 전쟁을 홀로 치르면" 어떨지 침울하게 숙고했으나 결국 굴복했다.[190] 1944년 5월 중순 스틸웰은 미치나에 이르렀지만 일본군의 완강한 방어에 또다시 저지당했다. 8월에 영국군, 인도군, 중국군이 일본 제33군을 남쪽으로 밀어낼 때까지 스틸웰 부대의 사상자 비율은 80퍼센트에 달했다. 슬림은 이라와디 평원을 가로질러 퇴각하는 일본군을 추격해 1945년 3월 20일 만달레이를 함락했고, 4월 말 당시 연합군의 폭격으로 폐허가 된 도시 랑군에 입성했다. 그 무렵 아웅 산의 버마 국민군BNA은 일본 편에서 연합국 편으로 돌아섰다. 일본군 잔여 병력은 말라야로 물러났다. 북부에서 중국 X군과 Y군은 마침내 1945년 2월 버마 로드(이제 다소 부당하게도 '스틸웰 로드'라고 불렀다)를 다시 열었지만 초기 물자가 중국에 들어오기까지 수개월이 걸렸다.[191] 일본 측에 버마 방어는 죽음의 투쟁이었다. 3년간 투입된 30만 3501명 중 18만 5149명이 전투나 질병, 굶주림으로 죽었는데, 이는 일본군이 제국의 경계에 물자를 공급하는 데 실패했음을 알려주는 음울한 지표다. 버마 전역을 통틀어 영국군의 손실은 사망 4037명이었고, 전투의 태반을 담당한 인도군과 서아프리카군의 손실은 6599명이었다.[192]

'이치고' 작전과 '우고' 작전 모두 미국 항공대가 장제스를 지원하고 일본 본토를 폭격하는 것을 막기 위해 일차적으로 미국의 공중 노력을 겨냥했다. 그러나 일본의 전쟁 노력에 한층 더 위험한 요인은 태평양에 있었다. 태평양에서 니미츠는 마셜 제도의 기지들을 장악한 데 이어 일본의 아직 남은 해상 교통을 방해하고 본토를 폭격할 수 있을 정도로 일본에 가까운 마리아나 제도의 세 섬—사이판, 티니안, 괌—을 표적으로 삼았다. 스프루언스의 제5함대는 이제 막강한 해군 자원을 운용할 수 있었다. 마크 미처Marc Mitscher 제독은 침공부대를 보호하기 위한 항공모함 15척과 신형 전함 7척을 포함하는 제58기동부대의 지휘를 맡았다. 미국 합동참모본부는 1944년 3월 12일 지령에서 니미츠에게 6월 15일에 작전을 시작하라고 지시하는 한편 맥아더 장군에게 남서태평양에서 필리핀 남부 침공의 디딤돌 격으로 뉴기니 북부 함락을 완료하라고 명령했다. 작전 속도를 높이기 위해 맥아더는 상륙부대와 항공부대에 나중에 무력화하거나 파괴할 수 있는 일본군 수비대들을 지나치며 전진하라고 지시했다. 토머스 킨케이드Thomas Kinkaid 중장 휘하 제7함대가 엄호하는 가운데 대니얼 바비 소장이 지휘하는 오스트레일리아–미국 연합 상륙부대는 다섯 차례에 걸쳐 일련의 상륙작전을 개시했다. 우선 애드미럴티 제도를 장악했는데, 이곳의 시들러 항이 훗날 필리핀 침공의 중간대기 기지로 쓰였다. 뒤이어 '퍼시큐션Persecution' 작전과 '레클리스Reckless' 작전으로 1944년 4월 22일 홀란디아의 항구를 에워싸는 교두보들을 장악했다. 이곳에서의 세 차례 상륙작전은 이렇다 할 저항에 부딪히지 않았으며, 오스트레일리아 브리즈번의 경주로에 설치한 기지에서 일본군 통신을 방수해 해독한 덕에 맥아더의 부대들은 일본군의 공격이나 증파 계획을 예측할 수 있었다.[193] 연합군은 홀란디아를 장악한 뒤 추가 작전으로 왁데 섬과 비악 섬을 겨냥했다. 왁데 섬은 5월 17일 공격을 시작해 격전을 치른 끝에 마침내 6월 25일에 확보했다. 비악 섬의 수비대 전력을 크게 오판한 연합군은 5월 27일 침공을 개시한 뒤 한 달간 치열한 전투를 치르고서야 비행장들을 수중에 넣었고, 결국 8월에야 섬을 평정할 수 있었다. 연합군은 투입한 보병의 5분의 1을 잃었으며, 일본 방어부대는 거의 전멸했다. 연합군은 오스트레일리아군으로 서부 뉴기니를 소탕하고 차후 북진을 위해 공군기지

들을 건설했다. 이로써 일본 제국의 남서부 외곽 방어선이 다 뚫렸다.[194]

일본 해군은 미국의 다음 표적이 마리아나 제도임을 정확히 알고서 예정된 침공 직전인 6월에 이 제도를 보강하기 시작했다. 사이판 섬의 사이토 요시쓰구齋藤義次 중장에게는 3만 1629명이 있었는데, 이는 전투병이 불과 1만 1000명이라고 제시한 미군 정보기관의 추정치보다 훨씬 큰 규모의 수비대였다. 일본 수비대는 방어를 완료하진 못했으나 심각한 피해를 입힐 만큼 준비가 되어 있었다. 다시 한 번 리치먼드 터너와 홀런드 스미스가 지휘하는 '포레이저Forager' 작전에 해병대 3개 사단과 육군 2개 사단이 배정되었고, 32만 톤이라는 엄청난 물자를 운송할 수 있는 535척의 기동부대가 총 12만 7000명을 마리아나 제도까지 실어날랐다.[195] 사이판은 6월 15일에, 이전 미군 기지인 괌은 18일에, 티니안은 7월 15일에 침공할 예정이었지만, 사이판에서의 맹렬한 저항 때문에 당초 일정대로 실행할 수 없었다. 제2해병사단과 제4해병사단으로 이루어진 침공부대는 6월 15일 여덟 곳의 해변에 상륙했으나 바다를 내려다보는 언덕에서의 포격에 많은 사상자가 생겼다. 군함의 맹포격 지원은 숨겨진 포병진지를 파괴하는 데 별 도움이 되지 않았으며, 미 해병대는 기관총과 박격포, 중포의 사격에 쓸려나갔다. 6월 18일, 미처 제독은 다가오는 일본 함대, 즉 오자와 지사부로小澤治三郎 중장의 기동함대로부터 침공부대를 보호하기 위해 제58기동부대를 사이판에서 해상으로 이동시켰다. 스프루언스는 적 함대가 상륙함을 파괴하고 상륙작전을 방해할 의중이라고 생각했지만, 오자와는 이번이 제58기동부대를 "단 일격으로" 격멸할 대규모 함대 교전을 벌일 기회라고 보았다.

오자와가 아직 남은 일본 연합함대의 핵심인 항공모함 9척과 전함 5척을 대동했음에도 전력 균형은 미처 쪽이 크게 유리했다. 미처의 항공모함들에는 항공기 900대가 실려 있었거니와 대부분 최신식 해군 기종인 그루먼 '헬캣', 커티스 '헬다이버', 그루먼 '어벤저' 뇌격기였으며, 승무원도 일본 측보다 훈련이 잘 되어 있었다. 900대는 오자와가 운용할 수 있는 항공기 수의 두 배였으며, 일본 지상기지에 배치된 항공기를 지원받을 가능성도 근 1주일간 이어진 미군 항공기의 폭격과 기총소사로 인해 낮아진 상황이었다.[196] 필리핀 해 해전이라고 알려진 전투의 결과는 일본 기동함대에 재앙이었다. 6월 19일 오전, 오자와는 레이더 정보를 최대한 활용할 만한 위치에 자리잡고 있던 미처의 함대를 공격하고자 제1파와 제2파로 함재기들을 출격시켰다. 이륙한 항공기 197대 중 58대만 돌아왔다. 그날 오전 제3파 공격에 나선 47대 중 27대가 귀환했지만, 마지막 제4파 공격의 82대는 미군 함대를 발견하지 못하고 괌까지 날아갔다가 30대가 격추되고 나머지 대부분도 손상된 활주로에 충돌하여 단 9대만 항공모함으로 돌아왔다. 정확한 수치는 밝혀지지 않았지만, 일본 함재기와 지상기지 항공기 최소 330대가 미군 조종사들이 '마리아나 칠면조 사냥'이라는 별명을 붙인 전투에서 격추되었다. 이튿날 일본은 함재기 65대를 더 잃었고, 항공모함 쇼카쿠翔鶴와 다이호大鳳가 잠수함 공격에 침몰했다. 기동함대는 운용 가능한 함재기를 35대만 남긴 채 일본으로 돌아갔다.[197]

이제 적 해군과 공군의 위협이 거의 사라진 가운데 사이판 전투는 사이토의 부대가 방어선들을 따라 섬의 북쪽으로 물러나며 치르는 나날의 소모전 양상이 되었다. 6월 30일, 식량과 물이 부족하고 끝날 줄 모르는 함포 사격에 기가 꺾인 방어부대는 최후의 행동을 준비했다. 사이토는 4000명이 넘는 장병을 남겨둔 채 자결했고, 사케를 넉넉히 제공받은 잔여 병력은 어떻게든 구하거나 임시변통한 아무 무기나 들고서 일제히 '반자이 돌격'을 결행하기로 했다. 돌격대 선두의 뒤편에는 전우들과 함께 죽기로 결심한, 붕대를 감고 목발을 짚은 부상자들과 병자들이 있었다. 7월 7/8일 밤 그들은 고함을 지르며 일제히 돌격했다. 돌격에 처음 직면한 미군 부대는 총 1107명 중 918명을 전사 또는 부상으로 잃었다. 대개 백병전으로 치른 몇 시간의 교전 끝에 일본군 4300명이 죽었다. 이틀 후 미군은 섬을 확보했다고 선언했지만, 그전에 민간인 수백 명이 북쪽 해안가의 절벽에 모여 먼저 자식을 찌르거나 목 졸라 죽인 뒤 꼭대기에서 뛰어내려 집단으로 자살했다.[198] 일본 방어부대가 거의 전멸하긴 했지만 미군 사상자도 전투병의 5분의 1인 1만 4111명 발생했다.[199]

괌 작전은 태평양 전쟁에서 가장 긴 폭격 기간인 13일 동안 폭격한 뒤 7월 21일 개시했다. 공격에 더 대비한 방어부대를 상대로 주요 교두보를 마련하기까지 1주일이 걸렸고, 3주간 힘겨운 전투를 벌이며 미군 1744명을 더 잃은 끝에 8월 11일에야 섬을 확보했다고 선언할 수 있었다. 밀림으로 달아난 일본군은 3000명으로 추정되며 그중 일부는 종전 때까지 밀림에 머물렀다. 세 번째 섬 티니안은 7월 24일 침공해 사이판이나 괌에서 당면했던 곤경을 별반 겪지 않고서 8월 1일에 확보했다. 뉴기니 함락에 이은 마리아나 함락은 일본 고위 정치인들이 용서하기에는 너무 심각한 사태였기에 도조는 7월 18일 총리직에서 사임할 수밖에 없었다. 그로써 버마, 중국, 마리아나 제도에서 승리하여 미국이 타협적 강화를 교섭하도록 유도한다는 그의 희망은 좌절되었다.

이 단계에서 일본 지도부는 독일의 제국 모험도 분명 실패할 운명이라고 내다보았다. 1944년 6월 초 오시마 대사는 도쿄 외무성에 "이제부터 독일은 전쟁을 수행하기가 무척 힘들 것이다"라고 경고하여 머지않아 일본이 추축국 가운데 유일하게 연합국과 싸우는 나라가 되리라는 불안감을 더욱 키웠다.[200] 오시마의 메시지 이후 2주 동안 유럽 서부와 동부에서 개시된 주요 작전들은 전쟁의 판세에 결정적인 것으로 판명되었다. 1944년 6월 6일 오전에 개시한 '오버로드' 작전으로 루스벨트는 테헤란에서 스탈린에게 다짐했던 약속을 마침내 이행했다. 2주 후인 6월 23일, 붉은군대는 벨라루스에서 독일 육군을 소탕하기 위해 '바그라티온Bagration' 작전을 개시했다. 뒤이은 전투들은 전쟁을 끝내진 못했으나 독일의 운명을 결정지었다.

 테헤란 회담 이후 연합국의 서유럽 침공은 더 확실해 보였다. 그러나 위험의 정도라는 쟁점과 실행 가능성에 대한 처칠의 끈질긴 의심은 아직 남아 있었다. 지난 1943년 4월 영국의 프레더릭 모건Frederick Morgan 중장이 주도해 강습 계획을 세우기 시작했지만, 연합국 내부의 언쟁은 끝나지 않았다. 침공 후보지는 두 곳이었다. 하나는 영불 해협의 가장 좁은 부분 맞은편의 파드칼레였고, 다른 하나는 노르망디의 센 강 하구부터 코탕탱 반도까지 이어지는 지역이었다. 미국 측은 노르망디를, 영국 측은 파드칼레를 선호했다. 연합작전본부장 루이스 마운트배튼Louis Mountbatten 경의 본부에서 이틀간 논쟁한 끝에 노르망디 선택지가 우위를 점했다. 1943년 8월 퀘벡('쿼드런트' 회담)에서 모건은 1944년 5월에 3개 사단으로 좁은 강습을 실행하는 계획을 제시했다.[201] 진지한 계획은 루스벨트가 테헤란 회담에서 노르망디 침공의 최고사령관을 누구로 할지 합의를 본 이후에야 세우기 시작했다. 조지 마셜은 전장에서 지휘할 기회를 원했지만, 워싱턴에서 자주 조언을 구하는 장군을 잃을까봐 주저한 루스벨트는 아이젠하워를 선호했다. 아이젠하워는 1944년 1월 지중해 지휘권을 영국 장군 헨리 메이틀랜드 윌슨Henry Maitland Wilson에게 넘겨주었고, 자신과 껄끄러운 관계임에도 몽고메리를 함께 데려가 제21집단군의 지휘를 맡기고 연합군 지상군 총사령관에 임명했다. 1월 21일 새로운 사령부 팀이 한데 모여 계획을 점검했다. 3개 사단으로 상륙할 경우 성공 가능성이 낮다고 판단해 5개 사단으로, 나중에 6개 사단으로 계획을 변경했다. 핵심 표적은 셰르부르 항구, 그리고 연합국 공군이 기지로 사용할 수 있는 캉 일대였다. 연합군은 노르망디 교두보에서 37개 사단을 집결한 뒤 프랑스 전역에서 독일군을 몰아낼 계획이었다. 계획의 성공에는 다른 두 요인이 결정적으로 보였다. 첫째, 카사블랑카 회담에서 합의한 연합 폭격기 공세를 통해 '오버로드' 작전의 위험을 충분히 줄일 정도로 독일 공군과 군수생산에 타격을 가해야 했다. 둘째, 이탈리아 전선을 안정화하여 그곳의 병력과 함정을 노르망디 침공을 위해 영국으로 옮겨올 수 있어야 했다.

연합국 합동참모본부는 1943년 여름이 되어서야 '오버로드' 작전에 도움이 되도록 폭격기 공세의 초점을 독일 타격에 맞추어야 한다고 역설했다. 미국 항공대 계획자들은 독일 항공기산업에 우선순위를 두는 76개 표적 목록을 작성했으며, 이 목표는 1943년 6월 10일 영국 폭격기 사령부와 미국 제8공군에 하달된 '포인트블랭크 지령Pointblank Directive'에 포함되었다. 두 조직은 서유럽을 침공하기에 적절한 시점을 판단할 수 있도록 폭격작전의 성공에 대해 합동참모본부에 정기적으로 보고할 것을 요구받았다. 9월에 합동참모본부는 '오버로드' 지원을 폭격기부대의 최우선 임무로 정했다.[202] 그 결과는 엇갈렸다. 폭격기 사령부를 책임진 아서 해리스Arthur Harris 공군 원수는 독일 전쟁경제를 약화시키는 최선의 방법으로 공업도시들에 대한 야간공격 전략을 지속하겠다고 고집했다. 1943년 7월 말과 8월 초에 해리스는 '고모라Gomorrah' 작전으로 함부르크를 겨냥한 일련의 극적인 공습에 나서 민간인 3만 4000명의 죽음을 초래했지만, 정작 전쟁 관련 산업에는 별 영향을 주지 못했다. 1943년 말에야 유효 전력을 채운 미 제8공군은 독일 볼베어링산업과 항공기산업을 표적으로 삼았지만, 손실률이 너무 높아 11월에 주간작전을 거의 중지하기에 이르렀고, 1944년 2월에야 독일 깊숙한 곳까지 공세를 재개할 수 있었다. 해리스는 함부르크에 이어 1943/44년 겨울 내내 베를린을 폭격했지만, 이 공습 역시 사상자는 많이 낳았으나 독일 공군력에 결정적인 영향을 주지는 못했다. 폭격 노력의 대략 2퍼센트를 전투기 조립 공장에 할애했던 해리스는 더 많이 할애하라는 지시를 받았다.[203] 폭격에도 불구하고 독일 전투기 전력이 꾸준히 증대한다는 증거가 나오자 제8공군 사령관 아이러 이커Ira Eaker 장군과 1944년 1월 그의 후임으로 온 제임스 두리틀 준장에게 독일 공군력을 충분히 약화시키기 위해 '포인트블랭크'를 "한계까지 밀어붙여야 한다"는 지시가 떨어졌다.[204] 같은 달에 칼 스파츠Carl Spaatz 장군이 유럽 내 미국 전략공군의 총사령관에 임명되었다. 그의 역할은 항공기 생산시설을 파괴하는 방법만이 아니라 폭격기 물결을 저지하려는 독일 전투기 부대를 소모시키는 방법으로도 독일 공군을 치명적으로 약화시킬 수 있다는 발상에 주력하는 것이었다.

독일 공군 제거의 관건은 장거리 전투기였다. 1943년 후반까지 미군은 주간에 독일 영공을 비행하는 폭격기에 전투기 호위를 붙이려는 노력을 전혀 기울이지 않았지만, 높은 손실률 추세를 뒤집을 다른 방도가 없음을 깨닫고서 세 기종의 전투기―록히드 P-38 '라이트닝', 리퍼블릭 P-47 '선더볼트', 노스아메리칸 P-51 '머스탱'―에 추가 연료탱크를 부착하는 계획에 급히 착수했다. 셋 중에 '머스탱'의 연료 추가 효과가 가장 좋아서 베를린 너머까지, 최대 빈까지 비행할 수 있었다. 윌리엄 케프너William Kepner 소장 휘하 미국 제8전투기 사령부는 이 장거리 항공기를 이용해 독일 공군과 전투를 벌이고 싶어했고, 상부의 허가를 받아 1944년 초에

1200대가 넘는 다수의 전투기를 '프리랜서'처럼 날려보낸 뒤 이를 요격하기 위해 집결하거나 고도를 높이는 적 전투기들을 추격하는 데 이어 기지까지 쫓아가 지상에 있을 때 기총소사하는 전술을 구사했다.[205] 그 목표는 적 전투기 부문에 한숨 돌릴 틈을 주지 않는 데 있었다. 당시 독일 항공기 산업을 최우선으로 겨냥하던 제8공군의 폭격기들이 1944년 봄 공습에서 한스-위르겐 슈툼프Hans-Jürgen Stumpff가 지휘하는 재편된 독일 항공함대에 의해 최대 손실률을 기록하긴 했지만, 독일 전투기부대의 출혈은 이제 뒤집을 수 없는 추세였다. 독일 공군은 2월에 전투기의 3분 1을 잃고 4월까지 43퍼센트를 잃었다. 당시 전체 전투기의 거의 5분의 4가 독일 본토를 방어하고 있었으므로 다른 전선들에서는 항공기를 교체하기가 어려웠다. 1944년 1월부터 6월까지 독일 공군은 항공기를 교전으로 6259대, 사고로 3626대 잃었는데, 이는 조종사 훈련체계의 질적 저하가 반영된 결과였다.[206] 폭격을 넘어 독일 상공에서 벌이는 항공전은 '오버로드' 작전 전개 시 제공권을 완전히 장악할 수 있도록 보장해주었다. 작전 개시일인 6월 6일, 북부 프랑스의 독일 제3항공함대에는 운용 가능한 항공기가 불과 520대, 전투기가 겨우 125대 있었다. 그에 반해 서방 연합군은 전투기 5400대를 포함해 총 1만 2837대의 항공기를 동원했다.[207] 침공 초기에 어느 독일 군인은 이렇게 썼다. "하늘에 새보다 미국 전투폭격기와 폭격기가 더 많았다. … 독일 항공기는 눈을 씻고 찾아봐도 없었다."[208]

이탈리아의 상황은 독일 공군력 파괴보다 덜 중요하긴 했지만, 연합국 합동참모본부는 지중해 전구가 인력과 선박 자원을 붙들어 '오버로드' 작전을 방해하지 않도록 작전 개시 한참 전에 이탈리아 전역에서 로마 북쪽의 '피사-리미니' 선까지 도달하는 것을 목표로 삼았다. 1943년 후반 구스타프 선의 교착 상태는 어차피 독일군도 묶여 있었으므로 감수할 수 있었다. 케셀링에게는 이탈리아 남부에 13개 사단, 북부에 8개 사단이 있었다. 처칠은 테헤란 회담 이후에도 '이탈리아에서의 정체'를 영국군 기록의 오점으로 여겨 프랑스 침공 한참 전인 2월에 로마에 도달하기 위해 마지막으로 노력해볼 것을 다시 한 번 촉구했다.[209] 클라크 장군이 이미 제시한 한 가지 해결책은 구스타프 선 뒤편에 상륙해 독일군 병참을 차단하고 어쩌면 독일군이 퇴각하는 동안 알바니 구릉을 통과해 로마에 닿는 것이었다. 아이젠하워는 이 방안에 반대했다. 하지만 처칠의 의견이 우세했는데, 그는 구스타프 선에서 너무 멀긴 해도 로마를 타격할 수 있는 테베레강 하구에 상륙하는 더욱 야심찬 작전을 원했다. 처칠은 '싱글Shingle' 작전을 실행할 수 있도록 충분한 수의 상륙정을 몇 주 더 지중해 전구에 그대로 두도록 루스벨트를 설득했지만, 알렉산더와 클라크는 안치오 해변—독일 방어선을 위협할 만큼 가까우면서도 로마로 이어지는 구릉과도 가까운 위치—에 2개 사단을 상륙시키는 더 적당한 작전을 고집했다.[210] 이 작전은 너무 급하게 계획했고 상륙 이후에 어떻게 전개할지 별로 생각하지 않았다. 작전 지휘관으로 낙점된 미 제6군단 사령관 존 루카스John Lucas 소장은 성공 가망을 눈에 띄게 비관하고 "여전히 코치석에 있는 … 똑같은 아마추어"가 제2의 갈리폴리 작전을 구상한 것은 아닌지 의심했다.[211] 상륙작전 예행연습에서 수륙양용차량 43대와 대포 19문을 바다에 빠뜨려 잃어버린 루카스는 '낭패'라고 생각했다. 1944년 1월 22일 루카스의 부대는 독일 군인들이 아주 적게 포진한 구역에 상륙했다. 둘째 날 40킬로미터의 전선을 확보한 상태에서 루카스는 더 진군해 독일군 배후를 공격하는 위험을 감수하지 않고 진을 쳤다. 케셀링은 암호명 '리하르트' 경보를 발령해 해안 공격을 알리고 로마의 소수 병력과 북부의 3개 사단을 불러모았다. 2월 2일, 루카스가 여전히 움직이지 않는 가운데 에버하르트 폰 마켄젠Eberhard von Mackensen 장군의 독일 제14군이 교두보를 에워쌌고, 그곳에서 5월까지 미군을 틀어막았다.[212] 루카스는 휘하 사단장들 중 한 명인 루시언 트루스콧Lucian Truscott 소장으로 교체되었지만, 이 조치는 사기를 높인 것 말고는 봉쇄에 별 영향을 주지 못했다.

안치오 상륙은 전략적 실패로, '오버로드'의 성공 가망에 대한 비판자들의 의구심을 더욱 키우는 결과를 가져왔다. 안치오 교두보의 병력과 합류하는 것을 목표로 악천후 속에 구스타프 선을 돌파하려 시도한 동시 작전은 유리한 산악 지형에 포진한 독일 방어군을 몰아내지 못하고 실패했다. 이 방어선의 중심점은 카시노 시, 그리고 베네딕트회의 몬테카시노 수도원을 꼭대기에 얹은 가파른 고지였다. 이 도시를 진압하고 고지를 급습하느라 치른 대가를 감안하면, 이탈리아 반도의 더 북쪽으로 진격하는 편이 훨씬 이득이었을 것이다. 2월과 3월에 인도 제4사단을 포함하는 뉴질랜드 군단은 두 차례 도시를 급습하려 했으나 성공하지 못했는데, 어느 정도는 공격에 선행한 융단폭격으로 인해 모든 거리가 돌무더기로 막혔기 때문이다. 2월 15일, 미국 제15공군의 폭격기들은 독일군이 몬테카시노 수도원을 방어에 사용한다고 잘못 짐작하고서 폭탄 351톤을 투하해 그곳에 피신해 있던 이탈리아 민간인 230명을 죽였다.[213] 그 후 독일 제1강하엽병사단이 폐허가 된 도시를 점령하고 5월까지 버텼다. 알렉산더는 작전을 재고할 수밖에 없었다. 그리고 '다이아뎀Diadem' 작전으로 교착 상태를 타개하기 위해 아드리아 해안에서 제8군을 데려왔다. 카시노 고지를 강습하는 동안 클라크의 제5군이 서해안에서 북진하고, 제8군이 리리강 유역을 뚫은 뒤 독일군 전열 쪽으로 선회해 케셀링의 병력을 에워싸는 작전이었다. 알퐁스 쥐앵Alphonse Juin 장군의 프랑스 원정군단, 브와디스와프 안데르스Władysław Anders 중장의 폴란드 제2군단을 포함해 연합군 병력은 30만 이상이었다. 이곳에서 승리하면 독일 육군이 '오버로드' 작전을 저지하기 위해 사단들을 보내는 것을 막을 수 있다는 것이 연합군의 생각이었다.[214]

작전은 프랑스 침공을 불과 3주 앞둔 5월 11일 개시했다. 1주일 내에 영국 제13군단은 카시노 서쪽의 리리 강 유역을 뚫었고, 그사이에 트루스콧은 드디어 안치오 교두보에서 벗어날 수 있었다. 지난 몇 달간 치열한 산악 전투로 지칠 대로 지친 독일군 부대는 기습에 완전히 당했다. 독일군 주요 사령관 네 명은 전장에 없었고, 그중 둘은 히틀러로부터 직접 훈장을 받으러 자리를 비운 터였다. 가장 힘겨운 전투는 폐허가 된 카시노 시를 내려다보는 고지 공방전이었다. 안데르스의 군단은 고지로 밀고 올라가면서 자살에 가깝게 저항하는 독일군과 교전하여 사상자가 많이 생겼다. 5월 17일 폴란드군 부대들이 수도원 턱밑까지 올라갔고, 보급이 떨어지고 기진맥진한 독일 방어군이 퇴각하기 시작했다. 이튿날 폴란드 정찰병들이 수도원에 가서 보니 부상병들만 있었다. 난타당한 건물 위에 폴란드 국기가 걸렸고 한 나팔수가 폴란드 국가國歌〈크라쿠프 헤이나우〉를 연주했다. 이때가 적국 독일에 맞선 폴란드의 오랜 투쟁에서 가장 상징적인 순간이었다. 몇 시간 후, 영국군 장교들이 자기네 국기도 같이 걸자고 요구했다.[215] 케셀링은 연합군 작전의 엄청난 중압을 견딜 수 없음을 알고서 포위를 피하고자 철수하기 시작했다. 클라크는 포위망을 좁히는 대신에 당시 안치오에서 진격하던 트루스콧에게 미군이 로마를 함락할 수 있도록 수도로 북진하라고 지시했다. 독일 제10군과 제14군은 과거 독일군이 메시나에서 했던 것처럼 연합군 부대들의 틈새로 빠져나가 로마 북쪽으로 이동했다. 클라크의 부대는 노르망디 침공 전날인 6월 5일 로마에 입성하여 영국군의 명백한 승리에 선수를 치고 처칠의 짜증을 돋우었다.[216]

이탈리아의 독일군은 거의 전멸할 수도 있었지만 그렇게 되지 않았다. 이탈리아 전선이 '오버로드'에 도움이 되었다는 주장에는 의문의 여지가 있다. 알렉산더는 이탈리아에서 25개 이상의 사단을 휘하에 두었고 로마에 도달하려는 작전에서 사상자로 4만 2000명을 잃었다. 적어도 이 병력 중 일부는 노르망디에서 더 빠른 작전 성공에 기여했을 것이고, 거의 확실히 손실을 더 적게 보았을 것이다.

런던의 연합군으로서는 이탈리아 전역을 중시하긴 했으나 '오버로드' 작전에 필수적인 상륙정을 더 소모하는 일만큼은 없어야 했다. 결국 아이젠하워가 만족할 만큼의 상륙정을 이탈리아 전역에서 가져올 수 있었다. 1월에 상륙작전을 확대하기로 합의한 연합군은 자원과 선박을 집결하느라 일정을 늦출 수밖에 없었다. 2월에 5월 31일을 작전 개시일로 택했지만, 도하와 상륙에 도움이 되는 충분한 달빛과 썰물 등의 여건을 고려하면 6월 첫째 주가 적기였다. 5월에 아이젠하워는 마침내 6월 5일을 디데이로 정했다. 성공을 보장하려면 물자를 해안에 내려놓는 동안 함정을 보호할 방법을 찾아야 했는데, 주요 항구를 함락하고 정비하려면 거의 확실히 시간이 걸릴 터였기 때문이다. 연합군은 작전 초반에 노르망디 해변 앞바다에 콘크리트와 금속으로 인공항 '멀베리Mulberry'를 두 군데 건설하기로 결정했고, 디데이에 인공항의 조각들을 해변까지 견인해 1만 명의 특수임무부대로 조립할 계획이었다.[217] 노르망디의 방어군을 신속히 증원하는 독일의 역량을 제한할 방도도 반드시 찾아야 했다. 1월에 아이젠하워의 부사령관인 영국 공군 대장 테더는 영국 정부 소속 과학자 솔리 주커먼Solly Zuckerman을 데려와 독일군의 이동을 방해하기 위해 프랑스 철도망의 결절점 100곳을 폭격하는 계획을 세웠다. 이 계획은 아이젠하워의 지지를 받았으나 격심한 반대를 불러일으켰다. 4월에 처칠과 전시내각은 프랑스 내 표적을 폭격하고 민간인을 살해한다면 프랑스와 서방 연합국 사이에 "치유할 수 없는 불화"가 생길 거라고 말했다. 전략폭격기 사령관 스파츠와 해리스는 둘 다 중폭격기로 작은 철도 표적을 폭격하는 것은 "완전히 비효과적"이고 자신들의 부대를 "비경제적"으로 사용하는 것이라고 주장했다.[218] 그들이 작전에 동의하지 않자 격분한 아이젠하워는 "프리마돈나들"과 싸우느니 사임하겠다고 으름장을 놓았다. 그들은 아이젠하워의 전술공군 사령관 트래퍼드 리-맬러리Trafford Leigh-Mallory 중장에게 지휘권을 넘기는 것도 거부했다. 절망한 아이젠하워는 처칠에게 자기 뜻대로 할 수 없으면 "집에 가겠다"고 말했다.[219] 결국 타협이 이루어져 폭격기 전력을 아이젠하워가 직접 지휘하되 기회가 있을 때면 스파츠가 독일의 항공 표적과 석유 표적을 계속 폭격하기로 했다. 중간에 개입한 루스벨트는 폭격을 주저하지 말아야 한다고 역설했고, 프랑스 관료들에 따르면 5주간의 폭격으로 북부와 서부의 철도 교통이 1월 수치에서 10~15퍼센트 감소했지만, 이 침공 예비 작전 때문에 프랑스 민간인이 2만 5000명 넘게 사망했다.[220] 결과적으로 중폭격기는 리-맬러리의 전투폭격기와 경폭격기보다 덜 유용한 것으로 판명났는데, 후자는 침공 전 며칠 동안 정밀공격으로 74개의 교량과 터널을 파괴하여 프랑스 북서부를 고립시키는 데 성공했다.[221]

성공의 세 번째 관건은 상륙의 방향 및 시기와 관련해 독일 측을 얼마나 속일 수 있느냐는 것이었다. 당시 잉글랜드 남부에 집결하고 있던 병력, 결국 거의 300만 명에 이른 엄청난 병력의 규모를 감안하면 독일 측을 속이기란 쉽지 않을 걸로 보였다. 1월에 연합군은 독일 측이 침공의 실제 목표가 파드칼레라고 믿도록 유도하려는 암호명 '보디가드Bodyguard' 기만계획을 승인했다. 핵심은 잉글랜드 남동부에서 순전히 허구인 '제1집단군'을 창설하고, 정신적 사상자를 구타했다는 이유로 잠시 출정하지 못한 패튼 장군에게 이 집단군의 지휘를 맡기는 척 시늉하는 데 있었다. 모형 막사와 장비, 가짜 라디오 방송국, 이중간첩의 허위 정보 등이 모두 칼레 맞은편에 훨씬 강한 전력이 집결해 있다는 인상을 주는 데 일조했다. 1944년 6월 독일군 정보기관은 80개 사단이 침공을 기다리고 있다고 추정했으나 실상은 불과 38개 사단이었다.[222] 독일 측은 이 기만술의 의도대로 속아 넘어갔다. 히틀러와 군 수뇌부는 영불 해협을 최단 거리로 건너는 위치, 취약한 라인-루르 공업지대에 가장 가까운 위치가 틀림없이 침공 지점일 거라고 생각했다. 프랑스에서 방어를 조직할 책임자로 낙점된 로멜 원수는 파드칼레가 주요 목표라고 확신하면서도, 늦봄에 잉글랜드 남서부의 병력 집결에 대한 증거를 바탕으로 연합군이 노르망디에서 주의를 끄는 부차적 상륙으로 독일군의 방어를 시험해본 뒤 더 큰 규모로 파드칼레를 강습할 공산이 크다고 보았다. 그리하여 프랑스의 독일 B집단군을 한스 폰 잘무트Hans von Salmuth 상장 휘하 제15군과 프리드리히 돌만Friedrich Dollmann 휘하 제7군으로 나누고, 거의 모든 차량화부대와 기갑부대를 포함하는 전자의 20개 사단이 센 강부터 네덜란드까지 방어하고 불과 1개 기갑사단을 포함하는 후자의 14개 사단이 브르타뉴와 노르망디를 방어하도록 했다. 기만술의 효과가 얼마나 좋았던지 히틀러는 8월이 되어서야 연합군이 서쪽에서 더 몰려오지 못하도록 제15군을 이동시키는 조치를 승인했다.

서방 연합국을 물리치는 싸움이 '결정적 전투'가 되리라 믿은 히틀러는 오래전부터 침공을 예상했다. 1943년 11월 3일 지령 제51호에서 히틀러는 서부의 침공이 동부의 위험보다 더 중요하고 영미의 위협을 영원히 끝내기 위해 결연히 대항해야 한다고 주장했다. 1944년 3월, 로멜에 따르면 히틀러는 자신의 서부 전략에 대해 독일군 지휘관들에게 "놀랍도록 명확하게" 연설했다.

적의 상륙작전 전체는 어떠한 상황에서도 몇 시간, 기껏해야 며칠밖에 지속되지 않을 것이며, 이와 관련해 디에프에서의 상륙 시도를 '이상적인 경우'로 여길 수 있다. 상륙작전에서 패하고 나면 적은 결코 작전을 반복하지 않을 것이다. 새로운 상륙을 준비하려면 … 수개월이 필요할 것이다. 그렇게 되면 영미군의 새로운 시도가 연기될 뿐 아니라 상륙작전에 실패했다는 인상에 사기까지 떨어질 것이다.

패배는 루스벨트가 재선되지 않는다는 것을 의미하며 처칠도 이제 침공을 재개하기에는 너무 늙고 병들고 무기력하다고 히틀러는 말을 이었다.[223]

1944년 전반기에 로멜은 침공 날짜가 도무지 불확실한 상황에서 침공을 예상하고 방어전을 준비해야 했다. 대서양 방벽이 이미 존재했지만 결코 완전하지 않았다. 로멜은 토트 조직의 건설 제국으로부터 노동자 77만 4000명과 차량 3765대를 제공받았다. 6월 6일까지 이 노동자들은 계획된 1만 5000개의 방어초소 중 1만 2247개를 짓고, 해변에 장애물 50만 개를 설치하고, 지뢰 650만 발을 부설했지만, 노르망디보다 북동쪽 해안의 방어가 한층 더 튼튼했다. 동쪽 해안에는 포대가 132개 있었지만 서쪽 해안에는 47개뿐이었다.[224] 운용 가능한 육군 부대들도 사단의 수에 비해 실제로 약했다. 다수의 병사가 고령이거나 부상에서 회복한 상태라서 정적인 방어에 더 적합했고, 대서양 방벽에 배치된 6개 사단의 평균 연령이 37세였다. 프랑스의 58개 사단 중 약 20개 사단은 사실상 수비대 병력이었다. 또한 이들 사단은 러시아 스텝지대에서 모집한 부대들을 포함하는 국적 혼성 병력이었다. 대체로 이 병력은 오랫동안 거의 빈둥거리며 지내온 터였다. 그들은 신식 장비나 표준 무기를 충분히 제공받지 못했으며, 해안 사단들의 경우 연료가 태부족했다.[225]

상륙전에서 항상 직면하는 문제는 적이 해변에 상륙할 때 격파할지 아니면 교두보를 다질 때까지 기다렸다가 기동예비대로 타격해 바다로 몰아낼지 판단하는 일이었다. 로멜은 해안 방어사단들과 조금 뒤편에 배치되어 전방을 지원하는 예비대를 동원해 해안에서 적을 물리치는 편을 선호했다. 서부전선 총사령관 룬트슈테트와 프랑스 내 기갑전력 사령관 가이어 폰 슈베펜부르크Geyr von Schweppenburg는 대규모 기동예비대로 주요 공격축선을 겨냥하며 기다리는 편을 선호했다―이 경우에는 기갑부대에 더 알맞은 칼레 일대를 겨냥할 계획이었다. 히틀러는 부적절한 타협안으로 논쟁을 해소했다. 로멜은 연합군이 한 장소가 아니라 두 장소, 심지어 세 장소에 상륙할 수도 있다고 예상하며 해안 방어를 유지했고, 슈베펜부르크는 필요한 곳에 배치할 때를 기다리며 4개 기갑사단으로 이루어진 중앙 기동예비대를 통제했다. 그 결과, 중앙 기동예비대는 비록 끊임없는 공습과 저항세력의 사보타주라는 조건에서도 이동할 수 있긴 했으나 상륙전을 결정지을 만큼 강하지 않게 되었고, 해안 방어는 침공군을 해변에서 몰아내기에는 너무 한정적이었다.[226] 방어에 성공하려면 시기가 관건이었지만 침공이 언제 이루어질지 알아낼 길이 없었다. 독일군 부대들이 자주 삼엄한 경계태세를 취했지만 외관상 위험은 번번이 지나가기만 했다. 속임수의 일환인 북동부에서의 맹폭격과 노르망디에서의 비교적 가벼운 폭격은 침공이 칼레 해안선을 따라 이루어질 가능성을 시사했다. 5월 들어 화창한 날씨에도 연합군이 아무런 행동도 취하지 않자 히틀러 최고사령부는 과연 8월 전에 침공이 닥칠지 의문을 품기 시작했다. 6월 초, 날씨가 갑자기 악화되자 독일 측은 안도했다. 로멜은 아내의 생일을 축하하러 독일로 갔으며, 결정적인 침공일에 고위 참모들 다수는 모의훈련을 진행하느라 자리를 비우고 없었다.

5월 중순 아이젠하위와 몽고메리는 침공 지휘관들에게 정확한 계획을 전달했다. 서쪽 코탕탱 반도의 기슭에서 오마 브래들리Omar Bradley 장군의 미국 제1군이 2개 사단으로 '유타'와 '오마하' 해변을 침공하고, 그 동편에서 마일스 뎀프시Miles Dempsey 장군이 영국 제2군의 3개 사단(캐나다 부대와 자유프랑스 부대 포함)으로 캉을 향해 '골드'와 '주노', '스워드' 해변을 침공한다는 계획이었다. 그리고 양쪽 측면에서 영국 제6공수사단, 미국 제82공수사단과 제101공수사단이 공수작전으로 침공을 지원할 예정이었다. 또 1만 2000대 이상의 항공기가 작전을 지원하고 상륙작전에 쓰이는 4000척 이상의 함선을 1200척의 군함이 호위할 터였다. 몽고메리는 며칠 안에 캉을 장악한 뒤 독일군 반격의 동쪽 중심축을 저지하는 한편 미군이 브르타뉴로 파고든 다음 파리와 센 강을 향해 방향을 돌릴 것으로 예상했다. 그는 침공군이 90일 내에 파리에 당도하도록 일정을 잡았다. 5월 중순 이후 3주 동안 연합국은 기습 작전의 보안을 유지하기 위해 정보를 철저히 차단했다. 병력은 숙영지 안에서 지냈고, 수병은 함선에 갇혔으며, 모든 외교상 접촉, 국제 우편, 전신 연결을 일시적으로 중단했다. 당시 수중의 대군을 감안하면 행여 파국을 맞을까 우려할 이유가 별로 없었음에도, 아이젠하위는 마지막 며칠간 초조하고 말수가 적어 보였다―그의 부관은 "디데이로 좌불안석이다"라고 기록했다. 앨런 브룩은 최악의 경우 작전이 "전시를 통틀어 가장 무시무시한 재앙이 될지도 모른다"라며 더욱 비관적인 심정을 일기에 토로했다.[227] 로멜을 독일로 떠나게 했던 기상 변화는 이들의 불안감을 더 키웠다. 사흘간의 긴박한 회의에서 아이젠하위는 선임 기상학자 제임스 스태그James Stagg에게 날씨가 어떨 것 같으냐고 꼬치꼬치 캐물었다. 원래 침공일로 정해둔 6월 5일은 강풍과 비 때문에 포기해야 했지만, 4일 저녁 스태그는 하루쯤 지나면 위험을 감수해도 괜찮을 만큼 날씨가 갤 거라고 알렸다. 아이젠하워는 숙고한 뒤 "좋아. 가보자고(OK. We'll go.)"라는 유명한 말을 했다. 이튿날 침공 함대들이 6월 6일 새벽녘에 침공하기 위해 출항했다.[228]

기습은 정말 완벽에 가깝게 통했다. 노르망디로 주의를 돌리려 한다고 생각한 독일군 지휘관들은 이것이 전면 침공인지 아닌지 파악하기가 어려웠다. 히틀러는 한낮에야 침공에 대해 들었고, 분명 침공을 기다리는 긴장된 시간이 끝났다고 안도했다. 상륙 위치는 "우리가 예상한 바로 그 장소!"라고 히틀러는 참모진에게 말했다.[229] 독일군의 저항은 균일하지 않았고 '오마하' 해변에서만 격렬했다(상륙 단계의 세부는 제5장에서 논하겠다). 그날이 저물 때까지 13만 2450명이 해안에 상륙하고 중장비와 수천 톤의 물자를 공급받았다. 로멜은 오후 늦게 제21기갑사단으로 반격했지만, 슈베펜부르크의 기갑예비대는 로멜이 일찍이 예상했듯이 연합국 공군력에 발이 묶였다. 6월 7일 연합군은 교두보들을 연결했고, 11일까지 병력 32만 6000명, 차량 5만 4000대, 물자 10만 4000톤의 거점을 확보했다.[230] 연합군은 이틀 만에 바이외를 함락했지만, 캉을 신속히 함락하려던 몽고메리의 목표는 임시변통 방어에 막혀 좌절되었다. 소도시 빌레르-보카주를 함락하고 캉까지 진격하려는 의도로 13일에 개시한 '퍼치Perch' 작전에서 영국 제7기갑사단이 독일군의 얇은 대열에 참패를 당해 그곳에서 최전선이 굳어졌다.

독일군 최고사령부의 요들은 침공 직전에 이번 전투로 "고국이 파괴될 위기에 처한 독일 군인과 아직까지도 왜 유럽에서 싸우고 있는지 도통 이해하지 못하는 미국 및 영국 군인 사이"에 사기의 격차가 드러날 것으로 예상했다. 실제로 독일 군인들이 예상치 못한 기개로 싸우긴 했지만, 다수가 보기에 연합군과 경합하는 데에는 한계가 있었다. "지난 세기에 백인이 인디언과 싸운 투쟁과 같았다"고 어느 기갑척탄병은 회고했다.[231] 그래도 독일 정규군 부대들은 부실하나마 방어선을 구축하는 데 성공했고, 로멜은 예비병력에서 사단들을 데려올 수 있었다. 연합군 부대들은 방어군에 유리한 지형—산림, 낮은 구릉, 좁은 길, 높은 생울타리, 보카주bocage 〔초지와 숲이 혼재하는 지형〕—과 씨름했다. 적이 매복하기 쉽고 저격수의 엄폐물이 수두룩한 지형이었다. 구름이 잔뜩 끼는 날을 제외하면 주간에 우세한 공군력으로 종일 독일군의 이동을 방해할 수 있었음에도 적의 방어전술을 극복하기가 힘들었다. "진짜 '나치' 독일군은 최후까지 싸우고 바보짓을 하지 않는다. 그들은 젊고 강인하며 지독하게 광신적이다"라고 어느 캐나다 군인은 썼다.[232]

여러 이점에도 불구하고 진군이 너무 더디자 아이젠하워 사령부에서는 1차대전의 참호전 교착 상태가 되풀이되지 않을지 우려했다. 초반의 유일한 성공은 브래들리가 셰르부르를 함락하기 위해 코탕탱 반도로 밀고 들어간 것이었다. 나머지 독일군 전열로부터 차단된 반도의 4개 사단은 브래들리의 공격에 허물어졌다. 6월 22일, 해군의 집중포화 지원을 받는 미국 지상군이 셰르부르를 포위하기 시작했다. 히틀러는 수비대 사령관 카를-빌헬름 폰 슐리벤Karl-Wilhelm von Schlieben 중장에게 어떤 희생을 치르더라도 최후의 일인까지 방어하라고 명령했지만, 장군은 26일 항복했다—다만 수비대의 일부는 며칠 더 저항했다. 전사하지 않고 방어를 포기한 "불명예스러운 돼지"에게 히틀러는 노발대발했다. 이제 침공군을 다시 바다로 몰아낸다는 생각을 거의 단념한 히틀러는 6월 29일 로멜에게

"소규모 교전을 통해" 적을 옭아매라고 명령했다.[233] 룬트슈테트의 전투 방식을 못마땅해하던 히틀러는 그를 전 중부집단군 사령관 클루게 원수로 교체했다.

더 동쪽에서 몽고메리의 부대들은 캉 북쪽에서 가로막혔다. 궂은 날씨에 로멜은 4개 기갑사단을 불러들여 방어를 강화할 수 있었고, 6월 29일부터 7월 1일까지 캉 전선에서 반격에 나섰다. 연합군은 맹렬한 포격으로 공격을 겨우 물리쳤다. 7월 초 이 전선을 찾은 아이젠하워는 몽고메리의 지나친 신중함에 "속앓이"를 했지만, 셰르부르 함락 이후 브래들리의 집단군도 신속한 기동전에 몹시 부적합한 시골을 통과하는 데 어려움을 겪었다. 7월 8일 몽고메리는 마침내 '찬우드Charnwood' 작전으로 독일군 진지들을 전면 공격하기 시작했지만, 로멜은 캉 남쪽에 준비해둔 16킬로미터 깊이의 방어지대로 미리 후퇴한 터였다. 이곳을 내려다보는 부르게뷔 능선에는 전차를 박살내는 88밀리 고사포 78문이 배치되어 있었다. 7월 13일, 몽고메리는 서쪽의 브래들리가 진격할 수 있도록 독일 기갑부대를 묶어두고 파괴하기 위한 대규모 공세인 '굿우드Goodwood' 작전을 계획했다. 브룩이 받은 보고서에는 "동쪽 측면의 모든 활동은 서쪽 병력을 돕기 위한 것이다"라고 적혀 있었다.[234]

'굿우드' 작전은 격전을 치르며 사흘간 지속되었다. 영국군과 캐나다군은 첫 3개 방어선을 돌파했으나 능선의 대전차포에 저지당했다. 7월 20일 비가 억수같이 쏟아져 땅이 진창으로 변하자 몽고메리는 작전을 종결했다. 그래도 상당한 비용을 들여 독일 방어군을 약화시킨다는 목표만큼은 달성했다. 전투 종결 다음날 클루게는 히틀러에게 "이미 너무나 심각하게 손상된 이 전선이 깨질 순간이 더 가까워졌습니다"라고 말했다. 그 무렵까지 독일군 부대들은 장갑차량 2117대와 병력 11만 3000명을 잃었는데, 여기에는 연합군 항공기의 기총소사에 부상당한 로멜도 포함되었다. 연합군 부대들은 전차를 대거 잃었지만 7월 말 독일군의 총 850대보다 훨씬 많은 4500대를 보유하고 있었다. 이 시점까지 150만이 넘는 병력과 33만이 넘는 차량이 연합군 교두보로 수송되었다.[235] 아이젠하워가 속을 끓인 것은 이해할 만한 일이지만 몽고메리는 자신의 목표를 달성했다. 7월 말 캉 남쪽의 동쪽 축에는 독일군 6개 기갑사단의 전차 645대가 있었지만, 제12집단군으로 이름을 바꾼 브래들리 부대의 맞은편에는 기갑사단이 2개밖에 없었고 그중 운용 가능한 전차는 110대뿐이었다. 이곳에서 7월 25일 이제 패튼이 지휘하는 미국 제3군의 지원을 받는 브래들리의 15개 사단이 '코브라Cobra' 작전을 개시해 연합군을 저지하던 허술한 방패를 마침내 깨뜨렸다. 이 무렵 연합군을 상대하던 25개 사단은 별다른 증원도 없이 몇 주간 소모전을 치르느라 지쳐 있었다. 그중 최소 11개 사단은 더는 싸울 수 없는 상태로 간주되었거니와 그나마 남은 기동력마저 대체로 말[馬]이었다—이 사실을 알고서 히틀러는 전선을 고수하라고 더욱 다그쳤는데, 프랑스 동부의 더 긴 방어선으로 기동성 있게 후퇴하는 것이 불가능해 보였기 때문이다.[236]

전선 서쪽 구역의 독일군은 금세 전부 와해되었다. 첫날 오전 연합군은 중폭격기 1500대로 폭격한 뒤 충격에 멍해진 방어군을 괴멸시켰다. 전에 보카주 지형에서 발이 묶였던 미군 기갑부대들은 이제 불도저와 강철 '이빨'을 가진 셔먼 전차(일명 '코뿔소')를 이용해 생울타리와 과수원을 돌파했으며, 도로에 갇힌 독일군 부대들은 미군 전투폭격기에 기총소사와 폭격을 당했다. 브래들리는 기진맥진한 적 6개 사단으로부터 이틀 만에 소도시 쿠탕스를 빼앗은 뒤 36시간에 40킬로미터를 달려 브르타뉴의 도시 아브랑슈까지 갔다. 이제 온전하게 편성된 패튼의 부대는 속도를 높여 브르타뉴 전역을 장악하고 아직 그곳에 있던 독일군 6개 사단을 히틀러가 '요새 도시들'이라고 선언한 브레스트 항, 생나제르 항, 로리앙 항으로 밀어냈다. 뒤이어 패튼은 파리와 센 강을 향해 동쪽으로 내달렸다. 진격을 가로막는 독일군 병력은 거의 없었다. 독일군 지휘관들은 B집단군 전체가 포위될 위기임을 깨달았지만, 히틀러는 클루게에게 아브랑슈에서의 돌파에 맞서 반격을 준비하라고 명령했다. 클루게는 정원 미달의 5개 기갑사단과 400대의 전차로 모르탱 일대에서 패튼 부대의 진격을 차단하기 위한 작전을 준비해야 했다. 울트라 정보를 통해 사전에 경고를 받은 브래들리는 대전차 방어선을 구축했다.

독일군은 8월 7일 밤 작전을 시작했으나 가차없는 공습에 중지했고, 하루 만에 출발선으로 되돌아가 양 측면에서 공격당할 위기에 몰렸다.[237] 기갑사단들이 모르탱 공격을 위해 이동하자 캉 일대의 독일군 전선은 치명적으로 약해졌다. 8월 8일 몽고메리는 전면 공세로 전환했고 이틀 만에 독일군 전선 너머의 소도시 팔레즈에 접근했다. 패튼은 적을 에워싸기 위해 제3군의 일부를 북쪽으로 보내라는 지시를 받았고, 11일 팔레즈에 다가가는 캐나다군으로부터 불과 32킬로미터 떨어진 아르장탕에 이르렀다. 협공이 임박한 상황에서 히틀러는 클루게를 해임하고 동부전선에서 불러들인 발터 모델로 교체했다. 그러나 재앙은 분명 피할 수 없었다. 모델은 제7군의 잔여 병력에 '팔레즈 틈새'를 통해 탈출하라고 지시했지만, 7개 기갑사단과 2개 강하엽병사단을 포함해 21개 사단이 격멸되었다.[238] 수천 명이 중장비 대부분과 차량 수천 대를 내버린 채 탈출했고, 인간 시체와 말 사체, 포와 트럭이 뒤엉킨 채 더미를 이루어 도로들을 가로막았다. 이틀 후 아이젠하워는 이 아수라장을 찾았다. "문자 그대로 시체와 썩어가는 살덩이만 밟으면서 한 번에 수백 야드를 걸을 수 있었다"고 그는

훗날 썼다.[239]

독일군이 붙잡히지 않으려고 동쪽으로 달아나는 동안 패튼은 거의 방어라곤 없는 시골을 가로질러 파리 북서쪽 망트-가시쿠르에서 센 강에 도달했다. 패튼 휘하 제3군의 남익은 파리 남쪽에서 센 강을 건넌 뒤 계속 진격해 8월 25일 독일 국경에서 불과 100킬로미터 떨어진 지점에 이르렀다. 소규모 분견대에 속한 독일 군인들은 궁여지책으로 뗏목을 타거나 수영이라도 해서 강을 건너려고 몸부림을 쳤다. 어느 군인은 가족에게 보낸 편지에 이렇게 썼다. "우리는 신속하게 접근하고 있지만 방향이 거꾸로예요."[240] 센 강 건너편에서 모델은 연합군 40개 사단의 돌진에 맞서 겨우 4개 사단의 전차 120대를 모을 수 있었다. 이 시점에 연합군은 요하네스 블라스코비츠Johannes Blaskowitz 상장이 지휘하는 G집단군을 겨냥해 프랑스 지중해 해안에서 두 번째 상륙작전을 실행했다. 연합군의 초기 계획에서 노르망디 해머와 짝을 이루도록 '모루Anvil'라는 암호명을 붙인 이 작전은 본래 '오버로드'와 동시에 진행할 예정이었지만, 상륙정 부족과 구스타프 선에서의 오랜 투쟁 때문에 연기할 수밖에 없었다. 처칠은 이 작전을 재개하는 데 강력히 반대했는데, 알렉산더가 로마를 함락하면 이탈리아 북동부로 신속히 이동하고 더 나아가 빈까지 돌격할 수도 있을 것으로 기대했기 때문이다―이 공상을 알렉산더도 공유했다. 그러나 연합군은 노르망디 돌파를 지원하기 위해 프로방스 해안에 상륙하는, '모루'에서 '용기병Dragoon'으로 이름을 바꾼 작전을 지원하고자 이탈리아에서 프랑스 4개 사단 전부와 전술공군의 70퍼센트를 포함하는 병력을 데려오기로 했다. 이 결정에 짜증이 치민 처칠은 영국 참모본부에 "아널드, 킹, 마셜의 조합은 내가 본 가장 멍청한 전략팀 중 하나다"라고 말했다. 그러나 설령 알렉산더 부대의 전력을 보강했다 할지라도 빈으로 돌격한다는 구상은 처칠이 전략적 현실로부터 얼마나 동떨어져 있었는지를 보여주는 또 하나의 증거다.[241] 프랑스 남부의 독일군은 노르망디로 병력을 보낸 터라 상당히 약해져 있었고, 로마 북쪽에서 후퇴하고 있는 케셀링의 부대보다 확실히 더 쉬운 표적이었다. '오버로드'의 경우와 비슷하게 연합군의 지중해 상륙작전도 그 장소와 시기가 불분명했다. 8월 12일 사르데냐 서쪽을 지나가는 호송선단들을 발견하고도 OKW는 제노바 만이 가장 유력한 목적지라고 믿었다. 블라스코비츠가 적이 프랑스 남해안에 상륙할 경우에 얼마간 대비하긴 했지만, 8월 중순의 대비태세는 완전함과는 거리가 멀었다.[242]

'용기병' 작전은 7월 2일 연합국 합동참모본부의 승인을 받았고, 팔레즈에서 협공하기로 되어 있는 8월 15일에 개시할 예정이었다. 작전은 알렉산더 패치 중장의 미국 제7군이 맡고 안치오의 베테랑 트루스콧 휘하 제6군단이 선봉에 서기로 했다. 상륙 이튿날에는 장 드 라트르 드 타시니 Jean de Lattre de Tassigny 장군의 자유프랑스군 1개 군단이 7개 사단으로 툴롱의 해군기지와 마르세유의 주요 항구를 함락하기로 했다. 전함 5척, 항공모함 9척, 순양함 24척을 포함하는 엄청난 규모의 해군과 항공기 4000대 이상의 지중해 공군이 상륙을 지원했다. 처칠은 여전히 "잘 수행하지만 뜬금없고 부적절한 작전"이라고 생각하면서도 상륙작전을 직접 관찰하고자 구축함을 타고 찾아오기까지 했다.[243] 낙하산부대 작전을 포함한 상륙은 툴롱과 칸 사이의 프로방스 해안에서 이루어졌다. 상륙을 예상하지 못한 독일군의 방어 병력은 기갑척탄병 1개 연대밖에 없었다. 거의 모든 상륙 해변에서 저항이 미미하자 연합군은 즉시 내륙으로 이동하기 시작하라고 명령했다. G집단군 사령부는 느리게 대응했는데, 이것이 대규모 상륙인지 아니면 그저 여러 부대의 습격인지 불확실했기 때문이다. 독일 제11기갑사단은 론 강의 엉뚱한 쪽을 지키다가 적의 공습으로 모든 교량이 파괴되는 바람에 해안 교두보를 봉쇄할 만한 위치에 배치되지 못했다. 첫날이 저물 때까지 해안에 병력 6만 150명과 차량 6737대를 내려놓은 연합군은 교두보를 신속히 확대했다.[244]

히틀러 본부는 마침내 프랑스 내 전선 전체가 붕괴할 실제 위험에 대응해 남해안을 지키던 제19군에 철수 명령을 내렸다. 무엇이든 사수하라는 히틀러의 고집과 상반되는 명령이었다. 그리고 이에 더해 론 강 유역 상류로 퇴각하면서 초토화 정책에 착수하고 징병 연령의 모든 프랑스 남성을 인질로 붙잡을 것을 요구했지만, 이는 도저히 이행할 수 없는 조치였다. 블라스코비츠는 통신망이 거의 전부 끊어진 탓에 히틀러의 명령을 이틀 후에야 수령했고, 몇 주간 끊임없이 공습을 받으면서 론 강 유역을 따라 스위스 국경과 알자스 사이 방어진지까지 휘하 부대를 능숙하게 퇴각시켰다. 프랑스군은 툴롱과 마르세유를 해방시켰고, 미군 사단들은 8월 23일 그르노블에 다다른 뒤 이제 제이콥 디버스Jacob Devers 중장 휘하 제6집단군의 예하 병력으로서 패튼의 제3군과 만났다. 8월 20일, 독일 보안 부대는 비시 정부가 연합군 수중에 들어가지 않도록 독일 남부 보덴 호 인근의 지크마링겐으로 급히 철수시켰다. 닷새 후, 파리를 해방시키는 것이 아이젠하워의 의도가 아니었음에도 필리프 르클레르Philippe Leclerc 장군 휘하 프랑스군이 드 골의 주장에 따라 파리를 점령했다. 드 골이 이끄는 프랑스 국민해방위원회는 파리에 도착해 '오버로드' 작전 이후 3개월 안에 독일군을 거의 전부 몰아낸 나라에서 새 정권을 수립했다.[245]

프랑스 전역은 독일군에 재앙이었다. 대략 26만 5000명이 죽거나 부상당했고, 줄잡아 35만 명이 포로로 잡혔다. 황급히 후퇴하느라 거의 모든 장비를 잃었다. 아이젠하워, 브룩, 처칠이 그토록 걱정했던 연합군 침공이 성공한 이유는 어렵지 않게 설명할 수 있다. 압도적인 공군, 복잡한 상륙작전을 가능하게 해준 우세한 해군, 단기간의 병참 위기를 제외하면 물자를 넉넉하게 제공받은 지상군 등이 모두 효과적인 작전을 수행할 수 있는 환경을 조성했다. 독일 군인들이 전술적 노련함으로 방어 불능의 진지들을 계속 지키긴 했지만, 그 결과는 뻔했다. 만약 히틀러가 독일 국경의 준비된 방어진지로 철수하라고 더 일찍 지시했다면, 비록 프랑스는 잃었을지언정 패주는 피할 수 있었을지도 모른다. 그럼에도 연합군이 치른 대가는 컸다. 8월 말까지 사상자가 20만 6703명 발생했고, 그중 절반 이상이 미군이었다.[246] 노르망디 작전과 B집단군 격멸은 전시에 영미군이 거둔 최대의 성과였다. 독일에서는 여러 전선에서 들려오는 소식에 국민들의 사기가 곤두박질쳤다. 바이에른의 한 경찰 보고서에는 이렇게 적혀 있었다. "사방의 전장들에서 후퇴하고 있으므로 더 이상 아무도 승전을 믿지 않는다. 이런 이유로 국내 인구의 사기가 더없이 나쁘다."[247]

서방 연합군이 아직 노르망디 교두보에 포진해 있는 동안 붉은군대는 이 전쟁에서 가장 크고 결정적인 작전 중 하나를 개시했다. 스탈린이 나폴레옹에 맞선 전쟁의 영웅으로 자신과 같은 조지아 출신인 장군의 이름을 붙인 '바그라티온' 작전을 붉은군대는 7월 23일 전면 개시했다—다만 독일군 후방인 벨라루스 지역들에 대한 공격은 이틀 전에 시작했다. 스탈린은 아직 보카주 지형에 갇혀 있는 듯한 연합군을 돕기 위해 작전 개시일을 정한 척했지만, 소비에트 영토에 마지막으로 남은 중요한 부대인 에른스트 부슈Ernst Busch 원수의 중부집단군을 겨냥한 이 작전은 실은 수개월 전에 광대한 전선 전체에서 실행하는 일련의 거침없는 공세의 일환으로 계획된 것이었다. 전선은 6월 10일 핀란드군을 공격하기 시작한 북쪽의 카렐리야 지협부터 8월 20일 대규모 작전을 개시한 남쪽의 루마니아와 플로이에슈티 유전까지 이어졌다. 이 공세는 붉은군대의 자신감과 물질적 힘이 커지는 추세를 반영하는 어마어마한 과업이었다. 서부와 남부, 동부의 전선에 육군이 쪼개져 있던 독일 측으로서는 소련군 하계 공세의 주공이 어디로 향할지를 반드시 올바르게 추측해야 했다. 우크라이나 남부에서 붉은군대가 거둔 성공을 고려하면, 적이 남부와 루마니아의 축에 초점을 맞출 것으로 추정되었다. 동부 독일군 정보기관의 수장 겔렌은 중부집단군이 "평온한 여름"을 보낼 수 있을 것으로 예측하여 이전의 정보 실패를 답습했다―전시를 통틀어 가장 어처구니없는 실책 중 하나였다.[248] 독일군은 전선의 남부에서 더 강하고 중부에서 더 약했는데, 소련의 계획이 통하기에 안성맞춤인 배치였다.

중부집단군을 허물어뜨리려는 의도를 감춘 소련의 정교한 기만계획 때문에 독일 측은 더욱 심각한 오판을 저질렀다. 오직 다섯 사람―주코프, 바실렙스키, 그의 부관 알렉세이 안토노프Alexei Antonov, 작전 수립자 두 사람―만이 작전 전체를 알고 있었고, 이들은 전화로든 편지로든 전보로든 '바그라티온'을 절대 언급하지 말아야 했다. 소련 측은 공세 준비를 완료할 때까지 개시일을 정하지 않았지만, 중부집단군 전선의 맞은편에서 참호와 벙커를 파는 등 외관상 수세를 취하는 한편 더 남쪽에서 모형 전차와 숙영지, 포 정비고를 설치한 데 더해 현실감을 높이고자 모형을 대공포로 적극 방어하고 전투기로 초계비행을 했다. 공세를 담당할 전선군들, 즉 제1벨라루스 전선군, 제2벨라루스 전선군, 제3벨라루스 전선군과 제1발트 전선군의 증원은 극비리에 이루어졌다. 7월에 소련은 100만 톤의 물자와 30만 톤의 연료를 보유하고 있었으며, 그중 일부는 1944년에 정점을 찍은 미국 무기대여의 결실이었다.[249] 기만술이 작전의 중요한 요소이긴 했지만, 1943년 가을부터 공격을 거듭 물리쳐온 독일 집단군을 상대로 신속한 기동력을 살리기 어려운 주요 수계와 시골에서 전개한 '바그라티온'이 놀라운 성공을 거둔 것은 무엇보다 작전의 방식을 바꾼 덕이었다. 이 시기에 붉은군대는 독일군이 지난 1941년에 너무나 성공적으로 수행했던 일을 했다. 바로 강력한 선봉부대로 적 전선을 깊숙이 파고들어 독일군을 에워싸고 혼란에 빠뜨리는 일이었다. 부슈는 휘하에 정원 미달의 51개 사단 48만 병력이 있었고(하지만 정규 전투병은 16만 6000명뿐이었다), 늘 그랬듯이 희생이 큰 정면공격을 감행할 것으로 예상되는 소련군에 맞서 정적인 방어선의 일부인 벨라루스의 '요새 도시들'—마힐료우, 오르샤, 비쳅스크, 바브루이스크—을 지켜내라는 히틀러의 명령을 받았다. 소련군이 남쪽에서 공격해올 것으로 예상했기에 독일 중부집단군에는 기갑사단이 없고 장갑전투차량 570대만 있었으며, 남쪽에서 모델이 지휘하는 북우크라이나 집단군에 8개 기갑사단이 있었다. 이 전선을 독일 항공기 650대가 지원했으나 그중 전투기는 61대뿐이었는데, 당시 전투기들이 독일 본토를 방어하거나 프랑스에서 교전하고 있었기 때문이다. 전선 1킬로미터마다 평균 100명이 지킬 정도로 방어군은 대열이 얇았다.[250] 최초 공격에 전부 투입되진 않았지만, 소비에트 4개 전선군은 소총사단, 기병사단, 기갑사단을 합해 총 166개 사단의 남녀 240만 명, 포 3만 1000문, 전차와 자주포 5200대, 항공기 5300대로 이루어져 있었다.[251]

이 거대한 병력은 6월 23일 오전에 움직이기 시작해 돌출부의 북부를 공격한 데 이어 이틀에 걸쳐 서서히 남진했다. 특별 제작한 지뢰제거전차가 먼저 지뢰밭을 주욱 훑은 뒤 어둑한 새벽녘에 보병과 전차, 포가 함께 전진했다. 조명탄이 전선을 밝히고 탐조등이 방어군의 눈을 어지럽혔다. 독일군의 방어가 허물어지는 가운데 소련 기계화부대들이 전선의 뚫린 틈새로 밀고 들어가 내처 신속하게 전진했다. 이번에는 뒤따라오는 보병이 정리할 테니 저항하는 고립지대를 지나쳐 진격하라는 명령을 받은 터였다. 이 진격은 예측 가능하고 어설펐던 붉은군대의 종래 작전들에 대한 독일군의 선입견을 완전히 벗어난 것이었다. '요새 도시들'은 삽시간에 포위되었다. 그곳 지휘관들이 최고사령부에 철수를 요청할 겨를마저 없었다. 비쳅스크는 6월 26일 함락되었고, 오르샤는 27일에, 마힐료우와 바브루이스크는 그다음 이틀 사이에 함락되었다. 소비에트 기갑부대는 지형 문제를 감안하면 놀라운 속도로 이동했고, 7월 3일 함락한 벨라루스 수도 민스크 너머에서 서쪽으로 방향을 돌려 독일 제4군을 넓게 에워쌌다. 6월 29일 히틀러의 군사 소방수 모델이 중부집단군의 지휘를 부슈 대신에 맡았지만, 최대한 질서를 지키며 철수하는 것 말고는 할 수 있는 일이 없었다. 2주 만에 독일군 전선에 너비 400킬로미터, 깊이 160킬로미터에 달하는 구멍이 생기고 30만 명이 포로로 잡혔다. 모스크바의 한 영국 언론인에 따르면, 소비에트 언론은 서유럽 연합군의 더딘 전진을 "투덜거리고 거들먹거리는" 어조로 보도했다.[252] 생포될 전망에 무질서하게 퇴각하는 적ㅡ한 달 후에는 프랑스에서도 이렇게 퇴각했다ㅡ을 추격하는 붉은군대와 서유럽 연합군은 확연히 대비되었다. 제3벨라루스 전선군은 리투아니아에 들이닥쳐 7월 13일 빌뉴스에 이어 8월 1일 카우나스를 장악했다. 발트 전선군의 선발 부대들은 8월 초 리가 만에 도달하여 독일 북부집단군과 잔여 중부집단군을 일시적으로 갈라놓았다. 6월의 출발선에서 480킬로미터 넘게 나아간 붉은군대는 8월 말에 속도를 늦추고 전진을 멈추었다. 소비에트의 대규모 작전 중에서 가장 성공적인 작전이었다.

'바그라티온'의 성공이 확실해진 뒤, 소련군은 더 남쪽에서 다음 공세를 준비했다. 7월 8일, 스탈린과 주코프는 폴란드로 진입하는 두 차례의 맹공을 계획했다. 7월 13일에 개시한 첫 공세는 제1우크라이나 전선군

(이제 코네프가 지휘)으로 르비우와 브로디를 겨냥했고, 두 번째 작전은 로코솝스키 휘하 제1벨라루스 전선군의 일부로 브레스트와, 폴란드 수도 바르샤바를 관통해 흐르는 비스와 강을 겨냥했다. 코네프는 험악한 날씨에 르비우를 향해 서서히 전진했지만, 7월 16일 독일군 전열이 뚫리자 파벨 리발코Pavel Rybalko 장군이 맹렬한 포화에도 불구하고 제3근위전차군으로 좁은 회랑지대를 돌파했다. 이 돌파는 민스크에서의 돌파만큼이나 적의 의표를 찔렀으며, 독일군 8개 사단이 우치 일대에서 포위되었다. 코네프는 더 진격해 7월 27일 르비우를 장악한 뒤 비스와 강에 이르러 산도미에시에서 대규모 교두보를 확보했다. 로코솝스키도 똑같이 성공을 거두어, 북쪽의 독일군이 '바그라티온' 작전에 붙들려 있는 동안 와해되는 전선을 밀어붙였다. 루블린은 7월 24일에, 소련 국경의 브레스트는 나흘 후에 함락되었다. 이 전선군은 비스와 강을 향해 질주해 26일 당도한 다음 북쪽으로 방향을 틀어 바르샤바 맞은편에서 강의 동안을 점령했다. 나레프 강과 비스와 강을 건너려던 시도는 모델 장군이 프랑스로 전출 가기 직전에 더 좁고 방어하기 쉬운 전선에서 복구한 독일군 대열에 의해 저지되었다. 이제 발칸을 노리는 마지막 공세가 남아 있었는데, 12개 사단(6개 기갑사단 포함)이 북쪽을 지원하기 위해 이동한 터라 당시 발칸의 독일군 전선은 많이 약해져 있었다. 8월 20일부터 29일까지 독일 남우크라이나 집단군이 거의 완전히 붕괴하여 약 15만 명을 상실했고, 스탈린그라드 재앙 이후 재건된 제6군이 다시 한 번 포위의 제물이 되었다.[253] 8월 23일 안토네스쿠 원수의 정부가 전복되고 루마니아군이 휴전을 요청했다. 6월부터 8월까지 소련군이 연전연승하자 독일의 추축국 파트너들과 공동 교전국들은 아직 기회가 있을 때 망해가는 전쟁 노력을 그만두려 했다.

거의 모든 경우에 독일의 전시 파트너들은 독일의 패배를 미리 예상하고서 늦어도 1943년부터 연합국의 처벌을 받을 것이 확실한 약속에서 발을 뺄 방도를 찾기 시작했다. 핀란드 정부는 연합국으로부터 전투를 중단하라는 압력을 받았지만, 그러고 나면 핀란드가 이탈리아나 헝가리와 마찬가지로 극북 지역에 있는 독일군 20만 명에 의해 점령될 우려—개연성이 충분했다—가 있었다. '바그라티온'의 성공이 분명해지자 핀란드 정부는 마침내 전쟁을 단념하는 위험을 감수하기로 결정했다. 만네르하임 원수가 국가수반 역할을 맡았고 9월 5일 핀란드군이 교전을 포기했다. 소련(그리고 1941년 12월 선전포고했던 영국)과의 휴전협정에서 핀란드 측은 1940년 제1차 소비에트-핀란드 전쟁 이후 병합한 모든 영토를 반환하고 헬싱키 인근 군사기지를 양도할 것을 요구받았다. 그러나 스탈린은 핀란드를 점령할 마음이 없었고 핀란드군이 직접 독일군을 내쫓을 것을 요구했다. 실제로 핀란드군은 10월부터 처음에는 독일군이 후퇴하는 동안 거리를 두고 따라가는 방식으로, 라플란드에서 독일군의 초토화 정책을 목격한 후로는 군사적 폭력을 행사하는 방식으로 독일군을 몰아냈다.[254] 루마니아 지도부 역시 비밀리에 서방 연합국과 접촉했지만, 미하이 국왕은 루마니아 방어선을 사흘 만에 무너뜨린 붉은군대의 침공에 돌연 충격을 받고서야 안토네스쿠를 서둘러 체포하기로 결정했다. 8월 31일, 붉은군대가 부쿠레슈티에 입성했다. 그 전날에는 플로이에슈티 유전을 장악했다. 이곳의 석유가 독일의 전쟁 노력에 필수적이라고 히틀러가 누누이 강조했음에도 적을 막아낼 준비는 거의 이루어지지 않았다. 루마니아에 아직 상당수의 독일 주둔군이 있었지만, 루마니아군은 이제 편을 바꿔 이전까지 적이었던 소련군과 나란히 싸우며 9월 중순까지 자국에서 추축군을 쫓아버렸다.

불가리아, 헝가리, 슬로바키아의 상황은 딴판이었다. 슬로바키아가 진

작부터 독일의 전쟁 노력에 대한 약속을 줄이려고 애쓰긴 했지만, 1944년 '바그라티온' 작전 이후에야 슬로바키아군 사령관들은 독일과의 동맹에 서 벗어나기로 결정했다. 8월 29일 독일군이 슬로바키아에 진입해 대중 봉기에 대항하다가 결국 10월에 진압했다. 슬로바키아는 1945년 4월 초 에야 붉은군대에 의해 해방되었다. 불가리아는 삼국동맹 조약의 조인국 이자 영국, 미국과 싸운 공동 교전국이긴 했지만, 슬로바키아와 달리 소련 에 전쟁을 선포한 적이 없었다. 그럼에도 스탈린은 불가리아 내 특권이 지 난 1941년 11월에 히틀러와 주고받으려던 거래의 일부였다는 이유로 이 나라에 소련군을 주둔시키려 했다. 9월 5일 소련은 선전포고를 했고, 사흘 후 루마니아를 점령하고 있던 전선군들의 일부가 남진했다. 9월 9일 공산 당의 '조국전선'이 소피아에서 권력을 잡고 저항을 멈추었다. 1주일 후 소 련군 부대와 항공기가 소피아에 도착했고, 불가리아군은 핀란드군 및 루 마니아군과 마찬가지로 세르비아와 헝가리에서 독일군에 맞서 싸울 것 을 강요받았다. 이 무렵 전쟁에서 빠지려는 헝가리의 노력은 독일 방첩기 관에 잘 알려져 있었다. 헝가리 중재인들은 1943년 9월 이스탄불에서 영 국 외교관들과 교섭하기 시작했지만, 무조건 항복만 수용할 수 있고 연 합군이 헝가리 국경에 도착할 때까지 기다렸다가 항복하라는 답변을 들 었다. 같은 달에 히틀러는 이 신뢰할 수 없는 동맹국, 전쟁 수행에 필수적 인 원료를 보유했다고 생각하던 국가를 점령하기 위한 작전계획을 세우 라고 지시했다. 호르티 미클로시의 정부가 1944년 초까지 계속 흔들리 는 사이에 독일군은 3월 19일 '마르가레테Margarethe' 작전을 개시하고 거 의 저항에 부딪히지 않은 채 헝가리에 진입했다. 헝가리 정부는 친독일 장군 스토여이 되메Sztójay Döme가 장악했고, 에드문트 페젠마이어Edmund Veesenmayer가 독일 전권위원으로서 취임했다. 하지만 가을에 호르티는 스탈린과 협정을 맺어 헝가리를 전쟁에서 빼내려고 다시 한 번 시도했다.[255] 10월 11일 모스크바에서 헝가리 대표단은 1937년부터 획득한 모든 영토를 포기하고 독일에 선전포고한다는 예비협정을 교섭했다. 이 무렵 독일 점령군은 호르티가 섭정 자리에서 물러나도록 강제하고 그의 정부를 살러시 페렌츠Szálasi Ferenc 총리를 필두로 하는 파시스트 화살십자당의 정부로 교체했으며, 살러시는 총리직과 국가수반직을 겸임함으로써 금세 헝가리의 총통이 되었다.[256] 헝가리는 1945년 4월 말까지 무솔리니의 이탈리아 사회공화국과 나란히 추축국 파트너로서 마지못해 전쟁을 이어갔다.

어떤 대가를 치르더라도 패배

1944년 7월 프랑스, 러시아, 중국에서 아직 전투가 벌어지는 동안, 독일과 일본의 장교들은 바투 다가온 최악의 패배를 피하기 위해 자기네 전쟁 노력의 지도자를 암살하려는 음모를 꾸몄다. 군부와 정계의 엘리트들이 도조의 지도력을 비판한 지 수개월 후, 참모본부 장교 쓰노다 도모시게津野田知重 소좌는 청산가리를 채운 폭탄으로 도조를 살해할 계획을 세웠다. 쓰노다와 동료 음모자들은 현역에서 물러난 이시하라 간지石原莞爾 중장의 급진적인 동아연맹과 연결되어 있었고, 도조 제거, 황족 히가시쿠니노미야 나루히코오東久邇宮稔彦王의 정부, 그리고 소련의 중재를 통한 연합국과의 즉각적 강화회담을 원했다. 그러나 음모를 실행하기 전에 도조가 총리직에서 사임했다. 쓰노다는 고발당하고 체포되어 2년간 옥살이를 했다. 다른 음모자들은 놀랍게도 풀려났으며, 그중 이시하라는 수개월 후 "국민들은 군부와 정부에 넌더리를 내고 더 이상 전쟁의 결과에 신경쓰지

않는다"고 거침없이 주장했다.[257]

히틀러 살해 음모는 결국 실패했다는 사실만 제외하면 무위로 그친 쓰노다의 쿠데타 시도와 공통점이 거의 없었다. 음모의 주축은 상급 장군들을 설득하기가 거의 불가능하다고 생각하는 하급 참모장교들이었다. 상급 장군들은 히틀러의 군사적 지도력에 분명히 좌절하고 실망했으면서도 최고사령관 암살 시도를 지지하지 않으려 했다. 군 음모단은 소규모였고 헤닝 폰 트레스코브Henning von Tresckow 대령을 위시한 중부집단군 참모장교들이 중심이었지만, 1944년 카를 괴르델러Carl Goerdeler와 전 육군 참모총장 루트비히 베크가 이끄는 보수적인 민간 저항세력과 접촉했다. 1943년 4월 클라우스 솅크 폰 슈타우펜베르크Claus Schenk von Stauffenberg 중령이 음모단에 가담했는데, 한때 히틀러의 민족 혁명에 열광하고 군대의 전쟁 노력을 지지했다가 유대인과 전쟁포로에 대한 폭력을 목격하고서 환멸을 느낀 인물이었다. 동료 저항자들과 마찬가지로 슈타우펜베르크는 독일이 파괴되고 민족의 명예가 실추되기 전에 히틀러를 멈춰 세우고 싶어했다. 하지만 그는 히틀러가 죽고 나면 독일이 강대국으로서 존립하고 진정한 '민족사회주의자들'이 권위주의 노선으로 국가를 운영하는 것을 서방 연합국이 허용하기를 바랐다. 이 보수적인 저항세력은 서방 측과 타협적인 협정을 맺어 독일군이 소련군의 위협을 저지하는 데 집중할 수 있기를 공히 바랐다.[258] 군 음모단은 1년 넘게 히틀러를 암살할 기회를 노렸으나 모든 계획이 불발로 그쳤다. 1944년경 독일이 침공과 파괴에 직면한 상황에서 음모단은 암살만이 아니라 정권 교체까지 원했다. 음모단은 히틀러를 살해하기로 뜻을 모은 뒤, 혹시 모를 국내 쿠데타나 혁명을 군대로 진압하기 위한 기존의 우발사태 대책인 '발퀴레Walküre' 작전을 곧장 가동했다. 6월에 프랑스에서 위기가 발생하고 소련군이 벨라루스를 통과해 진격한 이후 음모단은 행동할 준비를 마쳤다.

슈타우펜베르크 말고는 거사를 결행하겠다는 사람이 아무도 없었다. 슈타우펜베르크는 튀니지 전투에서 오른손, 오른눈, 왼손의 두 손가락을 잃었음에도 히틀러의 참모회의에 폭탄을 가져가 어떻게든 기폭장치를 작동시키겠다며 거사에 자원했다. 이 헌신마저 거의 수포로 돌아갔다. 슈타우펜베르크는 히틀러의 오버잘츠베르크 산장과 늑대굴에서 열린 세 차례 회의에 폭탄을 가져갔지만, 힘러와 괴링이 참석하지 않아 폭탄을 사용하지 않기로 결정했다. 1944년 7월 20일 슈타우펜베르크는 마침내 더는 거사를 늦출 수 없다고 판단했다. 이 암살 시도 이야기는 잘 알려져 있다. OKW 총장 카이텔이나 총통의 측근 군사참모 요들과 더불어 히틀러의 목숨까지 앗아갔어야 하는 폭탄은 밀폐된 지하 벙커가 아닌 지상 병영에서 두툼한 참나무 탁자 아래에 놓인 탓에 제 위력을 발휘하지 못했다. 슈타우펜베르크는 히틀러가 틀림없이 죽었다고 확신한 채 베를린으로 돌아갔고, 그날 늦게 '발퀴레' 작전이 가동되었다. 그러나 그때쯤이면 히틀러가 이미 베를린의 괴벨스에게 연락해 폭발 때문에 한동안 건강이 썩 좋지 않겠지만 목숨은 건졌다고 알린 후였다. 그날 늦게 파리에서도 음모의 한 갈래가 가동되어 육군 보안부대들이 참모부 소속 음모자들의 명령에 따라 친위대와 보안대, 게슈타포 인사들을 체포했다.[259] 그러나 충직한 부대들이 히틀러가 아직 살아 있음을 확인한 뒤 음모는 몇 시간 만에 좌절되었다. 슈타우펜베르크와 주요 공범들은 전쟁부의 안뜰에서 부리나케 처형되었다. 파리에서는 체포되었던 자들이 풀려났다. 뒤이어 몇 주간 게슈타포와 친위대가 주요 음모자들을 고문해 알아낸 단서를 바탕으로 수백 명을 체포했다. 가을에 힘러는 또다른 음모에 대비해 '뇌우Gewitter' 작전을 가동하여 사회민주주의자와 공산주의자 5000명을 자신의 테러 소굴로 잡아갔다. 히틀러는 이번 쿠데타로 "참모본부 전체가 오염되었다는 증거"를 얻었다며 고소해하고 원래부터 불신하던 직업군인 지휘관들을 더욱 믿지 않게 되었다.[260] 그렇지만 그 증거는 독일군의 압도적 다수가 최고사령관에게 줄곧 충성했다는 것을 보여준다. 그렇다 해도 일반 국민 다수는 히틀러 살해 기도에 경악하는 한편 그가 살았다는 데 안도했다. 포로로 잡힌 어느 독일군 중위는 역시 전쟁포로가 된 아버지에게 "전선의 군인 개개인이 죽어가는 마당에 국내의 장교들이 서약을 어긴다는 사실에 국민들이 격분했습니다"라고 설명했다.[261] 동시대 민간인들의 편지와 일기는 히틀러가 사라지면 정치적·군사적 혼란이 뒤를 잇고 심지어 내전까지 발발할지 모른다고 우려했음을 보여준다. 어느 아버지가 군인 아들에게 썼듯이, 설상가상으로 "새로운 등뒤에서 찌르기 신화"가 생길 수도 있었다.[262] 폭탄 음모는 독일군에서 히틀러의 필수적인 지도력에 대한 믿음과 소수의 반역을 속죄하기 위해 전쟁을 지속하겠다는 결의가 일시적으로 더 강해지는 결과를 가져왔다.

일본과 독일에는 패전할 전망과 전쟁의 끔찍한 대가를 비관적으로 바라보는 더 큰 파벌들이 있었다. 하지만 그들의 의기소침한 정서는 싸움을 이어가려는 자들에게 분명한 사회적 또는 정치적 위협이 될 만한 정도에 이르지 못했다. 슈타우펜베르크의 음모가 실패한 원인으로는 당시나 그 이후에나 음모단이 대규모 지지 기반을 갖추지 못한 사실이 꼽혔지만, 제3제국이라는 맥락에서 전쟁 종결과 새 정부를 요구하는 그런 기반을 확보한다는 것은 공상에 지나지 않았다. 일본에서는 고위 관료들과 지식인들이 전쟁 수행 방식을 비판하고 더 나아가 분쟁 종식을 협상하는 방안을 논의할 수 있었지만, 어디까지나 좁은 엘리트층 내부의 일이었다. 고노에 공작은 원로들 중 가장 상급자로서 자주 전쟁 결과에 대한 비관론을 표명하고 궁중에 도조를 축출하라는 압력을 가했다. 천황을 보필하던 최측근 기도 고이치木戸幸一 역시 1944년 초 패전을 면할 도리가 없다고 생각했다. 해군과 육군의 여러 상급 사령관들은 같은 의견이면서도 군 수뇌부에 맞서기를 꺼렸다. 1944년 7월 도조의 후임으로 총리대신이 된 조선 총독 고이소 구니아키는 공석에서는 전쟁에 계속 전념했지만 사석에서는 강화를 추구하는 방안을 선호했다. 그러나 일본의 정치질서 내에서는 육군과 해군의 수뇌부를 억누를 길이 없었으며, 그들은 고국을 구하기 위한 최후의 대전투 '본토 혈전'에 몰두했다.[263]

반면에 일본의 평범한 민간인들은 패배주의와 불법 저항의 증거가 나오면 당국의 단호한 탄압을 받았다. 이미 1942년부터 등장한 반전 정서의 증거는 무심결에 튀어나오는 경솔한 발언, 익명의 벽 낙서와 서간문, 패배 소문 등으로 표현되었다. 이런 증거는 모두 특별고등경찰(항간에는 '사상경찰'이라고 알려진)의 조사, 특히 반전 정서가 공산주의에 이로운 혁명적 상황으로 이어질 가능성에 중점을 둔 조사를 받았다. 특별고등경찰은 국가의 경제 계획에 관한 견해가 지나치게 마르크스주의적이라는 이유로 기획원의 관료들을 체포하기까지 했다.[264] 그러나 소문을 퍼뜨리고 '공개 낙서'를 일삼는 자들을 추적해서 체포하는 것은 어려운 일이었으며, 그런 사건의 수는 비록 적긴 해도 전시를 거치며 꾸준히 늘어났다. 1942년 4월부터 1943년 3월까지 내무성이 기록한 반전 사건과 선동 사건은 매달 평균 25건이었지만, 1944년 4월부터 1945년 3월까지 1년간은 평균 51건이었다.[265] 천황을 향한 적대감도 전시 동안 늘어나 벽 낙서의 물결로 표출되었지만, 체포와 기소를 당한 이들은 소수였다. 적발된 이들은 헌병대가 붙잡아 패배주의자 무리가 더 있는지 알아내기 위해 고문을 하곤 했다. 지역 수준의 통제는 인조隣組[도나리구미: 일종의 반상회로, 전시 총동원체제의 말단)의 감독에 달려 있었으며, 그 우두머리는 공동체의 불평불만이나 패배주의를 낱낱이 보고했다. 반전 정서를 가진 것으로 의심되는 가족은 전시 내내 헌병대의 감시를 당했다. 조직된 저항을 할 만한 공간은 존재하지 않았으며, 단체 노선에서 벗어나는 자는 가혹한 대가를 치러야 했다.[266]

사보타주 혐의부터 즉흥적인 패배주의 표현까지, 전쟁 노력에 반하는 행동을 한 독일인은 누구든 테러를 당할 위험이 있었다. 정권 지도부는 국내 소요 때문에 지난 1918년의 위기가 재발할지도 모른다는 걱정에 사로잡혀 있었고, 아무리 사소한 동요라도 엄중히 대응했다. 인구 규모에 비하면 동요 건수는 적었다. 전시 반역 사건을 심리하기 위해 베를린에 설치한 인민재판소의 기소 건수는 1940년 552건에서 증가해 폭탄 음모가 발생한 1944년에 2003건으로 정점을 찍었다. 전쟁 종반인 1943~1945년에 형을 선고받은 이들은 총 8386명이었다.[267] 고발이 횡행하던 독재정에서 전쟁에 반대하는 이야기나 패배주의적인 이야기를 꺼내는 것은 상당히 위험한 일이었으며, 전쟁 종반 2년간 게슈타포와 헌병대가 갈수록 엉터리 재판의 짧은 심리에 의지해 전쟁 노력을 해치는 범법자에게 사형을 선고한 탓에 위험은 배가되었다. 폭탄 음모 다음날 하인리히 힘러는 참모진이 음모를 주동한 보충군(신병 기수들의 훈련과 배치를 책임지는)의 사령관으로 임명되었다. 힘러는 군 지휘관들에게 1918년 사태의 재발을 용납하지 않겠다고 경고했다. 또 사병들 사이에 패배주의 징후가 보이면 "누구든 입을 여는 자"를 총살하기 위해 모집한 장교들로 가차없이 응징하겠다고 OKW의 자기 대리인에게 말했다.[268] 전황이 악화될수록 정치범 —자의적으로 살해되었다—과 작업장에서 도주한 외국인 노동자, 그리고 민간인이든 군인이든 최종 투쟁을 지원하라는 요구에 불복한 평범한 독일인 등을 겨냥한 테러는 더욱 기승을 부렸다. 1945년 초에는 혐의자를 마음대로 살해할 권한을 부여받은 특별경찰과 군 순찰대가 폭격당한 도시들을 순회했다. 뒤셀도르프에서는 전쟁이 무의미해 보인다고 말했다는 이유로 10년형을 살던 청년 군인이 불려나가 총살을 당했고, 17세 소년이 꾀병을 부린다는 이유로 병상에서 끌려나가 살해되었으며, 탈영병들에게 먹을거리를 준 혐의로 고발된 노인이 잔인하게 고문당한 뒤 "나는 반역자입니다"라고 적힌 표찰을 목에 걸친 채 공개 교수형에 처해졌다.[269] 이웃 도시 보쿰에서는 폭격 피해를 정리하던 무리에게 "이 전쟁 졌어"라고 말한 남성이 민중의 정의를 직접 실현하겠다는 다른 민간인에게 얻어맞아 죽었다.[270]

패배가 다가올수록 국내 인구를 겨냥한 테러는 매우 현실적인 위협이었으며 분명히 전쟁과 그 결과에 대한 공개적인 항의 표시나 전쟁을 끝내려는 폭넓은 사회적·정치적 운동을 틀어막았다. 10여 년간 경찰의 엄밀한 감시를 받은 국내 인구는 불복종의 대가를 알고 있었다. 그러나 테러만으로는 그들이 나락으로 빠져드는 전쟁 노력을 위해 대개 열광적으로 계속 싸우고 노동한 이유를 충분히 설명할 수 없다. 일본과 독일에는 갖가지 방식으로 개개인에게 영향을 준, 복잡하게 얽힌 심리적·물질적 요인들이 있었다. 현역군인에게나 민간인에게나 헌신의 표준 모델은 없었다. 1944년 가을, 독일 보안기관은 비록 국민들이 체념하고 두려워하고 평화를 바라고 심지어 심드렁하고 무관심한 것처럼 보일지라도 여전히 "무조건 버티자"는 의지를 보인다고 보고했다.[271] 점점 심해지는 사기 저하의 조짐을 이겨낸 한 가지 요인은 아직 승리가 가능하다는 일종의 믿음이었는데, 7월에 히틀러가 천우신조로 목숨을 부지한 듯한 사건 이후 많은 독일인이 이 믿음을 더욱 고수했다. 양국 지도부가 승리의 의미가 명백히 공허해질 때까지 승리에 대해 계속 말하긴 했지만, 일반 대중

사이에서도 전세 역전의 실낱같은 희망이라도 붙잡고픈 강한 욕구가 있었다. 독일에서는 1943년 괴벨스가 비밀리에 새로 준비 중인 '경이로운 무기Wunderwaffe'가 있다며 시작한 주기적 선전이 국민들의 일기와 편지에서 자주 거론되었다. 이와 비슷하게 히틀러에게 연합국을 염두에 둔 놀라운 복안이 있다는 희망은 분쟁 막판인 1944년 여름 영국을 상대로 발사한 보복무기—V1 순항미사일과 V2 로켓—의 실제적 효용성에 대한 회의론이 커지는 동안에도 살아남았다. 1944년 12월 독일군이 '가을 안개Herbstnebel' 작전으로 아르덴을 통과해 미군 전선을 공격하자 지난 1940년의 작전을 되풀이하는 예상 밖의 공세로 승리에 이를 또다른 길을 열었다는 기대에 대중의 낙관론이 급등했다.[272] 일본에서는 1944년 가을 도입한 가미카제 자살 전술이, 언론에 투고한 어느 편지의 표현에 따르면, 드디어 "적에게 항복을 강요할" 수단을 발견했다는 대중의 열광을 불러일으켰다.[273]

최후까지 이어간 처절한 싸움을 이해하는 데 더 중요한 요인은 설령 패할지라도 어떻게든 국가를 보존하기 위해 끝까지 싸우는 것이 자신의 의무라는 군인들의 신념이었다. 그들은 국가 지도부에 대한 신뢰가 다 사라진 후에도 이 신념을 고수했다. 이는 파괴적인 동시에 자멸적인 정서였으며, 날이 갈수록 현실로 다가오는 죽음의 전망과 함께 점점 강해진 숙명론 혹은 허무주의가 이런 정서를 부채질했다. 이제 승전 가망이 희박하고 비현실적이었음에도 일본과 독일의 현역 장병은 아군의 패전에 책임이 있는 적에게 큰 손실을 입히고 자신들의 운명에 대한 보복으로 적을 죽이려 했다. 가미카제 특공대는 확실히 이 범주에 속했으며, 4600명이 적의 함정과 병력에 손실을 입히기 위해 스스로를 희생했다. 그들을 둘러싼 문화는 특공대에 자살 임무를 맡기는 데 따른 도덕적 가책보다 천황과 민족을 위한 명예를 중시했다. 1944년 10월 자살 임무가 시작되었을 때 해군 보도자료는 "신성한 독수리들의 확고부동한 충성"에 대해 말하고 투입조들에 충용대忠勇隊(주유타이)와 적심대赤心隊(세키신타이) 같은 명예로운 이름을 붙였다.[274] 그들은 자살 임무로 최대한 많은 적을 죽일 것으로 기대되었다. 그런데 이는 일반 군인도 마찬가지였다. 1945년 그들은 장차 전투에서 불가피하게 스스로를 희생한 뒤 가족에게 남길 유언장 봉투와 머리카락 뭉치를 준비하라는 지시를 받았다. 일부 군인은 저승길에 미군을 데려갈 수만 있다면 조만간 기꺼이 죽음을 맞겠다는 각오였다. "이제 우리는 '사이판'과 '과달카날'의 교훈을 배워야만 한다"고 어느 일본군 장교는 썼다. "우리는 개자식들을 붙잡아 갈기갈기 찢듯이 죽여야 한다." 그는 자신의 전사戰死를 예상하면서 일종의 "평온"을 느꼈다.[275] 민간인은 어떤 무기든 마련해서 최소한 침공군 한 명은 죽일 것으로 기대되었다. 어느 여학생은 송곳을 지급받고 그것을 미군의 복부에 쑤셔박으라는 지시를 들었다.

독일군은 자살부대를 편성하진 않았지만 가망 없는 상황에도 적에게 최대한 손실을 입히려 했다. '승리 아니면 전멸'이라는 구호가 모든 군인을 고무했던 것은 분명 아니다. 전멸당할 가능성이 가장 높아 보였기 때문이다. 그러나 적에게 죽음을 선사함으로써 독일의 대의를 옹호한다는 생각은 이제 승리할 희망일랑 없는 군인들을 지탱해주었다. 1944년에 잃은 막대한 수의 전우들—그해에 180만 2000명이 죽었다—은 독일군 사이에서 내가 죽이든 죽임을 당하든 간에 전사자를 위해 복수하고픈 충동을 불러일으켰다. 적국 군인뿐 아니라 점령지의 민간인에게도 가혹하게 보복한 탓에 비록 훼손된 영웅주의이긴 했지만, 어느 군인은 자서전에서 이런 충동을 가리켜 '영웅적 허무주의'라고 불렀다.[276] 이탈리아에서 싸웠던 어느 독일 퇴역군인은 그런 잔인한 전투에 "그들이 매년 자진해서 치른 희생의 무용함과 전쟁의 무의미함에 대한 … 분노"가 담겨 있다고 설명했다.[277] 익히 알려져 있듯이 독일의 현실은 엄혹했지만, 많은 군인들이 독일 민족이 응징을 당하는 매우 극적이고 감정적인 순간에 자진해서 참여했던 것으로 보인다. 룬트슈테트 원수는 독일의 마지막 서부 반격을 시작하기 앞서 휘하 부대에 이렇게 말했다. "제군의 위대한 시간이 왔다. … 내가 더 말할 필요는 없다. 제군 모두 느낄 것이다. 전부 아니면 전무다."[278] 전쟁 종반 6개월 동안 충분히 많은 독일 군인들이 불가피한 죽음의 음울한 에토스를 받아들여 마지막 나날까지 자살에 가까운 저항을 이어갔다.

국가의 운명에 대한 우려는 분명 공적인 정책만이 아니라 전쟁 막판에 벌어질 사태에 대한 사적인 생각에도 영향을 주었다. 일본과 독일의 선전은 만약 패전할 경우 인구와 더불어 국가까지 제거하기로 결심한 연합국에 의해 최악의 결과를 맞을 것이라고 국내 인구에 경고했다. 늦어도 1943년부터 독일 선전의 주요 노선은 승리하지 못할 경우 유대인에게 고용된 불경한 동맹에 의해 독일 국민이 절멸될 것이라는 주장이었다. 1945년 2월의 선전 지령은 소련 점령군의 처분에 맡겨질 경우 독일이 어떤 운명을 맞을지를 강조했다. "전시의 모든 고통과 위험은 적들이 '볼셰비키식 강화안'에서 독일의 몫으로 정해둔 운명에 비하면 별것 아니다." 볼셰비키가 독일 국민의 "뒤통수에 겨눈 총알"의 위협은 최후의 순간까지 이어나갈 가장 완강한 거국적 저항으로만 피할 수 있다고 이 지령은 주장했다.[279] 일본에서 공적 담론은 서양의 야만성이라는 관념을 들먹이면서, 만약 국민의 저항으로 서양 오랑캐를 저지하지 않으면 고삐 풀린 야만성이 일본 사회를 덮칠 것이라고 경고했다. 또 일본 당국의 선전은 모든 여성은 강간당하고 모든 남성은 거세당할 것이라는 주장을 써먹었다. 여성을 지키지 못하면 물리적 위협이나 성적 위협을 당할 것이라는 예상은 널리 퍼진 두려움이었다.[280] 일반 대중이나 전투부대가 공상적인 두려움을 실제로 얼마나 공유했는지 알 길은 없지만, 연합군이 혹여 보복 충동에 휩싸여 무슨 짓을 저지를지 불분명한 상황에서 민족이 절멸당하고 국민이 모욕당할 것이라는 경고를 끊임없이 들어온 사람들에게 계속 저항하는 것은 전후의 사람들이 생각하는 것만큼 비합리적인 선택지로 보이지 않았다.

양국 모두 이런 두려움을 활용해 전쟁 마지막 해에 여전히 강제력을 보유한 국가기구와 정치기구의 극심한 동원 수준을 정당화했다. 일본에서는 인구 전체가 미군의 침공 시 적을 다시 바다로 몰아내기 위한 최후의 전투에 동원되었다. 1945년 3월 일본은 각의 결정을 통해 학령기 아동을 포함해 해안 지역의 모든 시민을 방어 작업에 동원했고, 같은 달에 두 번째 각의 결정으로 국민의용대를 발족하고 6월에 15~60세 남성과 17~40세 여성(임산부는 제외)을 국민의용전투대로 편성했다.[281] 불참의 위험을 감당할 수 있는 사람이 거의 없었으므로 그들은 명목상으로만 의용대였다. 남녀 모두 죽창으로 찌르고 수류탄 대신에 돌멩이를 던지는 훈련을 받았다. 일본의 계획은 최후의 저항을 위해 최소 1000만 명을 동원한다는 것이었다. 독일 정권도 7월 음모의 여파 속에서 국내 인구를 조직하는 데 매진했으며, 일본의 경우처럼 독일 국민도 불참하기가 어려웠다. 암살 시도 이튿날인 7월 21일, 괴벨스가 총력전 전권위원에 임명되었다. 정보기관 보고서에 의하면 이 임명은 환영을 받았는데, 패배와 그에 따른 우려를 피하기 위해 진력하겠다는 뜻을 내비치는 조치였기 때문이다. 노소를 막론하고 많은 독일인이 마지막 동원에 기여하기를 내심 꺼렸을지도 모르지만, '고국을 위한 투쟁Kampf der Heimat'에 동참하라는 호소를 외면하기는 어려웠다. 1944년 9월 29일, 나치당은 최후의 위기를 맞은 국가를 방어하기 위해 정상 병역에 적합하지 않은 600만 병력을 편성할 의도로 민병대인 국민돌격대Volkssturm를 조직하기 시작했다. 히틀러는 민병대 창설을 명령하면서 적의 "최종 목표는 독일 국민을 절멸시키는 것이다"라고 지적했다. 히틀러청소년단 가운데 1928년 태생 연령집단은 조기 병역에 자원하라는 요구를 받고서 무려 70퍼센트가 응했다. 수년 후 어느 청년 자원자는 그때의 단순한 동기를 회고했다. "우리는 조국을 구하고자 했다."[282]

연합국은 나름대로 승리에 필요한 마지막 동력을 동원할 만한 확실한 구호가 없어서 곤경을 겪었다. 1944년 가을에 연합국은 분명히 전쟁에서 '이기는' 중이었지만, 연합국 인구, 특히 서방 인구는 추축국 인구 못지않게 전쟁에 지치고 불안정한 상태였다. 그들은 더 이상 패배의 위협에 직면하기 않았기 때문에 전쟁을 영원히 끝내는 데 필요한 그들의 결의를 불러일으키거나, 여름에 로마와 파리, 브뤼셀을 탈환한 이후 결정타를 날리지 않는다는 그들의 불만을 잠재우기가 더 어려웠다. 양편의 심리적 차이는 뚜렷했다. 독일인과 일본인에게는 손에 잡히는 '전후'가 없고 오로지 승리 아니면 파멸뿐이었다. 연합국 인구에게는 가급적 적은 비용으로 조기에 종전하는 것이 동원을 해제하고 더 나은 미래로 나아가는 길이었다. 연합국의 군인과 민간인 모두 전시 초반에 승리가 머지않았다는 믿음과 실은 그렇지 않고 오히려 승리가 점점 멀어지는 듯하다는 실망감을 공유했다. 미국의 경우, 1943년 11월 테헤란 회담을 마치고 귀국한 루스벨트는 "이미 전쟁에서 이겼고 긴장을 늦추어도 된다"는 미국 대중의 견해에 개탄했다.[283] 그로부터 몇 주 전, 미국 당국은 전쟁 노력을 향한 열의를 되살리고자 《라이프Life》지에 미군 전사자의 사진을 처음으로 수록하는 것을 허가했다. 독일의 패배가 임박했다는 미국 국내전선의 낙관론은 노르망디 상륙작전과 프랑스 질주를 전개하는 내내 유지되었다. 그러나 헨리 스팀슨의 말마따나 전역의 속도가 느려지자 "속전속결로 승리한다는 태평한 자신감"이 사라지고 연합군이 "장기전 속에서 매우 힘겨운 싸움"을 치르고 있음을 인식하게 되었다.[284] 영국에서는 독일의 보복무기 공세가 시작되자 프랑스 전역을 향한 열의가 한풀 꺾였고, 국내정보부 보고서에 따르면 위험 지역의 주민들이 불안과 "믿기 힘들 정도의 피로"를 호소하며 어느 때보다도 전쟁의 조기 종식을 열망했다. 몽고메리는 주민들이 원하는 것을 주고 싶었지만 1944년 10월에도 분쟁이 끝날 기미는 아직 보이지 않았다. "우리는 매우 힘겨운 싸움을 앞두고 있습니다"라고 몽고메리는 브룩에게 보낸 편지에 썼다. "우리가 성공을 거둔다면 전쟁에서 거의 이길 거라고 생각합니다. 그러나 우리가 저지당한다면 전쟁이 늘어질 공산이 큽니다." 1945년 2월 영국 참모본부는 유럽 전투가 아무리 일러도 6월 마지막 주에야 끝날 것이고 어쩌면 11월까지 이어질 수도 있다고 예측했다.[285]

여러 전선에서 끊임없는 격전의 수렁에 빠진 장병의 분위기에는 본국의 정서가 반영되어 있었다. 프랑스에서 초기에 성공한 이후로 전투는 갈수록 거칠어졌다. 1944년 9월과 10월에 노르망디 전역 기간보다 더 많은 수의 영국 군인이 전사했다. "위업을 거두는 시절은 지나간 듯하다"고 어느 영국 군인은 불평했다. "모든 전망이 좋지 않다." 정확히 가을의 어느 시점에 전쟁이 끝날지를 놓고 내기를 걸었던 병사들(10월이라는 예측이 대세였다)은 그들 아버지 세대가 그랬듯이 끊임없는 위험을 피해 플랑드르 평원의 진창에 틀어박힌 채 비를 맞으며 이제나저제나 종전이 오기를 고대했다. 전진 속도가 더디고 많은 사상자가 발생하자 도통 붙잡을 수 없는 승리의 가능성을 냉소적으로 보는 견해가 등장했다. 1944년 12월 어느 미군 전차병은 마사 겔혼Martha Gellhorn 기자에게 이렇게 말했다. "전쟁은 끝났습니다. 모르시나요? 1주일 전에 라디오에서 들었습니다. … 제기랄, 끝났다고요. 여기서 뭘 하고 있는지 나도 모르겠습니다."[286] 9월 초에 한 영국 장교는 해방된 브뤼셀에서 부사관으로부터 "독일이 포기했고 히틀러가 에스파냐로 갔다"라는 라디오 뉴스를 전해 들었지만, 그것은 희망사항이었다. 며칠 후 다음 전장으로 이동하던 그는 일기에 "강화 소문이 진실이었다면!"이라고 적었다.[287] 평화가 다가올수록 일부 군인은 위험을 무릅쓰다가 덧없이 죽는 변고를 피하려 했다. 생존 가망이 희박하다는 것을 알면서도 방어를 위해 포진한 독일과 일본의 군인들과는 다른 모습이었다. 당시 예상 밖으로 절박한 병력 수요를 충족하기 위해 18세 남성을 동원하던 미국 육군의 보충병 제도는 결원이 생긴 부대에 동기도 없고 제대로 준비하지도 못한 보병을 한 번에 한 명씩 보내주었으며, 그런 신병들은 그들을 희생시켜서라도 살아남으려는 베테랑들과 나란히 싸우다가 높은 사상률을 기록했다.[288] 이와 비슷하게 붉은군대도 어리거나 늙은 남자들, 또는 부상에서 회복 중인 남자들로 더 경험 많은 병사들의 결원을 채워야 하는 문제에 직면했다. 전선에서 싸우는 군인들의 여건은 참담했다. 식량과 식수가 부족하고, 의료품이 모자라고, 절도와 폭력이 만연했다. 어느 군인은 가족에게 보내는 편지에 이렇게 썼다. "요 며칠 전쟁에서 극심한 피로감을 느꼈습니다. … 하지만 당연히 아무 소용도 없습니다. 전쟁은 이번 겨울에 끝나지 않을 겁니다." '바그라티온' 작전의 성공으로 사기가 되살아났지만, 증거에 따르면 많은 소련 군인은 적이 패했으니 할 일을 다 했고 이제 소련 국경에서 멈출 수 있다고 생각했다. 그런데 멈추기는커녕 독일로 내처 진격해 들어갈 판국이었다. 그들은 육체적·정신적으로 탈진하여 한동안 멈추어야 했고, 그 탓에 1945년 들어서도 수개월간 격전을 치른 후에야 독일에서 승리를 거둘 수 있었다.[289]

평화를 얻고픈 바람과 불구대천의 적을 아직 타도하지 못한 현실 사이의 긴장은 영국군과 미군의 승리가 시야에 확실히 들어오기도 전인 1943년에 시작된 동원 해제 계획과 평시 생산으로의 복구 계획으로 인해 더욱 악화되었다. 미국에서는 군수품 생산이 감소한 데 이어 민수품 공장의 문을 다시 열어 한정된 양을 생산하는 계획이 시행되었고, 상업 광고에서 머지않아 승리와 함께 다시 사용할 수 있게 될 상품에 초점을 맞추기 시작했다. 산업 전환 프로그램은 군부와 민간 관료가 1년에 걸쳐 벌인 다툼을 유발했는데, 전자는 프랑스와 이탈리아 침공을 지속하느라 대량 소모한 포탄과 폭탄, 전차를 더 원한 반면에 후자는 생산 통제와 배급을 끝내달라는 대중의 폭넓은 요구에 호응하려 했다. 노동자들이 더 안전하다고 생각하는 민수산업의 일자리로 떠남에 따라 군수생산 능력은 4분의 1이 줄어들었다.[290] 또한 현역군인 개개인에게 교전 개월, 연령, 가족 상황, 부상, 훈장 등에 따라 점수를 주는 복무조정 평가 점수제Adjusted Service Rating Score로 동원 해제된 군인들이 이미 본국으로 복귀하고 있었다. 1942년이나 1943년 초부터 전장에서 지내온 군인들은 85점을 얻으면 전투를 끝내고 귀국할 수 있었다. 폭격기 승무원들은 작전을 30회 마칠 때까지 장기간 살아남는다면 '행복한 전사들'이라는 별명과 함께 미국으로 돌아갈 수 있었다. 육군 군인과 항공병은 귀국 전망이 다가올수록 위험을 덜 무릅쓰며 제대 자격을 얻어낼 수 있었다.[291] 영국에서도 1944년 9월 동원 해제 자격을 정리해놓은 '해제와 재정착'에 관한 소책자가 출간되어 비슷한 문제가 불거졌다. 히틀러가 국민돌격대 창설을 지시한 9월에 영국 자원민병대인 향토방위대Home Guard는 더 이상 활동할 필요가 없어 경계태세를 풀었다. 전장에서는 고령자와 해외에서 장기간 복무한 자가 유리한 동원 해제 평가를 받았지만, 모든 현역군인이 동원 해제 순번을 알아낼 수 있었다. 영국 당국은 현역군인 가운데 재건 프로그램에 필수적인 숙련노동자로 분류된 10퍼센트를 먼저 동원 해제하기로 결정했으며, 이 조치에 군인들은 앞다투어 실은 보유하지 못한 '숙련 기술'을 입증하려 했다.[292] 그렇다고 해서 제대 약속 때문에 교전이 중단된 것은 아니지만, 전후 세계에 초점을 맞출수록 군인과 민간인 모두 당장의 투쟁을 더 견디기 힘들어했다. 1945년 초 미 육군 참모차장은 아이젠하워에게 보낸 편지에서 "모든 징후를 보건대 전쟁을 계속 우선순위에 두는 것은 엄청난 난관일 것입니다"라고 썼다.[293]

이런 의미에서 분쟁의 기간과 비용이 늘어날수록 적들의 전쟁 의지가 약해질지도 모른다는 독일과 일본 지도부의 희망이 그저 부질없는 기대였던 것만은 아니다. 전략을 둘러싼 논쟁으로 영국과 미국의 관계는 계속 껄끄러웠고, 1944년 가을부터 동유럽에서 스탈린의 야심이 표면화되면서 소련과의 협력도 불안정했다. 유럽에서나 태평양에서나 연합군은 새로운 전선까지 길고도 복잡한 병참선을 연결하느라 전진이 더뎌졌고, 물질적 이점이 가장 필요한 순간에 그것을 누리기가 어려워졌다. 독일군 지휘관들은 유리한 순간에 굼뜨게 대응하는 적을 비웃었으며, 독일 정보기관은 연합군의 신속한 진격 능력 감소와 연합국 간의 긴장을 관찰했다. 8월 말 히틀러는 장군들에게 이렇게 말했다. "역사는 모든 연합체가 깨진다는 것을 알려주며 귀관들은 그 순간을 기다려야 한다. … 우리는 프리드리히 대제의 말대로 '우리의 빌어먹을 적들 중 하나가 절망하여 포기할' 때까지 이 투쟁을 수행할 것이다."[294] 일본에서는 국지적 승리를 하나만 거두더라도 전쟁에 지친 적과의 회담을 시작할 수 있다는 생각이 1945년 들어서도 히로히토 천황에게까지 영향을 주었다.

유럽과 아시아의 주요 전선들은 어디서나 얼마간 교착 상태로 접어들었다. 중국에서는 일본군의 마지막 반격 이후 양편 모두 지칠 대로 지쳤다. 1945년 초까지 '이치고' 작전을 지속하긴 했지만, 충칭을 장악하기 위해 다시 한 번 전진하려는 더 야심찬 계획들은 일본의 역량 밖이었다. 베트남부터 한국까지 철도를 이은 것은 실속 없는 승리로 드러났다. 중국에서 셔놀트 장군의 제14공군은 새로운 비행장들에서 계속 출격해 철도와 교통망을 공격했다. 1944년의 긴 전투로 장제스의 국민당 정권이 거의 치명상을 입긴 했지만, 그래도 일본의 잠식을 저지하여 중국 쟁탈전을 미결 상태로 남겨둘 수 있었다. 마셜과 루스벨트는 오래전부터 아시아 본토에서 대규모 전역을 전개해봐야 소용없다고 판단해온 터였고, 중국군 부대들에 필요한 물자를 제공하지 않았다. 중국에 보낸 자원은 대부분 미국 항공대를 지원하기 위한 용도였다. 그중 신형 보잉 B-29 중폭격기는 일본의 저항을 중국 내 지상전보다 더 효과적으로 약화시킬 만한 수단으로 평가받았다.

장제스는 일본군 전역의 종반에 한 가지는 얻어냈다. 고약한 스틸웰이 버마 작전 실패에도 불구하고 루스벨트를 구슬려 중국군 전체에 대한 총지휘권을 장제스로부터 빼앗으려 시도한 뒤, 장제스는 스틸웰을 해임해달라고 강력히 주장했다. 스틸웰의 요구를 듣고서 장제스는 "이것은 백일하에 드러난 제국주의다"라고 일기에 썼다.[295] 루스벨트는 마지못해 동의했고, 수년간 두 동맹국의 관계를 고의로 망쳐온 스틸웰은 10월 말 중국을 떠나야 했다. 후임은 당시 동남아시아 연합군 총사령관 마운트배튼의 참모장 앨버트 웨더마이어Albert Wedemeyer 장군으로, 퍽 정당하게도 스틸웰을 연대 하나도 지휘하지 못할 사람으로 간주했다. 웨더마이어는 장제스의 군대를 개혁하기 시작해 우선 미군 장비를 사용하는 36개 사단을 편성했다. 그리고 남중국에서 1945년 말이나 1946년에 홍콩 또는 광저우를 장악하려는 '카보나도Carbonado' 작전을 세웠지만, 미처 작전을 개시하기 전에 일본이 항복했다.[296] 스틸웰이 사라지자 장제스는 미군 지휘부의 뜻에 따르면서도, 먀오빈繆斌을 통해 1945년 3월 도쿄에서 일본군의 중국 전면 철수를 비밀리에 교섭하려는 시도를 이어갔다.[297] 1945년 여름 일본 파견군은 즈장에 있는 셔놀트의 새로운 비행장들 중 하나를 장악하려 시도했다. 이것이 일본군의 마지막 공세였다. 웨더마이어는 일본 제20군의 5만 병력에 맞서 중국군 67개 사단 60만 명을 배치했다. 중일 전쟁의 마지막 주요 전투에서 국민혁명군은 마침내 비틀거리는 적을 물리치고 몰아냈다.[298]

동남아시아와 태평양에서 연합군의 전략은 줄곧 논쟁에 시달렸고, 그 바람에 사이판과 버마에서 승리한 뒤 연합군의 전진 속도가 느려졌다. 1944년 초부터 처칠은 싱가포르 탈환의 전주곡 격으로 수마트라 북부에 상륙하는 방안에 집착하고 여기에 '컬버린Culverin' 작전이라는 암호명을 붙였다. 주된 동기는 1942년의 낭패 이후 아시아 제국에서 영국의 평판을 되찾고 식민 통치를 복구하는 데 있었다. 처칠은 미국이 아니라 영국이 해방 세력으로 보여야 한다고 확신했다.[299] 미국 지도부가 보기에 수마트라 작전은 일본을 패배시키는 데 거의 또는 전혀 기여하는 바가 없고 분명 제국의 이권을 가장 우선시하는 조치였지만, 처칠은 참모진이 태평양에서 미국을 돕는 데 초점을 맞추라고 오랫동안 설득했음에도 수마트라 방안을 고집했다. 회의에서 처칠의 집착을 만류하는 데 또다시 실패한 영국 해군 참모총장은 "전쟁의 바퀴에 이 사람이 얼마나 거치적거리는지"라고 불평했다.[300] 영국 정보서비스Information Service(영국 외무부의 백색 선전 조직)의 미국 지부는 "평균적인 미국인의 여론에서 우리는 명백히 하향세다"라고 경고했다. 1944년 12월 여론조사에서 미국인의 58퍼센트는 연합국 협력 저조의 책임을 영국에 돌렸고 11퍼센트만 소련을 탓했다.[301] 처칠은 상륙정, 상륙장비, 함대 보호의 요건을 도저히 충족할 수 없다는 사실이 밝혀진 후에야 결국 수마트라 계획을 단념했고, 그 후에도 말라야('지퍼Zipper' 작전)와 싱가포르('메일피스트Mailfist' 작전)를 침공하는 계획을 세웠다가 모두 포기해야 했다.

영국 측과의 논쟁에 더해 1945년 태평양 전략의 방향을 놓고 니미츠와 맥아더가 더욱 해로운 갈등을 빚었다. 1944년 초부터 미국 합동참모본부는 해군이 맥아더 휘하 전력의 지원을 받아 대만을 차지한 뒤 일본 본토를 겨냥할 수 있도록 필리핀은 제쳐두어도 괜찮다고 생각했다. 일본군 수뇌부는 필리핀을 상실하면 작전의 범위가 심각하게 제한된다고 보았지만, 킹 제독은 필리핀이 별로 중요하지 않다고 생각했다. 맥아더는 자신이 2년 전에 포기했던 필리핀 인구를 해방시킬 도덕적 의무가 있다고 주장했지만, 합동참모본부는 대만을 가장 적절한 디딤돌로 활용하는 방안을 포기할 정도로 감명받지 않았다. 대만의 방어는 매우 삼엄한 반면에 필리핀은 강습에 취약해 보인다는 게 분명해진 후에야 킹과 니미츠는 맥아더 휘하 육군의 침공에 동의했다. 그러나 필리핀 전역의 합동사령부를 꾸리는 데에는 동의하지 않았다. 맥아더는 "30일" 만에 필리핀을 점령하여 섬 건너뛰기 전역의 "비극적이고 불필요한 미군 학살"을 피하겠다고 큰소리쳤지만, 마셜과 다른 이들은 일본에 더 접근하는 것이 시급한 우선순위인 마당에 맥아더의 육군이 까다로운 지형에서 옴짝달싹 못할까 걱정했고, 해군은 필리핀 전역이 늘어지면 이오 섬과 오키나와 섬 침공의 시간표가 연기될 공산이 크다고 우려했다.[302] 맥아더는 방어진을 친 일본군과 싸워야 하는 현실과 투쟁이 길어질 경우 필리핀 사람들이 치르게 될 명백한 대가에 개의치 않았던 것으로 보인다. 분명 필리핀은 일단 제쳐두었다가 더 적은 비용으로 무력화할 수 있었다. 미군은 1944년 9월에야 마침내 새로운 전략 방향을 승인했고, 10월 20일 필리핀의 작은 섬 레이테에 먼저 상륙하기로 의견을 모았다. 늦가을에 유럽 전쟁과 중국 전쟁이 모두 교착 상태에 빠진 가운데 이제 남태평양에서 또다른 교착 상태가 빚어질 수도 있을 것으로 보였다.

대규모 해군의 엄호를 받는 육군 6개 사단(2개 예비사단 포함) 20만 2500명은 일본군 1개 사단 2만 병력이 방어하는 레이테 섬에 상륙했다. 마셜이 우려했듯이, 미군은 작전을 개시하기 무섭게 문자 그대로 옴짝달싹 못하게 되었다. 두 달 동안 태풍이 세 번 지나가고 비가 900밀리 가까이 내렸다. 병사들은 우기의 진창 속에서 군수품을 내리고 지켜내고자 무진 애를 썼다. 보급에 필수인 비행장 건설은 침수 때문에 지체되었고, 3개 작전 지역을 12월 중순에야 완성할 수 있었다. 또 군복과 군화가 흠뻑 젖은 채로 생활하다보니 참호족염과 질병이 빈발했다. 방어가 허술한 이 섬을 미군은 두 달 넘게 격전을 치른 끝에 12월 31일 확보했지만, 구릉과 밀림에 틀어박힌 일본군 부대들은 1945년 5월에야 소탕되었다. 맥아더에게는 실망스럽게도 전역이 지연되자 니미츠는 그에게 다음 단계들이 늦어진다고 경고했다. 당시 주요 섬인 루손을 1월 9일에 침공할 예정이었다. 30일 만에 낙승을 거두기는커녕, 필리핀 점령은 1945년 들어서도 한참 지나서 완료되었다. 2월 얄타 회담에서 연합국 합동참모본부는 대일본 전쟁이 1947년까지 이어질 것으로 음울하게 예측했다.

이 전역에서 유일하게 괜찮은 부분은 해군이 10월 24일과 25일에 거둔 승리였다. 일본 해군은 과달카날과 사이판에서 실패했던 목표, 즉 레이테 만의 상륙정과 군수물자를 공격해 파괴하는 목표를 달성하려 했다. 그때까지 일본 해군이 수행한 대부분의 대규모 작전과 마찬가지로, '쇼고

捷號' 작전도 지나치게 정교했다. 4개 함대는 일제 강습을 위해 총집결하지 않고 따로따로 모여 있었다. 초대형 전함 2척에 구식 전함 3척과 중순양함 10척을 더한 주요 함대는 협공의 서쪽 부분을 담당했다. 둘째 함대는 협공의 동쪽 부분을 맡아 전함 2척과 중순양함 1척으로 레이테 만으로 진입하고 셋째 예비부대의 지원을 받기로 했다. 더 북쪽에는 레이테 작전을 지원하는 홀시 함대의 항공모함 기동부대를 유인하기 위해 소수의 함재기를 실은 항공모함 4척과 노후화된 전함 2척으로 이루어진 미끼 함대가 배치되었다. 홀시는 이 미끼를 물어 10월 24/25일 밤에 적 항공모함들을 가로막기 위해 북쪽으로 향했다가 일본 2개 협공부대가 레이테 만으로 접근하고 있으니 복귀하라는 긴급 통지를 받았다. 그는 휘하 함대의 절반을 돌려보내고 나머지 절반으로 적 항공모함 4척을 모두 격침했지만, 레이테 만을 지원할 필요는 없었다.[303] 미군은 레이테 만의 항공기, 구축함 경계진, 포를 사용해 수리가오 해협을 통과하는 동쪽 협공부대를 격멸한 다음 산베르나르디노 해협을 뚫고 나아가려는 구리타 다케오栗田健男 제독의 주력 부대를 격퇴했다. 그 과정에서 구리타 함대는 2척을 제외한 중순양함 전부와 초대형 전함 무사시武藏를 잃었다. 구리타는 예상치 못한 저항에 얼마나 충격을 받았던지, 본인의 훗날 주장에 따르면 환영에 불과한 미국 항모부대를 추격하기 위해 퇴각했다고 한다. 다만 보유한 함재기가 없었기 때문에 설령 그런 항모부대가 있었더라도 어차피 상대가 되지 않았을 것이다. 일본 해군은 전함 3척, 순양함 4척, 중순양함 6척, 그 밖의 군함 17척을 잃었다.[304] 레이테 만 해전으로 잔여 일본 수상함대의 등골은 결국 부러졌다. 설령 레이테 해변과 수상함에 심각한 손실을 입혔다 해도 미국 해군은 십중팔구 전세를 만회했을 것이다. 불길하게도 10월 25일 첫 가미카제 특공대가 출격해 호위항공모함 3척을 타격하고 1척에 치명상을 입혔다. 향후 1년간 이어질 자살공격의 시작이었다.

유럽에서 독일군과 대치하던 세 주요 전선, 즉 프랑스와 벨기에 전선, 이탈리아 전선, 폴란드 전선은 가을에 교착되었다. 이는 독일군의 저항이 완강해지는 한편 여름부터 멀리 후방에 있는 보급기지를 바탕으로 줄곧 싸워온 연합군이 지친 결과였다. 벨라루스와 프랑스에서 무질서하게 후퇴한 후, 독일군은 연합군의 예상을 벗어나는 능력을 보여주었다. 몽고메리의 집단군이 안트베르펜에 접근한 9월 4일, 아이젠하워는 휘하 사령관들에게 독일 육군이 모든 전선에서 무너지기 직전이라고 말했다. "그들은 지리멸렬하고, 전면 퇴각하는 중이며, 제대로 저항하지 못할 공산이 크다."[305] 아이젠하워는 좁은 전선에서 집단군으로 라인 강을 건너 베를린으로 돌진하도록 허락해달라는 몽고메리의 요구를 거부하긴 했지만 ("그저 희망사항일 뿐입니다"라고 1주일 후 마셜에게 말했다), 예측 가능한 미래에 루르와 자를란트 공업 지역을 장악할 것으로 예상했다.[306] 이탈리아 전선의 경우, 독일군이 로마에서 피렌체 북쪽의 고딕 방어선으로 물러나자 알렉산더는 단 한 번의 맹공으로 이탈리아 북부를 정리한 뒤 허물어지는 적을 쫓아 빈까지 돌격하겠다고 자신했다. 당시 이탈리아의 독일군 사단들 태반은 불과 2500명을 조금 넘는 규모였고 장비와 항공지원이 부족했다.[307] 그러나 양 전선에서 독일군이 곧 붕괴할 거라던 낙관론은 시기상조로 드러났다. 프랑스 남부 전역을 지원하기 위해 이탈리아에서 육군 사단들을 이동시킨 이후로 알렉산더 휘하 전력의 타격력은 필요한 수준에 미치지 못했으며, 영국 참모본부는 까다로운 지형과 다가오는 악천후에 주의하라고 조언했다. 이탈리아의 연합군은 두 축을 따라 전진할 계획이었다. 당시 고작 5개 사단으로 이루어진 클라크의 제5군은 볼로냐를 향해 산악지대의 산길을 공략하고 새로 편성된 제10산악사단이 도착하는 대로 지원을 받기로 했다. 올리버 리스Oliver Leese 중장의 제8군은 '올리브' 작전에 착수해 해안 평원을 따라 리미니를 향해 북진하기로 했다. 해안에서 고딕 방어선을 공략하는 데 성공하긴 했으나 이 전투로 연합군은 큰 타격을 입었고, 그 너머에는 가을철 호우가 내려 급류로 변한 강들이 겹겹이 가로놓여 있었다. 알렉산더는 방어전에 안성맞춤인 지형에서 점점 완강해지는 독일군의 저항에 직면했다. 그의 부대는 전역, 진창, 그리고 연합군 수뇌부가 이탈리아 전선을 외진 시골로 치부한다는, 사기를 떨어뜨리는 의식 때문에 지쳐 있었다. 훗날 클라크는 자신이 전진을 "서서히 멈춘 것은 그저 병사들이 더는 싸울 수 없었기 때문이다. … 우리의 맹공은 천천히 고통스럽게 사그라들었다"고 썼다.[308] 11월 말 알렉산더는 12월 공세의 목표를 볼로냐와 라벤나 장악으로 변경했지만 이는 기진맥진한 병력이 달성할 수 없는 목표였고, 전선은 서서히 고착되었다. 12월 30일, 알렉산더는 추후의 대규모 공세를 봄까지 연기했다.

서부전선에서는 초기의 정신없는 추격 이후 9월 첫째 주에 연합군의 전진이 느려졌으며, 그동안 보급품과 중포를 전방으로 이동시켰다. 아이젠하워가 합동참모본부에 말했듯이 보급은 "한계점에 이른" 상황이었는데, 이제 전선에서 거의 500킬로미터 떨어진 프랑스 북서부의 항구들에 의지해 보급을 유지하고 있었기 때문이다.[309] 그럼에도 아이젠하워는 몽고메리가 제안한 상륙계획을 승인했다. 제1연합공수군을 투입해 네이메헌과 아른험의 라인 강 도하 지점을 장악하고, 안트베르펜 너머에 생긴 돌출부를 따라 접근 중인 브라이언 호록스Brian Horrocks 중장의 영국 제30군단으로 지원한다는 계획이었다. 이는 몽고메리답지 않은 작전이었다. 다시 말해 급하게 구상하고, 항공지원을 제대로 통합하지 않고, 독일군 전력에 대한 정보가 부족하고, 엄밀한 계획에 따른 집중포격을 하지 않고, 양측면에 상당한 독일군 병력이 있음에도 강행하는 작전이었던 것이다. 아이젠하워가 '마켓 가든Market Garden' 작전을 승인한 것은 어디까지나 적이 여전히 지리멸렬해 과감한 타격에 저항하지 못한다고 믿었고, 브래들리의 제12집단군이 더 남쪽에서 확보하기를 바라는 도하 지점에 더해 라인강 하류의 도하 지점을 원했기 때문이다. 반면에 몽고메리는 '마켓 가든' 작전을 독일로 신속히 치고 들어가 베를린을 향해 이동하는, 자신이 선호하는 전략을 실행할 방편으로 여겼다—이 선택지가 미군을 배제하는 영국군의 승리를 의미했다면 미국 사령관들이 지지할 리 없었을 것이다. 그 결과는 잘 알려져 있다. 9월 17일 작전을 개시하자마자 여러 잠재적인 문제가 현실화되었다. 네이메헌에서는 교량들을 장악했지만, 아른험에서는 몽고메리가 예상하지 못한 독일 제2SS기갑군단의 반격을 받았다. 영국 제30군단은 좁은 도로에서 꼼짝하지 못했으며, 보병은 충분히 빠르게 전진할 수 없었고 잦은 공격에 시달렸다. 결정적인 순간에 지상지원을 받지 못한 공수부대는 아른험에서 재앙을 맞아 대부분 죽거나 붙잡혔다. 작전은 9월 26일 취소되었다. 연합군 사상자는 1만 5000명, 독일군 사상자는 3300명이었다. 이로써 독일로 쳐들어가는 북부 돌진은 무산되었다.

그 후로 영국 제21집단군은 점점 나빠지는 날씨에 운하와 산산이 파괴된 마을이 흩어져 있는 돌출부 일대의 평평한 시골, 어느 군인이 "혐오스러울 정도의 황량함"이라고 묘사한 곳을 몇 달에 걸쳐 소탕해야 했다.[310] 아이젠하워는 이제 몽고메리가 안트베르펜 항구를 열어젖히는 데 진력해야 한다고 역설했다. 독일 제15군의 잔여 병력이 예상 밖으로 질서정연하게 스헬더 강 어귀의 발혜런 섬, 즉 연합국의 해운을 방해할 수 있는 위치로 퇴각한 탓에 안트베르펜 항구가 막혀 있었다. 제1캐나다군이 안트베르펜 북쪽을 소탕하는 임무를 맡았지만, 히틀러가 요새로 지정한 르아브르, 불로뉴, 칼레, 됭케르크의 항구를 먼저 함락하는 데 집중하겠다는 연합군의 결정 때문에 지체되었고, 10월에야 안트베르펜 동쪽을 소탕할 수 있었다. 11월 8일 결국 발헤런이 함락되고 마침내 안트베르펜이 연합국 해운에 개방되었다. 11월 28일 리버티 수송선Liberty Ship들이 안트베르펜에 처음 정박하여 연합군에 훨씬 가까운 보급기지를 제공했으며, 이로써 연합군은 독일까지 더 긴 거리의 작전을 수행할 수 있게 되었다. 서유럽 전선은 이곳에서 고착되었다. 악천후에 사상자가 증가하는 가운데 근 6개월간 계속된 진 빠지는 전투로 몽고메리 집단군은 각 보병사단 전력의 평균 40퍼센트를 잃었다.[311] 1944년 베를린으로의 돌진도, 빈으로의 질주도 당시 조건에서는 실행 불가능한 일이었다.

더 남쪽에서 자를란트와 루르 강 댐을 함락하려던 공세도 독일군이 서부방벽과 휘르트겐 숲—수목이 우거져서 미군이 공중, 기갑, 포의 유력한 조합을 배치할 수 없는 전장—으로 철수함에 따라 서서히 중단되었다. 코트니 호지스Courtney Hodges 장군의 제1군은 혹독하기 그지없는 조건에서 전역에 꼭 필요하지도 않은 영토를 확보하고자 보병으로 밀어붙이다가 결국 독일군으로부터 댐을 빼앗지도 못한 채 무려 2만 9000명의 사상자를 냈다.[312] 패튼 휘하 미국 제3군은 4개 사단으로 모젤 강을 건넜지만 연료와 물자를 많이 소비해 이번에도 아이젠하워의 목표 지점에 이르지 못하고 멈추었다. 그 후로 미군이 11월에 공세를 재개할 수 있을 때까지 날씨가 급격히 악화되었고, 9월 초만 해도 전투에 적합한 병력이 13개 보병사단과 3개 기갑사단밖에 없었던 서부 독일군은 이제 15개 기갑사단을 포함해 70개 사단 규모였다.[313] 한편 브래들리는 몽고메리가 품었던 지나친 낙관론과 비슷하게, 론 강 유역을 북진해온 부대들을 모아 편성한 제6집단군의 지원을 받아 제12집단군으로 자르 분지를 장악한 뒤 루르 지방으로 이동할 수 있기를 바랐다. 12월경 미군은 격렬한 저항을 물리치고 서부방벽에 도달했으나 라인 강을 건너지는 못했다. 이탈리아에서처럼 이곳에서도 주요 공세는 봄까지 미루어야 했다.

동부전선에서도 독일군의 저항은 완강해졌다. 동부의 주민들은 강제 명령에 따라 새로운 동부방벽 건설을 위해 도랑과 참호를 파는 작업에 동원되었는데, 독일 남성과 여성, 십대와 폴란드 노동자를 합해 약 70만 명이었다. 일부 지역들에서는 여성과 소년이 남성보다 훨씬 많았고, 몇 주 만에 수백 킬로미터 길이의 임시방편 방벽을 완성하기 위해 12시간씩 교대로 일했다. 군부에서 회의적으로 여기는 방어를 위해 노동력을 동원하는 임무는 주로 나치당과 친위대가 수행했다. 붉은군대가 새로운 방어선을 돌파하는 데 1시간 2분─웃음을 멈추는 데 1시간, 방어선을 가로지르는 데 2분─이 걸릴 거라는 농담이 돌았지만, 동원의 목표는 패닉과 도주를 막고 고국을 지키는 최후의 전투를 위해 결의를 다지는 데 있었다.[314] 더 중요한 것은 히틀러 암살 시도 이튿날인 7월 21일 신임 육군 참모총장에 임명된 구데리안의 명령으로, 발트 해안의 메멜부터 슐레지엔의 오펠른까지 총 25개 요새도시로 이루어진 방어망을 구축하라는 내용이었다. 이들 도시는 히틀러의 지령에 따라 소련군의 진격을 늦추는 거점으로 지정되었다.[315] 그렇지만 소련군이 비스와 강을 건너 타격할 거라던 예상은 빗나갔다. 소련군은 벨라루스와 동부 폴란드를 통과하는 오랜 전역으로 지친 터라 1945년 1월로 연기된 마지막 대독일 공세를 감행하기 전에 우선 쉬면서 전열을 가다듬고 보급선을 더 튼튼하게 구축할 필요가 있었다.

더 북쪽에서 단치히와 동프로이센의 독일군을 차단하려던 소련의 시도는 독일군의 강한 압박과 다수 발생한 소련군 사상자 때문에 중단되었다. 그 대신 스탈린은 히틀러가 퇴각과 포위망 탈출을 허락하지 않는 독일 북부집단군을 고립시키기 위해 발트 삼국을 점령하는 데 초점을 맞추었다. 10월 10일 붉은군대는 메멜에서 가까운 발트 해안에 당도하여 거의 25만 명에 달하는 독일군 33개 사단을 북쪽 라트비아의 쿠를란트 반도에 가두었다—이 독일 병력은 히틀러의 명령에 따라 결국 패전할 때까지 대부분 그곳에 머물렀다.[316] 10월 16일 소련군은 동프로이센으로 진입하려는 두 번째 시도에 나서 독일 국경을 넘고 굼비넨의 중요한 철도 교차점에 닿을 뻔했지만 예상 밖으로 격렬한 독일군의 응전에 밀려났고, 결국 연합군 공세는 또다시 중지되었다. 스탈린의 군사적이고도 정치적인 다른 관심사는 붉은군대를 발칸과 중부유럽에 신속히 밀어넣어 서방의 개입을 미연에 차단하는 것이었다. 10월 말 유고슬라비아 민족해방군이 베오그라드를 함락하도록 지원한 소련은 빈으로 가는 관문인 헝가리에 초점을 맞추었지만, 독일군과 헝가리군의 맹렬한 저항에 진격 속도가 느려졌다. 히틀러가 벌러톤 호수 남서쪽의 작은 유전을 지키고자 했기 때문이다. 부다페스트는 독일군과 헝가리군이 함께 지키는 남부의 주요 요새가 되었다. 10월 28일 스탈린은 정치적인 이유로 반드시 빈까지 돌진해야 한다며 로디온 말리놉스키Rodion Malinovsky 장군의 제2우크라이나 전선군에 하루 만에 부다페스트를 장악하라고 명령했다. 그러나 이 전선군은 12월 26일에야 부다페스트의 서쪽 절반인 부다를 포위하고 값비싼 포위 공격을 가할 수 있었다.[317] 이 전역은 헝가리 수도 대부분이 폭격과 포격에 파괴되고 12월에 총 7만 9000명이던 수비대가 1만 1000명으로 줄어든 2월에야 끝났다. 헝가리 군인과 민간인 약 10만 명이 목숨을 잃었다.[318] 이탈리아의 알렉산더가 그랬듯이 스탈린도 1944년의 연합군으로는 빈으로 가는 길을 열 수 없었다.

폴란드와 동프로이센의 전선이 일시적으로 안정되자 히틀러는 지난 8월부터 만지작거리던 책략으로 위험을 무릅쓰는 선택지에 끌렸다. 8월에 히틀러는 보주 산맥의 전방에서 다가오는 미국 제12집단군의 후위와 측면을 특별 편성한 부대로 기습할 것을 요구한 바 있었다. 그리하여 6개 기갑사단과 새로운 6개 기갑여단으로 G기동군을 편성하는 계획을 세웠지만, 독일군이 계속 퇴각하는 바람에 반격을 단념할 수밖에 없었다.[319] 9월 중순 히틀러는 이 계획을 확대해 미국 집단군과 영국 집단군 사이를 타격하여 몽고메리의 제21집단군을 고립지대로 몰아넣는 한편 안트베르펜으로 진격해 연합군의 보급선이 짧아질 가능성을 없애려 했다. 히틀러는 이 작전으로 서방 적들 사이에 중대한 정치적 위기가 발생할지도 모른다고 기대했다. "아르덴에서 반격: 목표 안트베르펜"이라고 히틀러는 9월 16일 측근들에게 알렸다.[320] 프랑스에서의 퇴각과 독일 국경에서의 전투 이후 너무 서둘러 세운 이 계획을 사령관들은 대부분 좋아하지 않았고, 여기에는 9월 초 서부 총사령관으로 복귀한 룬트슈테트와 아르덴 전역 사령관 모델도 포함되었다. 히틀러의 구상은 전선 전체를 방어해야 하는 시기에 가뜩이나 부족한 병력을 집결하는 데 달려 있었고, 독일 육군이 연합군의 비축 연료와 물자를 빼앗아야만 실행할 수 있었다. 독일군 사령관들은 기동력이 형편없고(5만 마리의 말이 작전에 필요했다), 온갖 종류의 물자가 부족하고, 부대들이 제한된 훈련밖에 받지 못한 상황에서 대규모 공세를 개시하는 데 따르는 위험을 알고 있었지만, 히틀러의 마음을 돌릴 수 없었다.

히틀러는 '라인 파수꾼Wacht am Rhein' 작전의 기밀 엄수를 요구했고, 어떤 문제가 있든 간에 이 전역으로 서부전선과 "어쩌면 전쟁 전체"가 확 바뀔 것이라는 자신의 직감을 역설하며 군부의 뚜렷한 반대 기조를 물리쳤다.[321] 11월 중순 히틀러는 성대에 생긴 용종을 수술로 제거해야 했고, 그 탓에 이제 '가을 안개'라 불리는 작전이 그가 가까스로 다시 속삭일 수 있었던 듯한 12월 1일까지 연기되었다.[322] 이 날짜는 궂은 날씨를 이용해 연합군의 공군력을 지상에 묶어두기 위해 먼저 12월 10일로, 그리고 다시 엿새 뒤로 미루어졌다. 12월 16일 오전, 24개 사단 41만 명, 장갑전투차량 1400대, 포 1900문, 1000대 이상의 항공기가 연합군을 완전히 기습했다. 독일군은 3개 축을 따라 진격했다. 북부에서는 제프 디트리히Sepp Dietrich의 제6SS기갑군이 아르덴 숲을 돌파해 안트베르펜을 함락하기로 했고, 중부에서는 하소 폰 만토이펠Hasso von Manteuffel 장군이 뫼즈 강과 그 너머를 향해 돌진하기로 했으며, 남부에서는 에리히 브란덴베르거Erich Brandenberger 장군이 작전의 측면을 엄호하기로 했다. 공세 며칠 만에 주로 중부전선에서 커다란 돌출부가 형성되었는데, 이런 이유로 미군은 이 전투에 '벌지bulge'라는 이름을 붙였다. 12월 11일 브리핑 중에 사령관들에게 말했듯이 마침내 "장기간 완강하게 수행한 수세" 대신에 "성공적인 공세"를 추진할 수 있어 행복해진 히틀러는 괴벨스에게 이번 공격의 효과가 "어마어마하다"고 말했다.[323]

이 공세에 연합국 측이 경악하리라 내다보았다는 점에서 히틀러는 옳았다. 공세 하루 전인 12월 15일, 몽고메리는 독일군에 공격 능력이 남아 있지 않다고 단언했다. 독일군이 작전을 개시하고 하루가 지난 후에도 아이젠하워는 "다소 야심찬 반격"이며 곧 중단될 거라고 말했지만, 18일이 되자 연합군을 갈라놓고 벨기에 해안까지 돌진하기 위한 대규모 공세가 전개되고 있다는 사실이 분명해졌다.[324] 연합군 정보기관은 아이젠하워의 연합국 원정군 최고사령부SHAEF에 방어가 허술한 아르덴 구역의 맞은편에서 독일군이 예비병력을 증강하는 동태를 감지했다고 경고했지만, 최고사령부는 독일군의 위기를 지나치게 자신하여 이 경고에 주의하지 않았다. 최고사령부에서 아이젠하워의 정보 책임자 케네스 스트롱Kenneth Strong은 독일 육군이 소모전으로 매달 20개 사단씩 격멸당하고 있다고 주장했다. 연합군은 독일군의 예비병력 증강을 라인 강 방벽의 최종 방어를 준비하는 조치로 여겼고, 지난 1940년 5월 프랑스군 최고사령부가 오판했듯이 적이 아르덴 숲을 통과할 리 없다고 보았다.[325] 독일군은 공세 준비를 최대한 숨겼다. 무전을 일체 금하고 소수에게만 작전의 세부를 알렸다. 그사이 연합군의 공중 정찰은 연이은 악천후에 방해를 받았다.

작전은 먼저 미군 전선에서 가장 약한 구역, 제1군 5개 사단의 휴식 중인 부대나 신출내기 부대가 아르덴 지역에 넓게 퍼져 있는 구역을 노렸다. 제1군 사령관 호지스도 브래들리도 독일군의 초기 기습에 단호히 대응하지 않았지만(브래들리는 룩셈부르크 시의 사령부에 틀어박힌 채 무전과 전화로 지시했다), 지역 사령관들은 열세에도 불구하고 생비트와 바스토뉴의 중요한 교차로를 지켜내고 독일군의 전진을 좌절시켰다. 패튼은 제1군의 지원 요청 시 휘하 부대를 북쪽으로 이동시킬 우발계획을 미리 세워둔 터였고, 돌출부의 남익南翼을 위협하기 위해 6개 사단을 신속히 재배치했다. 북쪽 엘젠보른 능선에서 디트리히의 제6SS기갑군은 결연한 대전차 방어에 저지당했다. 만토이펠의 제5기갑군만이 전진하여 12월 24일 뫼즈 강에서 불과 5킬로미터 떨어진 지점에 다다랐으나 그곳에서 격퇴되었다. 날씨가 갠 23일, 연합국 공군이 진격하는 독일군을 맹습하기 시작했다. 독일 공군은 비록 문서상으로는 아직 상당한 규모였으나 실제로는 연료 부족, 부실한 전진 공군기지, 제대로 훈련받지 못한 신참 조종사 수백 명의 미숙련 때문에 전력이 약해져 있었다. 1월 1일 독일 공군은 전투기와 전투폭격기 1035대를 집결해 연합군의 전술공군 기지들을 공격하고 마침내 바스토뉴를 장악하기 위한 대규모 작전, 암호명 '보덴플라테 Bodenplatte'를 시도했다. 연합군 손실의 정확한 수치는 산출하기 어렵지만 대략 항공기 230대에서 290대 사이이며 대부분 위장 없이 지상에 있다가 파괴되었다. 하지만 독일 공군도 전시를 통틀어 하루 손실로는 최대인 300대 이상을 잃었다.[326] 연합군은 손실을 감당할 수 있었다. 1944년 말 유럽 전구에서 영국과 미국의 공군 규모는 자그마치 항공기 1만 4690대였다.[327]

이 단계에서 연합군은 미군을 주축으로 하는 협동공격으로 돌출부를 서서히 질식시키는 한편 독일 육군을 뒤로 밀어내고자 힘겹고 손실이 큰 임무에 착수했다. 사령관들이 경고했듯이, 독일군은 연료와 장비 부족, 겨울 날씨에 제대로 훈련받지 못한 신참 징집병이 태반인 악조건으로 인해 병력과 기계를 많이 잃었다. 아이젠하워의 말마따나 독일군 장병이 "일종의 광기 또는 '독일인의 격노'로" 싸웠음에도 그런 결과가 나왔다.[328] 1월 3일 히틀러는 공세가 실패했음을 인정하면서도 엄동설한의 격전으로 연합군 예비병력이 소진되고, 다른 곳의 연합군 전선이 약화되고, 라인 강 공세가 연기되었기를 바랐다. 온갖 결점에도 불구하고 독일군 공세는 연합군에 커다란 손실을 입히는 데 성공했다. 닷새 후 히틀러는 지친 병력을 더 잃지 않도록 철수하게 해달라는 모델과 만토이펠의 요청을 받아들였다. 양측 모두 사상자가 많이 발생했다. 미군은 12월 중순부터 1월 하순까지 전사자 1만 9246명을 포함해 10만 3102명을 잃었으며, 독일군은 OKW의 추산으로 전사자 1만 2642명과 실종자 3만 582명을 포함해 8만 1834명을 잃었다. 실패에 굴하지 않은 히틀러는 알자스에서 더 작은 규모로 두 번째 반격 작전인 암호명 '북풍Nordwind'을 개시하라고 명령했지만, 이 작전도 '가을 안개'와 같은 운명을 맞았다. 1월 14일 OKW는 (실은 오래

전에 넘어간) 주도권이 "연합군 측에 넘어갔다"고 기록했다.[329]

비록 히틀러는 알지 못했지만, 서방 연합국을 분열시키려던 그의 도박은 군사적 승리보다 실현 가능성에 더 가까워지고 있었다. 몽고메리 및 영국 참모본부와 아이젠하워 간의 긴장은 아르덴 공세 기간에 한계점에 이를 정도로 악화되었다. 당면한 위협에 대처하기 위해 아이젠하워는 몽고메리에게 돌출부 북쪽에서 미국 제1군과 제9군의 지휘를 맡아달라고 요청했다. 브래들리는 자신의 지휘를 신뢰하지 않는다고 생각해 분노했으나 상관의 조치를 받아들일 수밖에 없었다. 몽고메리는 확실히 돌출부 북쪽에 자신감을 불어넣었지만, 사망 200명을 포함해 사상자가 1400명밖에 발생하지 않은 영국군과 캐나다군으로부터는 정작 지원을 거의 받지 못했다. 몽고메리는 반격 명령을 굼뜨게 내렸고, 이에 미국 측 비판자들은 그의 지휘력을 폄하하는 데 열을 올렸다. 12월 말 몽고메리는 지난번 디데이를 앞두고 요구했던 것처럼 지상군 전체를 총지휘할 권한을 주거나 독일 침공이 실패할 위험을 무릅쓰도록 허락해달라고 요구했다. 사석에서 몽고메리는 영국 육군 참모총장 앨런 브룩에게 자신이 보기에 아이젠하워는 "본인이 뭘 하는지 모릅니다"라고 말했다. 마셜은 아이젠하워에게 아무런 약속도 하지 말라고 말했지만, 둘 모두 아이젠하워의 전략이 틀렸다는 영국 측 지적의 함의에 몹시 분개했다.[330] 1주일 후, 1월 7일 기자회견에서 몽고메리가 고의로든 아니든 영국군이 벌지 전투에서 가까스로 곤경을 면했다는 인상을 준 뒤, 아이젠하워는 몽고메리에게 계속 이런 식으로 나오면 "역사상 유일무이한 이 연합군을 꾸려온 공동 대의에 대한 선의와 헌신이 손상"될 것이라고 경고했다.[331]

얄타 정상회담의 전주곡 격으로 1945년 1월 말 몰타 섬에서 열린 연합국 합동참모본부 회의에서 브룩은 단일 사령관 및 영국군 전선에서 독일로 좁게 밀고 들어가는 문제를 다시 제기했다. 그의 개입으로 두 동맹국의 관계가 하마터면 깨질 뻔했다. 험악한 분위기의 회의에서 마셜은 영국군 수뇌부에게 아이젠하워의 전역 수행을 계속 저격한다면 그가 사임할 수밖에 없다고 말했지만, 이후 2월 1일 루스벨트가 아이젠하워의 유임을 역설했다. 영국 측이 고집을 꺾지 않았다면 심각한 위기가 발생했을 테지만, 처칠이 루스벨트의 뜻에 따랐다. 이 쟁점은 전후에도 두고두고 논란거리로 남았다. 논쟁의 양측 모두 할 말이 있겠지만, 주된 원인은 미국 육군이 영국 육군보다 훨씬 많았고 동맹 영국에 독일을 물리치는 영광을 안겨줄 만한 영국군 원수의 지휘나 전략을 미군 수뇌부가 받아들일 리 없었다는 데 있다. 아이젠하워는 마셜에게 이렇게 썼다. "물론 지휘 조직이 이상적이진 않지만 국적 문제와 가용 인력을 고려하면 가장 실용적입니다."[332] 양국 관계의 파열을 간신히 피하긴 했지만, 몽고메리가 영미 동맹의 미묘한 정치를 파악하지 못한 이유는 여전히 불분명하다.

1945년 1월경 독일과 일본의 패배는 그저 시간문제일 따름이었지만, 분쟁의 막바지 몇 달간 허물어지는 두 제국을 진압하기 위해 치른 전투는 연합군 측에 전시를 통틀어 가장 참혹하고도 손실이 큰 전투에 속했다. 1944년 12월부터 1945년 5월까지 모든 전구에서 미군 전사자의 총수는 10만 667명으로, 전시 총 전사자의 3분의 1 이상이었다. 1945년 1월부터 5월까지 소련군이 독일 영토에서 주요 작전을 전개하다가 입은 회복 불능의 손실(사망과 실종)은 총 30만 686명에 달했다. 이 수개월은 군인과 민간인을 합해 독일인과 일본인이 가장 큰 대가를 치른 시기이기도 했다. 교전 마지막 넉 달 동안 독일군 154만 명이 전사했고 그중 다수가 육군 부대들에 생긴 큰 공백을 메우기 위해 징집된 십대 또는 고령자였다.

또 민간인 최소 10만 명이 폭격으로 비명횡사했다. 이런 손실의 영향은 명백했다. 1945년 초 연합군은 압도적인 제공권을 누렸으며—1944년 12월 말 독일 공군은 미군과 영국군 연합 전력의 15퍼센트에 불과했다—전차와 자주포의 비율도 4대 1로 연합군이 유리했고 서부전선에서는 6대 1이었다. 이 정도 열세에 저항하는 것은 자살이나 마찬가지였지만, 이는 제국의 심장부를 지키기 위해 마지막까지 필사적으로 항쟁하라는 요구가 반영된 결과였다. 1월에 어느 독일 집단군의 일일명령은 "우리 고국 땅의 1미터라도 사수한다는 광적인 투쟁의 원칙을 우리의 신성한 의무로 삼아야 한다"였다.[333] 일본 본국에서 처음 침공당한 영토인 이오 섬의 사령관은 휘하 부대에 "제군 모두 죽기 전에 적 열 명을 죽여야 한다"라는 명령을 비롯한 여섯 가지 '결사항전 맹세' 목록을 하달했다.[334]

히틀러는 자신이 최종 투쟁Endkampf, 패배의 마지막 순간에 직면했음을 확실히 알고 있었다. 히틀러의 공군 부관은 1월에 절망에 빠진 지도자와 나눈 대화를 기억했다. "전쟁에서 졌다는 건 나도 아네. 적이 너무나 우세해. … 우리는 결코 항복하지 않을 걸세. 우리는 쓰러질 테지만 나머지 세계와 함께 쓰러질 걸세."[335] 히틀러는 당연히 승리하기를 원했을 테지만, 그의 왜곡된 정신세계에서 마뜩잖은 결과는 완패의 대안이 되지 못했다. 이런 이유로 히틀러는 승리 아니면 파멸이라는 구호에 절박하게 매달렸고, 독일 민족이 1918년의 수치스러운 항복을 만회하려면 포기하지 말고 마지막 숨을 거둘 때까지 싸워야만 한다고 보았다. 치욕을 피하자는 수사법은 독일의 역사적 문화에서 히틀러만이 아니라 여전히 전쟁 노력을 지지하는 독일인들에게도 강력한 호소력을 발휘했다.[336] 완패할 것을 알면서도 자신을 바쳐 공동체를 구원하는 희생은 미래의 독일인 세대들이 민족의 건강과 활력을 되살릴 때 본보기로 삼을 영웅다운 도덕적 행위로 평가받았다. 1945년 4월 29일 베를린의 벙커에서 구술한 '정치적 유언'에서 히틀러는 독일의 전쟁 노력이 "한 민족의 생사를 건 투쟁의 가장 영광스럽고 영웅적인 징표"이자 진정한 "민족공동체"의 재탄생의 서곡으로서 "역사에 길이길이 남을 것"이라고 주장했다.[337]

유럽 전쟁의 종반에 적을 응징하는 마지막 전역에서 연합국 공군은 독일의 도로를 종잇장처럼 구겨놓고 사납게 날뛰는 불길을 일으키는 등 민족의 영웅적 파멸이라는 히틀러의 공상에 퍽 어울리는 배경을 조성하는 데 일조했다. 아이젠하워가 중폭격기 전력의 통제권을 공군에 돌려준 1944년 9월부터 영국 공군 폭격기 사령부와 미국 제8공군 및 제15공군은 개전 이래 가장 맹렬한 폭격에 나서 연합군 전시 폭탄 톤수의 4분의 3을 단 8개월 사이에 쏟아부었다. 독일 공군은 자국 영공에서 소모전으로 맞서다가 한 달 만에 전투기 전력의 50퍼센트를 잃는 등 중상을 입었다.[338] 미 육군 항공대 사령관 헨리 아널드Henry Arnold와 아서 해리스 둘 다 그때까지 연합국 육군이 가하지 못한 결정타를 폭격기로 가할 수 있기를 바랐다. 그러나 항공전을 끊임없이 수행하지 않을 경우 독일이 신형 무기나 산업 부활을 바탕으로 전세를 뒤집을 방도를 찾을지도 모른다는 우려에 이미 폭격당한 도시들을 거듭 폭격하는 조치 역시 정당화되었다. 당시 연합군의 가용 전력은 엄청났다. 유럽에서 미국 항공대는 중폭격기 5000대에 더해 폭격기를 호위하고 잔여 독일 공군을 제압할 전투기 5000대를 보유하고 있었고, 영국 폭격기 사령부는 주로 중형 아브로 랭커스터로 이루어진 폭격기 1500대가량을 보유하고 있었다. 1943년 말에는 항공기 손실률이 높아 작전을 거의 중지하기에 이르렀지만, 이제는 전체 출격의 손실률이 평균 1~2퍼센트에 불과했다.[339]

연합군은 임박한 침공에 앞서 독일 서부에서 최대한 많은 군사 표적과 운송 표적을 혼란에 빠뜨리라는 아이젠하워의 요구에 부응하고자 폭격기를 '허리케인Hurricane' 작전에 투입하기로 했다. 하지만 작전의 목표물이 그리 명확하지 않았다. 우선순위 표적을 둘러싼 불확실성은 1944년 11월 1일 연합군 최고사령부의 전략지시 제2호로 해소되었다. 최고사령부는 모든 종류의 석유 표적과 병참선을 최대한 공격할 것을 요구했으며, 폭격기들은 궂은 날씨에도 '산업 중심지들'에 대한 지역공격을 지속할 수 있었다.[340] 폭격기 사령부가 석유와 운송 표적 계획에 기여하긴 했지만, 해리스는 정확한 표적을 폭격하는 데 회의적이었다. 거의 작전 내내 해리스의 부대들은 적이 사회적·심리적 타격을 입어 전쟁을 이어가기가 불가능한 시점이 온다는 믿음으로 아직 불타지 않은 여러 소도시를 포함해 독일 도시들을 난타했다. 레이더 유도를 이용해 대체로 구름 위에서 폭탄을 투하한 미군 폭격기들은 병참선을 심각한 혼란에 빠뜨리고 독일 국내의 석유 생산량을 전년 대비 거의 3분의 2 수준까지 줄이는 데 성공했다. 비록 폭격기로 끝내 결정타를 날리진 못했지만, 2월 13/14일 밤 드레스덴이 불바다로 변해 (최근 추산에 따르면) 2만 5000명이 죽은 것을 비롯해 1945년 봄 독일 도시, 산업, 민간 인구의 누적 피해는 이례적인 한계점에 이르렀다.

1945년 3월 독일 군수장관 알베르트 슈페어는 히틀러에게 운송과 핵심 산업 부문들이 붕괴하여 아마도 6주 후면 전시생산이 멈출 것이라고 알려주었다. 굴복하느니 싸우다 쓰러지겠다는 히틀러의 강박적 결의를 감안하면, 전시생산 중단이 독일의 항복을 의미했을 가능성은 낮다. 결국 지상군 침공도 피할 수 없었을 것이다. 지상군 사령관들은 폭격기가 붉은 군대를 포함하는 연합국 육군의 진로를 터주는 등 지상전에 이바지한다고 보았다. 드레스덴 폭격은 소련군의 진격을 돕기 위해 독일 동부 도시들을 폭격하는 패턴의 일부로, 2월 초 얄타 회담에서 영국 측이 제안하고 소련 측이 붉은군대가 아군의 공격에 피해를 입지 않도록 충분한 거리의 폭격선을 설정한다는 조건으로 받아들여 채택한 결정이었다.[341] 연합군의 폭격이 소련군의 빠른 진격에 직접 기여했을 가능성은 낮아 보인다. 핵심 요인은 점점 좁아지는 전장 전체에서 독일군의 기동성을 떨어뜨린 것이었다.

1945년 2월 4일부터 11일까지 연합국이 크림 반도 도시 얄타의 폐허 한가운데에 위치한 리바디아 궁에서 정상회담을 열고 있을 때, 스탈린은 폴란드 중부에서 독일 수도 방향으로 비스와 강을 건너는 대망의 작전을 이미 개시한 터였다. 계획 수립은 1944년 10월에 시작했지만 새로운 보급선을 구축하고, 부대의 결원을 보충하고, 벨라루스와 폴란드 동부를 가로질러 돌진하는 동안 징집한 병사를 훈련시킬 필요성 때문에 3개월이 지나서야 작전을 개시할 수 있었다. 이제 붉은군대를 직접 지휘하기로 한 스탈린은 자신의 대리 주코프에게 주공을 펼칠 제1벨라루스 전선군을 맡겼고, 코네프의 제1우크라이나 전선군에 남쪽의 산도미에시 교두보에서 비스와 강 건너편을 공격하라고 지시했다. 초기 목표는 이전 몽고메리의 목표만큼이나 낙관적이었다. 2월 3일까지 오데르 강까지 내달린 다음 파죽지세로 진격해 3월 초에 베를린과 엘베 강에 당도한다는 목표였다. 소련 측의 압도적인 물질적 우위를 감안하면 첫 번째 포부는 분명히 현실적이었다. 주코프와 코네프는 둘이 합해 병력 220만 명, 포와 박격포 3만 3000문, 전차 7000대, 항공기 5000대를 지휘했다. 이에 맞선 독일 A집단군과 중부집단군의 규모는, 러시아 측 수치에 따르면, 병력 40만 명, 포 5000문, 장갑전투차량 1220대, 항공기 650대였다.[342] 더 북쪽에서 프로이센 동부와 포메른 지역을 동시에 공격한 제2벨라루스 전선군과 제3벨라루스 전선군은 병력 167만에 전차 3800대 규모였다.

소련군은 1월 12~14일 마침내 대대적인 공세를 개시했다. 주코프와 코네프는 방어를 허물어뜨리며 쾌속 진군했다. 2주 만에 300킬로미터를 진격한 붉은군대는 1월 31일 오데르 강변의 요새도시 퀴스트린에 도달하여 독일 수도를 불과 65킬로미터 앞에 두었다. 남쪽의 코네프 부대는 1월 24일 오데르 강변의 브레슬라우에 도착한 뒤 강의 방어선을 돌파하고 1월 말 슐레지엔 공업지대의 중요한 부분을 함락했다. 북쪽의 전진은 독일군의 결연한 항쟁에 막혀 다소 더뎠지만, 1월 26일 발트 해안에 도착해 동프로이센을 차단했다. 1944년 히틀러가 지정한 요새도시들 중 하나인 동프로이센의 주도 쾨니히스베르크는 사흘 후 포위되었다—그래도 두 달 넘게 포위를 견뎌냈다. 얄타 회담 전 3주 동안 붉은군대는 폴란드 서부를 해방시키고, 슐레지엔을 함락하고, 동프로이센의 독일군을 차단했다.

스탈린이 동맹들과의 협상에서 자신의 입지를 강화하기 위해 신속한 전역 성공을 의도했든 의도하지 않았든 간에, 동부에서 소련군의 초기 돌파는 1월과 2월 영미 육군이 라인 강 서안과 서부방벽을 정리하느라 굼뜨게 전진한 것과 대비되었다. 몽고메리가 전선 북부에서 추진한 주요 작전들, 즉 라이히스발트 숲을 강행 통과하는 '베리터블Veritable' 작전과 미 제9군으로 루르 강 방어선을 돌파하는 '그레네이드Grenade' 작전은 얄타 회담이 끝나가던 2월 8일에야 시작되었다. 얄타에 도착한 연합국 세 지도자의 주요 관심사는 이제 예측 가능한 전쟁의 향방이 아니라 전후의 강화 문제였다. 회담 의제는 대부분 스탈린을 만족시키기 위해 준비한 것이었다. 이전 만남과 다르게, 서방 대표단의 눈에 스탈린은 친절하고 차분해 보였고 미국 합동참모의장이 기억하기로 "여러모로 합의에 이르기 위해 타협할" 용의가 있는 태도였다.[343] 그러나 이 겉모습은 기만이었다. 얄타 회담 몇 주 전에 스탈린은 모스크바를 찾아온 유고슬라비아 대표단에게 "부르주아 정치인을 여러분은 무척 조심해야 합니다. … 우리를 인도하는 것은 감정이 아니라 이성과 분석, 계산입니다"라고 말했다. 여기에 스탈린은 간첩 활동을 더할 수도 있었을 텐데, 루스벨트와 처칠을 위해 준비한 여러 민감한 문서가 이미 소련의 수중에 있었고 리바디아 궁 곳곳에 마이크가 숨겨져 있었기 때문이다.[344] 루스벨트는 얄타에 가기 전에 먼저 몰타 섬에 들러 처칠을 만나는 등 9500킬로미터의 여정 이후 기운이 빠진 데다 분명히 몹시 아픈 상태였다. 처칠의 외무장관 앤서니 이든은 루스벨트를 "멍하고 엉성하고 무능한" 인물로 치부하면서도 평화롭고 민주적인 전후 질서를 위해 단결하고 헌신하는 모습을 보여줌으로써 미국 여론에 좋은 인상을 심어줄 필요가 있음을 깨달았다. 이 목표를 이든은 국제연합 조직에 대한 전반적 합의와 회담 마지막 날에 서명한 '해방 유럽 선언Declaration of Liberated Europe'—자유선거와 국민의 의지에 기반하는 정부에 대한 삼국의 약속—을 통해 대체로 달성했다. 또한 이든은 스탈린으로부터 독일의 패전 이후 소련이 대일본 전쟁에 참가한다는 약속을 받아냈는데, 당시만 해도 미군이 태평양 전쟁을 끝내기 위해서는 이 약속이 아직 전략상 필요해 보였다.[345]

사실 '해방 유럽 선언'은 연합국의 명백한 내분을 감춘 미봉책이었다. 루스벨트는 알지 못했지만, 처칠은 전해 10월 모스크바에서 스탈린을 만났을 때 이미 동유럽 분할 문제를 대부분 정리한 터였다. 그때 처칠은 동유럽 각국에서 소련과 서방의 상대적인 영향력을 정하자는 비공식 합의, 즉 그리스 통제권을 주로 영국이 보유한다는 조건으로 스탈린에게 루마니아와 불가리아를 넘겨주는 이른바 '퍼센트 합의'를 제안했다. 처칠의 관심은 지중해에서 영국의 지배력을 유지하고 전후 피점령 독일에서 프랑스의 역할을 마련해주는 데 있었으며, 이 요구를 스탈린은 울며 겨자 먹기로 받아들였다. 걸림돌은 당시 영토 전역이 소련의 점령하에 있던 폴란드의 미래였다. 루스벨트와 처칠은 소련이 지난 1939년에 점령했던 폴란드 지역들을 보유한다는 데 마지못해 동의했지만, 서쪽에서 독일 동부를 잘라내 폴란드에 영토를 보상한다는 확실한 합의는 없었다. 새로운 폴란드는 이미 1944년 스탈린이 차기 정부로서 수립한 공산당 위원회의 임시 통치를 받고 있었지만, 처칠도 루스벨트도 새 정권을 그대로 받아들일 용의가 없었고 다른 비공산당원 폴란드인이 정권에 참여하기를 원했다. 스탈린은 민주적이고 독립적이되 소련의 이권에 우호적인 폴란드를 원한다고 역설했으며, 소련 측이 안보를 양보하지 않기로 결심한 이상 서방 연합국은 다른 결과를 강제할 방법이 사실상 없었다. 스탈린이 몰로토프, 영국 대사, 미국 대사로 이루어진 위원회가 모스크바에서 만나 '민주적' 폴란드를 위한 해법을 도출하는 데 동의하여 일시적인 타협이 이루어졌지만, 위원회의 세 사람은 만나기 무섭게 대립했고, 1939년 전쟁의 초기 원인이었던 폴란드는 공산주의라는 운명으로 내몰렸다.

얄타 회담에서 미소 지은 세 지도자의 여러 사진으로 연합국의 단결과 전후 협력의 뜻을 널리 알리긴 했지만, 독일의 패배를 앞둔 몇 달간 그들의 관계는 급속히 악화되었다. 스탈린은 파트너들이 독일과 따로 합의를 볼지 모른다고 계속 우려했다. 3월 말 스탈린은 모스크바를 찾은 체코 대표단에게 "우리 동맹들이 독일 측을 구하고 그들과 협정을 맺으려 시도할" 수도 있다고 말했다. 루스벨트는 곧 얄타의 '선언'이 스탈린에게는 별 의미가 없음을 알게 되었다. 3월 24일 폴란드 내 미군 포로를 본국으로 송환하도록 도와달라는 요청을 스탈린이 또다시 방해했다는 소식을 듣고서 루스벨트는 열이 올라 두 주먹으로 휠체어를 내리쳤다. "스탈린과는 거래할 수 없네. 얄타에서 한 약속을 죄다 어겼잖은가."[346]

그렇지만 불신과 비난이 거세지는 분위기에도 불구하고 동맹의 공개적인 외양은 바뀌지 않았다. 두 달에 걸쳐 연합군은 서쪽과 동쪽, 남쪽에서 독일 포위망을 좁혀갔다. 연합군과 달리 독일군은 넘을 수 없는 장벽에 부딪혀 전세를 뒤집을 방도가 없었다. 국내 보급선과 병참선을 지원해야 할 수송체계는 너무 손상되어 제 기능을 못했고, 많은 경우 군수품을 전선까지 말로 운반해야 했다. 이제 항공지원은 독일 지상군의 잔여 전력에 불과했다. 독일군 사단들은 인력이 부족했고, 대부분 병역에 부적합하거나 훈련받지 않은 연령집단에 속한 보충병이 결원 부대들에 무작위로 배치되었다. 국민돌격대 부대들은 잡다한 군복, 소수의 소총과 기관총을 지급받았고, 어느 부대의 경우 신관이 없는 수류탄 1200개를 받았다.[347] 연합국 군인들은 누군가 표현했듯이 독일의 저항이 이제 "맹렬한 결의와 완전한 무관심"으로 나뉜다고 보고했다.[348] 무엇보다 히틀러가 최고사령관으로서 마지막 몇 주 동안 붙들고 있던 약간의 현실감마저 잃고서 각자의 위치를 지켜내지 못한 고급장교들을 해임하고 "모든 연립주택, 모든 가옥, 모든 층, 모든 생울타리, 모든 포탄 구멍을 최대한 방어"할 것을 고집했다.[349] 또한 쿠를란트 반도에 갇히거나 동프로이센에서 퇴로를 차단당한 부대들이 독일 심장부의 방어를 강화하기 위해 아직 기회가 있을 때 바다로 탈출하는 것을 허락하지 않았다. 육군이 최전선을 라인 강 장벽 뒤편이나 이탈리아 포 강 뒤편으로 물리는 것도 용납하지 않았다. 2월과 다시 3월에 히틀러는 헝가리 벌러톤 호수의 유전 지역을 되찾기를 기대하며 독일 국내에 절실히 필요한 병력을 보내 소련군의 부다페스트 포위망을 뚫으려 시도했다가 예견된 참사를 초래했다. 급기야 3월 19일 그는 이른바 네로 명령Nerobefehl을 내려 독일의 남은 영토에서 교량부터 비축식량까지 연합군이 사용할 수 있는 것이라면 그 무엇도 온전하게 남겨두지 말라는 초토화 정책을 지시했다. 이 명령은 히틀러가 제국의 영광을 위해 힘쓰지 않는 독일 국민을 저버리고 그들에게 아무것도 남겨두지 않은 조치로 해석되어왔으나 군장비, 생산, 수송에 국한해 초토화를 지시했던 것이 분명하며, 이렇게 해석하는 편이 4년 전 독일군의 진로상에 있는 모든 것을 파괴했던 소련 당국의 방식에 대한 히틀러의 견해에 부합한다.[350] 이 단계에서 지역 군부와 나치당은 자기네 본능대로 행동하며 많은 경우 '네로 명령'의 실행을 거부했는데, 분명히 민간 인구의 생존에 영향을 주는 지시였기 때문이다. 사실 연합국 공군이 벌써 초토화한 독일 주요 도시들에는 멀쩡한 게 별로 남아 있지 않았다.

독일의 붕괴는 별안간 찾아왔다. 얄타에서 유럽 전쟁이 언제 끝날지 논의한 연합국 지도부는 7월 1일 전에는 끝나지 않을 테고 12월 31까지 이어질 공산이 크다고 결론지었다. 하지만 아직까지 독일을 지키던 허술한 방어군과 이탈리아의 독일군은 그만큼 오래 버티지 못했다. 아이젠하워는 서부전선에서 라인 강 서안의 적군을 소탕하겠다는 야심찬 계획을 3월 10일 완료했으며, 그 무렵 연합군은 독일 육군이 전쟁포로 총 25만 명을 포함해 전력의 3분의 1을 잃었다고 추산했다. 이제 라인 강 서쪽에는 연합군 73개 사단 400만 명이 있었다(독일이 항복할 즈음에는 91개 사단 450만 명이었다).[351] 아이젠하워는 라인 강의 어느 지점에서 먼저 도하하느냐는 문제로 몽고메리와 브래들리로부터 상반된 압박을 받았고, 3월 23일 '플런더Plunder' 작전을 개시하겠다는 영국 측을 지지하면서도 브래들리의 제12집단군이 전선의 중앙 구역에서 독일군의 패배를 이용하는 것을 전혀 제지하지 않았다. 3월 7일 미국 제9기갑사단의 정찰부대가 레마겐에서 멀쩡한 루덴도르프 다리를 탈취했고, 브래들리가 병력을 라인 강 건너편으로 이동시켜도 된다는 아이젠하워의 승인을 받아냈다. 뒤이어 미군은 라인 강 동안에서 교두보를 조금밖에 확보하지 못했고 3월 말까지 교두보를 봉쇄당했지만, 패튼은 몽고메리와 영국군의 작전 대성공을 기다리지 않고 먼저 움직이기로 결정했다. 패튼은 미국 제3군으로 48시간 동안 88킬로미터를 이동해 3월 17일 코블렌츠를 함락했고, 3월 22일 북쪽의 영국군보다 조금 앞서 니르슈타인과 오펜하임에서 라인 강을 건넜다.

하루 뒤, 포 3500문의 탄막사격에 뒤이어 몽고메리의 제21집단군이 베젤에서 라인 강을 건넜다. 라인 강 서쪽에서 패한 이후 베젤과 그 남쪽에서 독일군의 저항은 제한적이었고 고르지 않았다. 격렬하고 끈질기게 싸우는 고립지대들이 있었지만, 독일 군인들 중 일부는 갈수록 항복하려 했다. 제21집단군이 라인 강 도하를 완료하는 데 3월 28일까지 시간이 걸리긴 했으나 그 후의 전진은 지난 1월 주코프의 전진만큼이나 빨랐다. 영국 제2군은 엘베 강과 함부르크 쪽으로, 캐나다 제1군은 네덜란드 쪽으로 향했다. 미국 제9군은 루르-라인란트 공업 지역을 포위하기 위해 브래들리의 사령부로 복귀했다. 브룩 원수는 몽고메리의 집단군을 약하게 만드는 "동맹들의 민족주의적 전망"을 개탄했고, 영국군에 연합군의 왼쪽 측면을 지키는 더 한정된 역할을 맡겼다.[352] 연합군은 독일 북부 평원에서 도시들을 차례로 점령하며 신속히 전진했지만 내내 순탄하지만은 않았다. 영국군은 4월 20일 도착한 브레멘에서 엿새간 저항에 부딪혔다. 몽고메리는 붉은군대를 저지하기 위해 덴마크와 발트 해의 뤼베크 항으로 재빨리 이동하라는 명령을 받았는데, 덴마크나 네덜란드 점령과 관련해 스탈린과 사전에 합의한 바가 전혀 없었기 때문이다. 5월 2일 영국 제2군이 뤼베크에 진입하여 독일 북부의 전쟁은 사실상 끝났다.

더 남쪽에서 브래들리의 집단군도 힘차게 라인 강을 건넜다. 제9군이 북쪽에서, 제1군이 남쪽에서 이동해 루르 고립지대를 포위하고 퇴로를 차단하는 동안 만만찮은 저항은 거의 없었다. 독일 B집단군 31만 7000명은 사령관 모델 원수가 항복하지 않고 부대를 해산한 4월 17일 결국 무기를 내려놓았다. 모델은 나흘 후 뒤스부르크 시 인근 숲에서 권총으로 자결했다.[353] 이 시점에 아이젠하워와 브래들리는 미군의 전략을 갑자기 바꾸기 시작했다. 초기의 야심찬 목표는 라인 강을 돌파하자마자 베를린까지 돌격하는 것이었지만―전해 9월에 아이젠하워는 "베를린까지 쾌속 진격"을 예고한 바 있었다―혼란스러운 첩보 양상은 무장친위대 부대들을 비롯해 아직 남은 독일 정예 병력이 독일 남쪽에 집결해 알프스 요새 Alpenfestung를 구축하며 산맥에 식량과 장비, 심지어 지하 항공기 공장까지 숨겨두고 있을 가능성을 시사했다.[354] 아르덴 공격의 충격 이후 미군 사령관들은 또다시 불의의 일격을 당할까봐 촉각을 곤두세웠다. 뚜렷한 병력 증강의 징후와 아직 이탈리아에 있는 대군을 알프스로 이동시킬지 모른다는 우려는, 브래들리가 회고록에서 주장했듯이, "무시하기에는 너무나 불길한 위협"이었다. 3월 28일 아이젠하워는 직접 스탈린에게, 그리고 마셜과 몽고메리에게 알린 대로 제6집단군과 패튼의 제3군에 남쪽과 남동쪽으로 이동해 독일군이 알프스 산맥에서 최후의 항전을 벌일 가능성을 차단할 것을 지시했다.[355] 또 연합국 합동참모본부에 "전략지역으로서 베를린은 이제 대체로 파괴되었으므로 가치가 떨어집니다"라고 말했다.[356] 미군의 다른 부대들은 루르 고립지대를 축소한 뒤 엘베 강까지 이동하고 그곳에서 소련군을 기다리라는 지시를 받았다.

훗날 알프스 요새가 그릇된 정보로 인한 공상이었음이 밝혀졌지만, 당시 독일 남쪽에 있던 무장친위대 부대들과 기갑전력은 지금 생각하는 것보다 더 우려할 만한 위협이었다. 처칠과 영국 참모본부는 우선순위 변경에 당황했지만, 아이젠하워는 이번만큼은 비협조적인 동맹의 반대 의견을 용납하지 않겠다고 격하게 주장했다. 미군은 라인 강에서 프랑켄 지역의 타우버 강으로 재빨리 이동했으나 슈타이거발트와 프랑켄 고지에서 주로 독일 사관생도와 히틀러청소년단을 배치한 임시변통 방어선을 맞닥뜨렸다. 이곳에서 양편 모두 서로를 사정없이 공격하는 참혹한 전투가 벌어졌다. 미군이 도나우 강까지 뚫고 나아가는 데 3주가 걸리긴 했지만, 기력이 다한 잔여 방어군은 더 이상 일치단결해 저항할 수 없었다. 독일 군인들을 지켜본 어느 구경꾼은 "지쳐서 헐떡이는 독일 육군이 누더기를 걸친 채 대부분 무기도 없이 패주하는 모습은 비참한 광경이었다"고 기록했다.[357] 미군은 오스트리아를 통과해 이탈리아로 넘어가는 브레너 고개를 틀어막고 프라하 서부에 붉은군대와 공동 전선을 형성해놓은 체코슬로바키아로 쳐들어갔다. 항복할 경우 누구든 자기편에 의해 테러를 당하는 곳에서 벗어난 남쪽의 독일 군인들은 전투를 포기했으며, 4월 말 독일 전쟁포로의 수가 총 60만에 달했다.

아이젠하워는 이탈리아 전선의 상황을 알았다면 최후의 알프스 저항에 신경을 덜 썼을 것이다. 이탈리아에서도 독일군은 포 강 유역 전방의 마지막 산등성이와 아드리아 해안에서 적을 견제하고자 진을 쳤다. 이탈리아 전역 사령관 케셀링 원수는 3월 10일 서부전선으로 옮겨 룬트슈테트를 대신해 총사령관이 되었다. 케셀링의 후임 하인리히 폰 피팅호프 Heinrich von Vietinghoff 상장은 정원 미달의 약 23개 사단(무솔리니의 잔여 이탈리아군 4개 사단 포함)으로 서쪽의 리구리아부터 동쪽의 라벤나에 이르는 방어선을 지켜내야 했다. 빠듯하게 늘어선 방어군은 이제 압도적인 제공권을 가진 데다 포에서 2대 1로 우위, 장갑전투차량에서 3대 1로 우위인 적에 직면했다. 겨울철의 교착 상태 이후 연합군은 최종 전투를 치를 준비가 되어 있었다. 중폭격기 825대가 세열폭탄을 투하하는 무시무시한 공습에 뒤이어 4월 9일 영국 제8군이 강습을 시작해 산테르노 강에 당도한 뒤 이틀 후 비틀거리는 적을 밀어내며 도하했고, 뉴질랜드 선발대가 볼로냐까지 신속히 이동했다.[358] 4월 14일, 클라크가 이탈리아 내 집단군의 총사령관이 된 이후 그의 후임으로 미국 제5군 사령관이 된 루시언 트루스콧 장군은 아펜니노 산맥 북부에서 공세를 개시했다. 독일군은 고르지 않은 전력으로 맹렬히 저항했으나 결국 4월 19일 '칭기즈 칸 방어선'이 뚫리고 말았다. 연합군 공세의 양익은 이제 볼로냐와 그 이북의 포 강을 향해 이동할 수 있었고, 22일 포 강에 도달했다. 마지막 방어선이 뚫리자 독일군 부대들은 지난 1944년 8월 프랑스에서 육군이 그랬듯이 붕괴를 피하고자 필사적으로 퇴각했다. 그들은 포 강과 도하 가능한 다른 강들을 건넌 다음 오스트리아로 넘어갈 수 있는 북동쪽 경로를 향해 질주했다. 이 무렵 이탈리아 북부 주요 도시들의 독일군 수비대는 파르티잔 반란에 직면해 있었다. 독일군 최고사령부가 이미 비밀 교섭을 통해 이탈리아 북부에서 항복하는 방안을 모색하고 있던 가운데 연합군이 다가오면서 항복하는 도시들이 늘어났다. 수개월 전 티롤-포어아를베르크의 대관구장 프란츠 호퍼Franz Hofer가 베를린 측에 알프스 보루 구축 방안을 제안했으나 베를린 측은 패배주의적 견해라는 이유로 별 관심을 보이지 않은 바 있었다. 이탈리아의 독일군이 붕괴에 맞닥뜨린 4월 말이면 알프스에서 최후 항전을 벌일 전망은 남아 있지 않았다.

스탈린은 미국이 알프스 요새에 대해 걱정하자 안도했는데, 연합군끼리 벌이는 베를린행 경주를 피할 수 있다는 뜻이었기 때문이다. 스탈린은 소련 측도 베를린을 중시하지 않는다는 점을 연합국에 알리긴 했지만, 히틀러의 수도를 함락하는 것은 군사적 우선순위가 아니라 정치적 우선순위였다. 1월에 스탈린은 은신처의 독일 지도자를 생포하고 싶다고 알렸고, 이에 반응해 소련군은 베를린이 아니라 '굴'을 의미하는 러시아어 낱말 'берлóга'를 사용해 목적지를 가리켰다.[359] 그럼에도 오데르 선에 당도한 뒤 예상치 못한 지연이 발생했다. 2월 초 주코프는 스탈린에게 "쾌속진격"해 그달 중순까지 베를린을 함락할 수 있다고 말했다. 스탈린이 얄타에 있는 동안 주코프는 당장 전역을 개시하도록 허락해달라고 다시 요청했다. 더 남쪽의 코네프도 이동하고 싶어 안달하며 2월 말까지 엘베 강에 도달하겠다고 약속했다.[360] 스탈린은 망설이다가 서방 연합국이 여전히 라인 강 서안에서 꼼짝 못하는 듯한 때에 적군이 아직 대규모로 집결해 있는 붉은군대의 양 측면을 먼저 소탕하기로 결정했다. 베를린 함락 시 위험에 빠지지 않도록 양 측면을 소탕하는 것이 전략상 유의미하긴 했지만, 스탈린의 동기가 무엇이었는지는 확실히 알려져 있지 않다. 독일 심장부를 침공하고 점령하는 데 엄청나게 투자한 소비에트 지도자로서는 베를린 강습이 실패하는 불상사를 감당할 수 없었다. 주코프는 북쪽으로 이동해 포메른 지역 소탕을 도우며 발트 해안에 당도했고, 동프로이센과 이전 폴란드 '회랑'에서 독일군 잔여 병력을 물리치는 로코솝스키의 제2벨라루스 전선군을 두 달간 지원했다. 단치히는 3월 30일 붉은군대에 함락되었다. 이 두 달간의 교전으로 소련군은 북쪽에서 독일군이 더 이상 저항할 여력을 남겨두지 않았지만, 지난 1월의 비스와-오데르 작전보다 사상자를 세 배 많이 보았다. 남쪽의 코네프는 슐레지엔에서 페르디난트 쇠르너Ferdinand Schörner 장군의 중부집단군과 대규모 전투를 치러야 했고, 3월 중순 헝가리 유전을 되찾기 위해 제프 디트리히의 제6기갑군이 주도한 독일군의 전시 마지막 반격인 '입춘Frühlingserwachen' 작전을 도나우 전선에서 많은 사상자를 내며 격퇴해야 했다.[361] 이제 빈과 프라하로 가는 길이 열려 있었다. 빈은 포위된 후 4월 13일 함락되었고, 프라하에서는 독일의 항복 이후 5월에 유럽 전쟁의 마지막 교전 중 일부가 발생했다.

3월 말 라인 강 도하 성공이 신속한 서부 진격의 서막이라는 것이 분명해짐에 따라 스탈린은 베를린과 그 너머 엘베 강으로의 공세를 당장 준비하라고 지시했다. 소련군은 작전을 신속하게 전개하는 한편 양 측면의 대규모 병력을 재배치해야 했다. 스탈린은 닷새 만에 독일 수도를 함락하기를 원했고 이 임무를 위해 엄청난 대군을 불러모았다. 주코프, 코네프, 로코솝스키의 3개 전선군은 171개 사단과 21개 기동부대로 편성된 250만 명, 전차 6250대, 항공기 7500대, 포와 박격포 4만 1000문 규모였다. 오데르 강을 방어하는 독일 제9기갑군과 제3기갑군은 25개 사단에 전차 754대를 보유하고 있었고, 발터 벵크Walter Wenck 중장이 지휘하며 베를린을 방어하는 제12군은 4월에 급하게 그러모은 6개 사단 규모에 중화기가 거의 없었다. 독일군은 다 합해서 겨우 76만 6000명을 모을 수 있었으며, 그중 다수는 부상이나 전투 피로증, 연령 때문에 제대로 싸울 수 없는 상태였다. 양편은 마음을 졸이며 분명 이번 전쟁에서 마지막으로 치를 주요 전투를 기다렸다. 4월 16일, 베를린으로 가장 직행하는 경로에 놓인 젤로 고지를 마주한 주코프의 전선에서 공세를 개시했다. 주코프는 탐조등 143개를 사용해 독일 방어군의 시야를 어지럽히려 했지만, 진격에 앞서 대대적인 일제포격을 가했다가 지면이 엉망이 되어 기갑부대의 진로가 막혔을 뿐 아니라 전진하는 붉은군대 쪽으로 빛을 반사시키는 짙은 연기 장막이 생기기까지 했다.[362] 둘째 날이 저물 때까지 고지를 강습하느라 큰 희생을 치렀지만, 스탈린은 주코프로부터 공격이 막힌다는 소식을 듣고는 더 남쪽에서 순조롭게 진격하던 코네프에게 북쪽으로 방향을 틀어 베를린 장악 경주에 박차를 가하라고 지시했다. 코네프의 전선군은 도하하기 어려운 나이세 강을 맞닥뜨렸지만, 4월 16일 빗발치는 포격과 인공 연기로 시야를 가린 채 소형 보트를 떼지어 타고 도하하여 1시간 만에 강 건너편의 공간을 장악했다. 독일군은 첫날에 13킬로미터를 밀려난 뒤 베를린을 향해 서쪽과 북서쪽으로 방향을 돌린 제1우크라이나 전선군의 진격에 허물어졌다. 4월 18일 코네프의 선봉대가 초센에 있는 독일 육군 본부를 장악하고서 베를린으로 다가갔다. 4월 25일 베를린을 우회한 코네프 전선군의 일부가 엘베 강까지 전진했고, 토르가우 인근 마을에서 마침내 소련군과 미군이 조우했다.

베를린 일대에 남은 허술한 방어선들은 차례차례 돌파되었다. 코네프는 제3근위전차군과 제4근위전차군을 베를린 교외로 밀어넣고 정부 중앙청사와 히틀러의 은신처 쪽으로 향하는 등 베를린행 경주에서 이길 태세였다. 4월 25일 코네프의 전방부대가 주코프 휘하 전선군에 속한 추이코프의 제8근위군—빠르게 전진한 덕에 코네프보다 불과 몇 시간 앞서 중앙청사에 도착할 수 있었다—을 사격하고 있음을 깨달았을 때, 코네프는 중앙청사와 제국의회를 강습하라고 명령할 수 있는 입장이었다. 추이코프의 부대는 히틀러의 은신처를 장악하는 명예를 얻었고, 4월 30일 소규모 분견대가 제국의회 의사당에 들이닥쳐 커다란 붉은 깃발을 높이 걸었다.[363] 히틀러와 소규모 수행단은 수백 미터 떨어진 총리 관저 지하의 벙커에서 옹송그리고 있었다. 히틀러는 현실감각을 완전히 잃은 채 신의 섭리에 따라 패배를 피할 수 있다는 공상을 지어내고 있었다. 4월 12일 루스벨트가 뇌출혈로 죽었다는 소식에 히틀러는 잠시 전세 역전을 상상했다. "운명이 역대 최악의 전쟁범죄자를 제거한 이상 전세의 전환점이 찾아올 것이다."[364] 며칠 동안 히틀러는 아직 구조될 수 있다는 망상에 매달렸고, 4월 24일 베를린 일대의 독일군 부대들에 "베를린과의 넓은 연계를 다시 구축하여 베를린 전투를 승리로 결정지으라"는 명령을 하달했다.[365]

28일, 소련군의 포가 머리 위 건물들을 난타하는 동안 괴벨스는 다시 한 번 전의를 북돋는 구호를 외쳤다. 임시변통으로 발행한 베를린 신문《판처베어Panzerbär》에 실린 그 구호는 히틀러가 독일의 민족영웅이라는 신화를 꾸며냈다. "그의 명령은 세계사를 만들어가는 자유를 위한 전투 중에 지금도 베를린에서 발신되고 있다. … 그는 인류 역사상 가장 뜨거운 전장에 서 있다. 그리고 그의 주변에는 역사상 가장 광적인 군인들이 모여들었다."[366] 탈출구는 없었다. 심문관들이 히틀러가 파국적인 패배에 직면하고서 그냥 더 일찍 단념하지 않은 이유를 알프레트 요들에게 물었을 때, 그는 이렇게 답했다. "하지만 전쟁에서 지기도 전에 제국과 국민을 포기할 수 있겠습니까? 히틀러 같은 사람은 그럴 수 없었습니다."[367]

본토를 침공당한 것은 아니었기에 일본의 '최종 투쟁'은 독일과 같은 규모로 벌어지지는 않았다. 그러나 설령 패할지라도 제국의 명예를 지키기 위해 독일과 비슷하게 속죄의 전투를 치러야 한다는 것이 군부 강경파의 의중이었다. 1945년 1월만 해도 연합군이 아직 멀찍이 떨어져 있었기에 일본은 1942년부터 품어온 야망을 실현할 수 있을지도 모른다는 자신감을 어느 정도 지닐 수 있었다. 장차 악전고투를 통해 일본을 물리치는 데 드는 비용이 너무 크다는 것을 입증하여 마침내 연합국과 타협적 강화안을 협상한다는 야망이었다. 일본은 대만과 중국 동부부터 한국을 거쳐 태평양 오가사와라 제도에 이르는 내부방어지대를 설정했다. 그러나 이 경우에도 연합군의 물질적 우위와 공중과 해상에서의 무역 봉쇄로 인한 일본 전쟁경제의 점진적 붕괴를 고려하면, 그 결과는 뻔했다. 연합군의 전진 속도만이 문제였으며, 1945년 일본 제국 수비대들이 자신들이 고른 전장에서 오랜 소모전으로 적의 발목을 잡는 방책을 고안한 탓에 연합군의 속도는 예상보다 느렸다.

맥아더가 필리핀에 투입한 대군이 느림보로 전진하는 사이, 미군의 막판 전역을 구상하던 수뇌부 내부의 긴장이 다시 불거졌다. 맥아더는 일본 본토를 침공하는 최종 전투의 중간대기지역으로서 필리핀이 가장 적합하다고 보았다. 킹 제독은 이제 마리아나 제도의 기지들에서 출격하는 폭격기를 이용해 일본의 공중과 해상을 봉쇄하여 군이 본토를 침공할 필요가 없기를 바랐지만, 니미츠와 맥아더는 본토를 침공하고 점령하지 않는 이상 일본이 굴복하지 않을 것이라고 확신했다. 이 목표를 위해 니미츠와 미 육군 항공대 사령관 아널드는 공군과 해군의 전진 대기기지로서 이오 섬과 오키나와 섬을 필요로 했다. 이오 섬을 함락하면 일본 항공기가 당시 마리아나 제도에 주둔해 있던 B-29 중폭격기를 주기적으로 공격하는 것도 막을 수 있었다.[368] 두 섬을 함락하려면 먼저 맥아더가 필리핀의 주된 섬인 루손 점령을 가급적 빨리 완료해야 했다. 루손 침공은 1월 7일 시작되었다. 미군 17만 5000명은 야마시타 도모유키 중장이 지휘하는 일본군 26만 7000명보다 적었는데, 맥아더는 이 통계를 전달받고서 경솔하게도 '엉터리'로 치부했다.[369] 야마시타는 일본 침공을 방해하기 위해 고의로 지연전을 펴면서 루손 섬의 주요 계곡 지대를 둘러싼 구릉과 산으로 병력을 후퇴시켰다. 그 결과, 첫째 주에 맥아더가 확실한 승리를 발표하고 자신이 1941년 이전에 거주했던 도시로 의기양양하게 돌아갈 수 있도록 휘하 사령관 월터 크루거Walter Krueger에게 수도 마닐라 장악에 박차를 가하라고 재촉하는 동안, 양군의 교전은 제한되었다.

주로 이와부치 산지岩淵三次 소장이 지휘하는 해군 육전대를 상대한 마닐라 전투는 길고도 참혹한 전역으로 전개되었다. 미군 사령관들은 민간 지역을 포격할 수 있도록 교전규칙을 변경하라는 지시를 받았고, 일본군

사령부는 "전장의 모든 민간인을 사살하라"는 명령을 내렸다.[370] 일본군은 남자들을 줄줄이 묶어 산 채로 불태우고 기괴한 폭력으로 여성들과 어린이들을 죽이고 아녀자들을 겁탈하는 등 난징에서의 광란을 되풀이했다. 마닐라의 중부와 남부는 한 블록씩 차례로 파괴되었고 일본군 수비대는 제거되었다. 파괴의 와중에 지난날 맥아더가 기거했던 마닐라 호텔 꼭대기층 펜트하우스 스위트룸도 사라졌다. 필리핀인 10만 명이 포격과 폭격, 일본군의 만행으로 목숨을 잃은 것으로 추정된다. 마닐라를 방어하다 죽은 일본군은 1만 6000명인 데 반해 미군 사망자는 1010명에 불과했다— 태평양 전쟁의 사망자치고는 유달리 적은 수였다.[371] 상황이 상황이니 만큼 맥아더는 3월 3일 폐허가 된 채로 해방된 수도의 중심부를 통과하려던 개선 행진을 취소했다. 이제 루손 섬의 항구와 비행장을 향후 침공에 사용할 수 있게 되었지만, 야마시타는 산악 보루로 퇴각해 일본이 항복한 8월까지 버텼다. 뒤이은 전투에서 양편 모두 열대기후 속의 은폐 방어에 안성맞춤인 험한 지형에서 질병과 전투 피로증으로 쇠약해진 상태로 싸우느라 이례적으로 큰 대가를 치렀다. 필리핀 전투가 끝나갈 무렵 대부분 사망자인 일본군 사상자는 38만 명에 달했다. 연합군은 전투로 4만 7000명을 잃었으나 질병과 전투 피로증, 정신쇠약으로 9만 3000명을 더 잃었다.[372] 예상보다 큰 손실이었고, 이로 인해 야마시타의 의도대로 연합군 침공의 다음 단계가 지연되고 약화되었다.

일본 남쪽 오가사와라 제도의 일부인 이오 섬과 류큐 제도에서 가장 큰 오키나와 섬을 둘러싼 공방전은 태평양 전쟁에서 가장 큰 희생을 치른 전투 중 하나였다. 이오 섬을 겨냥한 '디태치먼트Detachment' 작전은 1945년 2월에 개시했고, 오키나와 섬을 겨냥한 '아이스버그Iceberg' 작전은 4월에 개시했다. 두 섬 모두 엄밀히 따지면 일본 영토였으며, 병사들은 일본 땅을 방어하는 것이 신성한 의무라고 배웠다. 이오 섬은 미군 사상자가 일본군 사상자를 상회한 것으로 악명 높은 섬 전역이 되었다. 일본군 수뇌부가 이곳이 표적이 될 것으로 예상한 이래 이오 섬의 사령관 구리바야시 다다미치栗林忠道 중장은 부대원 2만 명을 투입해 섬 요새를 축조했다. 동굴과 화산암을 이용해 방어망을 구축하고 적에게 거의 보이지 않는 터널에 병력과 포, 군수품을 모아둘 수 있는 요새였다. 구리바야시는 22미터 지하에 3미터 두께의 철근콘크리트로 천장을 방호하는 사령부를 설치했다. 섬의 크기는 길이 10킬로미터, 너비 3킬로미터에 불과했지만, 바위투성이 지면 아래 17킬로미터에 달하는 터널이 뚫려 있었다. 세 개의 비행장 중 하나는 무려 800개의 토치카로 둘러싸여 있었다.[373]

이렇게 요새화된 섬은 완전한 사계射界를 선사했다. 디데이인 2월 19일에 침공군을 구성한 해병대 3개 사단 7만 647명을 가려주는 장애물은 거의 없었다. 스프루언스의 제5함대는 침공군이 요청한 열흘이 아니라 사흘 동안 섬을 포격했는데, 해군이 북쪽으로 이동해 일본 해안선을 직접 공격하기를 원했기 때문이다. 함대 포격으로 이오 섬의 중포 중 절반, 토치카와 포좌의 4분의 1이 무력화된 것으로 추정되지만, 방어군은 여전히 막강한 화력을 보유하고 있었다. 구리바야시는 적이 상륙을 완료할 때까지 기다렸다가 일제사격을 퍼부었다. 미 해병대가 6주간 포와 기관총, 박격포의 사격에 끊임없이 시달린 전역의 서막이었다. 미군은 며칠 만에 비행장들을 확보하긴 했으나 섬을 소탕하는 데 유독 애를 먹었다. 2월 23일 미군이 섬 남단 스리바치 산의 정상에 성조기를 게양하는 유명한 사진을 남긴 뒤에도(AP 통신의 사진사가 후세를 위해 첫 번째 국기 게양 세 시간 후에 같은 모습을 재연하는 병사들을 찍었다) 이 산의 동굴들에서 일본군을 몰아내는 데 엿새가 더 걸렸다.[374] 더 북쪽의 해병대는 섬에서 방어가 가장 삼엄한 지점을 천천히 통과하면서 수류탄, 다이너마이트, 화염방사기로 적 시설들을 파괴했고, 그 과정에서 한 달간 이어진 교전으로 장병이 지치고 방향감각을 잃는 바람에 사상자가 많이 발생했다. 구리바야시의 사령부는 그가 할복하는 사이에 결국 다이너마이트에 의해 폭파되었다. 섬을 확보했다고 선언한 3월 27일까지 미군 6823명이 사망하고 1만 9217명이 부상당하거나 전투 불능이 되었다. 총 2만 명의 일본군 수비대 중에서 전쟁 포로는 1083명뿐이었다.[375] 이오 섬은 미국의 공군기지가 되었다. P-51 장거리 전투기가 이곳에서 출격해 일본 도시들을 노리는 주간 공습을 호위했고, B-29 폭격기 수백 대가 이곳에 기착해 재급유하거나 기술적 문제 혹은 교전 손상에 대처했다.

오키나와는 훨씬 큰 규모의 작전이었다. 도쿄 측은 일본 영토의 일부인 오키나와를 연합군이 본토를 침공할 시 발생할 수 있는 사태를 미리 알아보는 장소로 여겼다. 이곳 사령관 우시지마 미쓰루牛島滿는 이오 섬에서 구사한 '미즈기와水際 전술'〔상륙해오는 적을 기다렸다가 물가에서 격멸하는 전술〕을 채택해 침공군이 상륙하도록 내버려둔 뒤, 방어가 삼엄한 섬의 남부로 유인했다. 남부에는 동굴과 터널, 토치카로 이루어진 또다른 방어망에 제32군을 주축으로 하는 전투병 8만 3000명가량이 집결해 있었다.[376] 오키나와의 일본군 전략에 대한 미군의 정보는 제한되었지만, 이번에는 해군이 위험을 줄이고자 섬을 열흘간 포격했고, 소규모 부대가 수상비행기 기지와 해군 기항지로 사용할 만한 게라마 제도를 함락했다. 미군은 오키나와 침공을 위해 1200척이 넘는 각종 함정으로 이루어진 대함대를 소집했지만, 병력이 상륙하기도 전인 3월 5일 우가키 마토메宇垣纏 중장이 자살 항공기 특공대를 공식 창설하고 다가오는 미국 함대를 겨냥해 이후 석 달 가까이 이어질 자살공격 작전을 개시했다. 침공 이틀 전인 3월 30일,

특공기 한 대가 미국 함대의 기함 인디애나폴리스Indianapolis에 명중하는 바람에 함대 사령관은 뉴멕시코New Mexico로 갈아타야 했다. 총 1465대의 자살 항공기가 출격해 함정 36척을 격침하고 300척에 손상을 입혔다. 마침내 미군 지휘하에 합류했던 훨씬 작은 규모의 영국 태평양 함대도 가미카제 공격에 손상을 입어 사소한 작전만 수행하다가 5월에 오스트레일리아로 돌아가 수리를 받아야 했다.[377]

4월 1일, 육군과 해병대 17만 3000명으로 이루어진 침공군 7개 사단이 사이먼 볼리버 버크너Simon Bolivar Buckner 장군의 지휘하에 오카나와에 도착했다. 자살 공격 말고는 별반 저항이 없었기에 그들은 며칠 만에 비행장 영역을 확보했다. 미군은 섬의 북부와 남부로 산개한 4월 8일 일본군과 처음 조우했다. 우시지마의 은폐 병력은 남쪽 산악지대에 집결해 있었으며, 미군은 산비탈에 포격과 함포 사격으로 포탄 230만 발을 퍼부은 후에도 또다시 방어군을 한 번에 한 부대씩 차례로 제거하며 고통스럽고 느리게 전진할 수밖에 없었다.[378] 미군은 이오 섬을 가로지를 때만큼이나 느림보로 전진했고, 100일간 쉼 없이 교전하느라 체력의 한계에 부딪혔다. 날씨로 말하자면 5월 말에 산비탈이 깊은 진창으로 바뀌어 그곳에서 시체 썩는 악취가 공기를 가득 채우고 코를 찌를 지경이었다. 6월에야 비로소 미군은 아직 남은 수비대를 섬의 남서쪽에 몰아넣고서 탄약과 식량, 의약품이 부족해진 그들을 서서히 제거할 수 있었다. 버크너가 전선을 시찰하다가 포격에 사망한 지 사흘 후인 6월 21일, 마침내 저항이 멈추었다. 우시지마는 구리바야시의 선례를 좇아 자결했다. 일본 군인과 오카나와 민병대 약 9만 2000명과 더불어 6만 2000명에서 12만 명 사이로 추정되는 민간인 주민이 죽었다. 미국 해군, 육군, 해병대의 사상자는 사망 1만 2520명에 부상 3만 6613명이었지만, 피로와 질병으로 인한 비전투 사상자가 3만 3096명 발생해 총원은 일본 측의 손실보다 별로 적지 않았다.[379] 오키나와와 이오 전역의 사상자 수치는 미국 국내에서 과연 전략적 가치가 있는지 이해하기 어려운 작은 섬들을 확보하기 위해 치른 대가에 항의하는 목소리를 키우는 한편, 워싱턴에서 일본 본토 침공의 비용이 미국 국민이 지지할 만한 수준을 넘어서지 않을까 하는 불안감을 불러일으켰다.

일본군이 미리 대비한 진지에서 맹렬히 저항한 것은, 해상 봉쇄로 일본의 전쟁 노력이 휘청거리고 1945년 3월부터 대대적인 공습으로 일본 산업과 국내 인구의 위기감이 고조된 맥락에서 보아야 한다. 일본 대양 및 연안 교통을 겨냥한 잠수함 전역과 항공 전역은 1944년과 1945년에 절정에 이르렀다. 일본의 전체 상선은 1942년에서 1944년 사이에 590만 톤에서 89만 톤으로 격감했고, 1945년에는 남은 톤수의 상선마저 대부분 잠수함과 기뢰의 위협 때문에 남방이나 아시아 대륙으로부터 물자를 수송하는 데 사용할 수 없었다.[380] 1945년 일본 연안 일대에 기뢰를 촘촘히 부설하자 원료, 석탄, 식량 같은 필수 수입품 수송이 결국 붕괴했다. 1941년 2000만 톤에 달했던 총 적하 수입량이 1945년에는 270만 톤이었다. 일본 철강산업의 철강석 수입량은 1942년 470만 톤에서 전시 마지막 6개월간에는 불과 34만 1000톤으로 뚝 떨어졌다. 고무 수입량은 아예 없었고, 주로 아시아 본토에서 가져온 석탄 수입량은 1941년 2400만 톤이었으나 전시 마지막 6개월간에는 겨우 54만 8000톤이었다.[381] 자원에 굶주린 일본 군수산업은 1945년 여름 주저앉기 직전이었다.

제21폭격기 사령부는 마리아나 제도의 기지에서 맹폭 작전을 개시하여 일본 봉쇄의 효과를 키웠다―다만 일본의 전쟁 노력에 근본적 타격을 가하고 국내 인구의 식량을 줄이는 조치는 대체로 일본 도시들을 체계적으로 폭격하기 전에 이루어졌다. 미군은 1945년 1월과 2월에 항공기산업과 조선업의 표적을 정밀 폭격하기 시작했지만, 늘 강한 기류가 흐르는 일본 영공의 고고도에서 B-29 폭격기로 주간 공습을 하는 전술은 효과가 없는 것으로 판명났다. 3월 초 신임 폭격기 사령관 커티스 르메이Curtis Lemay 중장은 미군 전술을 뒤집어 저고도(3만 3000피트가 아닌 5000~8000피트) 야간 공습을 개시했다. 그리고 하버드 대학 화학자들이 개발한, 매우 효과적인 네이팜 젤을 함유한 M-69 집속 소이탄을 폭격기에 잔뜩 싣고 가서 투하하여 목조 건축물이 태반인 일본 도시들에 치명상을 입혔다.[382] 1945년 3월 9/10일 야간에 소이탄 1665톤을 실은 B-29 폭격기들이 수행한 첫 도쿄 공습은 이 전쟁을 통틀어 가장 치명적인 공습으로, 도시의 40제곱킬로미터를 불사르고 경찰 추산 8만 3793명의 목숨을 앗아갔다.[383] 3월부터 6월까지 르메이의 부대는 일본에서 가장 중요한 도시-공업 지역들에 소이탄 4만 1592톤을 투하해 도시 면적의 절반을 불태웠다. 또 6월부터 8월까지 산업 측면에서 덜 중요한 중소도시들을 B-29로 연타하여 일부 경우에는 도시 면적의 90퍼센트까지 불태웠다.[384] 전후 조사에 따르면 이 시기에 폭격당한 지역들에서 군수공장의 생산량은 전시 최대 생산량의 평균 27퍼센트까지 떨어졌고, 폭격당하지 않은 지역들에서는 평균 50퍼센트까지 떨어졌다.[385] 르메이는 일본 철도망을 집중 타격해 완파할 수 있고 그렇게 되면 침공이 불필요할 것이라고 마셜과 미국 합동참모본부를 설득했다.

해군과 공군 사령관들은 공중-해상 봉쇄로 피해를 입혀 일본의 항복을 받아낼 수 있다는 주장을 지지했지만, 합동참모본부 계획자들은 침공만이 적을 항복시키는 확실한 길이라는 입장을 굽히지 않았다. 양편은 불가피해 보이는 최종 대결을 준비했다. 1945년 봄, 일본군은 '게쓰고決號' 작전을 수립하기 시작했다. 그리고 2개 전구 사령부를 설치했다. 제1총군은 혼슈 중부와 북부를 방어하고 제2총군은 혼슈 서부, 시코쿠, 남쪽의 규슈섬을 방어하기로 했다. 일본군의 목표는 침공 전선에서 반격하는 36개 사단, 당장 해안을 방어하는 22개 사단, 2개 기동기갑사단 등 총 60개 사단 전력을 편성하는 것이었다. 인간기뢰 후쿠류伏龍와 폭약을 가득 실은 자폭 보트 신요震洋를 비롯한 자살(특공) 전술이 유용한 곳에서는 육군과 해군 모두 이 전술을 선호했다.[386] 6월 8일, 일본 측은 어전회의에서 결사항전한다는 '기본 대강'을 결정했다. 이튿날 천황의 칙서는 국민들에게 "전쟁의 목표를 달성"하기 위해 "적국들의 과도한 야망을 분쇄"할 것을 요구했다. 불과 1주일 전 미국 합동참모본부는 정식 침공 계획을 요구했고, 지상군 사령관으로 지명된 맥아더가 두 갈래의 '다운폴Downfall' 작전을 수립했다. 11월 1일 남쪽 규슈를 침공하는 작전('올림픽Olympic')과 1946년 초봄 도쿄 일대를 침공하는 작전('코로넷Coronet')이었다. 첫 번째 작전에는 최대 17개 사단, 두 번째 작전에는 25개 사단이 필요했으며, 둘 모두 미국 항공모함 22척을 비롯해 군함과 상륙함으로 이루어진 대함대의 지원을 받을 예정이었다.[387] 이 무렵 영국 지도부는 선의의 증거를 보여주어 전후 영미의 협력을 이어가기를 바라며 일본 침공에 동참하겠다고 제안했지만, 투입 가능한 영연방 5개 사단(그중 1개 사단만이 온전한 영국군 부대였다)을 마셜은 "골칫거리"로 치부했다.[388] 영국 공군의 폭격기 비행대대 제안을 미국 측은 대충 처리했고—오키나와에 버크너의 후임으로 부임한 스틸웰은 "빌어먹을 랭커스터 놈들"이라고 불평하며 여전한 독설을 뿜냈다—종전 때까지 별다른 진전이 이루어지지 않았다.[389]

6월 17일 새 대통령 해리 S. 트루먼과 합동참모본부의 회의에서 결정이 내려졌다. 트루먼은 해군 봉쇄와 폭격으로 일본을 계속 압박하는 편을 선호하면서도 군 수뇌부와 마찬가지로 이오와 오키나와의 유혈 수준에서 사상자 수를 줄일 수만 있다면 침공을 시도해야 한다고 생각했다. 트루먼은 1945년 5월 어느 미국 기자가 불쑥 내놓은 사상자 50~100만이라는 예상 수치를 크게 우려했고 훗날 회고록에서도 거론했지만, 당시 육군이 그에게 제시한 추정치는 그만큼 경악스러운 수준이 아니었다.[390] 맥아더는 전역 90일 동안 사망과 실종으로 10만 5000명을 잃을 공산이 크다는 통계를 제시했고, 합동참모본부는 두 작전의 사망자 또는 실종자로 4만 3500명을 제시했으며, 마셜은 트루먼 및 합동참모의장 윌리엄 리히William Leahy와의 회의에서 모든 예상이 추측이라고 생각하면서도(실제로 그랬다) 총 3만 1000~4만 1000명을 제시했다. 8월에 니시하라 간지西原貫治 중장 휘하 일본 제57군 15만 명은 규슈에서 이르면 10월에 닥칠 침공을 기다렸다.[391] 트루먼은 11월에 규슈 침공(미군의 암호명은 '디아볼릭Diabolic')을 시작하는 방안을 승인했다. 오키나와가 함락되고 필리핀과 버마에서 사실상 저항이 멈춘 이후 6월부터 양편은 일본 지도부가 '게쓰고' 작전을 포기하고 무조건 항복을 받아들여야만 피할 수 있는 결전을 기다렸다.

종막: 무조건 항복

전쟁의 규모를 감안하면, 1945년 독일과 일본의 항복은 끝장을 볼 때까지 싸우던 격정적인 드라마가 느닷없이 용두사미로 막을 내린 격이었다. 항복 발표 이후에도 며칠 혹은 몇 주간 싸운 사례가 더러 있지만, 현역 군인 남녀의 절대다수는 오랜 폭력의 시련에서 별안간 풀려났다. 그럼에도 항복을 강제하는 것은 군사적으로나 정치적으로나 양편 모두에게 복잡한 과정이었다. 1943년 1월 카사블랑카 회담에서 루스벨트 대통령이 무조건 항복 말고는 어떠한 조건도 받아들이지 않겠다고 발표한 것은 한편으로는 연합국 파트너들이 개별 강화를 추구하지 못하도록 막기 위함이었지만, 다른 한편으로는 추축국 세 나라에 그들 모두 시도한 교섭으로는 아무것도 얻을 수 없음을 확실하게 알리기 위함이었다. 조건을 붙일 수 있는 쪽은 분명 연합국이었다. 루스벨트는 승전으로 "독일, 이탈리아, 일본에서 타민족 정복과 예속에 기반하는 철학의 파괴"라는, 실은 어느 제국에나 존재하는 철학을 없앤다는 조건을 붙였다.[392] 뒤이어 2년간 더 많은 조건이 붙었다. 군사 점령과 군정, 무장 해제, 전범 재판, 전쟁 노력을 수행한 관료와 정치인 숙청, 연합국 감시하의 민주적 정치·사회 체제 확립 등이었다. 추축국은 연합국의 요구대로 무조건 항복한다면 이런 조건을 강요받을 가능성이 높다는 것을 알고 있으면서도, 지도부와 국민 모두 한층 더 나쁜 결과를 예상했다. 연합국의 요구 때문에 전쟁이 더 길어졌는지 여부는 의견이 분분한 문제로 남아 있지만, 타협하려 했다면 연합국끼리 합의한 목표가 훼손되고 공격적인 정권에 유리했을 것이다.

히틀러도 무솔리니도 무조건 항복 협정에 동의하고 서명하는 책임을 떠맡지 않으려 했고, 결국 끝까지 떠맡지 않았다. 일본에서 항복은, 무조건 항복이든 아니든 간에, 국가의 문화적 어휘에 없는 단어였다. 천황의 개입 없이는 그 누구도 항복하지 말아야 했고 항복할 수도 없었다. 천황의 칙서로만 전쟁 상태를 끝낼 수 있었지만, 히로히토 천황이 자진해서 이 전례 없는 조치를 취하도록 유도하는 것은 지극히 민감한 정치적·군사적·헌법적 쟁점이었다. 이런 복잡성은 루스벨트가 무조건 항복만 수용하겠다고 발표했을 때부터 명확히 드러났다. 훗날 루스벨트는 무조건 항복이라는 표현이 "문득 떠올랐다"고 말했지만, 실은 그렇지 않았다. 미국 국무부 관료들은 늦어도 1942년 5월부터 연합국의 요구 조건으로 무조건 항복을 검토했고, 항복을 협상의 여지가 있는 휴전과는 별개로 다루려 했다—지난 1918년 11월에 독일 측이 휴전협정에 서명한 뒤 따로 항복 여부를 협상하려 시도한 바 있었다. 루스벨트는 카사블랑카로 떠나기 직전인 1943년 1월 7일에 열린 미국 합동참모본부 회의에서 무조건 항복을 자국의 기본적인 전시 입장으로 제시하겠다고 확언했다.[393] 처칠은 반무솔리니 파벌의 중개를 통해 이탈리아와 따로 강화할 전망을 열어두는 해결책을 선호했을 테지만, 영국 전시내각은 그의 의견과 반대로 이탈리아 역시 무조건 항복을 받아들여야 한다고 역설했다.[394] 스탈린은 항복안에 대해 가타부타 말이 없다가 1943년 5월 1일 연설 중에 무조건 항복이라는 표현을 처음으로 사용했지만, 서방 파트너들만큼 무조건 항복을 중시하지는 않았다. 서방 연합국은 소련군의 교전을 유지할 필요가 있었고, 결국 세 추축국 모두 미군에 맨 먼저 항복했다.[395]

불과 몇 달 후인 1943년 여름 이탈리아가 추축국 가운데 제일 먼저 무너질 공산이 크다는 것이 분명해지면서 무조건 항복 개념은 처음으로 시험대에 올랐다. 그전에 영국과 미국은 이탈리아 정부의 강화 협상과 이탈리아 군주정의 존립을 어떻게 처리할지를 놓고 의견이 크게 갈렸다. 처칠은 강화 협상과 군주정의 존립 둘 다 받아들이려 했지만 미국 측은 입장이 불분명했다. 양국의 토론에서 영국 측은 '휴전'이라는 용어를 사용했으나 미국 측은 거부했다. 양측은 더 중립적인 '항복 조건'이라는 표현을 사용하기로 합의했다. 1943년 여름 이탈리아의 위기가 임박해 보이자 두 연합국은 마침내 이탈리아의 "위임 없는 완전 항복" 이후 공동 군정을 실시하기로 합의했고, 1945년 독일이 항복할 때까지 이 노선을 유지했다.[396]

7월 25일 무솔리니 정부가 전복된 뒤, 피에트로 바돌리오 원수의 새 정권도 연합국도 어떤 방향으로 나아가야 할지 확실하게 정하지 못한 상태였다. 바돌리오는 내심 원하지 않으면서도 전쟁을 이어가겠다고 발표했다. 양편은 앞날의 가능성과 관련해 제각기 환상을 품었다. 연합국은 이탈리아군이 항복에 동의하기 전에 이탈리아에서 독일군을 몰아낼 것이라는 희망까지 품은 반면, 비토리오 에마누엘레 국왕은 이탈리아군이 협상을 통한 해결책을 찾을 때까지 오래도록 "저항하고 싸울" 것으로 자신했다. 연합국은 이탈리아의 항복을 유도하기 위해 "명예로운 항복"이라는 표현을 사용하기 시작했지만, 이 표현은 이탈리아 지도부의 바람대로 계략을 쓸 여지를 함축하는 듯했다. 영국과 미국은 항복 문서의 조건을 놓고 계속 갈등을 빚다가 결국 8월 초 아이젠하워가 군사적 항복과 무장 해제만을 포함하는 '단기 휴전' 방안을 내놓았다. 반면에 영국은 더 가혹한 정치적·경제적 조건을 포함하는 '장기 휴전' 방안을 제시했으며, 8월 말에야 처칠과 루스벨트가 퀘벡 회담에서 '장기 휴전' 조건에 동의했다. 바돌리오는 군사 협력 가능성을 논의하기 위해 연합국과 접촉할 특사들을 파견했지만, 아직 항복을 제안하지는 않았다. 주요 접촉자 주세페 카스텔라노Giuseppe Castellano 장군은 연합국이 이탈리아의 군사적 지원 약속을 반길 것을 알았고, 이탈리아가 편을 바꿀 기회를 얻을 수 있도록 단기 휴전안에 빨리 서명하자고 바돌리오와 군 수뇌부를 설득했다. 8월 31일 카스텔라노는 시칠리아 카시빌레에 있는 연합군 사령부를 찾아갔고, 9월 3일 그곳에서 군사적 항복 협정이 체결되었다. 아이젠하워는 연합군이 독일군의 이탈리아 점령에 대비해 며칠 후 살레르노를 침공할 때까지 이 협정을 비밀에 부치기를 원했다.

바돌리오는 동료들에게 무슨 일이 일어났는지 말하지도 않았고, 곧 살레르노에 상륙할 계획인 연합군을 지원하기 위해 독일군과 대치할 준비

를 하라고 지시하지도 않았다. 9월 7/8일 밤 바돌리오는 자택에서 잠옷
차림으로 불려나가 씩씩거리는 미군 장군을 맞닥뜨렸다. 이튿날 독일군
에 맞서 이탈리아군의 방어를 지원하기 위해 로마에 도착할 예정인 공수
사단의 사령관이었다. 장군은 이탈리아 측의 군사적 상황을 판단하고자
몰래 로마로 들어온 터였다. 바돌리오는 부득이 이탈리아군이 아무런 대
비도 하지 않았다고 실토하고 휴전 발표를 미루어달라고 요청했다. 마침
내 바돌리오가 얼마나 표리부동한지 알아채고서 격노한 아이젠하워는
9월 8일 이탈리아가 무조건 항복했다고 발표하고 이탈리아 정부에 똑같
이 발표할 것을 강요했다. 8일 저녁 바돌리오는 라디오로 휴전을 발표했
다(하지만 항복이라는 단어는 사용하지 않았다).[397] '장기 휴전'의 44가지 조건
을 포함하는 공식 항복협정은 9월 10일 로마에서 남쪽으로 달아난 바돌
리오와 국왕이 9월 29일 몰타 섬에서 체결했다. 이로써 곤경이 끝난 것
은 아니었다. 소련 정부는 자기네가 이탈리아의 항복 절차와 그 이후의
군사적 통제에서 배척되어야 하는 이유를 납득하지 못했는데, 붉은군대
가 1941년부터 러시아 전선에서 이탈리아군과 싸웠기 때문이다. 서방 연
합국은 소련의 직접 참여를 거부하고 연합국 이탈리아 자문위원회의 자
문 역할을 제안했다. 소련의 반발은 비교적 약했지만, 스탈린은 이탈리아
사태에서 명백한 교훈을 이끌어냈다. 붉은군대는 1944년 루마니아와 불
가리아에, 1945년 헝가리에 휴전을 강요할 때 서방 연합국을 배제했다.[398]
그 후 세 나라의 강화조약은 소련의 조건대로 체결되었다. 그 대가로 스
탈린은 미국이 일본을 점령하고 강화협정을 맺는 것을 용인했다.[399]

　1943년의 무조건 항복으로 이탈리아 전쟁이 끝났던 것은 아니다. 9월
8일 항복 발표 이후 독일군은 이탈리아군 부대들을 거의 전부 무장 해제
하고 반도의 태반에서 가혹한 통치를 강요했다. 독일의 보호 아래 새로

수립된 무솔리니 정권은 휴전의 당사자가 아니었다. 무솔리니를 위해 계속 싸우는 병력을 포함해 이탈리아 내에서 추축군 전체의 무조건 항복은 1945년까지 미루어졌으며, 그 시점에도 항복을 받아내는 것은 복잡하고 지난한 일이었다. 이탈리아 전선의 독일군 수뇌부는 1945년 초 종전 가능성을 논의하기 시작했으며, 3월에 친위대 장군 카를 볼프Karl Wolff는 스위스인 게로 폰 게페르니츠Gero von Gaevernitz의 주선으로 베른에 있는 미국 전략사무국OSS 국장 앨런 덜레스Allen Dulles를 비밀리에 찾아갔다. 볼프는 이탈리아 전선 독일군 총사령관 케셀링 원수가 항복 방안을 지지하도록 설득하겠다고 약속하고서 이탈리아로 돌아갔다. 영국과 미국 측은 이른바 '선라이즈Sunrise' 작전(처칠은 작전명으로 '크로스워드Crossword'를 밀었다)에 긍정적으로 반응했지만, 4월 20일 덜레스는 독일과의 접촉을 끝내라는 지시를 받았다. 이탈리아 내 독일군 사령관 하인리히 폰 피팅호프가 무조건 항복하기보다 휘하 부대와 함께 독일로 명예롭게 귀환할 수 있는 협정을 원한다는 사실이 분명했기 때문이다. 며칠 전, 볼프는 베를린으로 날아가 히틀러를 대면한 자리에서 더 나은 휴전 조건을 얻어내기 위해 미국 측과의 접촉을 유지하라는 지시를 받았다. 볼프에 따르면 히틀러는 "무조건 항복하는 것은 말도 안 된다"고 말했다.[400] 볼프는 운 좋게도 이 대면에서 살아남아 이탈리아로 돌아갔지만, 히틀러 최고사령부는 이탈리아 내 독일군에 결사항전을 주문했다.

　3월에 소련 첩자들은 이 비밀 교섭 소식을 모스크바에 전했고, 스탈린은 서방이 개별 강화를 추구하여 교섭을 마무리지은 다음 이탈리아 내 병력으로 중부유럽에서 진격 중인 소련군을 막아설지 모른다고 우려했다. 소련 외무장관 몰로토프는 어떤 교섭에든 소련 대표단을 포함시키라고 즉각 요구했지만, 영미 전선은 영국군과 미군만이 책임진다는 답변을 들었다—1943년의 경우와 비슷한 거부였다. 뒤이은 신랄한 언쟁에서 서방 연합국은 "소비에트 정부의 등뒤에서" 일한다는 비난을 들었다. 4월 3일, 스탈린은 서방이 영미군을 동진시키기 위해 "독일 측에 이롭도록 휴전 조건을 완화"할 속셈이라고 불평했다. 이틀 후, 루스벨트의 단호한 반론에 답변하면서 스탈린은 항복 문제를 계기로 "한 동맹국이 다른 동맹국에 무엇을 용인할 수 있는지"에 대한 매우 상이한 견해가 드러났다고 설명했다.[401] 아직까지 공공연한 분열은 아니었으나 차츰 악화되다가 장차 전후의 대립으로 귀결될 동맹 간 갈등 확대의 전조였다. 모스크바는 적어도 공식적으로는 태도를 누그러뜨리고 독일 측이 손쉽게 평화를 얻지 못하도록 모든 항복 의식에 소련 측이 참석한다는 결정을 내렸고, 1943년에 설립된 연합국 자문위원회의 소련 대표 알렉세이 키슬렌코Aleksei Kislenko 소장이 4월 25일 카세르타에 있는 연합군 사령부에 도착했다.[402]

　패전이 임박한 이 단계에서 항복은 시간문제일 뿐이었다. 무솔리니는 항복하고 싶지 않았다. 4월 중순 정부 소재지 살로를 떠나 밀라노에 도착한 무솔리니는 동맹 독일이 자신을 쏙 빼놓고 항복을 협상하고 있음을 알게 되었다. "배신"당했다고 불평하면서도 본능에 따라 달아난 그는 독일 군인으로 변장한 채 스위스 국경으로 향했다. 4월 28일 무솔리니와 파시스트 지도부는 파르티잔에게 붙잡혀 처형되었다. 그들의 시신은 정육점에 걸린 고깃덩이처럼 밀라노 광장에 거꾸로 매달렸다. 곳곳에 흩어진 이탈리아군의 사령관 그라치아니 원수와 여전히 연합군과 싸우고 있던 파시스트 민병대는 이탈리아 측이 두 번째 무조건 항복 문서에 서명하지 않도록 독일 측에 자기들 대신 서명해달라고 부탁했다.[403] 4월 25일, 피팅호프는 특사 두 명을 다시 베른의 덜레스에게 보내 이번에는 무조건 항복에 동의했다. 처칠은 이 소식을 듣자마자 항복 수락에 대한 동의를 받고자 스탈린에게 타전했다. 스탈린은 예상 외로 순순히 동의했고, 27일 독일군 장교 두 명이 연합군 사령부에 도착해 형식상 절차를 완료했다. 이 무렵 이미 추축군 4만 명이 국지적 항복에 동의한 터였고, 4월 말까지 8만 명이 더 항복했다.[404] 29일 마침내 17쪽짜리 항복 문서에 서명이 들어갔다. 이 문서가 효력을 발휘하기 전까지 남은 불과 사흘 동안 독일군 지휘관들은 산개한 병력에 항복 사실을 통지해야 했다.[405] 아직까지 항복이 완전하게 이루어진 것은 아니었는데, 피팅호프가 총사령관으로서 알프스 전방 작전구역Operationszone Alpenvorland의 수도인 볼차노의 사령부에서 공식적으로 직접 비준해야 했기 때문이다. 베를린 측이 이탈리아 전역의 항복 사실을 알지 못하도록 특사들은 항공편으로 리옹까지 갔다가 차편으로 스위스를 가로질러 볼차노까지 갔다. 4월 30일 자정에 그들이 도착했을 무렵 히틀러는 이 작전구역의 최고판무관이기도 한 티롤-포어아를베르크 대관구장 프란츠 호퍼를 통해 항복 사실을 알게 되었다. 자살 전에 취한 마지막 조치 중 하나로 히틀러는 피팅호프를 체포하고 파울 슐츠Paul Schultz 소장으로 교체라고 명령했다. 또 슐츠에게 오스트리아까지 싸우며 퇴각하라는 지시를 내렸다. 그러나 슐츠는 도착하자마자 볼프의 무장친위대에 체포되었고, 5월 1일 피팅호프는 결국 모든 부대에 교전을 중지하라고 명령했다. 5월 2일, 이제 서부전선 총사령관인 케셀링은 히틀러가 죽은 이상 더 저항해봐야 소용없음을 마지못해 인정하고 항복을 승인했다. 연합군 최고사령부는 독일 무전을 방수해 항복 통신문이 실제로 독일군에 전달되고 있는지 확인했으며, 5월 2일 저녁 6시 30분 이탈리아에서 두 번째 항복이 발표되었다.[406]

실제 항복 과정은 지지부진했다. 추축군 일부—파르티잔을 추격해 이탈리아 북부를 가로지르며 살인과 강간을 저지른 카자크 부대들을 포함해—는 포기하지 않고 오스트리아를 향해 이탈리아 북부 접경 프리울리의 계곡을 싸우며 통과했다. 그들은 파르티잔에 매복 공격을 당했고, 그 보복으로 아반치스 마을에서 51명, 오바로 마을에서 23명을 학살하는 등 마지막 잔혹행위를 저질렀다. 이곳의 싸움은 독일이 전면 항복하고 1주일이 지난 5월 14일에야 끝났으며, 최후의 파시스트 지도자가 이끄는 저격수 무리는 5월 29일에야 소탕되었다.[407] 다른 부대들은 무장 해제를 거부했다. 5월 4일 연합국 위원회는 피팅호프의 볼차노 사령부로 가는 길에 분명 독일 군인과 무장친위대원이 배치된 방책들을 통과했는데, 그들은 마치 전쟁이 끝난 게 아니라 중지된 것처럼 여전히 무기를 소지하고 있었다. 독일군 지휘관들은 파르티잔의 복수를 우려해 휘하 병력이 총포를 계속 보유해야 한다고 주장했고, 이제 군의 지원을 받는 연합국 위원회가 무기를 반납하라고 강요하기까지 열흘이 걸렸다. 일부 부대들은 계속 저항했고, 독일인과 러시아인, 이탈리아인 파시스트 군인들은 메라노 계곡 일대의 울창한 숲과 가파른 산지의 고립지대들에서 한 달이 넘도록 총부리를 겨누고 식량을 약탈하며 숨어 지냈다. 그 지역 연합군 지휘관들은 몇 주 후에야 파시스트들의 난감한 마구잡이 산적질을 끝낼 수 있었다. 영국 특수작전집행부SOE 장교의 보고대로 산적질을 당한 현지 주민들은 "독일 점령 때보다 형편이 더 나빠졌다"고 한탄했다.[408]

유럽에서 잔여 독일군 전체의 무조건 항복을 받아내는 것은 더욱 복잡한 문제였으며, 이탈리아 내 추축군의 항복을 둘러싸고 위기가 발생한 지 며칠 만에 이 문제로 연합국 내부에서 또다시 갈등이 불거졌다. 1945년 봄 연합군 부대들이 독일 심장부로 모여드는 상황에서 독일이 완패하고 점령되리라는 것은 불 보듯 뻔한 일이었다. 서방 연합국과 연락하는 채널을 열려는 노력은 성공할 가망이 없었고, 이탈리아에서 문제를 겪은 이후 서방은 개별 교섭을 추진할 수도 있다는 암시를 전혀 주지 않으려 했다. 연합국 주요 삼국은 1944년에 이미 무조건 항복 문서를 작성하고 합의했으며, 그 양식은 이탈리아에서 체결한 '장기 휴전' 협정—먼저 체결한 것은 '단기 휴전' 협정이었지만—과 흡사했다. 여기에 더해 연합국은 아직 독일의 최종 항복 문서를 남겨두긴 했으나 독일 영토를 분할해 저마다 한 영역씩 차지하기로 미리 합의를 보았다. 그러나 누가 항복하고 어떤 상황에서 항복할지는 여전히 불분명했다. 독일에서 대중 봉기로 전쟁이 끝날 가능성을 서방 정보기관에서 자주 검토하긴 했으나 1945년 봄에 이르러 그런 결과는 정치적 공상으로 드러났다. 처칠에게 제출된 합동정보위원회 보고서는 독일 국민에게 "공포정치를 타파할 에너지나 용기, 조직력"이 없다고 결론지었다.[409] 히틀러 본인이 붙잡혀 항복 문서에 서명하리라고는 도무지 믿기 어려웠고, 오히려 체포의 치욕을 당하느니 자살할 것으로 예상되었다. 실제로 히틀러는 포로가 될 마음이 추호도 없었다. 4월 28일 총리 관저 벙커에서 무솔리니 살해 소식을 들은 히틀러는 자신의 시신도 훼손되고 성난 독일 군중에게 전시될지 모른다며 몸서리를 쳤다. 29일의 어느 시점에 내린 자살 결정으로 히틀러는 체포나 살해, 재판으로 말미암아 자신의 역사적 이미지가 더럽혀지는 위험을 피했다. 4월 30일 오후, 히틀러와 하루 동안 그의 신부로 지낸 에바 브라운Eva Braun은 스스로 목숨을 끊었다. 히틀러는 머리에 권총을 쐈고, 에바는 청산가리 캡슐을 삼켰다. 부관 오토 귄셰Otto Günsche가 기억하기로 히틀러는 자기 시신이 "모스크바로 옮겨져 진기물 진열실에 전시되지 않"도록 불태우라고 지시했다.[410]

그럼에도 히틀러는 죽기 전에 전쟁이 어떻게 끝날지 생각했다. 그는 독일이 계략을 부릴 여지가 있을지도 모른다는 희망을 버리지 않았다. 카를 볼프는 4월 18일 벙커에서 히틀러를 만난 뒤 덜레스에게 독일 지도자의 계획을 전했다. 붉은군대가 얄타에서 합의한 분할선 너머로 나아가 소련군과 미군이 불가피하게 충돌할 때까지 독일군을 일련의 보루에 집결시킨다는 계획이었다. 히틀러는 베를린에서 6~8주를 버틴 다음 항복을 피해 미국과 소련 간의 전쟁에서 어느 한쪽에 가담할 작정이었다.[411] 공군 부관이 회고록에 썼듯이, 히틀러는 서방이 "더 이상 무조건 항복을 고집하지 않기를" 바랐다.[412] 4월 20일, 히틀러는 외무장관 요아힘 폰 리벤트로프에게 만약 자신이 베를린을 방어하다 죽으면 장관이 서방과의 강화 교섭에 참여해 포괄적인 합의의 기반을 마련해야 한다고 말했다. 벙커의 마지막 나날에 OKW 총장 카이텔 원수에게 썼으나 부치지 못한 서신에서 히틀러는 비록 자신은 달성하지 못할 운명일지라도 국가의 미래 목표는 "여전히 동부에서 독일 국민을 위한 영토를 얻는 것"이라는 핵심 신념으로 되돌아갔다.[413] 이런 식의 공상이 히틀러의 최후를 함께했다. 그는 자신이 재앙의 가장자리까지 데려간 국민의 운명에 전혀 개의치 않았는데, 독일이 항복한다면 그들도 "존재할 권리를 빼앗겼다"는 뜻이었기 때문이다.[414] 히틀러는 자살함으로써 교전 종식의 모든 책임을 결국 저버렸다. 그러자 허물어지는 정부 체제에, 그리고 연합군 지역 사령관들에게 떼 지어 항복하는 군대에 어떻게 무조건 항복을 강제할 수 있느냐는 문제가 미결로 남게 되었다. 5월 2일 이탈리아 전선의 항복 이틀 뒤에 독일 북부, 네덜란드, 덴마크의 모든 독일군이 몽고메리에게 항복했다. 이 영역에는 독일-덴마크 국경 부근의 도시 플렌스부르크가 포함되었는데, 이곳에서 당시 재조직된 독일 정부가 운영되고 있었다. 히틀러는 후계자들에게 유언을 남겼다. 카를 되니츠 제독이 독일 대통령을, 선전장관 괴벨스가 총리를 맡으라는 내용이었다. 괴벨스는 벙커에서 히틀러에 이어 자살함으로써 되니츠에게 무너지는 독일 국가와 '플렌스부르크 정부'의 명목상 수반 자리를 넘겨주었다.

　새 정부가 어중간한 헌정 상태로 기능하는데도 몽고메리는 플렌스부르크를 점령하라고 지시하지도, 대부분 연합국 주요 전범 명단에 올라 있는 새 정부 인사들을 체포하라고 지시하지도 않았다. 그러자 소련 측은 되니츠가 독일의 바돌리오가 될지도 모른다며 다시 한 번 짙은 의심을 품었다. 5월 6일, 붉은군대 참모차장 알렉세이 안토노프는 모스크바에서 연합국 대표들에게 소련은 새 독일 정부의 존재를 인정하지 않겠다고 말하고 독일군 최고사령부가 무조건 항복해야 한다고 역설했다. 또 만약 그러지 않으면 서방 연합국이 독일과 별도로 휴전을 협상하고 있고 장차 독일군을 대소련 전선에 집중 투입할 의도라는 믿음을 고수하겠다고 말했다.[415] 되니츠는 항복의 불가피성을 알면서도, 소련 측의 우려대로 서방에 항복하고 동부에서 싸움을 이어가는 편을 선호했을 것이다. 되니츠는 독일 군인과 피란민이 점점 다가오는 소련군에게서 달아날 시간을 벌어주기 위해 즉각적인 항복 수락을 미루었다. 결국 5월 5일 아이젠하워가 되니츠에게 독일군 일부가 아니라 전체가 무조건 항복해야 한다고 말했다. 되니츠는 서방과의 전쟁만 휴전할 수 있을지도 모른다는 부질없는 희망을 여전히 품은 채 OKW 작전참모장 요들 장군을 프랑스 도시 랭스에 있는 아이젠하워의 사령부로 보내 항복 문서에 서명하도록 했다. 랭스에 도착한 요들은 책략을 부릴 여지가 전혀 없음을 알게 되었다. 5월 7일 오전, 스탈린에게 알리지 않은 채 서명이 이루어졌다.[416] 소련 측 입회인 이반 수슬로파로프Ivan Susloparov 장군은 스탈린의 지시 없이 서명해도 되는지 결정하지 못하다가 결국 닥쳐올 운명에 전전긍긍하며 서명했다. 예상대로 스탈린은 서명 소식에 격분하고 지금 미국 측 수중에 있는 문서는 무조건 항복 결의서가 아니라 "예비 의정서"—훗날의 표현—에 불과하다고 주장했다. 소련 측은 베를린에서 정식으로 항복식을 열 것을 요구했다.[417] 아이젠하워는 부사령관인 영국 공군 중장 테더를 보내 자신을 대리하도록 하고 미군과 프랑스군의 상급사령관 한 명씩을 증인으로 세웠다. 5월 8일 이슥한 밤, 연합국이 만장일치로 무조건 항복으로 여길 수 있는 문서에 히틀러 최고사령부 총장 카이텔 원수가 서명했다. 서방과 소련 간의 불화는 전승 기념일 날짜에 고스란히 반영되었다. 서방 측은 5월 8일, 소련 측은 5월 9일이었다. 이 차이는 오늘날까지 유지되고 있다.

이탈리아의 경우처럼 무조건 항복이 곧 결정적인 교전 종식이었던 것은 아니다. 체코 땅에서의 전투는 궁지에 몰린 독일군이 5월 12일 결국 제압될 때까지 이어졌다. 되니츠 정부는 아직 남아 있었고, 전후 폭격조사팀에 속한 미국과 영국 인사들이 줄지어 방문해 전역에 대해 독일 각료들과 논의했다. 그들이 보기에 플렌스부르크는 여전히 무장한 군인과 친위대원으로 바글거렸다.[418] 5월 12일, 몽고메리 사령부는 플렌스부르크에 근거지를 둔 에른스트 부슈 원수가 슐레스비히-홀슈타인 지방에서 질서를 유지하고 주민에 대한 식량 공급을 지원한다는 데 동의했는데, 이는 새 독일 정권의 권한을 인정하는 것이나 마찬가지였다. 처칠은 새 정권이 피점령 독일을 안정화하는 데 도움이 될 것이라는 이유로 어떤 정치적 곤경이 있든 간에 되니츠 정권을 유지하는 편을 선호했다. 되니츠가 "우리에게 유익한 도구"라면 그의 "전시 잔혹행위"를 눈감아줄 수 있다고 처칠은 썼다.[419] 그러자 소련 정권과 언론은 서방이 반소비에트 동맹을 결성하기 위해 새 독일 정권에 정당성을 부여할 속셈이라며 다시 항의의 물결을 일으켰다. 불난 집에 부채질하는 격으로 스탈린은 히틀러가 베를린에서 죽지 않고 달아났으며 어쩌면 서방 연합국의 비호를 받고 있을지 모른다고 암시하는 언론 캠페인을 허용했다. 이런 조롱 공세에 영국 정보기관은 히틀러가 실제로 자살했음을 입증하는 데 주력했지만, 스탈린은 히틀러의 시신을 불태운 총리 관저의 뜰에서 모은 법의학적 증거를 바탕으로 이미 영국 측만큼이나 진실을 알고 있었다.[420] 서방을 믿지 못하겠다는 비난은 우연히 나온 게 아니었다. 지난 2년간 스탈린은 서방 연합국이 독일의 패배를 어떻게 처리할지에 대해 깊은 의심을 품어온 터였다. 되니츠 정권의 생존은 스탈린이 가장 우려하던 결과를 확인해주었다. 결국 아이젠하워가 유럽 원정군 최고사령관으로서 처칠을 무시하고 연합국 합동참모본부에 얼버무린 채 플렌스부르크를 점령하고 되니츠와 그의 내각을 체포하는 조치를 승인했다. 5월 23일, 처음 항복 문서에 서명하고 2주 넘게 지난 시점에 영국군 1개 부대가 플렌스부르크의 독일 지도부를 포로로 잡았다.[421] 그러고 나서야 연합국 공동관리위원회를 설립하고 1945년 6월 5일 독일의 패전과 무조건 항복을 정식으로 선언할 수 있었다.

유럽에서 겪은 분규는 일본 측에 항복을 강요하는 과정에서 부딪친 난관과 비교하면 아무것도 아니었다. 일본 현역군인 수십만 명이 이미 가망없는 항쟁을 포기하지 않고 전사한 사실로 확인된 정신 상태를 감안하면, 일본 군부에 항복은 생각할 수도 없는 개념이었기 때문이다. 일본 지도부에 태평양 전쟁의 전략 전체의 관건은 초기 승리 이후 서방 적들과 타협함으로써 항복할 때까지 싸우는 전망을 피하는 방안이었다. 일본이 생각한 중립적인 중재국 후보는 스위스였다. 또 하나는 바티칸으로, 이런 이유로 전시 초기에 바티칸에 일본 외교 공관을 설치했다. 일본 정부는 1943년 이탈리아의 항복을 예의 주시했고, 만약 바돌리오가 정부와 국왕을 유지함으로써 무조건 항복을 변경할 수 있다면 일본도 '바돌리오' 해법으로 천황제를 존속시킬 수 있을 것으로 내다보았다.[422] 몇 달간의 군사적 위기

이후 1945년 4월 새 내각이 꾸려졌을 때, 75세 신임 총리 스즈키 간타로鈴
木貫太郎는 라디오를 통해 "현재 전쟁은 어떠한 낙관론도 허용하지 않는 심
각한 단계로 접어들었다"고 알렸다. 이 방송을 듣고서 전 총리 도조 히데
키는 한 기자에게 "이제 끝이다. 이것이 우리의 바돌리오 정부다"라고 말
했다.[423] 스즈키는 천황과 추밀원의 논의 끝에 임명되었는데, 일본 측에
서 수용 가능한 조건으로 종전하는 방법을 선호하는 파벌의 일원이었기
때문이다. 그러면서도 스즈키는 바돌리오와 마찬가지로 항복 전망을 결
코 용납하지 않으려는 정부 내 군부 강경파를 만족시키기 위해 전쟁 지
속안을 지지했다. 최종 항복을 앞둔 수개월 내내 일본 정계는 평화를 바
라는 쪽과 평화의 대가가 너무 크다면 부득이 싸워야 한다는 쪽으로 분
열되었다.

　1938년부터 장제스의 정부와 타협적 강화협정을 맺으려던 일본의 모
든 노력이 번번이 퇴짜를 맞은 터라 전망이 어둡긴 했지만, 일본은 교섭
을 통한 강화가 가능한지 타진하고자 공식·비공식 통로로 미국과 소련에
두루 접근했다. 1945년 4월 볼프가 덜레스와 논의하는 동안, 일본 측은
스위스 방안을 자기들도 추진할 수 있을지 떠보았다. 베를린 주재 일본
해군 무관은 보좌관 후지무라 요시카즈藤村義一를 스위스로 보내 5월 3일
덜레스를 만나는 데 성공했다. 이탈리아에서 교섭으로 항복을 도출한 데
감명을 받은 후지무라는 덜레스를 설득해 천황제를 살려두고 일본이 미
크로네시아 제도를 계속 점령하도록 허용하는 타협적 강화를 중개할 수
있기를 바랐다. 하지만 미국 국무부가 무조건 항복만 수용할 수 있다고
분명하게 밝힌 후로 회담은 곧 흐지부지되었고, 도쿄 당국은 자신들이 직
접 통제하지 않는 모든 교섭을 불신하게 되었다.[424] 스톡홀름에서 시도한
비슷한 의사 타진도 실패했다(그해 일본에 앞서 독일도 시도했다가 실패한 바

있었다). 이제 남은 가능성은 아직까지 전쟁 중이지 않은 소련뿐이었다.

소련의 동아시아 개입을 일본은 엇갈린 시선으로 바라보았다. 모스크바가 1941년에 체결해둔 불가침 조약을 언젠가 파기하리라는 것이 전반적인 예상이었지만, 전쟁으로 귀결될 듯한 파기 여부와 시점은 아주 불분명했다. 설령 소련이 연합국과의 강화를 중개할 의사를 보이지 않는다 할지라도, 소련이 아시아에 관여해 미국의 압도적인 힘에 맞서 균형을 되찾고 미국이 동아시아를 지배하는 경우보다 더 쉽게 일본의 국가적 미래를 보존할 수 있는 전후 여건을 창출할지도 모른다는 희망은 남아 있었다. 히틀러와 독일 지도부가 그랬듯이, 전시의 두 동맹국이 충돌하여 일본이 계략을 쓸 여지가 생길지도 모른다는 희망이 무성했다(실제로 결국 그런 충돌이 일어났다).[425] 6월에 모스크바 주재 일본 대사가 소련의 협정 중개 의사를 타진했을 때 소련 측은 당연히 냉랭하게 나왔다. 이 무렵 소련은 비록 침공 날짜를 가늠하기 어렵긴 해도 분명 만주 국경에서 군사력을 증강하고 있었다. 소련의 개입을 이용해 아주 가혹할 것으로 예상되는 미국의 강화 조건을 완화한다는 발상은 일본과 한국에서 공산주의 정서가 강해지고 있다는, 일본 사상경찰이 감지한 동향을 감안하면 지극히 위험한 것이었지만, 아무런 조건도 허용하지 않는 항복을 피하려던 일본 지도부가 그나마 기댈 수 있는 방법 중 하나였다.[426]

6월경 일본 정부는 막다른 골목에 다다랐다. 중립국을 통해 종전 조건을 협상할 길이 없었다. 군부는 미군의 본토 침공을 염두에 두고 최종 결전을 준비하자고 역설했다. 그런가 하면 히로히토의 측근인 내대신 기도 고이치가 전달한 증거, 즉 민중이 점점 불안해하고 석 달간의 폭격 이후에도 남아 있는 도시 벽면에 휘갈겨 쓴 낙서로 천황에 대한 적대감을 표현하는 행위마저 늘어난다는 증거가 있었다. 6월 8일 히로히토는 분쟁 종결을 고려하기 전에 군사적 성공의 징후가 필요하다고 생각해 일본군 '전쟁 지도의 기본 대강'을 승인했지만, 6월 22일 오키나와가 함락되자 결국 최고전쟁지도회의에 "일본 국내외 여건이 긴박해지고" 있으므로 "전쟁을 종결할 방도에 대한 직접적이고 상세한 안을 내놓으라"고 지시했다.[427] 뒤이은 몇 주간 마땅한 타개책이 나오지 않았으나 천황을 포함한 모든 당사자가 연합국의 양보를 원했다. 양보의 내용은 식민제국과 중국 내 이권 유지하기, 점령 피하기, 일본이 직접 군대의 무장을 해제하고 전범을 처벌하도록 허용하기, 무엇보다 천황제와 국체 보존하기 등으로 다양했다. 이런 협상이 정말로 가능하다는 기대를 뒷받침한 것은 미국에서 전쟁 피로감이 쌓여가고 동원 해제와 재배치로 인해 혼란이 발생한다는 잦은 소식이었으며, 이는 1945년 여름에 엄연한 현실이었다. 최고전쟁지도회의는 군사 계획을 확정하기 위한 6월 8일 회의 전에 미국 국내의 곤경을 고려하건대 "적의 전쟁 지속 의지를 상당히 약화"시킬 수 있을지도 모른다는 정보를 입수했다.[428]

일본 지도부는 알 길이 없었지만, 1942년 봄부터 미국에서는 일본의 무조건 항복의 성격에 대한 논쟁이 숱하게 벌어졌다―독일과 관련한 논쟁은 없었다. '연성 평화soft peace'를 선호한 국무부 관료들은 연합국이 천황제 폐지를 고집할 경우 "반란과 복수의 영원한 유인"이 될 것이라고 우려했다.[429] 1945년 여름 미국 지도부는 전쟁을 신속히 종결하고 싶어했고, 미군이 상륙할 예정인 남쪽 규슈 섬에 일본군 병력과 장비가 대규모로 배치된다는 첩보를 입수한 이후로는 일본 본토 상륙전 전망을 달가워하지 않았다. 헨리 스팀슨 전쟁장관을 중심으로 하는 보수파는 전쟁이 길어질수록 소련이 개입하고 더 나아가 일본을 점령할 위험이 커질 것을 우려했다. 또한 도쿄 정부도 불안해한 것처럼 전쟁이 장기화되면 일본에서 급진 운동, 심지어 공산주의 운동이 득세할 가능성이 있었다. 스팀슨은 무조건 항복을 규정하는 성명을 선호했는데, 여기에는 천황제를 존치한다는 내용의 '연성 평화'가 포함되었다. 그 무렵 임명된 국무장관 제임스 번스James Byrnes가 주도한 반대파는 '연성 평화'에 유화책이라는 딱지를 붙이는 등 '강성 평화'를 선호했고 일본 측의 조건 제안을 전혀 허용하지 않으려 했다. 트루먼 대통령은 자명해 보이는 용어를 구태여 규정하는 데 반대했지만, 성명 발표를 통해 평화를 바라는 일본인들의 열망을 모을 수 있다는 주장에 끝내 설득되었다. 성명 초안은 유럽의 미래와 관련해 연합국 사이에 아직 남은 쟁점들을 해소하기 위해 7월 17일 포츠담에서 개최한 회담에 상정되었으며, 이곳에서 천황의 지위를 보호하는 조항을 포함시키려던 스팀슨의 노력은 결국 좌절되었다. 히로히토를 전범으로 여긴 트루먼은 그 조항을 "일본 국민들은 자신들의 정부 형태를 자유롭게 선택할 것이다"라는 조항으로 교체하는 데 동의했는데, 훗날 밝혀졌듯이 이는 해석의 여지를 상당히 남겨둔 조항이었다.[430] 미국, 영국, 중국이 서명하고 7월 26일 발표한 포츠담 선언은 일본이 무조건 항복하지 않는다면 즉각 파멸을 맞을 것이라고 경고했다. 이 선언은 1주일 더 일찍 발표하려 했으나 충칭 인근 장제스의 사령부까지 문서를 보내고 해독하고 번역하고 승인을 받기까지 시간이 걸렸다.[431] 소련은 아직 일본과 전쟁 중이지 않았으므로 서명하지 않았다. 그래도 스탈린은 얄타 회담에서 했던 약속, 즉 소련이 일본과의 전쟁에 돌입한다는 약속을 지키는 데 동의하고 동맹들에게 8월 중순 전역을 개시할 계획이라고 말했다. 서방 연합국과 소련은 아시아에서 서로의 의도를 전혀 신뢰하지 않았고, 사실상 별개의 두 전쟁을 치렀다.[432]

포츠담 선언을 발표할 무렵, 트루먼은 "즉각적이고 완전한 파멸" 위협이 머지않아 문자 그대로 현실이 될 것임을 알고 있었다. 7월 16일 포츠 담에서 트루먼은 뉴멕시코 앨라모고도 공군기지에서 처음 시도한 핵폭 탄 실험이 성공했다는 소식을 들었다. 3년 전 시작하고 영국으로부터 연구 자료를 제공받은 암호명 '맨해튼 프로젝트'의 결실이었다. 핵폭탄 개발 에는 미국만이 수행할 수 있는 규모의 산업적 노력이 필요했다. 일본 물리학자 니시나 요시오仁科芳雄가 핵폭탄 제조에 필요한 우라늄에서 U235 동위원소를 분리하는 실험 계획에 착수했지만 그의 목조 연구실이 공습 으로 다 타버려 연구가 중단되었다. 미국에서 '맨해튼 프로젝트'는 자원을 아낌없이 제공받았고 세계 최고 수준의 물리학자들이 주도했으며 높은 우선순위를 부여받았다. 개발한 폭탄 모델은 두 종류였는데, 하나는 농축 우라늄 기반이었고 다른 하나는 우라늄의 U239 동위원소를 변환해 생성 하는 인공원소인 플루토늄 기반이었다. 1945년 5월에 독일이 항복하지 않았다면 애초 영국 측이 의도했던 대로 유럽에서 첫 번째 폭탄을 사용했 을지도 모른다. 미국 합동참모본부는 과연 핵폭탄을 사용해야 하느냐는 문제를 놓고 의견이 갈렸지만, 이것은 어차피 군사적 결정이 아니라 정치 적 결정이었다.[433] 1945년 7월 말 준비된 핵폭탄은 각 모델당 하나씩 두 발뿐이었으며, 처칠의 동의를 얻은 트루먼은 시연 표적용으로 폭격하지 않고 남겨둔 일본 도시들 중 두 곳에 핵폭탄을 사용할 준비를 했다. "우리 는 세계 역사상 가장 끔찍한 폭탄을 발견했다"고 트루먼은 일기에 썼다. 일본과의 전쟁을 신속히 끝낼 수 있다는 믿음으로 트루먼은 핵폭탄 투하 승인을 주저하게 만들 법한 양심의 가책을 제쳐두었다. "하지만 그 폭탄 은 가장 유용하게 쓰일 수 있다"고 그는 일기에 덧붙였다.[434] 그가 보기에 수년간 핵폭탄을 개발한 계획의 목표는 준비가 되었을 때 사용하는 데 있 었다.

스즈키가 포츠담 선언을 일축했음—"정부는 그 선언을 무시할 것이다"라고 주장했다—을 알게 된 이틀 후, 미국 측은 핵공격 추진 결정을 확정했다. 도쿄에서 포츠담 선언을 무조건 항복 요구의 반복에 불과하고 굳이 답변할 필요가 없는 선언으로 간주했을 가능성이 더 높아 보이긴 하지만, 미국은 선언 거부를 일본이 화평을 진지하게 추구하지 않는다는 증거로 받아들였다. 육군 항공대 사령관 헨리 아널드가 작성한 도시 목록—히로시마, 고쿠라, 니가타, 나가사키, 교토—중에서 첫 도시가 선택되었다.[435] 8월 6일, 마리아나 제도의 티니안 섬에서 출격한 B-29 폭격기 에놀라 게이Enola Gay가 '리틀 보이'라는 무신경한 별명이 붙은 첫 핵폭탄을 투하했다. 오전 8시 15분 폭탄은 약 550미터 상공에서 폭발해 반경 1.5킬로미터 이내의 모든 사람을 녹이고 5킬로미터 이내의 모든 사람을 불태운 뒤 엄청난 폭풍파로 첫 섬광에서 살아남은 이들의 피부를 찢어발기고 내부 장기를 파괴했다. 폭격기 승무원들은 기지로 귀환하면서 거대한 불덩어리와 버섯구름을 목격했다. 부조종사 로버트 루이스Robert Lewis는 일기에 "내가 백년을 살더라도 그 몇 분은 결코 머릿속에서 떠나지 않을 것이다"라고 적었다.[436]

사흘 후 일본 최고전쟁지도회의가 소집되어 전쟁 종결안에 대해 온종일 토론했다. 서방 지도부의 공통 전제, 1945년 이후 일본 항복에 관한 역사서들이 누차 지지한 전제는 핵공격이 일본의 항복을 앞당긴 결정적 요인이라는 것이었다. 이 인과관계는 충분히 그럴듯해 보이지만, 더 복잡했던 일본의 현실을 가린다. 재래식 폭격 공세라는 맥락에서 히로시마 지상의 타격은 이미 일본 도시 지역을 60퍼센트 가까이 불태우고 민간인을 26만 명 넘게 죽인 괴멸적인 소이탄 공격의 여파와 크게 달라 보이지 않았다. 또한 최고전쟁지도회의가 소집된 무렵에는 소련의 만주 침공도 고려해야 했다. 8월 8일, 소련 외무장관은 모스크바 주재 일본 대사에게 이튿날부터 두 나라 사이에 전쟁 상태가 존재할 것이라고 통보했다. 스즈키는 이를 결정打로 받아들였는데, 소련의 중개를 받을 희망이 사라지고 오히려 소련이 한국이나 일본 본토를 침공할 위험이 생겼기 때문이다.[437] 8월 9일 오전 최고전쟁지도회의가 소집되어 장시간 논쟁을 벌였다. 참석 인원의 절반인 군부는 연합국이 점령 계획을 단념하고, 일본 스스로 무장을 해제하고 전범을 처벌하도록 허용하고, 천황제를 존속시키지 않는 한 교전을 이어가기를 원했다. 나머지 절반은 도고 시게노리東鄕茂德 외무대신을 좇아 군부의 '네 가지 조건'에 맞서 천황제를 보전한다는 '한 가지 조건'만 걸고서 포츠담 선언을 수용하려 했다.[438] 어느 참석자도 무조건 항복을 선호하지 않았고, 그날 오전 두 번째 '팻 맨Fat Man' 플루토늄 핵폭탄이 나가사키(원래 표적은 고쿠라였지만 구름에 가려 보이지 않았다)에 투하되었다는 소식을 들은 후에도 입장을 바꾸지 않았다. 이 교착 상태는 9일 밤에 스즈키와 기도의 진언을 들은 히로히토가 심야 어전회의를 소집한다는 데 동의하고서야 해소되었다. 추밀원 의장 히라누마 기이치로平沼騏一郎는 어전회의에서 국내 상황이 최악의 고비에 다다르고 있다고 말했다. "전쟁 지속이 전쟁 종결보다 더 심한 국내 혼란을 초래할 것입니다." 히로히토는 지난 몇 주간 폭격과 광범한 식량 위기가 전쟁과 천황 본인에 대한 민중의 반감을 부채질한다는 경고를 들어온 터였고, 거의 확실히 이 경고가 핵폭탄과 소련의 침공 못지않게 그를 짓눌렀을 것이다.[439] 8월 10일 이른 시각에 스즈키가 마침내 천황에게 개입할 것을 요청했을 때, 히로히토는 천황제를 보전할 수만 있다면 포츠담 선언 수락 결정을 재가하겠다고 알렸다. 이튿날 연합국은 그들 요구의 조건부 수락을 정식으로 통지받았다.

미국의 답신은 모호했다. 워싱턴에서 트루먼과 번스가 또다른 유혈 사태를 피하기 위해 일본의 요청을 받아들이라는 강한 압력을 받고 있었기 때문이다. 미국은 회신에서 천황과 일본 정부가 무조건 항복의 조건에 따라 일본에서 연합군 최고사령관의 권한에 복종해야 한다고 확언하면서도 천황제를 중지하거나 폐지하겠다고 명시하지 않았다. 8월 14일 열린 두 번째 어전회의에서 히로히토는 군부의 반대에 맞서 미국의 요구를 수락한다는 결단을 내렸다. 군 수뇌부 전체는 이제 천황의 결정에 구속되었다. 그날 히로히토는 이튿날 오전에 방송하게 될 천황 조서를 녹음했다. 연합국은 그날 늦게 스위스 중개인들을 통해 천황의 결정을 통지받았다. 일본 국민들은 15일 정오에 중요한 방송이 있을 예정이라는 라디오 발표를 들었다. 15일 오전에 사람들은 어디든 라디오가 있는 곳으로 모여들었다. 일반 국민들은 천황의 목소리를 들어본 적이 없었다. 마침내 라디오에서 천황의 '옥음玉音'이 흘러나왔을 때 사람들은 무슨 말인지 알아듣기가 어려웠는데, 히토히토가 격식을 차린 고풍스러운 일본어로 말했을 뿐 아니라 전반적으로 라디오 수신 상태가 나빴기 때문이다. 어느 청취자에 따르면 천황은 "새되고 불명확하고 우물거리는 목소리"로 말했지만 비록 알아듣긴 어려워도 "침울한 어조로 미루어 … 패전을 알리는 게 분명했다".[440]

히로히토는 '항복'이라는 낱말을 사용하지 않고 그저 포츠담 선언을 수락하고 국민과 함께 "견디기 어려움을 견디겠다"고만 말했다. 그가 정부의 정치적 논쟁에 개입해 끊어내고 무조건 항복 결정을 직접 발표하는 전례 없는 조치를 취한 이유는 추측의 문제로 남을 테지만, 한 가지 설명을 다른 설명보다 지지할 근거는 별로 없어 보인다. 그는 폭격을 우려했고(핵폭탄과 재래식 폭탄 모두), 일본이 전장에서 완패했음을 알고 있었고, 소련의 점령을 원하지 않았으며, 중대한 사회적 위기가 터져나오고 있음을 확인할 수 있었다. 또한 그는 서구 역사가들이 액면 그대로 받아들이기에는 너무 혐오스럽다고 생각한 과거 황실의 산물이었다. 7월에 그는 수백 년간 대대로 전해져 국체와 황실을 보호해주는 천황의 삼종신기三種神器(거울, 검, 옥구슬)가 연합국 침공군의 수중에 쉽게 들어갈 수도 있다는 개인적 두려움을 표현했다. 항복 이후 작성한 '독백록'에서 그는 연합국의 삼종신기 탈취가 역사상 일본의 종식을 의미할 것이라는 주제로 되돌아갔다. "나는 설령 그 과정에서 나 자신을 희생해야 할지라도 강화하기로 결정했다."[441]

이것은 항복 과정의 시작이었지 항복 자체가 아니었다. 8월 15일 임시조치로 황족 히가시쿠니 공이 이끄는 '바돌리오 정부'가 수립되었다. 17일 일본 정부는 미국 측을 설득해 특정한 지점들만 제한 점령한다는 동의를 얻어내려 했으나 거부당했다. 패전 이후 독일의 경우와 달리 광대한 일본 제국은 여전히 일본군 수중에 있었으며, 황족 사람들이 서쪽과 남쪽으로 가서 지역 사령관들에게 휘하 부대의 항복을 명령했다. 사이공, 싱가포르, 난징에서는 따로 항복식이 열렸다. 태평양의 부대들은 니미츠 제독에게 항복했고, 북위 38선 이남 한국, 필리핀, 일본의 부대들은 맥아더에게 항복했다. 싱가포르의 일본군은 마운트배튼의 동남아시아 사령부에 항복했다.[442] 9월 9일 난징에서 지나 파견군 총사령관 오카무라 야스지岡村寧次 장군은 중국 본토, 대만, 북베트남의 휘하 부대와 함께 장제스의 대리인 허잉친何應欽 장군에게 항복했다. 마오쩌둥의 공산군은 연합국 협정을 무시한 채 일본군의 무기와 물자를 차지하기 위해 싸우는 가운데 중국 북서부에서 일본군의 항복을 받아내려 했다.[443] 미국의 첫 점령부대는 8월 28일 일본에 도착했다. 최고사령관 맥아더 장군은 이틀 후에 도착했다. 9월 2일 도쿄 항에 정박한 미국 전함 미주리Missouri 선상에서 시게미쓰 마모루重光葵

외무대신이 주요 항복 문서에 서명했다. 스탈린은 홋카이도의 북쪽 절반에 병력을 보내 일본을 공동으로 점령하기를 바랐지만, 이 권리 주장을 트루먼은 무뚝뚝하게 거부했다. 그러자 소련은 천황의 방송 이후 붉은군대로 만주의 나머지 지역을 공략하고 결국 한반도까지 진입하는 등 나름의 궤도를 따라 전쟁을 전개했다. 만주의 일본군은 결국 8월 19일 휴전협정을 체결한 뒤에도 사할린 섬 남부에서 8월 25일까지 전투를 이어갔으며, 같은 시기 스탈린은 소련군에 얄타 회담에서 미국의 점령지대로 할당된 남쪽 섬들을 포함해 쿠릴 열도 전역을 점령하라고 명령했다. 이 정복은 항복식 하루 전인 9월 1일에야 완료되었다. 더 남쪽에서는 항복과 별개로 이미 정전이 이루어지고 있었다.[444]

무조건 항복으로 유럽과 동아시아의 모든 전쟁이, 그리고 전쟁과 함께 시작한 제국 프로젝트가 막을 내렸지만, 각 경우에 종전은 '무조건'이라는 평이한 표현이 함축하는 것만큼 순탄하게 이루어지지는 않았다. 독일과 일본에서 항복은 응징을 두려워하는 사람들, 국가-제국의 완패에 치욕을 느끼는 사람들, 새로운 질서를 구축하려던 노력이 허사로 돌아간 데 따른 극심한 감정적·심리적 동요를 극복하지 못한 사람들, 끝으로 적이 만행을 저지를 것이라는 선전을 곧이곧대로 믿은 사람들 사이에서 자살의 물결을 일으켰다. 히틀러의 자살은 교전 막바지와 뒤이은 수 주간 일어난 수천 건의 자살 중 하나였다. 불운하게도 독일의 세 차례 항복 조인식에 모두 참석한 한스-게오르크 폰 프리데부르크Hans-Georg von Friedeburg 제독도 되니츠 정부 인사들이 체포되자 결국 자결했다. 나치당 대관구장 8명, 친위대 고위 지도자 7명, 장군 53명, 공군 사령관 14명, 제독 11명도 자살했다. 노르웨이 제국판무관 요제프 테르보펜은 5월 8일 다이너마이트 50킬로그램으로 자폭했다.[445] 나치당과 친위대의 충직한 성원들 사이에서 항복 직전과 직후의 몇 달간 자살은 흔한 일이었다. 뉘른베르크 재판에 회부된 주요 전범들 가운데 한스 프랑크는 자살을 시도했고, 로베르트 라이Robert Ley와 헤르만 괴링은 자살에 성공했다. 힘러는 붙잡혀 신원이 확인되자 청산가리를 삼켜 재판을 피했다.

항복 이후 일본 전역과 제국 전초기지들에서도 비슷한 반응이 뒤따랐다. 패전을 맞은 이상 명예로운 행동은 옥쇄玉碎(집단자살) 또는 할복이었기 때문이다. 미군에 맨 먼저 정복당한 일본 영토 오키나와에서는 군인뿐 아니라 지역 주민도 적에게 붙잡히지 말고 집단으로 자살하라는 명령을 받았다. 민간인 일부는 수류탄을, 다른 일부는 면도칼이나 농기구, 곤봉을 지급받았다. 훗날 어느 오키나와 청년은 당시 어머니와 어린 동생들을 돌팔매질로 죽였다고 회상했다.[446] 일본 엘리트층 사이에서도 자살이 만연했다. 항복 직후 상급 장군과 제독 9명이 스스로 목숨을 끊었다. 여기에는 육군대신 아나미 고레치카阿南惟幾와 그의 전임자 스기야마 하지메가 포함되었는데, 후자는 아내보다 하루 앞서 상하의 모두 흰옷을 입고서 권총으로 자결했다. 도조는 할복을 시도했으나 실패하고 1946년 재판을 받았다.[447] 양편의 다른 수백만 명에게 항복은 총력전의 전면적 요구에서 풀려나는 것을 의미했지만, 항복과 그 여파를 둘러싸고 연합국끼리 벌인 숱한 논쟁은 냉전의 도래를 예고했으며, 유럽과 중동, 아프리카, 아시아에서 제국주의로 인해 발생한 위기가 해소되지 않은 현실은 폭력과 정치적 분쟁의 세월이 여전히 도사리고 있음을 의미했다.

제4장

총력전 동원하기

1941년 독일군의 소련 침공 직후 파시스트 적에 대항해 결성된 다수의 민병대 부대들 중 하나에 합류하기 위해 레닌그라드
에서 행진하는 젊은 여성들의 대열.

1941년, 열여섯 살의 나는 작고 마른 몸이었다. ⋯ 나는 자동화기용 탄약통을 만드는 기계를 조작했다. 그 기계에 손이 닿지 않으면 그들은 나를 상자 위에 올려놓았다. ⋯ 하루 노동시간이 12시간 이상이었다. 그렇게 4년을 일했다. 휴일도 휴가도 없었다.

— 엘리자베타 코체르기나, 첼랴빈스크[1]

전 지구적 전쟁을 위한 자원 동원은 위에서 인용한 소련 청년 노동자에게 그랬듯이 무지막지한 요구가 될 수 있었다. 소비에트 러시아의 깊숙한 내지에 자리한 첼랴빈스크 시에서 남녀노소를 막론하고 주민들은 노동 명령에 따라 끊임없이 군수품을 만들어야 했다. 로켓탄에 꼬리날개를 용접하던 또다른 젊은 여성 베라 셰이나가 뜨거운 금속에 데어 두 다리에 중화상을 입고 집으로 돌아가자 감독관이 찾아와 다리에 붕대를 감은 그녀를 끌고가서는 계속 용접하도록 강제했다.[2] 소련은 전시 동안 자국민에게 서방의 어떤 노동자도 견딜 수 없을 정도로 가혹한 최대치를 요구했다. 군대에서, 또는 전시 제조업이나 농업 현장에서 겪은 동원의 경험은 교전국마다 크게 달랐지만, 어디서나 그 경험을 좌우한 것은 총력전에서 국가의 생존은 인적·물적 자원을 최대한 활용하는 데 달려 있다는, 거의 보편적인 믿음이었다. 그렇게 하지 않으면 패배하기 십상이었다. 첼랴빈스크에서 생산 실패는 반역으로 간주되었고 그에 상응하는 처벌을 받았다.

혼히들 2차대전을 대중동원 전쟁으로 보지만, 이 견해는 여러 질문을 자아낸다. 1차대전 시기에는 전략상 불가피하다는 것이 밝혀짐에 따라 대중동원이 그저 점진적으로 이루어졌지만, 그때의 경험을 바탕으로 2차대전 기간에는 전례가 없는 규모로 이루어졌다. 1930년대부터 1945년까지 주요 열강은 전쟁을 치르며 9000만 명이 넘는 남녀에게 군복을 입혔으며, 세계 전역으로 따지면 그 수는 확실히 1억 2000만 명 이상이었다. 경제 자원도 막대한 규모로 동원했다. 전쟁 수행에 지출한 국민소득 비율은 주요 교전국마다 달랐지만, 낮은 수치들도 우선순위가 현저히 바뀌었음을 보여준다. 1944년 일본은 전체 국민소득 중 76퍼센트를 전쟁에 지출했고, 같은 해 독일은 70퍼센트 넘게 지출했다—패배를 피하기 위한 필사적 노력을 반영하는 이례적인 최고 비율이었다. 연합국의 최고 비율은 소련이 거의 3분의 2, 영국이 55퍼센트, 자원이 풍부한 미국이 45퍼센트였다. 파시스트 이탈리아는 예외로, 국민생산의 5분의 1도 전쟁에 지출하지 않았다. 이는 동원 부담을 너무 무겁게 지웠다가 대중의 지지를 잃을까 우려한 무솔리니의 태도가 반영된 결과였지만, 점점 심해진 자원 부족의 결과이기도 했다.[3] 국내전선에 투입된 대다수 공장노동자들은 무기부터 군복, 종이, 반합에 이르기까지 전쟁 노력을 위해 무언가를 생산해야 했다. 기본적인 식량 외에 모든 민간 생산물은 비필수품으로 분류되었고 생산이 중단될 수 있었다. 이런 규모의 동원은 비길 데 없는 역사적 현상이었으며 당시의 더 넓은 맥락을 고려해야만 이해할 수 있다.

대중동원은 현대성의 표현이었다. 상당한 공업 및 상업 기반, 다수의 훈련된 전문 인력, 선진 과학시설, 충분한 자원과 재정을 갖춘 현대 국가만이 대규모 전쟁에 참가하고 무기와 장비를 공급해 전쟁을 지속할 수 있었다. 그러자면 행정과 통계 관행을 개발해 사회의 모든 구성원을 아우를 수 있는 현대식 관료제 국가구조가 필요했다. 경제 전체의 구성과 규모를 파악하는 국가의 능력은 1930년대에도 아직 걸음마 단계였지만, 노동력과 산업생산량에 대한 통계적 이미지를 구축하는 역량은 인력과 자원을 군대와 전시 산업 사이에 배분하는 거시경제 계획을 수립할 때 반드시 필요했다. 20세기 초 수십 년간 진행된 통계 혁명 덕에 국가는 사회적·경제적 데이터 전반을 보고하고 기록하는 복잡한 체계를 개발함으로써 그런 계획을 세울 수 있었다. 경제 동원의 핵심인 무기와 군장비의 대량생산 역시 20세기 초에 생산과 경영의 혁명이 일어나 제조와 유통의 성격이 일변한 후에야 가능해졌다. 산업화된 전쟁의 관건은 비교적 저렴하고 쉽게 재생산할 수 있어 전장에서 대군을 유지하고 수년간 재보급할 수 있도록 해주는 일군의 신식 무기였다―이는 오늘날 국가들의 역량을 넘어서는 현상인데, 통용 무기들의 비용이 상승하고 기술이 복잡해졌기 때문이다. 또한 무기의 조작과 생산이 더 복잡해지고 전쟁이 더 관료제화된 까닭에 현대전을 치르려면 신병과 노동자의 교육 수준이 충분히 높아야 했다. 예컨대 1900년에 일본 육군 신병의 30퍼센트는 문맹이거나 반문맹이었지만 그 후로 초등교육이 확대된 덕에 1920년에는 글을 모르는 신병이 거의 없었다.[4] 두 차례 세계대전에 사용된 각종 무기―항공기, 무선통신기, 온갖 차량, 고성능 포―는 군대와 산업계 양편에 상당수의 숙련노동자가 필요하다는 뜻이었으며, 이것 역시 고등 기술 훈련과 정확한 분업을 실행할 수 있는 사회에서만 가능했다. 국민정부의 중국처럼 현대성의 모든 특징을 결여한 국가들은 외부의 지원을 받아야만 전쟁을 지속할 수 있었고, 넓은 국토에도 불구하고 승리를 거둘 수 없었다. 교전국들도 한 세대 전이었다면 두 차례 세계대전과 같은 규모의 전쟁을 치를 수 없었을 것이다.

이런 현대성의 요소들은 동원이 가능했던 이유는 설명해줄지언정 동원이 실행된 이유는 설명해주지 못한다. 거의 무제한의 동원을 받아들인 정부들의 의지, 그리고 그런 동원에 복종한 국민들의 의지에 영향을 준 것은 근대 민족주의의 등장과 변화하는 시민권 개념이었다. 근대 국가는 매우 강력한 동원력을 가진 실체였으며, 국가 간의 경제적·제국적·군사적 경쟁은 국가의 존립을 위한 투쟁의 불가피한 결과로 간주되었다. 자연계 생존 투쟁의 다원주의 패러다임은 똑같은 위력으로 국민들, 제국들, 국가들 간의 경쟁에도 적용된다는 것이 당시 통념이었다.[5] 지금은 비이성적으로 보일지 모르지만, 양차대전 기간에 분쟁을 지속하도록 추동한 힘들 중 하나는 국가의 소멸과 제국의 붕괴에 대한 두려움이었다. 1차대전 때나 2차대전 때나 교섭을 통해 강화를 꾀하는 노력이 허사로 돌아갔기 때문에 각국 정권과 국민은 국가의 자원을 모조리 동원하지 않으면 필시 패배할 것이라고 생각했다. 그와 동시에 현대 국가 또는 국가-제국의 등장으로 시민권을 바라보는 새로운 견해가 도입되었다. 국가 구성원의 책무 중 하나는 국방이었으며, 19세기 후반부터 널리 도입된(영국과 미국은 예외) 장기간의 의무 병역은 대중의 국가정체성을 정립하고 대규모 동원을 준비하는 한 가지 방법이었다.

1차대전은 대중동원의 진화에서 하나의 분수령이었다. 어느 관련국도 이 전쟁이 소모전과 국가의 존망이 걸린 전쟁으로 번져가리라 예상하지 못했지만, 어쨌거나 군 인력을 대폭 늘리는 한편 공업과 농업을 체계적으로 활용해 무기를 공급하고 군대를 먹이고 국내에서 대중의 헌신을 유지하는 방법으로만 교전을 지속할 수 있었다. 전시 경험은 현대의 산업화된 '총력' 전쟁에서 승패를 가르는 관건은 국가의 자원을 무제한으로 동원하고 전쟁 수행의 책임을 그 시점의 군대뿐 아니라 남녀를 막론한 국민공동체 전체로 확대하는 것이라는 견해를 강화했다. 특히 군 수뇌부가 1918년의 패전은 국가동원의 실패를 의미한다고 생각한 독일에서 이런 견해가 강했다. 전후 회고록에서 '총력전'이라는 용어를 만들어낸 에리히 루덴도르프Erich Ludendorff 장군은 미래 국가들은 "정신적·도덕적·물리적·물질적 힘을 전쟁 수행에" 쏟을 준비를 해야 한다고 주장했다.[6] 20년 후, 아돌프 히틀러는 1939년 5월 회의에서 장군들에게 앞으로 주요 전쟁이 일어난다면 1914년의 군부처럼 속전속결을 기대해서는 안 된다고 설명했다. "모든 국가가 최대한 오랫동안 버틸 것이다. … 모든 자원을 무제한 사용하는 것이 필수다. … 값싸게 빠져나간다는 생각은 위험하며 그럴 가능성은 없다."[7] 한 달 후, 독일 공군 총사령관 헤르만 괴링이 의장을 맡은 제국 방위위원회는 만약 강대국 간 전면전이 다시 발발한다면 남녀 활동 인구 4350만 명을 전부 동원해야 하고, 그중 적어도 700만 명은 군에 복무하고 나머지는 전쟁 노력을 위해 식량과 장비, 무기를 생산해야 할 것이라는 전제 위에서 계획을 세우기 시작했다.[8]

이 견해는 독일에 국한되지 않았다. 1918년의 승전국들도 국가적(그리고 제국적) 차원의 총력을 쏟은 덕에 승리한 것이라고 믿었다. 베르됭 전투의 영웅 페탱 원수는 동포들에게 현대전이 "나라의 모든 자원을 동원할 것을 요구"한다는 사실을 깨달으라고 촉구했다.[9] 영국 전략가 시릴 폴스Cyril Falls는 "총력전의 교리"에 관한 강연에서 새로운 총력전 개념을 "국가의 모든 부문, 국가 활동의 모든 단계에서 전쟁의 목표에 진력하는 것"으로 정의했다.[10] 전간기의 통념은 장차 강대국 간 전쟁이 발발한다면 '민주적' 성격의 전쟁이 되리라는 것이었다. 그 결과, 1914년에 존재했던 현역 군인과 국내전선 민간인 사이 경계가 무너졌다. 공업, 농업, 운송업의 노동자들은 남녀를 막론하고 전쟁 노력의 일부분으로 간주될 수 있었다.

그리고 민간 인구가 군대만큼이나 미래 전쟁의 구성 요소라면, 그들도 적군의 행동을 모면할 것으로 기대하지 말아야 했다. 1936년 영국 공군의 한 수석조종사는 해군참모대학 청중에게 "민주주의의 힘"이 적국 인구를 정당한 공격 목표로 만든다고 설명했다. "전투원과 비전투원을 구분하는 것은 가능하지 않습니다"라고 그는 결론지었다.[11] 1930년대에 미국 항공대도 "모든 군사작전의 궁극적 목표는 국내 인구의 의지를 파괴하는 것", "민간 대중─거리의 사람들"이라는 전쟁관을 지지했다.[12]

오늘날 전쟁의 '민간화'로 알려진 것은 1차대전에 뿌리를 두고 있지만, 민간인이 피해자에 그치지 않고 전투원이 된 1918~1921년의 러시아 내전, 1920년대의 중국 내전, 1936~1939년의 에스파냐 내전을 거치며 한층 확대되었다. 1930년대에 이루어진 평시 사회의 군사화에는 향후 분쟁에 공동체 전체가 관여하고 휩쓸릴 것이라는 통념이 반영되어 있었다. 소련, 독일, 이탈리아, 일본에서 우세한 정치적·이데올로기적 얼개는 공동체의 국방 참여를 전제로 했다. 소련 시민들은 군대와 나란히 혁명 상태를 방어할 것으로 기대되었으며, 공산주의 청년동맹Komsomol의 남녀 연령집단들은 기초적인 준군사 훈련을 받았다. 나치 독일의 민족공동체Volksgemeinschaft는 국가의 향후 존속을 위해 다 함께 투쟁할 의무가 있었다. 일본은 이미 1930년대에 중국을 상대로 총력전을 치르고 있었고, 1938년 국가총동원법을 공포하여 총력 의지를 표명했다. 일본 시민들은 제국주의를 지지하고 국가의 군사적 노력에 대한 대중의 일체감을 공고히 하기 위해 수천 개의 지역 결사를 조직했다.[13] 중국 정부도 결국 1942년 3월 "전국의 인력과 물력을 집중해 운용"한다는 국가총동원법을 공포함으로써 군사적·경제적·사회적 삶의 모든 측면에 대한 정권의 막강한 권한을 갖추었다.[14]

(1차대전의 경험 때문에 강한 군사문화가 있긴 했지만) 대중의 군사화 수준이 낮았던 영국, 프랑스, 미국에서도 미래의 전쟁을 '총력전'으로 상상했다. 영국의 어느 군사 저술가가 썼듯이 미래 전쟁이 "국가의 모든 자원"을 활용할 것이라는 이유뿐 아니라 "무한한 쟁점들이 걸려 있기" 때문이기도 했다.[15] 미국에는 1930년대 초부터 광범한 산업 전쟁 동원 계획이 존재했으며, 영국 정부와 프랑스 정부는 1930년대 말에 만약 전쟁이 발발한다면 1차대전 막판에 중단했던 대규모 경제적·군사적 동원을 재개하기로 했다. 21세기의 '테러와의 전쟁'이나 '사이버 전쟁'과 마찬가지로, 당시 '총력전' 개념은 자기충족적 예언, 전염성을 가진 클리셰가 되었다. 그 결과, 어떤 국가나 군대도 현대전에서 승리를 추구하면서 전국의 사회적·물질적·심리적 에너지를 전부 동원하는 위험을 피할 수 있다고 생각하지 않았다. 심지어 다른 교전국들에 비해 자원을 덜 절박하게 동원하고 민간인이 분쟁의 물리적 현실을 겪지 않은 미국조차 '총력전'의 언어를 사용해 전쟁 노력을 규정했다. 1942년 7월 연설에서 국무장관 코델 헐은 작금의 전쟁이 "우리의 자유, 우리의 가정, 우리의 존재 자체를 지키기 위한 사투"라고 말했다.[16] 모든 교전국에서처럼 미국에서도 총력전을 위한 동원은 여러 요인 간의 상호작용, 이를테면 현대성의 기존 구조, 사람들이 인식하는 현대전의 성격, 국민들이 국가 또는 제국의 존립에 필요한 더 폭넓은 사안과 그들 자신의 이해관계를 동일시하는 태도 간의 상호작용이었다.

군사적 동원

2차대전에서 모든 교전국의 최우선순위는 군 인력 동원이었지만, 인구

규모나 전역의 성격 같은 명백한 현실 외에도 여러 요인이 동원을 좌우했다. 첫째, 현대전을 치르려면 평시 사회의 구조와 흡사한 대규모 운영·관료제·서비스·훈련의 구조와 군복을 입은 수백만 명이 필요했다. 태평양 전쟁 시기에 미국에는 실제 전투원 1명당 군복을 입은 남녀 18명이 있었다.[17] 둘째, 병력 손실률이 추가 징집 요구를 결정했다. 손실은 사상자의 비율이 높은 격전의 결과일 수도 있었고, 전쟁포로나 탈영의 결과일 수도 있었다. 소련, 독일, 일본에서 동원 비율이 극히 높았던 이유, 세 나라를 합해 현역으로 6000만 명을 동원한 이유는 손실률이 높았기 때문이다. 미국과 영국은 손실률이 비교적 낮았던 덕에 초기의 징집에만 의존하고 대규모 징집이라는 비상조치에 의존하지 않을 수 있었다. 소련에서는 전전 인구의 17.4퍼센트(또는 독일군이 소련 서부를 정복한 이후 인구의 25퍼센트)에 달하는 3450만 명을 동원했다. 1938년부터 1940년까지 병합한 지역들을 포함해 독일에서는 전전 인구의 대략 18퍼센트인 1720만 명을 동원했다. 영국에서는 (자치령과 제국을 제외하고) 530만 명을 동원했고, 미국에서는 1610만 명을 동원했다—각각 전전 인구의 10.8퍼센트와 11.3퍼센트였다.

군사적 동원은 군 노동력과 민간 노동력 간의 경쟁에 의해서도 좌우되었다. 1차대전 시기에는 초기에 숙련노동자, 전문 엔지니어, 과학자가 대거 징집되었고, 그로 인해 전쟁경제에 필수적인 유능한 인력이 부족해졌다. 2차대전 시기에는 군의 요구와 공업 및 농업의 요구 사이에서 균형을 잡을 필요성이 인식되었다. 그래서 필수 직업의 남성은 징집을 면할 수 있었다. 1941년경 독일에서는 숙련금속공을 비롯해 약 480만 명의 노동자가 징병에서 제외되었으며, 영국에서는 주로 공업, 조선, 화학 분야의 숙련노동자에 더해 농민 30만 명을 포함한 약 600만 명이 제외되었다.[18] 미국은 대규모 전쟁에 거의 대비하지 않았던 터라 징병위원회가 더 어려움을 겪었다. 초기 징병 등록 프로그램에서 수백만 명이 직업상 이유뿐 아니라 가족 부양이나 문맹, 정신의학적 위험성, 심지어 치아 부실 등의 이유로 면제되었다. 결국 연방 당국이 필수 직업 3000개 목록을 작성했고 이에 근거해 1944년까지 적어도 청년 남성 500만 명이 군대에 가지 않았다.[19] 소련에서만 이례적으로 높은 군의 손실 때문에 병역 면제가 드물었고, 성인 남성 노동자의 절반이 결국 어느 시점에 소련군에 복무했다. 국내 생산은 징집된 남성들을 대신한 엘리자베타 코체르기나 같은 젊은 여성들에 크게 의존했다.[20]

군 노동력의 필요 규모를 추정하는 것은 까다로운 문제로, 향후 분쟁에 대한 예상과 군이 다수의 징집병이나 예비역을 받아들이는 능력에 달려 있었다. 주요국들은 대체로 1차대전 시기의 대중동원과 비슷한 조치가 필요하다고 생각했고, 독일과 프랑스는 그런 조치를 염두에 두고서 개전 단계에서 예비병력을 동원했다. 군대에 다시 소집된 예비병들은 보통 연령대가 높았다. 1940년에 전쟁포로가 된 프랑스 군인 160만 명의 평균 연령은 35세였다. 중일 전쟁의 초기 국면에 일본 군부는 예비병 100만 명을 소집했고, 1938년 5월 지나 파견군의 거의 절반이 29~34세였다. 일본에서 더 젊은 남성의 징집을 꺼리던 초기의 태도는 결국 19세와 20세 연령집단을 동원한 전시 마지막 2년 동안에만 사라졌다.[21] 장제스의 중국 정부는 18~45세의 모든 남성에게 병역 의무를 지웠지만(외아들과 장애인만 예외), 국민개병제 시행은 정권의 역량 밖이라고 판단한 까닭에 엄청나게 많은 인구 중에서 실제로는 1400만 명만 입대한 것으로 추정된다. 전시 초기 애국적인 지원병의 물결이 지나간 후로는 징병 회피가 만연했다. 부자들은 돈을 주고 아들을 징집에서 빼낼 수 있었고, 징집병이 아닌 용병으로 고용된 이들도 있었다. 연간 할당수를 채우지 못한 지방에서는 징집관이 이 마을 저 마을 돌아다니며 총부리를 겨누고 청년 농민들을 잡아 갔다. 굴비 두름처럼 엮여 훈련소까지 장거리를 행군한 중국 징집병들은 처음부터 군인으로서의 가치를 줄이고 사기를 떨어뜨리는 인정사정없는 제도에 시달렸다. 일선 부대에 도착하기도 전에 140만 명이 질병과 굶주림, 학대로 사망한 것으로 추정된다.[22]

한때 징집병으로 복무했던 유의미한 규모의 예비병력이 없는 미국에 서는 1941년 가을 이른바 '승리 프로그램'을 구상하면서 적국의 대규모 징집 병력과 대등한 병력을 미군도 징집하고 훈련할 수 있다고 가정했다. 지상군의 예상 전력은 215개 사단 900만 명이었다—다만 소련이 살아남 지 못할 경우 육군 계획자들이 상상한 악몽 같은 시나리오는 800개 사단 2500만 명이었다.[23] 소련이 생존한 덕에 미군은 결국 규모를 확대한 90개 사단만 편성했다. 여기에 더해 미국을 도와 전후 질서에서 모종의 역할을 맡으려던 라틴아메리카의 국가들이 전시 후반에 참전했다. 1942년 5월 멕시코가 추축국에 전쟁을 선포했고, 6개월 후 브라질이 그 뒤를 이었다. 1945년 멕시코 비행대대 '아즈텍 이글스Aztec Eagles'가 필리핀에서 전투에 참가했으며, 브라질 육군 1개 사단과 공군 파견대가 영국의 반대에도 불구하고 1944년 7월 이탈리아에 도착해 9월부터 독일이 패배한 8개월 후 까지 줄곧 교전에 참가했다.[24]

동원 초기 단계부터 교전국들은 전쟁 범위가 넓어지고 손실이 증가함에 따라 군대의 규모를 점차 확대했다. 전시 각국 군대 규모에 대한 통계는 표 4.1에 나와 있다.

이 수치들은 1차대전의 동원 규모에 다다른 뒤 그 수준을 넘어섰다. 1945년 유럽과 아시아에서 분쟁의 최종 단계에 이르기까지 주요 국가들은 세계 곳곳에서 군복 입은 남녀 4300만 명으로 기존의 익숙한 사회적

표 4.1 주요 열강의 총 병력, 1939~1945 (단위: 천 명)[25]

	1939	1940	1941	1942	1943	1944	1945
독일	4,522	5,762	7,309	8,410	9,480	9,420	7,830
이탈리아	1,740	2,340	3,227	3,810	3,815	–	–
일본	1,620	1,723	2,411	2,829	3,808	5,365	7,193
영국	480	2,273	3,383	4,091	4,761	4,967	5,090
소련	–	5,000	7,100	11,340	11,858	12,225	12,100
미국	–	–	1,620	3,970	9,020	11,410	11,430

풍경을 바꾸었다. 이 수치에는 1939~1940년에 싸운 폴란드군과 1942년에 스탈린의 동의를 얻어 북아프리카의 연합군 사령부 휘하에서 교전을 이어간 폴란드 전쟁포로들도 포함된다. 1940년 5월경에는 6만 7000명의 재편된 폴란드 육군이 있었다. 또 폴란드 국기를 내건 소규모 폴란드 해군이 있었고, 영국 공군에 복무하는 폴란드 비행사들이 있었다. 1944년 4월 이탈리아에서 폴란드군 5만 명이 연합군에 속해 싸우고 있었다.[26]

이 수치들은 대중동원의 규모는 알려주지만 대규모 징집의 산물인 군인 사회의 성격은 알려주지 않는다. 군대는 한덩어리가 아니었다. 군인들은 대개 군복을 입고 나면 민간 생활과 전혀 별개로 다루어졌지만, 실은 그들을 징집한 사회를 비추는 거울이었다. 군대는 복잡한 사회조직, 즉 현대전 때문에 필요해진 군사노동의 여러 형태를 반영하는 복합체였다. 이런 노동 형태들은 대부분 민간 생활에서도 익숙했던 것으로, 차이점이라면 이제 남녀가 군복 차림으로 수행한다는 것이었다. 민간 생활과의 연계는 현역병 대다수가 민간인 지원병 아니면 징집병이라는 사실로 인해 한층 확대되었다. 전쟁 초반에 정규군 다수를 상실하자 군부는 평시에 습득한 다양한 기술과 적성을 가지고 군대로 들어오는 일반 인구에 더욱 의존하게 되었다. 군대를 보조하거나 지원하는 막대한 양의 서비스는 대부분 고령자와 부상당한 군인뿐 아니라 여성 자원자에게도 의지해 처리했다. 실전에 참가하는 군인들은 언제나 일부분이었다. 나머지 군인 사회는 사무원, 재고 관리자, 인부, 엔지니어, 병참 인력, 통신과 무선 인력, 정보조직, 정비원, 문서고 및 기록 관리자, 의학 및 수의학 인력, 식량 보급 및 준비 인력, 경리대 등으로 이루어져 있었다. 이처럼 엄청나게 많은 직종 종사자들은 동원의 규모가 그토록 컸던 이유를 설명해준다. 1943년 독일 육군에서 200만 명은 최전선에 있었지만 800만 명은 그 밖의 지정된 군사 임무를 수행하고 있었다. 1943년 12월 미국 육군의 병적에 750만 명이 올라 있었지만 전투부대에 배속된 인원은 280만 명뿐이었다―그중 상당수는 비전투 지원 역할이었다. 1943년 후반 영국에 주둔한 미국 제8공군에서 비행 승무원은 약 2만 5000명, 여러 비전투 직종에 고용된 인원은 28만 3000명이었다. 전형적인 영국 보병사단의 인원은 1만 5500명이었지만 그중 일선 전투원은 6750명뿐이었다.[27] 일선 인력이 절망적일 만큼 부족했던 일본과 소련에서는 이런 비율이 덜 나타났지만, 어디서나 군사기구는 효과적인 전투 편제를 위해 직접 싸우지 않는 수백만 명에 의존했다.

민간 사회처럼 군대에서도 전문 기술이, 혹은 훈련을 통해 그런 기술을 조속히 가르치는 능력이 필요했다. 보통 군대의 선별 절차는 공인 기술과 고등교육 자격을 갖춘 신병들을 찾아내고 그들을 더 복잡한 기술을 다루는 병과들에 배치하는 데 초점을 맞추었다. 미국 육군 항공대는 군대일반 분류검사에서 최고점을 받은 이들 중 5분의 2를 데려갔다. 캐나다 공군은 의학 및 심리학 전문가들이 잠재적 비행사를 가려내기 위해 고안한 모의 비행장치인 링크 트레이너Link Trainer를 이용해 지원자 60만 명 가운데 9만 명만 선발했다.[28] 영국의 초기 징병제는 제대로 운영되지 않아서 기술을 익힌 많은 신병들이 자기 기술을 활용할 수 없는 역할에 배치되었다. 1940년 심리검사가 서서히 도입되었고, 마침내 1941년 평시 국립산업심리연구소를 본뜬 인력선발처가 신설되었다. 새로운 병역 제도는 민간 생활에서 기술을 익힌 신병들을 여러 병과에 적절히 배치하기 위해 적성검사에 의존했다.[29] 분명 완벽함과는 거리가 멀었던 이 제도는 당시의 우세한 계급 현실을 반영했다. 낮은 등급을 받은, 대개 가방끈이 짧은 신병들은 결국 너나없이 보병이 되었다. 경우에 따라서는 극히 기초적인 훈련을 실시해야 했다. 이탈리아의 경우 수천 명의 문맹 신병들이 왼쪽과 오른쪽을 구분하지 못해 어느 쪽이 무엇인지 기억할 수 있도록 한쪽 팔에 색깔 밴드를 감아야 했다.[30] 모든 징집병은 설령 향후에 전투 지원 병과나 보조 병과에 복무할 예정이라 해도 기초 훈련을 받았다. 엄청난 동원 규모 때문에 군은 인력 수요에 상응하는 훈련체계를 구축해야 했다. 예컨대 영국 공군은 1939년 12월 캐나다 정부와 협의한 영연방 항공훈련계획에 의지해 캐나다 훈련소 97곳에서 항공기 승무원 13만 1000명을 수료시켰다.[31] 미국은 1942년 대규모 징병을 시작하고서 242개 장소에서 긴급훈련체계를 수립해야 했다. 장교 훈련장은 1941년 1만 4000곳에서 1년 후 9만 곳으로 늘어났다. 징병위원회는 문맹으로 확인된 약 160만 명에게도 훈련을 확대해 정식 군사교육을 진행하는 동시에 읽기와 쓰기를 가르쳤다.[32] 가장 놀랄 만한 훈련 프로그램을 추진한 나라는 소련으로, 1941년 9월 17일 소련 시민의 일반의무군사훈련 명령을 공포해 아직 입대하지 않은 모든 남성에게 퇴근 후 110시간짜리 훈련 과정에 참여하여 소총, 박격포, 기관총, 수류탄 다루는 법과 참호 파는 법을 배울 것을 요구했다.[33]

동원의 규모에 영향을 준 또다른 변수는 손실의 누적 효과였다. 이 점에서 서방 민주국가들과 독재국가들은 현저히 대비되었다. 영국과 미국에는 지난 1차대전 시기에 꼼짝 못하는 참호전에서 발생했던 누적 손실을 피하고픈 바람이 널리 퍼져 있었다. 양국은 공군과 해군의 전략에 더 중점을 두었고, 고도로 훈련받은 인력을 상당수 잃기도 했지만(영국 공군 폭격기 사령부는 승무원의 41퍼센트를 잃었다) 전반적인 인력 손실은 더 적었다. 양국은 1944년에 이르러서야 대규모 지상전에 참가하기 시작했다. 1944년 말까지 모든 전선에서 미군의 절대적 손실(사망, 실종, 포로)은 16만 8000명으로, 동부전선의 단일 전투에서 발생한 손실보다도 적었다.[34] 마지막 몇 달간 유럽과 태평양에서 진격하느라 사상자가 많이 발생해 전사자 총수는 29만 2000명(전사 외에 질병과 부상으로 인한 사망자는 11만 4000명)으로 늘어났다.[35] 영국군 사망자는 분쟁 6년간 27만 명이었다. 이런 손실 규모 덕에 영국군은 전시에 징집 인원을 꾸준히 줄여갈 수 있었다. 1941년에는 징병 인원이 300만 명이었지만 1942년에는 불과 54만 7000명이었고, 1943년에는 더 적은 34만 7000명, 1944년에는 25만 4000명이었다.[36] 그렇지만 이런 감소세 때문에 1944년 후반, 손실이 최고조에 달했음에도 사령관들이 사상률을 낮추라는 요구를 받은 시기에 결국 인력 위기가 발생했다.[37] 병력이 더 오래 생존한다는 것은 더 노련하고 대응 능력이 뛰어난 군인들이 더 많다는 것을 의미했ㅡ다만 생존자 중에서도 현역군인들은 지속적인 교전으로 번아웃 증상을 보였다. 신참 항공기 승무원은 폭격전에서 훨씬 위험하다는 것이 잘 알려져 있었으며, 지상전 병력을 점차 교체한다는 미군의 결정으로 '풋내기' 군인들은 훨씬 큰 위험에 노출되었다. 그럼에도 영국과 미국의 인구는 전년 대비 손실이 비교적 크지 않았던 덕에 동맹국과 적국의 인구와 달리 긴급한 군사 인력 요구에 시달리지 않을 수 있었다. 그러나 이렇게 그리 높지 않은 수준의 징병조차 양국에서 병력 보충 가능성에 대한 불안감을 자아냈다.

2차대전에서 대규모 소모전은 동부전선에서 벌어졌다. 이곳에서 재앙적인 손실을 입지 않았다면 독일의 전쟁 노력이 덜 위축되었을 것이고, 서부에서 민주국가들이 더 위험했을 것이다. 소련 측의 회복 불능 손실은 교전, 질병, 사고로 죽은 690만과 전쟁포로 또는 실종자 450만을 합해 총 1140만 명에 달했다. 이에 더해 2200만 명이 부상이나 동상, 질병으로 고통받았다. 부상자와 병자를 소련군 사상자에 추가한다면, 붉은군대는 전시 초기 불과 18개월 동안 1180만 명의 사상자를 냈다. 3개 전구에서 싸운 독일군의 회복 불능 손실은 전사자 및 실종자 430만 명과 질병이나 부상, 자살로 인한 사망자 54만 8000명을 포함해 530만 명에 달했다. 소련군의 손실률은 전쟁이 진행되면서 낮아지긴 했지만 여전히 심각했으며, 독일군의 손실은 점차 증가해 1945년 막판 전투들에서 사망자가 120만 명에 이르렀다.[38] 소련군 사상자는 3만 6000명을 제외하고 전부 독일과의 전쟁에서 발생했다(나머지는 1945년 8월 만주를 정복하다가 발생했다). 수긍할 만한 추정치는 독일군의 회복 불능 손실의 75퍼센트가 동부 전쟁에서 발생했음을 시사한다. 연간 군 사망자 통계는 표 4.2에 나와 있다.

표 4.2 독일과 소련의 군 사망자 비교 통계, 1939~1945 (단위: 천 명)[39]

	1939/1940	1941	1942	1943	1944	1945
독일	102	357	572	812	1,802	1,540
소련	-	802	1,743	1,945	1,596	732

이런 대손실에 양국은 나이가 많거나 적은 연령집단에서 징병하고 부상자를 전장으로 빨리 돌려보낼 수밖에 없었다. 독일에서는 현역 복무자의 거의 50퍼센트가 1914년 이전 출생자였고, 7퍼센트가 1925년 이후 출생

자였다.[40] 독일 정부는 1943년 11월의 명령 이후 군 조직과 후방 조직에서 '잉여' 노동력을 싹싹 그러모으기 시작했으나 원래 목표로 했던 100만 명이 아니라 40만 명만 추가로 일선 임무에 투입할 수 있었다.[41] 소련에서 고령은 연소나 장애와 마찬가지로 현역 복무의 걸림돌로 간주되지 않았다. 46차례나 부상당한, 병상에서 스탈린그라드 포위에 대항한 전설적인 로코솝스키 원수에 빗댈 만한 사례는 거의 없었지만, 부상자는 대개 온전치 않은 몸으로 전장에 복귀했다. 1943~1944년 보병이 심각하게 부족한 상태로 진격한 소련 육군은 독일군이 점령했던 지역들에 아직 남아 있는 남성이라면 누구든 징집하고 가장 기초적인 훈련만 시킨 채 군복을 입혔다. 붉은군대는 닥치는 대로 징집할 수밖에 없었지만, 그로 인해 낮아지는 군인들의 능력과 건강 수준은 막대한 무기 생산량에 의해 가려졌다. 대량 공급된 무기는 소련군의 자본 대 노동 비율에서 전자를 결정적으로 증가시켰다. 이 추세는 전시 동안 대부분의 군대에서 나타났는데, 이제 새로 밀려드는 징집병들에게 고품질 무기를 대량으로 공급할 수 있었기 때문이다. 군 노동력은 훈련체계에 가해지는 압박과 최저 수준의 신병을 더 많이 동원하라는 요구에 시달릴 수밖에 없었다. 이런 의미에서 대중동원은 전쟁이 길어질수록 군대의 수행 능력에 명백한 한계를 안겨주었다.

그럼에도 이 전쟁은 제국주의 전쟁이었다. 신구 제국이기도 한 교전국들은 이례적으로 높은 국가 인력 요구에 대처할 수 있었다. 제국들은 자기네가 통제하는 인구를 주로 보조부대와 근무부대로 동원할 수 있었고, 전쟁이 이어짐에 따라 전투부대로도 동원할 수 있었다. 일본 육군은 1937년 한국인과 대만인 지원병을 모집하기 시작했고 1942년부터 징병제를 도입했다. 한국인 약 20만 명이 일본 육군에, 2만 명이 일본 해군에 복무했다. 소수만이 장교 지위를 얻긴 했지만 10만 명 넘는 한국인이 일본 육군

부대들에 통합되었다.[42] 이탈리아 육군은 리비아인 기병뿐 아니라 동아프리카 식민지인 부대인 아스카리askari까지 대거 고용했다. 유럽의 새로운 독일 제국은 대대적인 모병의 원천이었다. 에스토니아인 6만 명, 라트비아인 10만 명, 벨기에인 3만 8000명, 에스파냐인 1만 4000명, 노르웨이인과 덴마크인 1만 2000명, 심지어 스위스인 135명과 스웨덴인 39명까지 포함해 수많은 이들이 이른바 볼셰비키의 유럽 위협에 맞서 독일 육군, 무장친위대, 보안부대에 합류했다.[43] 하지만 독일 제국이 언제나 유익한 원천이었던 것은 아니다. 1941년 프랑스 극우파 중에서 모집한 반볼셰비즘 프랑스 의용군단Légion des volontaires français contre le bolchévisme은 같은 해 모스크바 공세에 맞춰 러시아에 도착했으나 재앙을 맞았다. 무능하고 부패한 장교들이 지휘한 데다 가장 기본적인 자원마저 모자랐으며 기초 훈련만 간단히 받은 이 군단은 교전 초기에 떼죽음을 당하고 다시는 전선으로 복귀하지 못했다.[44] 소련 정복지에서는 주로 러시아 남부와 우크라이나의 반공산주의자를 비롯한 25만 명 이상이 전투원으로서 독일의 전쟁 노력에 동참했다. 또한 100만 명이 넘는 러시아인이 후방에서 자발적 조력자Hilfswillige로서 독일 육군을 위해 다양한 비전투 역할과 보안 역할을 수행했다. 독일 측으로 전향한 이들 중에서 네덜란드 무장친위대 부대에 붙잡힌 소련 장군 안드레이 블라소프Andrei Vlasov는 러시아 해방군을 결성해 독일군과 나란히 싸우기를 원했지만, 그의 부대는 끝내 유용한 병력이 되지 못했다. 1945년 1월 마침내 러시아 해방군 2개 사단을 급히 편성해 프라하 전투에 투입했지만, 그들은 지역 무장친위대의 막판 광란으로부터 동료 슬라브인을 보호하기 위해 오히려 독일군을 향해 총부리를 돌렸다.[45]

제국주의 열강을 통틀어 제국 인력의 수혜를 단연 많이 받은 나라는 영국이었다. 영국 측이 이 분쟁에 관한 서술에서 걸핏하면 간과하는 사실은 영국의 전쟁 태반, 특히 제국을 방어하는 전쟁을 비영국인들이 수행했다는 것이다. 영연방의 네 나라—캐나다, 오스트레일리아, 뉴질랜드, 남아프리카 연방—는 남녀 260만 명을 동원했고, 인도는 270만 명가량을 동원했다. 1945년에 여전히 군복을 입고 있는 영국인은 460만 명, 인도와 영연방 사람은 320만 명이었다.[46] 뉴질랜드는 18~45세 남성의 67퍼센트를 징병하여 영 제국에서 가장 높은 동원율을 기록했다. 캐나다에서는 100만 명 이상, 18~45세 남성의 41퍼센트가 군에 복무했다. 영연방은 영국 공군 폭격기 사령부에서 대독일 전략공습을 수행한 항공기 승무원 중 상당수를 공급했으며, 최대 공급처는 영국 공군과 나란히 자체 비행대대들을 운영한 캐나다였다. 이에 더해 영연방 병력 9만 6822명, 인도 병력 8만 7000명이 영국을 대신해 싸우다 전사했다. 전시 최대 규모의 단일 자원부대는 인도 아대륙에서 모집되었다. 인도인 지원병 대다수는 국내에서 복무하며 국내 안보를 유지하고 일본의 위협에 맞섰지만, 그 외에 다수의 사단이 동남아시아, 중동, 그리고 결국 이탈리아 전역에서 복무했다. 1943년 인도군 6개 사단은 국외에, 20개 사단과 4개 여단은 국내에 있었다. 인도는 초기에 군장비가 부족해 동원에 애를 먹었지만 지원병은 별로 부족하지 않았다. 영국 당국은 주로 북서 접경 지방인 펀자브(무슬림과 시크교도가 섞여 사는 곳)와 네팔에서 이른바 '전투종족martial races'을 먼저 모병하는 편을 선호했다. 시크교도 인구 중에서는 모집 가능한 남성의 무려 94퍼센트가 인도군에 자원입대했다. 하지만 '전투종족'의 신병 유입이 줄어들자 남쪽으로 모병을 확대했으며, 모병이 절정에 달한 1942년에 인도군에서 '전투종족'의 비중은 46퍼센트까지 낮아졌다. 영국 측이 더 도시화되고 교육받은 인도인을 불신했기 때문에 인도 육군의 5분의 4는 농촌 출신이었고 거의 전부 문맹이었다.[47]

영연방과 인도의 기여도는 본질적으로 제국주의적인 전역에 투입된 비영국군의 비율로 가늠할 수 있다. 1941년 북아프리카의 영국 제8군에서 4분의 1은 영국군, 4분의 3은 제국군이었다. 1945년 영국 동남아시아 사령부의 예하 병력 중 5분 4는 인도인과 아프리카인 부대였다.[48] 식민제국의 나머지 영역을 상징한 아프리카 사단들은 제국군에 50만 명 이상의 지원병과 징집병을 공급했다. 1902년까지 거슬러 올라가는 부대인 왕립 동아프리카 소총대King's East African Rifles는 결국 32만 3000명을 공급했고, 1900년에 창설된 왕립 서아프리카 국경군Royal West African Frontier Force도 24만 2600명을 공급했다. 남부아프리카의 고등판무관 관할령인 베추아날란드(보츠와나), 스와질란드, 바수톨란드(레소토)는 3만 6000명 이상 공급했다. 종전 때까지 아프리카 제국은 총 66만 3000명의 흑인 노동자와 군인을 군대에 제공했다.[49] 그들 대다수는 전투에 참가하지 않았지만, 종군한 사단들은 제국에 대한 위협을 막아내는 역할을 했다—동아프리카 소총대는 에티오피아, 마다가스카르, 버마에서, 서아프리카 국경군은 에티오피아와 버마에서, 베추아나인은 중동에서. 카리브 식민지들은 대략 1만 2000명의 지원병을 모집했으며 그들 대다수 역시 비전투원으로 복무했다. 1944년 1개 카리브 연대가 모집되어 이탈리아에 배치되었지만 끝내 전투에 참가하지 않았다.[50]

식민지에서 처음에 영국은 오랜 제국 전통에 따라 표면상 지원병에 의존해 모병을 실시했지만, 다양한 보조 역할을 맡길 현지 신병들이 긴급히 필요해지자 자발성의 의미라곤 거의 없는 모병 전략으로 전환했다. 서아프리카에서 영국은 지역 족장들을 중개인으로 삼고 마을별로 모집할 남성 할당량을 정해주었다. 또 법원에 기소된 남성들을 감옥 대신 군 근무지로 보내기도 했고, 때로는 구실을 만들어 노동자들을 트럭에 싣고 지역

병영으로 데려갔다. 스와질란드에서는 강제징집대를 활용했다. 무슨 목표로 싸우는지 알기 어려운 먼 타지의 전쟁에 투입할 신병이 부족해지자 영국은 식민지 징병제를 도입했는데, 이 제도는 두루 인기가 없었다. 골드코스트(지금의 가나)의 도시 위네바에서는 징병에 반대하는 폭동이 발생해 시위자 여섯이 사망했다. 식민 당국은 아프리카에서도 그들이 '전투종족'으로 여기는 사람들이 사는 벽촌에서 남성을 데려오는 편을 선호했다. 어느 백인 관리의 말마따나 식민 당국은 "얼굴이 더 검을수록 더 나은 군인이 된다"고 보았다. 또 현대 세계와 거의 접촉하지 않은 주민들을 선호한 결과, 아프리카인 신병의 90퍼센트가 문맹이었다.[51]

이미 영국에서 살고 있던 일부를 포함해 소수의 흑인 지원병들은 영국 정규군에 들어갈 수 있기를 바랐다. 1939년 10월까지는 유럽인 혈통의 영국인 부모를 둔 영국 국민만이 영국군에서 복무할 수 있다는 판결이 우세했다. 그러다가 흑인 의사 해럴드 무디Harold Moody가 이끌고 영국에 근거지를 둔 유색인동맹이 1939년 가을에 캠페인을 벌인 후 이 판결이 뒤집혔다. 그래도 삼군은 대체로 흑인의 존재에 줄곧 저항했다. 다만 영국 공군은 예외로, 카리브 흑인 6000명가량을 모병해 영국 공군기지들의 지상 근무단을 보강했고 결국 흑인 지원자 300명가량을 항공기 승무원으로서 비행하도록 허가했다.[52] 소수의 흑인 신병은 '비상사태 장교' 지위를 획득했지만, 항상은 아니더라도 시시때때로 온갖 인종 편견에 시달려야 했다(훗날 어느 흑인 장교는 "나는 전에는 깜둥이라고 불려본 적이 없었다"고 회고했다). 전쟁 막판에 영국 정부는 영국에 남아 있는 흑인 지원병 전원을 각자의 본국으로 돌려보내려 했지만, 이번에도 대중 시위 덕분에 다수의 지원병이 그들이 방어하기로 선택한 모국에 계속 머무를 수 있었다.

미국에서 인종은 대부분 백인으로 구성된 군대에 곤혹스러운 쟁점이었다. 1차대전에서 흑인 신병들은 주로 군사노동자와 보조병으로 복무했다. 전간기에 전투부대들은 백인 일색이었다. 1941년부터 미군의 규모가 빠르게 확대되자 미국 흑인의 10퍼센트에 무장을 허용할 것이냐는 문제가 제기되었다. 루스벨트는 해군과 육군이 흑인 신병을 받아들여야 한다고 역설했다. 하지만 그 수는 전체 인구 중의 흑인 비율을 넘지 않아야 했으며, 두 군 모두 흑인 신병과 백인 신병을 별개의 훈련시설, 숙영지 편의시설, 군부대로 분리할 권리를 보유하기로 했다.[53] 이 정책은 유감스러운 기현상을 초래했다. 오래전에 인종 분리를 철폐한 북부 주 출신의 흑인 신병들은 인종 차별을 감내할 수밖에 없었다. 기이하게도 육군은 남부 백인들이 흑인 공동체에 더 친숙하기 때문에 흑인 부대에서 더 나은 장교가 될 것이라고 믿었다. 이 정책은 인종 분리에 익숙하지 않은 신병들 사이에서 광범한 분노와 함께 이따금 폭력 시위를 야기했다.[54] 해외 파병 부대들에서도 백인 장병이 군대식 아파르트헤이트를 유지하려 한 탓에 인종 갈등이 끊이지 않았다. 1944년 7월 잉글랜드 항구도시 브리스틀에서 미군 흑인과 백인 사이에서 전면적인 폭동이 일어나 흑인 병사 한 명이 죽고 수십 명이 부상당했다.

흑인 징병 계획은 엇갈린 결과를 가져왔다. 영국의 식민지 신병과 마찬가지로, 대다수 미국 흑인은 전투부대에 배치되지 않았다. 흑인 징집병 69만 6000명 중 절대다수는 전투 지원과 노무 임무를 수행했다. 또 삼군 모두 루스벨트와 합의한 흑인 10퍼센트 비율을 지키지 않았다.[55] 육군은 흑인 징집병이 일반분류검사를 잘 치르지 못해(1943년까지 거의 절반이 낙제였다) 하급 지위에 놓인 것이라고 주장했다. 육군 장교단에서 흑인은 겨우 1.9퍼센트였고, 흑인 징집병이 총원의 불과 6퍼센트였던 미국 해군에서는 그보다도 더 낮았다. 해군은 1942년 4월 마지못해 흑인 신병을 받기로 했지만, 그들이 해상이 아니라 항구와 해안 시설에서만 복무한다는 조건을 달았다. 1943년 봄에 해군 흑인 인력의 71퍼센트는 숙식 담당 부문에서 백인 장교의 시중을 들었다.[56] 미국 육군 항공대도 전투에 투입할 흑인 대원을 거의 뽑지 않았다. 1944년 말 항공대의 흑인 13만 8000명 중 단 1퍼센트만이 항공기 승무원 자격을 갖추고 있었다.[57] 항공기에 탑승할 흑인 신병들은 앨라배마 주 터스키기의 흑인 기지에서 별도로 훈련을 받았지만 실제로 전투비행을 할 수 있었던 이는 거의 없었다. 1943~1944년 이탈리아 전선에 파견된 4개 전투기 비행대대의 조종사들인 '터스키기 에어멘Tuskegee Airmen'은 예외였는데, 백인 상관들은 그들이 백인의 편견에 부합하는 활약을 하는지 끊임없이 지켜보았다. 1945년 보스턴에서 하선할 때, 불과 몇 주 전만 해도 함께 싸웠던 백인과 흑인 항공대원들은 서로 다른 건널판을 사용했다. '터스키기 에어멘'은 백인의 편견이 미국 흑인 인구를 충분히 활용하는 것을 얼마나 방해하는지 보여주었다.[58] 그에 반해 육군은 개전 초기 대통령령에 의해 수용소에 억류된 일본계 미국인들에게 자원입대를 통해 미국의 신임을 얻을 기회를 제공하려 했다. 일본계 미국인 남녀 2만 2500명가량이 자원했고, 1만 8000명이 유럽에서 복무하는 별개 부대들로 편성되었다. 그중 제422보병연대는 미국 육군에서 훈장을 가장 많이 받은 부대가 되었다.[59]

편견과 편의주의의 조합은 여성을 모병할 때도 나타났다. 이것 역시 새로운 현상은 아니었다. 여성 복무는 1차대전 후반에 인력 비상사태에 대응하기 위해 도입되었지만 전쟁이 끝나고 평시에 종결되었다. 그렇지만 총력전은 결코 한쪽 성에 국한된 일이 아니었다. 전쟁의 민주화는 여성이 노무자나 민방위 대원으로든, 더 한정된 군 인력으로든 총력전에 참여한다는 것을 의미했다. 전시 근로나 공습경보를 위해 여성을 모집하는 데에는 별반 어려움이 없었는데, 많은 여성이 현대전의 책임을 공동체가 분담해야 한다는 견해를 분명히 공유하고 있었기 때문이다. 또한 여성들은 군사적 노력에 동참할 수 있게 해달라고 로비를 벌였으며, 여기에도 분쟁을 남성만 수행하는 전쟁이 아니라 '국민의 전쟁'으로 보는 견해가 반영되어 있었다. 여성 모병을 대하는 남성의 태도는 더 양면적이었다. 소련을 예외로 하면, 다른 주요 교전국들은 여성의 무장을 허용하지 않았다. 군 구조에서 여성이 남성을 대신해 수행한 직무는 대부분 민간 생활에서 보통 여성 노동력이 맡던 일이었다—속기사, 사무원, 우체부, 요리사, 전화교환수, 사서, 영양사, 간호사 등.[60] 여성은 대개 레이더 작도, 레이더 조작, 차량 운전, 일상적 정보 업무 등을 통해 군사작전에 일조하기도 했지만, 소련을 제외하면 보통 일선에서 멀리 떨어져 있었다.

여성은 폭격전 시기처럼 국내전선이 일선이 되고 나서야 전투에 투입되었다. 영국, 독일, 소련에서 여성은 대공포병 중대에 배속되었다—다만 소련에서만 남성의 부재 시 여성이 발포할 수 있었다. 1941년 4월 영국에서 육군 규정이 바뀌어 보조지방의용군Auxiliary Territorial Service의 여성도 대공진지에서 복무할 수 있게 되었으며, 1943년 최대 5만 7000명의 여성이 레이더 조작원, 레이더 작도원, 고도 계측원, 탐조등 조원으로 일하고 있었다. 대공부대 남성의 저항에도 불구하고 혼성부대는 표준이 되었다. 남성은 장전과 발포 같은 중노동을 했다. 1938년 발급된 왕실 면허장에 따라 여성은 무장할 수 없었고, 대공초소에서 보초를 서는 여성은 도낏자루와 호루라기만 소지할 수 있었다. 영국 당국은 여성의 참여를 의도적으로 여성화했다—여성은 남성 급여의 3분의 2만 받았고, 휴가를 더 많이 갔으며, 일반적인 남성용 텐트보다 더 편안한 숙소를 이용했다. 고기, 빵, 베이컨을 덜 주고 우유, 달걀, 과일, 채소를 더 주는 '여성용 식사'는 식후에도 얼마나 배가 고픈지 밝혀져 곧 중단되었다.[61] 독일에서 공군 여성 보조병은 탐조등, 무전기, 그리고 북쪽 접근로들을 가로질러 독일까지 이어지는 대공방어망인 '캄후버 선Kammhuber Line'의 전화망을 담당했다. 1944년경 독일 공군에는 여성 인력이 13만 명 넘게 있었고 그중 일부는 결국 발포까지 거들었다. 1945년 3월, 독일군 최고사령부는 마침내 여성 보조병에게도 권총과 대전차무기 판처파우스트를 지급해도 된다고 승인했다.[62]

여성의 역할을 어머니와 주부로 한정하는 국가사회주의 이데올로기때문에 독일 여성이 전쟁 노력에 참여하지 않았다는 신화가 이제껏 꾸준히 이어져왔다. 그러나 사실 나치 이데올로기는 그렇게 융통성이 없지 않았다. 여성, 특히 젊거나 미혼인 여성은 인종 동지로서 남성과 나란히 일익을 담당할 것으로 기대되었다. 독일군은 통신, 사무, 행정, 복지 부문에서 남성을 대신할 약 50만 명의 여성을 '국방군 조력자Wehrmachthelferinnen'로서 모집했다. 또 수천 명의 여성이 군복을 입지 않은 비서와 사무원으로 일했다.[63] 영국군과 미군도 대략 같은 수의 여성을 모집했다. 영국 삼군은 2차대전 개전 후 1차대전 시기의 여성 부대들을 되살렸다. 왕립여성해군Women's Royal Naval Service, 보조지방의용군(육군), 여성보조공군Women's Auxiliary Air Force은 1940년 6월 총 4만 9000명에서 1944년 6월 44만 7000명으로 빠르게 불어났다. 1941년 12월 국민복무법(2)에 의해 여성 징집제가 도입되었음에도 여군의 4분의 3은 지원병이었고, 절반 이상이 22세이하였다.[64] 영연방도 여성을 모병했다. 캐나다는 1941년 여성 자원봉사자들을 감독하기 위해 자원병사단을 창설했다. 여성이 보조병으로 머문영국군의 경우와 달리, 캐나다군은 여성을 완전한 군 인력으로 통합했고 1942년 첫 여성 장교들을 임관시켰다.[65] 그러나 캐나다는—전쟁을 치른서구의 모든 나라와 마찬가지로—여성을 직접 전투 일선에서 배제하고 여성 장교가 남성 전투원에게 명령을 내리지 못하게 하는 등 남녀 구별짓기를 유지했다.

미국에는 여성 모병에 반대하는 더 강한 편견이 있었지만, 결국 노동력이 절실해지자 여성을 동원할 수밖에 없었다. 여성보조군Women's Army Auxiliary Corps(1943년부터는 여군Women's Army Corps)의 6만 3000명을 포함해 약 40만 명의 여성이 미군의 여러 부문에서 복무했다. 여성보조군은 1942년 5월 공화당 의원 이디스 로저스Edith Rogers가 의회에 법안을 제출한 후에야 창설되었다. 그 후 여성의 참여가 군대의 도덕적 타락을 불러올 것이라고 우려하는 남성들이 여성 입대 반대론을 오래도록 이어갔다.[66] 육군과 항공대는 여성을 군 '내부'에서 복무하는 존재가 아니라 군과 '함께' 복무하는 존재로 규정할 것을 고집하다가 1943년 7월 여성의 완전한 군 통합을 허용하는 법안—제2차 로저스 법안—이 의회에 제출된 후에야 부득이 입장을 바꾸었다.[67] 이 변화로 인해 입대 제도가 간소화되고 신규 지원병 유입이 늘었다. 그렇지만 육군 항공대는 여성보조군의 여성이 미국 대공체계에서 복무하는 것을 계속 막았다.[68] 미국 해군은 전시 초기에 여성 채용을 아예 꺼렸지만, 보조 역할을 맡길 남성이 부족해지자 결국 여성 부문을 신설하고 적절한 두문자어 'WAVES'를 지어내기 위해 일부러 장황한 이름 '여성비상의용군Women Accepted for Volunteer Emergency Service'을 붙였다. 이 부문은 1942년 8월에 창설되었다. 육군과 달리 해군 당국은 여성을 완전히 통합하되('함께' 복무가 아니라 '내부'에서 복무) 별도의 여성 장교단에게 지휘를 맡기기로 결정했다.[69] 종전 때까지 여성비상의용군 약 8만 명이 해군 훈련소를 수료했다. 미군 복무에 합격한 여성 지원병 중 흑인은 소수였으며, 군에 남은 흑인 여성들은 1945년까지 미국에 주둔하다가 그해 여군에서 단 두 명뿐인 흑인 여성 상급장교 중 한 명이 지휘하는 흑인 부대인 제6888중앙우편관리국대대6888th Central Postal Directory Battalion가 영국으로 파견되어 아직 발송되지 않은 산더미 같은 우편물을 분류했다.[70] 여성이 맡았던 업무 중 적어도 일부라도 남성이 수행할 수 있었을지 여부는 열린 문제로 남아 있다. 영국에서나 미국에서나 일반적으로 여성에게 배정되는 복지와 간호 임무 외의 다른 임무에 여성이 참여하도록 허용해달라는 압박이 상당했으며, 두 민주국가는 전쟁을 진정으로 함께하는 책무로 보았기 때문에 여성을 군에 포함시키는 조치는 남녀 불문하고 모든 시민이 공동 책임을 진다는 것을 입증함으로써 전쟁 노력을 위한 국내 결속을 공고히 하는 데 도움이 되었다.

두 민주국가에서 여성 지원병이 맡은 가장 위험한 임무 중에는 국내선 항공기를 공장에서 공군기지로, 또는 한 훈련소에서 다른 훈련소로 직접 수송하거나, 사격 연습용 항공기를 조종하는 역할이 있었다. 1940년 1월 영국에서 창설된 항공수송지원단Air Transport Auxiliary은 자격 있는 남성과 여성을 모두 모집했다. 총 166명의 여성이 조종사 지원단으로 복무했고, 영국에서 가장 유명한 여성 비행사 에이미 존슨Amy Johnson을 비롯해 15명이 목숨을 잃었다.[71] 또다른 유명 여성 비행사인 미국인 재클린 코크런Jacqueline Cochran도 영국 지원단과 함께하겠다며 자원했고, 처음에 육군 항공대 총사령관 헨리 아널드가 내키지 않아 했는데도 1942년 9월 미국에서 여성비행훈련분견대Women's Flying Training Detachment가 창설되었다. 1943년 이 분견대는 코크런이 지휘하는 여성보조수송대대Women's Auxiliary Ferrying Squadron와 합쳐져 육군 항공대 여성조종사단Women Airforce Service Pilots: WASP이 되었다. 여성 비행은 다른 어느 나라보다 미국에서 더 발달했고 2만 5000명이 훈련에 자원했다. 그렇지만 유자격 여성 조종사로 선발된 인원은 결국 1074명뿐이었으며 그중 39명이 사고로 죽었다. 영국의 여성 조종사들과 마찬가지로 그들은 완전한 군인 지위를 얻지 못했고, 자신들의 전유물로 여기는 영역에 여성을 들이는 데 반대하는 남성 조종사들의 옹졸한 편견에 시달렸다. 일부 훈련소에서 여성은 사격 연습용으로 연식이 오래되거나 정비 상태가 불량한 항공기를 배정받거나, 아예 기지 출입을 금지당했다. 흑인은 설령 지원하더라도 WASP에 받아들여지지 않았다. 1944년 말, 훈련된 남성 조종사가 점점 남아도는 추세와 여성이 남성의 고용을 위협한다는 강력한 로비 때문에 여성 조종사 프로그램이 별안간 종료되었다. 종전 때까지 여성 조종사들은 항공기 78종으로 수송 임무를 1만 2652회 수행했으며, 그중에는 남성 조종사들이 초기의 기술적 문제로 비행하기를 꺼린 거대한 B-29 슈퍼포트리스가 포함되었다. 1977년, 오랜 인정 투쟁 끝에 미국 의회는 마침내 이 여성 조종사들을 참전용사로 규정하는 법안을 승인했다.[72]

소련에는 여성의 입대를 꺼리는 분위기가 거의 없었다. 전쟁 첫해부터 독일과의 교전으로 남성 병력에 끔찍한 출혈이 생겨 여성 모병이 불가피해졌다. 전시 동안 소련에서 약 85만 명의 여성이 군에 복무했다. 그중 55만 명은 육군과 공군 정규병이었고, 30만 명은 방공부대와 국내전선 부대에 속했다. 또 여성 2만 5000명이 군복을 입고 파르티잔과 함께 싸운 것으로 추정된다.[73] 전쟁 전에 사회 전체가 혁명을 지키기 위해 싸운다는 수사법을 널리 퍼뜨렸음에도, 소련 정권은 입대를 권장한 전시 초기부터 모병소에 나타난 젊은 여성 지원병의 물결에 어떻게 대처할지 확실히 정해둔 바가 없었다. 청년공산주의 운동의 여성들은 민간인 지원병 대략 400만 명으로 이루어진 민병대opolchenie에 속해 독일군의 돌진에 대항하다가 떼죽음을 당했다.[74] 일반군사훈련 프로그램은 남성에게만 의무였지만, 여성도 지역 관료를 설득할 경우 참여할 수 있었다. 첫 공식 여성 모병은 스탈린이 3개 전투비행연대에서 여성 승무원을 동원하도록 허용한 1941년 10월에 이루어졌다. 전시를 거치며 여성의 공군 참여는 확대되었고, 독일 기지에 대한 야간 폭격은 대부분 여성 부대들이 수행했다. 그중 전설적인 제46근위야간폭격비행연대의 승무원들은 2만 4000회 출격했고 부대원 23명이 소련 영웅 칭호를 얻었다.[75] 이 부대 못지않게 유명했던 것이 1942년 여성 저격수들이 활약한 후 1943년 5월에 세워진 중앙여성저격수훈련학교였다. 총 1885명의 저격수가 이 학교를 졸업하고 일선 임무에 투입되어 기록되지 않은 수의 독일 군인을 사살했다.[76]

1942년 4월, 소련 정부는 마침내 전선의 남성 손실을 보충하기 위해 여성 입대가 필요하다는 사실을 받아들였다. 그렇지만 서구에서 여성 신병들에게 맡긴 직종에 징집된 여성의 비율이 소련에서는 한층 더 낮았다. 공군에 동원된 여성 4만 명 중 1만 5000명만이 사무원, 사서, 요리사, 보급계원으로 일했고, 2만 5000명은 전선의 운전사, 병기공, 통신병으로 훈련받았다. 입대한 52만 명 중 대략 12만 명은 지상전과 항공전을 수행했고, 또다른 11만 명은 전선의 비전투 특기병이었다.[77] 여성은 남성과 똑같은 곤경을 겪었지만 여성 군복과 여성 신병에게 적합한 위생 및 의료 서비스가 더디게 제공된 탓에 더 심한 결핍에 시달려야 했다. 서방 군대들과 달리, 소련군에서는 비록 성별 편견이 존재하긴 했으나 그것 때문에 여성이 일선에서 남성을 지휘하지 못했던 것은 아니다. 이와 관련해 어느 사단 사령관은 "그들이 내게 여자들을 떠맡겼다"고 불평했다. "발레단! 이건 춤이 아니라 전쟁, 끔찍한 전쟁이다!"[78] 그럼에도 여성은 전시 내내 일선 전투에서 일익을 담당했다. 소련의 경험은 이데올로기의 산물인 것 못지않게 불가피성의 산물이긴 했지만, 대다수 총력전의 극단적인 요구는 대조국 전쟁에서 생존 투쟁을 위해 절대적인 동원 수준이 필요하다는 소련의 견해에 부합하는 것이었다.

　이 불가피성은 교전국들의 신병들 사이에서 별로 의문시되지 않았다. 싸우고자 하는 사람들은 대규모 군사적 동원을 총력전의 어쩔 수 없는 현실로 당연하게 받아들였다. 2차대전 기간에는 항명이 유달리 드물었다. 탈영이나 변절 사례는 더 흔했으나 동원된 총원에 비하면 소수였다. 불복종은 더 빈번하고 광범하게 나타났지만, 대부분의 군생활 및 군율 위반에는 신병들의 폭넓은 사회연결망이 반영되었으며 그런 위반을 대중동원에 대한 항의로 해석해서는 안 된다. 항명으로 여길 수 있는 사례들은 대개 전시 복무에 대한 거부가 아니라 항의를 유발하는 특정한 환경의 결과였다. 예를 들어 인도 육군에서는 단시간의 항명 사건이 숱하게 일어났는데, 일부는 해외 복무 명령에 대한 항의였고 다른 일부는 시크교도 병사에게 머리카락을 자르고 터번을 벗고 철모를 쓰라는 영국 측의 강요에 대한 항의였다. 시크교 관습에서 터번과 긴 머리카락은 협상의 여지가 없는 문제였으며, 인도와 홍콩의 시크교도 군인들은 영국의 정책 강요에 맞서 항명 사건을 일으켰다. 후자의 경우 시크교도 83명이 항명을 이유로 군사재판에 회부되었고 11명이 중형을 선고받았다.[79] 미국에서 군대 내 인종 분리는 흑인 군인들 사이에서 그들의 처우에 반발하는 광범한 폭력을 촉발했다. 항명 폭력은 미국이 참전하기 한참 전부터 시작되었다. 1941년 노스캐롤라이나 주 포트브래그 부근에서 백인 헌병대와 흑인 병사들이 격렬한 총격전을 벌여 2명이 죽고 5명이 다쳤다. 1943년에는 최소 10개 캠프에서 폭동과 총격전을 벌이는 등 최악의 폭력 사태가 발생했다. 미시시피 주의 캠프 반 돈Camp Van Dorn에서는 제364보병연대 소속 북부 흑인들이 익숙하지 않은 인종 분리 규칙에 분노해 대규모 충돌을 일으켰다. 항명 폭동이 진압된 뒤, 이 흑인 부대는 전시 나머지 기간에 태평양 북단

의 알류샨 열도에 주둔하는 벌을 받았다.[80]

　미국은 징병에 반대하는 가장 적극적인 대중 시위도 겪었다. 1940년 가을 선별징병 법안과 이듬해 이 법안의 갱신은 대규모 징병이 필요하다는 생각에 반대하는 다양한 고립주의 및 반전 단체들의 전국 시위를 촉발했다. 1941년 여름 여러 여론조사에서 응답자의 거의 절반이 징병 확대에 반대했다. 징병 캠프들을 돌아다닌 탐사기자들은 젊은 군인들이 딱히 할 일이 없고 교전 훈련이 부실하고 무기가 태부족해 두루 실망하고 분노하고 있다는 사실을 발견했다. 신병의 절반가량은 가능만 하다면 탈영하고 싶어했고, 인터뷰 응답자의 90퍼센트는 그들에게 군복을 입힌 정부에 적대감을 드러냈다. 선별징병 법안의 갱신을 앞두고 징병 캠프들에서 발생한 폭동은 신병들 사이에서 병역 반감이 얼마나 강한지 확인해주었다. 이 법안은 하원에서 단 한 표 차로 간신히 통과되었다.[81] 이는 한 국가가 징집 문제로 직면한 가장 심각한 정치적 위기였다. 병역 기피는 분명 다른 나라들에서도 나타났지만 그것은 개인의 결정이었지 집단 운동의 결과가 아니었다. 미국에서 대규모 군복무는 1941년 12월 전쟁이 발발한 후에야 승리에 이르는 유일한 길로서 받아들여졌다.

경제적 동원

　모든 교전국의 일차적 관심사는 군에 들어온 대규모 전투 병력을 유지할 만큼 충분한 양의 무기, 장비, 물자를 공급하는 능력이었다. 그러나 이 우선순위는 어떻게 전쟁 비용을 마련하고 어떻게 국가동원을 유지하기에 충분한 수준의 물자와 식량을 대다수 민간 인구에게 공급할 수 있느냐는 근본적인 의문을 불러일으켰다. 군대는 몹시도 탐욕스러운 소비자였다. 주요 열강은 전시 동안 사치스러운 인력 동원 수준에 맞추어 어마어마한 양의 무기를 생산했다. 군장비를 어떻게 개발하고 생산하고 분배했는가 하는 것은 제6장의 주제이지만, 전시생산과 대규모 징집은 납세자, 저축자, 소비자, 노동자로서의 국내 인구에 매우 직접적인 영향을 끼쳤다. 국내전선은 전쟁 노력에 필요한 자금을 마련하고, 전시 명령에 따라 장시간 노동하고, 국가의 식량 보급품과 소비재의 많은 부분이 군 창고와 매점으로 사라지는 모습을 지켜봐야 했다. 보통 국가동원은 더 열심히 일하고 덜 받으면서도 항의하지 않는 것을 의미했다.

군비는 군대의 소비라는 거대한 빙산의 일각이었다. 일반적으로 무기획득은 군사 예산의 15~20퍼센트를 차지했다. 방대한 규모의 군대는 무기뿐 아니라 식량, 온갖 소비재, 직물, 화학품, 유류 제품, 운반 및 정비를 위한 특수장비, 그리고 독일군과 소련군의 경우 다수의 동물까지 끌어들이는 등 자체 경제를 형성했다. 군대는 수백만 명의 현역군인과 지원 인력을 수용하고 기존 시설이 없는 곳에 군사기지, 비행장, 보급창을 건설해야 했다. 교전국들은 설령 민간 인구를 먹일 식량이 부족할지라도 군사인력은 잘 먹이기 위해 엄청난 노력을 기울였다. 영국 군인은 영국 민간배급량보다 훨씬 많은(그리고 보통 인도군과 식민지군의 일일 식량 배급량보다 많은) 하루 4500칼로리를 섭취하기로 되어 있었다.[82] 독일 군인은 전시 초기에 민간인보다 세 배(나중에는 네 배) 많은 육류와 두 배 넘게 많은 빵 및 곡류를 배급받았다. 진짜 커피나 초콜릿, 담배, 잼, 채소도 우선 군사 인력에 배급되는 바람에 독일의 평범한 소비자는 점점 구할 수 없게 되었다.[83] 식량 외에도 군사경제는 모든 소비재의 많은 부분을 흡수했다. 1941년경 독일에서 의류산업의 생산량 중 절반은 군복이었고, 전체 가구 생산량의

80퍼센트를 군대가 가져갔으며, 모든 소비재 화학품(치약과 구두약을 포함해)의 80퍼센트도 군대의 몫이었다. 또 독일군은 모든 페인트붓, 나무상자, 나무통의 60퍼센트, 모든 가죽제품의 44퍼센트를 가져갔다. 1941년경 독일에서 생산된 민수품의 대략 절반은 군사기구의 차지였다. 군대에 과자류를 공급하는 것을 무척 중시한 독일은 이 부문에 노동력을 최우선으로 배치했다.[84]

이렇게 거대한 군사 소비자의 요구는 전쟁 발발 전부터 교전국들의 경제를 근본적으로 왜곡했다. 그 영향은 이미 1930년대에 재무장을 추진할 때부터 나타났다. 이 시기에 국민생산 중 군사비 지출의 비중은 전례 없는 평시 수준으로 치솟아 1938/39년 독일에서 17퍼센트, 소련에서 13퍼센트에 이르렀다. 1차대전 전야에 이 비중은 독일에서 3퍼센트, 제정 러시아에서 5퍼센트였는데, 어느 정도는 당시 무기류가 덜 복잡하고 덜 비쌌기 때문이다.[85] 1939년 5월 독일 산업노동력의 거의 3분의 1이 명령에 따라 전적으로 군대를 위해 일하고 있었으며, 1937~1939년 독일 산업투자액의 3분의 2가 군사 및 전쟁 필수 프로젝트에 투입되었다. 1936년 16억 루블에 불과했던 소련의 국방 투자액은 1938년 제3차 5개년 계획을 시작하면서 219억 루블로 급증했다.[86] 이 정도 규모의 지출 계획은 평시에도 경제의 민간 소비자 부문과 비전쟁 부문을 심각하게 제약했다. 그러던 와중에 아시아와 유럽에서 전쟁이 발발하면서 교전국 정부들은 총력전과 전면 동원이라는 경제적 현실과 마주해야 했다.

1차대전의 경험은 한편의 군사적 요구와 다른 한편의 재정 안정 및 적절한 민간 생활수준 유지 사이에서 균형을 잡는 것이 얼마나 중요한지 보여주었다. 이 전쟁에서 대체로 임시변통으로 경제적 동원을 추진했던 국가들은 높은 인플레이션, 재정 위기, 그리고 군사 수요와 민간 수요 사이에서 자원이 제대로 분배되지 않는 상황에 봉착했다. 식량 부족은 광범한 노동자 시위와 사회적 불만을 유발했다. 1917년 러시아의 전쟁 노력이 무너지고 1918년 동맹국이 패배한 것은 상당 부분 경제적·사회적 위기 때문이었다. 그 결과, 사회적·재정적 위기의 재발을 피할 수 있어야만 총력전을 성공적으로 수행할 수 있다는 인식이 널리 공유되었다. 관건은 전쟁 노력이 국가 경제구조에 끼치는 영향을 이해하여 금융체계나 소비자 수요를 극도로 해치는 위기 없이 군대에 필요한 자원을 충분히 공급하는 것이었다. 이를 위해서는 전문지식을 동원하는 것이 필수로 여겨졌다. 저명한 영국 경제학자 존 메이너드 케인스는 중요한 소논문 〈어떻게 전쟁 비용을 지불할 것인가How to Pay for the War〉에서 인플레이션 위험 없이 소비, 저축, 과세의 균형을 잡는 문제를 직접적으로 다룬 후 1940년 여름 특별고문으로서 영국 재무부에 소속되었다.[87] 독일에서 경제장관 발터 풍크는 전쟁 비용을 마련하고 소비를 통제하는 방법을 알아내기 위해 1939년 가을 '교수위원회'를 신설했다. 독일 경제학자들은 군사적 수요에 맞추어 과세, 저축, 소비의 균형을 잡는 방법을 예시하고자 잠정적 국민소득통계를 작성했다.[88] 1938년 6월 신설된 일본 국민저축장려위원회는 사회·경제 전문가들로 구성되었고, 저축을 장려하고 소비를 제한하고 인플레이션을 피하는 방법을 찾기 위해 브리핑을 진행했다.[89] 어디서나 경제학자들은 '총력전'을 뚜렷한 경제적 문제로 다루었다. 이 문제의 해결책과 관련해서는 독재국가나 민주국가나 별 차이가 없었는데, 양쪽 모두 일종의 전시 '명령경제'를 계획했기 때문이다.

이 정도 규모의 전비를 마련하는 동시에 악성 인플레이션을 피하는 것이 첫 번째 난관이었다. 이런 규모의 동원을 하려면 큰 적자를 내는 것 말고는 대안이 없었다—다만 과세를 통해, 또는 전후까지 경제적 영향을 지연시키는 방법을 통해 적자를 줄일 수는 있었다. 미국은 정부의 장기 및 중기 공채로 전쟁 노력 비용의 절반가량을 마련하여 국가 부채를 전례 없는 수준으로까지 밀어올렸다. 영국은 온갖 종류의 공채로 전시 지출의 약 42퍼센트를 충당하여 연간 적자를 1939년의 적정한 4억 9000만 파운드에서 1943년의 28억 파운드로 끌어올리고 국가 부채를 세 배로 늘렸다. 독일은 전시를 거치며 정부 차입을 300억 마르크에서 3870억 마르크로 열 배 늘려 전시 지출의 약 55퍼센트를 충당했다. 일본도 1945년까지 비슷한 비율의 지출을 적자로 충당했다. 중국 정부만이 1차대전 시기 국가들이 했던 것처럼 그저 돈을 찍어내는 방법에 의지했고, 1945년 적자가 국가 지출의 87퍼센트에 달했다.[90] 정부들은 보통 기존 은행과 신용기관에서 자금을 조달했으며, 두 기관은 국채를 매입하는 것 외에 다른 대안이 거의 없었다. 다만 소련 경제는 예외로, 기존 세금과 관세를 바탕으로 공산주의식 분식회계를 통해 최대한 장부상의 숫자를 맞추기 위해 중앙계획과 물가정책을 고안했다. 전시 소련 정부의 세입 총 1조 1170억 루블 가운데 공채는 불과 1000억 루블, 전체의 8.9퍼센트에 지나지 않았다.[91]

일부 국가들은 전시 동안 점령 지역이나 제국 지역에서 물자를 수입하거나 상환을 차단하는 간단한 방법으로 지불을 연기할 수 있었다. 독일은 전쟁에 필수적인 물자를 수입하느라 피점령국들에 총 190억 마르크 이상의 빚을 지고는 갚지 않았고, 승전하면 그때 가서 상환하겠다고 했다. 또 피점령 유럽에서 254억 마르크를 대출 명목으로 뜯어내 여타 물자의 대금을 치렀다.[92] 영국은 종전 때까지 파운드화 블록에서 34억 파운드어치 수입품의 대금 지불을 연기했다—사실상 일종의 경제적 강압이었다.[93] 두 나라는 제국 영토나 점령 영토의 상당한 분담금에도 의존했다. 독일은 점령 지역들에서 710억 마르크를 뽑아내 전시 지출에 집어넣었다. 영국 측은 자신들의 전쟁 수행의 대가를 지불하도록 인도 측에 강요했으며, 인도 정부는 그 비용을 감당할 여력이 없는 경제에서 거액의 연간 적자를 내고 인도 인구에게 부과하는 세금을 대폭 올릴 수밖에 없었다.[94] 독일 제국은 박해받는 유대인 인구에게서 돈과 재화를 뜯어낼 수도 있었다. 예컨대 유대인 소유자로부터 강탈한 금이나 절멸수용소에서 뽑은 금니를 필수 수입품의 대금으로 사용하고자 스위스 은행들에 예치해두었다. 독일 국내에서는 유대인의 재산 소유를 제한하는 법적 조치와 강제 '아리아화' 프로그램 이후 주식, 귀금속, 보석 등의 유대인 자산 70~80억 마르크어치를 국가가 강탈한 것으로 추정된다. 독일의 점령 지역들에서는 유대인이 소유한 모든 것을 국가가 몰수하고 그 수익금을 차지할 수 있었다. 유대인 귀중품은 베를린 중앙금고의 전리품 부서에 맡겨졌고 국가 자금을 늘리는 데 사용되었다.[95]

과도한 적자 지출은 케인스가 명명한 '인플레이션 갭', 즉 경제에서의 돈의 양이 민간 인구가 구입할 수 있는 상품의 양보다 많아지는 상황을 초래할 위험이 컸다. 1차대전 시기에 높은 인플레이션을 유발했던 이 간극은 어떻게든 개선할 필요가 있었다. 어느 교전국이든 이 문제를 알고 있었고, 중국을 제외한 모든 교전국이 아주 비슷한 해결책을 채택했다. 바로 세금을 올리고, 개개인의 높은 저축률을 장려하거나 강요하고, 임금과 물가를 통제하고, 군대가 제 몫을 가져간 뒤 남은 소비재에 대한 접근을 제한하는 해결책이었다. 중국에서는 세금 인상이 강제하기 어려운 선택지였다. 일본군이 중국에서 가장 생산적인 지역들을 점령하는 바람에 예로부터 정부의 재원이었던 관세 수입과 염세 수입이 각각 85퍼센트와 65퍼센트 감소했다. 전시 위기로 차입이 힘들어지는 가운데 중국은 지출을 줄일 경우 패전할 위험이 있었다. 소득, 부동산, 제조업에 새로 세금을 부과하려 시도하긴 했지만, 중국 정부는 결국 조폐기를 돌려 초인플레이션이 발생할 지경까지 통화량을 엄청나게 늘리는 방법에 의지할 수밖에 없었다. 1937년 14억 파비法幣였던 정부의 은행권 발행량은 1945년 4623억 파비에 달했다.[96] 다른 나라들에서는 전쟁 자금을 대고 소비자 구매력을 줄이는 방법으로 한층 더 효과를 보았고, 국내 인구가 정부의 요구에 더 기꺼이 협조했다. 그럼에도 정부는 세금 인상, 차입, 저축을 시민들이 전쟁 노력에 매우 직접적이고도 개인적인 방식으로 헌신하는 길로, 국익을 위해 경제적 희생을 받아들이는 길로 제시할 필요가 있었다. 그러나 분열되고 전쟁으로 피폐해진 중국에서는 이 선택지를 감당할 수가 없었다.

전시 지출에 대처하는 방법으로서의 과세는 1차대전을 거치며 더디게 발달했고, 그 효과도 고르지 않았다. 2차대전 기간에 극적으로 증가한 세수는 대개 정부 수입의 4분의 1에서 2분의 1 사이였다. 전쟁 노력으로 소득이 전반적으로 급증한 미국에서 세금은 정부 수입의 49퍼센트를 차지했고, 그중 아직 익숙하지 않은 소득세의 비중이 높았다. 1939년에는 미국인의 93퍼센트가 연방 소득세를 내지 않았지만, 전시 조건에서 첫 납세자들을 대상으로 복잡한 재정 구조를 마련하는 난제에도 불구하고 1944년에는 전체 소득자의 3분의 2가 소득세를 부과받았다. 전시의 희생이 진정한 민주적 희생으로 보이도록 루스벨트는 초과이득에 세금을 물려야 한다고 고집했으며, 그 결과로 초과이득세가 소득세 다음으로 정부의 제2자금원이 되었다.[97] 일본에서도 고용 인구 사이에서 소득세 납부가 빠르게 확대되어 소득세 비중이 1939년 개인 소득의 6퍼센트에서 1944년 15퍼센트로 높아졌지만, 그래도 지출 증가세를 따라잡기에는 역부족이었다. 여타 전쟁경제들과 달리, 일본 전쟁경제에서 세수는 전시 지출의 4분의 1도 충당하지 못했다.[98]

더 오랜 소득세 전통이 있었던 영국과 독일의 정권은 전시 동안 간접세를 늘렸을 뿐 아니라 과세최저한을 대폭 높였다. 시민들이 희생을 나누어야 한다는 생각에 양국은 최고 구간 소득자들의 소득세율을 공평하게 높였다. 영국에서 세후 연소득이 4000파운드를 넘는 사람의 수는 1939년 1만 9000명에서 3년 후 불과 1250명으로 급감했다. 소득세 세입 총액은 1939/40년 4억 6000만 파운드에서 1944/45년 13억 파운드로 세 배 증가했다.[99] 독일에서는 1939년 개인 소득에 긴급부가세를, 산업에 초과이득세를 부과했으며, 두 세금으로 직접세 세입이 1938년 81억 마르크에서 1943년 220억 마르크로 증가했다. 소득세 과세최저한은 다시 한 번 유복한 사람들을 겨냥했다. 연간 소득 1500~3000마르크(대다수 반숙련노동자와 숙련노동자의 소득)에 부과하는 세금은 5분의 1이 증가했지만 3000~5000마르크에 부과하는 세금은 55퍼센트 증가했다. 1차대전 기간에 충분히 과세하는 데 실패했던 것과 확연히 다르게 2차대전 초기에 독일은, 과연 국민이 이례적으로 높은 과세 수준을 항의 없이 받아들일지 적잖이 우려하면서도, 지출의 절반을 세금으로 충당했다.[100]

저축 문제에서도 각국은 이전 전쟁의 유산 때문에 곤경을 겪었다. 그 시기에 전시공채 구입을 장려하는 애국적 캠페인을 벌였다가 인플레이션으로 그 가치가 급감하거나, 독일의 경우 전후에 통화가 붕괴해 전시공채가 휴지조각이 되었기 때문이다. 영국에나 독일에나 이제 이 잡음 많은 자금 조달책을 신뢰하는 사람은 거의 없었다. 영국 국방공채와 단기애국공채를 국민이 매입할 수는 있었지만, 개인 저축 증가분은 대부분 정부가 설득하거나 강제할 필요 없이 동원할 수 있는 우체국 소액 예금, 저축은행, 공제조합 계좌로 들어갔다.[101] 독일도 재무장관이 '잡음 없는 재정'이라고 명명한, 영국과 같은 시책을 채택했다. 상점에 구입할 수 있는 상품이 별로 없는 상황에서 대중 선전으로 저축을 독려 받은 소액 투자자들은 저축은행이나 우체국 저축계좌에 돈을 집어넣었는데, 그 액수가 1939년 26억 마르크에서 1941년 145억 마르크로 증가했다. 우체국 예금통장 수는 150만 개에서 830만 개로 늘었다.[102] 정부는 이 저축액을 빼내 전쟁 대금을 지불하는 데 사용했으며, 그 탓에 저축한 사람들은 본의 아니게 전쟁 노력에 기여한 셈이 되었다. 독일 국민이 1차대전의 경험 이후로 전시공채를 불신한다는 사실은 1941년 후반 정권이 소득에서 저축액을 원천 공제하고 전후에 사용할 수 있는 특별 동결계좌에 넣어두는 자발적인 '철의 저축' 제도를 도입하려 시도했을 때 여실히 드러났다. 이 제도는 매우 더디게 확대된 반면에 다른 모든 형태의 개인 저축은 전시를 거치며 네 배로 불어났다.[103] 양국의 저축자들은 소득을 모아두었다가 경제적 여건이 더 힘겨울 것으로 예상되는 전후에 밑천으로 사용할 수 있기를 바랐다. 저축 붐은 자본가뿐 아니라 일반 시민도 국가를 위해 재정 위기를 감수하기보다 오히려 전쟁을 통해 돈을 벌기를 원한다는 것을 보여주었다.

1차대전 유산의 영향을 덜 받은 일본과 소련에서는 국채를 매입하거나 전쟁 노력을 위해 개인 저축을 늘리자는 애국적 호소에 크게 의존했다. 양국에서 저축을 온전히 자발적인 행위로 여길 수는 없었다. 양국은 1920년대부터 국가의 현대화를 지원하기 위해 국채 매입을 장려하는 캠페인을 정책으로 시행해 절약하는 사회문화를 조성하려 했다. 소련의 경우 농장과 공장에서 단체로 국채를 매입하는 바람에 거기에 순응하지 않아 눈 밖에 나는 사람은 피해를 입을 위험이 있었다. 저축은 각 지역의 '국가 신용과 저축을 위한 분담금 위원회Komsody'에서 감독했다. 이 위원회는 노동자들에게 소집단을 이루어 할당액을 책임질 것을 독려했고, 각 소집단의 노동자들이나 농민들은 다시 자기네끼리 액수를 나누었다. 순순히 응하지 않을 경우의 위험 때문에 국채를 발행하면 대개 초과 청약이 이루어졌다. 또 소련은 기본적인 소비재도 없는 사람들에게 모피 코트, 보석, 시계, 날붙이류 등을 상품으로 주는 새로운 '복권' 채권을 도입했다. 하지만 정작 당첨자들은 약속된 보상을 받은 적이 없다고 자주 불평했다.[104]

일본에서 저축과 국채 매입을 장려하는 대중 캠페인은 집단 저축 발상을 활용하여 불순응을 최소화하는 사회적 전략을 동반했다. 정부의 압력을 받아 전국에서 창설된 저축조합들은 소련에서처럼 집단이 특정한 액수를 책임지고 구성원들이 돈을 내도록 조처했다. 1944년경 일본에는 저축조합 6만 5500개, 조합원 5900만 명이 있었다. 같은 해 일본 인구는 가처분소득 중 무려 39.5퍼센트를 저축했다. 1941년을 제외하고 매해 국가의 저축 목표는 과잉 달성되었다.[105] 노동자의 경우, 국가는 필요에 따라 저축액을 할당하고 세금처럼 급여 봉투에서 공제했다.[106] 개인 저축에 더해, 국가는 모든 인조隣組를 대상으로 공채 구매 운동을 추진하고 할당액을 정해주었다. 이웃들은 서로 만나 분담액에 동의했고 다른 가구가 얼마를 내기로 약속했는지 정확히 알고 있었다. 순응하지 않으면 공개 망신을 당할 뿐 아니라 수급 자격을 잃는 등 더 가혹한 차별에 시달릴 위험이 있었다.[107] 저축은 무엇보다 애국적 의무로 여겨졌지만, 1944년 저축 동기에 대한 국가 조사에 따르면 응답자의 57퍼센트가 만일의 사태에 대한 대비, 38퍼센트가 자녀를 위한 밑천이라고 답했다.[108]

공채 구매 운동은 미국에서 자금 조달 전략의 핵심이었다. 일본이나 소련과 비교해 미국의 공채 캠페인은 덜 강압적이었지만, 공채를 청약하라는 압박은 광범하고 집요했으며 결국 전쟁 비용으로 쓰일 400억 달러라는 거액을 끌어모았다. 일본처럼 미국에도 급여 봉투에서 자발적인 공채 분담금을 공제하는 제도가 있었고, 전체 공채 판매액의 절반가량은 간접

방식으로 판매되었다. 나머지 공채는 소액 단위들—대체로 100달러 이하—로 판매되었고, 그 결과 종전 때까지 무려 9억 9700만 주의 공채가 시중에 유통되었다. 공채 구매 운동은 상업적 기획으로 추진되었다. 재무장관 헨리 모겐소Henry Morgenthau가 말했듯이, 그 목표는 "**전쟁**을 팔기 위해 **공채**를 이용하는 것이지 그 반대가 아니다"였다.[109] 현대 광고 기법이 사용되었고, 영화배우들—〈공채를 사세요Buy a Bond〉를 부른 빙 크로스비 Bing Crosby를 포함해—이 동원되었으며, 모집에 응한 자원봉사자 600만 명이 가정, 공장, 클럽을 방문했다. 일본의 인조와 마찬가지로, 많은 경우 참여는 기껏해야 절반만 자발적이었다. 여론조사로 밝혀졌듯이 미국에서도 어느 정도는 애국심으로 공채를 매입했지만, 응답자의 3분의 2는 그저 해외 전선에서 남편과 아들에게 필요한 장비를 구입하는 데 보탬이 되기를 바라는 마음에서 사들였다. 여덟 차례의 국채 캠페인은 전장에서 멀리 떨어진 사람들과 전장에서 싸우는 사람들 사이의 직접적인 연결고리를 형성하는 데 도움이 되었다.[110]

인플레이션 갭을 줄이려는 또다른 조치는 물가와 임금에 대한 통제, 그리고 소비자가 구입할 수 있는 상품이 태부족해서 필요해진 소비재 생산에 대한 통제를 통해 이루어졌다. 물가 통제와 임금 통제는 밀접한 연관이 있었는데, 물가 상승을 규제하지 않으면 1차대전 때처럼 임금의 가치가 떨어지고 노동자 시위가 벌어질 우려가 있었기 때문이다. 독일은 전쟁 전부터 고액 군사비 지출의 영향에 대처하기 위해 이미 수년 동안 시행해온 물가 및 임금 통제 제도를 가지고 전쟁에 돌입했다. 1936년에 임명된 물가통제위원은 민간 지출의 모든 영역에서 물가 안정을 강요하는 폭넓은 권한을 지니고 있었으며, 전시 동안 생계비지수는 10퍼센트 이하로 증가했고 노동시간이 길어져서 늘어난 주간 평균 소득은 10퍼센트 조금 넘게 증가했다.[111] 대다수 상품의 양이 줄어들었고 긴 노동시간으로 노동자들이 고생하긴 했지만, 인플레이션을 피하려는 노력은 분쟁 전의 악성 인플레이션과 대비되는 안정 모델로서 독일 체제의 특징이 되었다. 일본도 중일 전쟁에 대응해 이미 시행 중이던 물가 및 임금 통제 제도를 가진 채로 세계대전에 돌입했다. 식량과 직물 가격은 1937년부터, 임금은 1939년 4월부터 통제했다. 그럼에도 군대와 소비자가 같은 생산물을 놓고 경쟁한 탓에 물가 수준은 규제에도 불구하고 계속 올라갔다. 이에 대응해 정부는 1939년 9월 물가동결명령을 내려 대부분의 소비재뿐 아니라 지대, 요금, 운임, 임금까지 전부 명령 시행 전날의 수준으로 고정했다. 1943년 주요 부처들과 지역 당국들이 가격을 통제하는 품목은 무려 78만 5000개에 달했다. 새로운 체계는 1943년까지 물가지수를 안정시켰지만, 기본적인 필수품마저 태부족한 데다 대규모 암시장으로 인해 상황이 악화되어 전쟁 막바지에는 물가가 계속 올랐고, 1943년 신설한 중앙물가통제위원회도 인상 추세를 막을 수 없었다.[112] 부족한 노동 자원을 놓고 사업체들이 불법으로 경쟁하며 임금 상승을 부추겼음에도, 실질임금은 1944년까지 전전 수준의 3분의 2까지 낮아지고 이듬해에 절반까지 떨어졌다.[113] 인플레이션을 통제하지 못한 중국에서는 1945년 평균 실질임금이 전전 수준의 3분의 1까지 떨어져 많은 노동자들의 수입이 최저 생계수준을 밑돌 수밖에 없었다.[114]

영국과 미국은 전쟁에 들어선 이상 물가와 임금을 형성하는 자유시장을 포기할 수밖에 없었다. 권위주의 정권들과 달리, 두 나라는 국가 규제를 도입하면서 재계와 노동조직을 고려해야 했다. 전쟁 첫해에는 물가와 임금 전반을 효과적으로 통제하는 제도가 없어 위험한 물가 상승의 초기 징후가 나타났다. 1940년 말 영국의 생계비지수는 전해보다 거의 3분의 1이 높아져 그에 상응하는 임금 인상 요구를 촉발하고 케인스를 비롯한 이들이 예측한 것과 같은 종류의 위기를 초래했다. 노동조합들이 임금 제한과 7월에 신설된 국가중재재판소의 판결을 받아들였음에도, 1940년에 전시를 통틀어 가장 많은 약 82만 1000명의 노동자가 파업에 돌입했다. 노동장관이 말했듯이 정부의 우선순위는 "노동자 일반이 만족"하고 전시 동안 임금률이 생계비보다 빠르게 상승할 수 있는 방법을 찾는 것이었다. 더 긴 노동시간, 초과근무 수당과 상여금 덕에 노동자의 주간 평균 임금은 거의 40퍼센트 상승했고, 그동안 민간 가구의 생계비는 3분의 1이 증가했다. 물가 규제는 점진적으로 도입되었다. 정부는 1940년 8월 모든 기본 식품의 가격을 안정적으로 유지하기 위한 식량 보조금에 동의했고, 1941년 예산에서 임대료와 연료 가격을 고정했다. 민수 시장 생산자들은 비용을 낮추기 위해 생산을 집중하고 합리화할 것을 요청받았다. 1941년 7월 정부는 결국 최고 가격과 최고 이익률에 대한 폭넓은 통제권을 국가에 부여하는 '재화와 용역(물가 통제) 법'을 도입했다.[115] 어느 경우에나 정부는 국가가 통제권을 임의로 행사한다는 인상을 주지 않기 위해 재계와 노동계 둘 다 의사결정 과정에 참여시켰다. 요컨대 영국은 케인스의 표현대로 "대중의 정의감을 만족시키는" 방식으로 인플레이션 위협에 집단으로 대처했다.[116]

1930년대에 대공황에 대처하는 뉴딜 정책을 둘러싼 갈등으로 분명하게 드러났듯이, 유럽과 비교해 미국에서는 재계와 일반 국민이 경제에 개입하는 국가 권력을 훨씬 불신했다. 그러나 루스벨트 행정부는 평소 민간 소비자의 몫으로 돌아가던 물자의 절반가량을 이제 군대가 가져가는 상황에서 물가와 임금을 통제하는 방법을 찾는 것 외에 달리 선택지가 없었다. 미국의 재무장은 이미 1939년부터 물가를 끌어올렸지만, 정부의 초기

대응은 그저 재계에 자율 규제를 통해 가격 인상을 제한해달라고 요청하는 것이었다. 그런데 1941년에 군사비가 급증하자 기존의 규제가 다 무너졌다. 전략물자(강철, 고무, 석유)의 가격을 통제하라는 정부의 강력한 요구에도 불구하고 1년 만에 소비자물가지수가 12퍼센트, 도매 물가가 17퍼센트 뛰었다. 전쟁이 발발하자 행정부는 긴급 조치의 필요성을 인식했다. 1942년 4월 물가관리국은 모든 물자에 일반 최고 가격 규제를 도입했다. 곧 '일반 최고가General Max'라고 불린 이 규제는 기업들에 합의된 기준일에 가격을 고정할 것을 강요했지만, 가격 산정을 재계에 맡겼기 때문에 자본주의식 분식회계의 여지가 상당히 있었다. 인플레이션은 1942년 들어서도 이어져 노동계의 동요를 일으켰는데, 노동조합들이 이미 임금 제한과 파업 불참 합의에 동의한 터였기 때문이다. 1943년 4월 루스벨트는 결국 재계와 노동조합에 전시 동안 새로운 경제안정국을 통해 모든 가격과 임금을 동결할 테니 이 조치를 받아들이라고 강요했다. 루스벨트가 말한 '현상 유지Hold-the-line'는 충분히 잘 작동했는데, 어느 정도는 물가 고정 관료들이 6000개의 지역 배급위원회에 의지해 동결 위반 사례를 보고받고 주기적으로 처벌했기 때문이다. 연방 행정관들은 나머지 자유시장마저 포기하고 상품의 가격을 결정했다. 전시 후반 3년 동안 미국에서 소비자물가지수는 연간 고작 1.4퍼센트 증가해 다른 어떤 교전국보다도 낮은 증가율을 기록했다.[117]

이런 경제 전략들은 군대의 소비가 증가하고 구할 수 있는 모든 민수품이 급감하는 상황을 견뎌야 할 민간 인구를 겨냥했다. 경제 자원이 풍부한 미국과 캐나다에서만 군수품과 민수품 둘 다 상당히 늘리는 게 가능했다. 1939년부터 1944년까지 미국에서 식품 소비량은 8퍼센트 증가했지만, 의류와 신발은 23퍼센트, 가사용품(내구재는 제외)은 26퍼센트, 담배와

술은 33퍼센트 증가했다. 반면에 영국에서 식품 구매량은 11퍼센트, 의류와 신발은 34퍼센트, 가사용품은 50퍼센트 넘게 감소했다.[118] 미국의 개인 소비 증가에 대한 추정치들은 비록 서로 다르긴 하지만, 하나같이 대공황 이후 1930년대에 소비량이 가장 많았던 해인 1939년과 비교해도 전시 동안 소비량이 대폭 증가했음을 가리킨다. 공식 수치에 따르면 인구 1인당 실질 지출(해외 병력은 제외하고 가격 인상에 따라 조정한)은 1939년 512달러, 1945년 660달러였다.[119] 이 수치가 더욱 유의미한 것은 전시 동안 주요 내구재, 특히 자동차의 생산이 소량으로 줄어들었기 때문이다. 그 대신 미국인들은 전시공채를 매입하지 않을 때면 의류, 신발, 음료, 담배에 더 지출했다.

다른 모든 주요 교전국들에서는 자원을 군사용으로 전용하기 위해 개인 소비를 대폭 줄였다. 증세 및 전시공채 캠페인과 마찬가지로 소비 감소는 전시 동원의 불가피한 결과로 제시되었고, 민간 인구도 대체로 그렇게 받아들였던 것으로 보인다. 잉여 소득을 흡수하는 대신에 물리적 소비를 제한하는 목표는 여러 방법으로 달성할 수 있었다. 이를테면 소비재, 특히 식품과 의류를 배급하는 방법, 비필수 민수 생산을 정지시키거나 전시 근로로 전환하는 방법, 불순물 섞기나 표준화를 통해 품질을 떨어뜨리는 방법, 소비재 제조업체에 재료와 노동력을 공급하지 않는 방법 등이 있었다. 영국과 독일에서 가사용품은 값싼 표준 디자인으로 생산되어—영국 시장에서는 '유틸리티Utility' 제품, 독일 시장에서는 '표준제품Einheitsprodukte'—소비자의 선택지를 줄이되 최소 공급량을 유지했다. 영국의 총 소비자 지출은 1938년 수치를 지수 100으로 잡았을 때 1944년 86으로 떨어졌다. 비식품 품목들은 더 빠르게 떨어졌다. 예컨대 의류는 100에서 61로, 가사용품은 100에서 73으로, 가구는 100에서 25로 내려갔다.[120]

독일 국민은 분쟁이 한참 진행될 때까지 전쟁의 경제적 요구에 시달리지 않았다는, 지금까지도 널리 퍼져 있는 견해와 반대로, 독일은 개전 초부터 영국보다도 더 광범하고 체계적으로 민간 소비를 줄였다. 1939년 가을부터 독일은 모든 물자를 배급하거나, 그 생산을 제한하거나 금지했다. 전쟁 전부터 이미 감소세였던 1인당 소비자 지출은 전시 초반에 빠르게 감소했다. 1938년 수치를 지수 100으로 잡으면, 가격 조정 소비는 1941년 82까지 내려갔고 1944년에 결국 70까지 떨어졌다. 대독일의 가난한 병합 지역들까지 포함시킬 경우의 수치는 1941년 74.4, 1944년 67이다. 히틀러 정권은 1918년 독일 패전의 원인으로 지목된 사회 위기의 조짐을 어떻게든 피하기로 결심하고 모든 민간인의 '최저 생계수준 Existenzminimum'을 정해두었다. 이 검소한 최저 생계수준은 연합군의 맹폭격에도 불구하고 거의 전시 내내 유지되었지만, 필수가 아니라고 여겨진 식품이나 가사용품은 철저히 배제했다. 1941년 어느 미국 언론인이 관찰했듯이, 독일의 삶은 비록 견딜 만하긴 했지만 "줄곧 스파르타식"이었다.[121] 영국처럼 독일에서도 민간인은 낡은 옷과 신발, 가구를 "수리해가며 오래 쓸" 것으로 기대되었다. 1943년과 1944년 독일 도시들이 맹폭격을 당하자 가사용품 손실에 대응해 소비재 생산을 재개할 수밖에 없었지만, 폭격으로 망가진 대부분의 물건을 대체한 것은 추방되고 살해된 유대인들로부터 빼앗은, 가구와 의류, 신발이 가득 들어찬 창고에서 가져온 물건이었다.

일본과 소련의 전시 소비자는 사정이 전혀 달랐다. 생활수준이 비교적 낮은 두 나라에서는 총력전의 수요가 민간 인구에게 필요한 자원을 상당 부분 잡아먹었다. 일본에서 민수품 공급은 그리 중시되지 않았으며 1930년대 중반부터 공급량이 꾸준히 줄었다. 정부의 선전은 검소한 생활방식을 강조했다. 1940년, 소비재 생산을 제한하는 새로운 규제 이후 "사치품은 적이다"라는 구호가 전시 문화의 표준 비유가 되었다.[122] 식량 공급을 제외하고 민수품 생산자들은 조업을 중단하거나 자원을 군수품 생산 쪽으로 넘겨야 했다. 1943년 4월 수립한 일용품 계획은 식량, 가정용 연료, 직물에 초점을 맞추었지만, 같은 해 직물업은 오로지 군수품 생산에만 주력했다. 정부의 목표는 민간 소비를 3분의 1 줄이는 것이었지만, 실패 중인 전쟁 노력을 정권이 절대적으로 우선시할수록 소비재 생산은 극적으로 감소했다. 1944년 소비재 생산은 전전 수준의 절반이었고, 종전 무렵에는 5분의 1이었다.[123] 소련에서도 민수품 공급은 군수산업에 밀려 전전 수준의 3분의 1 정도로 감소했다. 고정가격 소매업의 규모는 1940년 4060억 루블에서 1943년 전시 저점인 1470억 루블로 떨어졌다. 유럽 기준으로 이미 매우 낮았던 평균 가계 소비에 관한 추정치들은 1943년경 소비가 전전 수준의 60퍼센트로 감소했음을 시사한다. 대다수 소비자에게 문제는 차등가격을 허용한 정부의 결정이었다. 배급 식량과 군수품은 통제되었지만, 다른 모든 상품은 수요의 압력에 달려 있었고 가격이 빠르게 상승했다. 반면에 임금은 동반 상승하지 않았으므로 대다수 러시아 소비자의 형편은 공식 수치가 시사하는 것보다 훨씬 나빴다.[124] 소련의 전시 생활에 관한 모든 서술은 민간 인구의 극빈을 부각시키지만, 20년 전 차르 국가를 전복시켰던 후방 위기 때와 달리 이번에는 사회 붕괴를 가까스로 막을 만큼의 식량과 연료(그리고 국가 테러)가 남아 있었다.

일본과 소련의 사례는 무엇보다 민간 인구의 노동과 전쟁 의지를 지탱하는 데 핵심 요소였던 식량의 중요성을 보여준다. 어디서나 정부라면 "이 나라 국민의 체력과 결의를 유지하는 데 필요한 보급을 그 무엇도 방해해서는 안 된다"라던 처칠의 주장에 공감했을 것이다.[125] 동원 노력에서 큰 성공을 거두려면 농업 생산량을 통제하고 식량 거래를 지속하는 것이 관건이었다. 식량 과잉 지대인 미국과 영연방에서만 인구를 먹이는 것이 덜 긴급한 문제였다. 그러나 군대의 수요가 워낙 많고 남는 식량을 대규모로 수출했기 때문에 과잉 지역들에서도 배급량을 제한하고 식량 공급을 통제하는 조치를 취해야 했다. 전시 동안 미국에서 인구 대다수는 비록 전전보다 잘 먹지는 못했을지라도 부족하지 않게 먹었다. 하루에 섭취한 평균 칼로리는 실제로 1930년대의 수준에서 증가했다. 구체적으로 1938년 1인당 3260칼로리에서 1943년 전시 최고치인 3360칼로리로 늘었다.[126] 육류, 커피, 설탕, 유제품은 결국 배급되었지만, 국제 기준으로 배급량이 넉넉했다. 연간 1인당 육류 소비량은 143파운드(65킬로그램)에서 1944년 154파운드(70킬로그램)로 증가해 미국인의 식사에서 단백질 함량을 새로운 수준으로 끌어올렸다. 게다가 공식 수치는 국가가 통제하는 제도 바깥에서 농민과 도축업자가 육류를 공급한 암시장 직판장을 가리키는 이른바 '미트이지meateasy'를 통한 소비를 과소평가한 것이었다.[127] 연합국의 전쟁 노력에서 더 중요했던 것은 무기대여 프로그램을 통해 대량의 식량과 사료를 무료로 공급하려는 미국의 의지였다. 소련의 전쟁 노력을 지원한 440만 톤의 식량은 이 나라의 식량 문제를 해결하진 못했으나 굶주린 군인과 민간인에게는 생존을 돕는 중요한 차이였다.[128]

1941~1942년에 경지 면적의 5분의 3과 곡물 공급량의 3분의 2를 잃은 이후의 소련을 포함하는 식량 부족 지역들에서 모든 정부는 충분한 칼로리 섭취, 특히 제조업 노동자와 광부의 칼로리 섭취를 유지하고 배급제를 통해 갈수록 양이 줄어드는 식료품의 공평한 분배를 보장하려 했다. 배급량은 결코 균등하지 않았으며—독일 광부와 철강노동자는 하루에 4200칼로리를 섭취했지만 '보통' 소비자는 겨우 2400칼로리를 섭취했다—전쟁이 이어지면서 소련, 일본, 독일에서는 수급 자격마저 보장하

기가 어려워졌다—다만 세 나라 중 일본에서만 전시 막판에 식량 공급이 완전히 무너졌다. 군대가 제 몫을 가져가는 한, 전전의 식량 기준을 유지할 수 없다는 것은 불 보듯 뻔한 일이었다. 모든 정부는 단백질, 지방, 청과물보다는 고칼로리 식품을 늘리는 편을 택했으며, 이는 대다수 도시 소비자에게 비타민 함량이 줄어드는, 단조롭고 녹말 비중이 높은 식사를 의미했다. 다만 장기적으로 건강에 해롭기는 해도 살아남기에는 충분한 식사였다. 주식은 북유럽은 감자, 이탈리아는 밀, 일본과 중국은 쌀이었다. 감자는 불모지에서도 재배하기 쉬운 데다 영영가도 많았다. 1940년에서 1944년 사이에 감자 생산량은 영국에서 50퍼센트 증가했고, 독일에서는 전전 수준 대비 90퍼센트 증가했다.[129] 1944년경 소련의 감자 생산량은 전전보다 134퍼센트 높았는데, 대다수 러시아인에게, 심지어 집단농장에서 일하는 사람에게도 감자가 유일한 영양분이었기 때문이다. 1942년 4월 소비에트 연방 중앙집행위원회 의장 미하일 칼리닌Mikhail Kalinin은 감자에 대한 대국민 호소문을 발표하기까지 했다. "여러분이 독일 파시스트 침공군을 무찌르는 승리에 참여하고 싶다면 감자를 최대한 많이 심어야 합니다."[130]

다른 주식들은 생산량을 유지하기 어려운 것으로 밝혀졌다. 옥수수와 밀이 식사의 주재료였던 이탈리아에서 농업 생산량은 전전 수준에서 꾸준히 감소했고, 전쟁 노력에 쓰이는 석유와 원료를 확보하기 위해 식품을 수출할 필요성 때문에 상황은 더욱 악화되었다. 식량 가격이 급등하는 가운데 대부분의 식량이 배급제 바깥에서 생산되고 소비되긴 했지만, 총 생산량은 1943년까지 4분의 1이 감소해 배급 식량의 칼로리가 턱없이 적은 990칼로리로 줄어들었다.[131] 벼는 일본 소비자에게만이 아니라 아시아 전쟁의 영향을 받은 모든 지역에서 가장 재배하기 까다로운 작물로 밝혀졌다. 일본에서 도시 소비자는 1941년 4월부터 하루에 330그램의 쌀을 배급받아 기본적인 1158칼로리를 얻고 소량의 다른 배급 식량으로 쌀을 보완했다. 1944~1945년 미국 해상 봉쇄의 결과로 일본 제국에서 본토로 들어오던 쌀의 양이 격감하여 식량 소비량이 전전 수준에서 거의 4분의 1이 감소했으며, 종전 무렵 도시 소비자의 일일 칼로리 섭취량은 장시간 노동을 유지하기에 불충분한 1600~1900칼로리로 떨어졌다.[132]

식량 부족 지역들에서 농업은 여러 공통적인 문제에 직면했다. 남성 노동자가 대거 징집되었고, 농기계와 농장비가 파손되어도 대부분 교체할 수 없었으며, 화학비료와 폭약이 같은 성분을 놓고 경쟁했고, 역축과 트랙터가 군에 징발되었다. 독일에서는 전시 동안 인조비료 공급량이 반토막 났고, 1941~1944년 농장비용 철 할당량이 72만 8000톤에서 33만 1000톤으로 줄었으며, 동원 초기에 남성 노동력의 45퍼센트가량이 징집되어 여성이 다수의 농장을 운영해야 했다. 1945년경 농업에 종사하는 독일인 노동력의 65.5퍼센트는 여성이었고, 다수의 외국인 노동자와 전쟁포로로 모자라는 노동력을 보충했다.[133] 소련에서는 집단농장에서 기계류가 사라졌고, 비료의 우선순위가 낮아졌으며, 남성 노동력이 대폭 감소했다. 1944년경 시골 노동력의 5분의 4는 여성이었고, 짐승이 끌어야 하는 쟁기를 여성들이 조를 이루어 직접 끌었다.[134] 영국의 경험은 예외였다. 전쟁 전 영국은 식량 공급의 70퍼센트를 해외에 의존했다. 개전 이후 선적공간이 부족해지고 독일이 잠수함 작전을 펴자 영국 정부는 국내 농업 생산량을 조속히 늘리는 계획을 세울 수밖에 없었으며, 이것은 농업 전환을 돕기 위해 기계류, 장비, 비료에 투자한다는 것을 의미했다. 생산량을 보면 트랙터가 48퍼센트, 탈곡기가 121퍼센트, 감자 수확기가 381퍼센트 증가했다. 영국 육군이 거의 완전히 동력화되어 있었으므로 역축은 대개 징발되지 않았다. 국내 곡물 산출량은 1939년 420만 톤에서 1944년 740만 톤으로 증가해 전시 내내 빵 배급을 피할 수 있을 정도로 식량 부족분을 메워주었다.[135] 전전부터 시작한, 영양 증진을 위한 농업 현대화 정책은 전시 들어서도 지속되어 영국 인구가 식량이 부족한 다른 어느 지역의 소비자보다도 잘 먹을 수 있도록 해주었다.

식량 공급이 워낙 중요했기 때문에 각국의 국내 인구는 배급품을 보충하고 일일 칼로리 공급량을 늘리기 위해 여러 방법—일부는 합법적이었지만 대부분은 그렇지 않았다—을 찾았다. 주식을 얻을 필요성에 각국 인구는 축산을 줄이고 농경 면적을 늘렸다. 이 변화는 놀라운 결과를 낳기도 했다. 영국에서는 평시 종반부터 1944년 사이에 농산물의 열량이 거의 두 배로 늘었다. 일본에서는 고칼로리 작물을 재배하도록 강요하고 과일, 꽃, 차를 비롯한 50개 식물 생산물을 제한하거나 금지했다.[136] 국내 인구, 특히 도시 인구에게 먹거리를 기르도록 독려하는 간단한 방법으로 경작 면적을 늘릴 수도 있었다. 미국에서는 '승리 정원'을 널리 장려하고 2000만 곳의 정원에 작물을 심었다(그리하여 1943년 기록적인 토마토 수확을 올렸다). 영국에서는 국민에게 잔디밭과 시민농원allotment을 채소와 과일 경작지로 완전히 바꾸는, '승리를 위한 땅파기'를 권장했다. 1943년경 영국에는 시민농원이 150만 곳 있었으며 단조로운 식사를 보완하는 계절별 필수 농산물을 공급했다. 일본의 경우 철로 옆이나 학교 운동장에서 먹거리를 기르는 모습을 볼 수 있었다.[137] 한편 시민농원은 소련 노동자에게 구원이 되었다. 1942년 4월 크렘린은 명령을 내려 도시 노동자가 미경작지를 활용하는 것을 허용했고, 1944년경 시민농원 1650만 곳에서 채소, 과일, 심지어 육류까지 생산했다. 그리고 소규모 군대와도 같은 60만 명의 무장한 자원봉사자들이 경비를 서며 굶주린 인구의 좀도둑질을 막았다.[138]

부족분을 보충할 수 없을 경우, 언제나 품질 저하와 대용품이라는 선택지가 남아 있었다. 영국의 흰 빵은 1942년 제분업자들이 곡물 잔여물을 더 섞으라는 지시를 받은 후 베이지색으로 변했으며, 일본의 백미는 같은 이유로 갈색으로 변했다. 일본 농상성의 대용식품 부서에서 건조 도토리, 덩굴식물, 뽕잎 등을 곡물 가루와 섞어 개발하려던 '분말 식사'는 대체로 실패했지만, 독일은 비록 인기는 없어도 직물부터 커피까지 대용품을 두루 생산했다. 차는 야생식물과 베리류로, 커피는 주로 보리로 만들었다. 베를린 주민들은 그 결과물에 곧장 경멸조의 별명을 붙였다. 커피 대용품의 별명은 '깜둥이 땀'이었고, 이 대용 커피에 집어넣어야 했던 저품질 분유의 별명은 '시체 즙'이었다. 1941년 이탈리아에서 배포한 '낭비 금지'라는 제목의 팸플릿은 빵부스러기로 '가짜 물고기'나 '가짜 고기'를 만들고, 설탕이나 달걀 없이 '자급자족' 디저트를 만들고, 커피 없이 커피를 만드는 조리법을 소개했다.[139]

다른 모든 방법이 실패하고 나면 암시장의 유혹이 기다렸다. 사실 식량과 배급을 통제하는 부문 외부의 시장은 대부분 검은색보다 회색에 가까웠다. 소련 정권은 주로 소규모 농지에서 재배하는 배급 외 식량을 가격 통제 없이 판매하는 것을 용인했다. 배급 외 식량은 가격이 열 배 넘게 뛰어 대다수 도시 노동자는 구입할 수 없었다. 소련처럼 대규모 시골 인구를 보유한 이탈리아와 일본에서 당국은 굶주린 도시 인구가 먹거리를 얻고자 시골로 가서 능력껏 여분의 식량을 거래하는 것을 눈감아주곤 했다. 일본에서는 대개 어린이를 시골로 보냈는데, 농민의 동정심을 더 자아낼 수 있었을 뿐 아니라 경찰이 다른 범법자보다 어린이를 덜 처벌했기 때문이다. 일본의 암시장은 식량이 부족해진 1930년대부터 운영되었다. 1938년에는 탈세와 가격 조작을 통제하기 위해 '경제경찰'이 신설되어 첫 15개월 동안 200만 명을 체포했다. 그러나 불법 거래는 살아남으려는 도시 가족에게 삶의 일부분이 되었고, 결국 경찰의 단속과 통제는 별 효과가 없었다.[140] 중국에서도 비밀경찰 쥔통軍統(당시 군사위원회조사통계국의 약칭)이 중국 정권, 지역 군벌, 일본 점령군 사이의 경제적 무주공산에서 활동하는 매점꾼, 밀수꾼, 암거래상을 추적하는 업무를 책임졌다. 그러나 중국에서도 수백만 명에게 부과한 벌금은 불법 거래를 제한하는 데 별 효과가 없었다.[141]

배급제가 더 효과적으로 작동하고 통제가 더 잘 이루어진 사회들에서는 불법 거래가 범죄로 여겨졌고 그에 상응한 처벌이 가해졌다. 독일에서는 일찍이 1939년 9월 4일 경제 범죄를 금하는 법령을 포고하고 식량 공급과 배급제에 대한 통제를 우회하려는 모든 시도를 범죄에 포함시켰다. 가장 무거운 형벌은 사형이었으며, 이목을 끈 여러 사건을 대국민 반역 사건으로 취급하고 범인들을 처형했다.[142] 그러나 독일에서도 비록 언제나 위험성이 크긴 했지만 친구끼리, 또는 믿을 만한 상점주끼리 소소한 위반을 저지를 수 있는 회색 지대가 등장했다. 더 좁은 범위의 식품들에 배급제를 적용한 영국의 문제는 인플레이션을 부추길 수 있는 지역 소매상들의 비공식 가격 인상을 억제하는 것이었다. 이것은 적절한 점검체계를 갖추기 전에는 시행하기 어려운 조치였지만, 그 체계를 운영하기 시작한 후로는 기소 건수가 급증했다. 전시 동안 식품부는 시장 통제 위반과 불법 거래 관련 소송을 무려 11만 4488건이나 제기했지만, 처벌은 벌금이나 단기간의 감옥살이에 그쳤고, 역설적이게도 전시 내내 식량을 더 넉넉하고 다양하게 공급한 이 유럽 국가에서 위반 건수는 계속 증가했다.[143]

식량 공급에 실패하면 전쟁 노력에 인구를 동원하는 데 차질이 생길 것이라는 당국의 우려는 근거가 없는 것으로 밝혀졌고 1차대전 종반의 혁명적 위기도 되풀이되지 않았다. 그렇다고 해서 모두가 동등하게 먹거리를 구할 수 있었던 것은 아니다. 정계와 재계 엘리트는 잘 먹을 수 있었고, 크렘린궁의 연회나 윈스턴 처칠과의 만찬 자리에 참석한 구경꾼이라면 확인할 수 있었듯이 실제로 걸판지게 먹었다. 독일에서 나치당 간부는 담배, 커피, 고급 식품을 저장해둔 봉인 창고에 드나들 수 있었다. 도쿄의 고급 레스토랑들은 바깥에서 인구 태반이 야위어가는 동안 일본 부유층에게 계속 음식을 차려냈다. 또 도시와 시골이 확연히 대비되었다. 소련은 예외였는데, 집단농장 농민이라 해도 수확물의 일부만 보유할 수 있었기에 여분의 식량을 구해야만 했다. 각국은 1인당 빵, 육류, 버터, 달걀, 우유의 할당량을 정해주는 일군의 복잡한 규제를 통해 시골 '자급자들'(독일의 용어)이 그들의 농산물에서 가져갈 수 있는 양을 통제하려 했다. 쌀 시장을 정부가 통제한 일본에서는 농업 인구가 소비하는 농산물의 양을 제한하는 방법으로 각 농지의 할당량을 고정했다.[144] 그럼에도 농민들은 규정을 빠져나가는 방법을 찾아냈고, 폭격을 피해 떠나온 도시민들은 독일과 일본의 시골에 도착했을 때 오래전부터 도시에서 구할 수 없었던 다양한 종류의 식품을, 그리고 불법 도축 및 매점매석이라는 심각한 위험을 무릅쓰려는 농민들을 목도했다.

가장 취약한 국가들에서 도시 소비자는 몹시 빈약한 식사를 지속했다. 전후 추정에 따르면 1942~1943년 이탈리아 도처에서 도시 주민 700만 명에서 1300만 명은 '생리적 최저한도 이하'의 식량을 공급받았다. 전쟁 중반 소련과 일본의 배급량은 정상적인 신체 상태를 유지하기에 불충분했다.[145] 소련과 일본은 비록 기아를 막기는 했지만(일본의 경우 가까스로), 열심히 일하는 양국 노동자들의 식사는 계속 허기가 지고 건강을 해치는 지경이었다. 노동자의 배급 할당량은 곧 수급 자격을 의미했으나 식량을 실제로 손에 넣을 수 있다는 뜻은 아니었다. 일부 경우 굶주린 공장노동자에게 할당된 식량을 공무원이 자기 몫으로 빼돌리기도 했다.[146] 소련에서 노동하지 않는 시민은 수급 자격이 아예 없었고 전시 동안 얼마나 되는지 모를 시민이 굶어죽었다. 빈약한 식사로 연명하는 노동자가 어떻게 대개 춥고 비위생적인 여건에서 하루 10시간에서 14시간씩 노동했는가 하는 문제는 설명하기 어렵다. 양국 노동자는 영양실조와 과로 탓에 가동하던 기계 옆에서 죽곤 했으며, 이는 대단히 강압적인 국가에서 집단을 지원해야 한다는 가혹한 사회적 압박의 결과였다.

소련 노동자의 상황은 독일군으로부터 영토를 탈환하면서 나아졌지만, 1945년 일본 도시 인구는 굶주림에 직면했다. 일본 제국에서 본토로 들여오는 쌀 수입량은 1941/1942년 230만 톤에서 1944/1945년 고작 23만 6000톤으로 급감했고, 국내 산출량은 1000만 톤에서 전쟁 마지막 해에 580만 톤으로 감소했다.[147] 수입에 타격을 준 것은 미국의 해상과 공중 봉쇄로, 1945년까지 일본 상선대의 5분의 4를 파괴했다. 또 미국은 폭격을 가해 800만 명의 피란민 행렬을 시골로 보내고 수확 주기와 식량 분배를 교란했다. 여름철에 1인당 평균 열량 소비량은 하루 1600칼로리까지 내려갔고, 이마저도 큰 격차를 감추는 평균치였다. 이런 위기에 일본 보수 엘리트층은 식량 부족 때문에 사회 격변이, 어쩌면 제정 러시아의 경우처럼 공산주의 혁명이 일어날지도 모른다고 우려했다. 1945년 6월 히로히토 천황은 내대신 기도 고이치로부터 식량 위기로 "현 상황을 구제하지 못할" 공산이 크다는 경고를 들었다. 미국의 재래식 폭격과 원자폭탄 투하로 인해 광범한 사회적 혼란은 일어났을지언정 혁명적 위기는 발생하지 않았다. 그럼에도 히로히토는 8월 10일 항복하기로 최종 결정했는데, 적어도 어느 정도는 무력 충돌이 끝나기도 전에 일본 제국을 안에서부터 파괴할 듯한 기근 재앙의 사회적 결과를 피하고 싶었기 때문이다.[148]

기근은 유럽에서나 아시아에서나 전시 혼란의 최종 결과였다. 일부 경우는 얼마간 자연재해였지만, 최대 규모의 기근은 주로 인재였다. 독일군은 그리스를 점령한 뒤 현지에서 물자를 자급하려 했고, 1941년 4월부터 모든 식량 저장분과 식량을 운반하는 짐승을 몰수했다. 독일의 징발은 무자비했고 그리스 도시 인구의 수요를 완전히 무시했다. 배급을 시행하려던 그리스 괴뢰정부의 노력은 실패했는데, 식량을 비축했다가 암시장에 내다팔 수 있었던 터라 곡물을 고정 가격에 공급하라는 정부 요구에 소농 130만 명이 저항했기 때문이다.[149] 1941년 가을 아테네-피레아스 도시 지역에서 구할 수 있었던 식량은 필요한 양의 4분의 1 이하였다. 비정기적으로만 공급할 수 있었던 빵 배급량은 하루 300그램에서 100그램으로 줄었다. 적십자사를 비롯한 자선단체들의 무료급식소는 100만 명이 넘는 굶주린 인구 중 15만 명만 먹일 수 있었다.[150] 기근이 다가오던 9월에 독일 점령군은 이탈리아가 그리스를 정복했으므로 책임도 이탈리아가 져야 한다는 이유로 지원을 거부했다. 이탈리아에서 식량을 얼마간 실어오긴 했으나 식량 공급과 운송의 위기에 대처하기에는 결코 충분치 않은 양이었다. 중립국에서 식량을 들여오는 방안은 영국의 해상 봉쇄로 차단되었다. 가장 취약한 사람들이 더 이상 견딜 수 없는 굶주림이나 질병으로 죽어가던 1941/42년 겨울, 아테네에서 사망률이 여섯 배 넘게 급증했다. 1942년 2월에야 대중의 강한 압박을 받은 영국 정부가 봉쇄 완화에 동의했지만, 봉쇄를 뚫고 들여온 식량을 분배할 스웨덴-스위스 구호위원회는 6월에야 설립되었고, 가을이 되어서야 마침내 유의미한 양의 식량을 입수할 수 있었다. 1942년 8월 아테네 주민의 약 80퍼센트인 88만 3000명이 무료급식소에서 배를 채웠다.[151] 식량 부족은 점령기 내내 지속되었지만 기근 위험은 1942년을 지나 1943년 들어 물러갔다. 적십자사는 1941년에서 1944년 사이에 최소 25만 명이 굶주림과 영양실조의 직간접적 결과로 사망한 것으로 추산했다.

아시아에서는 전시 동안 세 차례의 대규모 기근으로 700만 명 넘게 사망한 것으로 추정된다. 두 차례 기근은 여전히 연합국이 통제하던 지역, 즉 인도 북동부의 벵골 지역과 국민당 중국의 허난성에서 발생했고, 다른 한 차례 기근은 일본이 점령한 인도차이나의 통킹 지역에서 발생했다. 세 기근에서 기후—서리, 사이클론, 가뭄—가 일정한 역할을 했지만, 자연적 원인으로 인한 식량 손실은 대량 기아를 야기할 정도는 아니었다. 세 경우 모두 식량 부족은 전쟁으로 인한 시장 왜곡과 불균등한 분배의 결과였다. 벵골은 버마에서 들여오던 쌀 공급량이 줄어 타격을 받은 데다 1942년 소농들이 생산한 쌀을 투기꾼들이 매점매석했다. 쌀값은 1942년 11월 1몬드(37킬로그램)에 9루피에서 이듬해 5월 30루피로 껑충 뛰어, 토지 없는 가난한 노동자와 쌀 저장분을 일찍 팔아버린 농민은 쌀을 구입할 수 없었다. 인도 정부는 캘커타[콜카타]의 노동자들을 먹이기 위해 곡물을 사들이고 쌀 자유시장을 허용함으로써 상황을 더욱 악화시켰다. 벵골 지역에 기근이 닥쳤을 때 인도 정부는 상황의 심각성을 인지하지 못했고, 쌀 과잉 지역에서 쌀을 실어올 수 있었던 선박들을 일본군이 몰수하지 못하도록 묶어두거나(가용한 6만 6500척 중 3분의 2가량) 전쟁 노력을 위해 사용하고 있었다.[152] 그렇다고 다른 지방들에서 남는 쌀을 벵골을 돕기 위해 동원하지도 않았다. 당국에서 문제가 있다고 인지하는 데에는 시간이 걸렸다. 영국 총독은 인도 언론에 실린 죽거나 죽어가는 사람들의 모습에 혀를 차며 "쓸데없는 공포 이야기들"을 반박하는 선전을 요구했다. 1943년 10월에야 마침내 가용한 쌀을 배급하고 분배하는 조치가 취해졌는데, 그때까지 벵골인 270~300만 명이 죽은 것으로 추정된다.[153]

중국 중북부 허난성에서는 버마와 베트남에서 수입하던 쌀이 줄어드는 바람에 1942년 평년 수확량을 밑도는 상황이 더 악화되었다. 쟁기 끄는 황소와 남성 노동자가 줄어 허난성의 농업 생산력이 떨어지는 가운데 부유한 지주들과 투기꾼들은 곤궁한 농민들로부터 곡물을 매점매석했다. 인접 지방들은 잉여 곡물을 넘겨주지 않았고, 국민정부는 효과적인 구제책을 거의 제공하지 못했다. 1942년 10월부터 1943년 봄까지 대략 허난성 인구의 3분의 1인 200~300만 명이 죽은 것으로 추정된다. 이와 흡사한 양상이 인도차이나에서도 나타났는데, 1942년 8월 일본은 비시 프랑스 당국과 협정을 체결한 뒤 매년 최상급 쌀을 100만 톤씩 징발해갔다. 식민지 국가는 소농 수백만 명에게 곡물세를 부과했고, 물가 상승은 부유한 상인들의 사재기를 부추겼다. 통킹 인구는 1943년 말부터 1945년 여름까지 기근 혹은 기근에 가까운 여건에 직면했고 그사이에 인구의 5분의 1이 목숨을 잃었다.[154] 상술한 네 가지 주요 기근 사례에서 식량 부족은 공히 군대의 몰수, 중간상인의 탐욕, 당국의 무능 또는 무관심으로 인한 인재였다.

남성 인력과 여성 인력

재원과 식량 외에, 총력전을 위한 대중동원은 신체 건강한 민간인 노동력 전체를 동원한다는 것을 의미했다. 이 현상, 즉 승리를 거둔다는 하나의 목표에 모든 인적 자원이 이바지하는 현상이야말로 2차대전 이전에 정의한 총력전의 핵심이었다. 이 역시 지난 1차대전의 성공과 실패에 대한 인식에서 유래한 특이한 주장이었지만, 그렇다고 과장된 수사법에 불과한 것은 아니었다. 모든 교전국 정부는 목적의식을 공유하는 노동 인구 전체를 동원하려 했고, 노동 자원이 불충분할 경우(거의 어디서나 불충분했다) 고용 가능한 인구의 가장자리에서 노동의 새로운 원천을 동원하는 방법을 찾았다. 노동자는 군대와는 다른 전선에서 싸우긴 했으나 군대와 비슷한 존재로 규정되었다. 미국의 선전은 노동자가 스스로를 해외의 군인과 나란히 싸우는 '생산 군인'으로 여길 것을 요구했다. 소련의 노동법은 실제로 노동자를 군인으로 규정했다. 1941년 12월 26일의 법령은 결근을 '탈영'으로 규정하고 포로수용소 수감 최대 8년형에 처할 수 있도록 했다. 독일 노동자는 어떠한 공식적 의미에서도 군사화되지 않았지만, 게슈타포가 운영하는 가혹한 '노동교육수용소Arbeitserziehungslager'의 도입은 독일 인구에게 "전쟁에서 저마다 최대한의 노동으로 이바지"하지 않으면 그 대가를 치러야 한다는 사실을 상기시켰다.[155]

국가와 그 기관들이 노동력을 동원하고 분배하는 것 외에 다른 대안은 없었다. 노동 전략이 매우 중시되었기에 노동력을 할당하는 기관들은 사실상 절대권한을 행사했다. 대부분의 경우 이 기관들은 전쟁경제를 통제하는 여타 구조로부터 독립적이었고, 그런 이유로 노동력 할당과 생산 계획을 통합하는 과정은 수월하게 진행되는 경우가 좀처럼 없었다. 일부 경우에는 노동력 할당 제도 자체가 분할되었다. 미국에서 전국전시노동위원회National War Labor Board는 전시인력위원회War Manpower Commission와 정책을 조율해야 했다(미국에서 전쟁 노력을 위해 신설한 112개의 눈에 띄는 기관 중 두 기관이었다). 독일에서 노동부는 나치당 간부가 운영하는 두 기관, 즉 로베르트 라이의 독일노동전선, 그리고 1942년 외국인 노동자 징용을 늘리기 위해 신설한 프리츠 자우켈Fritz Sauckel의 '노동 배치 전권위원' 직책과 경쟁해야 했다. 이렇듯 양국은 통합된 노동 프로그램이 없어 생산을 최대화하려던 구상에 차질이 생겼다.

영국의 노동정책은 더 중앙집중화되었다. 노동 할당(곧 징용으로 바뀌었다)은 1939년 4월 공포한 전국징용명령과 3개월 후 공포한 국민동원명령에 따라 이루어졌으며, 두 시점 사이에 전쟁 노력을 위한 전국 노동 프로그램이 수립되었다. 노동조합 지도자 어니스트 베빈Ernest Bevin이 1940년 처칠 내각의 노동장관으로 임명된 뒤, 영국 정부는 국민복무법에 근거해 필요한 곳에 노동력을 할당하는 권한, 베빈이 내각 동료들에게 인정했듯이 "이 나라에서 전례가 없는" 수준의 집행권을 그에게 주었다.[156] 전국에 고용 등록제가 도입된 덕에 베빈은 전쟁이 진행되는 동안 인력 구조 전체를 개관하며 노동 자원을 간단하게 재분배할 수 있었다. 국가 통제에 저항하는 강한 전통이 있는 미국에서는 그런 권한이 가능하지 않았다. 좌절한 루스벨트는 노동 부족 문제를 해결하고자 1944년 1월 의회에 국민복무법안을 제출하려 시도했으나 폭넓은 저항에 부딪혔고, 결국 4월에 상원 표결에서 법안이 부결되었다. 어느 언론인은 "이 나라가 독재로 들어서지 않도록 하는" 결정이라며 표결에 환호했다. 그럼에도 전시 고용을 장려하기 위한 노동 할당 프로그램들이 있었다. 미국 전시인력위원회는 노동자들을 무려 3500만 개의 서로 다른 일자리에, 하지만 징용자가 아니라 지원자로서 배치했다.[157]

교전국들의 고용 구조는 주로 노동력이 얼마나 농업에 집중되었는가 하는 점에서 차이가 났다. 농업 집중도는 일본, 이탈리아, 소련에서 높았고, 공업과 서비스업이 노동력의 태반을 차지한 영국에서는 매우 낮았다. 고도로 산업화되고 도시화된 경제에서 핵심 문제는 산업 외부의 노동력을 흡수하기보다는 산업 내부의 노동력을 민수품 생산에서 전쟁 관련 생산으로 전환하는 것이었다. 독일의 경우, 산업노동력에서 순전히 전쟁 노력을 위해 생산하는 노동자의 비중이 1939년 22퍼센트에서 1943년 61퍼센트로, 제조업에서는 28퍼센트에서 72퍼센트로 높아졌다. 영국의 경우, 덜 필수적인 산업 부문은 노동력의 40퍼센트를 잃었고, 1943년경 산업노동력의 3분의 1이 무기를 직접 생산하는 부문에 몰려 있었다.[158] 대규모 농업 부문이 존재한 나라에서는 시골에서 노동력을 징용했고, 필요할 경우 공업에 배치했다. 일본은 전시에 징용으로 노동자 190만 명을 농업에서 빼내 군수 부문에 집어넣었다. 소련에서는 1941년 거의 50만 명의 시골 청년이 노동예비대 학교에 들어가 전시 핵심 산업들에 필요한 기술을 배웠다. 이탈리아에서는 공업노동자가 부족해 전시 동안 시골과 수공업 직종의 남성들을 훈련 프로그램에 끌어들였다.[159] 미국에서는 1940년에서 1945년 사이에 농장노동력이 거의 100만 명 줄었지만, 이른바 제1집단 산업들(군비 생산을 대부분 담당한)은 1940년 530만 명에서 3년 후 1100만 명으로 팽창하며 농장노동자뿐 아니라 소비자 부문이나 화이트칼라 부문의 노동자까지 흡수했다. 교전국들의 경제는 실업 상태이거나 불완전취업 상태인 인적 자원을 이용하는 정도에서도 차이를 보였다. 독일은 1939년 전쟁이 발발하기도 전에 완전 고용을 달성했다. 소련 역시 미고용 자원이 없다고 주장했고, 그 때문에 젊은 여성들이 암울한 조건에서 하루 10시간씩 일해야 했다. 반면에 1940년 여름 영국에는 실업자가 여전히 100만 명 있었으며, 미국에서는 800만 명 이상이 실업 상태였고 수백만 명이 단시간 노동자였다. 하지만 종전 무렵 미국에는 실업자가 없다시피했으며―취업 인구 6500만 명에 실업자 67만 명―1944년 영국의 평균 실업률은 겨우 0.6퍼센트였다.[160]

노동력 구조에 어떤 차이가 있었든 간에, 모든 교전국 경제는 전쟁이 진행됨에 따라 노동력 부족이라는 공통 특징을 보였다. 군대의 요구사항과 나머지 인구에게 적어도 최소한의 물자는 공급할 필요성 때문에 전쟁 노력을 위한 무기와 장비, 물자를 생산하는 데 투입할 수 있는 노동력의 규모는 제한되었다. 노동력이 몹시 부족하다는, 특히 숙련노동자가 부족하다는 사실은 개전 초반부터 분명하게 드러났다. 이 문제는 높은 노동력 수요에 노동자가 임금을 더 많이 주거나 조건이 더 좋은 곳으로 이직하면서 악화되었으며, 노동자를 당시 일자리에 묶어두어 노동 이동을 통제하려는 노력에도 불구하고 고용주나 공장장은 추가 노동력이 절실히 필요했기에 적절한 서류도 없이 찾아오는 노동자와 한통속이 되었다. 소련에서는 가혹한 처벌에도 불구하고 일자리로부터 '탈영'했다고 신고된 사례가 전시 동안 188만 건에 달했지만, 대다수 결근자가 다른 곳에서 새 일자리를 구하고 전쟁 노력에 계속 이바지했다.[161] 근무 중 '탈영'은 주요 고용주들이 노동자로 하여금 무단 이직을 무릅쓰도록 유도하는 방법을 찾아내고 필요한 서류를 위조해준 일본에서도 만연했다. 임금을 고정하고 1941년 도입한 국민노무수첩 제도를 통해 노동자의 이동을 통제하려던 후생성의 노력과, 4개월 후에 공포한 노무조정령을 무시한 채, 고용주들은 부당한 야미친긴闇賃金을 지급했다.[162] 당국이 법적 제재나 노동수용소로 노동자를 위협하지 않은 미국에서는 노조와 맺은 전시 합의, 즉 승인받지 않고는 이직하지 않겠다는 합의를 강제하기가 어려웠다. 무려 2500만 명의 미국인이 더 나은 일자리를 찾아 주들의 경계를 넘어 전국을 돌아다녔으며, 여기에는 북부 공업도시에서 기회를 찾는 남부 출신 흑인 100만 명이 포함되었다. 흑인 이주자에게는 편견이 따라다녔다. 군수업체들에서 흑인은 직원의 3퍼센트에 불과했는데, 고용주들이 흑인은 충분한 전문 기술을 갖추지 못했다고 주장했기 때문이다.[163]

이런 노동력 부족에는 여러 방법으로 대처할 수 있었다. 가장 간단한 방법은 노동시간을 늘리고 교대 근무를 도입하는 것이었다. 주야로 10~

12시간씩 교대로 근무하는 것이 모든 연령의 남녀 노동자 대다수에게 전시 표준이 되었다. 일본과 소련에서 노동자들은 휴일 없이 한 주 내내 일해야만 했고, 그런 탓에 대다수가 체력 소진과 질병으로 자주 쇠약해졌다. 또 당국은 소비재 부문, 수공업 부문, 서비스 부문 등 비필수 직종에서 이른바 '빗질'을 하여 노동자들을 추려낸 뒤 군 징집병과 군수산업을 위한 추가 노동력으로 재할당했다. 영국 정부는 1941년 3월에 시작한 '생산 집중' 프로그램으로 29개 산업 부문에서 기업들을 폐쇄하고 그들의 자원을 각 부문에서 가장 크고 효율적인 핵심 기업들에 재할당하는 권한을 확보했다.[164] 독일은 전시 내내 '빗질'을 했지만 최대 규모의 노동 이동은 초반 2년 사이에 이루어졌다. 독일의 대규모 수공업 부문에서 노동력의 40퍼센트가 1942년까지 전시노동으로 이동했고 그중 다수가 고령의 숙련노동자였다. 소비재산업의 남성 피고용자 수는 남자들이 군대나 군수산업으로 떠남에 따라 1940년 여름까지 50만 명 넘게 감소했다.[165]

생산의 '합리화'를 통해서도 많은 것을 달성할 수 있었다. 공장 내부를 더 효율적으로 배치하고, 특수 공작기계를 더 폭넓게 사용하고, 규모의 경제라는 관점에서 컨베이어 벨트 생산에 알맞게 설계된 더 큰 공장을 이용하는 등 여러 방법으로 투입 노동력을 줄이고 그로써 노동자 1인당 생산량을 늘릴 수 있었다. 영국과 독일에서는 국가 감독관이 공장마다 돌아다니며 나쁜 관행을 점검하고 각 부문의 우수 기업이 사용하는 방법을 채택할 것을 강요했다. 방위산업에서는 효율성이 대폭 개선되었는데, 대부분 공장노동자의 제안에 따라 개선이 이루어졌다. 독일의 경우 1941년경 3000개 기업이, 1943년경 3만 5000개 기업이 제안 제도를 시행했다. 유익한 제안을 한 노동자는 보상으로 상여금이나 추가 배급을 받을 수 있었다.[166] 잉글리시 일렉트릭 사는 1942년 4월 핼리팩스 폭격기를 생산하기 위해 대당 487명의 노동자가 필요했지만, 1년 후에는 220명만 필요했다. 1943년 독일 3호 전차 제조업체에서 컨베이어 벨트 생산을 도입한 뒤 전차 대당 인시人時가 4000에서 2000으로 줄어들었으며, 독일 항공엔진 생산의 합리화로 BMW 사의 엔진당 인시가 1940년 3260에서 1943년 1250으로 감소했다.[167] 그 결과로 전쟁 노력을 위해 가동하는 산업들에서 (1인당 생산량으로 측정한) 생산성이 현저히 증가했다. 전시 수요에 대처하고자 대량생산 방법을 널리 채택한 소련의 경우, 방위 부문에서 노동자 1인당 부가가치는 1940년에 6019루블, 1944년에 1만 8135루블이었다. 이런 수치는 모든 전쟁경제에서 되풀이해 나타났다. 그에 반해 농업과 소비재산업의 생산성은 훈련되지 않은 노동자가 동원된 인력을 대체함에 따라 전반적으로 정체되거나 하락했다.[168]

여성 동원은 남성의 입대로 인한 공백과 전시 공업 및 농업의 높은 노동 수요에 대처하는 주된 방법으로 중시되었다. 자원입대한 여성과 마찬가지로, 후방의 여성도 자신이 그저 전선으로 떠난 남성의 대용이 아니라—여성 동원에 관한 전시 서술들이 대개 이런 인상을 주긴 하지만—총력전 노력의 일부라는 것을 알고 있었다. 노동자, 투표자, 당원, 복지 자원봉사자로서의 여성은 남성 못지않게 전전 사회구조의 일부였다. 여성은 어디서나 전전 노동력 중 상당한 비중을 차지했는데, 영국과 미국에서는 비중이 낮았고(개전 초 대략 26퍼센트) 독일과 일본에서는 높았으며(각각 37퍼센트와 39퍼센트) 소련에서 40퍼센트로 가장 높았다. 전시를 거치며 영국과 미국에서는 여성 고용이 대폭 늘었지만, 다른 나라들은 추가로 고용할 만한 여성이 훨씬 적었고, 여성을 민수 생산에서 전시노동으로 재배치하거나 상점, 사무실, 농장 등에서 기존에 하던 일을 남성의 도움 없이 이어가도록 했다. 공업에서 여성을 고용하는 규모가 나라마다 상이했던 주된 이유는 이번에도 농업 부문의 성격에 있었다. 소련, 일본, 독일에서 시골 노동력은 노동인구의 3분의 1에서 2분의 1 사이였고, 그중 큰 부분이 여성이었다. 남성 대비 여성의 비율은 전시를 거치며 증가했다. 소련 집단농장 노동력에서 여성의 비율은 1941년 50퍼센트, 1945년 80퍼센트였다. 일본의 시골 노동력에서 여성의 비율은 1940년 52퍼센트, 1944년 58퍼센트였다. 독일의 시골 노동력에서 여성의 비율은 1939년 54.5퍼센트, 1944년 65.5퍼센트였다.[169] 이 여성들은 전쟁 노력에 없어서는 안 되는 존재였는데, 식량 공급이 아주 중요했으므로 그들을 공업에 재배치하기란 불가능했기 때문이다. 총력전의 맥락에서 여성 농업노동자는 여성 공장노동자만큼이나 생산 최전선의 일부였다.

영국과 미국에서 여성 동원은 수백만 명의 여성, 특히 기혼 여성이 취직하면서 노동력이 대폭 순증하는 것을 의미했다. 미국에서 여성 노동력은 1940년부터 1944년까지 520만 명 늘었으며, 그중 340만 명은 대부분 나이 든 자녀를 둔 기혼자였고 83만 2000명은 미혼자였다.[170] 문서상으로 인상적인 증가폭이긴 했으나 미국 여성 대다수는 가정에 머물렀고, 그중 상당수는 적십자사에서 자원봉사하거나 공채 분담금을 모으거나 보육을 도왔다. 전시 동안 실제로 여성 200만 명이 상근직을 떠났고, 많은 여성이 자기 사정에 따라 취업과 실업을 택했으며, 여성 노동력의 5분의 1만이 제조업에서 일했다. 남성의 빈자리를 채운 여성 대다수는 사무실, 은행, 상점, 연방 행정기구에서 일자리를 구했다.[171] 미국 정부는 여성을 징용하는 모든 방안에 반대했다. 처음에 남성 경영자들은 군대와 마찬가지로 전시노동으로 들어오는 여성의 물결에 미지근한 반응을 보였다. 그러다가 방산기업에서 여성을 채용해 훈련시킬 필요성이 생기고 나서야 남성 경영자들은 차츰차츰 여성에 대한 편견을 극복해갔다.

여성들은 곧 다수의 남성들보다 더 믿을 만한―성실하고 조직적이고 솜씨 좋고 참을성 있는―노동자인 것으로 밝혀졌고, 1942년부터 점점 더 많은 인원이 전시노동에 채용되었다. 어느 항공기산업 임원은 기자에게 "남자는 집어치우고 여자를 주세요"라고 말했다.[172] 이 단계에서 여성은 캘리포니아에 새로 지은 대형 항공기 공장들, 즉 덜 숙련된 여성 노동자를 배려하고 육체적 부담을 줄이기 위해 대량생산 공정을 적용한 공장들 중 일부에서 노동력의 절반 이상을 차지했다.[173] 이와 흡사한 양상이 영국에서도 나타났다. 전시 첫해 영국에서 추가로 채용한 여성 노동자는 총 32만 명에 불과했는데, 군수공장 고용주들이 남성과 함께 일하려면 훈련을 받아야 하는 여성을 떠맡기를 꺼린 데다 대체로 남성 노동자들이 이른바 노동력의 '희석'에 분개했기 때문이다. 여성 피고용자 수는 1939년 620만 명에서 1943년 770만 명으로 증가했지만, 미국에서처럼 새로 취직한 여성 대다수는 화이트칼라 직업에서 남성을 대체하는 편을 선호했다. 전시 노동 수요에 대처하고자 영국 정부는 1942년과 1943년에 제한적 징용을 도입했다. 먼저 1942년에 젊은 여성 미혼자와 자녀 없는 과부를 징용했고, 1943년에 자녀 없는 기혼자를 징용했다. 여성 공장노동력 대다수는 이미 민수산업에서 일하고 있던 여성들을 군장비를 생산하는 공장에 재배치하는 방식으로 확보했다.[174]

여성 노동력 재배치는 독일과 소련 경제의 특징이기도 했다. 재배치 전에도 두 나라에서는 노동하는 여성의 비율이 매우 높았는데, 개전 초기 비율이 민주국가들이 전쟁 종반에 도달한 비율보다도 높았다(표 4.3을 보라). 독일에서 15~60세 여성의 참여율(즉 고용률)은 1939년에 벌써 52퍼센트였던 데 비해 전시 미국의 최고치는 36퍼센트, 영국의 최고치는 45퍼센트였다.

소련의 경우 국제 기준으로 볼 때 모든 직군에서 여성의 참여율이 이례

표 4.3 내국인 노동력 중 여성의 비율, 1939~1944 (단위: 퍼센트)

	1939	1940	1941	1942	1943	1944
영국	26.4	29.8	33.2	36.1	37.7	37.9
미국	–	25.8	26.6	28.8	34.2	35.7
소련 I	–	38.0	–	53.0	57.0	55.0
소련 II	–	–	52.0	62.0	73.0	78.0
독일	37.3	41.4	42.6	46.0	48.8	51.0
일본	–	37.8	–	42.0	–	–

(소련 수치: I = 모든 공공 부문 피고용자; II = 집단농장 노동자)

적으로 높았다. 예컨대 산업노동력에서 여성의 비율은 1940년 41퍼센트, 1943년 53퍼센트였고, 전전 운송노동력에서 21퍼센트였던 여성의 비중은 1943년 40퍼센트였다. 독일과 소련은 여성 노동자의 절대 수를 늘리는 방법보다는 공장을 개조하거나 비필수 기업을 폐쇄하는 등 민간업체를 방산업체로 전환하는 방법으로 전시 동안 대부분의 추가 여성 노동자를 확보했다. 소련에서 여성은 징용되었고 노동하지 않는 여성은 너무 늙거나 아프거나 육아 부담을 지는 이들이었다.

독일 정권은 여성 인구 전체를 징용하는 방안을 생각해보았으나 결국 젊은 미혼 여성을 모집하고 자녀를 둔 기혼 여성에게 6~7시간의 반半교대 근무를 독려하는 방안에 의존했다. 미혼 여성은 노동하는 것 외에 다른 실질적 선택지가 없었고, 기혼 여성은 이미 노동하고 있던 1480만 명 외에 1944년까지 추가로 350만 명이 취업을 택했다. 또 여성 수백만 명은 민방위와 응급처치 또는 당 복지조직에서 자원봉사를 했다. 독일 정권은 1944년까지 마침내 내국인 노동력 중 51퍼센트 이상을 여성으로 채우는 데 성공했으나 연합군의 폭격작전 때문에 여성과 어린이 수백만 명을 시골로 보내야 했으며, 그로써 어머니들이 유익한 전시노동에 종사할 전망이 사라졌다. 1945년 일본이 맹폭격을 당할 무렵, 여성은 주로 농업과 상업에서 국내 노동력의 42퍼센트를 담당하고 있었다. 일본은 1941년 16~25세 청년 여성에 대한 징용을 도입해 100만 명을 동원했고, 1943년 9월 14세와 15세 소녀에게로 징용을 확대해 300만 명을 더 동원했다. 심지어 광산 노동에도 여성을 투입해 전시 동안 여성 피고용자 수가 두 배로 늘었다.[175]

전쟁 노력을 위해 여성 수백만 명이 채용되었다고 해서 성차별이 끝나거나 성평등이 증진되었던 것은 아니다. 감독관 또는 관리자 역할을 맡거나 가장 숙련된 작업을 수행한 여성은 거의 없었다. 화이트칼라 직종의 여성은 보통 저임금 사무직, 비서직, 서비스직에 종사했다. 수공업자, 현장 주임, 숙련노동자로 분류된 미국 여성 노동자의 비율은 전시 동안 2.1퍼센트에서 4.4퍼센트로 올라가는 데 그쳤다. 1944년 여성과 남성의 평균 주급은 설령 거의 똑같은 업무를 할지라도 각각 31달러와 55달러였다. 영국에서 여성의 평균 임금률은 여전히 남성의 절반에 불과했다.[176] 어른 및 청소년 여성의 노동조건은 수년간 견딜 수 있는 수준을 넘어서는 경우가 많았으며, 엘리자베타 코체르기나를 비롯한 소련 여성 노동자 수백만 명은 그런 조건에서 육체적으로 무너질 때까지 연속 노동을 강요당했다. 주로 남성 고용에 익숙하던 기업들은 대개 여성용 화장실이나 의료시설을 더디게 제공했고 여성이 10시간 교대 근무를 감당할 것으로 기대했다. 여성이 탈진이나 질병, 가정 문제로 평균보다 높은 결근율을 보이자 여성에 대한 남성의 편견은 더욱 강해졌다. 많은 여성이 육아에 대처하고, 배급품을 구하고, 노동을 마친 뒤 잠자리에 들기까지 남는 시간 동안 집안일을 끝내느라 남성보다 더 심한 압박에 시달렸다. 이런 이중 책무를 완화하기 위해 국가는 탁아소를 제공했다. 1944년경 독일 탁아소에는 유아 120만 명이 있었고, 미국에서는 정부가 보육시설 제공을 국가의 책무로 여기기를 꺼렸고 실제로 수용한 아동이 13만 명에 불과하긴 했지만, 3만 개 이상의 탁아소가 설립되었다. 언론은 어린이의 욕구에 무관심한 직원들이 형편없이 운영하는 수많은 탁아소를 조명했으며, 그 결과 일하는 어머니 중 일부가 자녀를 탁아소에 보내지 않고 가정에 놔두는 편을 택해 '맞벌이 부부 자녀'의 곤경에 대한 전국적 논쟁과, 방치에 원인이 있다는 청소년 비행의 물결을 유발했다.[177]

'신질서' 제국들에게는 착취할 수 있는 한 가지 노동 자원이 더 남아 있었다. 정복지에서 대부분 강제 방식으로 노동자를 모집해 내국인 노동력의 공백을 메울 수 있었던 것이다. 또한 수백만 명이 점령지대의 정복군을 위해 건설 현장과 농장, 공장에서 일하거나 도로와 철도를 부설했다. 유럽에서는 2000만 명이 독일의 명령에 따라 노동했던 것으로 추정되며, 일본의 아시아 신제국에서도 얼마인지 모를 수의 노동자가 동원되었다. 대거 징용된 중국 노동자들은 만주, 내몽골, 한국, 일본 본토에서 일본의 전쟁 노력을 위해 일했다. 1942년부터 1945년까지 중국인 약 260만 명이 사실상 노예로 붙잡혀 열악한 조건에서 급여도 없이 일했다.[178] 일본 식민지 한국의 노동자들은 그나마 형편이 조금 나았는데, 일본의 전시 수요에 부응하고자 한반도에 산업시설을 세우고 있어서 현지 노동력 수요가 높았기 때문이다. 1933년에는 공업, 건설, 운송 부문에서 일하는 한국인이 21만 4000명에 불과했지만, 1943년경에는 제조업 부문의 40만 명을 포함해 175만 명이 일하고 있었다. 거의 모든 한국인이 최하위 노동 등급으로 분류되었지만, 군수생산에 대한 수요로부터 이익을 얻는 한국인 엔지니어와 사업가가 늘어나기도 했다.[179] 다른 한국인들은 운이 더 없었다. 강제노동 계획은 일본 식민지들로도 확대되었고, 종전 때까지 일제 산업노동력의 4분의 1에 달하는 한국인 240만 명이 한층 더 열악한 여건의 일본 공장과 광산에서 일한 것으로 추정된다.[180]

독일 전쟁경제는 일본 전쟁경제보다 훨씬 규모가 컸고 그런 이유로 노동력이 더 절실하게 필요했다. 전시를 거치며 독일은 노동력에서 비독일인의 비중을 점점 늘려나갔다. 1944년 말 독일과 병합 지역들—이른바 '대독일'—에서 외국인 820만 명이 내국인 노동자 2800만 명과 나란히 일하고 있었다. 전시를 통틀어 외국인 노동자, 전쟁포로, 노동수용소 수감자 1350~1460만 명이 독일 제국의 인력 풀에 이바지한 것으로 추정되며, 이는 1944년경 민간인 노동력의 5분의 1 이상이었다.[181] 외국인 노동력은 여러 국적을 망라했으며, 히틀러 정권은 그들을 별개의 범주들로 조직하고 서로 다른 방식으로 대했다. 외국인 노동력 중 소수는 자원자였다. 1939년 봄 독일에는 대규모 재무장 덕에 생긴 취업 기회와 더 높은 소득에 반응한 외국인 노동자가 벌써 43만 5000명 있었다. 그중 다수는 장차 1년 내에 독일군에 정복될 인접국들 출신이었다. 외국인 노동력 중에서는 독일의 동맹 이탈리아에서 이주한 노동자의 비중이 높아 1941년경 총 27만 1000명에 달했다.[182] 1940년 네덜란드와 프랑스 정복 이후 상당한 규모의 추가 자원자들, 대략 10만 명의 네덜란드 노동자와 18만 5000명의 프랑스 노동자가 국경을 넘어와 독일 기업들에서 일했다. 1939년 폴란드로부터 병합한 지역들에서는 대략 300만 명의 폴란드인이 독일 제국을 위해 일했다.[183] 이 자원노동자 대다수는 제한된 의미로만 자원자였다. 피점령국들에서 생산량이 감소함에 따라 실업률이 높아지자 노동자들은 경제 사정상 부득이 독일 내에서 일자리를 구해야 했다. 무솔리니는 히틀러에게 독일로부터 필수 전쟁물자를 공급받는 대가로 이탈리아의 이주노동자를 독일로 보내겠다고 약속했다. 그런 다음 파시스트 관료들에게 이탈리아의 농업과 공장 노동자를 독일로 보낼 것을 독려하거나 강요했다. 두 독재자가 맺은 전시 합의에 따라 이탈리아 정부는 독일로 간 노동자가 본국에 남은 가족에게 송금할 임금을 지원해야 했다. 독일 경제는 노동력을 얻었을 뿐 아니라 임금을 전액 지불하는 부담을 피할 수도 있었다.[184]

전쟁포로의 노동 착취도 마찬가지였다. 1929년 소련과 일본을 제외한 모든 교전국이 비준한 제네바 협약은 전쟁 노력과 직접 관련된 부문들에서 포로 노동의 사용을 제한했다. 독일 측은 영국군과 미군 포로를 상대로 이 제약을 거의 엄격하게 준수했다. 또 1939년 독일로 데려온 폴란드 포로 30만 명에게도 처음에 이 제약을 적용하여 제네바 협약에서 허용하는 독일 농장의 노동에 투입했다. 9개월 후 독일 육군은 프랑스 전쟁포로 160만 명을 잡았는데, 3분의 1이 농업노동자였다. 독일은 100만 명 이상을 독일 내에 붙잡아두고 그 절반을 폴란드 포로처럼 독일 농업에 투입했다. 그렇지만 산업 부문에서 노동력 수요가 증가하자 독일은 전쟁포로 제약에서 벗어날 방법을 찾았다. 독일은 폴란드 국가가 이제 존재하지 않는다고 간주하고서 전쟁포로에게 민간인 신분을 부여하여 제네바 협약에 반하는 작업에 부릴 수 있다고 주장했다. 프랑스 포로의 경우, 국제법의 제약을 피하기 위해 1943년 4월 '전환' 포로라는 특별한 범주를 새로 만들었다. 프랑스에서 독일로 노동자를 한 명 보내면 독일에서 노동자가 되겠다고 자원하는 프랑스 전쟁포로 한 명을 '민간 노동자'로 분류해 산업 부문에서 일하고 정기 급여를 받을 자격을 부여하는 정책이었다. 1944년 중반까지 프랑스 포로 22만 2000명가량이 이 정책에 편승했다.[185]

동유럽과 남유럽에서 붙잡힌 포로의 경우에는 사정이 크게 달랐다. 소련이 제네바 협약을 비준하지 않았으므로 소련인 전쟁포로에 대해서는 법적 문제가 전혀 없었다. 대다수 포로는 독일-소비에트 전쟁 첫해에 죽거나 살해되었으며, 히틀러는 주저한 끝에 대독일 내 소련 포로를 부리는 데 겨우 동의했다. 독일에 남은 소련 포로의 수는 많지 않았는데―1944년 8월경 독일에서 일하는 소련 전쟁포로는 63만 1000명이었다―대다수 포로가 동부에서 독일군과 점령 당국을 위해 일했기 때문이다. 제네바 협약은 1943년 9월 이탈리아가 항복한 이후 이전 동맹국 독일에 포로로 잡힌 이탈리아 군인도 보호해주지 않았다. 독일 제국으로 강제 이송된 이탈리아인 60만 명은 전쟁포로가 아닌 '군인 피억류자Militärinternierte'로 분류되어 어떤 종류의 노동에든 부려질 수 있었다. 독일 당국과 대다수 국민으로부터 추축국 대의의 배신자로 낙인찍힌 이탈리아인 피억류자들은 부실한 식사와 열악한 숙소를 제공받았고 일할 때면 구박과 괴롭힘을 당했다. 종전 때까지 4만 5600명이 억류된 상태에서 사망했다.[186]

1942년에 이르러 자원자 이주나 전쟁포로 활용으로는 부족한 노동력을 메울 수 없게 되었다. 1942년 봄 독일 정권은 점령지 도처의 주민을 징용해 독일로 데려오는 방침을 택했다. 이 변화의 시작을 알린 사건은 1942년 3월 튀링겐 대관구장 프리츠 자우켈이 '노동 배치 전권위원'으로 임명된 일이었다. 독일은 이미 폴란드 인구를 상대로 강제노동을 시행하고 있었고, 1941년 말 독일 내에서 100만 명이 넘는 폴란드인이 대부분 농업과 광업에서 일하고 있었다.[187] 자우켈의 임무는 확장 중인 군비 부문을 위해 더 많은 노동자를 찾아내는 것이었다. 이 구상은 서부 점령지보다 동부 점령지에서 실행하기가 더 쉬웠다. 1941년 12월, 15~65세의 모든 남성과 15~45세의 모든 여성에게 노동 의무를 지우는 제도가 도입되었다. 웃으며 독일행 열차에 오르는 우크라이나인과 벨라루스인의 사진이 자발적인 동참을 독려하는 데 사용되었다. 그러나 독일로 가겠다는 자원자는 별로 없었으며, 1942년 봄부터 주기적으로 소비에트 청년 남녀를 일제히 체포해 노역을 강제했다. 이 조치는 대부분 독일 당국이 원하는 노동자 수를 할당받은 지역별 부역자들이 수행했는데, 노동자를 공급하는 데 필요한 방법이라면 무엇이든 자유롭게 구사할 수 있었다. 첫해에 148만 명이 독일로 실려갔지만 30만 명은 너무 늙거나 아프거나 임신했다는 이유로 돌려보내졌다. 이런 일제 체포는 수년간 계속되었다. 1944년 8월경 독일 내에 소비에트 노동자가 210만 명 있었고, 그중 여성의 비중이 절반을 조금 웃돌았다. 그들은 모두 동부노동자Ostarbeiter를 뜻하는, 눈에 잘 띄는 'O'자를 꿰매어 붙인 완장을 차야만 했다.[188]

서유럽과 남유럽에서 독일은 정복한 기존 국가들을 제거하지 않은 탓에 노동자를 징용하는 데 더 애를 먹었다. 독일은 도시 비시에 근거지를 둔 페탱 원수의 정부를 상대로 프랑스 노동자 징용에 대해 협상해야 했다. 1942년 6월, 자우켈은 프랑스 총리 피에르 라발과 노동자 15만 명을 독일 산업에 제공하기로 합의를 보았다. 라발은 여전히 독일의 승리를 희망하고 있었고, 독일에서 2년간 일하게 될 노동자들을 강제로 등록하고 배치하는 권한을 프랑스 노동 당국에 부여하기로 했다(교환relève 계획〔프랑스 징용자 3명이 독일로 일하러 가면 프랑스 전쟁포로 1명을 석방하는 3대 1 교환 방식으로 프랑스 노동력을 독일에 제공한다는 계획〕). 다만 이 정책을 강제하기 어렵다는 것이 밝혀지자 프랑스 국가는 1943년 2월 의무노동제Service du travail obligatoire: STO를 도입해 20~50세의 모든 남성에게 프랑스 아니면 독일에서 독일 측을 위해 노동할 의무를 지웠다. 1944년까지 프랑스 노동자 약 400만 명이 순전히 독일 점령군을 위해 일했으며, 1942년부터 1944년까지 네 차례 시행한 이른바 '자우켈 조치'('모집' 운동)로 독일로 이송된 프랑스 남녀가 72만 8000명에 달했다.[189] 네덜란드와 벨기에에서도 대략 50만 명 넘게 이 '조치'에 걸려들었다. 이탈리아가 연합국에 항복한 뒤, 1943년 9월 자우켈은 로마를 찾아 당시 독일군이 점령하고 있던 반도의 3분의 2에서 비슷한 프로그램을 시행할 것을 요구했다. 그의 목표는 이탈리아 노동자 330만 명을 더 얻어내는 것이었지만, 이탈리아가 전투를 포기했을 때 독일에서 오도 가도 못하게 된 이탈리아 군인 피억류자들과 10만 명의 자원 이주자들에 보탠 노동력은 결국 6만 6000명에 불과했다.[190] 이 무렵 각 지역의 주민들은 독일의 징용이 무엇을 의미하는지 알고 있었다. 이탈리아와 프랑스에서 청년 남녀는 가정을 떠나 레지스탕스 운동에 가담하거나 징용을 피할 다른 방법을 찾았다. 나중에 '조치'의 성과가 떨어지고 국내전선이 맹폭격을 당하자 독일은 정책을 바꾸었다. 이제 징용 권한을 중앙에서 점령 지역들로 분산했으며, 그 결과 독일에서 일하도록 징집되는 노동자의 수가 줄어들었다.

외국인 노동자들의 조건은 집단별로 달랐지만, 최악의 경우 노동을 강요당한 이들의 전시 사망률이 18퍼센트에 달할 정도로 충분히 힘겨운 여건이었다.[191] 서유럽에서 온 노동자들은 적어도 전시 마지막 해에 식량 부족이 만연하기 전까지는 독일 국내와 비슷한 수준의 식량을 배급받는 등 형편이 나은 편이었다. 통설과 달리 그들은 노예노동자가 아니었고 정기 급여를 받았다. 그들은 특별세와 식사 및 주거 비용을 공제하고 1주일에 평균 32마르크가량을 받았다―독일 노동자의 평균 급여는 43마르크였다. 또한 병에 걸리거나 사고를 당했을 경우 독일 노동자와 동일한 복지 혜택을 누렸다. 이용 가능한 편의시설 및 상점과 관련해 그들은 출입 제한과 통제를 받았고, 규율이나 계약을 위반했을 시 독일 노동자와 똑같이 가혹한 규제에 시달렸다. 다만 비행을 되풀이하는 자는 강제수용소에서 생을 마칠 수도 있었다.

동부 노동자들의 조건은 딴판이었다. 그들은 대개 작업장에서 가까운 조잡한 야영지 막사에서 지냈고, 엄격한 이동 규제를 받았으며, 하루 10시간에서 12시간씩 일하고도 저급한 식사와 숙소 비용을 공제하고 나면 1주일 급여가 고작 6마르크였다. 동부에서 온 노동자는 소련에 남은 노동자에 비하면 조건이 한결 나았을 테고 규율에 별반 차이가 없었음에도, 처음에는 독일 노동자나 서유럽 노동자와 비교해 생산 성과 면에서 한참 뒤처졌다. 1942년 외국인 노동자들을 조사한 바에 따르면, 프랑스 노동자(이 시점까지는 대부분 자원자였다)의 생산성 기록은 독일 노동자의 85~88퍼센트였던 데 비해 러시아 노동자는 불과 68퍼센트, 폴란드 노동자는 더 낮은 55퍼센트였다.[192] 그러다가 곧 식량 공급을 개선하고 임금을 높이는 방법으로 생산성을 향상시킬 수 있다는 것이 밝혀졌다. 동부 노동자의 급여는 1942년 1주일 평균 9.8마르크로 올랐고, 1943년 평균 성과를 달성하는 노동자는 14마르크를 받았다. 가장 성과가 좋은 동부 노동자는 여성이었으며, 곧 다수의 여성이 무기와 군장비 생산에 배치되었다. 자우켈은 소련 여성 모집에 열을 올렸는데, 그가 보기에 그들이 산업 노동 현장에서 건강한 체력을 보여주었기 때문이다. 1943년 1월 자우켈은 독일 관료 청중에게 "그들은 10시간을 버틸 수 있고 남성의 각종 노동도 할 수 있습니다"라고 말했다. 노동을 시작한 뒤 임신했을 경우 그들은 낙태를 하거나 아기를 어느 가정에 맡겨야 했고, 출산 후 곧장 공장으로 복귀해야 했다.[193] 1944년경 그들의 생산성은 독일 노동자의 90~100퍼센트로 평가되었다. 주로 건설업과 광업에 투입된 소련 남성 노동자는 독일 노동자의 80퍼센트 수준을 달성할 수 있었다.

모든 조사는 남유럽 출신 노동자, 그중에서도 그리스 강제노동자는 이만큼 성과를 낼 수 없다는 것을 보여주었다. 어디서든 그들의 생산성 수준은 독일 수준의 30퍼센트에서 70퍼센트 사이에 머물렀다. 건설 현장에 투입된 전쟁포로 중에서는 영국 포로가 독일 노동자 생산성의 절반을 밑도는 가장 낮은 성과를 보였다.[194] 이런 경우의 느린 노동과 규율 결여에는 대개 노동 강제와 외국인에게 적용하는 가혹한 제도에 대한 반발심이 반영되어 있었다. 그럼에도 비독일인의 노동은 반드시 필요했다. 외국인 노동력을 더 뽑아내고자 독일노동전선은 노동심리연구소에 의뢰해 그들 50만 명의 적성검사를 실시하고 각자의 능력에 맞는 직무에 배치했다. 이 프로그램은 산업 노동에 투입된 쇠약한 강제수용소 수감자에게까지 확대되었는데, 노동 현장에서 그들의 생존 기간은 불과 몇 주에 그치기도 했다.[195] 모든 외국인 노동자는 독일 노동자보다 더 쉽게 통제할 수 있었으며, 특히 여성 노동자가 높은 비율로 규율에 잘 따랐다. 쾰른의 포드 사 공장에서 일일 평균 결근율은 독일 노동자의 경우 1944년 25퍼센트에 달했으나 외국인 노동자의 평균 결근율은 3퍼센트에 불과했다.[196] 1944년 8월경 외국인 노동자는 시골 노동력의 46퍼센트, 전체 광부의 34퍼센트, 전체 산업노동자의 25퍼센트를 차지했다.[197] 군비 부문에서 노동력의 3분의 1은 외국인 노동자였는데, 먼저 침공해 그들을 그런 처지로 만든 국가를 위해 군장비를 생산해야만 했다.[198]

1944년에 외국인 노동자 징용이 차츰 줄어들고 저항과 회피가 확산되자 독일 당국은 강제수용소 체계에서 공급하는 노동자 수를 늘렸다. 독일 수용소 체계의 수감자 수는 1942년 8월 11만 5000명이었으나 1944년 8월 52만 5286명, 1945년 1월 71만 4211명으로 증가했다. 이 단계에서 수감자들은 거의 전부 비독일인이었다―레지스탕스 투사, 정적政敵, 반항하는 외국인 노동자, 그리고 추방과 절멸수용소의 대량 살인에서 살아남은 유대인 등이 섞여 있었다. 1942년 봄, 하인리히 힘러의 친위대는 수용소의 노동 자원과 유대인 추방자를 더 철저히 착취하고자 경제행정본부SS-WVHA를 설립했다. 그리고 죽음의 수용소로 추방했던 유대인 가운데 청년 남녀를 중심으로 5분의 1가량을 노동 자원으로 선발했다. 이 수감자들은 사실상 노예노동자였고, 친위대 기업에서 노동력으로 쓰이거나 독일 기업 수백 곳에 소규모로 고용되었다—그 대가로 독일 기업들은 재무부에 숙련노동자 1명당 하루 6마르크, 비숙련노동자 1명당 하루 4마르크를 지불했다.[199] 종전 무렵 수천 곳의 수용소가 독일 곳곳에 있었으며, 줄무늬 죄수복을 입은 지치고 수척한 수감자 대열이 독일 간수에게 곤봉으로 맞거나 괴롭힘 혹은 살해를 당하는 것이 익숙한 광경이었다. 불운한 수감자로부터 노동력을 최대한 뽑아내는 것이 목표였음에도 독일은 수용소 여건을 일부러 극악하게 유지했다. 이는 총력전을 잔인하게 패러디하는 격이었다.

사다리의 맨 아랫단에는 노동 동원의 유대인 피해자가 있었다. 독일 노동 당국이 운영하는 유대인 강제노동 프로그램은 일찍이 1938년에 도입되었다. 유대인 남성은 강제노동 명부에 등록해야만 했다. 1939년 여름 2만 명의 유대인이 주로 독일 내 건설 현장에서 분절적인 단위에 속해 일하고 있었고, 1941년경 독일 수용소와 보조수용소—일부 보조수용소는 한 번에 소수의 노동자만 수용했다—의 광범한 연결망에 수감자 5만 명이 있었다. 이런 패턴은 독일 점령하의 폴란드에서도 나타났는데, 유대인 약 70만 명이 친위대 관할 수용소 체계와 별도로 운영되는 강제노동 프로그램에 따라 일하고 있었다.[200] 그들은 그 시점까지 수감자가 아니었지만, 1941년 친위대가 노동 행정 당국으로부터 유대인 강제노동 프로그램을 넘겨받았다. 친위대의 광범한 수용소 체계는 격리 노동 인력을 흡수하는 한편 절멸수용소에서 곧장 처형하지 않고 노동을 시킬 유대인을 선별했다. 노동력이 부족했기에 독일은 1943년 초까지도 대독일과 폴란드에서 대략 40만 명의 유대인에게 노동을 시켜야 했다. 경제적 압박 때문에 대개는 유대인에게 당장 죽을 정도의 노동을 강제하진 않았지만, 독일은 다른 수감자나 의무노동자의 노동조건보다 유대인의 노동조건을 의도적으로 더 나쁘게 유지했다. 독일이 불구대천 원수로 여기는 유대인 남녀로부터 마지막 한 방울까지 노동력을 짜내는 동안 그들은 영양실조와 질병으로 서서히 죽음을 맞았다. 온갖 형태의 강제노동과 노예노동으로 인한 사망자 수를 정확히 추산하기는 어렵지만, 친위대 수용소 체계의 노동자는 기대수명이 채 1년도 못 되었다. 사망한 노동자 추정치 270만 명 중 대다수는 수용소 체계의 수감자였고, 그중 상당수가 유럽 도처에서 끌려온 유대인이었다.[201] 이런 수준의 사망률은 인종주의적 우선순위와 전시의 경제적 필요성 사이에서 갈등하던 독일 정권의 총력전에 비합리적 한계가 있었음을 보여주었다.

수감자의 노동력을 착취하는 소련의 방식도 동일한 역설을 보여주었다. 전전 10년간 처음 설립된 59개 굴라크 강제수용소의 전국망에서, 아울러 69개 지방 수용소와 강제노동 교화소에서는 장기간 노동을 강요했다. 전시 동안 심신이 쇠약해지는 혹독한 조건에서 수감자의 약 3분의 2는 산업계에서 일하고 나머지는 광업과 임업에서 일했다. 수용소 당국은 노동력을 최대한 짜내고 '노동일 손실'을 최소화하라는 지시를 받았지만, 전시 동안 식량 부족, 최대 16시간에 달하는 일일 노동, 최소한의 보건 때문에 평균적으로 수감자의 3분의 1가량은 병약하거나 더 이상 노동하지 못하거나 사망한 상태였다.[202] 스탈린은 수감자가 전쟁 노력을 위한 노동을 회피하지 못하도록 그들의 생산 성과를 직접 감독하곤 했다. 수감자가 스스로 정한 기준에 미달하면 서서히 식량을 줄였고, 노동 일정상의 성과를 웃돌면 휴식과 추가 배급으로 보상해주었다. 수감자가 너무 병약해지면 아직 착취할 만한 노동력을 지닌 다른 노동자가 들어올 수 있도록 수용소에서 내보냈다. 1943년 4월 소련 정부는 '독일 파시스트 악당, 첩자, 모국 반역자와 그 공범을 처벌하는 조치에 관한' 명령을 공표하고 중노동 수용소(카토르가katorga)를 설립했다. 이곳 수감자들은 육체적으로 가장 힘겨운 장소에서 휴일도 없이 기온이 어떻든 간에 더 오랫동안 일해야 했다. 독일 노예노동 체계의 유대인과 마찬가지로 그들은 문자 그대로 죽을 때까지 일하며 노동자가 절실히 요구되는 소련의 전쟁 노력에 마지막 기운까지 바쳐야 했다. 1941년 1월부터 1946년 1월까지 수감자 93만 2000명이 죽었으며, 이 수치는 총력전을 위해 노동력을 뽑아내는 데 전념한 수감 제도의 근본적 비효율성을 입증하는 증거다.[203]

항의와 생존

남성과 여성 인력의 노동조건은 나라별로 아주 달랐다. 미국과 영국에서(영 제국 전역에서는 아니었지만) 노동자는 적당한 전시 생활수준을 누렸고, 임금과 저축액을 늘렸으며, 전쟁이 진행될수록 여건이 나아졌고, 원한다면 노조에 가입할 수도 있었다. 반면에 (수감자와 강제노동자를 포함한) 독일 노동자는 더 적게 먹었고, 노조의 보호를 받지 못했으며, 도시 폭격이 시작된 이후 여건이 급격히 악화되었다. 소련과 일본에서 노동자는 전시 내내 영양 부족, 긴 노동시간, 혹독한 감독, 급속히 악화되는 생활수준 같은 문제에 직면했다. 소련 첼랴빈스크 시의 노동자들은 난방이 부족한 여건에서 살을 에는 듯한 추위, 안전의식이라곤 없는 공장 환경, 끊임없는 처벌 위협을 견뎌야 했다. 신발이나 부츠도 신지 못한 채 일하던 소녀들은 추위와 동상으로 발에 물집이 생기고 상처가 곪아가곤 했다.

이런 폭넓은 경험의 스펙트럼에서 어디쯤에 있든 간에 노동자와 소비자는 한 가지 중요한 것을 공유했다. 그들은 몇 주나 몇 달이 아니라 몇 년간, 언제 끝날지 기약도 없이 가혹한 노동 제도, 긴 노동시간, 끊임없는 결핍에 대처해야 했다. 총력전 동원을 위해 평소라면 민간 경제에 공급되었을 자원이 점점 더 전쟁 노력에 사용됨에 따라 민간인은 이례적인 압박을 받게 되었다. 그들이 어떻게 대처했는지 쉽게 설명할 수는 없으며, 각양각색이던 정치체제, 사회구조, 경제체제를 왜곡 없이 설명하기란 확실히 어렵다. 수백만 명에게 총력전은 곧 생활방식이 되었다. 노동자는 한동안 애국심이나 적에 대한 증오심으로 버텼을 테지만, 이런 마음은 그들이 더 오랫동안 버틴 동기를 충분히 설명해주지 못한다. 승리 또는 패배의 전망은 분명 노동자에게 일정한 영향을 주었다. 예컨대 독일과 일본의 인구는 군사적 붕괴가 임박하자 억세게 버틴 반면에 영국과 미국의 국민은 1944년 승리가 다가올수록 사기 저하의 징후를 보였다.

더 유익한 길은 대다수 노동자를 국가의 선전에 넘어가 전쟁 노력과 자신을 완전히 동일시한 존재가 아니라 임금노동자로서 저마다의 관심사에 따라 움직인 존재로 이해하는 것이다. 전쟁은 노동자에게 완전고용, 추가 소득을 얻을 기회(심지어 소련에서도 기준 이상으로 생산한 노동자는 추가 수급과 여타 특혜를 얻었다), 언젠가 평시 지출을 회복할 때를 대비해 저축할 가능성, 새로운 기술을 배워 임금 사다리를 올라갈 기회, 또 여성 노동자의 경우 전전보다 더 많은 임금을 받아 독립할 전망 등을 제공했다. 한 가지 사례를 들어 노동자들이 그들 자신의 관점에서 동원을 얼마나 합리화했는지 보여줄 수 있을 것이다. 1943년 한 스웨덴 사업가는 함부르크의 항만 노동자들을 인터뷰해 그들이 정치적으로 거의 동조하지 않는 정권을 위해 노동을 지속하는 동기가 무엇인지 알아내려 했다. 인터뷰에 응한 노동자들은 대공황기의 실업과 고난을 또다시 겪고 싶지 않기에 독일의 승리를 위해 열심히 일한다는 점에서 모두 같은 의견이었다. 연합국이 승리하면 독일이 쪼개지고(실제로 그렇게 되었다) 자신들이 빈곤해질 것이라고 그들은 주장했다. 무엇보다 독일 노동자들은 '등뒤에서 찔러' 군대를 배신했다는 비난을 두 번 다시 듣지 않으려 했다. 영국이 전시 마지막 해에 정치적 선전을 통해 독일 노동자가 독재정에 반발하도록 부추기려 했지만, 1945년 초 루르-라인란트에서 몰래 빼낸 보고서들이 확실하게 알려주었듯이 그들에게는 1918년의 사태를 되풀이할 의지도 능력도 없었다. 어느 보고서는 "나치 독일에는 혁명적 상황도, 지도부도, 조직도 없다"고 전했다. 그들은 패전 후 새로운 독일이 건설되기를 기다리고 있었다.[204]

질문을 거꾸로 뒤집을 수도 있다. 후방 인구가 자신들이 겪는 다년간의 전쟁과 고난에 항의할 가능성은 얼마나 있었을까? 모든 전시 정부는 바로 그렇게 항의하는 사태를 피하고자 했다. 그렇지만 2차대전 기간에 노동자의 쟁의는 그들이 경험한 사회경제적 조건과 역관계로 일어났다. 전시 여건상 그나마 덜 힘겨웠던 미국과 영국에서는, 일찍이 전시 초기에 노동조합들이 정부가 노동자 이권을 존중한다면 파업 활동을 유예하고 정부에 협력하기로 합의했음에도, 노동쟁의가 자주 발생했다. 영국에서는 매년 무단 파업 활동으로 잃어버린 근로일수가 평균 180만 일에 달했다. 조업 중단은 비록 90퍼센트가 1주일 미만이긴 했으나 1940년 940회에서 1944년 3714회로 늘었다. 일부 쟁의는 사소한 이유 때문이었지만("여성 주임의 전횡적 태도"나 "아일랜드인과 함께 일하는 것에 반대"), 그런 쟁의에는 하나같이 전쟁 반대 의견이 아니라 직무 분리, 규율, 기술 저하, 임금

률 등 쟁의 중인 노동자의 좁은 이권이 반영되어 있었다.[205]

미국에서 노조들은 파업하지 않겠다는 약속을 지키려 했지만, 전시 초반 물가가 오르고 임금률이 불공평하게 개선되자 비공인 노동쟁의가 발생했다. 전시 동안 '비공인wildcat' 파업은 1만 4471회 일어났다. 다만 1주일 넘게 지속된 파업은 별로 없었고 6퍼센트만 2주 넘게 지속되었다. 미국에서도 파업의 쟁점은 전쟁이 아니라 급여와 조건이었지만, 미국 정부는 영국 정부보다 파업에 더 강경하게 대응했다.[206] 전전에도 미국 전투기의 4분의 1을 생산하던 캘리포니아의 노스아메리칸 에이비에이션North American Aviation 사의 공장에서 대규모 조업 중단이 일어나자 정부는 군인 2500명으로 공장을 장악하고 총부리를 겨눈 채 노동자들을 복귀시킨 바 있다. 전시 동안 미국 국민 대다수는 노동쟁의를 반역과 다름없는 행위로 여겼다. 1943년 펜실베이니아의 무연탄 탄전에서 대규모 파업이 발생하자 의회는 루스벨트의 조언과 달리 스미스-코널리 전시노동 분쟁법Smith-Connally War Labor Disputes Act을 통과시켜, 전쟁 노력에 필수적인 기업을 통제하고 비공인 파업 지도부를 상대로 형사소송을 제기할 권리를 정부에 부여했다. 그해 12월, 새 법을 시험하는 사건이 일어났다. 저항하는 철도노동자들이 파업을 일으켜 연방 철도망 전체를 3주간 마비시켰고, 결국 국가가 개입해 노조를 굴복시키고 임금 협약을 받아들이도록 강요했다.[207] 재계 지도부도 국가의 개입을 피하지 못했다. 전시 후반에 어느 회사의 사장이 노동조합이 있는 공장의 신입 노동자는 노조에 가입해야 한다는 조항을 수용하지 않으려 하자, 미국 법무장관이 직접 제복 차림의 군 1개 분대를 이끌고 찾아가 그를 사무실에서 쫓아내고 회사를 인수했다.

추축국이든 연합국이든 권위주의 정권에서는 이 정도 수준에 근접하는 노동쟁의가 가능하지 않았다. 어느 권위주의 정권에서든 파업이 불법화되었고 노동쟁의에 따르는 위험이 잘 알려져 있었다. 쟁의는 노동자 이권을 지키는 행위로 해석된 게 아니라 정치적 관점에서 전쟁 노력과 정권에 대한 도전으로 해석되었다. 독일과 소련에서 규정을 꾸준히 위반하는 노동자는 결국 강제수용소로 끌려갔다. 그럼에도 일본, 중국, 소련에서 가혹한 노동조건은 자연히 불만을 자아내고 이직을 통해 힘겨운 조건과 낮은 급여를 피하려는 노력을 유발했다. 일본에서 노동조합 활동은 1939년 이전부터 제한되었고 1940년에 완전히 중지되었다. 그리하여 1939년 36만 5000명이었던 노조원이 1944년에는 전혀 없었다. 그럼에도 경찰 기록에 따르면 1944년에 노동쟁의가 216건 발생했다. 다만 쟁의에 참여한 노동자는 불과 6000명으로, 전체 노동력의 극히 일부분이었다. 일부 노동자는 대의권이 없는 현실에 태업이나 날림 노동으로, 심지어 이따금 사보타주로 대응했다.[208] 당국은 혹여 공산주의에 동조하는 기미를 보이지 않는지 노동자들을 면밀히 감시했으며 모든 혐의자를 체포하고 학대했다. 치안기관은 미미한 증거를 바탕으로 과장된 보고서를 작성해 공산주의가 점점 침투하고 있음을 시사했지만, 혁명적 위험은 망상에 지나지 않았다.[209] 중국에서 방위산업 노동자는 군법과 엄격한 공장 제도를 적용받았지만, 그럼에도 수천 명이 간접적 저항의 형태로 근무지 이탈의 위험을 무릅썼다. 중국 기업들은 숙련노동력의 절반을 매년 교체해야 한다고 보고하고 공산주의 세력이 선동을 통해 그들이 통제하는 지역으로 노동력을 유인하고 있다고 비난했지만, 대체로 노동자는 덜 억압당하고 급여나 쌀을 더 받을 만한 일자리를 찾아 떠났을 뿐이었다. 무장한 경비원에게 붙잡혀 다시 끌려온 노동자는 급여와 식량 삭감이라는 처벌을 받았다.[210] 소련에서 노동자는 비록 언제나 위험한 행위이긴 했으나 공장의 공산당원 관리에게 불만을 토로할 수 있었다. 노동자는 이직 지시를 받지 않는 한 공장에 매여 있어야 했지만, 승인받지 않은 결근이 열악한 노동조건이나 이례적인 학대에 도전하는 한 가지 간접적인 수단이 되었다. 문서상으로 위험은 매우 컸다. 1942년 1월 정부의 비밀 결의에 따르면 방위산업에서 무단결근하는 모든 노동자는 하루 안에 군검찰관에게 보고해야 했고, 군검찰관은 노동자를 최대 5~8년의 노동수용소 형벌에 처할 수 있었다. 이것은 허술한 절차였으며 결국 무단이탈한 노동자를 찾지 못해 대부분 궐석재판에서 유죄 판결이 내려졌다. 실제로 사망하거나 군대에 징집되어 떠난 노동자를 상대로 기소를 한 경우도 있었다. 그런가 하면 적절한 노동조건을 제공하지 못하고 노동자를 놓아주었다며 군검찰관이 경영진에게 책임을 묻기도 했다.[211]

독일 노동자의 노동조건은 거의 어디서나 소련의 조건보다 나았다. 1933년 히틀러가 집권한 뒤 창설된 방대한 규모의 독일노동전선 조직이 모든 독일 노동자와 고용주를 대변했으며, 노동자는 비록 파업이나 시위를 벌일 권리가 없긴 했지만 노동전선 관리에게 고용주가 적당한 노동시설을 제공하거나 효과적인 방공호를 유지하도록 해달라고 요구할 수 있었다. 이 체계는 소련 모델만큼이나 강압적이었다. 좁게 정의한 노동 규율을 위반하는 사례는 별로 없었다. 1940년 1676건, 1941년 2364건이었다. 그러다 1942년 노동 규율을 새롭게 정의해 위반 사례를 더 폭넓게 처벌하기 시작하자 위반 건수가 1만 4000건으로 증가했다. 이 증가분에는 여성 노동자의 사례가 포함되었는데, 그들은 노동과 가사를 병행하며 힘겹게 생활하느라 결근하거나 업무에 태만할 가능성이 더 높았다. 규율 결여를 지적받은 노동자 대다수는 경고를 받았고, 일부는 감옥으로, 극소수는 강제수용소로 보내졌다. 1941년 5월 힘러는 반항하는 행동으로 전쟁 노력을 위협한다고 판단되는 모든 노동자에게 '노동교육수용소'라는 새로운 처벌을 도입했다. 게슈타포가 운영한 이 수용소는 1944년경 100개 넘게 있었으며, 독일 노동자뿐 아니라 사보타주나 태업에 나선 것으로 판단되는 외국인 강제노동자 수천 명까지 수용했다. '노동교육'은 이 수용소를 강제수용소와 별반 다를 바 없는 곳으로 만드는 극단적인 여건과 학대를 에둘러 가리키는 표현이었다.[212] 대체로 더 열악한 조건에 처했던 외국인 노동자들은 때때로 파업을 감행했다. 1942년 4월 에센에 있는 크루프 사의 공장단지에서 이탈리아 노동자 600명이 부실한 음식과 담배 부족에 항의하며 일손을 놓았다. 또 같은 달 하노버의 한 기업에서도 이탈리아인들이 포도주와 치즈가 제대로 제공되지 않는다며 파업에 들어갔다. 질서 유지를 위해 기업들에 배치된 노동경찰이 그들에게 대응했다. 1942년 5월부터 8월까지 매달 평균 2만 1500명의 노동자가 체포되었는데, 그중 85퍼센트가 외국인 노동자였다. 말썽꾼으로 찍힌 이탈리아인들은 본국으로 송환되었고 귀국하자마자 파시스트 경찰에 체포되었다. 독일 노동자 사이에서 규율 위반 행위는 1942년부터 줄어들었다. 1944년 전반기에 노동쟁의에 참여한 외국인 노동자는 19만 3024명이었던 데 비해 독일 노동자는 1만 2945명뿐이었다. 증거를 보면 독일의 전쟁 노력에 대한 국민의 충성심이 강해지고 있었고, 이런 국민적 합의는 강압적 성격의 정권이 홀로 유도한 게 아니었다.[213]

교전국들에서 노동인구의 쟁의가 제한되었다는 사실은 전 국민이 총동원 전략에 진정으로 헌신할 것을 강요하는 국가의 힘이 강해지고 있다는 증거였다. 이런 결과는 심지어 민주국가들에서도 상존하는 현실이었지만, 그렇다고 국가들이 오로지 강압에만 의존했던 것은 아니다. 국가들은 식량을 정기적으로 공급하고, 필요할 경우 노동자의 요구에 유연하게 대처하고, 인력 모집망을 최대한 넓게 펼치는 등 대규모 동원 능력을 입증해 보였다. 그 덕에 1차대전 기간 및 그 이후의 혁명적 혼란과 같은 사태는 되풀이되지 않았다. 다만 이탈리아는 예외였는데, 1943년 7월 무솔리니의 실각을 앞둔 몇 달간 임박한 패전, 폭격, 인플레이션, 식량 부족 등이 사회적 항의를 부채질했다. 대중동원은 현대전의 총체적 성격을 잘 보여주는, 국가와 국민이 맺는 계약에 달려 있었다. 군대에서나 후방에서나 총력전을 위해 국가동원이 필요하다는 주장은 결코 진지하게 의문시되지 않았다. 총력전의 영향에 순응하지 않거나 그 영향을 이해하지 못하는 사람들에게 국가는 저마다 전쟁 노력에 무언가를 보태도록 요구하는 선전을 퍼붓는 한편 전쟁에 기여하지 않는 사람들을 비애국적이고 심지어 반역적인 존재로 몰아 고립시켰다. 예컨대 직무 태만으로 고발된 소련 노동자와 경영자가 그러했고, 동포들에 의해 사보타주 혐의로 FBI에 고발된 미국인 1만 8000명이 그러했다.[214] 어느 나라에서든 총력전은 모두의 참여를 요구했지만, 국민들이 그 필요성을 스스로 납득하는 정도만큼만 참여를 이끌어낼 수 있었다. 1945년 미국 평론가 드와이트 맥도널드Dwight Macdonald는 막 끝난 전쟁에서 드러난 시민과 국가의 관계를 이렇게 요약했다. "바로 이 영역에서 개인이 현실적으로 가장 무력하기 때문에 그의 통치자는 국가를 **그의** 목표의 수단으로만이 아니라 **그의** 개성의 확장으로도 제시하기 위해 최대한 노력하는 것이다."[215] 맥도널드는 이 고찰에 '**그녀의**'를 추가할 수도 있었을 것이다. 총력전은 남자든 여자든, 청년이든 노인이든, 자유민이든 비자유민이든 가리지 않고 모두에게 공동의 싸움과 노동에 능력껏 이바지할 것을 요구했다. 이 시기는 그전에도 거의 가능하지 않았고 이제는 도무지 불가능한 독특한 역사적 순간이었다.

약어

AHB	Air Historical Branch, Northolt, Middlesex
BAB	Bundesarchiv- Berlin
BA-MA	Bundesarchiv- Militärarchiv, Freiburg
CCAC	Churchill College Archive Centre, Cambridge
IWM	Imperial War Museum, Lambeth, London
LC	Library of Congress, Washington, DC
NARA	National Archives and Records Administration, College Park, MD
TNA	The National Archives, Kew, London
TsAMO	Central Archive of the Russian Ministry of Defence, Podolsk
UEA	University of East Anglia, Norwich
USMC	United States Marine Corps
USSBS	United States Strategic Bombing Survey

들어가며

1 Frederick Haberman (ed.), *Nobel Lectures: Peace, 1926-1950* (Amsterdam, 1972), 318. **2** Christopher Browning, *Ordinary Men: Reserve Police Battalion 101 and the Final Solution in Poland* (London, 1992). 또한 Richard Overy, "'Ordinary men", extraordinary circumstances: historians, social psychology, and the Holocaust', *Journal of Social Issues*, 70 (2014), 515-30 참조. **3** 근래의 저술로는 Gordon Corrigan, *The Second World War: A Military History* (London, 2010), Antony Beevor, *The Second World War* (London, 2013), Max Hastings, *All Hell Let Loose: The World at War 1939-1945* (London, 2011) and Andrew Roberts, *The Storm of War: A New History of the Second World War* (London, 2009) 참조. 군사사에 초점을 덜 맞춘 최상의 저술로는 Gerhard Weinberg, *A World at Arms: A Global History of World War II* (Cambridge, 1994), Evan Mawdsley, *World War Two: A New History* (Cambridge, 2012), 그리고 고전적 연구인 Gordon Wright, *The Ordeal of Total War, 1939-1945* (New York, 1968)가 있다. 더 최근의 저술로는 Andrew Buchanan, *World War II in Global Perspective: A Short History* (Hoboken,

NJ, 2019) and Victor Hanson, *The Second World Wars: How the First Great Global Conflict was Fought and Won* (New York, 2019) 참조. 전쟁의 군사적 결과에 관한 논의를 자극하는 저술로는 Phillips O'Brien, *How the War was Won* (Cambridge, 2015) 참조. **4** Reto Hofmann and Daniel Hedinger, 'Axis Empires: towards a global history of fascist imperialism', *Journal of Global History*, 12 (2017), 161-5. 또한 Daniel Hedinger, 'The imperial nexus: the Second World War and the Axis in global perspective', ibid., 185-205 참조. **5** 1차대전과 그 결과에 관해서는 Robert Gerwarth and Erez Manela, 'The Great War as a global war', *Diplomatic History*, 38 (2014), 786-800; Jane Burbank and Frederick Cooper, 'Empires after 1919: old, new, transformed', *International Affairs*, 95 (2019), 81-100 참조. **6** '군사사'의 한계에 관해서는 흥미로운 강의인 Stig Förster, 'The Battlefield: Towards a Modern History of War', German Historical Institute, London, 2007 Annual Lecture, and Jeremy Black, *Rethinking World War Two: The Conflict and its Legacy* (London, 2015) 참조.

서론 | '피와 폐허': 제국주의 전쟁의 시대

1 Leonard Woolf, *Imperialism and Civilization* (London, 1928), 17. **2** Ibid., 9-12. **3** Birthe Kundrus, *Moderne Imperialisten: Das Kaiserreich im Spiegel seiner Kolonien* (Cologne, 2003), 28. 또한 Helmut Bley, 'Der Traum vom Reich? Rechtsradikalismus als Antwort auf gescheiterte Illusionen im deutschen Kaiserreich 1900-1938', in Birthe Kundrus (ed.), *Phantasiereiche: zur Kulturgeschichte des deutschen Kolonialismus* (Frankfurt am Main, 2003), 56-67 참조. **4** Nicola Labanca, *Oltremare: Storia dell'espansione coloniale Italiana* (Bologna, 2002), 57. **5** Louise Young, *Japan's Total Empire: Manchuria and the Culture of Wartime Imperialism* (Berkeley, Calif., 1998), 12-13, 22-3; Frederick Dickinson, 'The Japanese Empire', in Robert Gerwarth and Erez Manela (eds.), *Empires at War 1911-1923* (Oxford, 2014), 198-200. **6** '국가-제국' 관념은 폭넓게 논의되었다. 특히 Gary Wilder, 'Framing Greater France between the wars', *Journal of Historical Sociology*, 14 (2000), 198-202 and Heather Jones, 'The German Empire', in Gerwarth and Manela (eds.), *Empires at War*, 56-7 참조. **7** Birthe Kundrus, 'Die Kolonien – "Kinder des Gefühls und der Phantasie"', in *idem* (ed.), *Phantasiereiche*, 7-18. **8** Paul Crook, *Darwinism, War and History* (Cambridge, 1994), 88-9. 또한 Mike Hawkins, *Social Darwinism in European and American Thought 1860-1945* (Cambridge, 1997), 203-15 참조. **9** Friedrich von Bernhardi, *Germany and the Next War* (London, 1914), 18. **10** Benjamin Madley, 'From Africa to Auschwitz: how German South West Africa incubated ideas and methods adopted and developed by the Nazis in Eastern Europe', *European History Quarterly*, 35 (2005), 432-4; Guntram Herb, *Under the Map of Germany: Nationalism and Propaganda 1918-1945* (London, 1997), 50-51. **11** Timothy Parsons, *The Second British Empire: In the Crucible of the Twentieth Century* (Lanham, Md, 2014), 8; Troy Paddock, 'Creating an oriental "Feindbild"', *Central European History*, 39 (2006), 230. **12** Madley, 'From Africa to Auschwitz', 440. **13** 제국의 개념론에 관한 유익한 논의는 Pascal Grosse, 'What does German colonialism have to do with National Socialism? A conceptual framework', in Eric Ames, Marcia Klotz and Lora Wildenthal (eds.), *Germany's*

Colonial Pasts (Lincoln, Nebr., 2005), 118-29에서 찾아볼 수 있다. **14** Martin Thomas, *The French Empire between the Wars: Imperialism, Politics and Society* (Manchester, 2005), 1; Wilder, 'Framing Greater France', 205; Parsons, *Second British Empire*, 5, 83-4. **15** Giuseppe Finaldi, '"The peasants did not think of Africa": empire and the Italian state's pursuit of legitimacy, 1871-1945', in John MacKenzie (ed.), *European Empires and the People: Popular Responses to Imperialism in France, Britain, the Netherlands, Germany and Italy* (Manchester, 2011), 214. **16** Kundrus, *Moderne Imperialisten*, 32-7; Bernhard Gissibl, 'Imagination and beyond: cultures and geographies of imperialism in Germany, 1848-1918', in MacKenzie (ed.), *European Empires and the People*, 175-7. **17** Kristin Kopp, 'Constructing racial difference in colonial Poland', in Ames, Klotz and Wildenthal (eds.), *Germany's Colonial Pasts*, 77-80; Bley, 'Der Traum von Reich?', 57-8; Kristin Kopp, 'Arguing the case for a colonial Poland', in Volker Langbehn and Mohammad Salama (eds.), *German Colonialism: Race, the Holocaust and Postwar Germany* (New York, 2011), 148-51; 'deepest barbarism' in Matthew Fitzpatrick, *Purging the Empire: Mass Expulsions in Germany, 1871-1914* (Oxford, 2015), 103. **18** Kopp, 'Constructing racial difference', 85-9; Gissibl, 'Imagination and beyond', 162-3, 169-77. **19** Robert Nelson, 'The Archive for Inner Colonization, the German East and World War I', in *idem* (ed.), *Germans, Poland, and Colonial Expansion to the East* (New York, 2009), 65-75. 또한 Edward Dickinson, 'The German Empire: an empire?', *History Workshop Journal*, 66 (2008), 132-5 참조. **20** Young, *Japan's Total Empire*, 89-90. **21** Daniel Immerwahr, 'The Greater United States: territory and empire in U. S. history', *Diplomatic History*, 40 (2016), 377-81. **22** 수치 출처는 Parsons, *Second British Empire*, 32. **23** Finaldi, '"The peasants did not think of Africa"', 214; 이탈리아 측이 자신들의 '프롤레타리아' 제국주의를 '귀족' 제국주의 및 '부르주아' 제국주의와 대비시킨 입장은 Lorenzo Veracini, 'Italian colonialism through a settler colonial studies lens', *Journal of Colonialism and Colonial History*, 19 (2018), 2 참조. **24** Labanca, *Oltremare*, 104-17. **25** Richard Bosworth and Giuseppe Finaldi, 'The Italian Empire', in Gerwarth and Manela (eds.), *Empires at War*, 35; Finaldi, '"The peasants did not think of Africa"', 210-11; Labanca, *Oltremare*, 123-4. **26** 1914년 위기에 관한 근래의 가장 탁월한 분석은 Christopher Clark, *The Sleepwalkers: How Europe Went to War in 1914* (London, 2012); Margaret MacMillan, *The War that Ended Peace: How Europe Abandoned Peace for the First World War* (London, 2013) 참조. **27** Robert Gerwarth and Erez Manela, 'The Great War as a global war', *Diplomatic History*, 38 (2014), 786-800의 논의 참조. **28** William Mulligan, *The Great War for Peace* (New Haven, Conn., 2014), 91-2, 104-6; Bosworth and Finaldi, 'The Italian Empire', 40-43; Labanca, *Oltremare*, 117-27. **29** Jones, 'German Empire', 63-4. **30** Dickinson, 'The Japanese Empire', 199-201; Nicholas Tarling, *A Sudden Rampage: The Japanese Occupation of Southeast Asia, 1941-1945* (London, 2001), 24-6. **31** John Darwin, *The Empire Project: The Rise and Fall of the British World System, 1830-1970* (Cambridge, 2009), 315-18; David Fieldhouse, *Western Imperialism and the Middle East, 1914-1958* (Oxford, 2006), 47-51. **32** Jones, 'German Empire', 62; 적 제국들을 불안정하게 만들려는 독일의 프로그램에 관한 상세 논의는 Jennifer Jenkins, 'Fritz Fischer's "Programme for Revolution": implications for a global history of Germany in the First World War', *Journal of Contemporary History*, 48 (2013), 399-403; David Olusoga, *The World's War* (London, 2014),

204-7, 224-8 참조. **33** Fieldhouse, *Western Imperialism*, 57-60. **34** Vejas Liulevicius, *War Land on the Eastern Front: Culture, National Identity and German Occupation in World War I* (Cambridge, 2000), 63-72. **35** Jones, 'The German Empire', 59에서 인용. 원 출처는 Andrew Donson, 'Models for young nationalists and militarists: German youth literature in the First World War', *German Studies Review*, 27 (2004), 588. **36** Paddock, 'Creating an oriental "Feindbild"', 230; Vejas Liulevicius, 'The language of occupation: vocabularies of German rule in Eastern Europe in the World Wars' in Nelson (ed.), *Germans, Poland, and Colonial Expansion*, 122-30. **37** Darwin, *The Empire Project*, 313에서 인용. 아프리카에 관해서는 Jones, 'The German Empire', 69-70 참조. **38** Robert Gerwarth and Erez Manela, 'Introduction', in *idem* (eds.), *Empires at War*, 8-9; Philip Murphy, 'Britain as a global power', in Andrew Thompson (ed.), *Britain's Experience of Empire in the Twentieth Century* (Oxford, 2012), 39-40. **39** Richard Fogarty, 'The French Empire', in Gerwarth and Manela (eds.), *Empires at War*, 109, 120-21. Berny Sèbe, 'Exalting imperial grandeur: the French Empire and its metropolitan public', in MacKenzie (ed.), *European Empires and the People*, 34에서는 60만 7000명의 군인이 징집되었다 는, 더 큰 수치를 제시한다. **40** Erez Manela, *The Wilsonian Moment: Self-determination and the International Origins of Anticolonial Nationalism* (Oxford, 2007), 23-4, 43-4; Trygve Throntveit, 'The fable of the Fourteen Points: Woodrow Wilson and national self-determination', *Diplomatic History*, 35 (2011), 446-9, 454-5. **41** Manela, *The Wilsonian Moment*, 37; Marcia Klotz, 'The Weimar Republic: a postcolonial state in a still colonial world', in Ames, Klotz and Wildenthal (eds.), *Germany's Colonial Pasts*, 139-40. **42** Edward Drea, *Japan's Imperial Army: Its Rise and Fall, 1853-1945* (Lawrence, Kans, 2009), 142-5. 유럽 내 볼셰비즘에 대한 두려움에 관해서는 Robert Gerwarth and John Horne, 'Bolshevism as fantasy: fear of revolution and counter-revolutionary violence, 1917-1923', in *idem* (eds.), *War in Peace: Paramilitary Violence in Europe after the Great War* (Oxford, 2012), 40-51 참조. **43** Manela, *The Wilsonian Moment*, 59-65, 89-90. **44** Manela, *The Wilsonian Moment*, 149에서 인용. **45** Ibid., 60-61. **46** 상세한 서술은 Susan Pedersen, *The Guardians: The League of Nations and the Crisis of Empire* (Oxford, 2015), 1-4, 29-32 참조. **47** Ibid., 2-3, 77-83. **48** Ibid., 24-6. **49** Wilder, 'Framing Greater France', 204-5; Thomas, *French Empire between the Wars*, 31-4. **50** Thomas, *French Empire between the Wars*, 94-8, 103. **51** Henri Cartier, *Comment la France 'civilise' ses colonies* (Paris, 1932), 5-6, 24. **52** Sèbe, 'Exalting imperial grandeur', 36-8; Thomas, *French Empire between the Wars*, 199-202. **53** Brad Beaven, *Visions of Empire: Patriotism, Popular Culture and the City, 1870-1939* (Manchester, 2012), 150-51, 164; Matthew Stanard, 'Interwar pro-Empire propaganda and European colonial culture: towards a comparative research agenda', *Journal of Contemporary History*, 44 (2009), 35. **54** William Fletcher, *The Search for a New Order: Intellectuals and Fascism in Prewar Japan* (Chapel Hill, NC, 1982), 31-2; Dickinson, 'The Japanese Empire', 203-4; John Darwin, *After Tamerlane: The Global History of Empire since 1405* (London, 2007), 396-8; Hosoya Chihiro, 'Britain and the United States in Japan's view of the international system, 1919-1937', in Ian Nish (ed.), *Anglo-Japanese Alienation 1919-1952: Papers of the Anglo-Japanese Conference on the History of the Second World War* (Cambridge, 1982), 4-6. **55** Tarling, *A Sudden Rampage*, 26. **56** Sarah Paine, *The Wars for Asia 1911-1949* (Cambridge, 2012), 15-16; Jonathan

Clements, *Prince Saionji: Japan. The Peace Conferences of 1919–23 and their Aftermath* (London, 2008), 131–6. **57** Fletcher, *Search for a New Order*, 29–33, 42; Tarling, *A Sudden Rampage*, 25–7; Paine, *Wars for Asia*, 21–2; Young, *Japan's Total Empire*, 35–8. **58** MacGregor Knox, *Common Destiny: Dictatorship, Foreign Policy and War in Fascist Italy and Nazi Germany* (Cambridge, 2000), 114–15. **59** Bosworth and Finaldi, 'The Italian Empire', 41. **60** Spencer Di Scala, *Vittorio Orlando: Italy: The Peace Conferences of 1919–23 and their Aftermath* (London, 2010), 140–41, 170–71. **61** Claudia Baldoli, *Bissolati immaginario: Le origini del fascism cremonese* (Cremona, 2002), 50–53; Mulligan, *The Great War for Peace*, 269, 275–7, 281. **62** Di Scala, *Vittorio Orlando*, 156–7, 173. **63** John Gooch, *Mussolini and His Generals: The Armed Forces and Fascist Foreign Policy, 1922–1940* (Cambridge, 2007), 62–8 참조. **64** Greg Eghigian, 'Injury, fate, resentment, and sacrifice in German political culture, 1914–1939', in G. Eghigian and M. Berg (eds.), *Sacrifice and National Belonging in Twentieth-Century Germany* (College Station, Tex., 2002), 91–4. **65** Dirk van Laak, *Über alles in der Welt: Deutscher Imperialismus im 19. und 20. Jahrhundert* (Munich, 2005), 107; Shelley Baranowski, *Nazi Empire: German Colonialism and Imperialism from Bismarck to Hitler* (Cambridge, 2011), 154–5. **66** Wolfe Schmokel, *Dream of Empire: German Colonialism, 1919–1945* (New Haven, Conn., 1964), 18–19. **67** Christian Rogowski, '"Heraus mit unseren Kolonien!" Der Kolonialrevisionismus der Weimarer Republik und die "Hamburger Kolonialwoche" von 1926', in Kundrus (ed.), *Phantasiereiche*, 247–9. **68** Uta Poiger, 'Imperialism and empire in twentieth-century Germany', *History and Memory*, 17 (2005), 122–3; Laak, *Über alles in der Welt*, 109–10; Schmokel, *Dream of Empire*, 2–3, 44–5; Andrew Crozier, 'Imperial decline and the colonial question in Anglo-German relations 1919–1939', *European Studies Review*, 11 (1981), 209–10, 214–17. **69** David Murphy, *The Heroic Earth: Geopolitical Thought in Weimar Germany, 1918–1933* (Kent, Ohio, 1997), 16–17; Woodruff Smith, *The Ideological Origins of Nazi Imperialism* (New York, 1986), 218–20. **70** Murphy, *The Heroic Earth*, 26–30; Smith, *Ideological Origins*, 218–24; Laak, *Über alles in der Welt*, 116–19. **71** Herb, *Under the Map of Germany*, 77. **72** Ibid., 52–7, 108–10. **73** Vejas Liulevicius, *The German Myth of the East: 1800 to the Present* (Oxford, 2009), 156. **74** Pedersen, *The Guardians*, 199–202. 탈식민화에 관해서는 Laak, *Über alles in der Welt*, 120 참조. 이 용어를 만든 사람은 경제학자 모리츠 율리우스 본(Moritz Julius Bonn)이다. **75** Fletcher, *The Search for a New Order*, 40–41; Hosoya Chihiro, 'Britain and the United States', 5–6, 7–10. **76** Knox, *Common Destiny*, 121–2, 126–8. **77** Labanca, *Oltremare*, 138–9, 149–52, 173–5; A. de Grand, 'Mussolini's follies: Fascism and its imperial and racist phase', *Contemporary European History*, 13 (2004), 128–32; Gooch, *Mussolini and His Generals*, 123–6. **78** 이 견해는 1920년대 말의 경제 위기에 관한 근래의 가장 뛰어난 서술인 Robert Boyce, *The Great Interwar Crisis and the Collapse of Globalization* (Basingstoke, 2012)에 담겨 있다. 특히 425–8 참조. **79** Laak, *Über alles in der Welt*, 127–8. **80** Boyce, *Great Interwar Crisis*, 299. **81** Jim Tomlinson, 'The Empire/Commonwealth in British economic thinking and policy', in Thompson (ed.), *Britain's Experience of Empire*, 219–20; Thomas, *French Empire between the Wars*, 93–8. **82** Takafusa Nakamura and Kōnosuke Odaka (eds.), *Economic History of Japan 1914–1955* (Oxford, 1999), 33–7. **83** Paine, *Wars for Asia*, 22–3; Fletcher, *Search for a New Order*, 40–42. **84** 독일의 경우는

Horst Kahrs, 'Von der "Grossraumwirtschaft" zur "Neuen Ordnung"', in idem (ed.), *Modelle für ein deutschen Europa: Ökonomie und Herrschaft im Grosswirtschaftsraum* (Berlin, 1992), 9-13 참조. **85** Joyce Lebra, *Japan's Greater East Asia Co-Prosperity Sphere in World War II: Selected Readings and Documents* (Oxford, 1975), 74-5. **86** 'Report on the work of the Central Committee to the Seventeenth Congress of the CPSU, 26 January 1934', in Joseph Stalin, *Problems of Leninism* (Moscow, 1947), 460.

제1장 | 국가-제국들과 전 지구적 위기, 1931-1940

1 Louise Young, *Japan's Total Empire: Manchuria and the Culture of Wartime Imperialism* (Berkeley, Calif., 1998), 57-8에서 인용. **2** Ibid., 39-41; Sarah Paine, *The Wars for Asia, 1911-1949* (Cambridge, 2012), 13-15; Edward Drea, *Japan's Imperial Army: Its Rise and Fall, 1853-1945* (Lawrence, Kans, 2009), 167-9. **3** A. de Grand, 'Mussolini's follies: fascism and its imperial and racist phase', *Contemporary European History*, 13 (2004), 137. **4** Young, *Japan's Total Empire*, 146-7. **5** Nicholas Tarling, *A Sudden Rampage: The Japanese Occupation of Southeast Asia, 1941-1945* (London, 2001), 28. **6** Michael Geyer, '"There is a land where everything is pure: its name is land of death": some observations on catastrophic nationalism', in Greg Eghigian and Matthew Berg (eds.), *Sacrifice and National Belonging in Twentieth-Century Germany* (College Station, Tex., 2002), 120-41 참조. **7** Steven Morewood, *The British Defence of Egypt 1935-1940: Conflict and Crisis in the Eastern Mediterranean* (London, 2005), 25-6. **8** CCAC, Christie Papers, 180/1/4, 'Notes of a conversation with Göring' by Malcolm Christie (전 베를린 주재 영국 공군 무관): 'Wir wollen ein Reich' [Christie의 강조]. **9** Aurel Kolnai, *The War against the West* (London, 1938), 609. **10** De Grand, 'Mussolini's follies', 136; Davide Rodogno, *Fascism's European Empire: Italian Occupation during the Second World War* (Cambridge, 2006), 44-6. **11** Gerhard Weinberg (ed.), *Hitler's Second Book* (New York, 2003), 174. **12** Young, *Japan's Total Empire*, 101-6, 116-32. **13** Rainer Zitelmann, *Hitler: The Politics of Seduction* (London, 1999), 206-7. 반서구주의에 관해서는 Heinrich Winkler, *The Age of Catastrophe: A History of the West, 1914-1945* (New Haven, Conn., 2015), 909-12 참조. **14** Patrick Bernhard, 'Borrowing from Mussolini: Nazi Germany's colonial aspirations in the shadow of Italian expansionism', *Journal of Imperial and Commonwealth History*, 41 (2013), 617-18; Ray Moseley, *Mussolini's Shadow: The Double Life of Count Galeazzo Ciano* (New Haven, Conn., 1999), 52. **15** Nicola Labanca, *Oltremare: Storia dell'espansione coloniale Italiana* (Bologna, 2002), 328-9; De Grand, 'Mussolini's follies', 133-4. 1935년경 이탈리아 제국은 이탈리아의 수입량 중 4.8퍼센트만 공급했다. 알바니아에 관해서는 Bernd Fischer, *Albania at War, 1939-1945* (London, 1999), 5-6 참조. **16** Ramon Myers, 'Creating a modern enclave economy: the economic integration of Japan, Manchuria and North China, 1932-1945', in Peter Duus, Ramon Myers and Mark Peattie (eds.), *The Japanese Wartime Empire, 1931-1945* (Princeton, NJ, 1996), 148; Paine, *Wars for Asia*, 13-15, 23; Tarling, *A Sudden Rampage*, 27-8. **17** Karsten Linne, *Deutschland jenseits des Äquators? Die NS-Kolonialplanungen für Afrika* (Berlin, 2008), 39. **18** CCAC, Christie Papers, 180/1/5,

'Notes from a conversation with Göring', 3 Feb. 1937, p. 51. **19** Weinberg (ed.), *Hitler's Second Book*, 16-18, 162. 독일의 경제관의 변화에 관해서는 Horst Kahrs, 'Von der "Grossraumwirtschaft" zur "Neuen Ordnung"', in Kahrs et al., *Modelle für ein deutsches Europa: Ökonomie und Herrschaft im Grosswirtschaftsraum* (Berlin, 1992), 9-10, 12-14; E. Teichert, *Autarkie und Grossraumwirtschaft in Deutschland, 1930-1939* (Munich, 1984), 261-8 참조. 히틀러의 경제관에 관해서는 Rainer Zitelmann, *Hitler: Selbstverständnis eines Revolutionärs* (Hamburg, 1989), 195-215 참조. **20** 이에 관해서는 Patricia Clavin, *The Failure of Economic Diplomacy: Britain, Germany, France and the United States, 1931-1936* (London, 1996), chs. 6-7 참조. **21** Otto Tolischus, *Tokyo Record* (London, 1943), 32. **22** George Steer, *Caesar in Abyssinia* (London, 1936), 401. **23** Malcolm Muggeridge (ed.), *Ciano's Diplomatic Papers* (London, 1948), 301-2. **24** Drea, *Japan's Imperial Army*, 182-6. **25** Wilhelm Treue, 'Denkschrift Hitlers über die Aufgaben eines Vierjarhresplan', *Vierteljahreshefte für Zeitgeschichte*, 3 (1954), 204-6. **26** Kathleen Burke, 'The lineaments of foreign policy: the United States and a "New World Order", 1919-1939', *Journal of American Studies*, 26 (1992), 377-91. **27** G. Bruce Strang, 'Imperial dreams: the Mussolini-Laval Accords of January 1935', *The Historical Journal*, 44 (2001), 807-9. **28** Richard Overy, 'Germany and the Munich Crisis: a mutilated victory?', *Diplomacy & Statecraft*, 10 (1999), 208-11. **29** Susan Pedersen, *The Guardians: The League of Nations and the Crisis of Empire* (Oxford, 2015), 289-90, 291-2. **30** Paine, *Wars for Asia*, 25. **31** Benito Mussolini, 'Politica di vita' [Il popolo d'Italia, 11 Oct. 1935] in *Opera Omnia di Benito Mussolini: vol. XXVII* (Florence, 1959), 163-4. **32** Chad Bryant, *Prague in Black: Nazi Rule and Czech Nationalism* (Cambridge, Mass., 2007), 41-4. **33** Kristin Kopp, 'Arguing the case for a colonial Poland', in Volker Langbehn and Mohammad Salama (eds.), *German Colonialism: Race, the Holocaust and Postwar Germany* (New York, 2011), 150-51; David Furber, 'Near as far in the colonies: the Nazi occupation of Poland', *International History Review*, 26 (2004), 541-51. **34** James Crowley, 'Japanese army factionalism in the early 1930s', *Journal of Asian Studies*, 21 (1962), 309-26. **35** Drea, *Japan's Imperial Army*, 183-6; Tarling, *A Sudden Rampage*, 40-43. **36** 상세한 서술은 Paine, *Wars for Asia*, 34-40; Takafusa Nakamura, 'The yen bloc, 1931-1941', in Duus, Myers and Peattie (eds.), *Japanese Wartime Empire*, 178-9 참조. **37** Paine, *Wars for Asia*, 15. **38** Takafusa Nakamura and Kōnosuke Odaka (eds.), *Economic History of Japan 1914-1945* (Oxford, 1999), 49-51; Paine, *Wars for Asia*, 24-30; Myers, 'Creating a modern enclave economy', 160. **39** Yoshiro Miwa, *Japan's Economic Planning and Mobilization in Wartime, 1930s-1940s* (Cambridge, 2015), 62-4; Nakamura and Odaka (eds.), *Economic History of Japan*, 47-51; Akira Hari, 'Japan: guns before rice', in Mark Harrison (ed.), *The Economics of World War II: Six Great Powers in International Comparison* (Cambridge, 1998), 283-7. **40** Hans van de Ven, *China at War: Triumph and Tragedy in the Emergence of the New China 1937-1952* (London, 2017), 58-64. **41** Ibid., 66-70; Paine, *Wars for Asia*, 128-9. **42** Rana Mitter, *China's War with Japan 1937-1945: The Struggle for Survival* (London, 2013), 73-4. **43** Van de Ven, *China at War*, 68-76; Odd Arne Westad, *Restless Empire: China and the World since 1750* (London, 2012), 256-7. **44** Paine, *Wars for Asia*, 128-9. **45** Hans van de Ven, *War and Nationalism in China, 1925-1945* (New York, 2003), 194-5. **46** Paine, *Wars for Asia*, 181-2. **47**

Mitter, *China's War with Japan*, 128-35; 학살에 관해서는 Iris Chang, *The Rape of Nanking: The Forgotten Holocaust of World War II* (New York, 1997), chs. 3-4 참조. **48** Van de Ven, *War and Nationalism*, 221-6. **49** Diana Lary, *The Chinese People at War: Human Suffering and Social Transformation, 1937-1945* (Cambridge, 2010), 60-62; Mitter, *China's War with Japan*, 158-61. **50** Paine, *Wars for Asia*, 134-5, 140-42; Mark Peattie, Edward Drea and Hans van de Ven (eds.), *The Battle for China: Essays on the Military History of the Sino-Japanese War of 1937-1945* (Stanford, Calif., 2011), 34-5. **51** Dagfinn Gatu, *Village China at War: The Impact of Resistance to Japan, 1937-1945* (Copenhagen, 2007), 415-17. **52** Paine, *Wars for Asia*, 165-7. **53** MacGregor Knox, *Common Destiny: Dictatorship, Foreign Policy and War in Fascist Italy and Nazi Germany* (Cambridge, 2000), 69. **54** Morewood, *British Defence of Egypt*, 32-45; Labanca, *Oltremare*, 184-8. **55** Alberto Sbacchi, *Ethiopia under Mussolini: Fascism and the Colonial Experience* (London, 1985), 13-14; Morewood, *British Defence of Egypt*, 25-7. **56** Claudia Baldoli, 'The "northern dominator" and the Mare Nostrum: Fascist Italy's "cultural war" in Malta', *Modern Italy*, 13 (2008), 7-12; Deborah Paci, *Corsica fatal, malta baluardo di romanità: irredentismo fascista nel mare nostrum (1922-1942)* (Milan, 2015), 16-19, 159-67. **57** Matteo Dominioni, *Lo sfascio dell'impero: gli italiani in Etiopia 1936-1941* (Rome, 2008), 9-10; Sbacchi, *Ethiopia under Mussolini*, 15-18. **58** Steer, *Caesar in Abyssinia*, 135-6, 139; Sbacchi, *Ethiopia under Mussolini*, 16-18. **59** Angelo Del Boca, *I gas di Mussolini* (Rome, 1996), 76-7, 139-41, 148. 겨자가스 폭탄 281발과 포스겐 폭탄 325발을 사용한 공격이 총 103회 있었다. **60** 에티오피아 전쟁에 관해서는 Labanca, *Oltremare*, 189-92; Giorgio Rochat, *Le guerre italiane 1935-1943* (Turin, 2005), 48-74; Sbacchi, *Ethiopia under Mussolini*, 25-8 참조. **61** 수치의 출처는 Sbacchi, *Ethiopia under Mussolini*, 33. **62** Labanca, *Oltremare*, 200-202; Sbacchi, *Ethiopia under Mussolini*, 36-7. **63** Giulia Barrera, 'Mussolini's colonial race laws and state-settler relations in Africa Orientale Italiana', *Journal of Modern Italian Studies*, 8 (2003), 429-30; Fabrizio De Donno, '"La Razza Ario-Mediterranea": Ideas of race and citizenship in colonial and Fascist Italy, 1885-1941', *Interventions: International Journal of Postcolonial Studies*, 8 (2006), 404-5. **64** John Gooch, *Mussolini and His Generals: The Armed Forces and Fascist Foreign Policy, 1922-1940* (Cambridge, 2007), 253. **65** Vera Zamagni, 'Italy: How to win the war and lose the peace', in Harrison (ed.), *The Economics of World War II*, 198; Rochat, *Le guerre italiane*, 139. 전쟁 노력과 뒤이은 평정에 속하는 항목을 무엇으로 보느냐에 따라 에티오피아 전쟁의 비용 추정치들은 573억 리라부터 753억 리라까지 차이가 난다. **66** Haile Larebo, *The Building of an Empire: Italian Land Policy and Practice in Ethiopia* (Trenton, NJ, 2006), 59-60. **67** Sbacchi, *Ethiopia under Mussolini*, 98-100; De Grand, 'Mussolini's follies', 133; Haile Larebo, 'Empire building and its limitations. Ethiopia (1935-1941)', in Ruth Ben-Ghiat and Mia Fuller (eds.), *Italian Colonialism* (Basingstoke, 2005), 88-90. **68** Barrera 'Mussolini's colonial race laws', 432-4. **69** Alexander Nützenadel, *Landwirtschaft, Staat und Autarkie: Agrarpolitik im faschistischen Italien (1922-1943)* (Tübingen, 1997), 144, 317, 394. **70** Rochat, *Le guerre italiane*, 117-21. **71** De Grand, 'Mussolini's follies', 128-9; Rodogno, *Fascism's European Empire*, 46-7. **72** De Donno, 'La Razza Ario-Mediterranea', 409. **73** Fischer, *Albania at War*, 5-7; Moseley, *Mussolini's Shadow*, 51-2. **74** Nicholas Doumanis, *Myth and Memory in the Mediterranean: Remembering Fascism's*

Empire (London, 1997), 41–4. **75** Fischer, *Albania at War*, 17–20. **76** Ibid., 20, 35, 37–40, 90–91; Moseley, *Mussolini's Shadow*, 53–5; Rodogno, *Fascism's European Empire*, 59–60. **77** Albert Speer, *Inside the Third Reich* (London, 1970), 72. **78** Christian Leitz, 'Arms as levers: matériel and raw materials in Germany's trade with Romania in the 1930s', *International History Review*, 19 (1997), 317, 322–3. **79** Pierpaolo Barbieri, *Hitler's Shadow Empire: Nazi Economics and the Spanish Civil War* (Cambridge, Mass., 2015), 180–82, 260. **80** Treue, 'Denkschrift Hitlers', 204–5, 206. **81** BAB, R261/18, 'Ergebnisse der Vierjahresplan–Arbeit, Stand Frühjahr 1942', 1936년 이래 독일 경제계획의 활동에 대한 요약. **82** Richard Overy, *War and Economy in the Third Reich* (Oxford, 1994), 20–1. **83** Manfred Weissbecker, '"Wenn hier Deutsche wohnten": Beharrung und Veränderung im Russlandbild Hitlers und der NSDAP', in Hans–Erich Volkmann (ed.), *Das Russlandbild im Dritten Reich* (Cologne, 1994), 9. **84** Milan Hauner, 'Did Hitler want a world dominion?', *Journal of Contemporary History*, 13 (1978), 15–32. **85** 'Colloquio del ministro degli esteri, Ciano, con il cancelliere del Reich, Hitler', 24 October 1936, in *I documenti diplomatici italiani, 8 serie, vol v, 1 settembre–31 dicembre 1936* (Rome, 1994), 317. **86** Bernhard, 'Borrowing from Mussolini', 623–5. **87** Wolfe Schmokel, *Dream of Empire: German Colonialism, 1919–1945* (New Haven, Conn., 1964), 21–2, 30–32; Willeke Sandler, *Empire in the Heimat: Colonialism and Public Culture in the Third Reich* (New York, 2018), 3, 177–83. **88** Robert Gordon and Dennis Mahoney, 'Marching in step: German youth and colonial cinema', in Eric Ames, Marcia Klotz and Lora Wildenthal (eds.), *Germany's Colonial Pasts* (Lincoln, Nebr., 2005), 115–34. **89** Linne, *Deutschland jenseits des Äquators?*, 39. **90** CCAC, Christie Papers, 180/1, 'Notes of a conversation with Göring', 3 Feb. 1937, pp. 53–4. **91** Colonel Hossbach, 'Minutes of the conference in the Reich Chancellery, November 5 1937', *Documents on German Foreign Policy*, Ser. D, vol. I (London, 1954), 29–39. **92** Geoffrey Megargee, *Inside Hitler's High Command* (Lawrence, Kans, 2000), 41–8. **93** Bryant, *Prague in Black*, 29–45; Alice Teichova, 'Instruments of economic control and exploitation: the German occupation of Bohemia and Moravia', in Richard Overy, Gerhard Otto and Johannes Houwink ten Cate (eds.), *Die 'Neuordnung' Europas: NS–Wirtschaftspolitik in den besetzten Gebiete* (Berlin, 1997), 84–8. 또한 Winkler, *Age of Catastrophe*, 658–60 참조. **94** Teichova, 'Instruments of economic control', 50–58. **95** 상세한 서술은 Ralf Banken, *Edelmetallmangel und Grossraubwirtschaft: Die Entwicklung des deutschen Edelmetallsektors im 'Dritten Reich', 1933–1945* (Berlin, 2009), 287–91, 399–401 참조. **96** Overy, *War and Economy*, 147–51. **97** Ibid., 319–21; Teichova, 'Instruments of economic control', 89–92. **98** Bryant, *Prague in Black*, 121–8. **99** Teichova, 'Instruments of economic control', 103–4. **100** Roman Ilnytzkyi, *Deutschland und die Ukraine 1934–1945*, 2 vols. (Munich, 1958), i., 21–2. **101** 이 견해는 Gerhard Weinberg, *The Foreign Policy of Hitler's Germany: Starting World War II, 1937–1939* (Chicago, Ill., 1980), and Adam Tooze, *The Wages of Destruction: The Making and Breaking of the Nazi Economy* (London, 2006), 332–5, 662–5에서 가장 강력하게 제기된다. 다른 시각은 Overy, *War and Economy*, 221–6 참조. **102** Overy, *War and Economy*, 238–9. **103** IWM, Mi 14/328 (d), OKW minutes of meeting of War Economy Inspectors, 21 Aug. 1939; OKW, Wehrmachtteile Besprechung, 3 Sept. 1939. **104** Richard Overy, *1939: Countdown to War* (London, 2009), 31–40. **105** Hildegard von Kotze (ed.),

Heeresadjutant bei Hitler 1938-1945: Aufzeichnungen des Majors Engel (Stuttgart, 1974), 60, entry for 29 August; IWM, FO 645, Box 156, 1945년 9월 8일 헤르만 괴링의 뉘른베르크 증언, pp. 2, 5. **106** John Toland, *Adolf Hitler* (New York, 1976), 571에서 인용. **107** Vejas Liulevicius, 'The language of occupation: vocabularies of German rule in Eastern Europe in the World Wars', in Robert Nelson (ed.), *Germans, Poland, and Colonial Expansion in the East* (New York, 2009), 130-31. **108** Alexander Rossino, *Hitler Strikes Poland: Blitzkrieg, Ideology, and Atrocity* (Lawrence, Kans, 2003), 6-7. **109** Ibid., 7, 24-5, 27. **110** Winfried Baumgart, 'Zur Ansprache Hitlers vor den Führern der Wehrmacht am 22 August 1939', *Vierteljahreshefte für Zeitgeschichte*, 19 (1971), 303. **111** Elke Fröhlich (ed.), *Die Tagebücher von Joseph Goebbels: Band 7: Juli 1939–März 1940* (Munich, 1998), 87, entry for 1 Sept. 1939; Christian Hartmann, *Halder: Generalstabschef Hitlers 1938-1942* (Paderborn, 1991), 139. **112** 군사적 균형에 관해서는 Klaus Maier, Horst Rohde, Bernd Stegmann and Hans Umbreit, *Das Deutsche Reich und der Zweite Weltkrieg: Band II: Die Errichtung der Hegemonie auf dem europäischen Kontinent* (Stuttgart, 1979), 102-3, 111 참조. **113** Halik Kochanski, *The Eagle Unbowed: Poland and the Poles in the Second World War* (London, 2012), 84-5. **114** Ibid., 84; Maier et al., *Das Deutsche Reich und der Zweite Weltkrieg: Band II*, 133. 소비에트 수치의 출처는 Alexander Hill, 'Voroshilov's "lightning" war – the Soviet invasion of Poland, September 1939', *Journal of Slavic Military Studies*, 27 (2014), 409. **115** 독일 공군에 관해서는 Caius Bekker, *The Luftwaffe War Diaries* (London, 1972), 27-78, 466. **116** Jürgen Zimmerer, 'The birth of the Ostland out of the spirit of colonialism: a postcolonial perspective on the Nazi policy of conquest and extermination', *Patterns of Prejudice*, 39 (2005), 197-8. **117** Furber, 'Near as far in the colonies', 552, 570. 식민 패러다임에 관해서는 Shelley Baranowski, *Nazi Empire: German Colonialism and Imperialism from Bismarck to Hitler* (Cambridge, 2011), 237-9 참조. **118** M. Riedel, *Eisen und Kohle für das Dritte Reich* (Göttingen, 1973), 275-6, 301-2; Kochanski, *The Eagle Unbowed*, 100. **119** Catherine Epstein, *Model Nazi: Arthur Greiser and the Occupation of Western Poland* (Oxford, 2010), 135-7, 140. **120** Lora Wildenthal, *German Women for Empire, 1884-1945* (Durham, NC, 2001), 197-8. **121** Rossino, *Hitler Strikes Poland*, 10-13; Edward Westermann, *Hitler's Police Battalions: Enforcing Racial War in the East* (Lawrence, Kans, 2005), 124-8. **122** Jürgen Matthäus, Jochen Böhler and Klaus-Michael Mallmann, *War, Pacification, and Mass Murder 1939: The Einsatzgruppen in Poland* (Lanham, Md, 2014), 2-7. **123** Ibid., 20. **124** Timothy Snyder, *Bloodlands: Europe between Hitler and Stalin* (London, 2010), 126-8. **125** Furber, 'Near as far in the colonies', 562-3; Robert van Pelt, 'Bearers of culture, harbingers of destruction: the mythos of the Germans in the East', in Richard Etlin (ed.), *Art, Culture and Media under the Third Reich* (Chicago, Ill., 2002), 100-102, 127-9; Kopp, 'Arguing the case for a colonial Poland', in Langbehn and Salama (eds.), *German Colonialism*, 146-8, 155-7. **126** Christian Ingrao, *The Promise of the East: Nazi Hopes and Genocide 1939-43* (Cambridge, 2019), 5. **127** Isabel Heinemann, '"Another type of perpetrator": the SS racial experts and forced population movements in the occupied regions', *Holocaust and Genocide Studies*, 15 (2001), 391-2; Michael Burleigh, *Germany Turns Eastwards: A Study of Ostforschung in the Third Reich* (Cambridge, 1988), 159-60, 162-3; Baranowski, *Nazi Empire*, 243-52. **128** 노몬한 전투에 관한 최근 서술은 Alistair Horne, *Hubris: The Tragedy of War in the Twentieth*

Century (London, 2015), 133-56 참조. **129** Keith Neilson, *Britain, Soviet Russia and the Collapse of the Versailles Order, 1919-1939* (Cambridge, 2005), 328-9. **130** Ibid., 257-61. **131** London School of Economics archive, National Peace Council papers, 2/5, minutes of Executive Committee, 13 Mar., 17 Apr. 1939. **132** Josef Konvitz, 'Représentations urbaines et bombardements stratégiques, 1914-1945', *Annales*, 44 (1989), 823-47. **133** Daniel Hucker, 'French public attitudes towards the prospect of war in 1938-39: "pacifism" or "war anxiety"?', *French History*, 21 (2007), 439, 441. **134** Gerald Lee, '"I see dead people": air-raid phobia and Britain's behaviour in the Munich Crisis', *Security Studies*, 13 (2003), 263. **135** Lawrence Pratt, *East of Malta, West of Suez: Britain's Mediterranean Crisis 1936-1939* (Cambridge, 1975), 3. **136** Ibid., 239-40. **137** Hucker, 'French public attitudes', 442-4; Donald Watt, 'British domestic politics and the onset of war', in Comité d'Histoire de la Deuxième Guerre Mondiale, *Les relations franco-brittaniques de 1935 à 1939* (Paris, 1975), 257-8; Charles-Robert Ageron, 'Vichy, les Français et l'Empire', in Jean-Pierre Azéma and François Bédarida (eds.), *Le Régime de Vichy et les Français* (Paris, 1992), 122. **138** Donald Low, *Eclipse of Empire* (Cambridge, 1991), 11, 29. **139** Matthew Hughes, *Britain's Pacification of Palestine: The British Army, the Colonial State and the Arab Revolt, 1936-1939* (Cambridge, 2019), 377-84. **140** League Against Imperialism, 'The British Empire', July 1935, 4-5. **141** Martin Thomas, *The French Empire between the Wars: Imperialism, Politics and Society* (Manchester, 2005), 226-32; Timothy Parsons, *The Second British Empire: In the Crucible of the Twentieth Century* (Lanham, Md, 2014), 86-96. **142** Claude Quétel, *L'impardonnable défaite* (Paris, 2010), 206-7. **143** TNA, AIR 9/8, Air Staff memorandum, 15 Jan. 1936; Air Ministry (Plans) to Deputy Chief of Air Staff, 24 Sept. 1936. **144** 유화에 대한 역사적 접근법들에 관해서는 Brian McKercher, 'National security and imperial defence: British grand strategy and appeasement 1930-1939', *Diplomacy & Statecraft*, 19 (2008), 391-42; Sidney Aster, 'Appeasement: before and after revisionism', ibid., 443-80. **145** 예를 들어 Martin Thomas, 'Appeasement in the late Third Republic', *Diplomacy & Statecraft*, 19 (2008), 567-89 참조. **146** 예를 들어 Pierre Guillen, 'Franco-Italian relations in flux, 1918-1940', in Robert Boyce (ed.), *French Foreign and Defence Policy, 1918-1940: The Decline and Fall of a Great Power* (London, 1998), 149-61; Greg Kennedy, '1935: a snapshot of British imperial defence in the Far East', in Greg Kennedy and Keith Neilson (eds.), *Far-Flung Lines: Essays on Imperial Defence in Honour of Donald Mackenzie Schurman* (London, 1996), 190-210; Thomas, 'Appeasement', 578-91 참조. **147** Sidney Paish, 'Containment, rollback, and the origins of the Pacific War, 1933-1941', in Kurt Piehler and Sidney Paish (eds.), *The United States and the Second World War: New Perspectives on Diplomacy, War and the Home Front* (New York, 2010), 42-3, 45. **148** Orlando Pérez, 'Panama: nationalism and the challenge to canal security', in Thomas Leonard and John Bratzel (eds.), *Latin America during World War II* (New York, 2006), 65-6. **149** Neill Lochery, *Brazil: The Fortunes of War* (New York, 2014), 39-40, 61-2, 70. **150** Sean Casey, *Cautious Crusade: Franklin D. Roosevelt, American Public Opinion and the War against Nazi Germany* (New York, 2001), 23. **151** Chamberlain Papers, University of Birmingham, NC 18/1/1108, Chamberlain to his sister, Ida, 23 July 1939. **152** George Peden, 'Sir Warren Fisher and British rearmament against Germany', *English Historical Review*, 94 (1979), 43-5; Robert

Shay, *British Rearmament in the Thirties* (Princeton, NJ, 1977), 159, 223; Joe Maiolo, *Cry Havoc: The Arms Race and the Second World War 1931-1941* (London, 2010), 99-101. **153** Morewood, *British Defence of Egypt*, 1, 95-6, 180-86. **154** Franco Macri, *Clash of Empires in South China: The Allied Nations' Proxy War with Japan, 1935-1941* (Lawrence, Kans, 2012), 119-20, 154-7; Ashley Jackson, *The British Empire and the Second World War* (London, 2006), 17-19. **155** Eugenia Kiesling, "'If it ain't broke, don't fix it'": French military doctrine between the wars', *War in History*, 3 (1996), 215-18; Robert Doughty, *The Seeds of Disaster: The Development of French Army Doctrine, 1919-39* (Mechanicsburg, Pa, 1985), 95-105, 108-10. **156** Thomas, *French Empire between the Wars*, 312-13, 323-5, 333-4. **157** Morewood, *British Defence of Egypt*, 37-48. **158** Peter Jackson, *France and the Nazi Menace: Intelligence and Policy Making 1933-1939* (Oxford, 2000), 289-96. **159** Hans Groscurth, *Tagebuch eines Abwehroffiziers* (Stuttgart, 1970), 124. 뮌헨 회담에 관한 이런 시각은 Overy, 'Germany and the Munich Crisis', 193-210 참조. **160** *Akten zur deutschen Auswärtigen Politik*, Series D, vol. 2, 772, minutes of meeting between Hitler and Horace Wilson, 27 Sept. 1938; Wacław Jędrzejewicz (ed.), *Diplomat in Berlin, 1933-1939: Papers and Memoirs of Józef Lipski* (New York, 1968), 425, letter from Lipski to Josef Beck. **161** H. Michaelis and E. Schraepler (eds.), *Ursachen und Folgen vom deutschen Zusammenbruch 1918 bis 1945. Vol. 12: Das sudetendeutsche Problem* (Berlin, 1976), 438-40, Fritz Wiedemann über seine Eindrücke am 28 Sept. 1938. **162** Groscurth, *Tagebuch*, 128, entries for 28, 30 Sept. 1938. **163** André Maurois, *Why France Fell* (London, 1941), 21-2. **164** Jean Levy and Simon Pietri, *De la République à l'État français 1930-1940: Le chemin de Vichy* (Paris, 1996), 160-61. **165** TNA, AIR 9/105, chiefs of staff, 'British Strategical Memorandum, March 20 1939', pp. 6-7. 공조 계획에 관해서는 William Philpott and Martin Alexander, 'The Entente Cordiale and the next war: Anglo-French views on future military cooperation, 1928-1939', *Intelligence and National Security*, 13 (1998), 68-76 참조. **166** John Darwin, *The Empire Project: The Rise and Fall of the British World-System, 1830-1970* (Cambridge, 2009), 494-7; Christopher Waters, 'Australia, the British Empire and the Second World War', *War & Society*, 19 (2001), 93-4. **167** Thomas, *French Empire between the Wars*, 314-25; Martin Thomas, 'Economic conditions and the limits to mobilization in the French Empire 1936-1939', *Historical Journal*, 48 (2005), 482-90. **168** Hucker, 'French public attitudes', 442, 446; George Gallup (ed.), *The Gallup International Public Opinion Polls: Great Britain, 1937-1975* (New York, 1976), 10, 16, 21. **169** Richard Overy, *The Morbid Age: Britain and the Crisis of Civilization between the Wars* (London, 2009), 21-2. **170** Neilson, *Britain, Soviet Russia*, 314-15. **171** TNA, PREM 1/331a, note on Italian proposals, 2 Sept. 1939. **172** Brian Bond (ed.), *Chief of Staff: The Diaries of Lieutenant General Sir Henry Pownall: Volume One* (London, 1972), 221. **173** TNA, PREM 1/395, 1939년 10월 6일 영국 총리를 염두에 둔 히틀러 연설의 번역문, p. 18. **174** Winkler, *The Age of Catastrophe*, 670-71. **175** Quétel, *L'impardonnable défaite*, 216-17. **176** Maurois, *Why France Fell*, 73. **177** Speer, *Inside the Third Reich*, 163. **178** Megargee, *Inside Hitler's High Command*, 76; Nicolaus von Below, *At Hitler's Side: The Memoirs of Hitler's Luftwaffe Adjutant 1937-1945* (London, 2001), 40-41. **179** TNA, PREM 1/395, Lord Halifax, draft response to Hitler, 8 Oct. 1939; Churchill to Chamberlain, 9 Oct. 1939; minute for Chamberlain from Alexander

Cadogan (Foreign Office), 8 Oct. 1939. **180** Willi Boelcke (ed.), *The Secret Conferences of Dr. Goebbels 1939-1943* (London, 1967), 6, directive of 16 Dec. 1939; *Fuehrer Conferences on Naval Affairs 1939-1945* (London, 1990), 60, Conference of Department Heads, 25 Nov. 1939. **181** Megargee, *Inside Hitler's High Command*, 76. **182** Karl-Heinz Frieser, *The Blitzkrieg Legend: The 1940 Campaign in the West* (Annapolis, Md, 2012), 63-8; Mungo Melvin, *Manstein: Hitler's Greatest General* (London, 2010), 136-7, 142, 149-51, 154-5; von Below, *At Hitler's Side*, 40-41. **183** Martin Alexander, 'The fall of France, 1940', *Journal of Strategic Studies*, 13 (1990), 13-21; Julian Jackson, *The Fall of France: The Nazi Invasion of 1940* (Oxford, 2003), 75-6. **184** TNA, PREM 1/437, press communiqué on meeting of the Supreme War Council, 15 Nov. 1939. **185** Brian Bond, *France and Belgium 1939-1940* (London, 1990), 40-41, 49-51, 58-9. **186** Martin Alexander, "Fighting to the last Frenchman?" Reflections on the BEF deployment to France and the strains in the Franco-British alliance, 1939-1940', in Joel Blatt (ed.), *The French Defeat of 1940: Reassessments* (Providence, RI, 1998), 323-6; Bond, *France and Belgium*, 76-7. **187** Quétel, *L'impardonnable défaite*, 237; Robert Desmond, *Tides of War: World News Reporting 1931-1945* (Iowa City, Iowa, 1984), 93. **188** Gallup (ed.), *International Opinion Polls*, 22, 30. **189** Quétel, *L'impardonnable défaite*, 246; Alan Allport, *Browned Off and Bloody-Minded: The British Soldier Goes to War 1939-1945* (New Haven, Conn., 2015), 44. **190** Talbot Imlay, 'France and the Phoney War 1939-1940', in Boyce (ed.), *French Foreign and Defence Policy*, 265-6. **191** TNA, WO 193/144, War Office Memorandum for the Supreme War Council, 15 Dec. 1939; Director of Military Operations report, 'Operational Considerations affecting Development of Equipment for Land Offensive', 12 Apr. 1940. **192** Richard Overy, 'Air Power, Armies, and the War in the West, 1940', 32nd Harmon Memorial Lecture, US Air Force Academy, Colorado Springs, 1989, 1-2. **193** Guillen, 'Franco-Italian relations in flux', 160-61. **194** Morewood, *British Defence of Egypt*, 139-47. **195** Macri, *Clash of Empires in South China*, 195-201, 214-15. **196** Geoffrey Roberts, 'Stalin's wartime vision of the peace, 1939-1945', in Timothy Snyder and Ray Brandon (eds.), *Stalin and Europe: Imitation and Domination 1928-1953* (New York, 2014), 234-6; Martin Kahn, *Measuring Stalin's Strength during Total War* (Gothenburg, 2004), 87-9. **197** TNA, WO 193/144, War Office memorandum 'Assistance to Finland', 16 Dec. 1939 ('we cannot recommend that we should declare war on Russia'); Kahn, *Measuring Stalin's Strength*, 90-92. **198** Gabriel Gorodetsky (ed.), *The Maisky Diaries: Red Ambassador at the Court of St James's, 1932-1943* (New Haven, Conn., 2015), 245, entry for 12 Dec. 1939. **199** Patrick Salmon, 'Great Britain, the Soviet Union, and Finland', in John Hiden and Thomas Lane (eds.), *The Baltic and the Outbreak of the Second World War* (Cambridge, 1991), 116-17; Thomas Munch-Petersen, 'Britain and the outbreak of the Winter War', in Robert Bohn et al. (eds.), *Neutralität und totalitäre Aggression: Nordeuropa und die Grossmächteim Zweiten Weltkrieg* (Stuttgart, 1991), 87-9; John Kennedy, *The Business of War* (London, 1957), 47-8. **200** TNA, PREM 1/437, Reynaud to Chamberlain and Lord Halifax, 25 Mar. 1940. **201** TNA, PREM 1/437, memorandum for the prime minister, 'Possibilities of Allied Action against the Caucasus', March 1940, p. 3. 이 작전의 세부는 C. O. Richardson, 'French plans for Allied attacks on the Caucasus oil fields January-April 1940', *French Historical Studies*, 8 (1973), 130-53 참조. **202**

Edward Spears, *Assignment to Catastrophe* (London, 1954), 102-6; Jackson, *Fall of France*, 82-4.
203 Walter Warlimont, *Inside Hitler's Headquarters 1939-45* (London, 1964), 66-72. **204** *Fuehrer Conferences on Naval Affairs*, 63-7, 80-84. **205** Maier et al., *Das Deutsche Reich und der Zweite Weltkrieg: Band II*, 212-17; British Air Ministry, *The Rise and Fall of the German Air Force* (London, 1983), 60-63. **206** Maier et al., *Das Deutsche Reich und der Zweite Weltkrieg: Band II*, 224. **207** Robert Rhodes James (ed.), *The Diaries of Sir Henry Channon* (London, 1993), 244-50, entries for 7, 8, 9 May 1940. **208** Frieser, *Blitzkrieg Legend*, 36-48. 공군력 관련 통계 수치들은 특정 날짜의 가용 자원과 예비 전력 분류에 따라 얼마간 편차를 보인다. Patrick Facon, *L'Armée de l'Air dans la tourmente: La Bataille de France 1939-1940* (Paris, 1997), 151-69에서는 연합국 항공기 5524대와 독일 항공기 3959대라는 다소 다른 수치를 제시한다. Ernest May, *Strange Victory: Hitler's Conquest of France* (New York, 2000), 479에서는 양편의 폭격기와 전투기 수치로 연합국 5133대, 독일 2779대를 제시한다. **209** Frieser, *Blitzkrieg Legend*, 45; Facon, *L'Armée de l'Air*, 169, 205; Jackson, *Fall of France*, 15-17. **210** Jackson, *Fall of France*, 21-5. 독일 군의 마력 이용에 관해서는 Richard Dinardo, *Mechanized Juggernaut or Military Anachronism? Horses and the German Army of WWII* (Mechanicsburg, Pa, 2008), 24-6 참조. **211** Quétel, *L'impardonnable défaite*, 246. **212** Frieser, *Blitzkrieg Legend*, 93. **213** Henri Wailly, 'La situation intérieure', in Philippe Ricalens and Jacques Poyer (eds.), *L'Armistice de juin 1940: Faute ou nécessité?* (Paris, 2011), 48-9. **214** Von Below, *At Hitler's Side*, 57. **215** Frieser, *Blitzkrieg Legend*, 107-12. **216** Ibid., 161. **217** Jackson, *Fall of France*, 45-7. **218** David Dilks (ed.), *The Diaries of Sir Alexander Cadogan 1938-1945* (London, 1971), 284, entry for 16 May; Spears, *Assignment to Catastrophe*, 150. **219** Megargee, *Inside Hitler's High Command*, 85. **220** Hugh Sebag-Montefiore, *Dunkirk: Fight to the Last Man* (London, 2006), 3. **221** Max Schiaron, 'La Bataille de France, vue par le haut commandement français', in Ricalens and Poyer (eds.), *L'Armistice de juin 1940*, 3-5. **222** Stephen Roskill, *Hankey: Man of Secrets, Volume III 1931-1963* (London, 1974), 477-8. **223** Claude Huan, 'Les capacités de transport maritime', in Ricalens and Poyer (eds.), *L'Armistice de juin 1940*, 37-8. **224** Frieser, *Blitzkrieg Legend*, 301-2. **225** Allport, *Browned Off and Bloody-Minded*, 55-6. **226** Sebag-Montefiore, *Dunkirk*, 250-53. **227** Paul Gaujac, 'L'armée de terre française en France et en Afrique du Nord', in Ricalens and Poyer (eds.), *L'Armistice de juin 1940*, 15-16. **228** Huan, 'Les capacités de transport maritime', 38-9. 폴란드 군인들에 관해서는 Kochanski, *The Eagle Unbowed*, 212-16 참조. **229** Jacques Belle, 'La volonté et la capacité de défendre l'Afrique du Nord', in Ricalens and Poyer (eds.), *L'Armistice de juin 1940*, 150-57; Gaujac, 'L'armée de terre française', 20-22. **230** Schiaron, 'La Bataille de France', 7-8. **231** Ibid., 9-11; Elisabeth du Réau, 'Le débat de l'armistice', in Ricalens and Poyer (eds.), *L'Armistice de juin 1940*, 65-9. **232** Schiaron, 'La Bataille de France', 11-12; Jackson, *Fall of France*, 143. **233** Gilles Ragache, 'La bataille continue!', in Ricalens and Poyer (eds.), *L'Armistice de juin 1940*, 142-5. **234** Rochat, *Le guerre italiane*, 239. **235** Gooch, *Mussolini and His Generals*, 494-8, 508-11; Robert Mallett, *Mussolini and the Origins of the Second World War, 1933-1940* (Basingstoke, 2003), 214-17. **236** Gooch, *Mussolini and His Generals*, 510. **237** Galeazzo Ciano, *Diario 1937-1943*, ed. Renzo di Felice (Milan, 1998), 429, 435, 442, entries for 13 May, 28 May, 10 June 1940. **238** Rodogno, *Fascism's European Empire*, 25-6. Ciano, *Diario*, 444, entry

for 18/19 June 1940. **239** Ciano, *Diario*, 443, entry for 18/19 June 1940. **240** Ragache, 'La bataille continue!', 143–4. **241** Rochat, *Le guerre italiane*, 248–50. **242** Karine Varley, 'Entangled enemies: Vichy, Italy and collaboration', in Ludivine Broch and Alison Carrol (eds.), *France in an Era of Global War, 1914-1945: Occupation Politics, Empire and Entanglements* (Basingstoke, 2014), 153–5; Rodogno, *Fascism's European Empire*, 26–7. 독일 측의 조건은 Thomas Laub, *After the Fall: German Policy in Occupied France 1940-1944* (Oxford, 2010), 36–9 참조. **243** Roberts, 'Stalin's wartime vision of the peace', 236–7. **244** Ciano, *Diario*, 443, entry for 18/19 June 1940. **245** Randolph Churchill (ed.), *Into Battle: Speeches by the Right Hon. Winston S. Churchill* (London, 1941), 255–6, 259. **246** John Colville, *The Fringes of Power: Downing Street Diaries 1939-1955: Volume 1 1939-October 1941* (London, 1985), 267, entry for 20 Aug. 1940. **247** Gorodetsky, *Maisky Diaries*, 304, entry for 20 Aug. 1940. **248** Ibid., 287, entry for 17 June 1940. **249** Hastings Ismay, *Memoirs* (London, 1960), 153. **250** James (ed.), *The Diaries of Sir Henry Channon*, 261–2. **251** Srinath Raghavan, *India's War: The Making of Modern South Asia, 1939-1945* (London, 2016), 47–8. **252** 소비에트의 견해에 관해서는 Sergei Kudryashov, 'The Soviet perspective', in Paul Addison and Jeremy Crang (eds.), *The Burning Blue: A New History of the Battle of Britain* (London, 2000), 71–2 참조. 프랑스에 관해서는 Robert Tombs and Isabelle Tombs, *That Sweet Enemy: Britain and France* (London, 2007), 10, 571–3 참조. **253** Colville, *Fringes of Power*, 176, entry for 6 June 1940. **254** Robert Self, *Neville Chamberlain: A Biography* (Aldershot, 2006), 434; 처칠의 발언에 관해서는 그가 "우리 혼자서도 독일군을 능히 꺾을 수 있다"라고 말했다고 보고한 Spears, *Assignment to Catastrophe*, 70 참조. **255** Paul Addison and Jeremy Crang (eds.), *Listening to Britain: Home Intelligence Reports on Britain's Finest Hour May-September 1940* (London, 2011), 80, 123, 126, entries for 5 June, 17 June and 18 June 1940. 또한 Richard Toye, *The Roar of the Lion: The Untold Story of Churchill's World War II Speeches* (Oxford, 2013), 51–9 참조. **256** John Charmley, *Lord Lloyd and the Decline of the British Empire* (London, 1987), 251. **257** John Ferris and Evan Mawdsley, 'The war in the West', in *idem* (eds.), *The Cambridge History of the Second World War: Volume I: Fighting the War* (Cambridge, 2015), 350. **258** Richard Toye, *Lloyd George and Churchill: Rivals for Greatness* (London, 2007), 342, 363–9, 380; Antony Lentin, *Lloyd George and the Lost Peace: From Versailles to Hitler, 1919-1940* (Basingstoke, 2001), 121–7. **259** Self, *Neville Chamberlain*, 433. **260** Richard Hallion, 'The American perspective', in Addison and Crang (eds.), *The Burning Blue*, 83–4. **261** Richard Overy, *The Bombing War: Europe 1939-1945* (London, 2013), 252–4. **262** Toye, *Roar of the Lion*, 54. **263** Richard Toye, *Churchill's Empire: The World that Made Him and the World He Made* (New York, 2010), 203–4. **264** Jackson, *The British Empire and the Second World War*, 21–3. **265** Parsons, *The Second British Empire*, 108–9; K. Fedorowich, 'Sir Gerald Campbell and the British High Commission in wartime Ottawa, 1938-40', *War in History*, 19 (2012), 357–85; Toye, *Churchill's Empire*, 209; Jonathan Vance, *Maple Leaf Empire: Canada, Britain, and Two World Wars* (Oxford, 2012), 149–50, 179; Darwin, *The Empire Project*, 495–7. **266** Clair Wills, *The Neutral Island: A History of Ireland during the Second World War* (London, 2007), 41–8; Toye, *Churchill's Empire*, 196–7, 207. **267** Raghavan, *India's War*, 13–16, 38–9, 52–60, 69–70. **268** Dilks (ed.), *Diaries of Sir Alexander Cadogan*, 311, entry for 5 July 1940; Tarling, *A Sudden*

Rampage, 54–5. **269** Morewood, *British Defence of Egypt*, 174–7, 193–8. **270** Ageron, 'Vichy, les Français et l'Empire', 122. **271** Schmokel, *Dream of Empire*, 144–54. **272** Gerhard Schreiber, Bernd Stegemann and Detlef Vogel, *Germany and the Second World War: Volume III* (Oxford, 1995), 282–8; Schmokel, *Dream of Empire*, 140–44. **273** Donald Nuechterlein, *Iceland: Reluctant Ally* (Ithaca, NY, 1961), 23–36. **274** William Roger Louis, *Imperialism at Bay: The United States and the Decolonization of the British Empire, 1941–1945* (Oxford, 1977), 158, 175–7; Neil Smith, *American Empire: Roosevelt's Geographer and the Prelude to Globalization* (Berkeley, Calif., 2003), 353–5. **275** Guy Vanthemsche, *Belgium and the Congo 1885–1980* (Cambridge, 2012), 122–6, 130. **276** Jonathan Helmreich, *United States Relations with Belgium and the Congo, 1940–1960* (Newark, NJ, 1998), 25–40. **277** Jennifer Foray, *Visions of Empire in the Nazi-Occupied Netherlands* (Cambridge, 2012), 3–5. **278** Ibid., 50–51, 54, 109–15. **279** Ibid., 50–53; Tarling, *A Sudden Rampage*, 66–8. **280** Marcel Boldorf, 'Grenzen des nationalsozialistischen Zugriffs auf Frankreichs Kolonialimporte (1940–1942)', *Vierteljahresschrift für Wirtschafts-Sozialgeschichte*, 97 (2010), 148–50. **281** Ageron, 'Vichy, les Français et l'Empire', 123–4, 128–9; Frederick Quinn, *The French Overseas Empire* (Westport, Conn., 2000), 219–20. **282** Tarling, *A Sudden Rampage*, 53–4; Martin Thomas, *The French Empire at War 1940–45* (Manchester, 1998), 45–6. **283** Charmley, *Lord Lloyd*, 246–7. **284** Tombs and Tombs, *That Sweet Enemy*, 561, 572–3. **285** Ibid., 562–3; Christopher Bell, *Churchill and Sea Power* (Oxford, 2013), 197–9; Raymond Dannreuther, *Somerville's Force H: The Royal Navy's Gibraltar-based Fleet, June 1940 to March 1942* (London, 2005), 28–34. **286** Martin Thomas, 'Resource war, civil war, rights war: factoring empire into French North Africa's Second World War', *War in History*, 18 (2011), 225–48. **287** Varley, 'Entangled enemies', 155–6. **288** Quinn, *French Overseas Empire*, 221–2; Thomas, *French Empire at War*, 52–8. **289** Robert Frank, 'Vichy et les Britanniques 1940–41: double jeu ou double langage?', in Azéma and Bédarida (eds.), *Le Régime de Vichy et les Français*, 144–8. 다카르에 관해서는 Thomas, *French Empire at War*, 75–6; Bell, *Churchill and Sea Power*, 209 참조. **290** Foray, *Visions of Empire*, 93, 103. **291** Varley, 'Entangled enemies', 155–8. **292** Ciano, *Diario*, 449, 452, entries for 2 July, 16 July 1940. **293** Max Domarus, *Hitler: Reden und Proklomationen 1932–1945*, 3 vols. *Volume II, Untergang* (Munich, 1965), 1538. **294** Elke Fröhlich (ed.), *Die Tagebücher von Joseph Goebbels: Sämtliche Fragmente*, 4 vols. (Munich: K. G. Saur, 1987), iv, 221, 227, entries for 28 June, 4 July 1940. '중재자들'에 관해서는 Karina Urbach, *Go-Betweens for Hitler* (Oxford, 2015) 참조. **295** Domarus, *Reden und Proklamationen*, ii, 1537–8, Halder's notes of meeting at the Berghof, 13 July 1940; von Below, *At Hitler's Side*, 67–8. **296** Gerwin Strobl, *The Germanic Isle: Nazi Perceptions of Britain* (Cambridge, 2000), 84, 92–4. **297** Domarus, *Reden und Proklamationen*, ii, 1557–8. **298** Fröhlich (ed.), *Tagebücher: Sämtliche Fragmente*, iv, 246–7, entry for 20 July 1940. **299** Colville, *Fringes of Power*, 234, entry for 24 July 1940. **300** Fröhlich (ed.), *Tagebücher: Sämtliche Fragmente*, iv, 250, entry for 24 July 1940. **301** Walter Hubatsch (ed.), *Hitlers Weisungen für die Kriegführung* (Frankfurt am Main, 1962), 71–2, Directive No. 16. **302** Von Below, *At Hitler's Side*, 68–9, entry for 21 July 1940. **303** Domarus, *Reden und Proklamationen*, ii, 1561, General Halder's report on meeting with the Führer, 21 July 1940. **304** Toye, *Lloyd George and Churchill*, 376. **305** Domarus, *Reden und*

Proklamationen, ii, 1561; Fröhlich (ed.), *Tagebücher: Sämtliche Fragmente*, iv, 249. **306** BA-MA, I Fliegerkorps, 'Gedanken über die Führung des Luftkrieges gegen England', 24 July 1940. 독일군의 대비에 관해서는 Horst Boog, 'The Luftwaffe's assault', in Addison and Crang, *Burning Blue*, 40-41 참조. **307** Bell, *Churchill and Sea Power*, 199. **308** Overy, *The Bombing War*, 251-2. **309** TNA, AIR 16/212, No. 11 Group Operational Orders, 'Measures to Counter an Attempted German Invasion, Summer 1940', 8 July 1940, p. 2. **310** AHB, 'Battle of Britain: Despatch by Air Chief Marshal Sir Hugh Dowding', 20 Aug. 1940, 569. **311** Hubatsch (ed.), *Hitlers Weisungen für die Kriegführung*, 75-6; AHB, German Translations, vol. 1, VII/21, OKW directive 'Operation Sea Lion', 1 Aug. 1940. **312** TNA, PREM 3/29 (3), Fighter Command Order of Battle, 6 Sept. 1940. **313** TNA, AIR 22/72, report on German propaganda, Aug. 1940. **314** Percy Schramm (ed.), Kriegstagebuch/OKW: Band 1, Teilband 1 (Augsburg, 2007), 59-60, entry for 3 Sept. 1940. **315** TNA, AIR 16/432, Home Security intelligence summary, 'Operations during the Night of 5/6 September'. **316** Ibid., reports for 24/25, 25/26 and 28/29 Aug. 1940. 첫째 날 밤에 런던 자치구 3곳, 둘째 날 밤에 5곳, 셋째 날 밤에 11곳을 타격했다. **317** Overy, *The Bombing War*, 83-4; Fröhlich (ed.), *Tagebücher: Sämtliche Fragmente*, iv, 309. **318** Allport, *Browned Off and Bloody-Minded*, 68. **319** David French, *Raising Churchill's Army: The British Army and the War against Germany 1919-1945* (Oxford, 2000), 185, 189-90; Alex Danchev and Daniel Todman (eds.), *War Diaries: Field Marshal Lord Alanbrooke, 1939-1945* (London, 2001), 108, entry for 15 Sept. 1940. **320** TNA, AIR 8/372, minute by chief of the air staff, 22 May 1940; Cripps to War Cabinet, 26 June 1940; Foreign Office minute for Churchill, 3 July 1940. **321** TNA, INF 1/264, Home Intelligence, Summary of daily reports, 4 Sept. 1940. **322** Virginia Cowles, *Looking for Trouble* (London, 1941), 448-9, 452. **323** Warlimont, *Inside Hitler's Headquarters*, 114. **324** Ibid., 115-7; von Below, *At Hitler's Side*, 72.

제2장 | 제국의 환상, 제국의 현실, 1940-1943

1 F. C. Jones, *Japan's New Order in East Asia* (Oxford, 1954), 469. 이 인용문은 독일어 텍스트를 번역한 것이다. 원문은 영어로 되어 있으며 "저마다 권리를 가진 공간"이 아니라 "저마다 적절한 위치"라고 쓰여 있다. '공간(Raum)' 용어는 신질서의 영토적 성격을 더 명확히 드러내기 위해 독일어 텍스트에 삽입한 것이다. **2** Galeazzo Ciano, *Diario 1937-1943*, ed. Renzo de Felice (Milan, 1998), 466-7; William Shirer, *Berlin Diary: The Journal of a Foreign Correspondent 1934-1941* (London, 1941), 417-20, entry for 27 Sept. 1940. **3** 영어 조약문은 *Akten der deutschen auswärtigen Politik: Band XI:I* (Göttingen, 1964), 153-4, von Mackensen to the German Foreign Office, 24 Sept. 1940, and 140-41, von Ribbentrop to von Mackensen, 24 Sept. 1944 참조. Otto Tolischus, *Tokyo Record* (London, 1943), 30 (speech of 27 Jan. 1941). **4** Horst Kahrs, 'Von der "Grossraumwirtschaft" zur "Neuen Ordnung"', in Kahrs et al., *Modelle für ein deutschen Europa: Ökonomie und Herrschaft im Grosswirtschaftsraum* (Berlin, 1992), 17-22; Gustavo Corni, *Il sogno del 'grande spazio': Le politiche d'occupazione nell'europa nazista* (Rome, 2005), 61-8; Paolo Fonzi, *La moneta nel grande spazio: Il progetto nazionalsocialista di integrazione* *monetaria europea 1939-1945* (Milan, 2011), 116-17, 121, 167-9. **5** Geoffrey Megargee, *Inside Hitler's High Command* (Lawrence, Kans, 2000), 90-91; Nicolaus von Below, *At Hitler's Side: The Memoirs of Hitler's Luftwaffe Adjutant 1937-1945* (London, 2001), 72-3. **6** 이 교섭에 관한 최상의 서술은 Norman Goda, *Tomorrow the World: Hitler, Northwest Africa, and the Path toward America* (College Station, Tex., 1998)에서 찾을 수 있다. 또한 H. James Burgwyn, *Mussolini Warlord: Failed Dreams of Empire 1940-1943* (New York, 2012), 22-9 참조. **7** Gabriel Gorodetsky, *Grand Delusion: Stalin and the German Invasion of Russia* (New Haven, Conn., 1999), 17-18. **8** Joachim von Ribbentrop, *The Ribbentrop Memoirs* (London, 1954), 149-52. **9** Von Below, *At Hitler's Side*, 74-5. **10** Sönke Neitzel, *Der Einsatz der deutschen Luftwaffe über dem Atlantik und der Nordsee 1939-1945* (Bonn, 1995), 55-6, 68. **11** Christopher Bell, *Churchill and Sea Power* (Oxford, 2013), 215. **12** W. J. R. Gardner, *Decoding History: The Battle of the Atlantic and Ultra* (Basingstoke, 1999), 177; Marc Milner, *The Battle of the Atlantic* (Stroud, 2005), 40, 46. **13** Milner, *Battle of the Atlantic*, 40-41; Bell, *Churchill and Sea Power*, 216, 224. **14** Milner, *Battle of the Atlantic*, 43-4. **15** 수치는 Arnold Hague, *The Allied Convoy System 1939-1945: Its Organization, Defence and Operations* (London, 2000), 23-5, 107-8에 근거해 계산했다. **16** Ralph Erskine, 'Naval Enigma: a missing link', *International Journal of Intelligence and Counter-Intelligence*, 3 (1989), 497-9. **17** Richard Overy, *The Bombing War: Europe 1939-1945* (London, 2013), 84-5; Percy Schramm (ed.), *Kriegstagebuch/OKW: Band 1, Teilband 1* (Augsburg, 2007), 76, entry for 14 Sept. 1940. **18** BA-MA, RL2 IV/27, 'Grossangriffe bei Nacht gegen Lebenszentren Englands, 12.8.1940-26.6.41'. **19** TsAMO, f.500, o. 725168, d. 110, Luftwaffe Operations Staff report on British targets and air strength, 14 Jan. 1941; Fuehrer Conferences on Naval Affairs, 1939-1945 (London, 1990), 179, 'Basic Principles of the Prosecution of the War against British War Economy'. **20** Michael Postan, *British War Production* (London, 1957), 484-5; Klaus Maier, Horst Rohde, Bernd Stegmann and Hans Umbreit, *Das Deutsche Reich und der Zweite Weltkrieg: Band II: Die Errichtung der Hegemonie auf dem europäischen Kontinent* (Stuttgart, 1979), 402-4. **21** C. B. A. Behrens, *Merchant Shipping and the Demands of War* (London, 1955), 325. 1941년 영국의 비축 식량과 수입 원자재는 거의 1700만 톤에 달했다. **22** John Darwin, *The Empire Project: The Rise and Fall of the British World-System 1830-1970* (Cambridge, 2009), 510-11. **23** Warren Kimball, '"Beggar my neighbor": America and the British interim finance crisis 1940-41', *Journal of Economic History*, 29 (1969), 758-72; idem (ed.), *Churchill & Roosevelt: The Complete Correspondence*, 3 vols. (London, 1984), i, 139, Churchill memorandum, 1 Mar. 1941. **24** Nigel Nicolson (ed.), *Harold Nicolson: Diaries and Letters 1939-45* (London, 1967), 144-5, letter to W. B. Jarvis. **25** Orio Vergani, *Ciano: una lunga confessione* (Milan, 1974), 97. **26** Davide Rodogno, *Fascism's European Empire: Italian Occupation During the Second World War* (Cambridge, 2006), 38, diary entry by General Bongiovanni. **27** Mario Cervi, *Storia della Guerra di Grecia, ottobre 1940-aprile 1941* (Milan, 1986), 51. **28** Vergani, *Ciano*, 88. **29** Marco Bragadin, *The Italian Navy in World War II* (Annapolis, Md, 1957), 28-9; Simon Ball, *The Bitter Sea* (London, 2009), 52-3. **30** Lucio Ceva, 'Italia e Grecia 1940-1941. Una guerra a parte', in Bruna Micheletti and Paolo Poggio (eds.), *L'Italia in guerra 1940-43* (Brescia, 1991), 190; Burgwyn, *Mussolini Warlord*, 38-9. **31** Ceva,

'Italia e Grecia', 191-2. **32** Cervi, *Storia della Guerra di Grecia*, 40, 51-2; Ball, *Bitter Sea*, 50-52; Giorgio Rochat, *Le guerre italiane 1935-1943: Dall'impero d'Etiopia alla disfatta* (Turin, 2005), 261. **33** Ceva, 'Italia e Grecia', 192; Rodogno, *Fascism's European Empire*, 29-30. **34** Mario Luciolli, *Mussolini e l'Europa: la politica estera fascista* (Florence, 2009), 220 (first published in 1945). **35** Ceva, 'Italia e Grecia', 193-201; Rochat, *Le guerre italiane*, 262-3, 274. **36** Bragadin, *Italian Navy in World War II*, 41-2; Gerhard Schreiber, Bernd Stegmann and Detlef Vogel, *Germany and the Second World War: Volume III: The Mediterranean, South-east Europe and North Africa, 1939-1941* (Oxford, 1995), 426-9. **37** Leland Stowe, *No Other Road to Freedom* (London, 1942), 182-3. **38** Ceva, 'Italia e Grecia', 201-2; Bragadin, *Italian Navy in World War II*, 42, 79. **39** Rochat, *Le guerre italiane*, 279-80. Ceva, 'Italia e Grecia'에서는 이탈리아군 사망자가 총 4만 명이라는 더 큰 수치를 제시한다. 수천 명이 전선에서 멀리 떨어진 곳에서 동상과 질병으로 사망했는데, 이것이 사망자 통계에 큰 차이가 나타나는 이유일 것이다. **40** Jack Greene and Alessandro Massignani, *The Naval War in the Mediterranean* (London, 1998), 103-7; Bragadin, *Italian Navy in World War II*, 44-6. **41** Bragadin, *Italian Navy in World War II*, 90-95. **42** 트리폴리 함락 실패에 관해서는 Klaus Schmider, 'The Mediterranean in 1940-1941: crossroads of lost opportunities?', *War & Society*, 15 (1997), 27-8 참조. **43** Schreiber, Stegmann and Vogel, *Germany and the Second World War: Volume III*, 92-5. 작전 수행에 관해서는 Rochat, *Le guerre italiane*, 268-77 참조. **44** Richard Carrier, 'Some reflections on the fighting power of the Italian Army in North Africa, 1940-1943', *War in History*, 22 (2015), 508-14. **45** Schreiber, Stegelmann and Vogel, *Germany and the Second World War: Volume III*, 454-6. **46** Walter Warlimont, *Inside Hitler's Headquarters 1939-45* (London, 1964), 128. **47** John Kennedy, *The Business of War: The War Narratives of Major-General Sir John Kennedy* (London, 1957), 72-5. **48** Vergani, *Ciano*, 100. **49** Kennedy, *Business of War*, 101-3. **50** Nicolson, *Diaries and Letters*, 161, entry for 4 Apr. 1941; Daniel Todman, *Britain's War: Into Battle 1937-1941* (London, 2016), 565. **51** Ashley Jackson, *Persian Gulf Command: A History of the Second World War in Iran and Iraq* (New Haven, Conn., 2018), 56-7. **52** Jeffrey Herf, *Nazi Propaganda for the Arab World* (New Haven, Conn., 2009), 60-61. **53** Jackson, *Persian Gulf Command*, 88. **54** Ibid., 99. **55** Ibid., 94-104; Herf, *Nazi Propaganda*, 57-8, 61. **56** Walther Hubatsch (ed.), *Hitlers Weisungen für die Kriegführung 1939-1945* (Munich, 1965), 139-41, 'Weisung Nr. 30: Mittlerer Orient'; 151-5, 'Weisung Nr. 32: Vorbereitungen für die Zeit nach Barbarossa'. **57** Herf, *Nazi Propaganda*, 36-9. **58** David Motadel, *Islam and Nazi Germany's War* (Cambridge, Mass., 2014), 84-9. **59** Ibid., 107-9. **60** Ibid., 111-12, 130. 이탈리아 측이 리비아 인구를 어떻게 대했는지에 관해서는 Patrick Bernhard, 'Behind the battle lines: Italian atrocities and the persecution of Arabs, Berbers, and Jews in North Africa during World War II', *Holocaust and Genocide Studies*, 26 (2012), 425-46 참조. **61** Nicholas Tamkin, 'Britain, the Middle East, and the "Northern Front" 1941-1942', *War in History*,15 (2008), 316. **62** David Fieldhouse, *Western Imperialism in the Middle East 1914-1958* (Oxford, 2006), 325-6. **63** Stefanie Wichhart, 'Selling democracy during the second British occupation of Iraq, 1941-5', *Journal of Contemporary History*, 48 (2013), 515. **64** Ibid., 523. **65** Gerry Kearns, *Geopolitics and Empire: The Legacy of Halford Mackinder* (Oxford, 2009), 155. **66** W. H. Parker, *Mackinder: Geography as an Aid to Statecraft* (Oxford, 1982), 150-58;

Geoffrey Sloan, 'Sir Halford J. Mackinder: the heartland theory then and now', in Colin Gray and Geoffrey Sloan (eds.), *Geopolitics, Geography and Strategy* (London, 1999), 154-5. **67** Geoffrey Sloan, *Geopolitics in United States Strategic Policy 1890-1987* (London, 1988), 31-6; Kearns, *Geopolitics and Empire*, 15-17. **68** Benjamin Madley, 'From Africa to Auschwitz: how German South West Africa incubated ideas and methods adopted and developed by the Nazis in Eastern Europe', *European History Quarterly*, 35 (2005), 432-4. **69** Andrew Gyorgy, *Geopolitics: The New German Science* (Berkeley, Calif., 1944), 207-8, 221. **70** Kearns, *Geopolitics and Empire*, 20; L. H. Gann, 'Reflections on the German and Japanese empires of World War II', in Peter Duus, Ramon Myers and Mark Peattie (eds.), *The Japanese Wartime Empire, 1931-1945* (Princeton, NJ, 1996), 338. **71** Volker Ullrich, *Hitler: Downfall 1939-45* (London, 2020), 145; Warlimont, *Inside Hitler's Headquarters*, 140. **72** Max Domarus, *Hitler: Reden und Proklamationen 1932-1945*, 3 vols., *Volume II, Untergang* (Munich, 1965), 1731, 1941년 6월 22일 히틀러의 대국민 연설. **73** Warlimont, *Inside Hitler's Headquarters*, 139. **74** Von Ribbentrop, *Memoirs*, 153. **75** Ullrich, *Hitler: Downfall*, 145. **76** Albert Kesselring, *The Memoirs of Field Marshal Kesselring* (London, 1953), 87. **77** Michael Bloch, *Ribbentrop* (London, 1992), 317. **78** Hugh Trevor-Roper (ed.), *Hitler's Table Talk 1941-1944: His Private Conversations* (London, 1973), 15, entry for 27 July 1941. **79** Stephen Fritz, *The First Soldier: Hitler as Military Leader* (New Haven, Conn., 2018), 132-8. **80** David Stahel, *Operation Barbarossa and Germany's Defeat in the East* (Cambridge, 2009), 47-53. **81** Megargee, *Inside Hitler's High Command*, 114-15. **82** Fritz, *First Soldier*, 151-2. **83** Warlimont, *Inside Hitler's Headquarters*, 140. **84** Jürgen Förster, 'Hitler turns East: German war policy in 1940 and 1941', in Bernd Wegner (ed.), *From Peace to War: Germany, Soviet Russia and the World, 1939-1941* (Oxford, 1997), 129; Andreas Hillgruber, 'The German military leaders' view of Russia prior to the attack on the Soviet Union', in Wegner (ed.), *From Peace to War*, 171-2, 180. 인종적 멸칭 사용에 관해서는 Andrei Grinev, 'The evaluation of the military qualities of the Red Army in 1941-1945 by German memoirs and analytic materials', *Journal of Slavic Military Studies*, 29 (2016), 228-9 참조. **85** Fritz, *First Soldier*, 124-5; Elke Fröhlich (ed.), *Die Tagebücher von Joseph Goebbels: Sämtliche Fragmente: Band 4* (Munich, 1987), 695, entry for 16 June 1941. **86** Stahel, *Operation Barbarossa*, 74. **87** R. L. Dinardo, *Mechanized Juggernaut or Military Anachronism? Horses and the German Army of WWII* (New York, 1991), 36-9. **88** Stahel, *Operation Barbarossa*, 78, 132-3. **89** Klaus Schüler, 'The eastern campaign as a transportation and supply problem', in Wegner (ed.), *From Peace to War*, 207-10. **90** F. Seidler and D. Zeigert, *Die Führerhauptquartiere: Anlagen und Planungen im Zweiten Weltkrieg* (Munich, 2000), 193-6; Warlimont, *Inside Hitler's Headquarters*, 162. **91** Johannes Kaufmann, *An Eagle's Odyssey: My Decade as a Pilot in Hitler's Luftwaffe* (Barnsley, 2019), 97. **92** Christian Ingrao, *The Promise of the East: Nazi Hopes and Genocide 1939-43* (Cambridge, 2019), 21-2, 99-101. **93** Horst Boog et al., *Das Deutsche Reich und der Zweite Weltkrieg: Band 4: Der Angriff auf die Sowjetunion* (Stuttgart, 1983), 129-35. **94** Stephen Fritz, *Ostkrieg: Hitler's War of Extermination in the East* (Lexington, Ky, 2011), 61-2; Alex Kay, '"The purpose of the Russian campaign is the decimation of the Slavic population by thirty million": the radicalization of German food policy in early 1941', in Alex Kay, Jeff Rutherford and David Stahel (eds.), *Nazi*

Policy on the Eastern Front, 1941: Total War, Genocide, and Radicalization (Rochester, NY, 2012), 107-8. **95** Stahel, *Operation Barbarossa*, 114-16. **96** Oula Silvennoinen, 'Janus of the North? Finland 1940-44: Finland's road into alliance with Hitler', in John Gilmour and Jill Stephenson (eds.), *Hitler's Scandinavian Legacy* (London, 2013), 135-6. **97** Joumi Tilli, '"Deus Vult!": the idea of crusading in Finnish clerical rhetoric 1941-1944', *War in History*, 24 (2017), 364-5, 372-6. **98** Silvennoinen, 'Janus of the North?', 139-40. **99** Dennis Deletant, 'Romania', in David Stahel (ed.), *Joining Hitler's Crusade: European Nations and the Invasion of the Soviet Union, 1941* (Cambridge, 2018), 66-9. **100** Ibid., 9, 69-70. **101** Jan Rychlík, 'Slovakia', in Stahel (ed.), *Joining Hitler's Crusade*, 123-4; Ignác Ramsics, 'Hungary', ibid., 88-9, 92-5, 100-101. **102** Jürgen Förster, 'Freiwillige für den "Kreuzzug Europas" gegen den Bolschewismus', in Boog et al., *Das Deutsche Reich und der Zweite Weltkrieg: Band 4*, 908-9. **103** Thomas Schlemmer, *Invasori, non Vittime: La campagna italiana di Russia 1941-1943* (Rome, 2019), 9-12. **104** Von Below, *At Hitler's Side*, 111. **105** Alessandro Massignani, 'Die italienischen Streitkräfte unde der Krieg der "Achse"', in Lutz Klinkhammer, Amadeo Guerrazzi and Thomas Schlemmer (eds.), *Die 'Achse' im Krieg: Politik, Ideologie und Kriegführung 1939-1945* (Paderborn, 2010), 123-6, 135-7. **106** Eugen Dollmann, *With Hitler and Mussolini: Memoirs of a Nazi Interpreter* (New York, 2017), 192-3. 돌만은 당시 사건을 기록하기 위해 직접 적은 문서를 사용했다. **107** K. Arlt 'Die Wehrmacht im Kalkul Stalins', in Rolf-Dieter Müller and Hans-Erich Volkmann (eds.), *Die Wehrmacht: Mythos und Realität* (Munich, 1999), 107-9. **108** David Glantz, *Stumbling Colossus: The Red Army on the Eve of World War* (Lawrence, Kans, 1998), 95-6, 103-4; R. E. Tarleton, 'What really happened to the Stalin Line?', *Journal of Slavic Military Studies*, 6 (1993), 50; C. Roberts, 'Planning for war: the Red Army and the catastrophe of 1941', *Europe-Asia Studies*, 47 (1995), 1319. **109** Glantz, *Stumbling Colossus*, 239-43; Christopher Andrew and O. Gordievsky, *KGB: The Inside Story* (London, 1990), 209-13; David Glantz, *The Role of Intelligence in Soviet Military Strategy in World War II* (Novato, Calif., 1990), 15-19. **110** 이것은 이제는 낡은 논쟁이다. Klaus Schmider, 'No quiet on the Eastern Front: the Suvorov debate in the 1990s', *Journal of Slavic Military Studies*, 10 (1997), 181-94; V. Suvorov, 'Who was planning to attack whom in June 1941, Hitler or Stalin?', *Military Affairs*, 69 (1989) 참조. **111** R. H. McNeal, *Stalin: Man and Ruler* (New York, 1988), 238. **112** Georgii Zhukov, *Reminiscences and Reflections: Volume I* (Moscow, 1985), 217-29; Alexander Hill, *The Red Army and the Second World War* (Cambridge, 2017), 205-7. **113** Von Below, *At Hitler's Side*, 103. **114** J. Schecter and V. Luchkov (eds.), *Khrushchev Remembers: The Glasnost Tapes* (New York, 1990), 56. **115** Henrik Eberle and Matthias Uhl (eds.), *The Hitler Book: The Secret Dossier Prepared for Stalin* (London, 2005), 73; von Ribbentrop, *Memoirs*, 153. **116** W. J. Spahr, *Zhukov: The Rise and Fall of a Great Captain* (Novato, Calif., 1993), 43; A. G. Chor'kov, 'The Red Army during the initial phase of the Great Patriotic War', in Wegner (ed.), *From Peace to War*, 417-18. **117** Victor Kamenir, *The Bloody Triangle: The Defeat of Soviet Armor in the Ukraine, June 1941* (Minneapolis, Minn., 2008), 247-54. **118** Von Below, *At Hitler's Side*, 107. **119** Evan Mawdsley, *Thunder in the East: The Nazi-Soviet War 1941-1945* (London, 2005), 19. **120** Kamenir, *The Bloody Triangle*, 21-5. **121** Roberts, 'Planning for War', 1307; Chor'kov, 'Red Army', 416; R. Stolfi, *Hitler's Panzers East:*

World War II Reinterpreted (Norman, Okla, 1991), 88-9. **122** James Lucas, *War on the Eastern Front: The German Soldier in Russia 1941-1945* (London, 1979), 31-3. **123** G. F. Krivosheev, *Soviet Casualties and Combat Losses in the Twentieth Century* (London, 1997), 96-7, 101. **124** Trevor-Roper (ed.), *Hitler's Table Talk*, 17, 24, entries for 27 July, 8/9 Aug. 1941. **125** Megargee, *Inside Hitler's High Command*, 132-3. **126** Martin Kahn, 'From assured defeat to "the riddle of Soviet military success": Anglo-American government assessments of Soviet war potential 1941-1943', *Journal of Slavic Military Studies*, 26 (2013), 465-7. **127** Johannes Hürter (ed.), *A German General on the Eastern Front: The Letters and Diaries of Gotthard Heinrici 1941-1942* (Barnsley, 2015), 68, letter of 6 July 1941. **128** Ibid., 73-4, letters of 1 and 3 Aug.; 78, letter of 28 Aug. 1941. **129** Hans Schröder, 'German soldiers' experiences during the initial phase of the Russian campaign', in Wegner (ed.), *From Peace to War*, 313. **130** Stahel, *Operation Barbarossa*, 182. **131** Dinardo, *Mechanized Juggernaut*, 45-9; Stahel, *Operation Barbarossa*, 183-5. **132** Dinardo, *Mechanized Juggernaut*, 53; Stahel, *Operation Barbarossa*, 234. **133** Fritz, *Ostkrieg*, 129-32. **134** Peter Longerich, *Hitler: A Biography* (Oxford, 2019), 753. **135** Dmitri Pavlov, *Leningrad 1941-1942: The Blockade* (Chicago, Ill., 1965), 75, 79, 84, 88; N. Kislitsyn and V. Zubakov, *Leningrad Does Not Surrender* (Moscow, 1989), 116-18. 1941/42년 겨울철에 완전히 봉쇄되었던 이 지역의 사망자 수치는 근사치이지만, 그것이 작금의 증거를 바탕으로 구할 수 있는 최선의 추정치라는 것이 오늘날 학계의 중론이다. Richard Bidlack and Nikita Lomagin, *The Leningrad Blockade 1941-1944* (New Haven, Conn., 2012), 270-73 참조. **136** Megargee, *Inside Hitler's High Command*, 135. **137** Domarus, *Reden und Proklamationen*, ii, 1758-67. **138** Jack Radey and Charles Sharp, 'Was it the mud?', *Journal of Slavic Military Studies*, 28 (2015), 663-5. **139** Ibid., 667-70. **140** Fritz, *Ostkrieg*, 161. **141** Klaus Reinhardt 'Moscow 1941: the turning point', in John Erickson and David Dilks (eds.), *Barbarossa: The Axis and the Allies (Edinburgh, 1994)*, 218-19; Fritz, *Ostkrieg*, 189-90. **142** Fritz, *Ostkrieg*, 187-9. **143** Spahr, *Zhukov*, 74-5. **144** *Kriegstagebuch des Oberkommandos der Wehrmacht*, 5 vols. (Frankfurt am Main, 1961-3), i, 1120; Fritz, *Ostkrieg*, 192의 통계. **145** 소련군의 결점에 관해서는 Hill, *Red Army*, 302-3 참조. **146** Christian Hartmann, *Operation Barbarossa: Nazi Germany's War in the East 1941-1945* (Oxford, 2015), 54-5. **147** Hürter (ed.), *A German General on the Eastern Front*, 126, letter of 2 Jan. 1942. **148** Carl Boyd, *Hitler's Japanese Confidant: General Ōshima Hiroshi and Magic Intelligence 1941-1945* (Lawrence, Kans, 1993), 27-30. **149** Klaus Reinhardt, *Moscow - The Turning Point: The Failure of Hitler's Strategy in the Winter of 1941-42* (Oxford, 1992), 58. **150** Gerhard Krebs, 'Japan and the German-Soviet War', in Wegner (ed.), *From Peace to War*, 548-50, 554-5; John Chapman, 'The Imperial Japanese Navy and the north-south dilemma', in Erickson and Dilks (eds.), *Barbarossa*, 168-9, 177-9. **151** Warlimont, *Inside Hitler's Headquarters*, 207-9. **152** Eri Hotta, *Japan 1941: Countdown to Infamy* (New York, 2013), 6-7. **153** Hans Boberach (ed.), *Meldungen aus dem Reich: Die geheimen Lageberichte des Sicherheitsdienst der SS 1938-1945* (Herrsching, 1984), viii, 3073, report for 11 Dec. 1941; ix, 3101-2, report for 19 Dec. 1941; Will Boelcke (ed.), *The Secret Conferences of Dr. Goebbels 1939-1941* (London, 1967), 194, conference of 18 Dec. 1941. **154** *Fuehrer Conferences on Naval Affairs*, 245, Report by the C-in-C Navy to the Fuehrer, 12 Dec. 1941. **155** Eberle and Uhl, *The*

Hitler Book, 79. **156** Ben-Ami Shillony, *Politics and Culture in Wartime Japan* (Oxford, 1981), 134-6, 142-5; Nicholas Tarling, *A Sudden Rampage: Japan's Occupation of Southeast Asia 1941-1945* (London, 2001), 127-8. **157** Boyd, *Hitler's Japanese Confidant*, 44. **158** Friedrich Ruge, *Der Seekrieg: The German Navy's Story 1939-1945* (Annapolis, Md, 1957), 252-5. **159** Dollmann, *With Hitler and Mussolini*, 204. 이 주장은 Tobias Jersak, 'Die Interaktion von Kriegsverlauf und Judenvernichtung: ein Blick auf Hitlers Strategie im Spätsommer 1941', *Historisches Zeitschrift*, 268 (1999), 345-60에서 제기된 것이다. **160** Christian Gerlach, 'The Wannsee Conference, the fate of the German Jews, and Hitler's decision in principle to exterminate all European Jews', *Journal of Modern History*, 70 (1998), 784-5. 12월 12일 회의에 관해서는 Martin Moll, 'Steuerungsinstrument im "Ämterchaos"? Die Tagungen der Reichs und Gauleiter der NSDAP', *Vierteljahreshefte für Zeitgeschichte*, 49 (2001), 240-43 참조. **161** Tolischus, *Tokyo Record*, 30, 1941년 1월 20일 발언 인용. **162** Sean Casey, *Cautious Crusade: Franklin D. Roosevelt, American Public Opinion and the War against Nazi Germany* (New York, 2001), 39. **163** Jonathan Marshall, *To Have and Have Not: Southeast Asian Raw Materials and the Origins of the Pacific War* (Berkeley, Calif., 1995), 36-41; Sidney Pash, 'Containment, rollback, and the origins of the Pacific War, 1933-1941', in Kurt Piehler and Sidney Pash (eds.), *The United States and the Second World War: New Perspectives on Diplomacy, War and the Home Front* (New York, 2010), 43-4. **164** Pash, 'Containment, rollback', 46-51; Sarah Paine, *The Wars for Asia 1911-1949* (Cambridge, 2012), 175-82; Tarling, *A Sudden Rampage*, 71-3. 그루의 발언은 Joseph Grew, *Ten Years in Japan* (London, 1944), 257에서 인용. **165** Hotta, *Japan 1941*, 4-7. **166** Krebs, 'Japan and the German-Soviet War', 550-51. **167** Tarling, *A Sudden Rampage*, 73-4; Sarah Paine, *The Japanese Empire: Grand Strategy from the Meiji Restoration to the Pacific War* (Cambridge, 2017), 147-8, 153. **168** Pash, 'Containment, rollback', 53-5, 57-8; Marshall, *To Have and Have Not*, 147-50. **169** Marshall, *To Have and Have Not*, 163. **170** Hotta, *Japan 1941*, 265-8. **171** Tarling, *A Sudden Rampage*, 77. **172** Krebs, 'Japan and the German-Soviet War', 558-9. **173** Alan Zimm, *Attack on Pearl Harbor: Strategy, Combat, Myths, Deceptions* (Philadelphia, Pa, 2011), 15. **174** Hotta, *Japan 1941*, 234-5; Chapman, 'Imperial Japanese Navy', 166. **175** Richard Hallion, 'The United States perspective', in Paul Addison and Jeremy Crang (eds.), *The Burning Blue: A New History of the Battle of Britain* (London, 2000), 101-2. **176** Zimm, *Attack on Pearl Harbor*, 151-4; Paine, *Wars for Asia*, 187-8. **177** Zimm, *Attack on Pearl Harbor*, 223-4, 228-9. **178** David Roll, *The Hopkins Touch: Harry Hopkins and the Forging of the Alliance to Defeat Hitler* (Oxford, 2015), 158. **179** Andrew Buchanan, *American Grand Strategy in the Mediterranean during World War II* (Cambridge, 2014), 23-4, 31-2; Mark Stoler, *Allies in War: Britain and America against the Axis Powers* (London, 2005), 42-5. **180** Debi Unger and Irwin Unger, *George Marshall: A Biography* (New York, 2014), 148-9. **181** Tarling, *A Sudden Rampage*, 81-2. **182** Evan Mawdsley, *December 1941: Twelve Days that Began a World War* (New Haven, Conn., 2011), 230-34. **183** Tarling, *A Sudden Rampage*, 91-2; David Kennedy, *The American People in World War II: Freedom from Fear* (New York, 1999), 102-5. **184** Alan Warren, *Singapore 1942: Britain's Greatest Defeat* (London, 2002), 46, 301-2; Christopher Bayly and Tim Harper, *Forgotten Armies: The Fall of British Asia 1941-1945* (London, 2004), 146. **185**

Warren, *Singapore 1942*, 272-4, 290-92; Richard Toye, *Churchill's Empire: The World that Made Him and the World He Made* (New York, 2010), 217-18. **186** Bayly and Harper, *Forgotten Armies*, 156. **187** Hans van de Ven, *China at War: Triumph and Tragedy in the Emergence of the New China 1937-1952* (London, 2017), 162-3; Tarling, *A Sudden Rampage*, 95-6. **188** William Grieve, *The American Military Mission to China, 1941-1942* (Jefferson, NC, 2014), 188-90. **189** Ibid., 108-16, 191. **190** Jay Taylor, *The Generalissimo: Chiang Kai-Shek and the Struggle for Modern China* (Cambridge, Mass., 2011), 190. **191** Van de Ven, *China at War*, 164; Grieve, *American Military Mission*, 196-7, 202. **192** Taylor, *Generalissimo*, 197-200. **193** Srinath Raghavan, *India's War: The Making of Modern South Asia, 1939-1945* (London, 2016), 209. **194** Rana Mitter, *China's War with Japan 1937-1945: The Struggle for Survival* (London, 2013), 256-61; Tarling, *A Sudden Rampage*, 98-100; Francis Pike, *Hirohito's War: The Pacific War 1941-1945* (London, 2016), 303. **195** Bayly and Harper, *Forgotten Armies*, 169, 177-8, 196-7; Pike, *Hirohito's War*, 299-300. **196** Mitter, *China's War with Japan*, 260. **197** Paine, *Wars for Asia*, 128. **198** Daniel Hedinger, 'Fascist warfare and the Axis alliance: from Blitzkrieg to total war', in Miguel Alonso, Alan Kramer and Javier Rodrigo (eds.), *Fascist Warfare 1922-1945: Aggression, Occupation, Annihilation* (Cham, Switzerland, 2019), 205-8. **199** Warren, *Singapore 1942*, 60; Ken Kotani, *Japanese Intelligence in World War II* (Oxford, 2009), 111-13. **200** Bayly and Harper, *Forgotten Armies*, 5-7; Kotani, *Japanese Intelligence*, 116-17. **201** Gerald Horne, *Race War: White Supremacy and the Japanese Attack on the British Empire* (New York, 2004), 72-4; Philip Snow, *The Fall of Hong Kong: Britain, China and the British Occupation* (New Haven, Conn., 2003), 66-72. **202** David Horner, 'Australia in 1942: a pivotal year', in Peter Dean (ed.), *Australia 1942: In the Shadow of War* (Cambridge, 2013), 18-19. **203** Craig Symonds, *World War Two at Sea: A Global History* (New York, 2018), 235-7. **204** Arthur Marder, M. Jacobsen and J. Horsfield, *Old Friends, New Enemies: The Royal Navy and the Imperial Japanese Navy, 1942-1945* (Oxford, 1990), 155-9; James Brown, *Eagles Strike: South African Forces in World War II, Vol. IV* (Cape Town, 1974), 388-400. **205** Horne, *Race War*, 217-18. **206** Neil Smith, *American Empire: Roosevelt's Geographer and the Prelude to Globalization* (Berkeley, Calif., 2004), 349-50; William Roger Louis, *Imperialism at Bay: The United States and the Decolonization of the British Empire 1941-1945* (Oxford, 1977), 173-6. **207** Simon Rofe, 'Pre-war postwar planning: the phoney war, the Roosevelt administration and the case of the Advisory Committee on Problems of Foreign Relations', *Diplomacy & Statecraft*, 23 (2012), 254-5, 258-9. **208** Louis, *Imperialism at Bay*, 149. **209** Roll, *The Hopkins Touch*, 188-9; M. Subrahmanyan, *Why Cripps Failed* (New Delhi, 1942), 5-11, 25. **210** Horne, *Race War*, 215-17. **211** Yasmin Khan, *The Raj at War: A People's History of India's Second World War* (London, 2015), 191; Kaushik Roy, *India and World War II: War, Armed Forces and Society, 1939-45* (New Delhi, 2016), 176. **212** Roy, *India and World War II*, 177-8; Raghavan, *India's War*, 272-4. **213** Khan, *The Raj at War*, 191. **214** Louis, *Imperialism at Bay*, 156-7, 181. **215** Matthew Jones, *Britain, the United States and the Mediterranean War 1942-44* (London, 1996), 223. **216** Mitter, *China's War with Japan*, 216-19; Timothy Brook, 'The Great Way government of Shanghai', in Christian Henriot and Wen Hsin Yeh (eds.), *In the Shadow of the Rising Sun: Shanghai under Japanese Occupation* (Cambridge,

2004), 67-8. **217** David Barrett, 'The Wang Jingwei regime, 1940-1945: continuities and disjunctures with Nationalist China', in David Barrett and Larry Shyu (eds.), *Chinese Collaboration with Japan, 1932-1945: The Limits of Accommodation* (Stanford, Calif., 2001), 104-12. **218** Timothy Brook, *Collaboration: Japanese Agents and Local Elites in Wartime China* (Cambridge, Mass., 2005), 35-8. **219** Ibid., 41-7. **220** Mark Peattie, 'Nanshin: the "Southward Advance" 1931-1941, as a prelude to the Japanese occupation of Southeast Asia', in Duus, Myers and Peattie (eds.), *The Japanese Wartime Empire*, 236-7. **221** Takuma Melber, *Zwischen Kollaboration und Widerstand: Die japanische Besatzung Malaya und Singapur (1942-1945)* (Frankfurt am Main, 2017), 186-9; Paul Kratoska, *The Japanese Occupation of Malaya 1941-1945* (London, 1998), 52-4. **222** Tarling, *A Sudden Rampage*, 84-5; Kratoska, *Japanese Occupation of Malaya*, 85-7. **223** Kiyoko Nitz, 'Japanese military policy towards French Indo-China during the Second World War: the road to Meigo Sakusen', *Journal of South East Asian Studies*, 14 (1983), 331-3. **224** Melber, *Zwischen Kollaboration und Widerstand*, 189; Tarling, *A Sudden Rampage*, 127, 133-4. **225** Peter Duus, 'Imperialism without colonies: the vision of a Greater East Asia Co-prosperity Sphere', *Diplomacy & Statecraft*, 7 (1996), 58-9, 62, 68-9. **226** Ethan Mark, *Japan's Occupation of Java in the Second World War* (London, 2018), 116-19, 163. **227** Tarling, *A Sudden Rampage*, 127-8. **228** Mark, *Japan's Occupation of Java*, 1, 129-30. **229** Ibid., 232. **230** Ibid., 107-8. **231** Melber, *Zwischen Kollaboration und Widerstand*, 325-33; Kratoska, *Japanese Occupation of Malaya*, 94-7. **232** Tarling, *A Sudden Rampage*, 167-8. **233** Melber, *Zwischen Kollaboration und Widerstand*, 289. **234** Chong-Sik Lee, *Revolutionary Struggle in Manchuria: Chinese Communism and Soviet Interest 1922-1945* (Berkeley, Calif., 1983), 271, 291-4. **235** Li Yuk-wai, 'The Chinese resistance movement in the Philippines during the Japanese occupation', *Journal of South East Asian Studies*, 23 (1992), 308-9. **236** Melber, *Zwischen Kollaboration und Widerstand*, 520. **237** Ibid., 521. **238** Li, 'The Chinese resistance movement', 312-15. **239** Ben Hillier, 'The Huk rebellion and the Philippines' radical tradition: a people's war without a people's victory', in Donny Gluckstein (ed.), *Fighting on All Fronts: Popular Resistance in the Second World War* (London, 2015), 325-33. **240** Melber, *Zwischen Kollaboration und Widerstand*, 545, 549-53. **241** Tarling, *A Sudden Rampage*, 152. **242** Kratoska, *Japanese Occupation of Malaya*, 223-44. **243** USSBS, *The Effects of Strategic Bombing on Japan's War Economy* (Washington, DC, 1946), 121, 190; Nicholas White, J. M. Barwise and Shakila Yacob, 'Economic opportunity and strategic dilemma in colonial development: Britain, Japan and Malaya's iron ore, 1920s to 1950s', *International History Review*, 42 (2020), 426-33. **244** Kratoska, *Japanese Occupation of Malaya*, 223, 241. **245** Robert Goralski and Russell Freeburg, *Oil and War: How the Deadly Struggle for Fuel in WWII Meant Victory or Defeat* (New York, 1987), 150-52; Daniel Yergin, *The Prize: The Epic Quest for Oil, Money, and Power* (New York, 1991), 355-66. **246** USSBS, *Effects of Strategic Bombing*, 135 (회계 연도 1940/1941과 1944/1945의 수치). **247** Gregg Huff and Sinobu Majima, 'The challenge of finance in South East Asia during the Second World War', *War in History*, 22 (2015), 192-7. **248** Ibid.; Paul Kratoska, '"Banana money": consequences of demonetization of wartime Japanese currency in British Malaya', *Journal of South East Asian Studies*, 23 (1992), 322-6. **249** Paul Kratoska (ed.),

Food Supplies and the Japanese Occupation in South East Asia (London, 1998), 4-6. **250** Kratoska, *Japanese Occupation of Malaya*, 183-200. **251** Mark, *Japan's Occupation of Java*, 263-5. **252** Ju Zhifen, 'Labor conscription in North China 1941-1945', in Stephen MacKinnon, Diana Lary and Ezra Vogel (eds.), *China at War: Regions of China 1937-45* (Stanford, Calif., 2007), 217-19. **253** Tarling, *A Sudden Rampage*, 230, 238; Mark, *Japan's Occupation of Java*, 259-65. **254** Kratoska, *Japanese Occupation of Malaya*, 44-5; Joyce Lebra, *Japan's Greater East Asia Co-Prosperity Sphere in World War II: Selected Readings and Documents* (Kuala Lumpur, 1975), 92. **255** Tarling, *A Sudden Rampage*, 128. **256** Raghavan, *India's War*, 284-94; Kratoska, *Japanese Occupation of Malaya*, 104-8. **257** Tarling, *A Sudden Rampage*, 155-7; Joyce Lebra, 'Postwar Perspectives on the Greater East Asia Co-Prosperity Sphere', 34th Harmon Memorial Lecture, US Air Force Academy, Colorado Springs, 1991, 5-6. **258** Tarling, *A Sudden Rampage*, 167-72. **259** Mark, *Japan's Occupation of Java*, 271-2. **260** Nitz, 'Japanese military policy', 337-46. **261** Trevor Barnes and Claudio Minca, 'Nazi spatial theory: the dark geographies of Carl Schmitt and Walter Christaller', *Annals of the Association of American Geographers*, 103 (2013), 676-7; Timothy Snyder, *Black Earth: The Holocaust as History and Warning* (London, 2015), 144-5. **262** Wolfgang Benz, 'Typologie der Herrschaftsformen in den Gebieten unter deutschen Einfluss', in Wolfgang Benz, Johannes ten Cate and Gerhard Otto (eds.), *Die Bürokratie der Okkupation: Strukturen der Herrschaft und Verwaltung im besetzten Europa* (Berlin, 1998), 15-19. **263** Karen Gram-Skjoldager, 'The law of the jungle? Denmark's international legal status during the Second World War', *International History Review*, 33 (2011), 238-46. **264** Nicola Labanca, David Reynolds and Olivier Wieviorka, *La Guerre du désert 1940-1943* (Paris, 2019), 188-9, 193-7. **265** Rodogno, *Fascism's European Empire*, 36-8. **266** 병합에 관한 상세한 서술은 ibid., 9-10, 73-102 참조. **267** Srdjan Trifković, 'Rivalry between Germany and Italy in Croatia, 1942-1943', *Historical Journal*, 31 (1995), 880-82, 904. **268** Alessandra Kersevan, *Lager italiani: Pulizia etnica e campi di concentramento fascisti per civili jugoslavi 1941-1943* (Rome, 2008), 100-103. **269** Rodogno, *Fascism's European Empire*, 168-71, 177-8, 357-9. **270** Jürgen Förster, 'Die Wehrmacht und die Probleme der Koalitionskriegführung', in Klinkhammer et al. (eds.), *Die 'Achse' im Krieg*, 113. **271** M. Pearton, Oil and the Romanian State (Oxford, 1971), 231; Anand Toprani, 'Germany's answer to Standard Oil: the Continental Oil company and Nazi grand strategy 1940-1942', *Journal of Strategic Studies*, 37 (2014), 956-9. **272** Dieter Eichholtz, *Deutsche Ölpolitik im Zeitalter der Weltkriege: Studien und Dokumente* (Leipzig, 2010), 345-9. **273** Trifković, 'Rivalry between Germany and Italy', 884-7. **274** Rodogno, *Fascism's European Empire*, 232-40. **275** Nuremberg Trials, Case XI, Prosecution Document Book 113, pp. 1-3, Göring decree on the distribution of smelting works in Lorraine and Luxembourg, 5 Feb. 1941. **276** Patrick Nefors, *La collaboration industrielle en Belgique 1940-1945* (Brussels, 2006), 180-82, 223-5, 236-7. **277** Henry Picker (ed.), *Hitlers Tischgespräche im Führerhauptquartier* (Wiesbaden, 1984), 62, 69, entries for 1 Aug. and 8/9 Aug. 1941; Trevor-Roper (ed.), *Hitler's Table Talk*, 15, 33, 35, 68-8, entries for 27 July, 17 Sept. and 17 Oct. 1941. **278** Brendan Simms, *Hitler: Only the World was Enough* (London, 2019), 422-3. **279** Jürgen Matthäus and Frank Bajohr (eds.), *The Political Diary of Alfred Rosenberg and the Onset of the Holocaust* (Lanham, Md,

2015), 239, entry for 11 Apr. 1941. **280** Karel Berkhoff, *Harvest of Despair: Life and Death in Ukraine under Nazi Rule* (Cambridge, Mass., 2004), 50. **281** Klaus Arnold, 'Die Eroberung und Behandlung der Stadt Kiew durch die Wehrmacht im September 1941: zur Radikalisierung der Besatzungspolitik', *Militärgeschichtliche Mitteilungen*, 58 (1999), 35. **282** Ben Kiernan, *Blood and Soil: A World History of Genocide and Extermination from Sparta to Darfur* (New Haven, Conn., 2007), 422. **283** Elissa Mailänder Koslov, '"Going East": colonial experiences and practices of violence among female and male Majdanek camp guards (1941–44)', *Journal of Genocide Research*, 10 (2008), 567–70. **284** Johannes Enstad, *Soviet Russians under Nazi Occupation: Fragile Loyalties in World War II* (Cambridge, 2018), 51–3, 66–8. **285** Jonathan Steinberg, 'The Third Reich reflected: German civil administration in the occupied Soviet Union, 1941–4', *English Historical Review*, 110 (1995), 628. **286** Trevor-Roper (ed.), *Hitler's Table Talk*, 34, entry for 17 Sept. 1941. **287** Nicholas Terry, 'How Soviet was Russian society under Nazi occupation?', in Claus-Christian Szejnmann (ed.), *Rethinking History, Dictatorship and War* (London, 2009), 134–6. **288** Berkhoff, *Harvest of Despair*, 48–9. **289** Grzegorz Rossolin'ski-Liebe, 'The "Ukrainian National Revolution" of 1941: discourse and practice of a fascist movement', *Kritika*, 12 (2011), 83, 93–106. **290** Matthäus and Bajohr (eds.), *Political Diary of Rosenberg*, 253–7. **291** Theo Schulte, *The German Army and Nazi Policies in Occupied Russia* (Oxford, 1989), 65–8. **292** Roland Clark, 'Fascists and soldiers: ambivalent loyalties and genocidal violence in wartime Romania', *Holocaust and Genocide Studies*, 31 (2017), 411. **293** Steinberg, 'Third Reich reflected', 615. **294** Theo Schulte, 'Living standards and the civilian economy in Belorussia', in Richard Overy, Gerhard Otto and Johannes Houwink ten Cate (eds.), *Die 'Neuordnung Europas': NS-Wirtschaftspolitik in den besetzten Gebieten* (Berlin, 1997), 176; Steinberg, 'Third Reich reflected', 635. **295** Wendy Lower, 'The reibungslose Holocaust? The German military and civilian implementation of the "Final Solution" in Ukraine, 1941–1944', in Gerald Feldman and Wolfgang Seibel (eds.), *Networks of Nazi Persecution: Bureaucracy, Business and the Organization of the Holocaust* (New York, 2005), 246–7. **296** Terry, 'How Soviet was Russian society?', 131; Kim Priemel, 'Occupying Ukraine: great expectations, failed opportunities, and the spoils of war, 1941–1943', *Central European History*, 48 (2015), 39. **297** Richard Overy, *Goering: The Iron Man*, 3rd edn (London, 2020), 131–2. **298** Kim Priemel, 'Scorched earth, plunder, and massive mobilization: the German occupation of Ukraine and the Soviet war economy', in Jonas Scherner and Eugene White (eds.), *Paying for Hitler's War: The Consequences of Nazi Hegemony for Europe* (Cambridge, 2016), 406–7. **299** Overy, *Goering*, 132–3. **300** Priemel, 'Occupying Ukraine', 37–9, 48, 50–52. **301** Eichholtz, *Deutsche Ölpolitik*, 450–60. **302** Priemel, 'Occupying Ukraine', 42–8. **303** Christoph Buchheim, 'Die besetzten Länder im Dienste der deutschen Kriegswirtschaft während des Zweiten Weltkrieges', *Vierteljahrshefte für Zeitgeschichte*, 34 (1986), 123, 143–5. **304** Arnold, 'Die Eroberung und Behandlung der Stadt Kiew', 36. **305** Ibid., 39. **306** Sergei Kudryashov, 'Labour in the occupied territory of the Soviet Union 1941–1944', in Overy, Otto and ten Cate (eds.), *Die 'Neuordnung Europas'*, 165–6; Schulte, 'Living standards and the civilian economy', 179–80. **307** Priemel, 'Scorched earth, plunder', 405–6. **308** Schulte, *German Army and Nazi Policies*, 96–7. **309** Gustavo Corni and Horst Gies, *Brot, Butter, Kanonen: Die*

Ernährungswirtschaft in Deutschland unter der Diktatur Hitlers (Berlin, 1997), 553-4, 574. **310** Stephan Lehnstaedt, *Imperiale Polenpolitik in den Weltkriegen* (Osnabrück, 2017), 433. **311** Isabel Heinemann, '"Ethnic resettlement" and inter-agency cooperation in the Occupied Eastern Territories', in Feldman and Seibel (eds.), *Networks of Nazi Persecution*, 217-22; *idem*, '"Another type of perpetrator": the SS racial experts and forced population movements in the occupied regions', *Holocaust and Genocide Studies*, 15 (2001), 391-2. **312** Dietrich Beyrau and Mark Keck-Szajbel, 'Eastern Europe as "sub-Germanic space": scholarship on Eastern Europe under National Socialism', *Kritika*, 13 (2012), 694-5. **313** Barnes and Minca, 'Nazi spatial theory', 670-74; Ingrao, *Promise of the East*, 99-100, 144-8. **314** Lehnstaedt, Imperiale Polenpolitik, 447; 모스크바와 레닌그라드 '평평하게 만들기' 구상에 관해서는 Arnold, 'Die Eroberung und Behandlung der Stadt Kiew', 27 참조. **315** Ingrao, *Promise of the East*, 101. **316** Gerhard Wolf, 'The Wannsee Conference in 1942 and the National Socialist living space dystopia', *Journal of Genocide Research*, 17 (2015), 166; Andrej Angrick, 'Annihilation and labor: Jews and Thoroughfare IV in Central Ukraine', in Ray Brandon and Wendy Lower (eds.), *The Shoah in Ukraine: History, Testimony, Memorialization* (Bloomington, Ind., 2008), 208-11. **317** Markus Leniger, *Nationalsozialistische 'Volkstumsarbeit' und Umsiedlungspolitik 1933-1945* (Berlin, 2011), 89. **318** Ingrao, *Promise of the East*, 108-9. **319** Heiko Suhr, *Der Generalplan Ost: Nationalsozialistische Pläne zur Kolonisation Ostmitteleuropas* (Munich, 2008), 18-20; Lehnstaedt, *Imperiale Polenpolitik*, 450. **320** Daniel Siemens, '"Sword and plough": settling Nazi Stormtroopers in Eastern Europe, 1936-43', *Journal of Genocide Research*, 19 (2017), 200-204. **321** Kiernan, *Blood and Soil*, 452. **322** Geraldien von Frijtag Drabbe Künzel, '"Germanje": Dutch empire-building in Nazi-occupied Europe', *Journal of Genocide Research*, 19 (2017), 241, 248-51; Siemens, '"Sword and plough"', 204. **323** Ingrao, *Promise of the East*, 108-14; Michael Wildt, *Generation des Unbedingten: Das Führungskorps des Reichssicherheitshauptamtes* (Hamburg, 2002), 663-5, 669-70. **324** www.holocaustresearchproject.org, Speech of the Reichsführer-SS at the SS Group Leader Meeting in Posen, 4 Oct. 1943, p. 16. **325** http://prorev.com/wannsee.htm, Wannsee Protocol, 20 Jan.1941, p. 5. **326** Snyder, *Black Earth*, 5-8. **327** Wilhelm Treue, 'Hitlers Denkschrift zum Vierjahresplan, 1936', *Vierteljahrshefte für Zeitgeschichte*, 3 (1955), 204-5. **328** Peter Longerich, *The Unwritten Order: Hitler's Role in the Final Solution* (Stroud, 2001), 155. **329** Alon Confino, *A World without Jews: The Nazi Imagination from Persecution to Genocide* (New Haven, Conn., 2014), 195. **330** Domarus, *Reden und Proklamationen*, ii, 1866-7, speech of 26 Apr. 1942 (저자의 영어 번역). **331** Gustavo Corni, *Hitler's Ghettos: Voices from a Beleaguered Society 1939-1944* (London, 2002), 23-5. **332** Leni Yahil, *The Holocaust: The Fate of European Jewry 1932-1945* (New York, 1990), 164. **333** Wolf Gruner, *Jewish Forced Labour under the Nazis: Economic Needs and Racial Aims, 1938-1944* (Cambridge, 2006), 232-52. **334** Ullrich, *Hitler: Downfall*, 251-3. **335** Ibid., 267. **336** Lower, 'The reibungslose Holocaust?', 250. **337** Waitman Beorn, 'A calculus of complicity: the Wehrmacht, the anti-partisan war, and the Final Solution in White Russia 1941-42', *Central European History*, 44 (2011), 311-13. **338** Christian Ingrao, *Believe and Destroy: Intellectuals in the SS War Machine* (Cambridge, 2013), 148-50. **339** Leonid Rein, 'The radicalization of anti-Jewish policies in Nazi-occupied Belarus', in Kay,

Rutherford and Stahel (eds.), *Nazi Policy on the Eastern Front*, 228. **340** Walter Manoschek, *'Serbien ist judenfrei': Militärische Besatzungspolitik und Judenvernichtung in Serbien 1941/42* (Munich, 1993), 102-8. **341** Alexander Kruglov, 'Jewish losses in Ukraine, 1941-1944', in Brandon and Lower (eds.), *The Shoah in Ukraine*, 278-9. **342** Stephen Lehnstaedt, 'The Minsk experience: German occupiers and everyday life in the capital of Belarus', in Kay, Rutherford and Stahel (eds.), *Nazi Policy on the Eastern Front*, 244-5. **343** Corni, *Hitler's Ghettos*, 34-6. **344** Kruglov, 'Jewish losses in Ukraine', 275. **345** Berkhoff, *Harvest of Despair*, 75. **346** Matthäus and Bajohr (eds.), *Political Diary of Alfred Rosenberg*, 263-4. **347** Christian Gerlach, *The Extermination of the European Jews* (Cambridge, 2016), 84-8; Wolf, 'Wannsee Conference', 165-6, 167-8. **348** Robert Gerwarth, *Hitler's Hangman: The Life of Heydrich* (New Haven, Conn., 2011), 206-7. **349** Bertrand Perz, 'The Austrian connection: the SS and police leader Odilo Globocnik and his staff in the Lublin district', *Holocaust and Genocide Studies*, 29 (2015), 400. **350** Gerlach, *Extermination of the European Jews*, 90. **351** Dieter Pohl, 'The murder of Ukraine's Jews under German military administration and in the Reich Commissariat Ukraine', in Brandon and Lower (eds.), *The Shoah in Ukraine*, 50-52. **352** Gruner, *Jewish Forced Labour*, 258-62, 270. **353** Frediano Sessi, *Auschwitz: Storia e memorie* (Venice, 2020), 279-80. **354** William Brustein and Amy Ronnkvist, 'The roots of anti-Semitism in Romania before the Holocaust', *Journal of Genocide Research*, 4 (2002), 212-19. **355** Dennis Deletant, 'Transnistria and the Romanian solution to the "Jewish question"', in Brandon and Lower (eds.), *The Shoah in Ukraine*, 157-8; Clark, 'Fascists and soldiers', 409-10, 417-21; Waitman Beorn, *The Holocaust in Eastern Europe: At the Epicentre of the Final Solution* (London, 2018), 185-7. **356** Deletant, 'Transnistria', 172-9. **357** Eduard Nižňanskí, 'Expropriation and deportation of Jews in Slovakia', in Beate Kosmola and Feliks Tych (eds.), *Facing the Nazi Genocide: Non-Jews and Jews in Europe* (Berlin, 2004), 210-23, 230. **358** Krisztian Ungváry, 'Robbing the dead: the Hungarian contribution to the Holocaust', in Kosmola and Tych (eds.), *Facing the Nazi Genocide*, 233-44; Pohl, 'The murder of Ukraine's Jews', 29-31. **359** Gerlach, *Extermination of the European Jews*, 114-15. **360** Frederick Chary, *The Bulgarian Jews and the Final Solution, 1940-1944* (Pittsburgh, Pa, 1972), 35-8, 41-4, 54-5, 58-9, 184-7; Beorn, *Holocaust in Eastern Europe*, 195-9. **361** Peter Staubenmaier, 'Preparation for genocide: the "Center for the Study of the Jewish Problem" in Trieste, 1942-44', *Holocaust and Genocide Research*, 31 (2017), 2-4. **362** Jonathan Steinberg, *All or Nothing: The Axis and the Holocaust 1941-43* (London, 1991), 54-61. **363** Liliana Picciotto, 'The Shoah in Italy: its history and characteristics', in Joshua Zimmerman (ed.), *Jews in Italy under Fascist and Nazi Rule, 1922-1945* (Cambridge, 2005), 211-19. **364** Liliana Picciotto, 'Italian Jews who survived the Shoah: Jewish self-help and Italian rescuers 1943-1945', *Holocaust and Genocide Studies*, 30 (2016), 20-28; Simon Levis Sullam, 'The Italian executioners: revisiting the role of Italians in the Holocaust', *Journal of Genocide Research*, 19 (2017), 21-7. **365** Gerlach, *Extermination of the European Jews*, 375-6. **366** Anne Grynberg, *Les camps de la honte: les internés juifs des camps français 1939-1944* (Paris, 1991), 151-3. **367** Michael Meyer, 'The French Jewish Statute of October 5 1940: a reevaluation of continuities and discontinuities of French anti-Semitism', *Holocaust and Genocide Studies*, 33 (2019), 13. **368**

Ibid., 6-7, 15. **369** Julian Jackson, *France: The Dark Years, 1940-1944* (Oxford, 2001), 354-9. **370** Ibid., 362; Gerlach, *Extermination of the European Jews*, 95-6. **371** Orna Keren-Carmel, 'Another piece in the puzzle: Denmark, Nazi Germany, and the rescue of Danish Jewry', *Holocaust Studies*, 24 (2018), 172-82; Gerlach, *Extermination of the European Jews*, 301-3. **372** Simo Muir, 'The plan to rescue Finnish Jews in 1944', *Holocaust and Genocide Studies*, 30 (2016), 81-90. **373** Hugh Trevor-Roper (ed.), *The Testament of Adolf Hitler: The Hitler-Bormann Documents* (London, 1959), 105, notes of 25 Apr. 1945.

제3장 | 국가-제국의 죽음, 1942-1945

1 Carl Boyd, *Hitler's Japanese Confidant: General Ōshima Hiroshi and Magic Intelligence 1941-1945* (Lawrence, Kans, 1993), 72. **2** Gerhard Krebs, 'Gibraltar oder Bosporus? Japans Empfehlungen für eine deutsche Mittelmeerstrategie im Jahre 1943', *Militärgeschichtliche Mitteilungen*, 58 (1999), 66-77. **3** Boyd, *Hitler's Japanese Confidant*, 94. **4** John Gooch, *Mussolini's War: Fascist Italy from Triumph to Collapse 1935-1943* (London, 2020), 325. **5** Ikuhiko Hata, 'Admiral Yamamoto's surprise attack and the Japanese war strategy', in Saki Dockrill (ed.), *From Pearl Harbor to Hiroshima: The Second World War in Asia and the Pacific, 1941-45* (London, 1994), 66. **6** Sarah Paine, *The Wars for Asia 1911-1949* (Cambridge, 2012), 192; Hans van de Ven, *China at War: Triumph and Tragedy in the Emergence of Modern China 1937-1952* (London, 2017), 162; Edward Drea and Hans van de Ven, 'An overview of major military campaigns during the Sino-Japanese War 1937-1945', in Mark Peattie, Edward Drea and Hans van de Ven (eds.), *The Battle for China: Essays on the Military History of the Sino-Japanese War of 1937-1945* (Stanford, Calif., 2011), 38-43. **7** Ronald Lewin, *The Other Ultra: Codes, Ciphers, and the Defeat of Japan* (London, 1982), 85-106. **8** Craig Symonds, *World War II at Sea: A Global History* (New York, 2018), 283-92; J. Tach, 'A beautiful silver waterfall', in E. T. Wooldridge (ed.), *Carrier Warfare in the Pacific: An Oral History Collection* (Washington, DC, 1993), 58. **9** Symonds, *World War II at Sea*, 332-3, 345-6. **10** Lucio Ceva, *Storia delle Forze Armate in Italia* (Turin, 1999), 315-17. **11** Niall Barr, *Pendulum of War: The Three Battles of El Alamein* (London, 2004), 12-13. **12** Ibid., 16-21. **13** Andrew Buchanan, 'A friend indeed? From Tobruk to El Alamein: the American contribution to victory in the desert', *Diplomacy & Statecraft*, 15 (2004), 279-89. **14** Gabriel Gorodetsky (ed.), *The Maisky Diaries: Red Ambassador to the Court of St. James's 1932-1943* (New Haven, Conn., 2015), 442, entry for 3 July 1942. **15** Bernd Wegner, 'Vom Lebensraum zum Todesraum. Deutschlands Kriegführung zwischen Moskau und Stalingrad', in Jürgen Förster (ed.), *Stalingrad: Ereignis, Wirkung, Symbol* (Munich, 1992), 20-21. **16** Geoffrey Roberts, *Stalin's Wars: From World War to Cold War, 1939-1953* (New Haven, Conn., 2006), 123-4. **17** Robert Citino, *Death of the Wehrmacht: The German Campaigns of 1942* (Lawrence, Kans, 2007), 102-8. **18** Wegner, 'Von Lebensraum zum Todesraum', 23-4; Citino, *Death of the Wehrmacht*, 108-14. **19** David Glantz, *The Role of Intelligence in Soviet Military Strategy in World War 2* (Novato, Calif., 1990), 49-51. **20** Citino, *Death of the*

Wehrmacht, 266. **21** Walther Hubatsch, *Hitlers Weisungen für die Kriegführung 1939-1945* (Munich, 1965), 227-30. **22** Mikhail Heller and Aleksandr Nekrich, *Utopia in Power: The History of the Soviet Union from 1917 to the Present* (London, 1982), 391; David Glantz and Jonathan House, *When Titans Clashed: How the Red Army Stopped Hitler* (Lawrence, Kans, 1995), 121. **23** Joachim Wieder, *Stalingrad und die Verantwortung der Soldaten* (Munich, 1962), 45. **24** David Horner, 'Australia in 1942: a pivotal year', in Peter Dean (ed.), *Australia 1942: In the Shadow of War* (Cambridge, 2013), 18-20, 25. **25** Debi Unger and Irwin Unger, *George Marshall: A Biography* (New York, 2014), 173-6. **26** Mark Stoler, *Allies and Adversaries: The Joint Chiefs of Staff, The Grand Alliance and U.S. Strategy in World War II* (Chapel Hill, NC, 2000), 76-8. **27** Maury Klein, *A Call to Arms: Mobilizing America for World War II* (New York, 2013), 302-3; John Jeffries, *Wartime America: The World War II Home Front* (Chicago, Ill., 1996), 153-5; Sean Casey, *Cautious Crusade: Franklin D. Roosevelt, American Public Opinion and the War against Nazi Germany* (New York, 2001), 48-50. 1941년 12월부터 1942년 3월까지 실시한 여론조사들의 평균을 내보면 응답자의 62퍼센트는 일본에 집중하는 편을, 21퍼센트는 독일에 집중하는 편을 선호했다. **28** David Roll, *The Hopkins Touch: Harry Hopkins and the Forging of the Alliance to Defeat Hitler* (New York, 2013), 183-4. **29** Ibid., 197-8. **30** David Kennedy, *The American People in World War II* (New York, 1999), 148-50. **31** Matthew Jones, *Britain, The United States and the Mediterranean War 1942-44* (London, 1996), 19. **32** Unger and Unger, *George Marshall*, 150-55, 171-2; Roll, *The Hopkins Touch*, 204-8. **33** Stoler, *Allies and Adversaries*, 88. **34** Kennedy, *The American People in World War II*, 153-4; Stoler, *Allies and Adversaries*, 79-85; Unger and Unger, *George Marshall*, 172-7; Roll, *The Hopkins Touch*, 214-21; Andrew Buchanan, *American Grand Strategy in the Mediterranean during Worl War II* (Cambridge, 2014), 48-9. **35** Hastings Ismay, *The Memoirs of Lord Ismay* (London, 1960), 279-80. **36** 이 기술의 출처는 공식 역사서다. Frank Hough, *The Island War: The United States Marine Corps in the Pacific* (Philadelphia, Pa, 1947), 41, 61, 84-5. **37** John Lorelli, *To Foreign Shores: U.S. Amphibious Operations in World War II* (Annapolis, Md, 1995), 43-4; Richard Frank, *Guadalcanal* (New York, 1990), 33-44. **38** David Ulbrich, *Preparing for Victory: Thomas Holcomb and the Making of the Modern Marine Corps, 1936-1943* (Annapolis, Md, 2011), 130-32. **39** Lorelli, *To Foreign Shores*, 46-50; Hough, *Island War*, 45-8. **40** Meirion Harries and Susie Harries, *Soldiers of the Sun: The Rise and Fall of the Imperial Japanese Army* (London, 1991), 339-40. **41** Symonds, *World War II at Sea*, 328-9. **42** Ibid., 366-71; Trent Hone, "'Give them hell': the US Navy's night combat doctrine and the campaign for Guadalcanal', *War in History*, 13 (2006), 188-95. **43** Frank, *Guadalcanal*, 559-61, 588-95. **44** Harries and Harries, *Soldiers of the Sun*, 341-2; Hough, *Island War*, 79-85; Frank, *Guadalcanal*, 611-13; Francis Pike, *Hirohito's War: The Pacific War 1941-1945* (London, 2016), 574-5. Frank는 저서 30, 343쪽에서 일본군 사망자 수치를 조금 낮게 제시한다. **45** Frank, *Guadalcanal*, 618-19. **46** Ashley Jackson, *Persian Gulf Command: A History of the Second World War in Iran and Iraq* (New Haven, Conn., 2018), 254. **47** Glyn Harper, "'No model campaign': the Second New Zealand Division and the Battle of El Alamein, October-December 1942', in Jill Edwards (ed.), *El Alamein and the Struggle for North Africa: International Perspectives from the Twenty-first Century* (Cairo, 2012), 88. **48** John

Kennedy, *The Business of War: The War Narrative of Major-General Sir John Kennedy* (London, 1957), 251. **49** Gooch, *Mussolini's War*, 312-13. **50** Jonathan Fennell, *Fighting the People's War: The British and Commonwealth Armies and the Second World War* (Cambridge, 2019), 179-80. **51** Nigel Hamilton, *Monty: Master of the Battlefield 1942-1944* (London, 1983), 9; Harper, "'No model campaign'", 75. **52** Fennell, *Fighting the People's War*, 268-9. **53** Richard Hammond, *Strangling the Axis: The Fight for Control of the Mediterranean during the Second World War* (Cambridge, 2020), 141-3. **54** Barr, *Pendulum of War*, 218-19. **55** Fennell, *Fighting the People's War*, 268; Citino, *Death of the Wehrmacht*, 213-14. **56** David French, *Raising Churchill's Army: The British Army and the War against Germany 1919-1945* (Oxford, 2000), 256. **57** Horst Boog et al., *Das Deutsche Reich und der Zweite Weltkrieg, Band 6: Der globale Krieg* (Stuttgart, 1990), 694. **58** French, *Raising Churchill's Army*, 243. **59** Peter Stanley, "'The part we played in this show'": Australians and El Alamein', in Edwards (ed.), *El Alamein*, 60-66, 오스트레일리아군의 경험에 관한 서술; Harper, "'No model campaign'", 73-5, 86-8, 뉴질랜드군 사단에 관한 서술. **60** French, *Raising Churchill's Army*, 246-54; Fennell, *Fighting the People's War*, 276-8, 283-90. **61** Buchanan, 'A friend indeed?', 289-91. **62** Fennell, *Fighting the People's War*, 301; Ceva, *Storia delle Forze Armate in Italia*, 319-20; Boog et al., *Das Deutsche Reich und der Zweite Weltkrieg: Band 6*, 694, 중동 전구에서 영국 공군의 총 전력이 항공기 1500대 이상이었다고 말한다. **63** Barr, *Pendulum of War*, 276-7; Richard Carrier, 'Some reflections on the fighting power of the Italian Army in North Africa, 1940-1943', *War in History*, 22 (2015), 508-9, 516; Domenico Petracarro, 'The Italian Army in Africa 1940-1943: an attempt at historical perspective', *War & Society*, 9 (1991), 115-16. **64** Rick Stroud, *The Phantom Army of Alamein: The Men Who Hoodwinked Rommel* (London, 2012), 183-209. 이 기만계획은 본서 제5장에서 더 자세히 다룬다. **65** Simon Ball, *Alamein* (Oxford, 2016), 16-22. **66** Fennell, Fighting the *People's War*, 308-12; Ball, *Alamein*, 37-41; Barr, *Pendulum of War*, 398-401. **67** Barr, *Pendulum of War*, 404; Ceva, *Storia delle Forze Armate in Italia*, 320; Ball, *Alamein*, 47; Gooch, *Mussolini's War*, 322. **68** Barr, *Pendulum of War*, 406-7. **69** David Glantz, *Colossus Reborn: The Red Army at War, 1941-1943* (Lawrence, Kans, 2005), 37. **70** Boog et al., *Das Deutsche Reich und der Zweite Weltkrieg: Band 6*, 965-6; Citino, *Death of the Wehrmacht*, 254. **71** Citino, *Death of the Wehrmacht*, 257. **72** Geoffrey Megargee, *Inside Hitler's High Command* (Lawrence, Kans, 2000), 181-7. **73** Alexander Statiev, *At War's Summit: The Red Army and the Struggle for the Caucasus Mountains in World War II* (Cambridge, 2018), 130-31, 264. **74** Roberts, *Stalin's Wars*, 142. **75** Evan Mawdsley, *Thunder in the East: The Nazi-Soviet War 1941-1945* (London, 2005), 205-7. **76** Alexander Hill, *The Red Army and the Second World War* (Cambridge, 2017), 392-3. **77** Stephen Fritz, *Ostkrieg: Hitler's War of Extermination in the East* (Lexington, Ky, 2011), 291-2. **78** Wegner, 'Vom Lebensraum zum Todesraum', 32. **79** Vasily Chuikov, *The Beginning of the Road: The Story of the Battle of Stalingrad* (London, 1963), 14-27, 93-102. **80** Fritz, *Ostkrieg*, 295. **81** Roberts, *Stalin's Wars*, 145-7. **82** Kurt Zeitzler, 'Stalingrad', in William Richardson and Seymour Frieden (eds.), *The Fatal Decisions* (London, 1956), 138. **83** Boog et al., *Das Deutsche Reich und der Zweite Weltkrieg: Band 6*, 995-7. **84** Hill, *Red Army*, 395-7; Roberts, *Stalin's Wars*, 151. **85** John Erickson, *The Road to Stalingrad* (London, 1975), 447-53; Glantz and House, *When Titans Clashed*, 133-4. **86**

Williamson Murray, *Luftwaffe: Strategy for Defeat* (London, 1985), 141-4. **87** Fritz, *Ostkrieg*, 316. **88** Ibid., 319-20. **89** Ibid., 318-19. **90** Thomas Kohut and Jürgen Reulecke, '"Sterben wie eine Ratte, die der Bauer ertappt"': Letzte Briefe aus Stalingrad', in Förster (ed.), *Stalingrad*, 464. **91** 소련군의 손실 계산은 G. Krivosheev, *Soviet Casualties and Combat Losses in the Twentieth Century* (London, 1997), 124-8에 근거했다. 독일군의 손실 계산은 Rüdiger Overmans, *Deutsche militärische Verluste im Zweiten Weltkrieg* (Munich, 2004), 279에 근거했다. 이탈리아군의 손실은 Gooch, *Mussolini's War*, 296에 나온다. **92** David Glantz, 'Counterpoint to Stalingrad: Operation "Mars" (November-December 1942): Marshal Zhukov's greatest defeat', *Journal of Slavic Strategic Studies*, 10 (1997), 105-10, 117-18, 133. **93** *La Semaine*, 4 Feb. 1943, p. 6. **94** TNA, WO 193/856, Military attaché Ankara to the War Office, 23 July 1943. **95** Henrik Eberle and Matthias Uhl (eds.), *The Hitler Book: The Secret Dossier Prepared for Stalin* (London, 2005), 91, 130, 133. **96** Fabio De Ninno, 'The Italian Navy and Japan: the Indian Ocean, failed cooperation, and tripartite relations', *War in History*, 27 (2020), 231-40, 245. **97** Bernd Martin, 'The German-Japanese alliance in the Second World War', in Dockrill (ed.), *Pearl Harbor to Hiroshima*, 158-9. **98** Rotem Kowner, 'When economics, strategy, and racial ideology meet: inter-Axis connections in the wartime Indian Ocean', *Journal of Global History*, 12 (2017), 237-42; Bernd Martin, 'Japan und Stalingrad: Umorientierung vom Bündnis mit Deutschland auf "Grossostasien"', in Förster, *Stalingrad*, 242-6. **99** Jones, Britain, *The United States and the Mediterranean War*, 38-9. **100** Buchanan, *American Grand Strategy*, 72-4; Martin Thomas and Richard Toye, *Arguing about Empire: Imperial Rhetoric in Britain and France, 1882-1956* (Oxford, 2017), 184-6. **101** Jones, *Britain, The United States and the Mediterranean War*, 75-6. **102** Ibid., 33. **103** Buchanan, *American Grand Strategy*, 70. **104** Ibid., 76-80. **105** Ibid., 21; Stoler, *Allies and Adversaries*, 117; Richard Toye, *Churchill's Empire: The World that Made Him and the World He Made* (New York, 2010), 245-6. **106** Stoler, *Allies and Adversaries*, 168. **107** Marco Aterrano, 'Prelude to Casablanca: British operational planning for metropolitan Italy and the origins of the Allied invasion of Sicily, 1940-1941', *War in History*, 26 (2019), 498-507. **108** Steve Weiss, *Allies in Conflict: Anglo-American Strategic Negotiations 1938-1944* (London, 1996), 70-71. **109** Gooch, *Mussolini's War*, 342-5; Giorgio Rochat, *Le guerre italiane 1935-1943: Dall'impero d'Etiopia alla disfatta* (Turin, 2005), 358. **110** Jones, *Britain, The United States and the Mediterranean War*, 50-52. **111** Fennell, *Fighting the People's War*, 317-18; Megargee, *Inside Hitler's High Command*, 194. 포로 추정치들은 22만 명부터 27만 5000명까지 다양하지만 현재는 후자가 실상에 더 가까워 보인다. **112** Symonds, *World War II at Sea*, 423-4. **113** Jones, *Britain, The United States and the Mediterranean War*, 57-9; David Jablonsky, *War by Land, Sea and Air: Dwight Eisenhower and the Concept of Unified Command* (New Haven, Conn., 2010), 95-6. **114** Symonds, *World War II at Sea*, 424-5. **115** Alfred Chandler (ed.), *The Papers of Dwight David Eisenhower. The War Years: IV* (Baltimore, Va, 1970), 1129, Eisenhower to Marshall, 13 May 1943. **116** Gooch, *Mussolini's War*, 378-80. **117** Symonds, *World War II at Sea*, 438-9; Stoler, *Allies and Adversaries*, 118. **118** Jones, *Britain, The United States and the Mediterranean War*, 62. **119** Gooch, *Mussolini's War*, 383. **120** Philip Morgan, *The Fall of Mussolini* (Oxford, 2007), 11-17, 23-6. **121** Eugen Dollmann, *With Hitler and Mussolini:*

Memoirs of a Nazi Interpreter (New York, 2017), 219. **122** Helmut Heiber and David Glantz (eds.), *Hitler and his Generals: Military Conferences 1942-45* (London, 2002), 252, 255, 총통과 클루게 원수의 회의, 1943년 7월 26일. **123** Megargee, *Inside Hitler's High Command*, 198; Gooch, *Mussolini's War*, 389, 404. **124** Elena Rossi, *Cefalonia: La resistenza, l'eccidio, il mito* (Bologna, 2016), 53-60, 113-15. **125** Lutz Klinkhammer, *L'occupazione tedesca in Italia, 1943-1945* (Turin, 1996), 48-54; Frederick Deakin, *Storia della repubblica di Salò*, 2 vols. (Turin, 1963), ii, 740-48. **126** Deakin, *Storia della repubblica di Salò*, ii, 766, 776-8, 817. **127** Jones, Britain, *The United States and the Mediterranean War*, 146-8. **128** Ibid., 150, Montgomery diary entry for 26 Sept. 1943. **129** Symonds, *World War II at Sea*, 454-8; Carlo D'Este, *Eisenhower: Allied Supreme Commander* (London, 2002), 452-3. **130** Lorelli, *To Foreign Shores*, 94-6. **131** Ibid., 163-4; Symonds, *World War II at Sea*, 488-9. **132** Lorelli, *To Foreign Shores*, 94-5, 98-9. **133** Symonds, *World War II at Sea*, 475. **134** Pike, *Hirohito's War*, 671-2, 695; Lorelli, *To Foreign Shores*, 156-61. **135** Pike, *Hirohito's War*, 680-91, 695. **136** Hough, *Island War*, 126. **137** Ibid., 146. **138** Ibid., 145. **139** Lorelli, *To Foreign Shores*, 117. **140** Ibid., 193-4. **141** Ibid., 193-204. **142** Kennedy, *The American People in World War II*, 162. **143** David Reynolds and Vladimir Pechatnov (eds.), *The Kremlin Letters: Stalin's Wartime Correspondence with Churchill and Roosevelt* (New Haven, Conn., 2018), 263-9, Churchill to Stalin, 20 June 1943; Stalin to Churchill, 24 June 1943. **144** Roberts, *Stalin's Wars*, 165-6. **145** Reynolds and Pechatnov, *Kremlin Letters*, 354; Roberts, *Stalin's Wars*, 180. **146** Reynolds and Pechatnov, *Kremlin Letters*, 269. **147** Mawdsley, *Thunder in the East*, 252-6. **148** Megargee, *Inside Hitler's High Command*, 193-4. **149** Fritz, *Ostkrieg*, 336-8. **150** Roman Töppel, 'Legendenbildung in der Geschichtsschreibung - Die Schlacht bei Kursk', *Militärgeschichtliche Zeitschrift*, 61 (2002), 373-4. **151** Valeriy Zamulin, 'Could Germany have won the Battle of Kursk if it had started in late May or the beginning of June 1943?', *Journal of Slavic Military Studies*, 27 (2014), 608-9; Lloyd Clark, *Kursk: The Greatest Battle* (London, 2011), 188-90. **152** Georgii Zhukov, *Reminiscences and Reflections: Volume II* (Moscow, 1985), 168-79; Konstantin Rokossovskii, *A Soldier's Duty* (Moscow, 1970), 184-90; Clark, *Kursk*, 211. **153** Töppel, 'Legendenbildung', 376-8; Fritz, *Ostkrieg*, 339-40. **154** Clark, *Kursk*, 199; Fritz, *Ostkrieg*, 343. 그중 200대는 '판터', 128대는 '티거'였다. **155** William Spahr, *Zhukov: The Rise and Fall of a Great Captain* (Novato, Calif., 1993), 119-21. **156** Glantz, *The Role of Intelligence*, 100-103; Zhukov, *Reminiscences*, 180-83. **157** Hill, *Red Army*, 439-40; 공군의 수치는 Von Hardesty and Ilya Grinberg, *Red Phoenix Rising: The Soviet Air Force in World War II* (Lawrence, Kans, 2012), 226; Alexander Vasilevskii, 'Strategic planning of the Battle of Kursk', in *The Battle of Kursk* (Moscow, 1974), 73. Clark, *Kursk*, 204에서는 조금 다른 수치를 제시한다. **158** Fritz, *Ostkrieg*, 343. **159** Charles Sydnor, *Soldiers of Destruction: The SS Death's Head Division 1933-1945* (Princeton, NJ, 1977), 233-8. **160** Töppel, 'Legendenbildung', 381-5; Hill, *Red Army*, 450-52; Fritz, *Ostkrieg*, 349-50. **161** Valeriy Zamulin, 'Soviet troop losses in the Battle of Prochorovka, 10-16 July 1943', *Journal of Slavic Military Studies*, 32 (2019), 119-21. **162** Clark, *Kursk*, 402. **163** Töppel, 'Legendenbildung', 389-92; Clark, *Kursk*, 399-402. **164** Hill, *Red Army*, 454; Fritz, *Ostkrieg*, 367; Töppel, 'Legendenbildung', 396-9. **165** Fritz, *Ostkrieg*, 378. **166** Hill, *Red Army*, 466. **167**

Alexander Werth, *Russia at War 1941–1945* (London, 1964), 752–4. **168** Mawdsley, *Thunder in the East*, 273–5. **169** Boris Sokolov, *Myths and Legends of the Eastern Front: Reassessing the Great Patriotic War* (Barnsley, 2019), x. **170** Glantz, *Colossus Reborn*, 60–62. **171** Stoler, *Allies and Adversaries*, 165–6; Theodore Wilson, 'Coalition: structure, strategy and statecraft', in Warren Kimball, David Reynolds and Alexander Chubarian (eds.), *Allies at War: The Soviet, American and British Experience 1939–1945* (New York, 1994), 98. **172** Robert Dallek, Franklin D. *Roosevelt: A Political Life* (London, 2017), 533; Jones, *Britain, The United States and the Mediterranean War*, 153. **173** Buchanan, *American Grand Strategy*, 159. **174** Sally Burt, 'High and low tide: Sino-American relations and summit diplomacy in the Second World War', *Diplomacy & Statecraft*, 29 (2018), 175–8. **175** Jay Taylor, *The Generalissimo: Chiang Kai-Shek and the Struggle for Modern China* (Cambridge, Mass., 2009), 247–8. **176** Valentin Berezhkov, *History in the Making: Memoirs of World War II Diplomacy* (Moscow, 1983), 282. **177** Ibid., 287; Keith Eubank, *Summit at Teheran* (New York, 1985), 350–51. **178** Wenzhao Tao, 'The China theatre and the Pacific war', in Dockrill (ed.), *Pearl Harbor to Hiroshima*, 137–41. **179** Taylor, *Generalissimo*, 256–61. **180** Alex Danchev and Daniel Todman (eds.), *War Diaries 1939–1945: Field Marshal Lord Alanbrooke* (London, 2001), 458, 490, entries for 7 Oct., 3 Dec. 1943. **181** Keith Sainsbury, *The Turning Point: Roosevelt, Stalin, Churchill, Chiang Kai-Shek, 1943* (Oxford, 1986), 288–96. **182** John Buckley, *Monty's Men: The British Army and the Liberation of Europe* (New Haven, Conn., 2013), 253–4. **183** Hough, *Island War*, 298–300; Waldo Heinrichs and Marc Gallicchio, *Implacable Foes: War in the Pacific 1944–1945* (New York, 2017), 160–63. **184** Douglas Delaney, 'The Eighth Army at the Gothic Line, August–September 1944: a study of staff compatibility and coalition command', *War in History*, 27 (2020), 288–90. **185** Wang Qisheng, 'The Battle of Hunan and the Chinese military's response to Operation Ichigō', in Peattie, Drea and van de Ven (eds.), *Battle for China*, 404–10; Hara Takeshi, 'The Ichigō Offensive', ibid., 392–5. **186** Rana Mitter, *China's War with Japan 1937–1945: The Struggle for Survival* (London, 2013), 327–9. **187** Hara, 'Ichigō Offensive', 399–401; Wang, 'Battle of Hunan', 410–12. **188** Christopher Bayly and Tim Harper, *Forgotten Armies: The Fall of British Asia 1941–1945* (London, 2004), 381–2, 388. **189** Srinath Raghavan, *India's War: The Making of Modern South Asia* (London, 2016), 427–8. **190** Taylor, *Generalissimo*, 280–86. **191** Mitter, *China's War with Japan*, 334–5; Peattie, Drea and van de Ven (eds.), *Battle for China*, 46. **192** Louis Allen and David Steeds, 'Burma: the longest war, 1941–45', in Dockrill (ed.), *Pearl Harbor to Hiroshima*, 114. **193** Lorelli, *To Foreign Shores*, 208–9. **194** Heinrichs and Gallicchio, *Implacable Foes*, 62–7. **195** Lorelli, *To Foreign Shores*, 234–5. **196** Richard Muller, 'Air war in the Pacific, 1941–1945', in John Olsen (ed.), *A History of Air Warfare* (Washington, DC, 2010), 69–70. **197** Heinrichs and Gallicchio, *Implacable Foes*, 103–8. **198** Hough, *Island War*, 245–6. **199** Heinrichs and Gallicchio, *Implacable Foes*, 115–23; Lorelli, *To Foreign Shores*, 243–7. **200** Boyd, *Hitler's Japanese Confidant*, 157. **201** Frederick Morgan, *Overture to Overlord* (London, 1950), 134–6, 142–4; John Ehrman, *Grand Strategy: Volume V: August 1943 to September 1944* (London, 1946), 54–6. **202** TNA, AIR 8/1103, CCS meeting minutes, 4 June 1943; Charles Webster and Noble Frankland, *Strategic Air Offensive against Germany: Volume IV* (London,

1961), 160, Directive to Harris, 3 Sept. 1943. **203** TNA, AIR 14/783, Portal to Harris encl. 'Extent to which the Eighth U.S.A.A.F and Bomber Command have been able to implement the G.A.F. Plan', p. 1. **204** TNA, AIR 14/739A, 'Conduct of the Strategic Bomber Offensive before Preparatory Stage of "Overlord"', 17 Jan. 1944; LC, Spaatz Papers, Box 143, Arnold to Spaatz, 24 Apr. 1944. **205** Air Force Historical Research Agency, Maxwell, Ala, Disc A1722, 'Army Air Forces Evaluation Board, Eighth Air Force "Tactical Development August 1942-May 1945"', pp. 50-55; Stephen McFarland and Wesley Newton, *To Command the Sky: The Battle for Air Superiority over Germany, 1942-44* (Washington, DC, 1991), 141, 164-6. **206** Horst Boog et al., *Das Deutsche Reich und der Zweite Weltkrieg: Band 7: Das Deutsche Reich in der Defensive* (Stuttgart, 2001), 11; Richard Davis, *Carl A. Spaatz and the Air War in Europe* (Washington, DC, 1993), 322-6, 370-79; Murray, *Luftwaffe*, 215. **207** Boog et al., *Das Deutsche Reich unde der Zweite Weltkrieg: Band 7*, 293. 운용 가능한 폭격기는 198대였다. **208** Günter Bischof and Rolf Steininger, 'Die Invasion aus der Sicht von Zeitzeugen', in Günter Bischof and Wolfgang Krieger (eds.), *Die Invasion in der Normandie 1944* (Innsbruck, 2001), 68. **209** Ian Gooderson, *A Hard Way to Make a War: The Italian Campaign in the Second World War* (London, 2008), 260; Jones, *Britain, The United States and the Mediterranean War*, 154-6. **210** Lorelli, *To Foreign Shores*, 187-8. **211** Jones, *Britain, The United States and the Mediterranean War*, 157. **212** Lorelli, *To Foreign Shores*, 188-90; Gooderson, *Hard Way to Make a War*, 268-71. **213** James Parton, '*Air Force Spoken Here': General Ira Eaker and the Command of the Air* (Bethesda, Md, 1986), 363-5. **214** Gooderson, *Hard Way to Make a War*, 271-8; Peter Caddick-Adams, *Monte Cassino: Ten Armies in Hell* (London, 2012), 211-12. **215** Caddick-Adams, *Monte Cassino*, 225-7; Halik Kochanski, *The Eagle Unbowed: Poland and the Poles in the Second World War* (London, 2012), 473-5. **216** Jones, *Britain, The United States and the Mediterranean War*, 163-5; Gooderson, *Hard Way to Make a War*, 278-9. **217** Stephen Roskill, *The War at Sea: Volume IV* (London, 1961), 25-8. **218** TNA, AIR 37/752, Harris memorandum, 'The Employment of the Night Bomber Force in Connection with the Invasion of the Continent', 13 Jan. 1944; LC, Spaatz Papers, Box 143, Spaatz to Eisenhower [n.d. but April 1944]. **219** Stephen Ambrose, *Eisenhower: Soldier and President* (New York, 1991), 126; Davis, *Carl A. Spaatz*, 336-8. **220** Andrew Knapp and Claudia Baldoli, *Forgotten Blitzes: France and Italy under Allied Air Attack, 1940-1945* (London, 2012), 29; 사망자 수치는 Richard Overy, *The Bombing War: Europe 1939-1945* (London, 2013), 574에 실려 있다. **221** Wesley Craven and James Cate, *The Army Air Forces in World War II: Volume III* (Chicago, Ill., 1983), 158. 교량 공격에 관해서는 Stephen Bourque, *Beyond the Beach: The Allied War against France* (Annapolis, Md, 2018), ch. 9 참조. **222** Detlef Vogel, 'Deutsche Vorbereitungen auf eine alliierte Invasion im Westen', in Bischof and Krieger (eds.), *Die Invasion in der Normandie*, 52. **223** Bischof and Steininger, 'Die Invasion aus der Sicht von Zeitzeugen', 56. **224** Vogel, 'Deutsche Vorbereitungen', 45; Olivier Wieviorka, *Histoire du Débarquement en Normandie: Des origins à la liberation de Paris 1941-1944* (Paris, 2007), 191-3. **225** Vogel, 'Deutsche Vorbereitungen', 46-8. **226** Gordon Harrison, *Cross Channel Attack: The United States Army in World War II* (Washington, DC, 1951), 154-5, 249-52; Friedrich Ruge, *Rommel und die Invasion: Erinnerungen von Friedrich Ruge* (Stuttgart, 1959), 174-5. **227**

Danchev and Todman (eds.), *War Diaries*, 554, entry for 5 June 1944. **228** D'Este, *Eisenhower*, 518-22. **229** Eberle and Uhl (eds.), *The Hitler Book*, 149. **230** *Report by the Supreme Commander to the Combined Chiefs of Staff on the Operations in Europe of the Allied Expeditionary Force* (London, 1946), 32. **231** Vogel, 'Deutsche Vorbereitungen', 50-51; Bischof and Steininger, 'Die Invasion aus der Sicht von Zeitzeugen', 66. **232** Fennell, *Fighting the People's War*, 534. **233** Volker Ullrich, *Hitler: Downfall 1939-45* (London, 2020), 427-9. **234** Alistair Horne and David Montgomery, *The Lonely Leader: Monty, 1944-1945* (London, 1994), 207; L. Ellis, *Victory in the West: Volume I: The Battle for Normandy* (London, 1962), 329-30. **235** Percy Schramm (ed.), *Kriegstagebuch des Oberkommandos der Wehrmacht*, 4 vols. (Munich, 1963), iv, 326; Eddy Bauer, *Der Panzerkrieg*, 2 vols. (Bonn, 1965), ii, 104-5, 125-6; John English, *The Canadian Army and the Normandy Campaign* (New York, 1991), 227-31. **236** Joachim Ludewig, *Rückzug: The German Retreat from France, 1944* (Lexington, Ky, 2012), 34-5, 40. **237** Ralph Bennett, *Ultra in the West: The Normandy Campaign of 1944 to 1945* (London, 1979), 112-16; Martin Blumenson, *Breakout and Pursuit: U.S. Army in World War II* (Washington, DC, 1961), 457-65. **238** Klaus-Jürgen Müller, 'Die Zusammenbruch des deutschen Westheeres: Die operative Entwicklung im Bereich der Heeresgruppe B Juli bis Ende August', in Michael Salewski and Guntram Schulze-Wegener (eds.), *Kriegsjahr 1944: im Grossen und im Kleinen* (Stuttgart, 1995), 31-2. **239** D'Este, *Eisenhower*, 572. **240** Milton Shulman, *Defeat in the West* (London, 1947), 175. **241** Jones, *Britain, The United States and the Mediterranean War*, 183. **242** Ludewig, *Rückzug*, 58-62. **243** D'Este, *Eisenhower*, 567. **244** Ludewig, *Rückzug*, 73. **245** 드 골과 프랑스군의 역할에 관해서는 Wieviorka, *Histoire du Débarquement*, 402-8 참조. **246** Fennell, *Fighting the People's War*, 565. **247** Bischof and Steininger, 'Die Invasion aus der Sicht von Zeitzeugen', 65. **248** David Kahn, *Hitler's Spies: German Military Intelligence in World War II* (London, 1978), 440-41. **249** John Erickson, *The Road to Berlin: Stalin's War with Germany* (London, 1983), 253; David Glantz, 'The red mask: the nature and legacy of Soviet deception in the Second World War', in Michael Handel (ed.), *Strategic and Operational Deception in the Second World War* (London, 1987), 213-17; S. L. Sokolov and John Erickson, *Main Front: Soviet Leaders Look Back on World War II* (New York, 1987), 177-8, 192. **250** Stephen Fritz, *The First Soldier: Hitler as Military Leader* (New Haven, Conn., 2018), 320-21; Gerd Niepold, 'Die Führung der Heeresgruppe Mitte von Juni bis August', in Salewski and Schulze-Wegener (eds.), *Kriegsjahr 1944*, 61-3; Rolf Hinze, 'Der Zusammenbruch der Heeresgruppe Mitte', ibid., 97. **251** Fritz, *First Soldier*, 296; 소련 자료에 근거하는 조금 낮은 수치는 Hinze, 'Der Zusammenbruch der Heeresgruppe Mitte', 79-80 참조. **252** Paul Winterton, *Report on Russia* (London, 1945), 23. **253** Karl-Heinz Frieser et al., *Das Deutsche Reich und der Zweite Weltkrieg: Band 8: Die Ostfront 1943/44* (Munich, 2007), 814-15. **254** Oula Silvennoinen, 'Janus of the North? Finland 1940-44', in John Gilmour and Jill Stephenson (eds.), *Hitler's Scandinavian Legacy* (London, 2013), 141-2; Juhana Aunesluoma, 'Two shadows over Finland: Hitler, Stalin and the Finns facing the Second World War as history 1944-2010', ibid., 205-7. **255** Deborah Cornelius, *Hungary in World War II: Caught in the Cauldron* (New York, 2011), 256-9, 271-80. **256** Peter Sipos, 'The fascist Arrow Cross government in Hungary (October 1944-April 1945)', in Wolfgang Benz,

Johannes Houwink ten Cate and Gerhard Otto (eds.), *Die Bürokratie der Okkupation: Strukturen der Herrschaft und Verwaltung im besetzten Europa* (Berlin, 1998), 50, 53-5. **257** Ben-Ami Shillony, *Politics and Culture in Wartime Japan* (Oxford, 1981), 62-3. **258** Theodore Hamerow, *On the Road to the Wolf's Lair: German Resistance to Hitler* (Cambridge, Mass., 1997), 320-21; Klemens von Klemperer, *German Resistance against Hitler: The Search for Allies Abroad* (Oxford, 1992), 432-3. **259** Randall Hansen, *Disobeying Hitler: German Resistance in the Last Year of WWII* (London, 2014), 38-44. **260** Ullrich, *Hitler: Downfall*, 475-7. **261** Sönke Neitzel, *Tapping Hitler's Generals: Transcripts of Secret Conversations, 1942-45* (Barnsley, 2007), 263, 아버지 하인츠 에버바흐(Heinz Eberbach) 장군과 아들 하인츠 오이겐 에버바흐(Heinz Eugen Eberbach) 중위의 대화 기록, 1944년 9월 20/21일. **262** Nick Stargardt, *The German War: A Nation under Arms, 1939-45* (London, 2016), 452-3; Ian Kershaw, *The End: Hitler's Germany 1944-45* (London, 2011), 31-3. **263** Shillony, *Politics and Culture in Wartime Japan*, 51-2, 59-60, 71-4. **264** John Dower, *Japan in War and Peace: Essays on History, Race and Culture* (London, 1993), 102-7. **265** Ibid., 129. **266** Frank Gibney (ed.), *Sensō: The Japanese Remember the Pacific War* (New York, 2007), 169-78; Samuel Yamashita, *Daily Life in Wartime Japan 1940-1945* (Lawrence, Kans, 2015), 163-72. **267** Alfons Kenkmann, 'Zwischen Nonkonformität und Widerstand', in Dietmar Süss and Winfried Süss (eds.), *Das 'Dritte Reich': Eine Einführung* (Munich, 2008), 150-52. **268** Kershaw, *The End*, 36-7. **269** Hansen, *Disobeying Hitler*, 209-10. **270** Ralf Bank, *Bitter Ends: Die letzten Monate des Zweiten Weltkriegs im Ruhrgebiet, 1944/45* (Essen, 2015), 232. **271** Michael Sellmann, 'Propaganda und SD – "Meldungen aus dem Reich"', in Salewski and Schulze-Wegener (eds.), *Kriegsjahr 1944*, 207-8. **272** Stargardt, *The German War*, 477-80. **273** Benjamin Uchigama, *Japan's Carnival War: Mass Culture on the Home Front 1937-1945* (Cambridge, 2019), 241. **274** Ibid., 242-3. **275** Aaron Moore, *Writing War: Soldiers Record the Japanese Empire* (Cambridge, Mass., 2013), 237-8. **276** Thomas Kühne, *The Rise and Fall of Comradeship: Hitler's Soldiers, Male Bonding and Mass Violence in the Twentieth Century* (Cambridge, 2017), 160, 171. **277** Thomas Brooks, *The War North of Rome: June 1944- May 1945* (New York, 1996), 363. **278** Stargardt, *The German War*, 476. **279** Jeffrey Herf, *The Jewish Enemy: Nazi Propaganda During World War II and the Holocaust* (Cambridge, Mass., 2006), 257-61. **280** Robert Kramm, 'Haunted by defeat: imperial sexualities, prostitution and the emergence of postwar Japan', *Journal of World History*, 28 (2017), 588-91. **281** Richard Frank, *Downfall: The End of the Japanese Imperial Empire* (New York, 1999), 188-90. **282** Stargardt, *The German War*, 456-7; Stephen Fritz, *Endkampf: Soldiers, Civilians, and the Death of the Third Reich* (Lexington, Ky, 2004), 91. **283** Kennedy, *The American People in World War II*, 358. **284** Klein, *A Call to Arms*, 681-6. **285** Daniel Todman, *Britain's War: A New World 1943- 1947* (London, 2020), 582, 591, 654. **286** Martha Gellhorn, *The Face of War from Spain to Vietnam* (London, 1967), 142. **287** Geoffrey Picot, *Accidental Warrior: In the Front Line from Normandy till Victory* (London, 1993), 196-7, 201. **288** Paul Fussell, *The Boys' Crusade: American GIs in Europe: Chaos and Fear in World War II* (London, 2003), 93-9. **289** Catherine Merridale, *Ivan's War: The Red Army, 1939-45* (London, 2005), 230-32, 242-3. **290** Klein, *A Call to Arms*, 676-83, 717-19. **291** Heinrichs and Gallicchio, *Implacable Foes*, 424-6. **292** Todman, *Britain's*

War, 655-6. **293** Heinrichs and Gallicchio, *Implacable Foes*, 422. **294** Fritz, *First Soldier*, 336-7. **295** Mitter, *China's War with Japan*, 342. **296** Van de Ven, *China at War*, 196-7. **297** Shillony, *Politics and Culture in Wartime Japan*, 76. **298** Tohmatsu Haruo, 'The strategic correlation between the Sino-Japanese and Pacific wars', in Peattie, Drea and van de Ven (eds.), *Battle for China*, 438-9. **299** Christopher Baxter,'In pursuit of a Pacific strategy: British planning for the defeat of Japan, 1943-45', *Diplomacy & Statecraft*, 15 (2004), 254-7; Nicholas Sarantakes, 'The Royal Air Force on Okinawa: the diplomacy of a coalition on the verge of victory', *Diplomatic History*, 27 (2003), 481-3. **300** Mark Jacobsen, 'Winston Churchill and a Third Front', *Journal of Strategic Studies*, 14 (1991), 349-56. **301** Todman, *Britain's War*, 673; Sarantakes, 'Royal Air Force on Okinawa,' 486. **302** Heinrichs and Gallichio, *Implacable Foes*, 150-54. **303** Ibid., 180-90. **304** Symonds, *World War II at Sea*, 585-7. **305** Chandler (ed.), *Papers of Dwight David Eisenhower*, 2115, Eisenhower to all commanders, 4 Sept. 1944. **306** Ibid., 2143-4, Eisenhower to Marshall, 14 Sept. 1944; Eisenhower to Montgomery, 15 Sept. 1944. **307** Gooderson, *Hard Way to Make a War*, 281-4. **308** Brooks, *The War North of Rome*, 254-8, 304. **309** Chandler (ed.), *Papers of Dwight David Eisenhower*, 2125-7, Eisenhower to the CCS, 9 Sept. 1944. **310** Buckley, *Monty's Men*, 240. **311** Fennell, *Fighting the People's War*, 582. **312** D'Este, *Eisenhower*, 626-7. **313** Ludewig, *Rückzug*, 206-7. **314** Alistair Noble, *Nazi Rule and the Soviet Offensive in Eastern Germany 1944-1945* (Eastbourne, 2009), 102-17. **315** Bastiann Willems, 'Defiant breakwaters or desperate blunders? A revision of the German late-war fortress strategy', *Journal of Slavic Military Studies*, 28 (2015), 353-8. **316** Fritz, *Ostkrieg*, 432-4; Mawdsley, *Thunder in the East*, 303-5. 소비에트 측은 1945년 5월 10일 쿠를란트 반도의 독일군이 항복했을 때 27만 4000명을 포로로 잡았다고 주장했다. **317** Krisztián Ungváry, *Battle for Budapest: 100 Days in World War II* (London, 2019), 4-6, 49-56. **318** Ibid., 330-31. **319** Ludewig, *Rückzug*, 204-5. **320** Ullrich, *Hitler: Downfall*, 507. **321** Ibid., 508. **322** Ibid., 509. **323** Walter Warlimont, *Inside Hitler's Headquarters 1939-45* (London, 1964), 486; Ullrich, *Hitler: Downfall*, 514. **324** Buckley, *Monty's Men*, 259; Chandler, *Papers of Dwight David Eisenhower*, 2355, Eisenhower to Brehon Somervell, 17 Dec. 1944. **325** D'Este, *Eisenhower*, 635-6. **326** Charles MacDonald, *The Battle of the Bulge* (London, 1984), 608; British Air Ministry, *The Rise and Fall of the German Air Force 1933-1945* (London, 1986), 376-80. **327** Richard Overy, *The Air War 1939-1945* (London, 1980), 77. **328** Chandler (ed.), *Papers of Dwight David Eisenhower*, 2407, Eisenhower to the CCS. **329** Warlimont, *Inside Hitler's Headquarters*, 487-9. **330** Jablonsky, *War by Land, Sea and Air*, 129-30. **331** D'Este, *Eisenhower*, 658; Harry Butcher, *Three Years with Eisenhower: The Personal Diary of Captain Harry C. Butcher, 1942-1945* (London, 1946), 626-8. **332** Chandler (ed.), *Papers of Dwight David Eisenhower*, 2419, Eisenhower to Marshall, 10 Jan. 1945. **333** Heinrich Schwendemann, 'Strategie der Selbstvernichtung: Die Wehrmachtführung im "Endkampf" um das "Dritte Reich"', in Rolf-Dieter Müller and Hans-Erich Volkmann (eds.), *Die Wehrmacht: Mythos und Realität* (Munich, 1999), 228. **334** Hough, *Island War*, 732-3. **335** Nicolaus von Below, *At Hitler's Side: The Memoirs of Hitler's Luftwaffe Adjutant 1937-1945* (London, 2001), 223. **336** Michael Geyer, 'Endkampf 1918 and 1945: German nationalism, annihilation, and self-destruction', in Alf Lüdtke and Bernd Weisbrod (eds.), *No Man's Land of*

Violence: Extreme Wars in the 20th Century (Göttingen, 2006), 45-51. **337** Werner Maser (ed.), Hitler's Letters and Notes (New York, 1974), 346-50. **338** Boog et al., Das Deutsche Reich und der Zweite Weltkrieg: Band 7, 105. **339** Davis, Carl A. Spaatz, Appdx. 8; Henry Probert, Bomber Harris: His Life and Times (London, 2006), 305-6. **340** Webster and Frankland, Strategic Air Offensive, 174-6, Directive from Bottomley to Harris, 13 Oct. 1944; pp. 177-9, '1st November 1944: Directive No. 2 for the Strategic Air Forces in Europe'. **341** Overy, The Bombing War, 391-4. **342** Mawdsley, Thunder in the East, 325. **343** S. M. Plokhy, Yalta: The Price of Peace (New York, 2010), 330. **344** Roberts, Stalin's Wars, 235; Plokhy, Yalta, xxv. **345** Fraser Harbutt, Yalta 1945: Europe and America at the Crossroads (Cambridge, 2010), 305, 313-17. **346** Plokhy, Yalta, 331-4, 343-4. **347** Richard Bessel, Germany 1945: From War to Peace (New York, 2009), 21-2. **348** Brooks, War North of Rome, 371; L. P. Devine, The British Way of Warfare in Northwest Europe, 1944-5 (London, 2016), 163-7. **349** Bessel, Germany 1945, 17-18. **350** Martin Moll (ed.), Führer-Erlasse: 1939-1945 (Stuttgart, 1997), 486-7, 'Zerstörungsmassnahmen im Reichsgebiet', 19 Mar. 1945. **351** Buckley, Monty's Men, 278; D'Este, Eisenhower, 681. **352** Buckley, Monty's Men, 286. **353** Kershaw, The End, 304-5. **354** D'Este, Eisenhower, 683, 696-7. **355** Fritz, Endkampf, 15-19. **356** Chandler (ed.), Papers of Dwight David Eisenhower, 2569, Eisenhower to the CCS, 31 Mar. 1945. **357** Fritz, Endkampf, 40-41. **358** Brooks, The War North of Rome, 363-6. **359** Merridale, Ivan's War, 243. **360** Mawdsley, Thunder in the East, 355-6. **361** Hill, Red Army, 523-31. **362** Zhukov, Reminiscences, 353-5. **363** Ivan Konev, Year of Victory (Moscow, 1969), 171-2; Erickson, The Road to Berlin, 809-11. **364** Eberle and Uhl (eds.), The Hitler Book, 219. **365** Moll (ed.), Führer-Erlasse, 495-6, Directive, 24 Apr. 1945. **366** Ibid., 241, footnote 2. **367** Geyer, 'Endkampf 1918 and 1945', 51. **368** Alvin Coox, 'Strategic bombing in the Pacific 1942-1945', in R. Cargill Hall (ed.), Case Studies in Strategic Bombardment (Washington, DC, 1998), 296-7. 일본 폭격기는 1944년 11월부터 1945년 1월까지 B-29 비행 장들을 공격했다. **369** Heinrichs and Gallicchio, Implacable Foes, 231-3. **370** Ibid., 248-55. **371** Ibid., 255-6. **372** Ibid., 358-9. **373** Ibid., 265-6. **374** Hough, Island War, 342-3. **375** Heinrichs and Gallicchio, Implacable Foes, 281-3; Symonds, World War II at Sea, 606. **376** Frank, Downfall, 69-70. **377** Symonds, World War II at Sea, 619-26. **378** Frank, Downfall, 70. **379** Ibid., 271; Heinrichs and Gallicchio, Implacable Foes, 400-401. **380** Theodore Roscoe, United States Submarine Operations in World War II (Annapolis, Md, 1949), 523. **381** USSBS, The Effects of Strategic Bombing on Japan's War Economy (Washington, DC, 1946), 180-81; Akira Hari, 'Japan: guns before rice', in Mark Harrison (ed.), The Economics of World War II: Six Great Powers in International Comparison (Cambridge, 1998), 245; Roscoe, United States Submarine Operations, 453. **382** Barrett Tillman, Whirlwind: The Air War against Japan 1942-1945 (New York, 2010), 139-45. **383** Coox, 'Strategic bombing in the Pacific', 317-21. **384** Ibid., 340-48. **385** USSBS, Pacific Theater, Report 1, 'Summary Report', Washington, DC, 1 July 1946, p. 19. **386** Frank, Downfall, 84-5, 182-4. **387** Ibid., 96-8. **388** Thomas Hall, '"Mere drops in the ocean": the politics and planning of the contribution of the British Commonwealth to the final defeat of Japan, 1944-45', Diplomacy & Statecraft, 16 (2005), 101-4, 109. **389** Sarantakes, 'Royal Air Force on Okinawa', 479. **390** Barton Bernstein, 'Truman and the A-bomb: targeting noncombatants, using the bomb, and his defending his "decision"', *Journal of Military History*, 62 (1998), 551-4. **391** Frank, *Downfall*, 134-45. **392** Heinrichs and Gallicchio, *Implacable Foes*, 515. **393** Elena Agarossi, *A Nation Collapses: The Italian Surrender of September 1943* (Cambridge, 2000), 14-22. **394** David Ellwood, *Italy 1943-1945* (Leicester, 1985), 22-3. **395** Agarossi, *A Nation Collapses*, 14-26. **396** Ibid., 28-32. **397** Ibid., 64-72, 80-87; Morgan, *Fall of Mussolini*, 91-3; D'Este, *Eisenhower*, 449-52. **398** Ellwood, *Italy*, 41-6. **399** Marc Trachtenberg, 'The United States and Eastern Europe 1945: a reassessment', *Journal of Cold War Studies*, 10 (2008), 106, 124-31. **400** Allen Dulles, *The Secret Surrender* (London, 1967), 97-100, 177-8. **401** Reyonolds and Pechatnov (eds.), *The Kremlin Letters*, 570-71, 578-9, Stalin to Roosevelt 3 Apr. 1945; Stalin to Roosevelt, 7 Apr. 1945. **402** TNA, WO 106/3974, Military Mission Moscow to AGWAR, 24 Apr. 1945; Moscow Mission to SHAEF, 25 Apr. 1945. **403** Giorgio Bocca, *Storia dell'Italia partigiana, settembre 1943-maggio 1945* (Milan, 1995), 506, 519-20; Max Corvo, *OSS Italy 1942-1945: A Personal Memoir of the Fight for Freedom* (New York, 2005), 267-9. **404** J. Lee Ready, *Forgotten Allies: Volume 1, European Theater* (Jefferson, NC, 1985), 426-7. **405** TNA, CAB 106/761, Instrument of Local Surrender of German and Other Forces, 29 Apr.1945; PREM 3/198/3, Churchill cable to Stalin, 29 Apr. 1945. **406** TNA, PREM 3/198/3, Alexander to Eisenhower, 2 May 1945; Richard Lamb, *War in Italy 1943-1945: A Brutal Story* (London, 1993), 293-5; Bocca, *Storia dell'Italia partigiana*, 523. **407** David Stafford, *Mission Accomplished: SOE and Italy 1943-1945* (London, 2011), 325; Bocca, *Storia dell'Italia partigiana*, 521-2; Lamb, *War in Italy*, 262-5. **408** Stafford, *Mission Accomplished*, 318-19. **409** TNA, PREM 3/193/6°, JIC report 'German strategy and capacity to resist', 16 Oct. 1944, p. 2. **410** Eberle and Uhl (eds.), *The Hitler Book*, 269. **411** Dulles, *Secret Surrender*, 176-8. **412** Von Below, *At Hitler's Side*, 239. **413** Brendan Simms, *Hitler: Only the World was Enough* (London, 2019), 516; TNA, FO 1005/1701, CCG (British Element), Bulletin of the Intelligence Bureau, 28 Feb. 1946, interrogation of von Below (Hitler's air adjutant). **414** Dulles, *Secret Surrender*, 178. **415** TNA, PREM 3/197/4, telegram from John Deane to the British Foreign Office, 7 May 1945. **416** Kershaw, *The End*, 367-70. **417** TNA, WO 106/4449, Moscow embassy to Foreign Office, 12 May 1945; Eisenhower to the CCS, 7 May 1945. **418** John Galbraith, *A Life in Our Times: Memoirs* (London, 1981), 221-2; Albert Speer, *Inside the Third Reich* (London, 1970), 498-9. **419** TNA, PREM 3/197/4, minute from Churchill to Orme Sargent, Foreign Office, 14 May 1945; Foreign Office minute on General Busch, 12 May 1945. **420** Richard Overy, '"The chap with the closest tabs": Trevor-Roper and the hunt for Hitler', in Blair Worden (ed.), *Hugh Trevor-Roper: The Historian* (London, 2016), 192-206. **421** TNA, WO 219/2086, SHAEF G-3 Report, 'Arrest of members of Acting German Government', 23 May 1945. **422** Gerhard Krebs, 'Operation Super-Sunrise? Japanese-United States peace feelers in Switzerland 1945', *Journal of Military History*, 69 (2005), 1081, 1087, 1115-17. **423** Shillony, *Politics and Culture in Wartime Japan*, 77-8, 81. **424** Krebs, 'Operation Super-Sunrise?', 1087-96. **425** 이런 견해는 Yukiko Koshiro, 'Eurasian eclipse: Japan's end game in World War II', *American Historical Review*, 109 (2004), 417-26, 434-7에서 더 충실하게 개진된다. **426** Jeremy Yellen, 'The specter of revolution: reconsidering Japan's decision to surrender', *International History Review*, 35 (2013),

209-10, 213-14. **427** Shillony, *Politics and Culture in Wartime Japan*, 85; Yellen, 'The specter of revolution', 214. **428** Heinrichs and Gallicchio, *Implacable Foes*, 523-6. **429** Eric Fowler, 'Will-to-fight: Japan's imperial institution and the United States strategy to end World War II', *War & Society*, 34 (2015), 47-8. **430** Heinrichs and Gallicchio, *Implacable Foes*, 512-13, 541; Andrew Rotter, *Hiroshima: The World's Bomb* (Oxford, 2008), 162-4. **431** Michael Neiberg, *Potsdam: The End of World War II and the Remaking of Europe* (New York, 2015), 244-5. **432** David Holloway, 'Jockeying for position in the postwar world: Soviet entry into the war with Japan in August 1945', in Tsuyoshi Hasegawa (ed.), *The End of the Pacific War: Reappraisals* (Stanford, Calif., 2007), 172-5. **433** Phillips O'Brien, 'The Joint Chiefs of Staff, the atom bomb, the American military mind and the end of the Second World War', *Journal of Strategic Studies*, 42 (2019), 975-85. **434** Heinrichs and Gallicchio, *Implacable Foes*, 552. **435** LC, Arnold Papers, Reel 199, note 'Atomic Bomb Cities' [n.d.]. **436** Rotter, Hiroshima, 191-3. **437** Sumio Hatano, 'The atomic bomb and Soviet entry into the war', in Hasegawa (ed.), *End of the Pacific War*, 98-9. **438** Ibid., 99-101. **439** Yellen, 'The specter of revolution', 216-17. **440** Yamashita, *Daily Life in Wartime Japan*, 173-9; Gibney (ed.), *Sensō*, 215. **441** Yellen, 'The specter of revolution', 219에서 인용. **442** Ronald Spector, 'After Hiroshima: Allied military occupation and the fate of Japan's empire', *Journal of Military History*, 69 (2005), 1122-3; Shillony, *Politics and Culture in Wartime Japan*, 89. **443** Van de Ven, *China at War*, 203-5, 209-13. **444** Sarah Paine, *The Japanese Empire: Grand Strategy from the Meiji Restoration to the Pacific War* (Cambridge, 2017), 167-70. **445** Christian Goeschel, *Suicide in Nazi Germany* (Oxford, 2009), 149-52. **446** Haruko Cook and Theodore Cook (eds.), *Japan at War: An Oral History* (New York, 1992), 364-5. **447** Yamashita, *Daily Life in Wartime Japan*, 188.

제4장 | 총력전 동원하기

1 Lennart Samuelson, *Tankograd: The Formation of a Soviet Company Town: Cheliabinsk 1900-1950s* (Basingstoke, 2011), 230에서 인용. **2** Ibid., 229, 231. **3** 국민소득 수치의 출처는 Mark Harrison (ed.), *The Economics of World War II: Six Great Powers in International Comparison* (Cambridge, 1998), 21. **4** Edward Drea, *Japan's Imperial Army: Its Rise and Fall, 1853-1945* (Lawrence, Kans, 2009), 160. **5** Thomas Hippler, *Governing from the Skies: A Global History of Aerial Bombing* (London, 2017), 15-16, 112-13. **6** Erich Ludendorff, *The Nation at War* (London, 1935), 22-3. **7** *Akten zur deutschen auswärtigen Politik*, Ser. D, vol. vi (Göttingen, 1956), 481, Führer conference with military commanders, 29 May 1939. **8** Rudolf Absolon, *Die Wehrmacht im Dritten Reich: Band IV, 5 February 1938 bis 31 August 1939* (Boppard-am-Rhein, 1979), 9-11. **9** Roxanne Panchasi, *Future Tense: The Culture of Anticipation in France between the Wars* (Ithaca, NY, 2009), 81, 84. **10** Cyril Falls, *The Nature of Modern Warfare* (London, 1941), 7. **11** TNA, AIR 9/39, Air Vice-Marshal Arthur Barrett, 'Air Policy and Strategy', 23 Mar. 1936, pp. 5-6. **12** United States Air Force Academy, Colorado Springs, McDonald Papers, ser. V, Box 8, 'Development of the U.S. Air Forces Philosophy of Air

Warfare', pp. 13-15. **13** 일본에 관해서는 Samuel Yamashita, *Daily Life in Wartime Japan 1940-1945* (Lawrence, Kans, 2015), 11-14 참조. 독일과 소련에 관해서는 Richard Overy, *The Dictators: Hitler's Germany and Stalin's Russia* (London, 2004), 459-67 참조. **14** Hans van de Ven, *War and Nationalism in China 1925-1945* (London, 2003), 279-81. **15** Stephen King-Hall, *Total Victory* (London, 1941). **16** *Total War and Total Peace: Four Addresses by American Leaders* (Oxford, 1942), 29, 1942년 7월 23일 연설. **17** USSBS, Pacific Theater, Report 1, 'Summary Report', Washington, DC, 1 July 1946, pp. 10-11. **18** IWM, Speer Collection, Box S368, Schmelter interrogation, Appendix 1, 'The call-up of workers from industry for the Armed Forces', pp. 7-8; Alan Bullock, *The Life and Times of Ernest Bevin: Volume II. Minister of Labour 1940-1945* (London, 1967), 55. **19** Maury Klein, *A Call to Arms: Mobilizing America for World War II* (New York, 2013), 340-41, 691-4. **20** Anna Krylova, *Soviet Women in Combat: A History of Violence on the Eastern Front* (Cambridge, 2010), 146-51; John Erickson, 'Soviet women at war', in John Garrard and Carol Garrard (eds.), *World War 2 and the Soviet People* (London, 1993), 50-76. **21** Drea, *Japan's Imperial Army*, 198-9, 234. 1938년 5월에 정규병은 불과 11퍼센트였고, 예비역(24~28세)이 22.6퍼센트, 후비역(29~34세)이 45.2퍼센트였다. **22** Diana Lary, *The Chinese People at War: Human Suffering and Social Transformation 1937-1945* (Cambridge, 2010), 160-61; van de Ven, *War and Nationalism in China*, 255-8, 269-71; Joshua Howard, *Workers at War: Labor in China's Arsenals, 1937-1953* (Stanford, Calif., 2004), 171-2. **23** Mark Stoler, *Allies and Adversaries: The Joint Chiefs of Staff, the Grand Alliance, and U. S. Strategy in World War II* (Chapel Hill, NC, 2000), 48-9, 54-5. **24** Stephen Schwab, 'The role of the Mexican Expeditionary Air Force in World War II: late, limited, but symbolically significant', *Journal of Military History*, 66 (2002), 1131-3; Neill Lochery, *Brazil: The Fortunes of War: World War II and the Making of Modern Brazil* (New York, 2014), 230-34. **25** Harrison (ed.), *The Economics of World War II*, 14, 253. **26** Halik Kochanski, *The Eagle Unbowed: Poland and the Poles in the Second World War* (London, 2012), 209-10, 467. **27** David French, *Raising Churchill's Army: The British Army and the War against Germany 1919-1945* (Oxford, 2000), 186; Ulysses Lee, *The Employment of Negro Troops* (Washington, DC, 1994), 406. **28** Wesley Craven and James Cate, *The Army Air Forces in World War II: Volume VI: Men and Planes* (Chicago, Ill., 1955), 429-30; Allan English, *The Cream of the Crop: Canadian Aircrew, 1939-1945* (Montreal, 1996), 19. **29** Emma Newlands, *Civilians into Soldiers: War, the Body and British Army Recruits 1939-1945* (Manchester, 2014), 31-2; Jeremy Crang, *The British Army and the People's War 1939-1945* (Manchester, 2000), 7-11, 14-15. **30** Domenico Petracarro, 'The Italian Army in Africa 1940-1943: an attempt at historical perspective', *War & Society*, 9 (1991), 104-5. **31** Parliamentary Archives, London, Balfour Papers, BAL/4, 'The British Commonwealth Air Training Plan, 1939-1945', Ottawa, 1949, pp. 3-8. **32** Klein, *A Call to Arms*, 340-41; Steven Casey, *Cautious Crusade: Franklin D. Roosevelt, American Public Opinion and the War against Nazi Germany* (New York, 2001), 86. **33** Krylova, *Soviet Women in Combat*, 114. **34** Klein, *A Call to Arms*, 694. **35** Hugh Rockoff, *America's Economic Way of War: War and the US Economy from the Spanish-American War to the Persian Gulf War* (Cambridge, 2012), 160. **36** *Statistical Digest of the War* (London, 1951), 11. **37** French, *Raising Churchill's Army*, 244-6. **38** Rüdiger Overmans, *Deutsche* *militärische Verluste im Zweiten Weltkrieg* (Munich, 2004), 261-6; G. F. Krivosheev (ed.), *Soviet Casualties and Combat Losses in the Twentieth Century* (London, 1997), 85, 87; David Glantz, *Colossus Reborn: The Red Army 1941-1943* (Lawrence, Kans, 2005), 135-9. **39** Overmans, *Deutsche militärische Verluste*, 266; Krivosheev, *Soviet Casualties and Combat Losses*, 96-7. **40** Bernhard Kroener, 'Menschenbewirtschaftung. Bevölkerungsverteilung und personelle Rüstung in der zweiten Kriegshälfte', in Bernhard Kroener, Rolf-Dieter Müller and Hans Umbreit, *Das Deutsche Reich und der Zweite Weltkrieg: Band 5/2: Organisation und Mobilisierung des deutschen Machtbereichs* (Stuttgart, 1999), 853-9; Overmans, *Deutsche militärische Verluste*, 244. **41** Geoffrey Megargee, *Inside Hitler's High Command* (Lawrence, Kans, 2000), 202. **42** Carter Eckert, 'Total war, industrialization, and social change in late colonial Korea', in Peter Duus, Ramon Myers and Mark Peattie (eds.), *The Japanese Wartime Empire, 1931-1945* (Princeton, NJ, 1996), 28-30. **43** Rolf-Dieter Müller, *The Unknown Eastern Front: The Wehrmacht and Hitler's Foreign Soldiers* (London, 2012), 169, 176, 212, 223-4; David Stahel (ed.), *Joining Hitler's Crusade: European Nations and the Invasion of the Soviet Union, 1941* (Cambridge, 2018), 6-7. **44** Oleg Beyda, '"La Grande Armée in field gray": the legion of French volunteers against Bolshevism, 1941', *Journal of Slavic Military Studies*, 29 (2016), 502-17. **45** Joachim Hoffmann, *Die Geschichte der Wlassow-Armee* (Freiburg, 1984), 205-6; Müller, *Unknown Eastern Front*, 235. **46** F. W. Perry, *The Commonwealth Armies: Manpower and Organisation in Two World Wars* (Manchester, 1988), 227. **47** Kaushik Roy, *India and World War II: War, Armed Forces, and Society, 1939-1945* (New Delhi, 2016), 12, 16-17, 28, 35, 37, 53, 80; Tarak Barkawi, *Soldiers of Empire: Indian and British Armies in World War II* (Cambridge, 2017), 51-4. **48** Ashley Jackson, *The British Empire and the Second World War* (London, 2006), 1-2. **49** David Killingray, *Fighting for Britain: African Soldiers in the Second World War* (Woodbridge, 2010), 44. **50** Stephen Bourne, *The Motherland Calls: Britain's Black Servicemen and Women 1939-1945* (Stroud, 2012), 10-12. **51** Killingray, *Fighting for Britain*, 35-40, 42, 47-50, 75. **52** Bourne, *The Motherland Calls*, 11, 23-4. **53** Morris MacGregor, *Integration of the Armed Forces, 1940-1965* (Washington, DC, 1985), 17-24. **54** Sherie Merson and Steven Schlossman, *Foxholes and Color Lines: Desegregating the U. S. Armed Forces* (Baltimore, Md, 1998), 67, 77-8, 82-3; Chris Dixon, *African Americans and the Pacific War 1941-1945* (Cambridge, 2018), 59-60. **55** Dixon, *African Americans*, 53, 63-5. **56** Lee, *Employment of Negro Troops*, 411-16; MacGregor, *Integration of the Armed Forces*, 24; Mershon and Schlossman, *Foxholes and Color Lines*, 64-5. **57** Mershon and Schlossman, *Foxholes and Color Lines*, 63. **58** Lee, *Employment of Negro Troops*, 286; MacGregor, *Integration of the Armed Forces*, 28-30. 터스키기 에어멘에 관해서는 J. Todd Moye, *Freedom Flyers: The Tuskegee Airmen of World War II* (New York, 2010) 참조; William Percy, 'Jim Crow and Uncle Sam: the Tuskegee flying units and the U. S. Army Air Forces in Europe during World War II', *Journal of Military History*, 67 (2003), 775, 786-7, 809-10; Stanley Sandler, *Segregated Skies: All-Black Combat Squadrons in World War II* (Washington, DC, 1992), ch. 5. **59** Robert Asahima, *Just Americans: How Japanese Americans Won a War at Home and Abroad* (New York, 2006), 6-7; Brenda Moore, *Serving Our Country: Japanese American Women in the Military during World War II* (New Brunswick, NJ, 2003), xi-xii, 19. **60** 예를 들어 표준 역할의 목록은

Rosamond Greer, *The Girls of the King's Navy* (Victoria, BC, 1983), 14-15, 144 참조. **61** Gerard DeGroot, 'Whose finger on the trigger? Mixed anti-aircraft batteries and the female combat taboo', *War in History*, 4 (1997), 434-7. **62** Birthe Kundrus, 'Nur die halbe Geschichte: Frauen im Umfeld der Wehrmacht', in Rolf-Dieter Müller and Hans-Erich Volkmann (eds.), *Die Wehrmacht: Mythos und Realität* (Munich, 1999), 720-21. **63** Franz Siedler, *Blitzmädchen: Die Geschichte der Helferinnen der deutschen Wehrmacht* (Bonn, 1996), 169. **64** *Statistical Digest of the War*, 9, 11; Jeremy Crang, *Sisters in Arms: Women in the British Armed Forces During the Second World War* (Cambridge, 2020), 2-3, 30, 36, 310. **65** Greer, *Girls of the King's Navy*, 14-16. **66** Klein, *A Call to Arms*, 352-3. **67** Jeanne Holm, *In Defense of a Nation: Servicewomen in World War II* (Washington, DC, 1998), 1, 41, 75. **68** Craven and Cate, *Army Air Forces: Volume VI*, 102-4. **69** Holm, *In Defense of a Nation*, 48-9, 57-9. **70** Bourne, *The Motherland Calls*, 121. **71** Helena Schrader, *Sisters in Arms: The Women who Flew in World War II* (Barnsley, 2006), 8-16. **72** Kathleen Cornelsen, 'Women Airforce Service Pilots of World War II', *Journal of Women's History*, 17 (2005), 111-12, 115-16; Bourne, *The Motherland Calls*, 120-21; Schrader, *Sisters in Arms*, 138-45. **73** Krylova, *Soviet Women in Combat*, 3; Erickson, 'Soviet women at war', 52, 62-9. **74** Roger Reese, *Why Stalin's Soldiers Fought: The Red Army's Military Effectiveness in World War II* (Lawrence, Kans, 2011), 104-5, 114. **75** Reina Pennington, *Wings, Women and War: Soviet Airwomen in World War II* (Lawrence, Kans, 2001), 1-2. **76** Krylova, *Soviet Women in Combat*, 158-63. **77** Ibid., 151-2, 168-9. **78** Svetlana Alexievich, *The Unwomanly Face of War* (London, 2017), 8, 마리아 모로조바(Maria Morozova)의 증언. **79** Roy, *India and World War II*, 96-9. **80** Sandler, *Segregated Skies*, 68-72. **81** Lynne Olson, *Those Angry Days: Roosevelt, Lindbergh, and America's Fight over World War II, 1939-1941* (New York, 2013), 351-2. **82** Newlands, *Civilians into Soldiers*, 57; Roy, *India and World War II*, 128-30. **83** USSBS, Special Paper 4, 'Food and Agriculture', exhibits G. J. M; BAB, R26 iv/51, Four Year Plan meeting, Geschäftsgruppe Ernährung, 11 Mar. 1942. **84** IWM, FD 5444/45, Protokoll über die Inspekteurbesprechung, 22 Feb. 1942, 'Ersatzlage der Wehrmacht'; IWM, EDS Al/1571, Wirtschaft und Rüstungsamt, Niederschrift einer Besprechung, 9 Jan. 1941. **85** Overy, *The Dictators*, 452-3. **86** IWM, FD 3056/49, 'Statistical Material on the German Manpower Position', 31 July 1945, Table 7; Lennart Samuelson, *Plans for Stalin's War Machine: Tukhachevskii and Military-Economic Planning 1925-1941* (London, 2000), 191-5; N. S. Simonov, 'Mobpodgotovka: mobilization planning in interwar industry', in John Barber and Mark Harrison (eds.), *The Soviet Defence Industry Complex from Stalin to Khrushchev* (London, 2000), 216-17. **87** Richard Toye, 'Keynes, the labour movement, and "How to Pay for the War"', *Twentieth Century British History*, 10 (1999), 256-8, 272-8. **88** BAB, R7 xvi/7, Report from the 'Professoren-Ausschuss' to Economics Minister Funk, 16 Dec. 1939. **89** Sheldon Garon, 'Luxury is the enemy: mobilizing savings and popularizing thrift in wartime Japan', *Journal of Japanese Studies*, 26 (2000), 51-2. **90** Jingping Wu, 'Revenue, finance and the command economy under the Nationalist Government during the Anti-Japanese War', *Journal of Modern Chinese History*, 7 (2013), 52-3. **91** Rockoff, *America's Economic Way of War*, 166-7; Stephen Broadbery and Peter Howlett, 'The United Kingdom: victory at all costs', in Harrison (ed.), *The Economics of World War II*, 50-51;

Statistical Digest of the War, 195; Willi Boelcke, 'Kriegsfinanzierung im internationalen Vergleich', in Friedrich Forstmeier and Hans-Erich Volkmann (eds.), *Kriegswirtschaft und Rüstung 1939-1945* (Düsseldorf, 1977), 40-41; Akira Hara, 'Japan: guns before rice', in Harrison (ed.), *The Economics of World War II*, 256-7; Mark Harrison, 'The Soviet Union: the defeated victor', in *idem* (ed.), *The Economics of World War II*, 275-6. **92** Jonas Scherner, 'The institutional architecture of financing German exploitation: principles, conflicts and results', in Jonas Scherner and Eugene White (eds.), *Paying for Hitler's War: The Consequences of Nazi Hegemony for Europe* (Cambridge, 2016), 62-3. **93** Hein Klemann and Sergei Kudryashov, *Occupied Economies: An Economic History of Nazi-Occupied Europe, 1939-1945* (London, 2012), 210-11; Broadberry and Howlett, 'United Kingdom', 52-3. 이 부채에는 인도에 빚진 13억 2100만 파운드가 포함되었는데, 이는 영국의 동결 부채 중에서도 최대 액수였다. **94** Karl Brandt, Otto Schiller and Franz Ahlgrimm (eds.), *Management of Agriculture and Food in the German-Occupied and Other Areas of Fortress Europe*, 2 vols. (Stanford, Calif., 1953), ii, 616-17; Srinath Raghavan, *India's War: The Making of Modern South Asia* (London, 2016), 342-7. **95** Sidney Zabludoff, 'Estimating Jewish wealth', in Avi Beker (ed.), *The Plunder of Jewish Property during the Holocaust* (New York, 2001), 48-64; H. McQueen, 'The conversion of looted Jewish assets to run the German war machine', *Holocaust and Genocide Studies*, 18 (2004), 29-30. **96** Lary, *The Chinese People at War*, 36, 157; Jingping Wu, 'Revenue, finance and the command economy', 49-50. **97** Rockoff, *America's Economic Way of War*, 166-7; James Sparrow, *Warfare State: World War II America and the Age of Big Government* (Oxford, 2011), 123-5. **98** Bruce Johnston, *Japanese Food Management in World War II* (Stanford, Calif., 1953), 167; Bernd Martin, 'Japans Kriegswirtschaft 1941-1945', in Forstmeier and Volkmann (eds.), *Kriegswirtschaft und Rüstung*, 280; Garon, 'Luxury is the enemy', 55. **99** 'National finances in 1944', *The Banker*, 74 (1945), 66; Sidney Pollard, *The Development of the British Economy 1914-1967* (London, 1969), 308; R. Sayers, *Financial Policy* (London, 1956), 516. **100** BAB, R7 xvi/8, Statistisches Reichsamt report, 'Zur Frage der Erhöhung des Eikommens-und Vermögenssteuer', 3 Feb. 1943; NARA, microfilm collection T178, Roll 15, frames 3671912-7, Reich Finance Ministry, 'Statistische Übersichten zu den Reichshaushaltsrechnungen 1938 bis 1943', Nov. 1944. **101** Pollard, *Development of the British Economy*, 328; H. Durant and J. Goldmann, 'The distribution of working-class savings', in University of Oxford Institute of Statistics, *Studies in War Economics* (Oxford, 1947), 111-23. **102** BAB, R7 xvi/22, memorandum 'Die Grenzen der Staatsverschuldung', 1942, p. 4; R28/98, German Reichsbank, 'Die deutsche Finanz-und Wirtschaftspolitik im Kriege', 8 June 1943, pp. 11-12. '잡음 없는 재정'에 관해서는 Willi Boelcke, *Die Kosten von Hitlers Krieg* (Paderborn, 1985), 103-4 참조. **103** Wolfgang Werner, '*Bleib übrig': Deutsche Arbeiter in der nationalsozialistischen Kriegswirtschaft* (Düsseldorf, 1983), 220-21. **104** Kristy Ironside, 'Rubles for victory: the social dynamics of state fundraising on the Soviet home front', *Kritika*, 15 (2014), 801-20. **105** Garon, 'Luxury is the enemy', 42-6, 56-7. **106** Martin, 'Japans Kriegswirtschaft', 280; Takafusa Nakamura and Konosuke Odaka (eds.), *Economic History of Japan 1914-1945: A Dual Structure* (Oxford, 1999), 82. **107** Yamashita, *Daily Life in Wartime Japan*, 30-32. **108** Garon, 'Luxury is the enemy', 61. **109** Sparrow, *Warfare*

State, 127-9. **110** Ibid., 129, 134-46; Theodore Wilson, 'The United States: Leviathan', in Warren Kimball, David Reynolds and Alexander Chubarian (eds.), *Allies at War: The Soviet, American, and British Experience 1939-1945* (New York, 1994), 182. **111** BAB, RD-51/21-3, Deutsche Reichsbank, 'Deutsche Wirtschaftszahlen', Mar. 1944, p. 2. **112** Johnston, *Japanese Food Management*, 170-73. **113** Richard Rice, 'Japanese labor in World War II', *International Labor and Working-Class History*, 38 (1990), 38-9; Benjamin Uchiyama, 'The munitions worker as trickster in wartime Japan', *Journal of Asian Studies*, 76 (2017), 658-60, 666-7. **114** Howard, *Workers at War*, 138-9. **115** Ina Zweiniger-Bargielowska, *Austerity in Britain: Rationing, Controls and Consumption 1939-1945* (Oxford, 2000), 46-7. **116** *The Collected Writings of John Maynard Keynes, Volume XXII* (Cambridge, 2012), 223, 'Notes on the Budget', 28 Sept. 1940. **117** Rockoff, *America's Economic Way of War*, 174-8; Wilson, 'The United States', 178-80. **118** Zweiniger-Bargielowska, *Austerity in Britain*, 54. **119** Hugh Rockoff, 'The United States: from ploughshares to swords', in Harrison (ed.), *The Economics of World War II*, 90-91. **120** Zweiniger-Bargielowska, *Austerity in Britain*, 53-4. **121** Richard Overy, *War and Economy in the Third Reich* (Oxford, 1994), 278-85. 'Spartan throughout' from Lothrop Stoddard, *Into the Darkness: Nazi Germany Today* (London, 1941), 80. **122** Garon, 'Luxury is the enemy', 41-2. **123** Akira Hara, 'Wartime controls', in Nakamura and Odaka (eds.), *Economic History of Japan*, 271-2, 282; Martin, 'Japans Kriegswirtschaft', 279. **124** Harrison, 'The Soviet Union', 277-9, 290-91. **125** C. B. Behrens, *Merchant Shipping and the Demands of War* (London, 1955), 198. **126** Rockoff, 'The United States', 93. **127** Rockoff, *America's Economic Way of War*, 179; Wilson, 'The United States', 179. **128** Mark Harrison, *Soviet Planning in War and Peace, 1938-1945* (Cambridge, 1985), 258-9; William Moskoff, *The Bread of Affliction: The Food Supply in the USSR during World War II* (Cambridge, 1990), 121-2. **129** Gustavo Corni and Horst Gies, *Brot. Butter. Kanonen. Die Ernährungswirtschaft in Deutschland unter der Diktatur Hitlers* (Berlin, 1997), 478-9; Zweiniger-Bargielowska, *Austerity in Britain*, 37. **130** Moskoff, *Bread of Affliction*, 222-4. **131** Alberto De Bernardi, 'Alimentazione di guerra', in Luca Alessandrini and Matteo Pasetti (eds.), *1943: Guerra e società* (Rome, 2015), 129-30; Vera Zamagni, 'Italy: how to lose the war and win the peace', in Harrison (ed.), *The Economics of World War II*, 191. **132** Takafusa Nakamura, 'The age of turbulence: 1937-54', in Nakamura and Odaka (eds.), *Economic History of Japan*, 71-3; Johnston, *Japanese Food Management*, 161-4; Yamashita, *Daily Life in Wartime Japan*, 38-9. **133** Corni and Gies, *Brot. Butter. Kanonen*, 424-38; Freda Wunderlich, *Farm Labor in Germany 1810-1945* (Princeton, NJ, 1961), 297-9. **134** Alec Nove, 'The peasantry in World War II', in Susan Linz (ed.), *The Impact of World War II on the Soviet Union* (Totowa, NJ, 1985), 79-84. **135** Broadberry and Howlett, 'The United Kingdom', 59, 61-3. **136** Johnston, *Japanese Food Management*, 116-18. **137** 영국과 미국에 관해서는 Lzzie Collingham, *The Taste of War: World War Two and the Battle for Food* (London, 2011), 390, 418 참조. 일본에 관해서는 Japan, Yamashita, *Daily Life in Wartime Japan*, 55 참조. **138** Moskoff, *Bread of Affliction*, 108-9, 175. **139** Collingham, *Taste of War*, 388-9; De Bernardi, 'Alimentazione di guerra', 131; William D. Bayles, *Postmarked Berlin* (London, 1942), 18-20, 24; Johnston, *Japanese Food Management*, 202. **140** Owen Griffiths, 'Need, greed, and protest: Japan's black market 1938-1949', *Journal of*

Social History, 35 (2002), 827–30. **141** Van de Ven, *War and Nationalism in China*, 285–6. **142** Corni and Gies, *Brot. Butter. Kanonen*, 414–15. **143** Zweiniger–Bargielowska, *Austerity in Britain*, 54. **144** Corni and Gies, *Brot. Butter. Kanonen*, 494–7; Johnston, *Japanese Food Management*, 169–70. **145** De Bernardi, 'Alimentazione di guerra', 131 (인구통계학자 루차토 페지츠Luzzatto Fegiz가 전후에 트리에스테에서 수행한 조사에 근거). **146** Wendy Goldman, 'The hidden world of Soviet wartime food provisioning: hunger, inequality, and corruption', in Hartmut Berghoff, Jan Logemann and Felix Römer (eds.), *The Consumer on the Home Front: Second World War Civilian Consumption in Comparative Perspective* (Oxford, 2017), 57–65. **147** Johnston, *Japanese Food Management*, 136; Yamashita, *Daily Life in Wartime Japan*, 37. **148** Jeremy Yellen, 'The specter of revolution: reconsidering Japan's decision to surrender', *International History Review*, 35 (2013), 213–17. **149** Klemann and Kudryashov, *Occupied Economies*, 281–2. **150** Mark Mazower, *Inside Hitler's Greece: The Experience of Occupation 1941–1944* (New Haven, Conn., 1993), 27–30. **151** Violetta Hionidou, 'Relief and politics in occupied Greece, 1941–4', *Journal of Contemporary History*, 48 (2013), 762–6. **152** Roy, *India and World War II*, 129–30; Sugato Bose, 'Starvation among plenty: the making of famine in Bengal, Honan and Tonkin, 1942–45', *Modern Asian Studies*, 24 (1990), 715–17. **153** Yasmin Khan, *The Raj at War: A People's History of India's Second World War* (London, 2015), 208. **154** Bose, 'Starvation among plenty', 718–21. **155** Sparrow, *Warfare State*, 161–2; Martin Kragh, 'Soviet labour law during the Second World War', *War in History*, 18 (2011), 535; Werner, 'Bleibübrig', 178. **156** TNA, LAB 8/106, memorandum by the minister of labour for the War Cabinet, 'Labour Supply Policy since May 1940', 17 July 1941; Bullock, *Life and Times of Ernest Bevin*, ii, 55. **157** Sparrow, *Warfare State*, 163; Klein, *A Call to Arms*, 626–88, 748–50. **158** IWM, FD 3056/49, 'Statistical Material on the German Manpower Position during the War Period 1939-1943', FIAT report EF/LM/1, July 1945, table 7; G. Ince, 'The mobilisation of manpower in Great Britain in the Second World War', *The Manchester School of Economic and Social Studies*, 14 (1946), 17–52; William Hancock and Margaret Gowing, *British War Economy* (London, 1949), 453. **159** Johnston, *Japanese Food Management*, 95, 99. **160** 1944년 영국의 실업자 수는 불과 5만 4000명이었다. Henry Parker, *Manpower: A Study of Wartime Policy and Administration* (London, 1957), 481 참조. **161** Kragh, 'Soviet labour law', 540. **162** Rice, 'Japanese labor', 31–2; Uchiyama, 'The munitions worker as trickster', 658–60. **163** Sparrow, *Warfare State*, 113–14. **164** G. C. Allen, 'The concentration of production policy', in Norman Chester (ed.), *Lessons of the British War Economy* (Cambridge, 1951), 166–77. **165** IWM, EDS/AL 1571, 'Arbeitseinsatz und Einziehungen in der nicht zum engeren Rüstungsbereichgehörenden Wirtschaft', OKW report, 9 Jan. 1941, p. 3; Rolf Wagenführ, *Die Deutsche Industrie im Kriege* (Berlin, 1963), 47–8. **166** Lutz Budrass, Jonas Scherner and Jochen Streb, 'Fixed–price contracts, learning, and outsourcing: explaining the continuous growth of output and labour productivity in the German aircraft industry during the Second World War', *Economic History Review*, 63 (2010), 131. **167** 영국 수치의 출처는 항공기생산부의 기록인 TNA, AVIA 10/289, 'The supply of labour and the future of the aircraft industry programme', 19 May 1943; 독일 수치의 출처는 IWM, Box 368, Report 65, interrogation of Ernst Blaicher, head of Main Committee Tanks, p. 12; IWM, 4969/45, BMW report, 'Ablauf der Lieferungen seit Kriegsbeginn', n.d., p. 25. **168** 독일 수치의 출처는 Rüdiger Hachtmann, *Industriearbeit im 'Dritten Reich'* (Göttingen, 1989), 229-30; 소련 수치의 출처는 Harrison, 'The Soviet Union', 285-6. **169** Harrison, 'The Soviet Union', 284-5; Wunderlich, *Farm Labor in Germany*, 297-9; Johnston, *Japanese Food Management*, 244. **170** Rockoff, 'The United States', 101-3. **171** John Jeffries, *Wartime America: The World War II Home Front* (Chicago, Ill., 1996), 95-6, 102; David Kennedy, *The American People in World War II* (New York, 1999), 351-3. **172** Klein, *A Call to Arms*, 354. **173** Gerald Nash, *World War II and the West: Reshaping the Economy* (Lincoln, Nebr., 1990), 77-8. **174** Geoffrey Field, *Blood, Sweat and Toil: Remaking the British Working Class, 1939-1945* (Oxford, 2011), 129-30, 145. **175** Yamashita, *Daily Life in Wartime Japan*, 16; Martin, 'Japans Kriegswirtschaft', 281; Johnston, *Japanese Food Management*, 244. **176** Parker, *Manpower*, 435-6; Jeffries, *Wartime America*, 96. **177** Leila Rupp, *Mobilizing Women for War: German and American Propaganda* (Princeton, NJ, 1978), 185; Jeffries, *Wartime America*, 90-91; Klein, *A Call to Arms*, 710. **178** Lary, *The Chinese People at War*, 161. **179** Eckert, 'Total war in late colonial Korea', 17-21, 24-5. **180** Hara, 'Japan: guns before rice', 246; Michael Seth, *A Concise History of Modern Korea: Volume 2* (Lanham, Md, 2016), 83. **181** Mark Spoerer, *Zwangsarbeit unter dem Hakenkreuz* (Stuttgart, 2001), 221-3; Johann Custodis, 'Employing the enemy: the economic exploitation of POW and foreign labor from occupied territories by Nazi Germany', in Scherner and White (eds.), *Paying for Hitler's War*, 79. **182** Ulrich Herbert, *Fremdarbeiter: Politik und Praxis des 'Ausländer-Einsatzes' in der Kriegswirtschaft des Dritten Reiches* (Bonn, 1985), 56-8; Gustavo Corni, 'Die deutsche Arbeitseinsatzpolitik in besetzten Italien, 1943-1945', in Richard Overy, Gerhard Otto and Johannes Houwink ten Cate (eds.), *Die 'Neuordnung Europas': NS-Wirtschaftspolitik in den besetzten Gebieten* (Berlin, 1997), 137-41. **183** Spoerer, *Zwangsarbeit*, 50, 59-60, 66; Bernd Zielinski, 'Die deutsche Arbeitseinsatzpolitik in Frankreich 1940-1944', in Overy, Otto and ten Cate (eds.), *Die 'Neuordnung Europas'*, 119. **184** Corni, 'Die deutsche Arbeitseinsatzpolitik', 138-9. **185** Spoerer, *Zwangsarbeit*, 45-7, 62-5; Zielinski, 'Die deutsche Arbeitseinsatzpolitik', 111-12. **186** Corni, 'Die deutsche Arbeitseinsatzpolitik', 143-9. **187** Herbert, *Fremdarbeiter*, 83-90, 99. **188** Spoerer, *Zwangsarbeit*, 73-80; Herbert, *Fremdarbeiter*, 157-60, 271. **189** Zielinski, 'Die deutsche Arbeitseinsatzpolitik', 121-3, 131; Spoerer, *Zwangsarbeit*, 64-5. Zielinski는 강제 이송자 수치로 85~92만 명을 제시하며, 여기에는 네 차례 '조치' 이외에 독일에서 노동하도록 강요당한 사람들이 포함된다. **190** Corni, 'Die deutsche Arbeitseinsatzpolitik', 150-60. **191** Custodis, 'Employing the enemy', 95. **192** Cesare Bermani, Sergio Bologna and Brunello Mantelli, *Proletarier der 'Achse': Sozialgeschichte der italienischen Fremdarbeiter in NS-Deutschland 1937 bis 1943* (Berlin, 1997), 222. **193** Elizabeth Harvey, 'Last resort or key resource? Women workers from the Nazi-occupied Soviet territories, the Reich labour administration and the German war effort', *Transactions of the Royal Historical Society*, 26 (2016), 163. **194** Spoerer, *Zwangsarbeit*, 186. 이 수치는 독일 측이 1943~1944년에 진행한 네 차례 개별 조사에 근거한다. **195** Rüdiger Hachtmann, 'Fordism and unfree labour: aspects of work deployment of concentration camp prisoners in German industry between 1942 and 1944', *International Review of Social History*, 55 (2010), 496. **196** IWM, Speer

Collection, FD 4369/45, British Bombing Survey Unit, 'Manuscript Notes on Ford, Cologne'. **197** Spoerer, *Zwangsarbeit*, 226; Herbert, *Fremdarbeiter*, 270-71. **198** Custodis, 'Employing the enemy', 72. **199** Hachtmann, 'Fordism and unfree labour', 505-6. '노예'라는 용어가 적절한지에 대한 논쟁은 Marc Buggeln, 'Were concentration camp prisoners slaves? The possibilities and limits of comparative history and global historical perspectives', *International Review of Social History*, 53 (2008), 106-25 참조. **200** Wolf Gruner, *Jewish Forced Labor under the Nazis: Economic Needs and Racial Aims, 1938-1944* (New York, 2006), 63-75, 282. **201** Spoerer, *Zwangsarbeit*, 228-9. **202** Golfo Alexopoulos, *Illness and Inhumanity in Stalin's Gulag* (New Haven, Conn., 2017), 160-61, 208-9, 216. **203** Ibid., 197-8; Wilson Bell, *Stalin's Gulag at War: Forced Labour, Mass Death, and Soviet Victory in the Second World War* (Toronto, 2019), 8-9, 157-8. **204** TNA, FO 371/46747, Col. Thornley to G. Harrison (Foreign Office), enclosing the 'Jupp Report', 26 Feb. 1945. **205** TNA, LAB 10/132, Trade Stoppages: weekly returns to the Ministry of Labour 1940-1944; Field, Blood, Sweat, and Toil, 102-3. **206** James Atleson, *Labor and the Wartime State: Labor Relations and Law during World War II* (Urbana, Ill., 1998), 142; Richard Polenberg, *War and Society: The United States 1941-1945* (Philadelphia, Pa, 1972), 159-72. **207** Kennedy, *The American People in World War II*, 213-19; Klein, *A Call to Arms*, 624-6. **208** Rice, 'Japanese labor in World War II', 34-5, 38. **209** Martin, 'Japans Kriegswirtschaft', 282; Yellen, 'The specter of revolution', 207-11. **210** Howard, *Workers at War*, 172-5. **211** Kragh, 'Soviet labour law', 537-40. **212** Werner, 'Bleib übrig', 172-89. **213** Bermani, Bologna and Mantelli, *Proletarier der 'Achse'*, 210-11, 220-22; Werner, 'Bleib übrig', 189-92. **214** Sparrow, *Warfare State*, 82-3. **215** Robert Westbrook, *Why We Fought: Forging American Obligations in World War II* (Washington, DC, 2004), 11.

피와 폐허 ❶

최후의 제국주의 전쟁, 1931-1945

1판 1쇄 2024년 6월 21일

지은이 | 리처드 오버리
옮긴이 | 이재만

펴낸이 | 류종필
편집 | 이정우, 권준, 이은진
경영지원 | 홍정민
교정교열 | 최연희
표지 디자인 | 석운디자인
본문 디자인 | 박애영

펴낸곳 | (주)도서출판 책과함께
　　　　주소 (04022) 서울시 마포구 동교로 70 소와소빌딩 2층
　　　　전화 (02) 335-1982
　　　　팩스 (02) 335-1316
　　　　전자우편 prpub@daum.net
　　　　블로그 blog.naver.com/prpub
　　　　등록 2003년 4월 3일 제2003-000392호

ISBN 979-11-92913-87-2 04900